芳华绽放

江苏省科学技术情报研究所自主科研项目成果汇编（2018）

江苏省科学技术情报研究所　编著

科学技术文献出版社
·北京·

图书在版编目（CIP）数据

芳华绽放：江苏省科学技术情报研究所自主科研项目成果汇编：2018 / 江苏省科学技术情报研究所编著. —北京：科学技术文献出版社，2020.8
ISBN 978-7-5189-6209-9

Ⅰ.①芳… Ⅱ.①江… Ⅲ.①科技情报工作—研究所—研究成果—汇编—江苏—2018 Ⅳ.① G255.51-242.53

中国版本图书馆 CIP 数据核字（2019）第 249350 号

芳华绽放——江苏省科学技术情报研究所自主科研项目成果汇编（2018）

| 策划编辑：周国臻 | 责任编辑：马新娟 | 责任校对：张吲哚 | 责任出版：张志平 |

出 版 者	科学技术文献出版社
地　　址	北京市复兴路15号　邮编 100038
编 务 部	（010）58882938，58882087（传真）
发 行 部	（010）58882868，58882870（传真）
邮 购 部	（010）58882873
官方网址	www.stdp.com.cn
发 行 者	科学技术文献出版社发行　全国各地新华书店经销
印 刷 者	北京时尚印佳彩色印刷有限公司
版　　次	2020年8月第1版　2020年8月第1次印刷
开　　本	787×1092　1/16
字　　数	851千
印　　张	36.5
书　　号	ISBN 978-7-5189-6209-9
定　　价	198.00元

版权所有　违法必究

购买本社图书，凡字迹不清、缺页、倒页、脱页者，本社发行部负责调换

编 委 会

主　　任　李　敏

副 主 任　孙　斌

成　　员　周晓明　金福兰　李克贵　马永浩

（以下按姓氏笔画排序）

　　　　　　王红杰　王晓梅　朱志凌　孙　峰

　　　　　　孙智强　严文强　李旭东　吴华珠

　　　　　　余景亮　沈瑾秋　张　华　张旭东

　　　　　　殷　铭　黄　斌　韩子睿　鲁　旭

主　　编　李　敏

副 主 编　孙　斌

责任编辑　严文强　王晓梅

编　　辑　沈　强　王雪芬　梅　伟　余　莹

　　　　　　蒋　岚

前　言

2020年是江苏省科学技术情报研究所成立60周年，全所各项工作均实现了快速发展，在科技文献资源共享、科技发展战略研究、科技信息咨询服务、科技媒体宣传服务等方面取得了累累硕果。60年来，全所一代又一代科技情报工作者不忘初心、坚定信念、奋斗敬业，为科技情报事业和科技创新奉献出了自己的青春和汗水。取得这一系列成绩正是因为全所正在努力建设并形成的一支专业知识结构更加合理及更加年轻化、专业化的科技情报研究与服务队伍。

2018年，为进一步提高全所科研能力与学术水平，调动科研人员特别是年轻科研人员开展科学研究的积极性与创造性，营造良好的科研学术氛围，促进科研、业务、管理、服务等各项工作能力水平提升，江苏省科学技术情报研究所首次设立了所自主科研项目（课题），主要面向所内具备中级职称以上的年轻科研人员，为他们的学术研究与成果转化应用提供一个可以展示的舞台。

我们在14个承担此次所自主科研项目（课题）业务部门提交的成果中，精心挑选了21项具有业务特色和较高水平的研究成果作为本书组成内容。一方面，这些研究成果紧扣全所"一库三中心"主导业务建设，涵盖了科技大数据、科技创新智库、科技咨询和科技媒体宣传方面的工作，涉及区块链技术、机器人产业政策等领域，以及科技档案和科技传媒的工作；另一方面，还包括了所内部管理和服务层面的研究成果，如创新创业激励机制研究、绩效管理研究和科技项目资金管理研究等。这些成果集中反映了所年轻科研工作者在服务科技创新过程中所付出的辛勤努力和取得的各项业务成果，同时还可以为广大科技情报工作者的研究工作起到一定的借鉴和参考作用。

在编纂《芳华绽放——江苏省科学技术情报研究所自主科研项目成果汇编（2018）》的过程中，由所领导班子组成的编委会高度重视，参与书稿编撰的相关部门负责人及撰稿人认真对待，负责组织书稿工作的业务管理部和负责书稿文字校对工作的科技传媒中心全体同志不倦工作，共同促成了本书的编印出版。对此，在这里一并表示感谢！

青年人朝气蓬勃，好像早晨八九点钟的太阳！今天，江苏省科学技术情报研究所的年轻科研工作者们正是这样的朝气蓬勃、兴旺向上，他们正在用自己的辛勤汗水，努力站在全省科技情报事业和科技创新服务的前沿。

编　者

2020年5月

目 录

科技大数据中心资源建设与应用研究报告 1

江苏省科学技术情报研究所人才队伍分析与对策研究 39

基于二维码的档案管理系统的设计与实现 58

科研院所创新创业激励机制落地方案研究 76

江苏省科学技术情报研究所绩效管理研究 101

现代院所文化建设路径探究 122

构建新型科技宣传服务体系与管理机制的建议及分析思考 132

江苏省科学技术情报研究所内部激励机制建设研究 148

江苏省科学技术情报研究所大数据中心建设方案 178

新媒体融合推进科技期刊转型升级的对策研究 240

专利导航常州新能源汽车产业创新发展研究 319

基于江苏省科学技术情报研究所数据资源的大数据中心建设路径研究 367

长三角城市群智力资本测度及空间溢出效应研究 395

"科技创新智库"建设研究 419

基于科技档案数据的科技信息资源分析研究报告 439

江苏区块链技术跟踪研究 457

新形势下科研院所科技项目资金管理研究 492

机器人产业政策—技术路线图框架构建研究 502

江苏省科学技术情报研究所科技咨询业务发展竞争策略研究
　　——基于全省主要科技咨询机构情况分析 520

科研事业单位项目经费使用风险防控机制研究 541

政务大数据应用平台建设中相关技术研究 557

续表

描述项	内容	是否必选
来源项目	支持资源产生的项目信息	是
资源提供者	产生资源或拥有资源处置权并对资源质量负责的个人及单位信息	是
资源管理者	保藏、管理和对外提供资源服务的单位及联系人信息	否
元数据管理信息	项目数据汇交联络人相关信息	是

4.1.2 科技服务资源核心元数据规范

随着我国经济的快速发展，科技服务市场需求不断扩大，我国科技服务业呈现出快速发展的趋势。在新一代信息技术快速发展的条件下，线上线下结合的科技服务平台成为科技服务发展的新模式，但由于缺乏统一的数据规范，科技服务供需双方在需求提出、服务交付等方面存在信息不对称，加大了供需双方在信息和服务产品上对接的难度，科技服务资源也难以共享和交换。

科技服务资源作为科技创新活动的一个重要因素，贯穿在科技服务产业链条的全过程，对科技信息资源充分共享利用有着举足轻重的作用。为促成科技服务供需双方有效对接和科技信息资源的有效利用，对科技服务资源的规范化描述尤为重要，为科技资源统筹和科技服务集成提供了保障。

科技服务资源元数据主要由服务基本信息、服务团队信息、服务机构信息、服务价格、服务提供、服务交付物、服务质量评价等几个方面组成。其中，服务基本信息包括服务标识、服务名称、关键词、描述、服务类别、成功案例、适用行业、发布方、发布日期等。服务团队信息包括团队名称、负责人信息、成员信息、联系人信息、认证资格、团队描述等。服务机构信息包括机构名称、机构信用代码、机构性质、成立时间、业务范围、机构简介、机构人员组成、服务资质、机构荣誉、机构地址、机构网址、联系人信息。服务价格包括产品价格、收费标准、付款方式等。服务提供包括服务流程、服务周期、服务方式、服务地点、服务条件等。服务交付物包括交付物名称、交付物类型、交付日期、知识产权归属等。服务质量评价包括交付物质量评价、服务专业性评价、服务响应性评价、服务态度评价等（表5）。

表5 科技服务资源核心元数据规范

描述项	子描述项	内容
服务基本信息	服务标识	由系统自动产生，唯一标识资源
	服务名称	服务资源的名称
	关键词	描述服务资源的主题或内容的主题词
	描述	服务资源的文字说明
	服务类别	所属的科技服务类别
	成功案例	典型案例的服务过程描述
	适用行业	服务资源所适用的行业领域
	发布方	发布资源的机构名称
	发布日期	资源的发布时间

续表

描述项	子描述项	内容
服务团队信息	团队名称	服务团队的名称
	负责人信息	服务团队负责人的姓名、职务、业绩、学历、职称、从业经历等
	成员信息	主要成员介绍,包括姓名、职称职务、从业经历等
	联系人信息	服务团队联系人的姓名、联系电话、电子邮箱等
	认证资格	服务团队人员的业务能力水平、获得国家相关认证机构认证的情况
	团队描述	服务团队的文字描述
服务机构信息	机构名称	提供服务资源织机构名称
	机构信用代码	机构的组织机构代码或信用代码
	机构性质	依法成立的机关、企业、事业单位、社会团体等类型
	成立时间	服务机构成立的时间
	业务范围	对服务机构从事业务活动的简要描述
	机构简介	对服务机构成立背景、发展历程、组织结构等方面的文字说明
	机构人员组成	对服务机构中专业技术人员的专业、学历、职称的文字说明
	服务资质	服务机构获得国家或地方认可的资质证书说明
	机构荣誉	服务机构获得的来自客户、社会组织等方面的评价
	机构地址	服务机构的通信地址
	机构网址	服务机构的网站地址
	联系人信息	服务机构联系人的姓名、电话、电子邮箱等信息
服务价格	产品价格	服务机构对所提供服务产品指定的价格
	收费标准	服务产品的收费计算方式或收费计算单位等
	付款方式	对所提供的服务产品的付费方式及付费条件的说明
服务提供	服务流程	为客户提供服务产品的具体活动过程
	服务周期	提供服务产品所需的总时长
	服务方式	服务活动采用的工作方式,如线下、线上、线上线下相结合方式
	服务地点	提供服务活动的地点
	服务条件	提供服务的过程中客户应提供的场所、设备、人员等前提要素
服务交付物	交付物名称	向客户交付的成果名称
	交付物类型	向客户交付的成果类型,如报告、方案、技术文档等
	交付日期	向客户交付成果的时间
	知识产权归属	服务成果的知识产权的界定
服务质量评价	交付物质量评价	客户在消费、使用交付物的过程中及之后的一段时期内对其质量水平的实际感受
	服务专业性评价	客户世纪感受到的服务人员所具有的知识、表达自信和可信的能力,包括完成服务的能力,与顾客有效沟通
	服务响应性评价	客户世纪感受到的服务人员提供快捷的能力
	服务态度评价	客户在接受服务过程中对服务机构提供周到、个性化服务、主动积极服务的实际

4.1.3 科技资源元数据关联关系

大数据背景下,科技资源发现和推荐的关键是建立海量、多类型科技资源间的关联,并对其进行相关度排序。为了挖掘和发现科技资源之间的关联关系必须对科技资源元数据进行对象化处理。本文在科技资源关联分析中通过构建主题词典、机构词典、人物词典来构建科技资源数据模型,将科技资源进行对象化处理,挖掘科技资源之间的网络关系,实现对科技资源的关联与分析(图10、图11)。

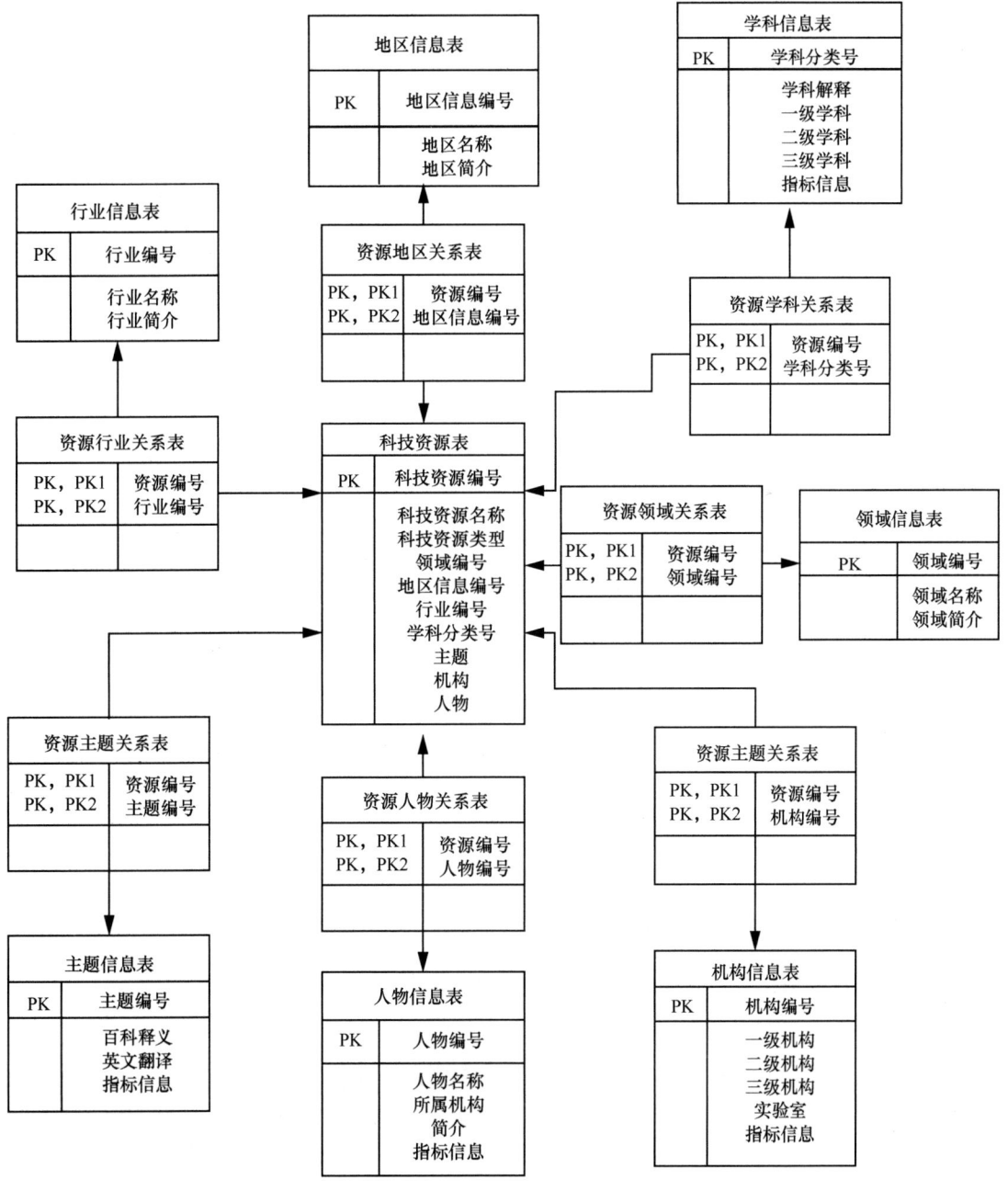

图 10　科技信息资源与各对象关系

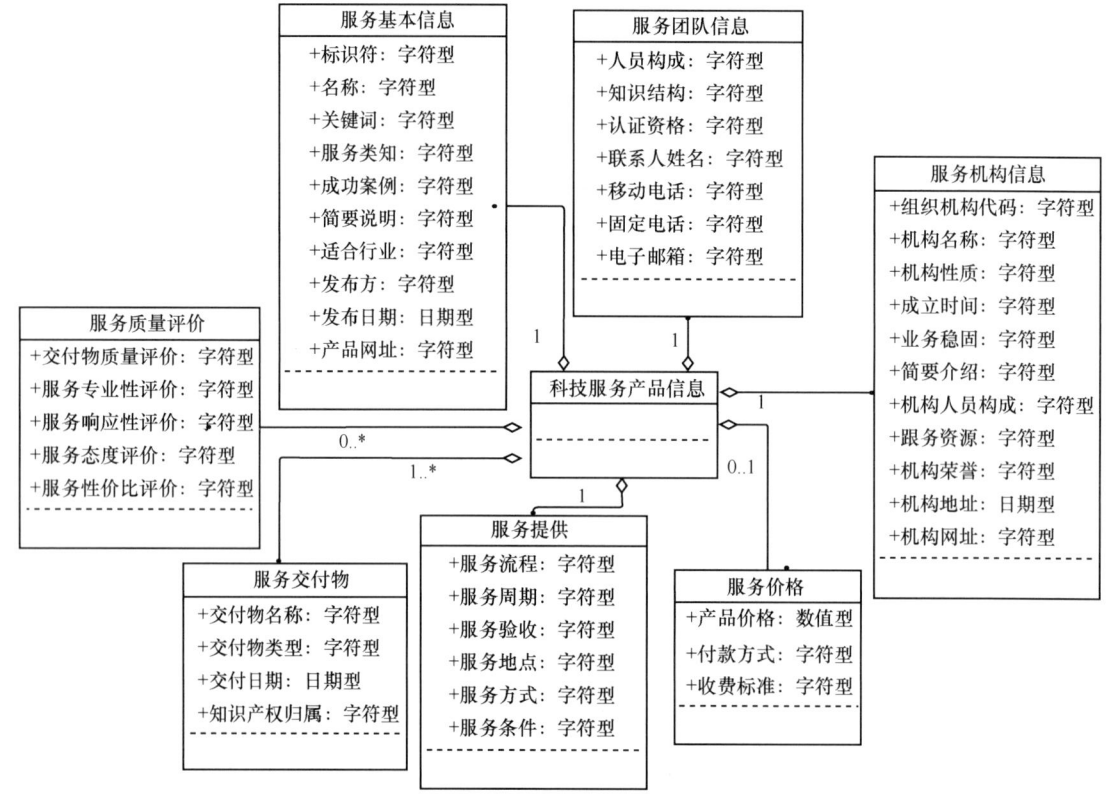

图 11 科技服务资源与各对象关系

①主题词典——基于 MESH 词表原理建立中文主题词表，利用卡方检验、词频筛选方法构建主题词表；马尔科夫模型、信息熵、潜在语义分析、模式识别、复述等方法识别错词、通用词与词间关系。主题词典包括主题词名称、英文名称、分类号、上位词、同位词、下位词、相关词等信息。

②机构词典——模式匹配、机构实体识别结合人工处理，完成机构标准名称规范、层级关系构建、机构变更关联等；机构词典包括一级机构名称、二级机构名称、三级机构名称及机构其他基本要素。

③人物词典——构建科研人员特征，利用机器学习算法（朴素贝叶斯、近邻传播等）完成科研人员重名消歧；人物词典包括姓名、机构、专业、职务职称等基本要素。

4.2 科技资源管理规范研究

科技资源具有形成、成长、成熟、衰亡的生命过程。在不同发展阶段会表示不同的价值属性。根据科技资源所处的发展阶段，在恰当的时间进行恰当的保存、配置和应用，使用户在科技资源生命周期的各个阶段都能以最低的成本获得最大的价值，实现科技资源全生命周期的管理。特别是在大数据背景下，科技资源种类繁多，随时都可能有新的资源类型出现，为了有效管理、合理利用科技资源，科技资源的集成整合利用的全生命周期管理过程都必须实现流程化、标准化、规范化的集中管理。

4.2.1 科技资源管理内涵

科技资源管理指的是各类科技资源管理主体在一定的环境和条件下，运用经济、行政、法律、技术等手段，对科技资源进行科学规划、有效开发、合理配置和高效利用，以使科技资源有效支撑科技创新活动，最终实现组织战略目标的过程。科技资源管理方式包括规划、开发、配置、共享等方式，其管理目的是实现科技资源优化配置和高效利用，使科技资源能够有效支撑科技创新活动，并最终实现科技资源管理主体的战略目标。

从管理五要素出发而形成的科技资源管理的定义，结合科技资源特征和管理实际的需求，可从科技资源的微观管理、科技资源的管理方式和支撑手段等维度构建科技资源管理的内容框架。在微观管理层面是根据生命周期管理理论来分析科技资源的管理过程，在管理方式方面包括科技资源的配置管理、共享管理、服务管理和绩效管理研究，在支撑手段方面包括科技资源的政策法规和科技资源的信息化管理研究（图12）。

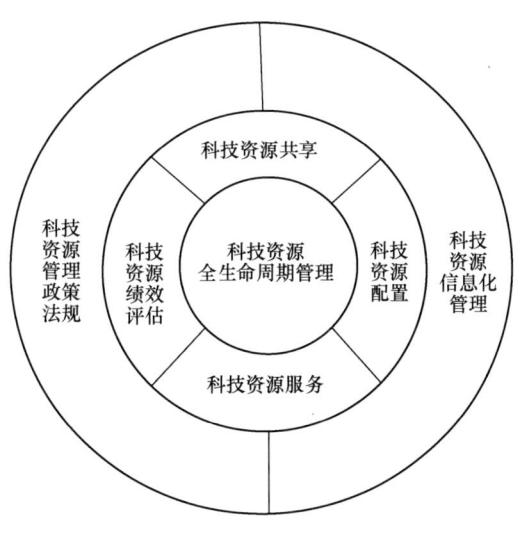

图12 科技资源管理框架

4.2.2 科技资源全生命周期管理过程

科技资源全生命周期管理过程主要包括科技资源管理的总体规划与设计、科技资源的生产与获取、科技资源的加工与维护、科技资源的服务与利用、科技资源的处置等环节。

在总体规划与设计阶段涉及宏观、中观、微观3个层面。在宏观层面上，从政策上对科技资源进行宏观配置与管理，促进国家、区域财政资金投向政策的变化。在中观层面上，对地方及地方所属的行业、领域等科技资源配置与管理的政策、计划和规划。在微观层面上，规划科技资源采集的范围、数量、质量要求，评估采集、加工与维护成本，以及配套的管理设施和人员。

在科技资源生成与获取阶段，不同类型的科技资源有着不同的生产与获取方式，如大型仪器设备主要包括对大型科学仪器的生产、购置、租赁等，科技信息资源包括科技信息的创建、采集、处理和转换、整合等。

在科技资源加工与维护阶段，按照科研利用需求，对科技资源进行分类、标记、保存、保护，保证科技资源管理系统正常运行。

在科技资源服务与利用阶段,针对用户需求,可以通过互联网、光盘、邮寄等多种方式将科技资源传递到用户手中。

在科技资源处置阶段,由于科技信息的不断更新,有些数据在一段时期后,没有再继续保存的价值,必须制定相关政策,对没有保留或保存必要的数据进行适当的处置。

科技资源全生命周期管理过程中,不同阶段科技资源的开发价值和潜在价值也在不断发生变化。总体规划与顶层设计阶段是对科技资源价值的评估评价;科技资源获取阶段是对科技资源初始价值的确认;科技资源加工分析与维护过程中产生科技资源的价值增值,并将价值增值反馈到科技资源生产阶段;科技资源服务利用阶段将科技资源价值转移到用户手中,同时会将科技资源的利用情况和进一步用户需求反馈到科技资源加工、科技资源生产等环节,以指导科技资源的生产、加工和存储;科技资源处置阶段科技资源价值不断弱化最终消亡,或者成为再生产和加工的原料,从而获得再利用的价值(图13)。

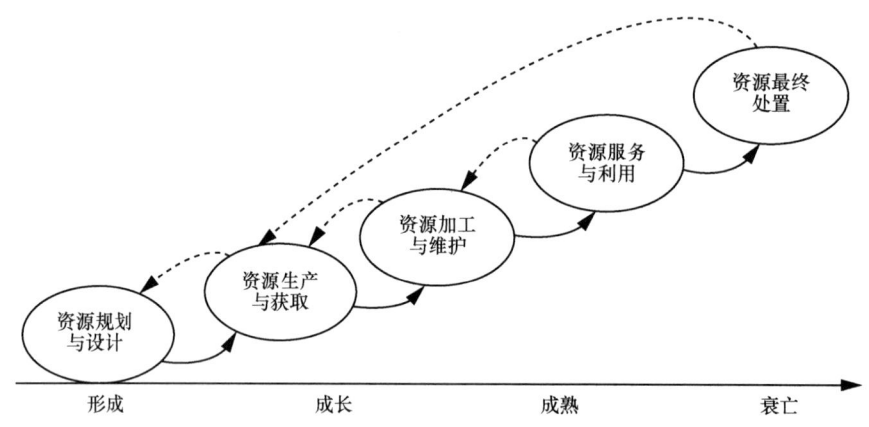

图13 科技资源全生命周期管理过程

4.2.3 科技资源管理规范研究

科技资源管理规范研究目的在于规范科技资源采集、组织、存储、利用及清理等科技资源全生命周期管理流程,实现科技资源标准化、流程化管理。马尔香和霍顿提出了信息生命周期管理模型,认为该管理过程包括信息的创建、信息的采集与转换、信息的组织、信息的存储与利用、信息的清理6个阶段(图14)。

(1)科技资源的创建

科技资源的创建即科技资源的产生过程。对于科技

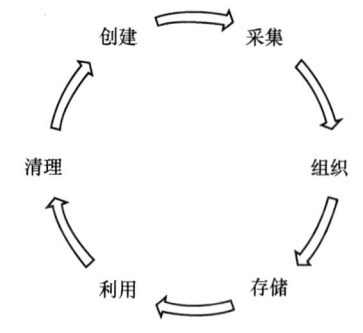

图14 科技资源全生命周期管理模型

服务机构来说,科技资源的产生主要有两种方式:一种是科技服务机构外部类似于科技文献资源,该类资源是通过对资源的用户需求分析制定资源采购规划购买而产生的;另一种是伴随着科研活动的进行而不断产生的,如科技计划项目、科技统计数据、科技查新报告、战略研究报告等。随着信息技术的不断发展和普及,新的科技资源数量也会快速增长。

（2）科技资源的采集与转换

科技资源采集是科技资源生命周期管理的重要环节，也是科技资源更好开展服务的重要基础。通过全面、深入地研究科技资源采集，可以清楚地确定其使用制度、标准规范和相关要素，保证科技资源生命周期管理的顺利开展。在科技资源采集与转换过程中，制定资源采集原则，确定采集来源，规范采集标准和流程，从资源的广度、向度、精度、真度、融度和速度等方面保证资源的采全率、采准率、及时率。

（3）科技资源的组织

科技资源组织是指对科技资源采集的结果进行组织。从各个渠道收集的信息需要经过选择、描述揭示、加工、序化、存储，才能形成信息资源，才能将无序信息变成有序信息，供用户使用。通过科技资源有序组织，从而提高科技资源生命周期管理的质量和效率，同时可以尽可能地减少科技资源的浪费和流失。科技资源组织包括研究制定资源分类标准和构建科技资源指南。

（4）科技资源的利用

科技资源利用的方式多种多样，包括阅读、下载、传输、集成等，根据信息资源内容、载体、格式不同而产生不同的利用方式，符合不同用户的要求。目前，科技资源的利用一般是通过利用构建平台来实现的。这些平台基本是实现资源的集聚、组织和发布功能的。

5 科技大数据中心资源集成技术研究

5.1 科技大数据中心构建技术方法

5.1.1 大数据相关技术

科技大数据中心构建技术与大数据技术的 5 个核心部分类似，分别为数据采集、数据存储、数据清洗、数据挖掘、数据可视化。针对科技大数据中心的构建技术方法，本文从 4 个方面进行阐述。

（1）数据采集

科技大数据的采集，就是采集各种来源（如科技文献资源、网络科技新闻资源、科技政策资源等）的结构化和非结构化海量数据。在采集的过程中，本文拟采用 ETL 工具负责将分布的、异构数据源中的数据如关系数据、平面数据文件等抽取到临时中间层后进行清洗、转换、集成，最后加载到数据仓库或数据集市中，成为联机分析处理、数据挖掘的基础。针对网络上需要采集的科技数据，借助网络爬虫或网站公开 API，从网页获取非结构化或半结构化数据，并将其统一结构化为本地数据。同时科技大数据还涉及相当数量的文件采集，本文利用 flume 进行实时文件采集和处理。运用这些技术共同保障科技大数据的实时完整。

（2）科技大数据预处理

科技大数据预处理是在进行数据分析之前，对采集及集成的原始数据进行"清洗、填补、平滑、合并、规格化、一致性检验"等一系列操作，目的是要提高科技大数据质量，为后续的分析工作做基础，科技大数据预处理包括 4 个部分：科技数据清理、科技数据集成、科技数据转换、科技数据规约。

科技数据清理，指利用 ETL 和 Potter's Wheel 等清洗工具，对遗漏数据（缺少感兴趣的属性）、噪声数据（数据中存在着错误或偏离期望值的数据）、不一致数据进行处理。遗漏数据处理方法：用全局常量、属性均值、可能值填充或直接忽略该数据。噪声数据处理方法：用分箱（分组原始数据，并分别对各组数据平滑处理）、聚类、计算机人工检查、回归等方法，去除噪声处理。科技数据集成，旨在把来源不同的科技数据合并存放到统一的数据库。该过程着重解决 3 个问题：模式匹配、数据冗余、数据值冲突检测与处理。数据转换，指对所抽取出来的数据中存在的不一致，进行处理的过程。它同时包含了数据清洗的工作，即根据业务规则对异常数据进行清洗，以保证后续分析结果准确性。数据归约，指在最大限度保持数据原貌（尽可能保持数据完整性）的基础上，最大限度精简数据量，以得到较小数据集的操作，包括数据立方聚集、维归约、数据压缩、数值归约、概念分层等。

（3）大数据存储

科技大数据结构复杂，而 Hadoop 拥有善于处理半结构化或非结构化的数据、复杂的 ETL 流程、复杂的数据挖掘和计算模型等优势，因此中心平台通过扩展和封装 Hadoop 来实现对科技大数据的存储和分析的支撑，并采用云存储与分布式文件存储等基础架构来适应科技大数据的增量变化，提高存储效率，实现规模效应和弹性扩展，降低运营成本，避免资源浪费，保证数据安全。

（4）大数据分析挖掘

科技大数据的分析是指从可视化分析、数据挖掘算法、预测性分析、语义引擎、数据质量管理等方面，对杂乱无章的数据，进行萃取、提炼和分析的过程。科技资源经过可视化分析，即借用图形化工具针对分散异构的科技数据进行关联分析，做出完整分析图表。令中心用户能够简单明了、清晰直观地接受各种分析结果。针对各种不同的科技数据类型和格式使用与之相适应的数据挖掘算法，针对特定类型的模式和趋势进行查找，并用分析结果定义创建挖掘模型的最佳参数，并将这些参数应用于整个数据集，以提取可行模式和详细统计信息。尤为重要的是，需要对科技大数据进行预测性分析，通过结合多种高级分析功能（特别统计分析、预测建模、数据挖掘、文本分析、实体分析、优化、实时评分、机器学习等），达到预测不确定事件的目的。主要可用来预测科技研究热点，主题热度趋势等各种将来事件，为政府和企业调整战略提供依据。在科技大数据检索时还需要采用语义引擎技术，为已有的科技数据添加语义，提高用户的检索体验。最后在科技大数据全生命周期的每个阶段中（计划、获取、存储、共享、维护、应用、消亡等）可能引发的各类数据质量问题，进行识别、度量、监控、预警等操作，以提高数据质量，为获得准确的分析结果提供保障。

5.1.2 整合方式

构建科技大数据中心需要整合的资源包括一切可以直接或经过开发后间接为科学研究和技术创新活动提供价值的资源。科技资源可分为科技财力资源、科技人力资源、科技物力资源和科技信息资源。在整合这些资源时，不仅要集成国内外已有的知网、万方、维普及其他海量的数据库资源，如科技数据资源、自然科技资源、科技人才资源、大型仪器等数据库，并且还需要集成包括科技服务产品与科技服务对象在内的科技服务资源。同时对海量信息资源中的行业信息进行分析、重组，形成符合用户需求的深度加工的知识信息及专业的情报检索服务，实现信息资源的深度挖掘和增值服务。

目前，大量的科技大数据中心不仅能解决日益增长的海量数据存储、高性能的计算服务、多样的业务服务，还能整合现有资源，保护现有资产。服务总线方式是实现系统整合的一种流行手段，该方式不仅可以满足基于服务的设计（SOA），而且可以实现业务流程的再造和重组。可以将旧科技系统中的数据和服务接入云平台上。科技大数据中心要整合的科技资源在数量上也是不断增加的，以往以web界面为基础的整合方式虽然技术上很简单，然而各个资源之间是相互独立的，没有必要的数据交换，更谈不上对所有的资源进行有效的分析利用，最明显的缺点是用户使用每个资源时仍然要按照对应的身份验证，实用商业会存在很大的麻烦和不便。随着各种类型资源的增多，对这些资源的管理难度会大大增加，整个大数据中心的安全性也会得不到保障，所以在整合的时候要开发设计统一登录的身份认证系统，以此来保证系统的安全性，也便于对中心平台的资源管理、用户管理。

以江苏省的所有科技资源为例，将所有资源分为三大类：服务类、数据类、管理类。其中，服务类的科技大数据包括成果交易产权一站式服务、物联网智能化技术服务、经济社会信息服务、科技中介服务、众创空间；数据类的科技大数据含有包括所有科技资源的一站式检索及创新能力数据的统计数据；管理类的科技大数据包括创新政策、项目管理、政务公开、开放合作、知识产权、科技前沿的相应数据。

按照以上整合方式建设科技大数据中心，不仅提供科技资源的共享，而且实现在线科技服务的功能，整合了科技服务的机构、服务窗口及机关业务员，构建了多功能、多系统的科技大数据中心，从而打造本地区的科技服务门户网站。能够最大限度地实现江苏省内的科技资源共建共享，避免资源重复购置，使之成为政府决策、企业创新的信息资源支撑平台。

5.1.3 大数据技术发展现状及平台架构

Hadoop的核心组件包括HDFS和MapReduce，HDFS提供海量数据的存储能力，MapReduce提供海量数据处理的编程接口。HDFS具有分布式、高容错的特点，能够部署在廉价的PC机上，对硬件能力要求较低。数据存储采用HBase分布式数据库，与传统的关系型数据库不一样，HBase基于列模式映射的非关系型数据库，而RDBMS是关系型数据库。在存储数据方面，MapReduce与传统的RDBMS还是有很大区别的，具体对比如表6所示。

表6 MapReduce和RDBMS的对比

指标名称	RDBMS（关系型数据库）	MapReduce
数据大小	GB	PB
访问	交互性和批处理	批处理
修改数据	多次读写	一次写入多次读取
结构	静态模式	动态模式
集成度	高	低
伸缩性	非线性	线性
数据结构	结构化数据	结构化数据、非结构化数据

科技大数据资源的数据类型多种多样，既有结构化的数据又有非结构化的数据，因此更适合使用HBase型数据库存储方式，所有其他的类型都可以由用户自己设置。对于科技大数据资源，整合上需要频繁的更新，用户使用上需要大量的查询分析，因此对数据的操作会很频繁，使用MapReduce程序可以方便实现上述功能操作。在存储模式方面，HBase是列式数据库，随着存储数据量的增大，HBase中的列族会被分为多个文件保存，同时列族不相同也会被保存在不同的文件中。而RDBMS则是行式数据库，数据以表结构和行模式进行保存，而不是像HBase那样存储在文件中。在查询数据时，HBase能很快找到存储数据的文件，从而找到需要的结果，这样的效率比一般的RDBMS要高。数据维护方面，HBase的更新过程与RDBMS有很大的区别，HBase在进行数据更新时，原有的数据并不会被删除。HBase中默认的版本数为三，当保留的数据达到三时才会去删除较老的数据，因此HBase的数据更新实际上是增加新的数据然后删除较老的数据。数据表中的Timestamp相当于版本号用来标记数据的更新时间。而传统的RDBMS的数据更新实际上就是对原先数据值的修改。目前科技发展迅速，对科技大数据更新和维护有着极高的要求，因此采用HBase的数据维护方式更适合。构建成大数据中心后，随着时间的推移，仍然需要对其进行扩展更新，然而传统的关系型数据库进行扩容很复杂，需要中间件才能实现。HBase数据库的可伸缩性很强，当HBase集群需要扩容时，通过增加服务器的数量就可以简便实现。

因此基于上述原因，无论从数据存储模式、操作、维护、扩展方面都是HBase的数据库更适合科技大数据中心平台。

为构建上述科技大数据中心，实现科技资源的集成与共享，克服传统的科技资源共享平台存在的缺陷，本文利用大数据技术架构进行科技大数据中心平台的设计，其总体架构如图15所示。

在硬件需求方面，计算机设备主机的选择上由于Hadoop系统对于服务器没有硬件要求，一般的硬件都能支撑Hadoop集群的运行。一个MapReduce任务来说，使用Java语言编写程序需要内存至少在1GB以上，这样才能保证任务的分发。在CPU要求上受到I/O的制约，不是主频越高的CPU越好，主频越高的CPU会造成资源的浪费，所以选择一个好的CPU才能更好地利用资源。在服务器磁盘的选择上，因为Hadoop的作用是对大数据及超大数据的存储与处理，所以对磁盘空间的要求是越大越好。但是，在实际应用中，也会出现由于单个节点的磁盘容量过大导致这个节点上存储的数据量过多，这样会使该节点分配的任务量大于其他节点上的任务量，就会影响整个Hadoop系统的运行效率，使得Hadoop失去并行处理的优势。因此在选择服务器时，尽量选择磁盘容量和性能比较接近的。Hadoop集群中网络的传输速度对集群的性能影响也是很大的，在选择交换设备时，使用千兆及以上的以太网，这样可以提高系统的整体性能。

本文将科技大数据中心支撑平台分为两部分：数据平台和分析平台。数据平台主要使用HDFS进行存储无结构数据、采用Mongo DB进行存储结构化数据。索引数据采用Lucene和Elasticsearch弹性搜索技术。分析平台，主要运用Deep learning和通用图形处理器技术来实现智能分析功能。

科技大数据中心还提供情报服务，主要完成面向情报数据的情报服务功能，包括情报数据的搜索和标注功能；分析服务功能则提供预测、规划及博弈等功能。

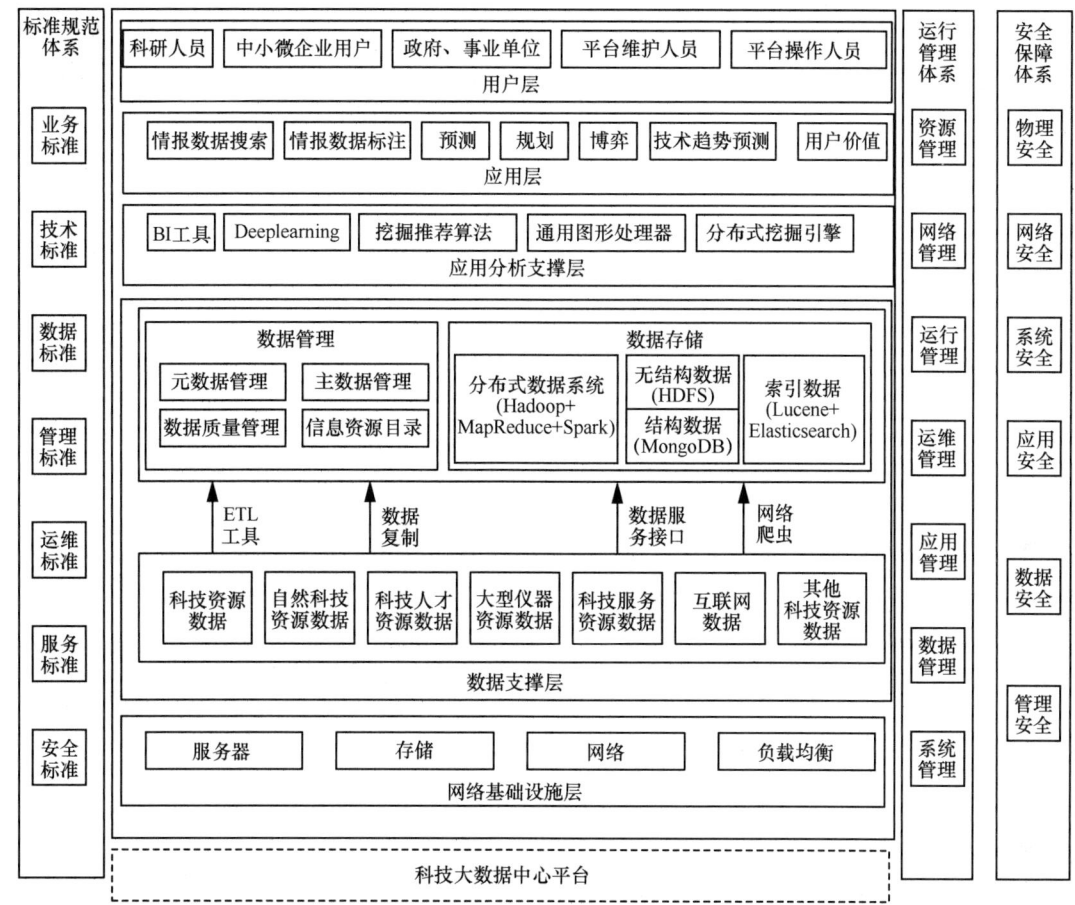

图 15　科技大数据中心平台总体架构

科技大数据中心的目标之一是挖掘用户价值，除了达到初级的情报获取和情报提炼的目的，还致力于完成技术趋势预测的高级目标。

5.2 科技资源共享平台建设

科技资源共享平台的建设可分为 4 个时期，即平台建设期、平台发展期、平台成熟期和平台转型期。在最初的平台建设期间，平台主要关注科技资源的汇集和整合，典型特征是"共享平台有什么资源就提供什么服务"，即被动等待需求。注重科技资源整合的可用性，将现有资源最大化利用。

平台发展期在大规模整合科技资源的同时，关注高新技术企业及其他科技型中小微企业的创新创业需求，典型特征是"用户有什么需求就整合什么资源"，即主动征集需求。这个时期更加注重科技资源的整合能力和获取能力，当用户需求来临时，即使暂时不能够进行服务，经过平台自身的学习更新也能够在较短时间内满足用户的需求。同时平台还能够去主动探索用户可能的需求，在需求到来前主动提升平台的服务能力，更好地为用户提供科技服务。

在平台的成熟期,各类科技资源都已初具规模,其现有服务功能也日趋完善。本质是以创新创业需求为导向进行加工、重组,实现了"不求所有,但求所用""资源在使用中体现价值甚至实现增值"的平台理念。注重平台科技资源的有效性,在双创需求的带动下充分利用每一份科技资源,寻找科技资源与用户需求之间的潜在联系,重新加工科技资源,挖掘科技资源背后的价值。

最后由于大环境进入互联网大数据时代,大数据技术的战略意义不在于掌握庞大的数据信息,而在于对这些含有意义的数据进行专业化处理。重点在于利用大数据进行精准营销,做服务转型,实现大数据的增值。共享平台也会与时俱进进入转型期,充分利用科技大数据的价值,应用先进的战略管理理论思想和管理方法,推动共享平台向更高级的云平台发展。

5.3 基于"互联网+科技服务"云服务模式研究

随着科技资源数量爆炸式增长,用户对科技服务的需求也在发生变化,呈现出多样化、复杂化、个性化等特征,为了更好地满足多方主体科技创新需求,实现科技需求与科技资源之间的快速匹配,不断适应大数据时代发展要求,科技资源共享服务平台也需要对服务模式进行创新。大数据、云计算和物联网等新一代信息技术的出现也促使了科技资源共享服务平台逐步向云服务模式转变。"互联网+"是互联网思维的进一步实践成果,推动经济形态不断地发生演变,从而带动社会经济实体的生命力,为改革、创新、发展提供广阔的网络平台。"互联网+科技服务"并不是简单的两者相加,而是利用信息通信技术及互联网平台,让互联网与传统科技服务行业进行深度融合,创造新的发展生态。

基于"互联网+科技服务"的云服务模式,旨在"以资源为中心"向"以用户导向为中心"转变,将科技资源汇集到云端,建立科技资源池。建立科技资源共享评估机制,促进科技资源共享的可持续发展。云服务模式主要具有以下几大特征:一是跨界融合,只有"互联网+科技服务"真正融合协同,科技资源服务群体智能才会实现,从研发到产业化的路径才会更垂直;二是创新驱动,原本粗放的科技资源驱动型增长方式早就难以为继,必须转变到创新驱动发展这条正确的道路上来;三是重塑结构,信息革命、全球化、互联网业已打破了原有的社会结构、经济结构、地缘结构、文化结构,科技服务业结构也会发生变化,更多类似于"科技淘宝"的服务形式会涌现出来;四是开放生态。一个重要的方向就是要把过去制约创新的环节化解掉,把孤岛式创新连接起来,让研发由人性决定的市场驱动,让创业并努力者有机会实现价值。

云服务模式采用公共云服务虽然成本低廉,但是使用灵活度不足,科技资源云服务可采用"基建即服务"(IaaS)的 IT 资源管理模式。IaaS 架构主要通过虚拟化技术与云服务结合,直接提升整个 IT 系统的运作能力,当前的 IaaS 服务提供商,如第一线安莱公司,会以月费形式提供具顶尖技术的软硬件及服务,如服务器、存储系统、网络硬件、虚拟化软件等。IaaS 能够让我们自由选择使用哪些软硬件及服务,可根据行业的需要、发展规模,建设适合自己的 IT 基建系统。这种服务模式拥有多重优势:其一,不必配备花费庞大的 IT 基建设备,却可享受同样专业的服务;其二,可根据业务发展的规模、需求,调配所需的服务组合;其三，当有新技术出现时，可随时向服务提供商提出升级要求，不必为增加硬件而烦恼；其四，IaaS服务提供商拥有专业的顾问团队，可免却系统管理、IT支持方面的支出。

基于此云服务模式，首先能满足用户的现实需求。通过建设科技资源池来实现用户对科技资源的检索和获取。共享平台可提供智能服务，实现智能分析和决策支持等功能，平台的数据可视化分析系统可根据一定的主题和划定区域，通过图层管理对不同类别数据进行统计分析和空间关联分析，满足多样化的科研需求。平台的辅助决策支持系统可为用户提供区域科技资源综合评价、产业集聚辐射能力评价等服务，帮助用户提高决策水平。平台还拥有专家在线团队，可以在线回答用户的专业咨询，帮助用户解决共享平台不能解决的科技需求。

云服务模式下的共享平台还能满足用户的潜在需求。由于现实需求的服务业务本身激发了用户对其他科技服务的潜在需求，当接到用户需求时能够主动识别需求类型，自动组合和筛选服务方案，通过微信、邮件、网站等多种媒介将服务解决方案推送给客户。一方面提高产品活跃度，将经过整理的信息资源和解决方案以网页的形式迅速转发至用户界面，实现用户的多层次需求，使得用户能够自己设定所需要的信息频道，并直接在用户端接收定制信息的实现方式；另一方面也提高用户对共享平台的依赖程度，增加用户黏度。同时还能够唤醒沉睡的用户，提高用户留存率。

除此之外，云服务模式下的共享平台还能满足用户的未来需求。针对不同的用户类型实现不同的应用。以用户为中心，针对科技服务业务的多种数据来源，包括终端（Web、App、H5、软件）的用户行为，后端服务器日志（Log）和业务数据（DataBase）。平台要实现根据业务分析需求，高效地采集散落各处的基础数据，构建扎实的数据仓库，永久沉淀科技数据中心的数据资产。运用大数据分析与挖掘分析业务表现从而驱动决策，这只挖掘了数据的部分价值。随着人工智能快速发展，在基础数据平台上，搭建多维数据分析模型，叠加学习算法，反馈到需求，从而驱动科技服务智能，让数据发挥更大的能量。做出用户画像，用数据了解用户，了解用户是谁，他们从哪里来，又在哪里流失，他们有哪些需求，从而找到新的增长点，还可以提高决策效率，如OA管理，从机构业务入手构建OA数据中心，以业务需求分类数据，实现机构内部管理。同时还可以根据客户的类型、用户行为及需求搭建CRM客户管理系统，方便及时定位客户，更好地进行精准服务。从项目管理的角度出发，可以分类分级管理各种科研项目，便于对项目的管理和跟踪。有各类科研数据为支撑，可以做出社科类的多种调研报告，支持深度研发。在领域内也可以设立跟踪团队，对领域内的科研数据进行分析融合，同时采用多种可视化展示方式，为用户提供多种针对性的服务。总之，云服务模式下的科技服务，更好地诠释了创新链介入到服务链中，最终达到服务价值升值的目的。

6 科技大数据中心资源分析与应用研究

6.1 现有资源分析

根据本研究对科技大数据的定义，在科技活动中人力、物力、财力及组织、管理、信息等所产生的基本数据,以及按照不同需求而系统加工的数据产品和相关信息都归于科技大数据的范畴,因此,江苏省科学技术情报研究所各个部门在业务活动中产生的数据都属于科技大数据。

课题组通过查阅历年工作年报、查看网站、面谈调研等方法,对各个部门的数据资源情况进行了调查,在对获取的资料进行分析、整理后,得到江苏省科学技术情报研究所数据资源情况表(表7)。

表7 江苏省科学技术情报研究所数据资源

资源类型	资源名称	所属部门
文献资源类	科技文献	文献中心
科技统计数据	科技统计数据	科技统计
科技报告	科技报告	科技档案
科技档案	科技档案	科技档案
政策信息	国内最新文件、参考资料	区域创新
	国内外最新科技创新政策动态	科技政策
	国内主要省市创新政策	软科学
研究成果	科技成果转化流程、文件、案例	科技政策
	产业跟踪规范、产业规划编制规范、产业地图等	产业中心
	科技创新规划、技术路线图,企业创新诊断,发展报告	企业创新
	企业研发机构案例	协同创新
用户信息、项目信息	科技查新用户	科技查新
	全省农业科技园区、高新技术企业	企业创新
	江苏省科技公共服务平台、江苏省企业重点实验室等	科技评估
	备案中介机构	科技经费
	省拨经费100万元以上的科技计划项目	科技经费
	省科技经费管理财务专家库	科技经费
	科技思想库(对现有科技思想库进行考核)	软科学
	软科学专家库	软科学
	历年软科学项目	软科学
	企业研发机构	协同创新
期刊、内参	江苏科技简讯	科技政策
	科技创新工程快报	科技政策
	无线互联科技	科技传媒
	江苏科技信息	科技传媒
	电动自行车	科技传媒
	江苏科技年鉴	科技传媒
	江苏省科技经费监管服务工作简报	科技经费
	创新参考	软科学

续表

资源类型	资源名称	所属部门
微信公众号	文献快车	文献中心
	电动自行车杂志	科技传媒
	江苏科技创新政策	科技政策
	江苏科技	科技厅
业务系统	查新业务系统	科技查新
	统计业务系统	科技统计
网络信息采集	51policy	软科学
	拓尔思	区域创新
	企业知识服务平台数据抓取	文献中心
协会、学会数据	个人会员、企业会员、行业咨询、专家评审、机构评审	情报学会、咨询协会、生物技术协会、翻译协会

从表7可以看出,江苏省科学技术情报研究所科技资源具有分散性、异构性、复杂性、多样性、海量性的特点,想要更好地利用,首先要进行分类,然后才能进行加工处理,形成大数据资源库。

按照文件类型,可以分为电子文档(pdf文档、office文档、数据库文件、图形文件、html文件等)和纸质文档(未经电子化的科技档案、科技报告等)。

按照获取途径,江苏省科学技术情报研究所资源可以分为:购买、收集、采集得到的数据资源,如科技文献、科技档案、科技成果、统计数据、政策信息等;研究、分析得到的数据资源,如研究报告等;生产、管理中得到的过程数据,如业务系统产生的数据等;对外交往中得到的数据,如单位对外服务的用户、对外合作的单位信息等。

科技资源按照要素可以划分为科技信息资源和科技服务资源,江苏省科学技术情报研究所资源也可以划分为科技信息大数据资源及在科技服务中产生的大数据资源。业务部门使用科技文献、科技档案、科技统计及从网上获取的政府文件、互联网资讯等科技信息资源,针对用户需求,提供科技服务,形成信息产品,而形成的信息产品本身也形成了科技信息资源(图16)。

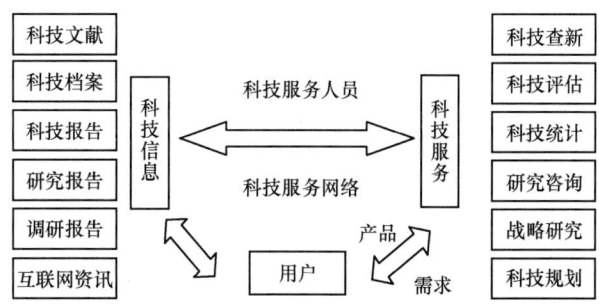

图16 江苏省科技情报研究所科技信息资源体系

为了使科技数据更好地服务于科技活动,首先要根据科技数据的文件类型(数据类型)

抽取元数据，然后按照大数据加工流程，形成元数据仓储。元数据仓储就像一份地图，可以为使用者指明方向：用户有数据需求时，首先在元数据仓储中进行检索，从而对需求的信息是否存在、由哪个部门所有等情况一目了然，能够大大提高所内数据资源检索的效率，各部门的资源也将充分共享，发挥最大化作用；将元数据仓储进行可视化展示，就形成了一份资源地图，能直观地反映出江苏省科学技术情报研究所科技资源的分布情况、长处及短处，对于发挥江苏省科学技术情报研究所科技资源的优势，优化江苏省科学技术情报研究所科技资源的结构，展示江苏省科学技术情报研究所科研发展成果，都能起到一定的促进作用。

大数据资源能够产生多大的效用，数据的质量起着基础性、决定性作用，江苏省科学技术情报研究所科技资源分散在各个部门；既有电子文档，也有纸质文档；既有结构化数据，也有非结构化数据；既有固化的数据，也有即时采集，需要调整加工的数据。因此，要对不同的数据进行规范化提取，统一资源标识，完整资源属性，利用技术手段加工处理，形成数据仓储。

6.2 科技资源挖掘与应用

当前科技资源信息是海量充沛的，如何在现有科技资源的基础上进行充分挖掘与深度应用是当前研究的重点方向，将科技资源信息转化为知识甚至智慧，是未来科技创新驱动发展的必然趋势。

在大数据背景下开展科技资源信息分析挖掘与利用的关键问题就是要找准需求。不同的用户有着不同的需求，从实际业务场景出发，本着解决实际的业务问题为目标，通过对用户进行用户画像，挖掘用户的科研兴趣、科研偏好，提升服务推广的精准度、推荐匹配度。分析当下现状，可知对科技资源的现行挖掘应用方式主要实现资源统一获取、个性化推荐、智能匹配，可通过用户行为分析、演变趋势分析、用户画像分析、数据关联分析等实现。

（1）科技大数据挖掘应用三大方向

资源统一获取是指通过整合知网、万方、维普及科技数据资源、自然科技资源、科技人才资源、大型仪器等海量的数据库资源，并且集成包括科技服务产品与科技服务对象在内的科技服务资源，打破异构信息壁垒，从而实现用户一站式检索。目前在这个应用方向有代表性的包括国家级的国家科技基础条件平台、国家科技大数据中心平台，以及地方区域性的科技大数据平台，如陕西科技管理一体化云平台、烟台市科技管理云平台、山东省科技资源管理平台、上海科技创新资源数据中心、内蒙古科技创新大数据云平台、首都科技条件平台、江苏省企业知识服务平台等。

基于科技资源的个性化推荐是指根据用户科技行为如浏览资源、下载资源、申报项目等，挖掘其潜在兴趣、需求等，从而个性化的推送符合其兴趣、需求等的科技资源及科技服务。这在很大程度上可以节约科技工作者的时间，提高科技工作效率，是广大科技工作者所青睐的服务方式。

科技资源的智能匹配是指自动实现科技资源及服务的供需对接。需求方包括科技工作者、中小微企业等，这些用户希望获取相关的各类科技资源、科技服务。供应方则包括科技信息服务机构（如科技咨询公司、网络信息平台等）、科技中介服务机构（如知识产权交易机构、创业服务中心等)、科技创新场所服务机构(如科技企业孵化器、高新技术产业园等)、科技人才服务机构(如人才中介、职业培训等机构)及科技检测服务机构等能够提供各类科技资源和科技服务的提供方。通过科技大数据的挖掘实现供需双方的智能匹配,可以提高科技运转效率,从而激发更大的社会活力。其中有代表性的是天津科淘网,在该平台上科技用户可以发布科技需求和科技服务,该平台负责实现供需方的对接。

(2)科技资源挖掘分析维度

用户行为分析需要界定科技用户行为的基本定义和表示方式,将用户分类梳理清楚基本数据结构,在此基础之上构建科技用户行为分析模型,针对不同类别的科技用户,分析其特征与差异性,并且在后续过程中能够根据用户的行为特征动态演变趋势预测出用户可能感兴趣的行为序列,是实现科技资源个性化推荐的前提,为提供深层次科技服务提供可能。

用户画像即用户信息的标签化,是建立在一系列数据之上的目标用户模型。用户画像根据用户的社会属性、生活习惯和消费行为等信息,抽取出一个或一类用户的标签,对用户信息进行结构化处理。用户画像的意义在于了解用户,预测用户的真实需求和潜在需求,精细化定位人群特征,挖掘潜在的用户群体,为媒体网站、广告主、企业及广告公司提供群体用户的差异化特征。用户画像在精准营销、移动用户行为研究、搜索引擎及个人信息管理方面都有很多应用。结合科技资源构建科技用户的用户画像,可以预测用户的科技需求,进而挖掘出其潜在需求,实现进一步的个性化推荐甚至从中挖掘出更多领域的合作点。以江苏省科学技术情报研究所为例,在构建各用户的用户画像的基础之上,可以分析查新用户经常查新的领域与方向,推断其查新的主要目的等,从而挖掘出潜在的需求,如申报相关领域项目、对专利分析有兴趣等,根据潜在需求寻找新的合作点,从而实现更深层次的服务与合作。

科技数据关联分析是从大量科技数据中挖掘出隐藏的关系,当前该分析应用领域甚广,多以科学数据为基础,探索其中关联主体之间的关联关系。例如,利用灰色关联分析法研究区域科技资源配置规模、结构和效果与地方高新技术产业竞争力的影响;挖掘科学数据的不同来源及科学数据与科技文献的不同关联模式研究科学技术与科技文献之间的关联关系,从而探索其中涉及的关键技术。其中社会化网络分析最受青睐,科技数据中包含各大主体,如企业、科技工作者、科技咨询公司、创业服务中心、人才中介等,将这些主体挖掘抽取出来作为各个节点,从科技数据中挖掘出各个节点之间的关系,探讨网络结构及其属性特征,从而挖掘出潜在的信息,如企业合作圈、科技服务圈、学者合作圈等,科技服务机构据此可以挖掘出潜在的深层次服务内容和方向,从而更好地为各大科技需求方服务。

7 科技大数据中心组织架构与建设建议

科技大数据中心作为江苏省科学技术情报研究所"一库三中心"近年来的战略目标之一,其建设的主要目的在于强化资源集成,夯实科技情报服务的数据基石,通过整合和利用各类数据资源、运用大数据技术,实现数据共享、挖掘与分析,加强特色资源和服务能力建设,打造江苏科技大数据建设与服务品牌。

7.1 科技大数据中心组织架构

根据科技资源生命周期将科技大数据中心的组织架构设置为资源建设部、技术支持部、资源挖掘分析与应用部、综合服务部。

（1）资源建设部

资源建设部主要职能为负责科技大数据中心资源的采集、整理、加工及维护等工作。由于江苏省科学技术情报研究所科技大数据中心的资源由内部业务产生和外部采购资源两个部分组成，资源建设部除了负责内部业务产生资源的采集加工整理外，还要负责每年外部资源的采购工作。

（2）技术支持部

技术支持部主要职能是为科技大数据中心正常运行提供技术支撑，主要包括科技大数据中心平台、数据采集加工及分析工具、分析应用的新方法新模型等方面的研发，还要负责大数据系统平台的网络和安全的管理与维护等。

（3）资源挖掘分析与应用部

资源挖掘分析与应用部主要负责对科技大数据的价值挖掘，包括对数据统计结果的甄别与分析，对数据分析结果的评估与展示，对用户数据需求的判断与反馈，负责基于科技大数据的产业监测、行业研究/评估/预测，以及用户需求的产业跟踪与监测等。

（4）综合服务部

综合服务部作为科技大数据中心的门面，主要负责科技大数据中心系统平台、工具、资源分析等业务的宣传培训与市场推广、售后服务工作，包括用户需求收集、使用结果反馈、市场销售与拓展、业务宣传与培训等。

7.2 科技大数据中心建设建议

7.2.1 建立完善的内部信息化管理系统

科技大数据中心的建设从初期来看最主要的还是科技资源的整合，资源整合涉及面较广，不仅仅是现有的科技文献、科技档案、科技统计，还包括了咨询业务中产生的科技查新报告、科技评估报告、战略研究报告、科技政策、软科学项目等资源。为了保证科技大数据中心的资源整合顺利进行，首要任务就是要对所内资源进行规范管理，管理最直接、最有效的办法就是进行内部信息化建设。从科技大数据中心建设的角度分析，江苏省科学技术情报研究所目前信息化管理系统的建设主要包括综合业务管理平台和科技大数据中心服务平台。

（1）综合业务管理平台

由于江苏省科学技术情报研究所业务基本上分散在各个业务部门，而各个部门之间的业务存在信息沟通不畅等问题，经常会导致与客户进行业务沟通时存在部门业务打架或者一个客户面对多个部门来服务等问题。同时，在项目建设或业务活动中，也存在项目重复性建设的问题。例如，在某产业跟踪方面，不同客户有同样需求，由不同部门承接，在项目实施过程中都是各自在完成，共享渠道不通畅，从而导致资源的浪费。科技大数据中心的建设也是以为用户提供精准、个性化多元服务为主要目标的,因此必须建立以客户为中心、以项目为单位的一体化综合业务管理平台,来实现客户的统一管理、业务的有效集成,实现江苏省科学技术情报研究所业务由单一服务向多元化服务转变,业务方向向纵深发展,不断促进服务质量和服务效率的有效提升,避免项目重复性建设,更好地支撑业务的拓展,增强用户的体验。

综合业务管理平台从功能上划分,主要包括客户管理系统和项目管理系统两个部分。客户管理系统主要用于实现对客户信息的集中统一管理与维护、客户需求的动态跟踪。项目管理系统主要用于实现江苏省科学技术情报研究所业务的综合管理。无论是纵向项目还是横向课题,都可以借鉴科研项目管理的思路,以知识管理理念为指导来实现项目管理系统的建设,对项目的管理、查询实现面向课题组、管理者及其他人员的分级分类管理。

(2)科技大数据中心服务平台

在综合业务管理系统基础上,构建科技大数据中心服务平台,通过创建江苏省科学技术情报研究所科技资源的核心元数据,集成江苏省科学技术情报研究所科技资源,实现从资源数据的采集、组织加工及挖掘与分析、应用和发布等全生命周期的规范化、流程化的资源管理。充分利用现有资源和用户行为等信息实现用户画像,为用户提供精准可靠的科技信息服务。

7.2.2 构建以用户需求为导向的竞争情报服务体系

竞争情报服务是科技情报服务机构为用户提供科技服务的一个重要手段,通过对经济、科技、社会和产业发展的动态监测与分析,为政府、企业、科研院所等创新主体的科学决策和竞争力提升提供有力的依据和支撑,从而服务科技创新工作。科技大数据中心通过建立广泛的信息搜集网络,着力提升信息甄别能力和信息挖掘水平,通过长期的数据跟踪和信息积累,构建以用户需求为导向的竞争情报服务体系,为科技智库、科技咨询工作提供有力的信息资源保障。

不同类型的用户对情报信息的要求不同,对于政府、园区、科研院所类的用户,关注的主要是产业方面的竞争情报跟踪,而对于企业类型的用户关注的不仅仅是行业热点,更多的是市场方面的信息,因此从用户需求出发的竞争情报体系分为基于产业的竞争情报体系和基于企业的竞争情报体系两种类型。

(1)基于产业的竞争情报体系

产业的发展是技术创新和产业创新相互促进、相互融合的过程。创新的过程不仅是科学、技术的革新,更是把已有的科技成果引入到企业/产业中去,形成新的经济能力,产业发展的过程也是创新的过程。产业竞争情报需要全面掌握技术和产业的动态性、应对性情报。建立基于创新链的产业竞争情报体系,立足于创新全过程,以创新链条为主线,展开产业竞争情报分析,以保证产业情报内容的全面性。

依据创新链的基础研究、应用研究、转移转化、商品化、产业化5个创新活动,确定产业竞争情报中的分析对象、分析内容、数据来源及分析方法。利用多源数据对各个分析模块进行分析,将国内外学术资源作为基础研究分析的数据来源;将国内外专利数据作为应用研究分析的数据来源;将政府部门和行业协会的网站及经济数据库作为转移转化、商品化和产业化分析模块的数据来源。完成创新链各模块分析后,从整体上分析创新链间的联动能力,并完成对基于创新链的产业整体态势分析。

根据江苏省科技创新工作要求和江苏省科学技术情报研究所业务发展需要,在科技大数据中心对重点领域、重点产业以小组形式组建产业跟踪团队,结合创新链,跟踪产业最新政策、最新产业趋势、新技术趋势、标杆企业和最新成果,建立产业监测专题数据库,开发相关的竞争情报分析工具和竞争情报服务产品,为科技智库、科技咨询工作提供产业监测数据支撑,对提高江苏省科学技术情报研究所科技服务水平提供有利条件。

(2) 基于企业的竞争情报体系

企业竞争情报服务与产业竞争情报有所不同,产业竞争情报服务多数是服务于政府决策、产业跟踪方面的服务,而企业竞争情报的服务对象直接就是企业。企业在不同时期的创新需求也不同,可以根据企业的生命周期规划建设企业的竞争情报体系。在企业初创期,企业创新意识淡薄,投入很少,没有专职人员,一般由企业创业团队兼职做情报的调研,对于竞争情报的需求主要在于创业产品的市场定位。在企业成长期,企业具有一定竞争情报意识,缺少具有专业技术的专职人员,由技术、市场部门人员兼职完成情报调研工作,竞争情报的需求更多表现为开发一款成功的新产品。在企业成熟期,企业逐渐具有创新的意识,也愿意投入,在企业内部会设立专职人员或兼职人员从事竞争情报调研及相关工作,对竞争情报的需求表现为科学规划企业战略发展方向、储备产生新兴销售增长点的创新项目。在企业衰退期,企业具有一定的创新意识,但资金不足,也缺少具有专业技术的竞争情报人员,对于竞争情报的需求表现为对现有产品进行技术改造或开发全新产品,重获竞争优势。

科技大数据中心可以依托现有的科技资源体系,分析企业所处阶段,为企业提供精准的企业竞争情报服务。通过对企业进行企业竞争情报培训,帮助企业构建企业竞争情报体系,提供新产品、新技术、竞争对手专题情报检索分析,为企业的新产品研发提供可行性分析,建立企业技术路线图,在产品转移转化及产业化方面提供科技政策咨询与服务,提供技术转移对接服务。

7.2.3 制定完善的大数据人才培养机制

在大数据环境下,信息专业人员必须掌握新的技能,使他们能够承担信息管理的新角色,即数据管理和内容管理。因此,传统专一学科的人才已经很难适应社会发展的需求。在大数据时代,我们需要数据的复合型人才,即能够将扎实的专业知识背景熟练运用到所在行业和业务领域中去,实现数据处理的无缝连接。大数据的人才类型主要包括数据技术人才、数据管理人才、数据安全人才、数据分析人才、数据政策人才、数据开放人才、数据科学家。其中,数据技术人才包括大数据系统研发工程师、大数据应用开发工程师、数据可视化工程师等。

数据人才作为科技大数据中必不可少的重要组成部分,也是江苏省科学技术情报研究所人才目前比较短缺的一部分。解决数据人才短缺问题,短期可以依靠引进,但长期还是要依靠内部培养。人才培养首要的还是政策扶持。在进行人才引进的同时,也应建立政策扶持体系,培训所内人才。例如,鼓励所内现有人才开办培训讲座,组织学习研究小组,吸引有兴趣的人员加入学习和交流,资助所内精英外出深造等。内部培养的主要路径有业务培训、所校联合、同行合作交流等方式。

（1）业务培训

业务培训主要是让在职职工能经常性地参加短期的业务技能培训，可以分为外出参会和所内组织两种。外出参会是指参加一些机构组织的如专利分析培训、大数据研讨、竞争情报分析之类的学术研讨会，这种方式既可以拓展员工的知识面，也能与同行进行学术交流，能及时了解和掌握技术发展动向。所内组织主要指业务主管部门或协会学会可以邀请知名专家、有经验的学者来所进行业务培训，这种方式成本相对较低，受益面更广。

（2）所校联合

所校联合是指与有大数据相关专业的高校进行联合培养。高校既是高素质人才培养的地方，也是前沿技术了解和掌握最快的地方，因此所校联合既可以满足高校培养学生对专业应用的需要，又可以满足江苏省科学技术情报研究所对人才的引进和培养及对前沿技术的掌握和应用的需要。所校联合可以采取"走进来"和"送出去"两种方式进行。"走进来"就是利用高校实习基地采取项目合作或长期联合培养等方式，将高校的研究团队参与到科技大数据中心建设中。"送出去"就是根据职工的特长和能力有选择地送到高校，参与到高校的专业课程培训，可以让职工对大数据知识特别是挖掘与分析技术有系统性、全面性的认识。

（3）同行合作交流

这里说的"同行合作交流"不是指同行调研，而是指选择一些在大数据建设经验比较足、技术及分析能力比较强的同行机构，如中信所等，与他们合作，进行为期一个月甚至几个月、半年的工作交流，深入他们单位，融入他们的工作环境，可以实地感受、学习和掌握相关工作经验和做法。

8　总结

人类从古到今利用数据征服自然、改造社会、服务生活，从19世纪90年代约翰·斯诺发现霍乱传染源，到"胡焕庸线"发现中国经济社会，还有我们身边的动态定价的专车及电商推荐商品，大数据一直就在我们身边。随着互联网、大数据等新一代信息技术的深入发展，科技大数据已逐渐形成规模。科技大数据中心的建设是通过对科技资源的整合、挖掘与应用，为政府、科研院所及企业等创新主体在科技创新的各个环节提供精准个性化服务提供了强有力的保障，充分发挥科技服务在科技创新链中的作用，将科技服务业与科技创新链充分融合，实现创新价值增值。作为科技服务机构，要在科技创新互动过程中担当着主体角色，担当好技术创新供需双方的桥梁，为科技创新工作提供有力的基础保障。

科技资源既是科技大数据中心建设的基础，它的好坏直接关系到科技大数据中心后续服务的内容和质量。本文通过对国内外科技资源建设及科技大数据平台现状分析，根据江苏省科技资源情况构建了江苏省的科技资源体系，研究科技资源标准与规范及科技资源实现从创建、采集、组织、存储到利用全生命周期管理，提出利用经典价值链理论将科技服务链融入创新链中形成支撑科技创新发展的科技服务产业链，利用大数据、自然语言处理、深度学习等新一代信息技术构建基于"互联网+"的科技服务云平台，实现科技大数据的分析应用。

本文最后结合江苏省科学技术情报研究所科技资源现状，从科技大数据中心的组织架构到运行提出建议，提出建立完善的内部信息化管理系统、构建以用户需求为导向的竞争情报服务体系及制定完善的大数据人才培养机制。

本文仅在科技大数据中心的资源建设方面进行了一些理论研究，今后还将就江苏省科学技术情报研究所资源进行科技资源整合、大数据分析与应用的实证研究。

课题负责人：王　飞
课题组成员：殷　铭　张丽军　于　阳　范　闯　高　璇　夏高云
撰　稿　人：王　飞

江苏省科学技术情报研究所人才队伍分析与对策研究

1 研究背景

宏观层面，加快科技人才队伍建设是科技体制改革背景下的必然选择。2015年，《中共中央 国务院关于深化科技体制机制改革加快实施创新驱动发展战略的若干意见》指出，要建设一支规模宏大、富有创新精神、敢于承担风险的创新型人才队伍；2016年，江苏省政府在《关于加快推进产业科技创新中心和创新型省份建设的若干政策措施》（江苏省科技创新"40条"政策）中提出，通过建立具有国际竞争力的人才引进制度、完善人才分类评价和支持机制等措施，加快适应创新发展要求的人才队伍建设；2017年在《江苏省"十三五"科技人才发展规划》中指出，"十三五"期间的主要任务之一是加大对优秀青年科技人才的培养，增强科技人才后备力量。由此可见，科技人才队伍分析与建设是我国科技体制改革的核心和关键。

微观层面，分析现阶段江苏省科学技术情报研究所人才队伍，优化人才队伍建设，是推动江苏省科学技术情报研究所创新发展的关键环节和现实要求。面对激烈的国内外同行场竞争，江苏省科学技术情报研究所不仅要完成江苏省科技厅等上级厅局交给的任务，还要完成横向创收的经营指标，不断提高职工的生活水平和幸福指数。需要实现员工满意的收入，必须不断提高科技创新、咨询、服务能力，增强单位核心竞争力。科技人才是提升单位核心竞争力的关键，是推动江苏省科学技术情报研究所创新发展的关键资源，因此，为保障单位的健康发展，组织目标的顺利实现，现阶段开展江苏省科学技术情报研究所人才队伍现状分析，加快人才队伍建设显得必要和迫切。

2 江苏省科学技术情报研究所人才资源现状分析

2.1 人才队伍结构

现阶段江苏省科学技术情报研究所有实体部门19个，实体1个，其中管理部门5个，业务部门14个，管理部门人员35人，业务部门143人，管理部门人员占比25%。截至2018年10月，江苏省科学技术情报研究所共有在职人员177人，其中，享受国务院政府特殊津贴专家1人，省级突出贡献专家3人，省"333人才工程"第三层次培养对象6人，正高级职称人员17人。博士10人，硕士100人，硕士及以上人员占比62.15%，为进一步了解江苏省科学技术情报研究所人才资源现状，现从人才队伍情况、人才学历、职称、性别比例、年龄、专业分布等几个层面展开具体分析。

2.1.1 人才队伍逐年壮大总体稳定

截至 2017 年年底，江苏省科学技术情报研究所共有在职职工 177 人，比 2010 年增加 39 人，年均增长比率 3.6%。其中本科以上人员 155 人，占比 88.07%，比 2010 年提高了 19.96 个百分点。硕士以上人员 107 人，占比 60.80%（图 1）。

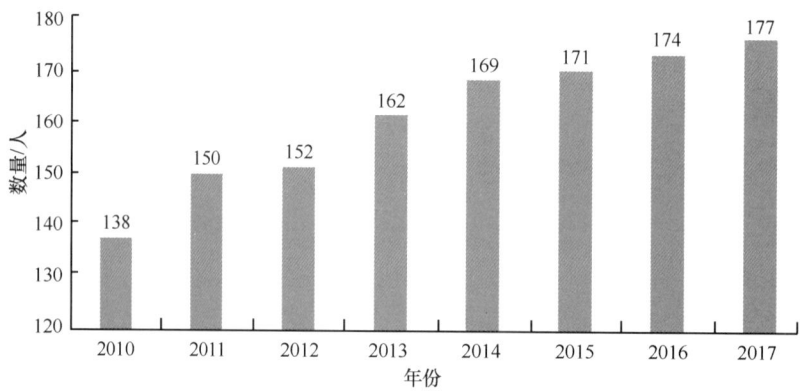

图 1 2010—2017 年江苏省科学技术情报研究所在职人员数量变化

2.1.2 高学历人才占比逐年增加

截至 2018 年 7 月，江苏省科学技术情报研究所在职人员中博士占 5.75%，硕士占 57.47%，本科占 26.44%（图 2）。2010—2017 年，江苏省科学技术情报研究所硕士研究生学历人员逐年增加，本科学历人员基本保持稳定，专科及以下人员逐年减少，这主要有两方面原因：一是公开招聘对人员学历的要求，除特殊情况，招聘岗位要求硕士研究生以上学历；二是低学历人员的退休（图 3）。

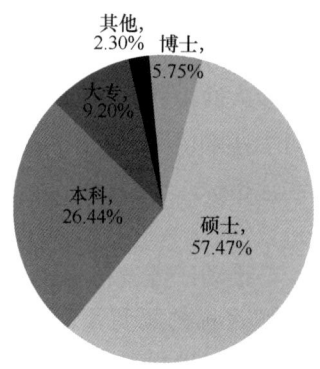

图 2 2018 年人员学历分布

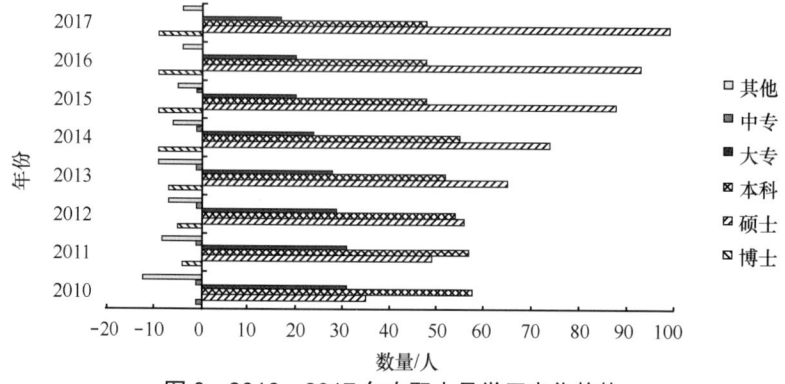

图 3 2010—2017 年在职人员学历变化趋势

2.1.3 中、高级职称人数逐年增加

截至2017年底,江苏省科学技术情报研究所有高级职称59人,中级职称74人,初级职称26人,高∶中∶初的比例为37∶47∶16,2010年三者之间的比例为25∶42∶33,经过7年的变化,高级职称人员占比提高了12个百分点,中级职称人员比例总体保持稳定,初级职称人员比例逐年下降。图4至图7显示了2010—2017年江苏省科学技术情报研究所高、中、初级职称人数及变化趋势。

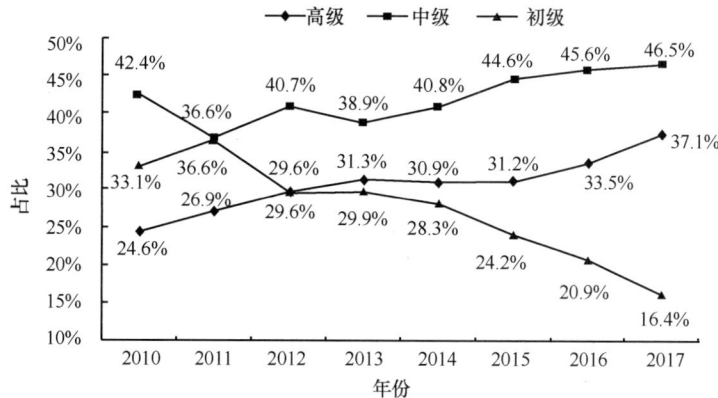

图4　2010—2017年各级别职称所占比例变化

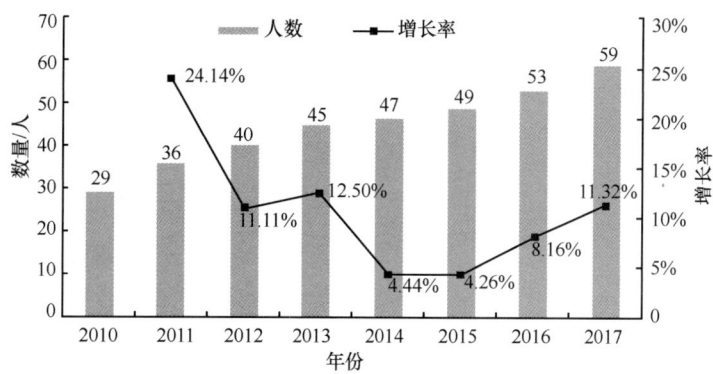

图5　2010—2017年高级职称人数及变化趋势

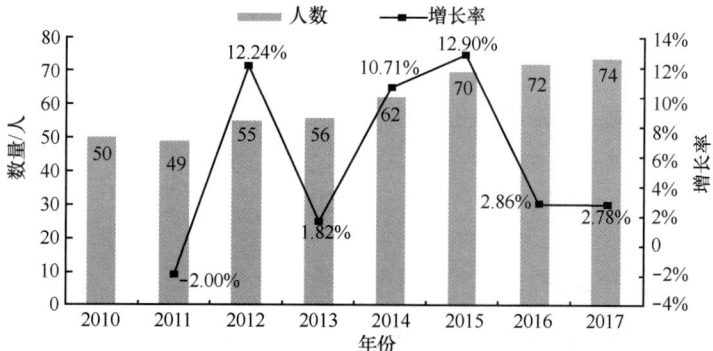

图6　2010—2017年中级职称人数及变化趋势

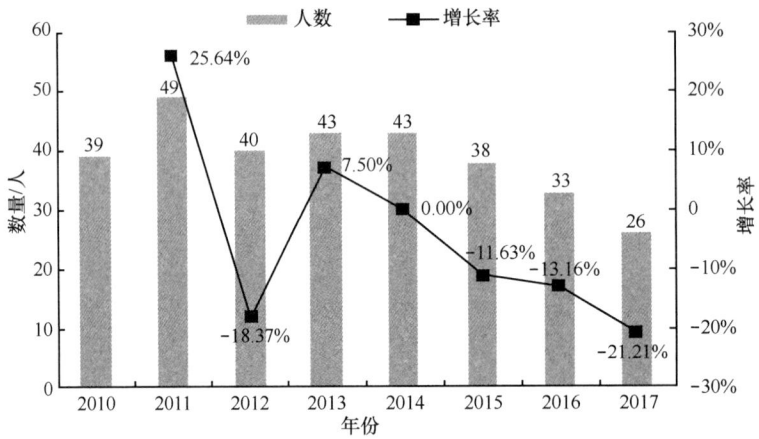

图 7　2010—2017 年初级职称人数及变化趋势

2.1.4　人才年龄结构呈年轻化态势

截至 2018 年 10 月，江苏省科学技术情报研究所平均年龄 39 岁，其中 35 岁（含）以下的 82 人，占比 46.07%；36~45 岁的 53 人，占比 29.77%；46~55 岁的 34 人，占比 19.10%；56 岁（含）以上的 10 人，45 岁（含）以下人员占比 75.84%，人才队伍整体呈年轻化态势（图 8）。

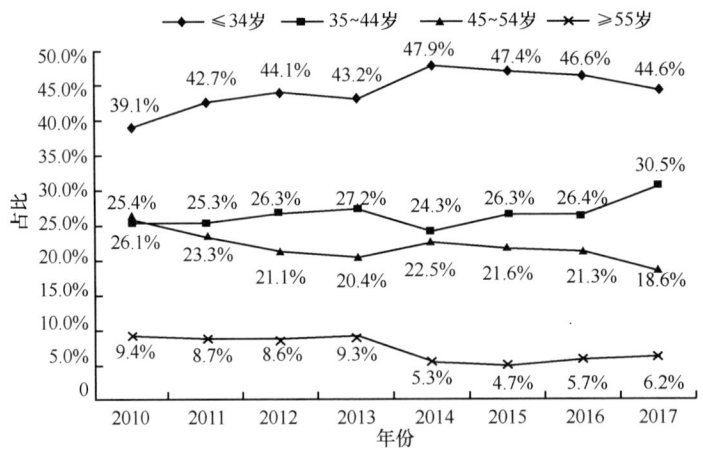

图 8　各年龄段人员占比分布

2.1.5　男女比例差距逐年扩大

合理的男女职工比例，是推动单位事业创新发展的影响因素之一，现阶段，受招聘渠道限制和影响，出现男女比例失衡且比例差距扩大现象。江苏省科学技术情报研究所自 2007 年实行公开招聘以来，共招聘 71 人，其中男生 26 人，女生 45 人，公开招聘的男女比例接近 3.7∶6.3（图 9）。

2.1.6　专业"寡头垄断"分布

根据《授予博士、硕士学位和培养研究生的学科、专业目录》（2008 年版）信息，按照江苏省科学技术情报研所在职人员所学最终专业进行分类，法学 11 人，工学 46 人，管理学 68 人，经济学 11 人，理学 11 人，历史 3 人，农学 4 人，其他 3 人（高中 2 人,未统计信息 1 人），文学 12 人，医学 3 人，军事学 1 人，艺术学 2 人，由图 10 可以看出，江苏省科学技术情报研究所"管理学"和"工学"背景的人才占比 65.15%，专业分布呈"寡头垄断"态势，此种专业布局不利于江苏省科学技术情报研究所业务长远发展。

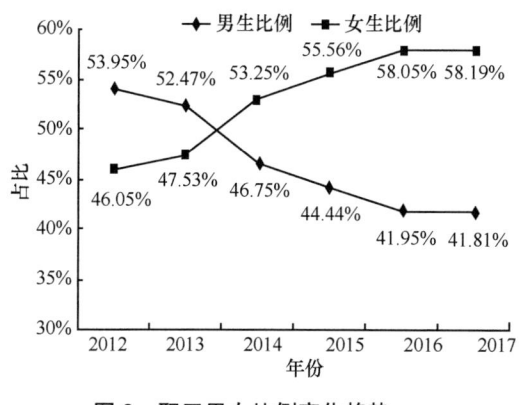

图 9　职工男女比例变化趋势

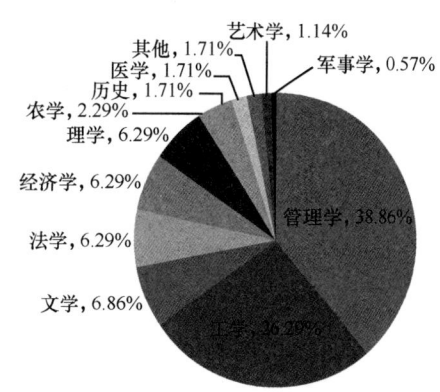

图 10　2018 年人员学科专业分布

2.2　人才研究能力和水平分析

2.2.1　工作态度积极主动

在关于江苏省科学技术情报研究所人才队伍发展的问卷上，设计了关于人员工作积极性方面的问题，在被问及"如果领导安排了有难度的工作，个人态度如何"，36.1% 的被调查者表示完全接受，自己想办法克服困难，62.5% 的被调查者表示基本接受，同时希望领导协助解决困难，这表明江苏省科学技术情报研究所人员总体工作态度积极，勇于挑战自我，具有较好的学习精神和进取精神（图 11）。

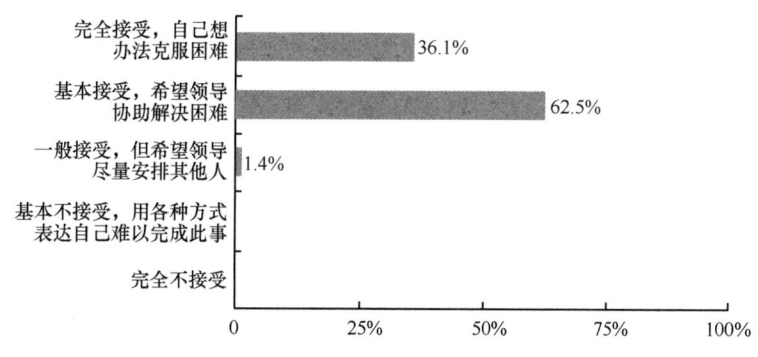

图 11　职工对待困难工作的态度分布

2.2.2　核心关键人才分布集中

项目课题负责人和核心期刊论文的发表，是一个人的研究能力和水平的直观体现，为了更好地了解江苏省科学技术情报研究所人员的科研能力和水平，基于江苏省科学技术情报研究所 2012—2017 年工作年报，对科技项目、重点任务负责人及核心期刊论文发表第一作者展开统计分析。

2012—2017年，江苏省科学技术情报研究所共承担并完成科技项目及重点任务80项，项目负责人28人，其中负责两项及以上课题人员12人，共负责课题64项。从年龄分段看，课题负责人35岁及以下的5人，36~45岁的11人，46~55岁的9人，56岁及以上的3人（图12）。

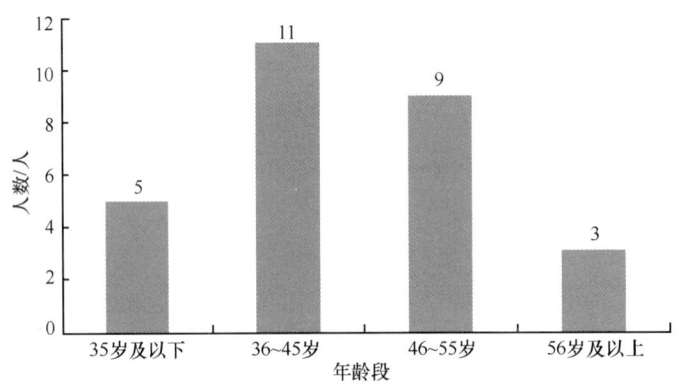

图12　江苏省科学技术情报研究所分年龄段课题负责人人数统计

针对主持两项以上课题人员的统计，50岁以上人员3人，负责课题38项，46~50岁人员4人，负责课题17项，36~45岁人员4人，负责课题11项，35岁及以下1人，负责课题5项（表1）。

表1　负责两项以上课题人员按年龄划分统计

年龄	人数/人	负责课题数/项	平均负责课题数/项
35岁及以下	1	5	5.0
36~45岁	4	11	2.8
46~50岁	4	17	4.3
50岁以上	3	38	12.7

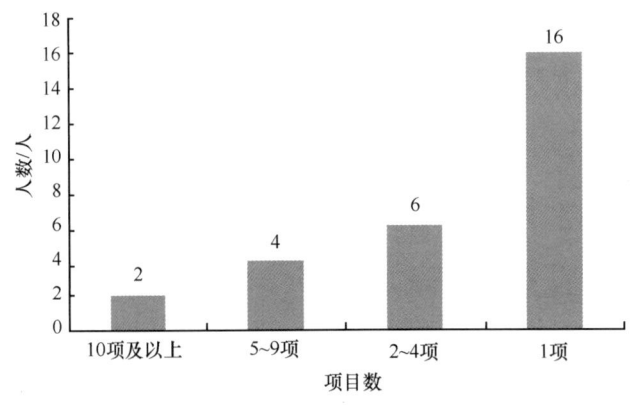

图13　按课题负责项目数统计的课题负责人人数

针对项目负责人28人（图13）的职称、学历、行政岗位和进所时间统计发现，职称方面，高级职称人员占比75%，学历方面，硕士及以上职称人员71.43%；在项目负责人性质职务层面，主任和副主任占比64.29%，项目负责人在所工作时间基本超过5年，占比85.71%（图14至图17）。

通过上述统计数字发现，江苏省科学技术情报研究所科研领军人才主要集中于高级以上职称的具有一定行政职务的科研人员，他们进所时间一般超过5年；值得特别关注的是，在无行政领导职务的8名人员中，中级职称和副高级职称人员各4名，此部分人员将是江苏省科学技术情报研究所科研人才的后起之秀。

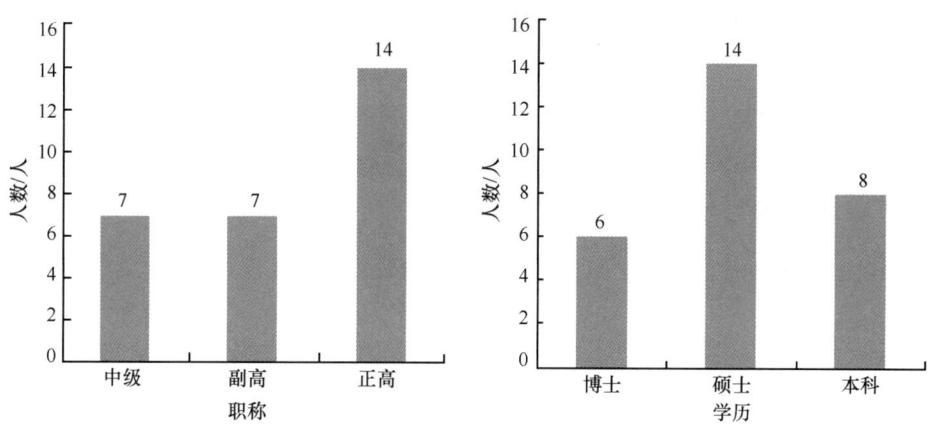

图14 项目负责人职称统计　　　　图15 项目负责人学历统计

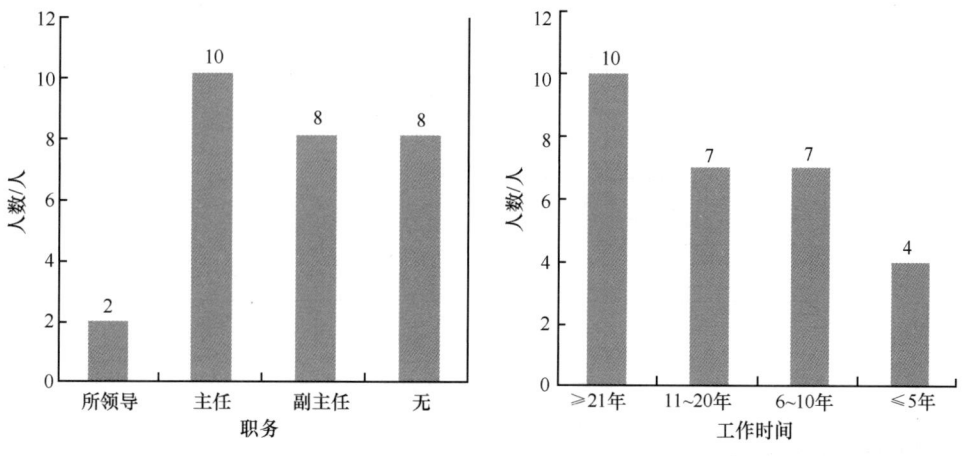

图16 项目负责人行政职务统计　　图17 项目负责人工作时间统计

2.2.3 业务骨干人才分布均衡

相对于课题申请，论文的发表对职称、资历等方面的限制较少，是研究水平更为直观的体现。通过对2012—2017年江苏省科学技术情报研究所发表核心期刊论文的统计，江苏省科学技术情报研究所人员在5年内共发表核心期刊论文32篇。具体核心期刊论文第一作者的年龄分布，呈理想的"金字塔"状态（图18）。具有发表核心期刊论文的此部分人员，将是江苏省科学技术情报研究所科研人员的主要主力军。

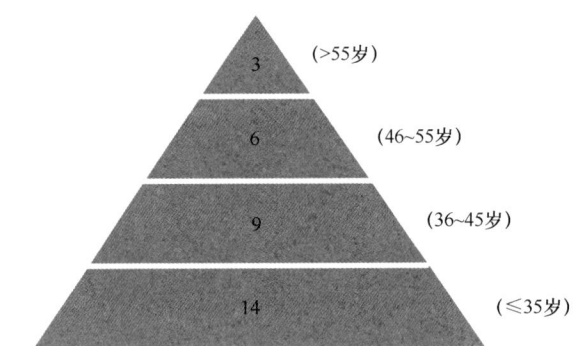

图18　2012—2017年度核心期刊论文发表第一作者按年龄分布

2.3　人才管理保障分析

江苏省科学技术情报研究所人员发展路径如图19所示。

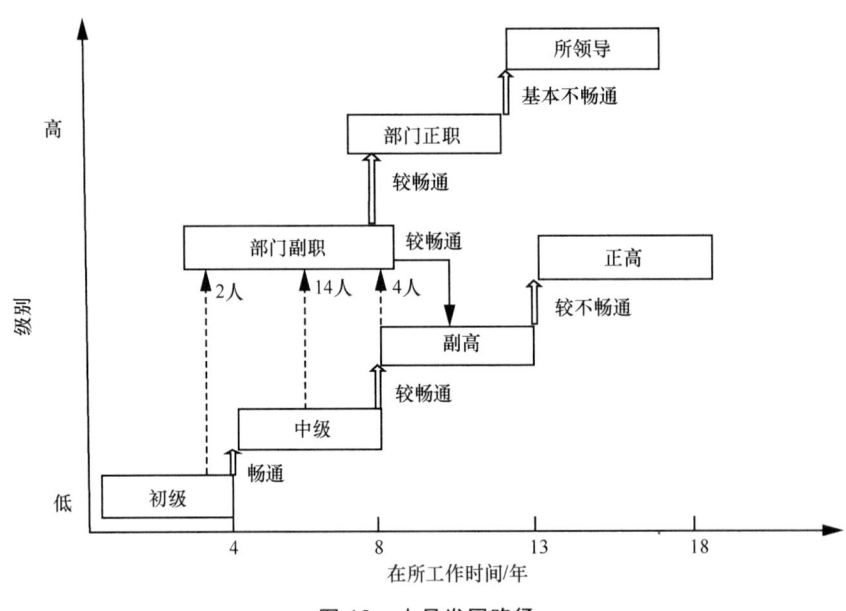

图19　人员发展路径

2.3.1　制度建设有待完善

对江苏省科学技术情报研究所人才管理制度汇总发现，现阶段正在执行的3项制度是江苏省科学技术情报研究所先进评比与表彰奖励办法（试行）、江苏省科技情报研究所考勤和假期管理办法、江苏省科技情报研究所专业技术职务聘任管理暂行办法，对于职工培训、岗位绩效分配等制度，内容已部分或全部不适用，需更新或重新制定（表2）。同时欠缺个人绩效考核等制度规范。

表2 人才管理制度汇总

序号	制度名称	执行时间	执行情况
1	江苏省科学技术情报研究所先进评比与表彰奖励办法（试行）	2017-12-15	正在执行
2	江苏省科技情报研究所考勤和假期管理办法	2017-07-19	正在执行
3	江苏省科技情报所职工培训与进行管理办法（试行）	2011-11-30	部分内容不适用，建议修改
4	江苏省科技情报研究所绩效考核分配方案	2016-03	正在执行，建议完善
5	江苏省科技情报研究所岗位设置及聘用管理实施方案	2013-07	正在执行，建议完善

2.3.2 环境建设有待提高

硬环境建设方面，经过系列改造、改建工程的实施，所里的办公环境有了较大的提高，但是在日常工作过程中，还存在笔记本电脑配备不足、图书阅览室未开放等问题，需要进一步完善；软环境建设方面，所里的文化建设需要进一步加强，发展的理念、愿景、使命等核心价值观需要适应新的发展形势，与职工密切相关的政策制度及项目，需加快落地，进一步提高职工的归属感和获得感；所里的工作作风存在不尽如人意的地方，作风建设需进一步加强；研究氛围不够浓厚，研究能力有待进一步提高，在数据分析等方面缺乏一批高素质的专业研究队伍。

3 人才发展需求分析

3.1 个人发展需求分析

为深入了解阻碍江苏省科学技术情报研究所职工工作积极性的深层原因，全面了解江苏省科学技术情报研究所职工个人发展需求，为更好发展人才、发展工作提供数据支撑，设计了一份调查问卷（附件1，附件2）。

问卷通过QQ群，针对全所在职职工展开，共收到有效问卷72份。回收样本的性别、年龄、职称和学历分布的比例，基本符合江苏省科学技术情报研究所在职人员比例，样本量具有代表性。

问卷显示，影响员工工作积极性的因素主要有以下几个方面。

3.1.1 物质收入水平的提高

样本数据量中，有55.6%的人认为所得的报酬低于自身的劳动付出，这部分人群中，有一半的人员在所里工作6～10年，65%的是年龄小于35岁的青年人，70%的是中级职称人员。据一万小时理论，在所工作时间超过6年的职工，对所业务已经熟悉并掌握，在部门属于业务骨干，但是此年龄段人群，生活压力大，由于现行体制机制限制，个人收入与职称挂钩，收入偏低，所以工资水平低于心理预期（图20、图21）。

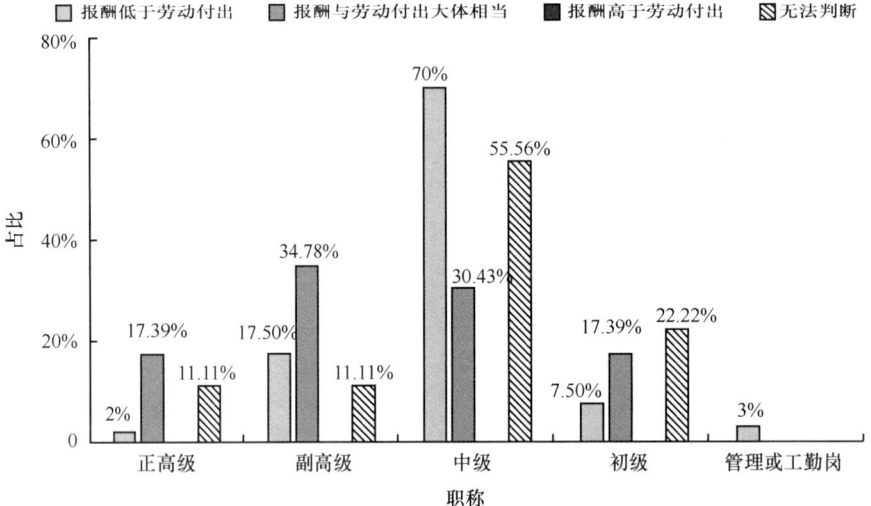

图20 不同职称人员对劳动报酬与付出的态度

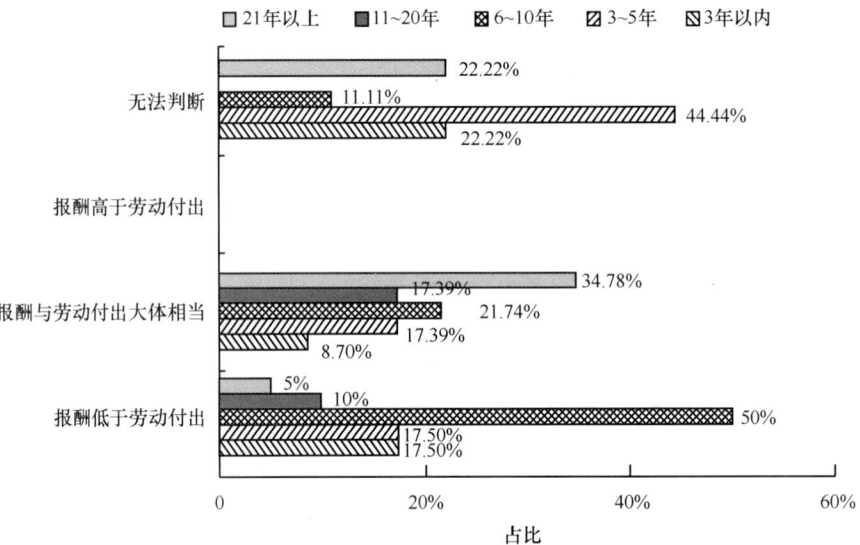

图21 不同工作年限人员对劳动报酬与付出的态度

3.1.2 融洽的团队氛围

调查显示，93.1%的被调查人认为，部门/团队成员间的自由交流和探讨非常重要。77.8%的被调查人认为，直接领导的工作风格会影响到自身的工作积极性。因此，领导风格和领导艺术，以及营造宽松自由的学术交流环境显得非常重要。在关于如何能有效缓解工作压力和倦怠感方面，55.6%的被调查者选择了"合理安排职工集体活动，增进相互间沟通与交流"（图22）。这印证了团队间沟通交流的重要性。

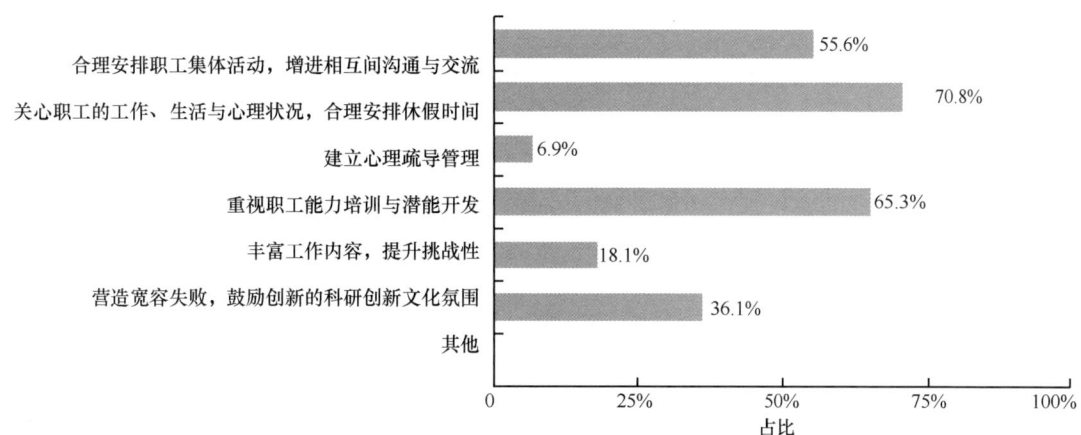

图 22　缓解职工的工作压力和倦怠感的措施分布

3.1.3　个人能力的提升

在对职工压力来源调查中，排名居首位的是"专业技能提高"，占比 48.6%，这直面反映了职工对个人能力提升的迫切需求。在个人业务水平的提升方式选择方面，调查对象中 38.9% 的同事希望在业务方面得到专题培训学习，另有 34.7% 的同事希望得到进一步进修学习的机会（图 23、图 24）。

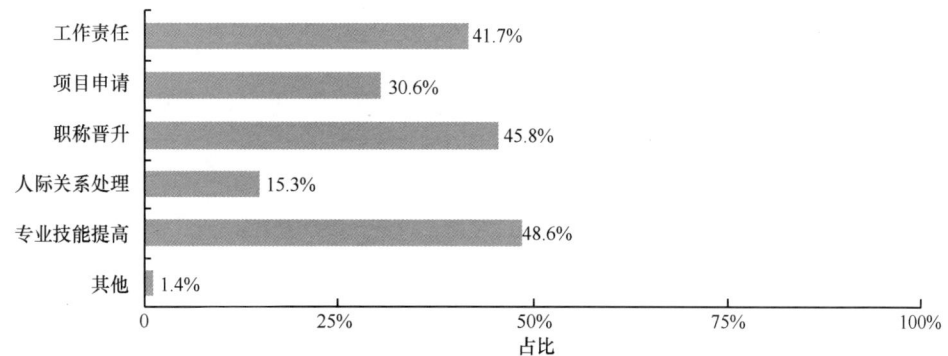

图 23　职工工作压力来源分布

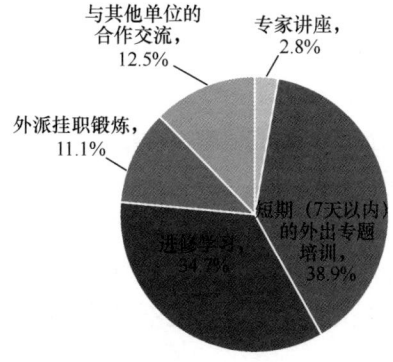

图 24　个人业务水平提升方式

3.1.4 单位工作的参与

75%的被调查同事希望有参与江苏省科学技术情报研究所相关政策制定的机会,其中18%的同事表示非常希望。江苏省科学技术情报研究所政策制定的初衷是日常工作更好开展,政策制定的执行者是江苏省科学技术情报研究所职工,邀请职工参加,一方面体现了鼓励职工参与全所管理的宽松管理环境;另一方面,邀请职工参与政策制定,更有利于政策的执行,提高全所管理的效率和水平。

3.2 单位发展需求分析

3.2.1 有战略性眼光和专业化知识的人才

江苏省科学技术情报研究所业务的核心是科技咨询服务,为了能够给政府或者企业提供高水平的战略研究和咨询,为江苏省的经济建设、社会进步和科技发展做出贡献,江苏省科学技术情报研究所的研究人员应该具备深厚的研究功底,具有全局视野和战略眼光,要站在世界科技发展前沿,能够基于专业知识和科学证据,采用和发展科学的研究方法和工具,从科学技术的角度出发,提供专业咨询意见和专业解决方案,为各类服务对象提供科学信息、评议意见和咨询建议。

3.2.2 有独立精神和创新思维的人才

科技研究咨询服务人才要有独立精神和创新思维。坚持求真务实,强调独立思考,注重调查研究,超脱个人利益和部门利益,能够根据客观事实、科学证据和数据支撑,以发现问题和解决问题为着力点,客观独立地开展科学研究;同时能根据新时期、新形势、新任务的要求,敏锐预判发展趋势和前沿方向,不断提出新理念、新思想、新观点、新设计、新战略,提出超前的、高质量的咨询建议。

4 人才发展存在的问题及不足

4.1 人才队伍发展方面存在的问题及不足

4.1.1 人才结构不合理

一是专业结构不合理。通过与兰德公司的对比发现,江苏省科学技术情报研究所职工所学专业分布呈现寡头垄断形式,管理学毕业职工占比38.86%,工学占比26.29%,其他专业如文学、法学、经济学、理学4个学科,占比仅超过6%,并且职工所学专业与工作内容相关性较低,存在专业分布不合理问题。二是人员素质结构不合理。素质结构方面,目前江苏省科学技术情报研究所科研人员以学术型人才为主,缺乏既具有科技知识又有政策研究能力的复合型人才。三是性别结构不合理。江苏省科学技术情报研究所科技人员男女比例失衡,男职工占比低,并有日益下降趋势,所内中青年男性骨干人员少,缺乏创新性和活力。四是专业结构方面,不同学科背景的人员搭配不科学,并且缺少具有交叉学科背景的研究人员(图25、图26)。

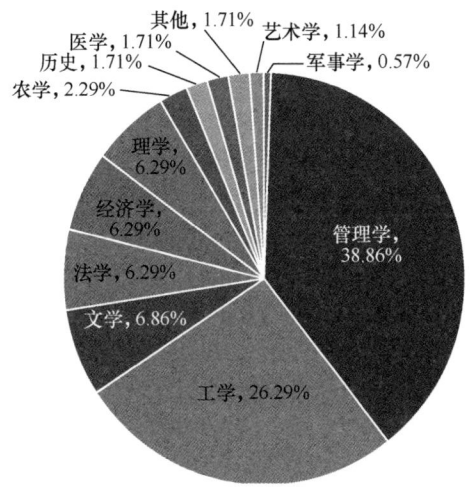

图 25　2018 年 7 月江苏省科学技术情报研究所人员学科专业分布

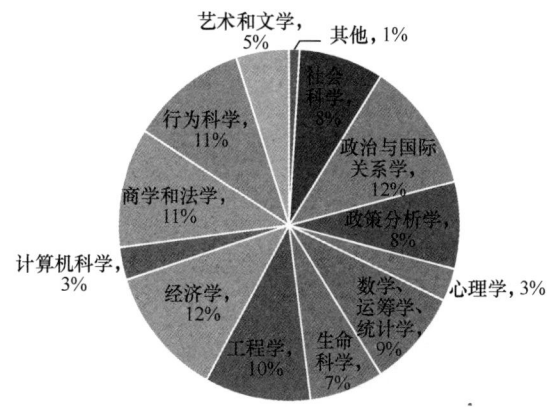

图 26　2017 年兰德公司人员学科专业结构

4.1.2　拔尖人才缺乏

作为以科技咨询研究服务为基础的公益科研院所，江苏省科学技术情报研究所缺乏一批既掌握研究理论知识和方法，又了解实际情况、熟悉国家宏观决策的复合型专家，特别是缺乏能够围绕江苏省或者国家总体战略布局预判发展趋势与方向，在江苏省科技规划、科学政策、科技决策等方面发挥权威性影响，为战略咨询和宏观决策提供专业化、综合性研究支撑的高层次科技领军人才。

4.2　人才管理配套服务方面存在的问题及不足

4.2.1　人才引进方式受限

受现行人才选拔政策限制，现阶段江苏省科学技术情报研究所人才选拔渠道比较单一，主要是公开招聘，对于政府卸任的官员、企业界的专业人士、大学的知名学者、其他科研院所的人才等的招聘渠道不通畅。这也导致无法引进那些既具有专业理论知识和研究能力，又富有工作经验、了解决策实际情况的人才,因此科技咨询服务很难提出具有较强操作性的、理论与实际结合的政策建议。

4.2.2 人才培养渠道单一

现阶段江苏省科学技术情报研究所人才培养渠道单一,主要是以部门内部学习为主,单位定期组织学术讲座,囿于讲座的数量和主讲人的领域范围,难以满足江苏省科学技术情报研究所人员的需求。根据人才发展路径,人员在毕业6年内是高速发展期,工作期限6年左右,到达职业生涯的瓶颈期,大部分人有补充知识的"充电"需求,这在本次调查中,也得到了印证,在被调查人员中,38.9%的人选择了短期(7天以内)的外出专题培训,34.7%的人员有继续学习的意愿,而这两部门人中,工作年限在6~10年的人员,分别占了35.71%和48.00%(图27、图28)。

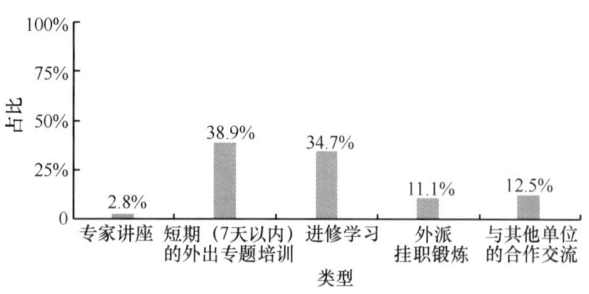

图 27 人员对培训学习类型需求分析

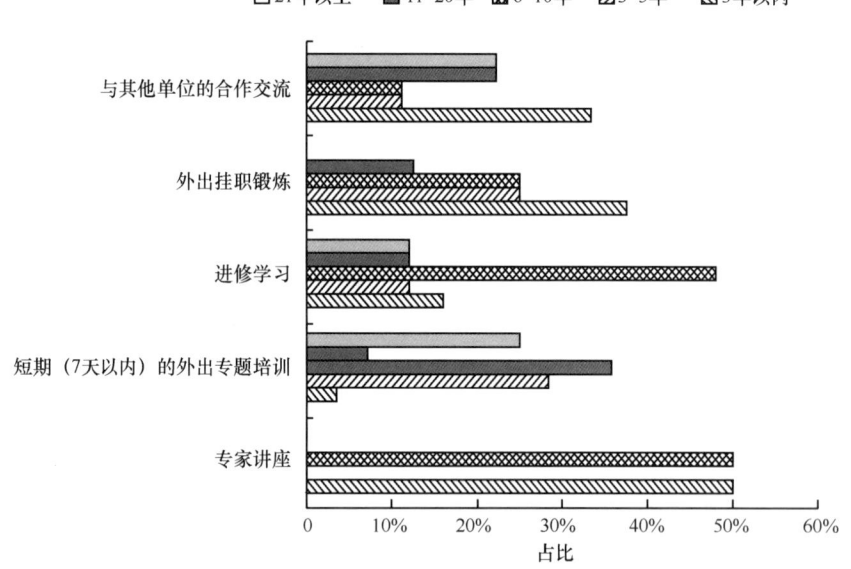

图 28 不同工作年限人员对培训学习的不同需求分析

4.2.3 研究支持系统不完善

硬件设施方面,江苏省科学技术情报研究所缺乏强大的信息化研究支持平台等基础设施。现阶段江苏省科学技术情报研究所的图书馆藏书几乎未起作用,科技报告未发挥应有的作用。研究支持服务方面,江苏省科学技术情报研究所缺乏一支强大的随时能够向研究人员提供多种数据服务和软件支持的统计分析员和计算机队伍,同时缺乏一支调查研究小组,能够通过创造性的调查设计、数据搜集和方法研究,为研究人员提供数据统计服务。

4.2.4 管理服务有待提高

作为管理服务重要的支撑,江苏省科学技术情报研究所人才制度建设有待完善。现阶段江苏省科学技术情报研究所人才在考核、选拔、培养、评价、激励等方面缺乏系统有效的制度保障,制度的缺失,难以实现对人才的科学、公平、公正的评价,降低了人才使用的公信力,也不利于创造公平的用才环境,更不利于人才脱颖而出。现阶段江苏省科学技术情报研究所人才对制度建设需求迫切,在关于江苏省科学技术情报研究所需提升和改进的工作内容方面,薪酬分配制度的完善占比最高,为77.8%,其次是绩效评价与考核机制,占比52.8%,人才选拔机制占比29.2%,占比居前三位的都是关于制度建设方面的(图29)。

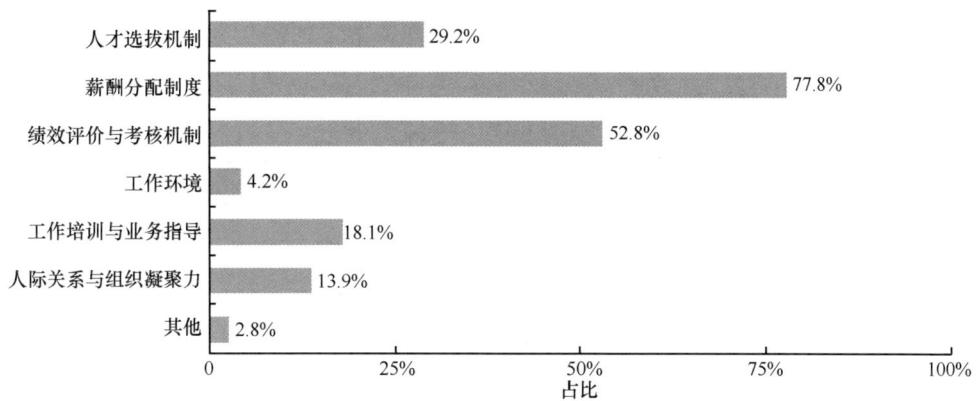

图29 需要改进和提升的工作内容统计

4.2.5 人才发展渠道不畅通

据江苏省科学技术情报研究所人才发展路径图显示(图30),江苏省科学技术情报研究所人才在前期发展是比较畅通的,但是后期发展通道变窄,竞争加剧,部分人员甚至会主动放弃竞争,选择安于现状,调查中也显示,61.6%的人认为江苏省科学技术情报研究所个人职业发展路径畅通情况为"一般"。

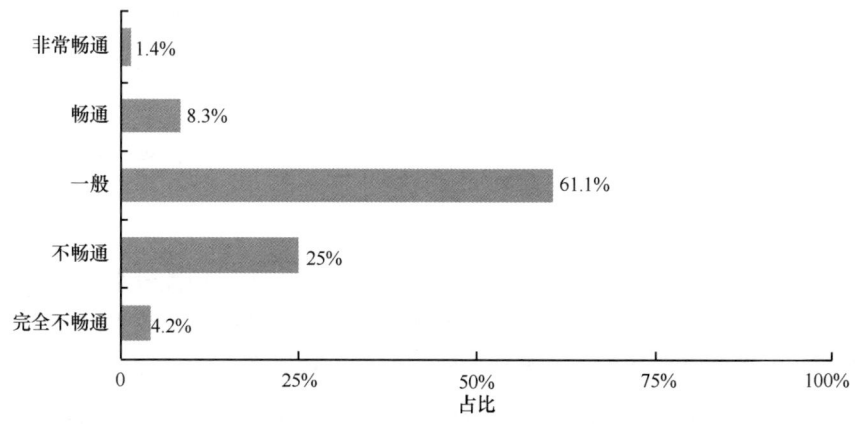

图30 人员对个人发展路径畅通程度的态度分析

5 完善人才队伍建设的思路及建议

从组织运行、人才发展管理、人才环境建设 3 个层面，对江苏省科学技术情报研究所队伍建设提出一些思路和建议（图 31）。

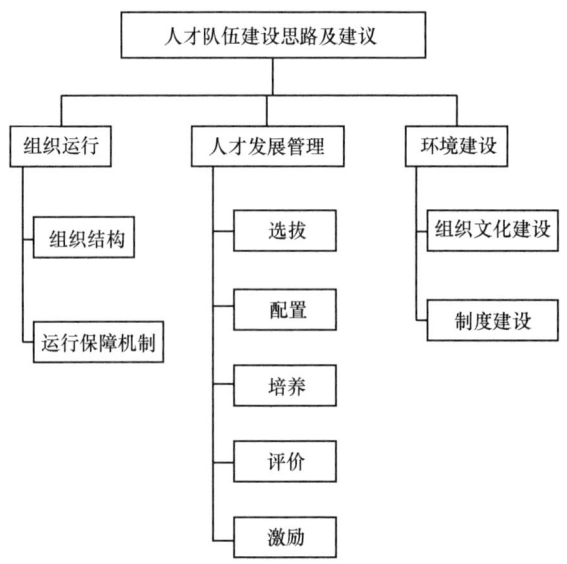

图 31　人才队伍建设思路及建议

5.1 组织运行方面的建议

组织结构的运行和保障机制是单位发展的基础，要积极探索建立符合新型科技研究咨询服务特点的运行机制和发展保障机制。

5.1.1 运行机制方面

国际上，大多数科技咨询服务机构采用的是兼具直线主管组织和横向协作组织长处的矩阵式研究机制，在纵向上将研究人员根据学科领域分组，在横向上则按照研究任务成立项目组，在根据学科划分的小组中组织人员开展跨学科的交叉研究和综合研究。例如，兰德公司利用其人员类型多样化的优势，根据研究需要，从不同研究部门中抽选合适的研究人员组成课题组，共同对某一问题或领域开展研究，这样既加强交流合作又实现取长补短，促进了兰德公司研究项目的高质量和高效率完成。

江苏省科学技术情报研究所囿于现阶段的体制机制，人才流动性较小，实现矩阵式运行机制比较困难，在江苏省科学技术情报研究所现有工作模式基础上，为提高江苏省科学技术情报研究所产品质量，提高竞争力，需要在研究的深度和专业性方面深入钻研，建议江苏省科学技术情报研究所尝试成立数据支持服务中心，专业从事前期市场数据的采集，数据的深度挖掘、整合和分析，实现所里研究人员从全能化向专业化转变，真正实现合适的人在适合的岗位上做专业的工作（图 32）。

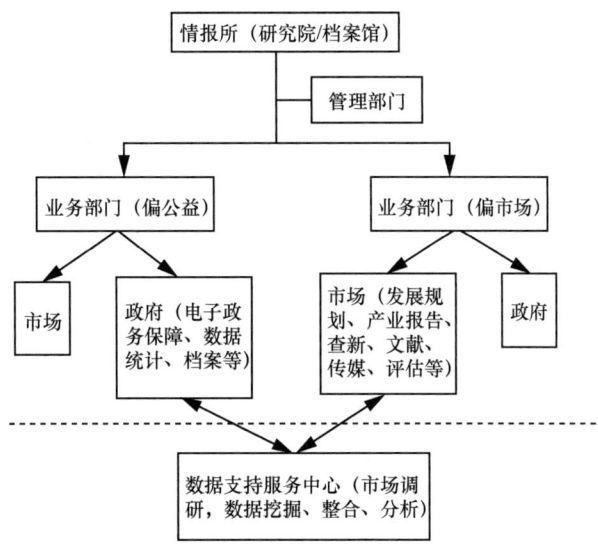

图 32　江苏省科学技术情报研究所组织结构

5.1.2　保障机制方面

建议通过外聘专家形式，建立由外部高水平专家和江苏省有关部门、行业、企业等代表组成的咨询委员会，提高科技发展战略、发展规划和重大决策的科学性；同时提高单位学术委员会的作用和功能，充分发挥学术委员会在科研布局、资源配置、科技评价等方面的咨询评议和学术监督功能。

5.2　人才发展管理思路建议

以提升人才质量、优化队伍结构为重点，优化江苏省科学技术情报研究所人力资源管理，根据最新政策文件，深化人才发展体制机制改革，提高人才的招聘选拔、配置、使用、培养、评价、激励的有效性。

5.2.1　创造开放竞争的人才引进选拔机制

国外科技研究咨询服务打破学科背景、地域、行业的限制，通过多元化的招聘选拔方式和渠道，采用开放竞争的人才选拔机制，从而为科技咨询服务多领域、跨学科的研究提供人才支撑，提高研究效能和竞争力。例如，世界资源研究所的研究人员不仅包括科学家、政策制定专家，还包括商业专家和传媒人士；兰德公司的人员招聘主要来自5个方面：政府部门的离职高官和专家；名校出身的年轻博士；其他研究咨询机构的著名专家；大学的知名学者；企业界的专业人士。

建议江苏省科学技术情报研究所优化人才选拔机制，采用公开招聘的方式吸纳选拔人才。除择优选用一些年轻硕士、博士为单位补充新鲜血液外，还可以考虑拓宽人才选拔渠道，突出实践特色，把有思想活力、有实践经验、有政策研究能力的专业人士吸纳到单位研究中来，如聘任一批熟悉政策工作实践的退休政府官员、大学和研究机构中的专家学者、企业界的专业人士、其他著名研究机构的人才，到单位担任外聘导师，实行"不为我所有，但为我所用"的人才机制。

5.2.2 进行科学合理的人才配置

国外科技研究咨询普遍重视研究人员、科研辅助人员和管理支撑人员的合理配置，研究人员是科研工作的主体，科研辅助人员是不可或缺的重要力量，管理支撑人员是正常高效运转的保证。在研究人员结构上，国外科技咨询服务机构注重自身固定人员和流动人员的合理配置，专职人员构成核心研究团队，兼职人员为科技研究咨询服务注入新思想和新活力，促进了单位内部的交流和碰撞。例如，美国科学研究理事会的咨询团队，既包括来自美国科学院、美国工程院和美国医学研究院三院院士，也包括从全国范围内吸收的、具有不同学科背景的大批研究志愿者。

建议江苏省科学技术情报研究所优化人员配置方式。尝试推行研究人员、辅助人员、行政管理人员合理配置机制，依据现有人才的个人性格、所学专业、研究能力和水平、个人工作偏好等层面，对人才进行归类，根据部门发展需要，培养专门人员开展研究服务工作，如前沿领域的基础深入研究、专业的市场调查研究、强大的数据支撑服务等；二是充分发挥不同年龄层次人员的优势，实现老中青的有机结合；三是实现专职和兼职相互结合，既要有效发挥专职人员的核心作用，又要充分利用和挖掘外聘兼职人员的优势和资源。

5.2.3 创新人才培养机制，多措施提升人才水平

创新人才培养机制，采取多措施、多方式、多渠道提升江苏省科学技术情报研究所人才的素质、能力和水平，为单位发展提供坚实的人才支撑。鼓励研究人员"走出去"开展学术交流、兼职挂职等多种形式的"进修"，根据研究需要，有针对性地指派研究人员到其他单位或高等院校交流学习；为研究人员提供和政府部门交流合作的机会，以尽可能了解和参与决策制定过程，加强人才对公共决策的认识和理解；三是实施青年人才培养计划，遴选发展潜力大、业务能力强的年轻人才予以重点培养。大力推广研究成果，扩大影响力，如召开学术交流会、出版研究刊物等。

5.2.4 制定公平合理的人才评价、激励机制

借鉴浙江省科技信息研究院及江苏省农科院等省级同层次及省内同性质单位，制定具体细化可行的人才考评管理办法和奖励办法，根据人员不同性质，实施不同考评周期，如江苏省农科院为鼓励创新和开展基础研究，将针对各研究院所的考核周期由1年调整为3年，兰德公司对新入职人员实行半年考核制，对资深研究人员实行2年考核制，对部门进行5年考核，并将考核结果作为部门存续、人员加薪、晋升、辞退的重要依据。

建议江苏省科学技术情报研究所强化绩效评价的导向性作用，从单位发展实际需求出发，制定和完善绩效评价机制和激励机制。强化以战略咨询研究为导向，综合其政策影响、学术影响和社会影响，采用定性定量相结合的考核评价体系和激励机制，加大对重要战略研究成果产出的绩效激励力度，鼓励创新，激励青年人才脱颖而出，同时实现对团队领军人才重点评估战略眼光、策划与组织实施能力，对拔尖人才重点评估影响力和科研业绩，对青年人才注重发展潜力和创新贡献；提升人才评价的科学性，对科研人员兼顾本单位考评与同行评价，同时精简评估评价程序，减少不必要的评估评价，让科研人员有更多时间潜心研究。

5.3 人才环境建设方面对策建议

着力营造吸引人才和用好人才的良好环境，保持人才队伍创新活力，创造让优秀人才脱

颖而出的条件。环境包括组织文化、制度环境和工作环境。

5.3.1 组织文化建设

组织文化是单位的灵魂,是单位竞争、创新和发展的根本,也是单位发展特色的体现。国外科技研究咨询服务机构在长期的发展过程中,形成了自身所特有的、为员工普遍接受的组织文化,组织文化对于员工具有导向性、激励性、凝聚性和约束性的作用。例如,德国科学与工程院在政策咨询研究中,坚持真实、独立和透明的原则,强调在向政策制定者或社会提供的任何咨询意见时,重视扎实的科学基础、独立、政治中立及维护共同利益;美国布鲁金斯学会一直坚守3个核心价值:质量、独立性和影响力,这3个核心价值指导着布鲁金斯学会的研究方向,界定了其与众不同的特点,也奠定了该学会成为全球领先机构的声誉。

建议江苏省科学技术情报研究所积极开展具有自身特色的组织文化建设,包括江苏省科学技术情报研究所的理念、定位、目标、使命、愿景、价值观、道德规范、行为准则等,并积极引导江苏省科学技术情报研究所职工自觉践行单位文化核心价值观。作为科技研究咨询服务机构,江苏省科学技术情报研究所组织文化要特别强调科学性、独立性、专业性、战略性、创新性等特色。

5.3.2 制度环境

制度建设分两方面,一是根据江苏省科学技术情报研究所现有人才管理制度存在的不足,积极进行改进和完善;二是根据国家或省层面最新的政策制度变化,结合江苏省科学技术情报研究所自身特色,在政策允许范围内,积极制定具体可行的操作流程或规范细则。

人才管理制度方面,要创造有利于科技人才工作和发展的制度环境,建立和完善具有竞争力的制度体系,提高制度的有效性和执行力。加快建立健全各项规章制度,如人才选拔机制、人才考核评价机制、人才激励机制,通过制度聚合人才资源,发挥人才作用,激发人才活力,建立完备的人才评价体系。人才评价要根据不同的岗位、层次,积极探索构建综合型的人才评价体系,突出德、智、业绩与贡献等基本要素,实现各类人才都能够通过统一的评价标准,得到公平、科学的评价。人才激励机制根据评价机制相应展开。

根据政策的单位制度保障,2018年8月24日,江苏省公布实施了《关于进一步支持企事业单位聚才用才强化高质量发展人才引领的意见》(苏办发〔2018〕36号),进一步放大了用人主体的自主权,支持企事业单位自主培育引进人才,自主评价认定人才,江苏省科学技术情报研究所可根据该意见精神,制定适合江苏省科学技术情报研究所的可操作的人才发展规划,如高层次人才引进5年发展规划等;2018年8月26日,江苏省政府发布了《关于深化科技体制机制改革推动高质量发展若干政策》(苏发〔2018〕18号)文(简称科技改革30条),在科技改革30条的第13条中,对科研院所自主规范管理横向委托项目经费进行了说明,江苏省科学技术情报研究所可根据自身业务开展情况,考虑制定相应实施办法,在政策允许范围内,提高江苏省科学技术情报研究所人员的收入水平,也是对科技人才的激励。

课题负责人:李文静

课题组成员:王红杰 许 迎 张卉卉 王献旭

撰 稿 人:李文静

基于二维码的档案管理系统的设计与实现

1 绪论

1.1 课题意义

档案管理亦称档案工作，是档案馆（室）直接对档案实体和档案信息进行管理并提供利用服务的各项业务工作的总称，也是国家档案事业最基本的组成部分。档案工作主要包括档案的收集、整理、保管、鉴定、统计和提供利用等。档案管理的对象是档案，服务对象是档案利用者，所要解决的基本矛盾是档案的分散、零乱、质杂、量大、孤本等状况与社会利用档案要求集中、系统、优质、专指、广泛之间的矛盾。随着社会的发展和信息化的要求，档案管理的对象也从传统的纸质档案逐渐向多元化的形式转变。针对这一变化，不同的档案部门根据自身条件，给出了不同的档案管理集成系统。尽管目前已有的档案软硬件在档案收集、整编、管理上已经下了一些功夫，在一定程度上减轻档案管理人员的工作量，但是在档案数据的采集、核对、登记及利用上却依然靠落后的人工操作，这不但消耗了大量的人力物力，而且不能保证数据的完整准确，使得整个管理系统发展不平衡，信息系统的效能无法得到充分发挥。

本研究立足于档案馆档案管理的实际工作，以简化档案管理流程，减少档案管理工作量，提高档案管理及档案利用效率，提升档案馆整体管理水平，拟在档案信息化管理系统中引进二维码技术，采用信息化、科技化的手段，对二维码技术加以合理利用，从而对档案在各个流转过程中的痕迹进行跟踪记录，为档案管理的革新提供一种新的技术手段，为档案资源的开发利用提供一种新的方式，做到更好地为公众提供服务，不被信息时代所淘汰。

1.2 研究现状

信息技术使档案管理工作更加高效、准确。档案管理系统作为一种信息管理系统，相较于传统手工管理方式，具有无可比拟的优势。一个好的档案管理系统，可以使档案工作更加便捷、高效。国外对档案和档案管理的研究比国内早了50多年，呈现了较为清晰的发展脉络，其实践经验和理论成果对我们很有借鉴意义。

近年来，随着IT技术的快速发展，档案管理系统也逐步发展成熟，档案管理系统，通过建立统一的标准，规范整个文件管理，包括规范各业务系统的文件管理；构建完整的档案资源信息共享服务平台，支持档案管理全过程的信息化处理，包括采集、移交接收、归档、存储管理、借阅利用和编研发布等，同时逐步将业务管理模式转换为服务化管理模式,以服务模型为业务管理基础,业务流和数据流建立在以服务为模型的系统平台之上。档案管理系统,为企事业单位的档案现代化管理,提供完整的解决方案,档案管理系统既可以自成系统,为用户提供完整的档案管理和网络查询功能,也可以与本单位的OA办公自动化和DPM设计过程管理,或者与MIS信息管理系统相结合,形成更加完善的现代化信息管理网络。

随着计算机、网络的广泛应用,人类社会迅速步入了信息爆炸时代,尤其是Web 2.0、APP、物联网、二维码、云计算等新兴科技产品和服务的不断涌现,让数字化、网络化渗透到了人们生产和生活的各个领域,加速推动传统社会迈向智能社会。目前,人们对二维码这一专业术语虽较陌生,但细心留意则可发现,我们的身边处处皆有二维码应用的实例,特别是用手机"刷"条码获取信息的行为方式,正在潜移默化地引领人们享受智能化的便捷生活。二维码(two-dimensional code)是物联网(internet of things, IOT)技术实现过程中信息识别领域最基本和关键的技术之一。它可让任何信息都浓缩进智能化的"方块符号"之中,并可用移动设备从其密码符号中获取信息,在条码技术发展史上堪称具有里程碑的意义。二维码,别称二维条码,也叫二维条形码。它是在传统一维码的基础上,采用某种特定的几何图形,在二维方向的平面上,按照一定规律分布的矩形方阵记录数据符号信息的新一代条码技术。其主要技术特性:可在纵横两个方向存储信息,具有面积小、信息量大、自动识别率和信息处理稳定性高、防伪性强等优势。

二维码的核心价值在于:可将虚拟化、自动化、智能化等多种技术集成于一系列创新方案之中,使数字档案智能管理平台快速转变为服务,并无缝过渡到"档案云"端上,以提高档案信息资源的利用效率和效益。本研究的目的是结合二维码的技术优势,探讨二维码技术在档案管理中的应用。基于江苏省科学技术厅科技成果档案馆档案管理的工作实际,在档案信息化管理系统中引进二维码技术,通过采用信息化、科技化的手段,对二维码技术在档案流转的各个环节加以合理利用,以简化档案管理流程、减少档案管理工作量、提高档案管理及档案利用效率、提升档案馆整体管理水平为目标而开展研究。

1.3 主要研究任务

本研究以开发面向我们档案馆的档案管理系统为目标,既参考了现有的一些档案管理系统,也尝试对现有系统中的不足之处进行改进和完善。秉持优化档案管理的理念,本研究主要完成以下任务内容。

(1) 探索并研究二维码技术能够介入的档案管理环节

通过查阅研读大量相关的文献资料,初步形成基本的理论框架。基于江苏省科学技术厅科技成果档案馆档案工作实际,梳理整个档案管理流程,摸清现有档案管理系统架构及功能模块,结合二维码技术的特点和优势,探索并研究二维码技术能够介入的档案管理环节。确定二维码技术能够介入的档案管理环节后,我们就开展对基于二维码技术的档案信息管理系统的基本架构及功能模块的探索,初步制定基于二维码技术的档案信息管理系统的设计方案并研究其可行性。技术路线如图1所示。

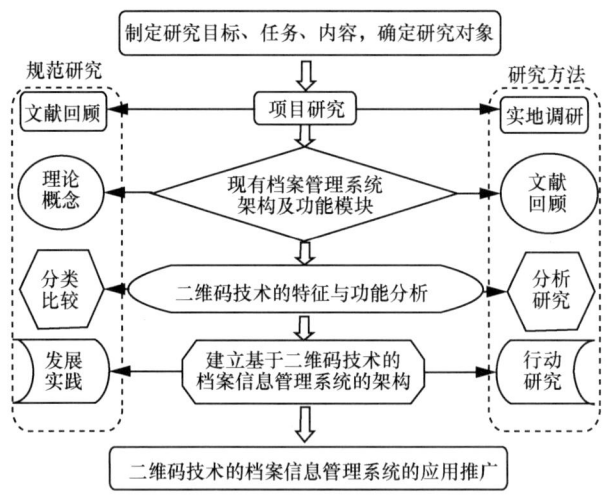

图 1　技术路线

（2）探索将二维码技术嵌入到档案信息化管理平台

探索将二维码技术嵌入到档案信息化管理平台，以简化档案管理流程，减少重复劳动，提高工作效率。为此基于档案管理流程深入研究二维码技术能够应用的环节，搭建基本的架构图，如图2所示。

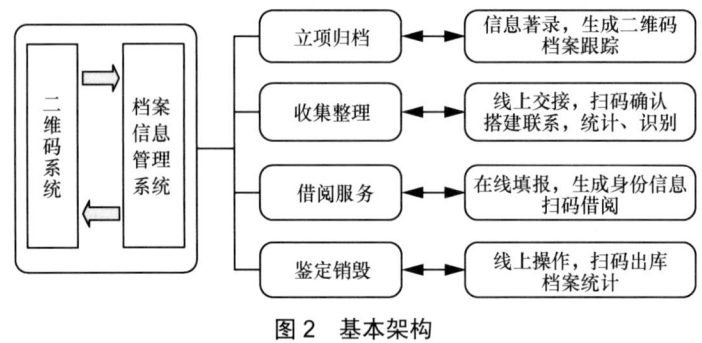

图 2　基本架构

（3）二维码技术在档案管理中的应用实现

档案管理系统通过跟踪、记录档案管理各个流程中操作人员的各种行为，从而可追溯档案的整个生成及流转过程，如图3所示。

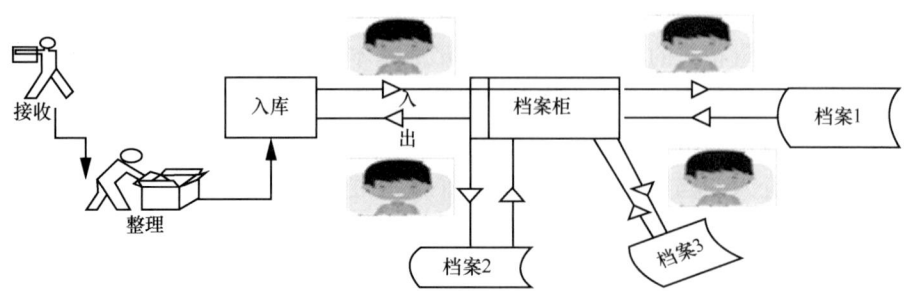

图 3　二维码的应用实现模型

（4）实现并完善档案管理系统最基本的档案接收入库，实现操作快捷、信息记录准确有效

（5）建立档案管理人员信息数据库，实现可增减档案管理人员，并修改其权限，保证系统有效安全运行

（6）建立档案信息数据库，实现档案分类、入库、定位及借阅等功能

（7）实现对馆藏档案及借阅信息进行查询，方便档案管理人员实时查询馆藏信息，统计和管理数据库信息

（8）探索二维码技术在档案信息管理过程中的应用，技术上实现档案管理过程中，将关键信息自动生成二维码

（9）实现档案信息管理系统数据库的备份和恢复功能

1.4 研究工作安排

本研究以面向江苏省科学技术厅科技成果档案馆方便档案管理人员以信息化手段来规范并便捷地管理档案。全文围绕该重点展开。本文主体分以下章节。

第一部分为绪论，简要介绍本研究的研究意义、研究现状和背景技术，以及本研究的主要任务和研究工作安排。

第二部分为需求分析和开发平台介绍。这一章分两个部分来介绍：第一部分为档案管理系统需求分析；第二部分介绍了系统开发的环境和系统板块功能。

第三部分介绍了档案管理系统平台的可行性分析、系统详细设计及具体的编码开发过程，并简要介绍测试过程。

第四部分为总结，总结本研究的不足之处，并对下一步工作进行展望。

2 需求分析和开发平台介绍

2.1 档案管理系统需求分析

2.1.1 档案接收入库需求概述

2.1.1.1 系统目标

该系统主要建立一个基于江苏省科学技术厅科技成果档案馆面向档案管理人员的档案管理系统。由于目前的档案管理工作效率较低，本档案系统的开发就是基于这类档案馆，解决档案管理效率低的苦恼。本系统的定位就是实现对档案实体的接收、入库、借阅和查询等的统一管理，并且软件要实用，操作应简便。档案管理人员能够很方便地对档案进行编目入库。系统管理员能够对档案管理人员进行管理。结合当前档案管理的先进技术，这里在档案管理中加入了能够生成相应二维码的功能模块，同时对所有的数据采用数据库进行统一管理。

2.1.1.2 用户类和用户特性

用户的具体描述如表1所示。

表1 用户具体描述

用户类	描述
档案管理员	档案管理员是本系统的关键环节，在该系统中负责实现档案的增添、修改、删除、分类管理等操作，也涉及实现对借阅者登记注册、注销等操作，最主要的任务还是进行档案入库（上架）操作，另外还能进行一些数据的查询和统计操作
系统管理员	系统管理员主要负责科学管理档案管理系统中的用户，实现增加或删除档案管理员，也能对用户的权限进行设置，实现对档案分类、档案人员分类等一些基本参数的设置。另外，它还具有档案管理员所具有的一切功能
借阅者	借阅者是档案管理系统中不可或缺的一个角色。在该系统中并没有具体单独实现面向借阅者使用端的界面，这里的借阅者是个虚拟用户类别，他们通过档案管理员来实现借阅功能

档案管理系统是一个面向档案管理人员的系统，它的用户主要是档案管理员和系统管理员。档案管理员使用该系统实现对档案进行高效的管理，系统管理员实现对档案管理员的管理分配。

2.1.2 档案管理系统需求模型

2.1.2.1 功能描述

档案管理系统的主要任务就是使档案管理员能够高效地完成档案接收入库操作等，图4和图5展示了系统流程、模块的功能和联系。

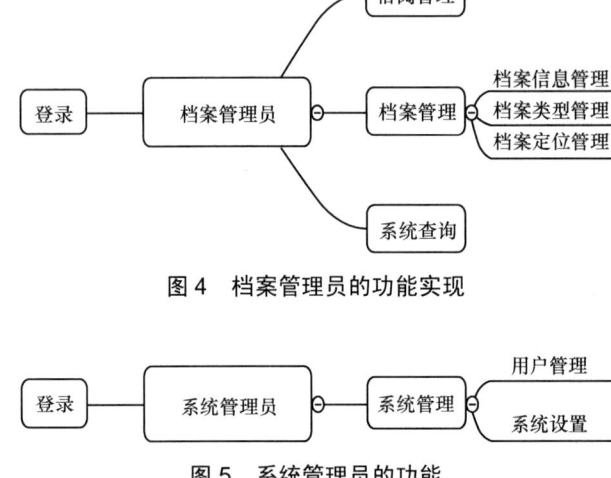

图4 档案管理员的功能实现

图5 系统管理员的功能

从图4和图5中可以看出，该档案管理系统能实现以下功能。

（1）登录

档案管理员和系统管理员要进入该系统需要输入正确的用户名和密码才能成功登录进入系统页面。出于对系统安全性的考虑，实现权限等级管理。以不同身份进入系统，则将赋予不同的权限。

（2）用户管理功能

系统管理员对用户及档案管理员，进行添加、修改、删除和权限设置等管理操作。

（3）基础数据设置功能

系统管理员可以对档案管理的一些基础数据进行设置。

（4）借阅功能

图书管理员可以对读者的借还书行为进行操作，记录相关信息。

（5）查询功能

档案管理员有权限查询到馆藏目录、借阅历史、档案相关信息等。

另外，档案管理系统还应该具备一些相关辅助性的功能，如新接手档案的二维码生成功能、数据库备份恢复功能等。

2.1.2.2 档案管理员详细功能描述

档案管理员能够方便地对档案信息进行添加、删除、查询等，能够正确地对借阅信息进行登记、删除、查询、分类等，能够对档案进行分类管理以方便入库，能够快捷有效地进行档案上架等。

（1）档案管理功能

实现档案入库、档案查询功能，可以增添、删除档案信息，新档案入库时可对档案进行分类操作。

（2）借阅管理功能

实现借阅登记、借阅查询和借阅注销的功能，对借阅信息进行管理。

系统管理员主要实现对档案管理员进行管理，对基础参数进行设定等操作。必要时，它也能实现档案管理员具备的功能。

2.1.2.3 主要用例描述

该档案管理系统主要涉及的模块包括档案接收、档案入库管理、档案查询、档案借阅等，现就档案接收为例进行详细分析（表2）。

表2 用例"档案接收"描述

用例名称	档案接收
参与者	档案管理员
描述	当有新的档案需要接收时，档案管理员只需要用手持设备对档案进行二维码扫描，在系统中输入相应信息，便可完成档案接收
前置条件	①登录；②进入接收界面
后置条件	①更新档案信息；②更新档案列表
主干过程	档案接收 ①档案管理员输入相应的档案信息； ②档案管理员上传对应的照片； ③档案管理员给档案分配位置； ④系统更新数据库
异常	输入档案信息错误，重新输入
被包含用例	无
被扩展用例	无
优先级	高

2.2 开发平台

开发环境：Android Studio 3.2
服务器环境：linux Centos 5.5
数据库：SQLite 和 Mysql
允许环境：Android API ≥ 18
WEB 服务器：Nginx
运行环境：Android API ≥ 18

3 系统设计与开发

3.1 可行性分析

档案管理系统，主要任务就是结合软件来实现档案的日常管理工作，包括档案接收、档案入库、档案借阅、档案销毁等。使用该系统能够优化档案管理工作，提升档案管理质量，提供高效便捷的服务。开发本系统的可行性研究如下。

3.1.1 技术可行性

为了能够顺利地完成开发工作，我们需要做技术可行性分析，以确保开发档案管理系统主要技术条件的具备。本系统在 Android Studio 3.2 环境下进行开发。本系统的软硬件开发环境都已成熟，开发团队也对它们有着丰富的应用经验，另外必要时还可向导师寻求帮助，所以完全可以认为开发该系统工作在技术上是可行的。

3.1.2 经济可行性

该研究为本单位内部自立课题，解决本单位实际工作问题，复杂程度不是很高，一个人能独立完成。另外，由于电脑上有现成的开发环境，在软硬件配置和技术开发上均在已可行的情况下初期投资不大，花费较小，经济可行。再者，档案管理系统的推广应用能够极大地提高档案管理的工作效率，这也是档案管理行业必然的发展趋势和方向。

3.2 系统设计

3.2.1 数据库设计

数据库的设计是档案管理系统设计的基础，数据库系统设计是否科学将直接影响到整个档案管理系统的运行。在档案管理系统开发中，需要用数据库模型来表现现实中的模型。

3.2.1.1 数据库设计概述

设计数据库时，程序员必须要遵循相关的"范式"。"范式"是指公开做某一类科学活动时大家都必须遵循的公认的"规范要求"。当开发人员设计关系数据库时，他们就需要遵循这个行业的众多规范要求以设计出优秀的数据库。目前关系数据库有 6 种范式，不过一般只需遵循第三范式即可，即非主关键字信息不能被关系式重复包含。在设计时，采用范式可以有效地减少数据库内的数据冗余度，从而达到节约存储空间和加快数据操作速度的目的。

档案管理系统所包括的信息较多，涉及管理员、档案、档案器具等。为了有效管理，这里对这些信息进行一个简单分类操作，将系统信息分为档案信息、借阅信息、系统用户信息、档案器具这几个方面。而这几类又可如下进一步细分。

① 档案信息：档案编号、档案目录、档案名称、档案类别、档案产生处室、入库时间、备注。

② 借阅信息：借阅档案信息、借阅人、借阅凭证、借阅时间、归还时间、经手人员。

③ 系统用户信息：用户名称、密码、角色权限。

④ 档案器具：档案库房编号、档案架编号、档案架位置。

3.2.1.2 档案信息表设计

档案信息表用于存储馆内档案的相关信息，指档案编号、档案目录、档案名称、档案类别、档案产生处室、入库时间、备注等。这些相关信息由档案管理员在档案入库时进行添加。该表的建立主要是为了方便对馆内档案进行查询操作。档案管理员可以根据档案编号查询并获知档案的其他信息。具体设计如表3所示。

表3　档案信息表设计

名称	数据类型	字段长度	是否可为空	说明
code	文本	10	No	档案编码
name	文本	50	No	档案目录
type	文本	30	No	档案类型
origin	文本	40	No	产生处室
In_date	日期/时间		No	入库时间
IsBorrow			Yes	是否被借阅
Reader_code			Yes	借阅者编码
brief	文本	100	Yes	备注

3.2.1.3 系统用户信息表设计

这里的用户指的是档案管理员。一个档案馆可能有多个档案管理员来进行管理。设计系统用户信息表是为了方便系统管理员对馆内的档案管理员的信息进行有效管理。该表将系统用户区分为普通系统用户和系统管理员。具体结构如表4所示。

表4　系统用户信息表设计

名称	数据类型	字段长度	是否可为空	说明
User	文本	50	No	用户名
password	文本	50	No	密码
isadmin	是/否		No	是否为系统管理员

3.2.2 系统总体设计

本档案管理系统在 Windows XP 系统环境下开发，同时也严格参考相关的几个 GB/T 标准。

下面我们对系统的整个结构进行设计。本系统的结构如图 6 所示。从图中我们能够清楚地看出系统中模块之间的层次和调用关系，使设计人员或其他人能够直观地了解系统的内部结构模型，掌握系统的各个功能模块的结构。我们在绘制系统结构图时，也就相当于对档案管理系统进行了一次详细的分解和设计，同时也将抽象的数据流程转变成了清晰可视的系统结构图。

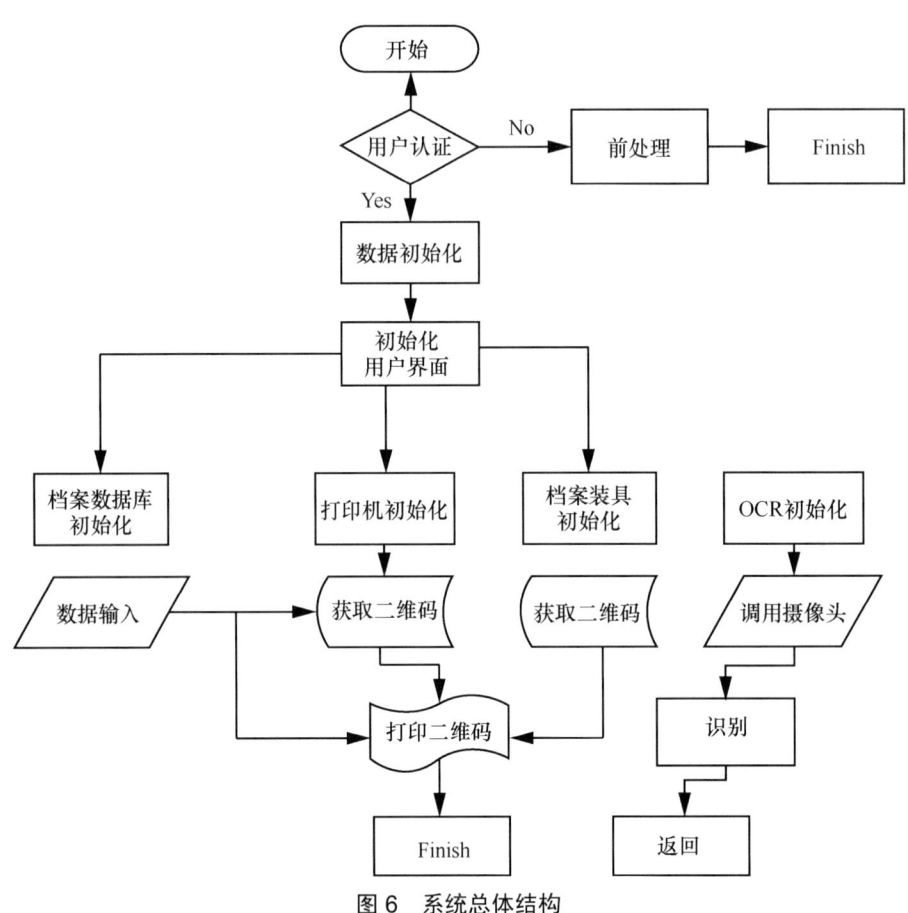

图 6　系统总体结构

依据上文提到的需求分析，在这里我们将档案管理系统详细设计为 5 个功能模块：系统管理、基础数据管理、借阅管理、库房管理、档案管理。

3.2.3 系统各模块功能

3.2.3.1 登录模块程序设计

本模块主要用于用户登录该系统。如果登录信息输入有错误，则系统会产生错误提示，并提醒用户重新输入；如果个人登录信息正确，则成功登录系统中，同时系统会根据登录用户的身份赋予系统中相对应的功能权限。用户身份具体可分为系统管理员和档案管理员。系统管理员有权对档案管理员进行操作，有着更大的权限。档案管理系统的登录页面如图 7 所示。

3.2.3.2 档案入库管理模块的实现

点击"新文件入库"界面显示如图 8 所示。

图 7 登录页面　　　　图 8 新文件入库

3.2.3.3 二维码编码方式选择

档案编码最重要的是要体现出档案的属性，所以档案编码一般都包含时间、事件、事件属性、档案的数量和生成顺序等。位数比较多，而且一般还要留有一定的缓存字符。所以，此种编码方式如果在字符量比较大的情况下，会出现转换成的二维码占用很大的存储空间，而且二维码会比较大，打印及粘贴会有很多不便之处。鉴于此，我们这里采用 GUID 编码方式。GUID（全局统一标识符）是指在一台机器上生成的数字，它保证对在同一时空中的所有机器都是唯一的。通常平台会提供生成 GUID 的 API。生成算法很有意思，用到了以太网卡地址、纳秒级时间、芯片 ID 码和许多可能的数字。我们采用的是 32 位字符的 GUID 编码，既能保证唯一性，也能满足二维码打印、粘贴的便利性。

3.2.3.4 档案存储管理

在下面的页面中，可对要入库的文件进行拍照，另外，该系统采用 GUID 二维码编码方式，可直接连接二维码打印机，打印档案对应的二维码。档案存储有两种选择方式，可根据网络条件选择，选择将该条档案数据存入本地数据库或者同步到网络数据库。在没有网络的情况，可暂时选择存入本地数据库，有网络的情况下可以同步到网络数据库。如图 9、图 10 所示。

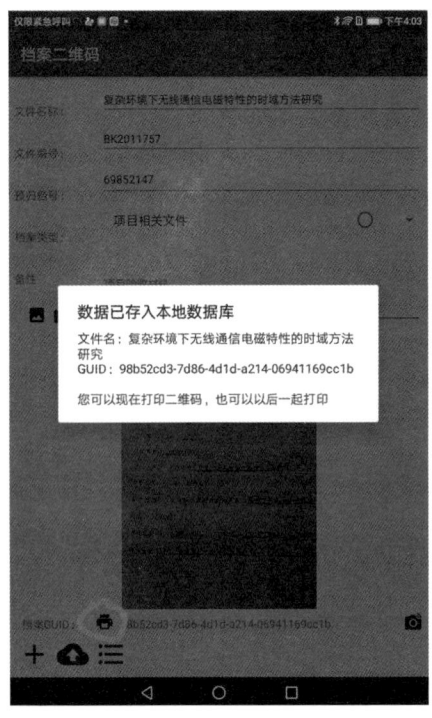
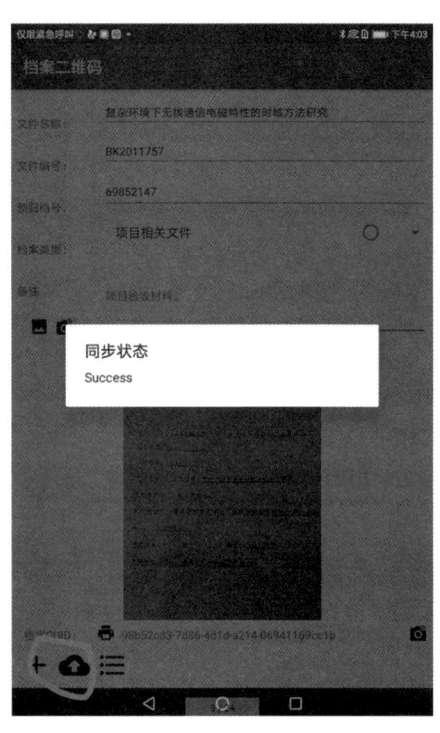

图 9 档案存储管理　　　　　图 10 档案存储管理

3.2.3.5 档案流程跟踪

该系统可记录每个工作流程工作人员对每份档案的操作记录，从而实现对档案的跟踪管理，如图 11 所示。

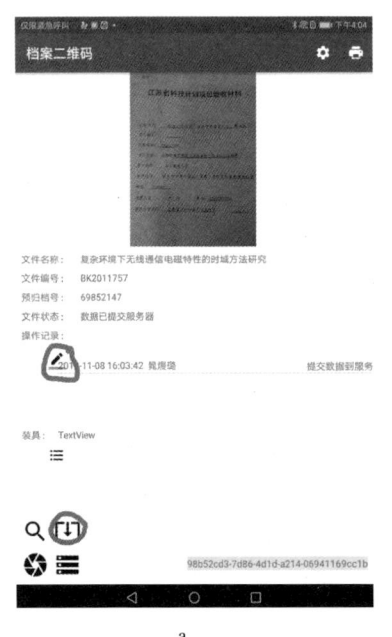
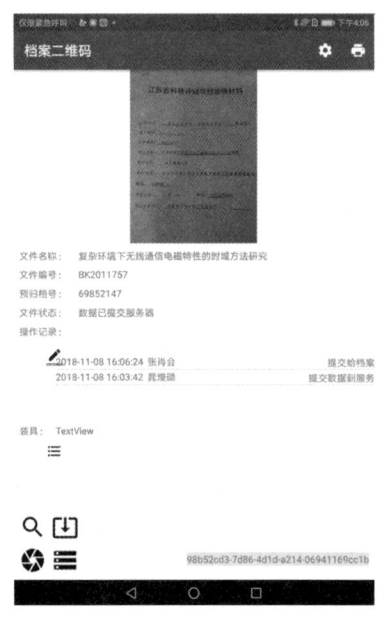

a　　　　　　　　　　　　b

图 11 档案流程跟踪

3.2.3.6 档案定位

该系统通过对档案和档案装具进行绑定,从而实现对档案的定位。如图12至图14所示,首先对档案装具二维码进行扫描,然后与要存放的档案进行绑定,从而就可以看到档案存放的位置。库房管理模块的功能在档案装具界面来实现,通过对装具的管理来实现档案的定位跟踪。

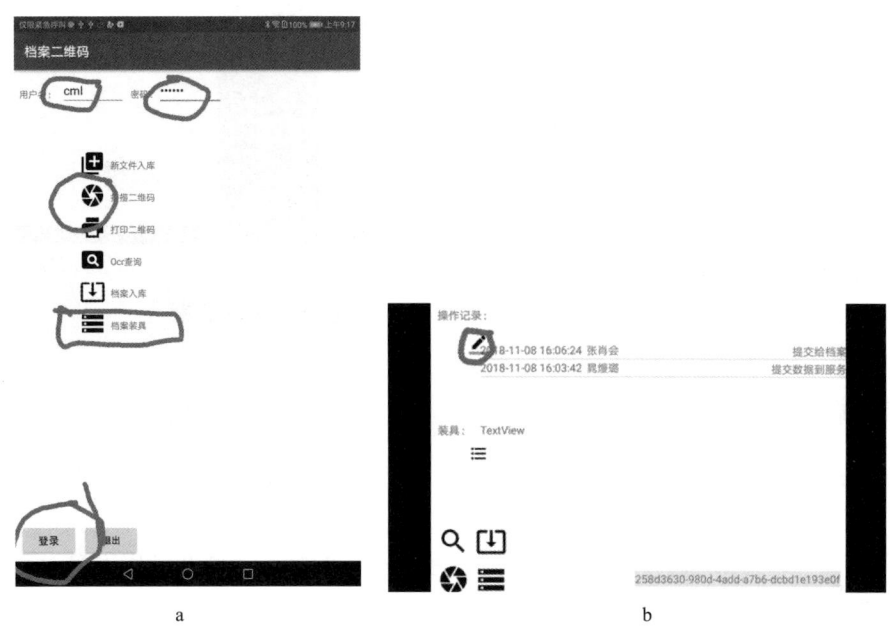

图 12　档案装具管理

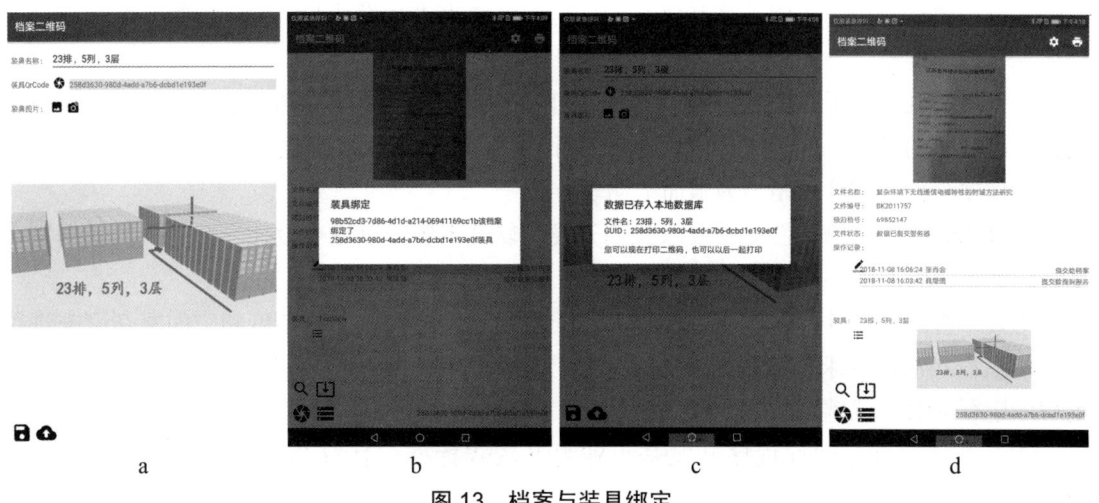

图 13　档案与装具绑定

3.2.3.7 档案检索

该系统还设计了OCR识别检索,如图15所示。

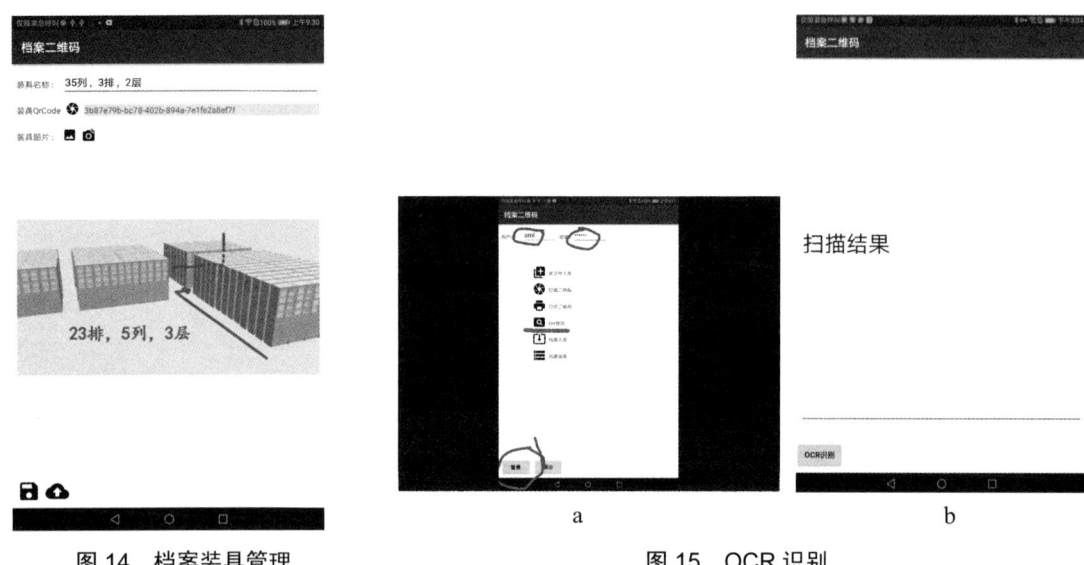

图 14 档案装具管理　　　　　图 15 OCR 识别

3.3　程序设计

软件系统连接着需求分析、硬件系统，并使系统得到真正实现。要进行程序设计，首先必须得了解程序设计的原则。

①可靠性。软件系统的可靠性直接决定着系统质量的高低。现在应用本身对系统安全运行的可靠性要求越来越高。可靠性是评价一款优秀软件产品的基本标准。

②健壮性。又称鲁棒性，指的是软件对于一些错误的莫名输入能够做出正确判断，并且还要求能够有合理的处理运行方式。

③可修改性。这要求软件产品以科学规范的方法来进行设计和编写，使得其结构化与文档化，以便于调整。

④可理解性。为了保证软件的可靠性和可修改性，则其要求文档清晰可读，程序本身也具备简洁明了的结构。这方便其他程序员或者自己后续的修改、优化。

⑤程序简便。软件程序当力求简洁明了。

⑥可测试性。可测试性就是要求我们开发的软件系统可以通过设计一个适当的数据集合来进行测试，且能够保证测试范围的全面。

⑦效率性。效率性往往也称为性能，它一般通过程序的时间复杂度和空间复杂度来进行度量。在程序满足需求设计的前提下，系统程序所占用存储容量越小或者执行的时间越短，则程序运行的效率就越高。

⑧标准化原则。软件程序开发基于业界开放式标准，且符合国家信息产业部的规范要求。

⑨可扩展性。没有一款软件是永远优秀的。为了保证软件可以升级换代，在程序设计时必须要保留有足够的升级空间。

3.4 GUID 二维码编码方式

为了便于在档案管理系统中发挥二维码的作用，要结合档案的实际情况考虑一种适合该系统和实际档案工作的二维码编码方式，才能更好地发挥该系统的作用。档案的二维码编码，从长远考虑为了有更大容量的编码字符，所以经过反复思考和测试，选定 GUID 编码方式。

3.5 数字加密技术

档案属于作为一种重要的社会信息资源，档案是国家机关、社会团体、企事业单位及其个人在从事社会活动过程中形成的对国家和社会有保存价值的各种文字、图表、声像等不同形式的原始记录。档案是行为者在从事社会活动过程中形成的各种文件材料转化而来的，是国家机关、社会团体、企事业单位及其个人活动的真实记录，因此它具有重要的凭证作用和参考使用价值。档案中也包含着涉及国家机关、社会团体、企事业单位及个人秘密的资料、经济数据、科技成果等，一旦泄露，就会使国家机关、社会团体、企事业单位及个人的安全和利益受到重大损害。所以我们也考虑到档案工作的保密性，这里采用数字加密技术，如图 16 所示。

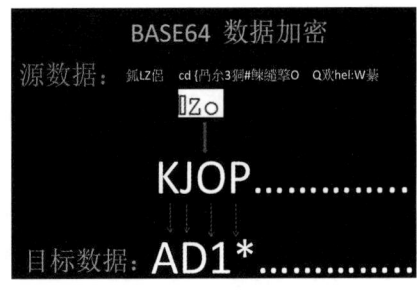

图 16　数据加密

4　系统软件测试

为了软件质量、提高软件可靠性，我们需要在软件投入运行之前进行有效的软件测试。文献 [14] 中提到为了保证软件产品在使用过程中的可靠性，在软件产品编码结束后必须对其进行系统全面的测试。软件测试工作主要分为确认（validation）和验证（verification），其基本概念如下：确认是通过一些测试确定在给定的场景中软件逻辑正确，即保证软件做了开发者期望它做的事。验证是通过测试保证软件以正确的方式实现了一些特定的功能。

4.1 软件测试的方法和步骤

在软件开发的整个过程中，因为各个环节环环相扣，所以都不可避免地有发生一些错误的可能性。而且由于开发过程中不同阶段的特性，所以各阶段的错误都有着其特点，因而我们可以使用不同的测试方法来进行测试。软件测试是为了查找并排除软件中可能存在的错误，而且越早发现越好。下面就各种不同的测试类别进行简单介绍。

①单元测试。单元测试是软件测试的基础。它对软件中的基本组成单位,如代码、逻辑、函数等进行测试,它和详细设计相对应。

②集成测试。集成测试在单位测试完成之后进行,通过将单元测试的多个单位模块组装成一个子系统来进行测试,通过测试与纠错,是该部分子系统满足要求。在集成测试中一般采用自顶向下、自底向上、三明治集成测试方法和大爆炸集成测试方法。

③系统测试。软件系统测试和其需求分析相对应,一般可分为面向软件性能和面向用户使用两个方向。前者包括鲁棒性测试和压力测试等,后者包括安装测试、易用性测试等。一般来说,系统测试已经不再做结构性测试,只需验证其功能即可。

④其他测试。这主要指一些上面没介绍到的和没有具体包括进去的测试内容,如有需求测试、设计测试和专向测试等。就需求测试而言,对需求本身的测试是必要的,历史经验表明大部分软件产品的返工都是由需求方面的错误所导致的。

由于本人在开发本系统时对本系统的逻辑结构和处理算法等有较深的了解,同时对系统各模块有着全面的掌握,故而这里对图书管理系统进行了白盒和黑盒测试相结合的方法。

白盒测试是非常典型的结构测试,它将程序形象地认为是装在一个透明的盒子中,即测试人员清晰地了解掌握程序内部的逻辑结构和代码。做白盒测试时必须依照程序内部的逻辑结构和代码来对程序进行逐步测试,通常这一步由程序开发员本人来完成。

黑盒测试又称为功能测试,就是将程序理解为装在一个黑盒子里的,所以这时我们无法"看到"程序的内部结构和处理过程,因而我们在测试系统或者各模块时不用具体考虑软件或模块的内部结构,只需要在各接口上进行相应的测试,也只需检查程序或模块是否符合需求设计的要求,是否会在不同的外部数据输入情况下产生不够准确地输出信息,是否可以在程序运行过程中保持外部信息的完整性。测试阶段流程一般都是一个验证或者"否定+调试"的过程,其流程如图17所示。

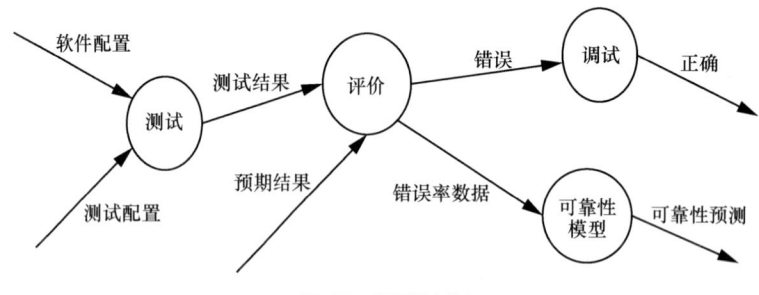

图 17 测试流程

深入理解并正确运用指导软件测试的基本准则是测试计划有效性和可靠性的保证,因此必须提前做好测试计划。下面介绍软件测试的基本准则。

①为了保证软件无误,测试过程都应该追溯到用户需求;

②应该远在测试开始之前,最好在完成了需求分析之时,在编码之前就安排好测试计划,并保证它的指导性;

③Pareto 原理指出测试发现的错误中 80% 很可能是由程序中 20% 的模块造成的。该原

理指导我们应当对容易出错的 20% 的模块进行重点测试；

④一个程序的输入组合可以是无限的，所以穷举测试是不可能的。在编写测试用例时，应该使用分类规划法，使测试用户简捷有效；

⑤测试工作最好由独立的第三方来完成；

⑥测试工作应该从"小规模"测试开始，而且越早测试越好。

4.2 测试运行过程及测试结果分析

本程序中包含模块较多，测试时需要对所有的模块进行测试验收。由于各模块多样而又不同，以下举几个有代表性的模块测试的例子来说明。

4.2.1 模块测试

（1）登录模块测试

针对用户登录时各种可能出现的情况精心设计方案，使之尽可能涵盖各种情形，如表 5 所示。

表5　部分登录模块测试用例

用例输入	预期结果
用例1：正确的用户名和密码	登录成功，系统自动跳转到主页面
用例2：正确的用户名和错误的密码	提醒：密码错误，请重新输入！
用例3：空用户名	提醒：请输入用户名
用例4：正确的用户名和空密码	提醒：请输入密码

用户试图登录时，如果输入的用户名或者密码存在错误，系统会进行提醒。

（2）修改密码模块测试

为了保证密码的保密性或者出于某种原因，图书管理员可能希望修改自己的登录密码。更改过程中为了防止用户输入新密码时不慎出错，系统要求用户在输入新密码后还需重新输入一遍新密码以进行确认。如果两次输入的新密码不一致，将无法执行密码更新操作，同时系统提醒用户两次输入不一致。其显示页面如图 18 所示。

两次密码一致时，显示页面如图 19 所示。

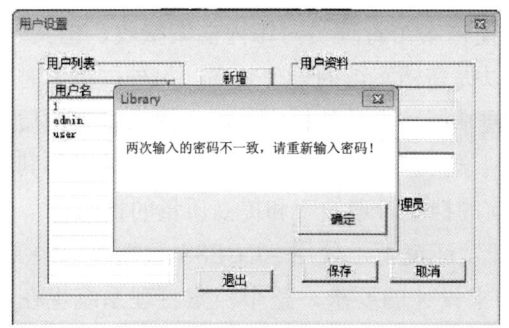

图 18　修改密码测试

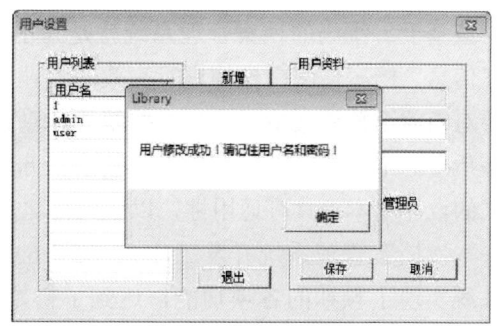

图 19　修改密码

4.2.2 集成测试

集成测试通常基于单位模块测试的基础之上。当我们成功完成了单元测试后,将经过测试的部分或者所有模块集成在一起,并对该集成系统进行相应的黑盒测试。集成测试是为了检查各模块间接口的协调性,验证不同模块间是否可以进行安全可靠的信息传输。下面以其中一次档案管理员操作的档案入库为例。

① 档案管理员通过账号和密码登录到系统中;

② 在新文件入库界面中输入相应的档案信息;

③ 在档案查询模块查询档案入库信息。

当一切正常,各模块能正确显示用户的信息时表示各子模块间的协作暂时是没问题的,至少在当前测试数据下,否则调试改正其中的设计和编码错误。

4.2.3 系统测试

根据需求设计,将整个软件系统作为单一的实体进行测试,验证它的功能和性能是否和需求设计文档一致。该阶段可邀请非开发人员积极参与测试,测试的目的就是验证系统确实能够符合设计要求。对不符合要求的 bug 进行分析,并对系统进行修正。

4.2.4 其他测试

在完成了以上测试工作后,在尽可能确保系统符合需求设计时,还需进行一些其他测试,如界面测试、性能测试等。该环节的测试,进一步保证了系统的质量。

4.3 评价

通过一系列软件测试,成功地验证了该档案管理系统可以比较快速准确地实现需求设计的各项功能。使用本系统,档案管理人员可以很方便地实现档案入库、档案上架位置定位及借阅等。档案管理员也能够很方便地实现档案查询、档案分类整理。测试阶段的工作就是为了通过发现错误和纠正错误来确保功能的正常运行。

5 结论

5.1 研究结论

该基于二维码的档案管理系统就是为了方便档案馆管理员对馆内档案接收、档案入库、档案信息、档案借阅操作等进行高效的管理,以提高档案馆的管理效率。另外,很多时候都需要对当前馆藏档案情况进行一些统计,以方便掌握馆内整体档案情况,提高管理的质量和服务质量。本档案管理系统的设计基于江苏省科学技术厅科技成果档案馆实际情况,其管理模式的设计基本上具有通用性,以达到优化目前的档案管理效率和提高质量的目的。

本次档案管理系统开发工作在 VC++6.0 开发环境下,使用 ACCESS 数据库已经完成。该系统实现了预期的各项功能,达到了初始需求设计的要求。整个档案管理系统也在经过长期的开发和测试工作之后能够顺利运行,符合初步的需求设计。该系统能够实现以下几个功能。

①档案管理员能够方便地对档案信息进行新增、移除、查询等功能，能够正确地对档案借阅的信息进行登记、删除、查询、分类等，能够对档案进行分类管理以方便借阅。

②允许系统管理员对档案管理员进行管理操作。

③在档案入库、档案定位中增添了二维码生成和识别功能。这将给档案管理系统的实际使用者带来日常工作上的便利和运营成本上的节省。

④利用二维码达到对档案装具的管理及对档案的定位管理。

该系统主要面向科技类档案馆开发，对服务器要求低。而且相比于其他同类软件，其实用性更强，更能在实际工作中发挥作用，减少工作量。另外，二维码的引用也给档案管理员带来很大的便利，有着很高的实用性。

5.2 对策建议

档案馆信息化是当下信息时代的一个发展趋势和必然要求。该档案管理系统应档案馆实际工作需要而开发，具有很强的实用性。但仍存在一些不足之处。

首先，这是一个单纯面向档案管理人员的档案管理系统。由于经费和时间的限制，目前并没有设计面向借阅者的外部服务端界面。后续有待进一步开发和研究。

其次，该系统对OCR识别有一定的研究，但是因为研究还不够深入，OCR的识别率还不是很高，后续会进一步研究OCR识别，使得无须手动录入，直接可以通过拍照OCR识别，完成档案信息录入工作。

另外，该系统还可以向前端和后端展开更深层次的应用和开发。前端可以和省计划项目管理系统（档案产生的源头）对接，实现二维码的前端生成。后端可以进一步考虑全文检索系统的开发，从而实现对档案全文的检索和应用。

针对上述存在的问题，提出如下对策建议。

①开展广泛的调研，充分了解档案管理各个阶段、各个过程中存在的问题及技术需求，进一步完善整个系统的功能设置。

②在经费充足的情况下，考虑引进一批设备，进一步部署该系统并推进在实际档案管理过程中的应用。实践出真知，只有真正在实际中应用，才能发现问题，找到更好的完善方案。

③我们的档案来源主要是江苏省科学技术厅的各个处室，所以与各处室之间的沟通和协调至关重要。该系统最终能不能广泛应用，能不能真正发挥作用，还是要在档案的产生源头部署好、应用好档案的管理系统，才能保证后续的管理中能够实现标准化、规范化。

④该系统虽然具备OCR识别功能，但是OCR识别率并不高，针对这个问题，我们要进一步考虑引进高识别的OCR识别技术。只有OCR识别率非常高的时候，OCR识别查询才能发挥真正作用。

课题负责人：张肖会
课题组成员：熊　鹰　张旭东　王佳莹　宋峥嵘　晁熠璐　吴　丽　张　青　顾亚华
撰　稿　人：张肖会

科研院所创新创业激励机制落地方案研究

江苏省科研院所数量多、种类全，在全国较早开始推进科研院所体制改革，促进科研院所与市场紧密结合，加快科技成果转移转化和产业化，涌现出了省产业技术研究院、中科院苏州纳米所等一批在国内外有影响力的科研院所，在全省经济社会发展中发挥了重要支撑作用。但同时，江苏省科研院所特别是公益性科研院所仍然面临诸多挑战。例如，在激励科技人员创新创业等关系科研院所持续发展能力的关键环节，存在相关激励政策落实不充分、人员创新创业活力不强等问题。本课题研究以江苏省科学技术情报研究所暨江苏省科学技术发展战略研究院、江苏省科学技术厅科技成果档案馆为研究对象，聚焦科技人才创新创业激励机制的建设和完善，"窥一斑而见全豹"，从微观角度解构江苏省公益性科研机构当前面临的关键问题，研究提出有针对性、可操作的对策建议。

1 江苏省科学技术情报研究所当前发展面临的机遇和挑战

1.1 省属事业单位改革发展历程与趋势

改革开放以来，江苏省以市场化为导向，持续推进科研机构改革。1986年省政府制定了《江苏省科学事业费拨款管理暂行办法》，1987年原省科委、省财政厅出台暂行办法实施细则，按照不同科研特点对省属科研单位进行分类管理及拨款制度改革。1988年，省政府出台《关于改革科技人员管理制度的暂行规定》，探索推行科研承包责任制。2000年，省政府办公厅转发了《关于全省科研机构改革转制工作的实施意见》，从试点到全面启动，有序推进省科研机构改革转制工作，即对于主要承担研发成果转化应用职能的科研机构改制为企业，对于主要承担社会公益类服务的科研机构进行分类管理和改革。

21世纪初期，在省属应用性科研机构完成企业化转制以后，江苏省发力推进省属公益性科研机构改革，主要目标即在推动有关院所承担公益性功能的基础上，运用市场化机制激发科研机构创新创造活力。例如，2003年，江苏省科技厅《关于省属社会公益型科研机构业务定位工作的意见》，明确将公益性科研机构进一步分为两类，其中一类为纯公益性，另一类为准公益性。2006年前后，江苏省科技厅《2006—2010年省属社会公益类院科研机构改革与发展的指导意见》明确，深化管理体制改革，稳步有序建立省属公益科研机构的管理体制结构。以此为基础，江苏省省属公益科研机构逐渐建立形成了党委领导下的院（所）长负责制，同时积极探索理事会、科技委员会咨询制等新型管理机制，推行岗位人员聘任制、考核制等，激发公益研究和服务活力。截至"十一五"末，江苏省建有省属科研院所80多家，其中26家应用类院所已转制为科技型企业，即省属公益性科研院所仍有50多家。

"十二五"时期，省属公益性科研院所改革进一步深入推进，但总体是在国家和省关于推进事业单位改革的框架下进行。2011年，中共中央、国务院印发《关于分类推进事业单位改革的指导意见》后，江苏省委、省政府出台《关于分类推进事业单位改革的实施意见》，明确将公益性事业单位划分为一类、二类分类管理。江苏省人社厅、省科技厅等有关部门制定相关配套政策，推进岗位绩效工资改革等相关工作。截至"十二五"末，江苏省事业单位分类工作已经基本完成。

进入"十三五"时期，公益性科研机构改革已经进入深水区，进一步凸显机构的公益服务性质，提升机构开展创新创业、支撑经济高质量发展的能力，成为大势所趋。党的十九大报告明确提出，要"深化事业单位改革，强化公益属性，推进政事分开、事企分开、管办分离"。2017年9月，江苏省政府召开省级承担行政职能事业单位改革工作动员部署会议，进一步全面深入推进事业单位改革，当年完成了省级和4个设区市、12个县（市、区）承担行政职能事业单位改革试点工作。2018年5月，江苏省政府召开电视电话会议，专题部署推进从事生产经营活动事业单位改革工作，按照分类施策、分步推进的原则，以转企改制、撤销或优化整合为主要方式，深入推进293家经营类事业单位深化改革工作。预计江苏省政府将在2019年启动开展公益性事业单位深化改革工作，江苏省科学技术情报研究所应为将要参与新一轮改革的科研事业单位之一。

1.2 多年发展积累的较好基础和优势

江苏省科学技术情报研究所始创于1960年5月，是江苏省科学技术厅直属公益性科研服务机构，对外还有江苏省科学技术发展战略研究院、江苏省科技成果档案馆两块牌子，属于财政全额拨款的省属事业单位性质。从工作职能业务上看，主要围绕江苏省经济社会发展和科技创新，接受国家及地方政府部门、国内外企业及社会组织的委托，开展重大战略、规划计划、科技政策、企业创新等决策咨询服务工作；同时，负责江苏省软科学研究计划项目管理，承担并开展全省科技成果、科技报告、科技计划项目档案的管理及开发应用等工作。从内部机构设置看，目前江苏省科学技术情报研究所共设有19个部门，其中，科技政策研究、区域创新研究、产业技术研究、企业创新研究、科技统计分析、科技文献、科技评估、科技查新咨询、科技经费监管、软科学管理服务、科技电子政务、协同创新服务、科技档案、科技传媒等业务部门14个，办公室、党委办公室和业务管理、财务等管理部门4个，后勤管理服务保障部门1个。另外，江苏省科技情报学会、科技咨询协会、生物技术协会、科技翻译协会、企业研发机构促进会5个社团组织，在江苏省科学技术情报研究所挂靠管理。截至2017年年底，全所共有事业编制181个，在职职工179名。

经过近60年的发展，江苏省科学技术情报研究所坚持改革创新、开拓发展，始终走在江苏省改革发展的前列，打造了一系列科研工作品牌，成为在全国科技情报领域具有较大影响力的科研机构。一是机构业务资质优。目前，江苏省科学技术情报研究所是江苏省AAA级信誉咨询机构、江苏省科技骨干服务机构、国家一级科技查新咨询机构、国家二级科技文献收藏单位、地区一级专利文献服务中心，中国（江苏）知识产权维权援助中心合作成员单位，江苏省中小企业五星级公共服务平台，江苏省文明单位，通过ISO 9001:2008质量管理体系国际标准认证。二是专业人才队伍强。江苏省科学技术情报研究所179名在职职工中，博士10人、硕士97人，硕士研究生以上人员占全体在职职工的比例达60%，包括拥有国务院政府特殊津贴专家、省突出贡献中青年专家、省"333工程"培养对象在内的高级职称人才53人，中级职称人才71人。三是科技情报服务成效显著。2017年度，江苏省科学技术情报研究所承担国家级、省级研究课题22项，完成各类研究报告101篇，其中有4项专题调研报告获省领导批示；组织开展政策宣讲培训14场次，培训人员超过1000人次；组织举办了江苏创新发展恳谈会、江苏发展大会紫金山科技讲坛、"智汇江苏"高峰论坛等高层次论坛活动；开展企业创新咨询服务超过10 000项（次）；工程文献信息平台存储总量达到115 TB，组织公益性文献服务培训达94场次。

1.3 新形势、新目标、新要求

改革开放以来，随着科技信息服务市场的发展，省内外科技信息服务机构快速发展，特别是社会化、市场化的科技信息服务主体不断涌现，江苏省科学技术情报研究所发展面临越来越激烈的市场经济。从职能业务看，江苏省科学技术情报研究所主要业务开展面临来自高校和社会机构的激烈竞争。例如，截至2017年年底，江苏省共有普通高校142所，其中，"955""211""双一流"高校15所；全省各类科学研究与技术开发机构中，政府部门属独立研究与开发机构达450个。这些高校和研发机构，与江苏省科学技术情报研究所开展的主要业务存在不同程度的交叉。特别是近年来，随着高校对科技创新和科技成果转移转化的重视，江苏省科学技术情报研究所主导业务与高校的区别度越来越低，目前几乎江苏省科学技术情报研究所能够开展的所有业务高校都能开展，对江苏省科学技术情报研究所业务发展构成了强大的竞争压力。从省际科技信息机构的发展来看，江苏位于长江三角洲的核心地区，周边上海、浙江、安徽等兄弟省市科技信息研究机构，依托江苏省的政策和资源优势，不断改革创新、竞相发展，在人才结构、服务能力和影响力等方面快速发展，竞争发展形势紧迫。例如，北京市科学技术情报研究所拥有博士及博士后共25人，超过江苏省科学技术情报研究所博士人员的2倍，累计荣获国家级科技进步奖3项，省部级科技进步奖44项；天津市科技信息研究所拥有高级职称技术人员49人，浙江省科技信息研究院拥有高级职称技术人员44人，占比分别达到35.5%、38.3%，高于江苏省科学技术情报研究所近30%的占比。

党的十八大召开后，中共中央出台系列重大战略部署，深入实施创新驱动发展战略，聚力推进以科技创新为核心的全面创新。2015年，全国人大修订《中华人民共和国促进科技成果转化法》；2016年，国务院印发了《实施〈中华人民共和国促进科技成果转化法〉若干规定》，国务院办公厅印发了《促进科技成果转移转化行动方案》，中共中央办公厅、国务院办公厅联合印发了《关于实行以增加知识价值为导向分配政策的若干意见》。江苏省委、省政府快速行动，及时制定出台了贯彻落实新修订的《促进科技成果转化法》及相关规定的实施方案，江苏省政府出台了《关于加快推进产业科技创新中心和创新型省份建设的若干政策措施》（简称"40条"政策），江苏省有关部门配套制定了实施细则，围绕"人才"这一创新驱动的核心要素集中发力，充分发挥收入分配政策的激励导向作用，激发广大科研人员的积极性、主动性和创造性，促进科技成果向现实生产力加速转化。

贯彻落实国家和省有关决策部署，在主管部门省科技厅的指导下，结合实际，江苏省科学技术情报研究所确定了建设"一库三中心"的战略目标定位，即着力打造具有全国影响力的科技创新智库和科技大数据中心、科技信息咨询服务中心、科技全媒体宣传中心，为江苏深入实施创新驱动发展战略、加快推进转型升级提供强有力支撑。实现这一目标，必须充分依托和发挥江苏省科学技术情报研究所近60年发展积累起来的良好工作基础和品牌优势，顺应新一轮公益性科研事业单位改革的大势，抓住"人才"这个核心要素，在新的起点上进一步建设完善我国科研人员创新创业创造激励机制，最大限度地调动广大科研人员的主动性、积极性，为江苏省科技创新发展做出更大贡献。

2 国家和省关于科研院所创新创业激励的政策和规定

2.1 实施"多劳多得、优绩优酬"的绩效工资制度

长期以来，公益性科研院所作为义务教育、公共医疗等以外的其他类事业单位进行管理。改革开放以后，为了充分激发科研人员等各类职工的积极性、创造性，我国及各地积极探索推进绩效工资分配制度，通过收入分配的导向作用激励各类职工发挥潜能、创新创造。

2006年，原人事部、财政部联合印发《关于印发事业单位工作人员收入分配制度改革方案的通知》，明确建立符合事业单位特点、体现岗位绩效和分级分类管理的收入分配制度。2011年印发的《中共中央　国务院关于分类推进事业单位改革的指导意见》明确，进一步做好义务教育学校、公共卫生与基层医疗卫生事业单位绩效工资管理，对其他事业单位实施绩效工资制度。国务院办公厅《关于深化事业单位工作人员收入分配制度改革的意见》，从实施细则层面上完善事业单位绩效工资分配的机制。江苏省贯彻落实国家相关决策部署，2009年、2010年分别实施了义务教育学校、公共卫生与基层医疗卫生事业单位绩效工资制度，对事业单位性质的公益性科研院所实行绩效工资制度。2012年，江苏省人社厅印发了《省直其他事业单位绩效工资实施办法》，明确省人社、财政部门在综合考虑经济发展、财力状况、物价水平、公务员规范后的津贴补贴水平及已实施绩效工资事业单位绩效工资水平等因素的基础上确定绩效工资水平基准线，同时根据单位类别、经费来源渠道等因素分类设置控高线和托低线。其中，明确公益一类单位的控高线为基准线水平的120%，公益二类单位的控高线为基准线水平的150%；差额拨款事业单位暂比照从事公益服务二类的其他事业单位执行；单位绩效工资水平托低线，原则上按基准线的85%设置。奖励性绩效工资的具体发放项目由单位结合自身特点设立，具体发放由单位根据考核制度和考核结果，采取灵活多样的分配方式和办法进行。在分配中坚持多劳多得、优绩优酬，重点向关键岗位、业务骨干和做出突出成绩的工作人员倾斜。

当前江苏省科学技术情报研究所科研人员和职工的绩效奖励分配，按照江苏省人社厅《省直其他事业单位绩效工资实施办法》执行。

2.2 实施技术合同审核登记制度

开展技术合同登记，是落实技术转让等有关技术交易税收优惠政策的前提。国家和地方科技管理部门，负责社会技术转让、技术开发、技术咨询、技术服务等技术合同的认定登记工作。

改革开放以后，科学技术是第一生产力的理念在全国得到贯彻执行，技术合同法规体系很快建立起来。1987年，第六届全国人大常委会通过的《中华人民共和国技术合同法》，是我国技术合同法体系的基本法。1988年国务院批准实施《技术合同管理暂行规定》，1989年批准实施《中华人民共和国技术合同法实施条例》，原国家科委1990年印发《技术合同认定规则（试行）》，连同1991年发布的《技术合同仲裁机构仲裁规则（试行）》，共同成为我国技术合同法体系的重要组成部分。1999年，全国人大通过并实施《中华人民共和国合同法》，把技术合同列为《合同法》的重要内容，《中华人民共和国技术合同法》同时废止。2000年，科技部、财政部、国家税务总局联合印发《技术合同认定登记管理办法》，明确科学技术部管理全国技术合同认定登记工作，地方科技管理部门负责各地的技术合同认定管理工作。2001年，科技部印发了修订后的《技术合同认定规则》，进一步完善了技术合同登记审核登记管理制度。江苏省贯彻落实国家关于开展技术合同登记、促进科技成果转化的有关法规，1990年省第七届人大常委会通过了《江苏省技术市场管理条例》，明确科技部门是各级人民政府管理技术市场的职能部门，负责本地区技术市场的管理工作。1999年，《中华人民共和国合同法》出台后，《中华人民共和国技术合同法》被废止，由于合同法中有关技术开发、转让、咨询和服务的规定与原来的技术合同法有一定的差异，《江苏省技术市场管理条例》的立法依据不复存在，因此经江苏省人大常委会审议通过，2002年《江苏省技术市场管理条例》已经废止。江苏省科技部门按照科技部有关规定，有序开展技术合同的认定登记工作。2017年，江苏省科技厅印发《关于加强全省技术合同认定登记工作的通知》，进一步加强全省技术合同认定登记工作，明确江苏省技术市场管理办公室负责全省技术合同认定登记的管理工作。据统计，2017年江苏全年共登记技术合同37 348项，技术合同成交额达到872.92亿元，比上年约增长15%，成交额居全国第五位。

为了鼓励开展技术交易，促进科技成果转化，国家和地方出台了系列技术合同优惠政策。1999年，在《合同法》通过实施以后，财政部、国家税务总局联合印发关于贯彻落实《中共中央 国务院关于加强技术创新，发展高科技，实现产业化的决定》有关税收问题的通知，明确对单位和个人（包括外商投资企业、外商投资设立的研究开发中心、外国企业和外籍个人）从事技术转让、技术开发业务和与之相关的技术咨询、技术服务业务取得的收入，免征营业税。在2016年我国全面推开营业税改征增值税试点工作以后，财政部、国家税务总局联合发文，规定纳税人提供技术转让、技术开发和与之相关的技术咨询、技术服务，免征增值税。在江苏省层面，2003年，江苏省科技厅、省国税局、省地税局联合印发《关于技术合同享受减免税优惠政策等有关问题的通知》，明确技术合同需经省技术市场管理办公室或各省辖市、县（市）科技行政部门登记认定，并按税务规定开具"江苏省××市（县）技术贸易发票"后，可申请享受技术合同税收优惠政策；科研单位科技人员从事"技术开发、技术转让、技术咨询、技术服务"业务，可按该项目纯收入的25%～35%提取奖酬金，奖励本单位做出贡献的科技人员。

2.3 实施促进科技成果转化奖励激励政策

党的十八大以来，我国经济社会发展进入新的阶段，落实创新发展理念、实施创新驱动发展战略，逐渐成为全国上下的普遍共识。伴随科技创新越来越占据我国经济社会发展全局的核心位置，公益类科研院所既链接创新源头又贴近产业和市场的独特地位越来越重要，进一步激发公益类科研院所科研人员创新创业创造的积极性，必然要求科研院所管理进一步突破事业单位的管理框架，以最大限度地释放科研人员创新潜能。因此，近年来我国各地出台了一系列促进科技成果转移转化激励政策，更大程度地激发科研人员创新动力。

2015年，全国人大常委会修订了《中华人民共和国促进科技成果转化法》，新法的最大亮点就在于对科技成果处置权、收益权的突破性规定。新法明确规定：国家设立的研究开发机构、高等院校对其持有的科技成果，可以自主决定转让、许可或者作价投资。国家设立的研究开发机构、高等院校转化科技成果所获得的收入全部留归本单位，在对完成、转化职务科技成果做出重要贡献的人员给予奖励和报酬后，主要用于科学技术研究开发与成果转化等相关工作。职务科技成果转化后，由科技成果完成单位对完成、转化该项科技成果做出重要贡献的人员给予奖励和报酬。根据修订后的《促进科技成果转化法》，科技成果是指通过科学研究与技术开发所产生的具有实用价值的成果；职务科技成果是指执行研究开发机构、高等院校和企业等单位的工作任务，或者主要是利用上述单位的物质技术条件所完成的科技成果。在新法对科技成果转化收益奖励分配规定的举例说明中，分别举了职务科技成果转让、许可，职务科技成果作价投资和职务科技成果自行实施或合作实施营利3种方式。但在实际操作中，科研院所开展科技成果转化活动不仅仅是通过转让、投资等方式，还有大量的科技成果转化工作是通过技术开发、技术咨询、技术服务等方式完成的。

2016年，国务院印发《实施〈中华人民共和国促进科技成果转化法〉若干规定》（国发〔2016〕16号）明确，国家设立的研究开发机构、高等院校对科技人员在科技成果转化工作中开展技术开发、技术咨询、技术服务等活动给予的奖励，可按照促进科技成果转化法和本规定执行。中共中央办公厅、国务院办公厅《关于实行以增加知识价值为导向分配政策的若干意见》（厅字〔2016〕35号）进一步明确，完善科研机构、高校横向委托项目经费管理制度，对于接受企业、其他社会组织委托的横向委托项目，人员经费使用按照合同约定进行管理。技术开发、技术咨询、技术服务等活动的奖酬金提取，按照《中华人民共和国促进科技成果转化法》及《实施〈中华人民共和国促进科技成果转化法〉若干规定》执行。2017年，国务院印发《国家技术转移体系建设方案》（国发〔2017〕44号）明确，高校、科研院所科研人员依法取得的成果转化奖励收入，不纳入绩效工资。实践上，教育部、科技部《关于加强高等学校科技成果转移转化工作的若干意见》（教技〔2016〕3号）明确，高校科技人员面向企业开展技术开发、技术咨询、技术服务、技术培训等横向合作活动，是高校科技成果转化的重要形式，其管理应依据合同法和科技成果转化法；中国科学院、科技部印发的《中国科学院关于新时期加快促进科技成果转移转化指导意见》（科发促字〔2016〕97号）明确，科技人员为企业提供技术开发、技术咨询、技术服务、技术培训等服务，是科技成果转化的重要形式。即我国高校和中科院系统，已经按照国家促进科技成果转化激励政策链开展科技成果转化工作。

在江苏省，2016年，省政府印发《关于加快推进产业科技创新中心和创新型省份建设的若干政策措施》（省"40条"政策），明确下放科研院所和高等院校科技成果的使用权、处置权和收益权。由科研院所、高等院校自主实施科技成果转移转化，主管部门和财政部门不再审批或备案，成果转化收益全部留归单位，不再上缴国库。在利用财政资金设立的科研院所和高等院校中，职务发明成果转让收益用于奖励研发团队的比例提高到不低于50%，计入当年本单位工资总额，但不受当年本单位工资总额限制，不纳入本单位工资总额基数，不计入绩效工资。

最终，在我国法规和政策层面上，关于科研院所科技成果转化能够享受的激励政策形成了完整的政策链条，即从技术合同角度来看，科研院所围绕科技成果开展的技术转让、技术开发、技术咨询、技术服务活动属于科技成果转化活动，享受相关促进科技成果转化奖励政策。并且，高校、科研院所科研人员依法取得的成果转化奖励收入，不纳入绩效工资；对完成、转化职务科技成果做出重要贡献的人员给予奖励和报酬的支出计入当年本单位工资总额，但不受当年本单位工资总额限制、不纳入本单位工资总额基数。

2.4　优化改进科研项目资金管理制度

多年来，我国财政科技投入快速增长，科研项目和资金管理不断改进，为科技事业发展提供了有力支撑。但同时，也存在项目安排分散重复、管理不够科学透明、资金使用效益亟待提高等突出问题。党的十八大以来，国家和江苏省专门针对优化科研项目资金管理制度，出台了一系列政策措施，持续推进科研项目资金管理办法改革，提升科研资金使用效率。

2014年，国务院印发《关于改进加强中央财政科研项目和资金管理的若干意见》，提出要"改进科研项目资金管理"。2016年，中共中央办公厅、国务院办公厅联合印发了《关于进一步完善中央财政科研项目资金管理等政策的若干意见》，对科研项目资金管理制度进一步改革创新。2018年，国务院印发《关于优化科研管理提升科研绩效若干措施的通知》，实行系列政策措施，着力赋予科研人员更大的人财物自主支配权，减轻科研人员负担，充分释放创新活力，调动科研人员积极性。江苏省认真贯彻落实党中央工作部署，2015年制定了《省政府关于深化省级财政科研项目和资金管理改革的意见》，进一步明确完善项目资金支出管理。2016年，江苏省政府出台的"40条"政策专列一条"改革科研项目经费管理机制"，主要内容包括减少对创新项目实施的直接干预，赋予创新人才和团队更大人财物支配权、技术路线决策权，简化各级财政科研项目预算编制，在项目总预算不变的情况下，将直接费用中多数科目预算调剂权下放给项目承担单位等。2018年，江苏省委、省政府印发《关于深化科技体制机制改革推动高质量发展若干政策》的通知，其中针对纵向科研项目和横向科研项目经费管理出台了具体改革措施。例如，明确"科研院所、高等学校等事业单位可根据科研活动实际需要，研究制定横向委托项目经费管理办法，不纳入单位预算，自主确定使用范围和标准以及分配方式，并作为评估评审或审计检查等依据""横向委托项目完成后获得的净收入，如合同约定分配事项，则按合同约定提取报酬；如无合同约定，允许全部留归项目组成员自主分配并依法缴纳所得税"等。

2.5 探索下放专业技术人员职称评审权

职称是专业技术人才学术技术水平和专业能力的主要标志，也是调动科技人员创新创造积极性的有效激励。长期以来，我国初、中、高级专业技术支撑的评审权限在国家和省有关部门，科研院所等实际用人主体仅有推荐、上报的权力。党的十八大以来，中共中央深入推进人才发展体制机制改革，逐步探索下放专业技术人员职称评审权限，激发高校、科研院所及科研人员的能动性、创造性。

2016年，中共中央印发了《关于深化人才发展体制机制改革的意见》，明确提出要改革职称制度和职业资格制度，突出用人主体在职称评审中的主导作用，合理界定和下放职称评审权限，推动高校、科研院所和国有企业自主评审。2017年，中共中央办公厅、国务院办公厅印发了《关于深化职称制度改革的意见》，进一步明确提出下放职称评审权限，发挥用人主体在职称评审中的主导作用。中共中央要求明确后，教育管理部门率先行动，较早开展了教师职称评审工作的改革及下放工作。2017年，教育部、中央编办、国家发展改革委、财政部、人力资源和社会保障部五部门联合印发了《关于深化高等教育领域简政放权放管结合优化服务改革的若干意见》，明确下放高校教师职称评审权。在江苏省层面，省"40条"政策提出要完善职称评价办法，向具备条件的地区和用人单位下放职称评审权，进一步畅通非公有制经济组织和社会组织人才申报参加职称评审渠道。尽管中共中央《关于深化职称制度改革的意见》等相关文件明确，逐步将高级职称评审权下放到符合条件的市地或社会组织，推动高校、医院、科研院所、大型企业和其他人才智力密集的企事业单位按照管理权限自主开展职称评审，但科研院所自主开展职称评审工作尚未全面开始试行。江苏省整体上按照"谁用人、谁受益、谁评审"的原则，科学界定、合理下放高级职称评审权限，逐步向符合条件的设区市下放副高职称评审权，推动高校、科研院所、大型企业和其他人才密集的企事业单位按照管理权限自主开展职称评审。

3 问题和需求：基于问卷调查的结果分析

3.1 问卷调查

3.1.1 基本考虑

坚持问题导向、差距思维，为了深入揭示当前制约江苏省科学技术情报研究所科研人员创新创业积极性的问题不足，增加研究成果的针对性、客观性、可操作性，课题组通过互联网方式，面向全所职工发放调查问卷。调查问卷主要包括三部分：第一部分为基本情况，调查江苏省科学技术情报研究所员工整体的性别、年龄、学历、工作部门和工作年限分布情况；第二部分为现状满意度，调查江苏省科学技术情报研究所职工对自身工作热情、收入及江苏省科学技术情报研究所整体情况的评价；第三部分为政策需求，调查江苏省科学技术情报研究所职工对未来的政策需求和期望。

3.1.2 变量设计

根据课题研究目标和调查内容，调查问卷共设计了16个问题，其中单项选择题14个，多项选择题1个，开放型选答题1个。按照问卷设计的一般方法，为了便于问卷调查结果的统计分析，对应15个必选的选择题设计了21个变量，其中，多项选择题每一个选项定义为1个变量（表1）。

表1 调查问卷变量设置

变量名	变量标签
Q1_XB	您的性别？
Q2_NL	您的年龄？
Q3_XL	您的学历教育水平？
Q4_BM	您工作的部门类别？
Q5_NX	您进入我所的工作年限？
Q6_NLFH	您认为目前您的工作能力得到充分发挥了吗？
Q7_SRPJ	您对自己目前的收入满意吗？
Q8_JXYZ	事业单位职工收入主要由基本工资和绩效工资两部分组成，您赞同绩效工资部分应该按照"多劳多得、优劳多得"之原则进行分配吗？
Q9_JXPJ	您认为我所现行绩效工资分配符合"多劳多得、优劳多得"原则吗？
Q10_ZCLJ	近年来国家和省出台了不少针对科研院所的激励政策，如"科技成果转化净收益不低于50%的比例，用于对完成、转化职务科技成果做出重要贡献的人员给予奖励和报酬"等，您了解这些政策吗？
Q11_ZCPJ	对于近年来国家和省出台的针对科研院所的激励政策，您认为目前我所在多大程度上充分实现了"应享尽享"？
Q12_1SR	您认为最能够激发您的创新创造热情的激励方式是什么？（最多可选4项）：（1）绩效分配等收入性激励
Q12_2RY	您认为最能够激发您的创新创造热情的激励方式是什么？（最多可选4项）：（2）表彰表扬等荣誉
Q12_3ZW	您认为最能够激发您的创新创造热情的激励方式是什么？（最多可选4项）：（3）职务晋升激励
Q12_4PX	您认为最能够激发您的创新创造热情的激励方式是什么？（最多可选4项）：（4）带薪培训进修（包括出国培训）
Q12_5XM	您认为最能够激发您的创新创造热情的激励方式是什么？（最多可选4项）：（5）担任政府计划项目负责人
Q12_6RC	您认为最能够激发您的创新创造热情的激励方式是什么？（最多可选4项）：（6）省级以上政府人才计划推荐激励

续表

变量名	变量标签
Q12_7QT	您认为最能够激发您的创新创造热情的激励方式是什么？（最多可选4项）：其他____
Q13_ZCSY	近年来国家和省出台的促进科研院所科技成果转化的激励政策，如"科技成果转化净收益不低于50%的比例，用于对完成、转化职务科技成果做出重要贡献的人员给予奖励和报酬"，您认为适用于我所业务吗？
Q14_JXXQ	您认为我所需要优化改进现行的绩效奖励分配办法吗？
Q15_JXCJ	您认为相同部门、同类岗位，不同职工的绩效奖励差距应该设置最高限制吗？

另外，调查问卷还设置了一个开放型选答问题——"您认为制约我所职工创新创造热情动力的最大问题是什么？如果我所将要进一步优化完善激励职工创新创造的制度办法，您有什么建议？"

3.1.3 回收情况

课题组于 2018 年 6 月 21 日在江苏省科学技术情报研究所职工 QQ 群、微信群发放问卷链接，限每人仅能填写一次，于 6 月 23 日关闭问卷回收。问卷调查期间，课题组共回收有效调查问卷 96 份，数量约占全所在职职工人数的 53.6%。

3.2 基本情况分析

3.2.1 性别分布

被调查者中，男性职工约为 31.3%，女性职工 68.7%（图1）。截至 2017 年年底，我国共有在职职工 177 人，其中男性职工 74 人、占比 41.8%，女性职工 103 人、占比 58.2%。此次调查参与职工的男女比例，与全所职工的男女比例基本相符，但数据显示女性职工参与程度更高。

分析原因，由于近年来江苏省科学技术情报研究所职工招聘主要通过事业单位公开招考方式，招聘结果几乎年年女多男少，使得江苏省科学技术情报研究所职工男女比例在 2013 年前后发生转换，由男多女少转换为女多男少，自然增加的女性员工多为近年来进所的年轻人，参与问卷调查的积极性自然较多。

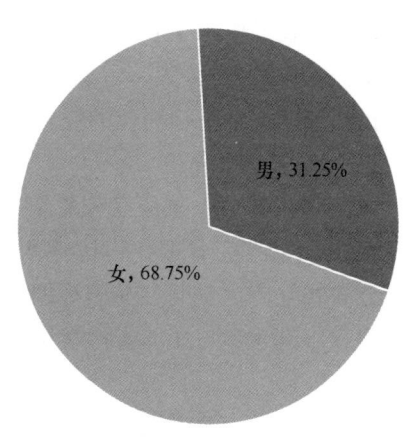

图 1 性别分布

3.2.2 年龄分布

被调查者中，35 周岁以下的职工占 62.5%，40 周岁以下的职工比例高达 85.4%，45 周岁以下的职工占比超过 90%（图2）。对比江苏省科学技术情报研究所职工年龄总体情况，截至 2017 年年底，全所在职职工中 35 岁（不含）以下职工占比达 44.6%，45 岁（不含）以下职工占比达 75.1%，对比可见，参与问卷调查的职工主要为江苏省科学技术情报研究所的青年职工。

3.2.3 学历分布

被调查者中,具有硕士学位的职工最多,占比高达74%,具有博士学位的职工占比达9.4%,硕士以上学历职工占比达83.4%(图3)。截至2017年年底,全所职工中拥有硕士学位的职工占比达55.9%,硕士以上学历职工占比达61.0%,说明参与问卷调查的职工以硕士以上学历职工为主。

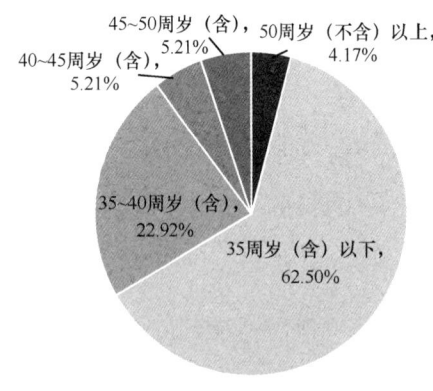

图2 年龄分布

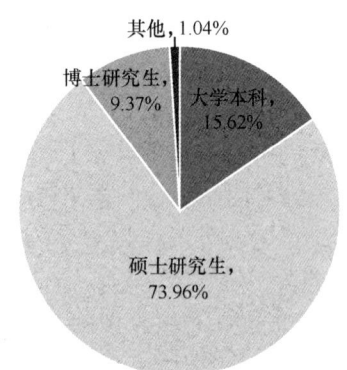

图3 学历教育水平分布

3.2.4 部门分布

被调查者中,76%的职工来自业务部门,12.5%的职工来自管理部门,6.3%的职工来自支撑服务部门(图4)。对比江苏省科学技术情报研究所总体情况,截至2017年年底,全所业务部门在职职工136人、占比76.8%,管理部门在职职工24人、占比13.6%,后勤管理服务部门在职职工11人、占比6.2%,说明被调查者的部门分布比较均衡,与江苏省科学技术情报研究所内部机构岗位的设置比例基本相符合。

3.2.5 工作年限分布

被调查者中,来所工作不到10年的职工最多,占比达79.2%;进一步细分,进所工作5~10年的职工最多,占比达41.7%(图5)。被调查者的工作年限分布,与被调查者的年龄分布相互应,说明参与填写调查问卷的职工主要为近年进所的中青年职工,这也同时显示了中青年人才参与江苏省科学技术情报研究所公共活动的积极性和活力。

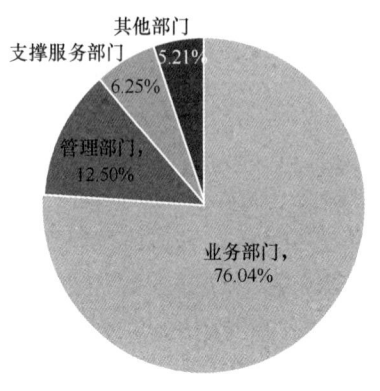

图4 工作部门分布

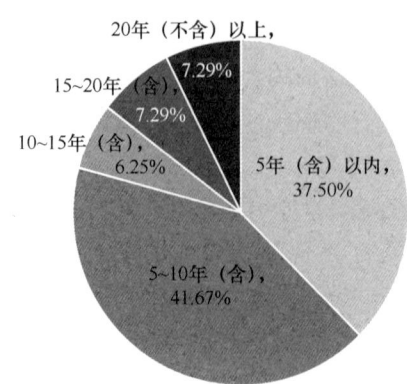

图5 工作年限分布

3.3 自我评价分析

3.3.1 变量设计

所谓自我评价，即调查职工对自身工作及收入情况的满意度。因为收入是一个人参与工作的最基本的劳动回报需求，一般来说，职工对自身的收入评价直接关系其愿意投入工作的时间、精力的多少，显而易见，如果某位职工对自己工作能够获得的收入极度不满，那么他的工作主动性、积极性、创造性极有可能也是低的。同时，自我评价在很大程度上反映了职工对单位的评价情况，显然，如果一个职工对单位越是满意，其对自身的评价自然可能更高。

围绕本课题研究的主题，为调查江苏省科学技术情报研究所职工对自身工作和收入情况的满意情况，课题组设计了两个变量。变量Q6_NLFH即问题6，标签为"您认为目前您的工作能力得到充分发挥了吗？"变量Q7_SRPJ即问题7，标签为"您对自己目前的收入满意吗？"前者，调查职工对工作付出情况的评价，后者调查职工对劳动回报的评价。

3.3.2 结果分析

被调查者中，对于自己工作能力的发挥程度的评价中，15.6%的职工选择了"得到充分发挥了"，55.2%的职工选择了"没有得到充分发挥"，对应的评价分值分别为5分和4分，合计占比达到了70.8%，是一个相当不错的结果（图6）。显示总体上大多数员工认为在当前岗位上工作能力得到了发挥，为工作付出了精力和智慧。

被调查者中，对于目前的收入情况，51.0%的职工选择了"一般"，27.1%的职工选择了"不满意"，13.5%的职工选择了"很不满意"，仅有8.33%的职工选择了"满意"（图7）。

对比上一问题的调查结果，两者显然是存在矛盾的，因为结果显示多数人在对收入不满意的情况下却积极地工作。分析原因，在对待自身工作付出的评价上，被调查者可能存在高估；在对待收入的评价上，又可能存在低估。

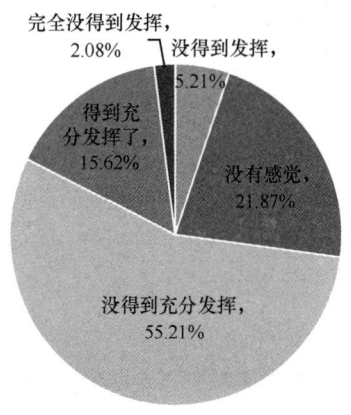

图6　对自身工作能力发挥程度的评价

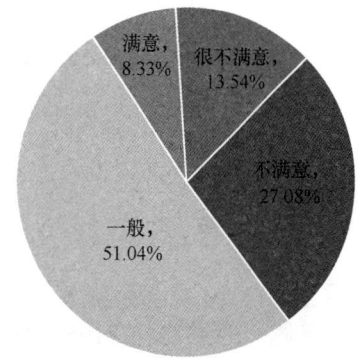

图7　对自身收入情况的评价

为了能够更加客观的反映被调查者的自我评价情况，考虑到被调查者可能存在对自身工作能力发挥评价的高估和对收入评价的低估，可以通过对二者加权平均的方式，令高估的成分和低估的成分适当抵消，以反映被调查者的相对真实的自我评价情况。在变量处理上，令

（Q6_NLFH+Q7_SRPJ）/2，得到新的自身综合评价变量，命名为QX_ZSPJ。对其进行频数分析可以得到统计表和直方图，被调查者的自身评价平均数约为3.2，众数约为3.5，达到接近"满意"的水平（表2、图8），且直方图与正态分布曲线的拟合度较好。这一结果显示，被调查者的自我评价总体比较客观、理性，调查结果的可信性高。

表2 自身评价统计量

	QX_ZSPJ
平均值	3.1563
中位数	3.0000
众 数	3.50
标准偏差	0.681 76

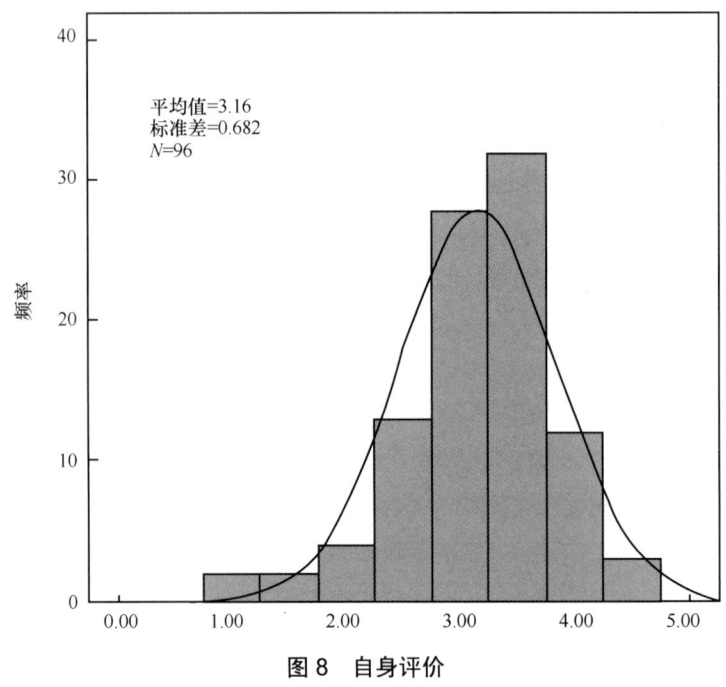

图8 自身评价

3.4 单位评价分析

3.4.1 变量设计

围绕本课题研究主题，在调查问卷中我们设计了两个变量考察职工对江苏省科学技术情报研究所通过绩效分配激励创新创造的评价，一是变量Q9_JXPJ，标签为"您认为我所现行绩效工资分配符合'多劳多得、优劳多得'原则吗？"二是变量Q11_ZCPJ，标签为"对于近年来国家和省出台的针对科研院所的激励政策，您认为目前我所在多大程度上充分实现了'应享尽享'？"在两个变量之前，分别设置了一个问题准备变量，分别是变量Q8_JXYZ，代表"事业单位职工收入主要由基本工资和绩效工资两部分组成，您赞同绩效工资部分应该按照'多劳多得、优劳多得'之原则进行分配吗？"变量Q10_ZCLJ，代表"近年来国家和省出台了不少针对科研院所的激励政策，比如'科技成果转化净收益不低于50%的比例，用于对完成、转化职务科技成果做出重要贡献的人员给予奖励和报酬'等，您了解这些政策吗？"设置这两个准备变量的目的，一是调查职工对评价标准的赞同程度，二是调查职工对于部分较专业政策知识的了解程度，以便于更加准确地分析被调查者针对江苏省科学技术情报研究所落实相关政策情况的评价结果。

3.4.2 结果分析

根据国家和省人社部门的有关规定，事业单位的绩效工资包括基础性绩效和奖励性绩效两部分，其中奖励性绩效部分由相关单位按照"多劳多得、优绩优酬"的原则自主分配。针对变量Q8_JXYZ，85.4%的被调查者选择了"赞同"或"非常赞同"，说明被调查者对于单位绩效工资的分配原则是总体赞同的。

参照对被调查者自我评价结果的分析方法，考虑到针对江苏省科学技术情报研究所现行绩效工资分配符合"多劳多得、优劳多得"的评价，被调查职工往往存在低估的可能，应当能够利用变量Q6_NLFH进行综合。因为如果被调查者对自身工作能力发挥程度的评价越高，其对江苏省科学技术情报研究所现行绩效分配机制的评价也应该越高。

令（Q6+Q9）/2进行变量计算，可以得到新的单位绩效奖励分配综合评价变量QX_ZHPJ，对其进行频数分析可以得到被调查者对单位绩效分配现状的综合评价直方图（图9）。

结果显示，对于单位绩效分配现状的评价，被调查者选择结果的平均值约为3.1分，整体判断基本达到"一般"以上、接近"满意"的水平，但显然稍低于被调查者的总体自我评价。直方图与相应正态分布曲线的拟合较好，说明被调查者的判断总体真实、客观，可信度高。

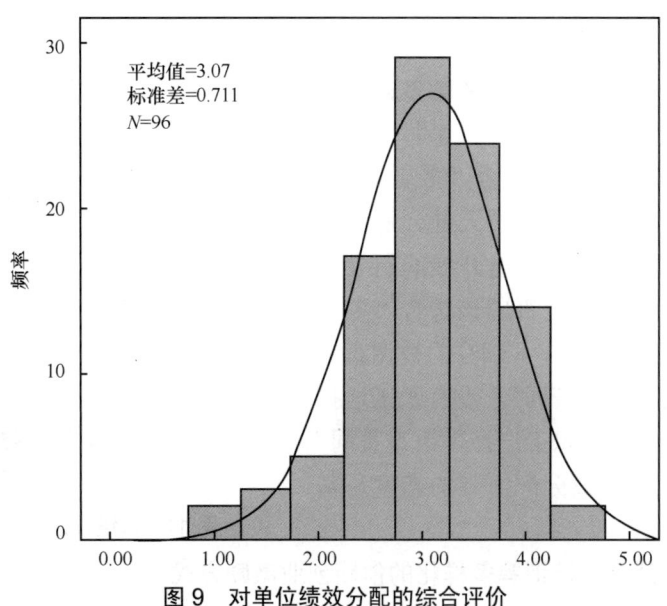

图9 对单位绩效分配的综合评价

如前所述，针对江苏省科学技术情报研究所落实和享受"科技成果转化净收益不低于

50%的比例，用于对完成、转化职务科技成果做出重要贡献的人员给予奖励和报酬"等新政策情况的评价，课题组设计了两个问题：一是调查职工对这些政策的了解程度，二是调查职工评价。

结果显示，被调查者中仅33.4%的职工对这些政策选择了"了解"或"非常了解"，在"了解"和"非常了解"这些政策的职工中，约41%选择了"不充分"（图10）。需要注意的是，多数被调查者对相关政策选择了"很不了解""不了解"或"一般"，说明江苏省科学技术情报研究所有必要加强相关政策的宣传和普及，以便于更好地统一思想，凝聚共识。

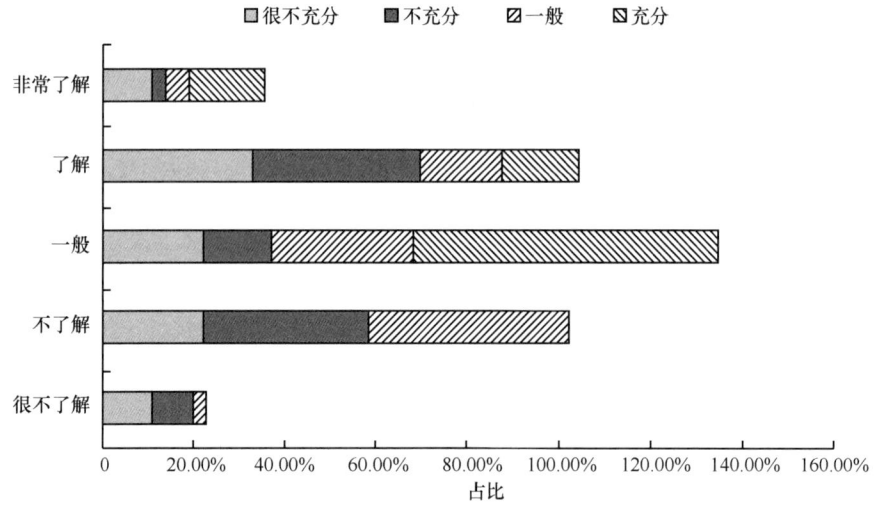

图10　对相关政策的了解情况及落实评价交叉分析

3.5　政策需求分析

3.5.1　绩效奖励分配需要符合"多劳多得、优绩优酬"的原则

奖励性绩效工资分配应符合"多劳多得、优绩优酬"的原则，是国家和省人社、财政等有关部门的明确规定。在课题组开展的问卷调查中，针对绩效工资分配是否应该符合"多劳多得、优劳多得"原则问题，85.4%的被调查者选择了"赞同"或"非常赞同"，没有职工选择"不赞同"，仅有1.04%的职工选择"很不赞同"（图11），说明职工对绩效分配原则的态度是基本一致的。

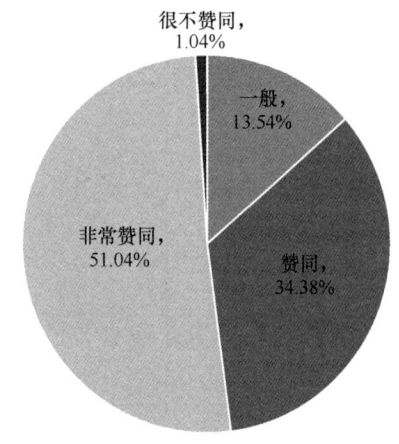

图11　对绩效分配原则的评价分布

3.5.2　采取收入、荣誉、培训等多样化的创新创业激励方式

为了调查最有效的创新创业激励方式，问卷中设计了唯一的多项选择题，标签为"您认为最能够激发您的创新创造热情的激励方式是什么"，并设计了绩效分配等收入性激励、表

彰表扬等荣誉、职务晋升激励、带薪培训进修（包括出国培训）、担任政府计划项目负责人、省级以上政府人才计划推荐激励和其他（选择输入）共7个选项。根据调查结果，针对最能激发创新创造热情的激励方式，排名前4位的分别是绩效分配等收入性激励、带薪培训进修（包括出国培训）、职务晋升激励、表彰表扬等荣誉，选择占比分别达到94.8%、67.7%、57.3%和42.7%（图12）。

结果显示，绩效分配等收入性激励是最能调动科研人员创新创造积极性的方式，这从另一个角度证明了通过绩效分配的收入导向激发人员活力的可行性、重要性。被调查者中选择带薪培训进修（包括出国培训）的职工占比居第二位，结合参与调查者年轻职工居多的情况分析，江苏省科学技术情报研究所职工特别是年轻职工需要通过培训提升自身能力，同时增加更多获得感。选择职务晋升激励的职工比例尽管排名第三位，但比例超过了一半。另外，选择表彰表扬等荣誉和担任政府计划项目负责人两种激励方式的职工占比也较高，比例均超过40%，说明职工对激励方式的需求更趋多样化。

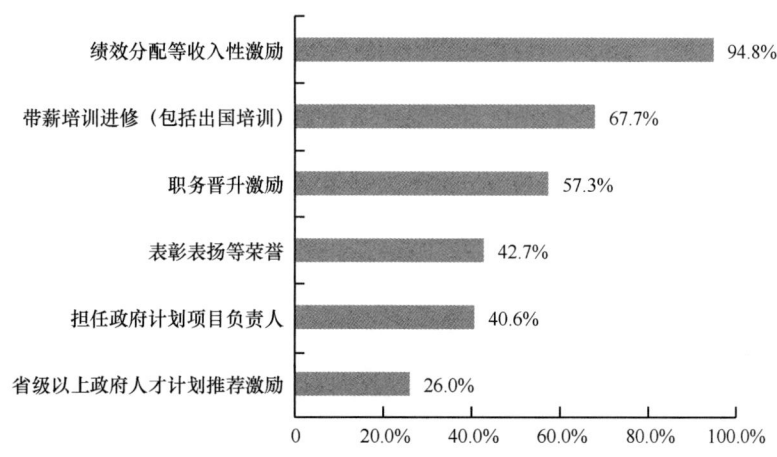

图12　最能激发创新创造热情的激励方式

3.5.3　探索享受国家和省出台的促进科技成果转化相关政策

如前所述，在国家政策层面，江苏省科学技术情报研究所主要开展的技术开发、技术咨询、技术服务等业务，应能适用国家和省相关促进科技成果转化激励政策。但由于缺少明确的实施细则和现成的同类院所实践经验，针对江苏省科学技术情报研究所业务能否适用促进科技成果转化相关政策，不可避免存在不同的看法和意见。但江苏省科学技术情报研究所职工希望享受国家和省相关激励政策的愿望是肯定的，根据调查结果，45.9%的被调查者认为江苏省科学技术情报研究所"大部分业务适用"或"完全适用"国家和省出台的促进科研院所科技成果转化的激励政策，在"了解"或"非常了解"这些政策的被调查者中，这一比例提高至65.6%（图13）。

分析原因，尽管广大职工希望增加绩效收入，但由于江苏省科学技术情报研究所事业单位性质的原因，全所职工绩效工资总额每年必须经过省人社、财政部门审核后方能发放，而绩效工资总额的增幅实际上要适应全省各类事业单位工资总额的增长情况有序增长，具体到职工个体绩效工资能够增长的幅度十分有限。

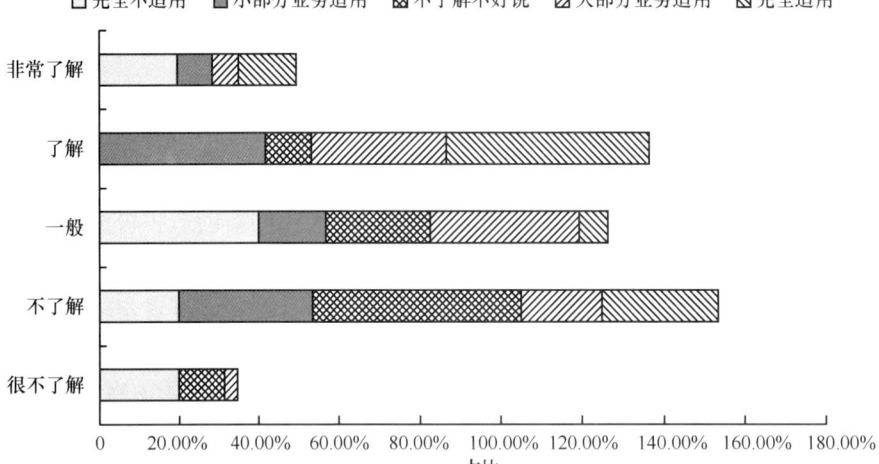

图13 对相关激励政策的了解情况及对江苏省科学技术情报研究所业务适用的评价

而根据国家和省有关法规，给予科研人员的科技成果转化奖励性收入是不计入绩效工资的，不受绩效工资总额限制，不纳入单位绩效工资总额基数。如果江苏省科学技术情报研究所能够享受相关促进科技成果转化激励政策，职工绩效工资就能在较大程度上突破工资总额的限制，职工工资才可能有较大幅度的提升，这也是当前江苏省科学技术情报研究所职工普遍关注落实促进科技成果转化政策的原因所在。

3.5.4 亟待优化改进绩效奖励分配办法

如前所述，奖励性绩效工资分配应符合"多劳多得、优绩优酬"的原则，是国家和省人社、财政等有关部门的明确规定。根据调查结果，90.7%的被调查者认为江苏省科学技术情报研究所"非常需要"或"需要"改进现行的绩效奖励分配办法（图14），结果显示江苏省科学技术情报研究所优化改进绩效奖励分配办法的需要非常迫切。

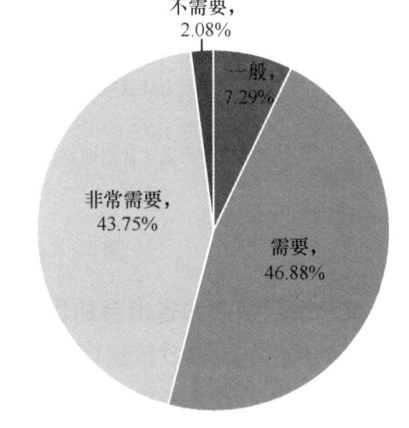

图14 对江苏省科学技术情报研究所是否需要优化改进激励分配办法的评价

3.5.5 效率优先，兼顾公平

效率优先、兼顾公平，是我国社会收入分配的基本原则。针对"您认为相同部门、同类岗位，不同职工的绩效奖励差距应该设置最高限制吗"这一问题，48.9%的被调查者选择了"应该"，同时36.4%的被调查者选择了"很不应该"（图15）。

分析原因，改革开放40年，市场化的资源配置方式已经深入人心，具体到单位内部的收入分配，效率优先已经成为自然而然的分配原则。但不可否认的是，与市场化改革相对应的，对平均主义的排斥同样一直存在，并且在社会上存在将平均主义和兼顾公平、适当托底的概念相混淆的现象。这一存在明显差距的统计结果显示，全所层面应当统筹相同部门、同类岗位不同职工的收入差距，但这一差距的限制值应当足够高，以避免伤及多劳、优劳者的积极性。同时，应当加强政策宣传和教育，使广大职工更充分了解国家关于事业单位收入分配的方针政策。

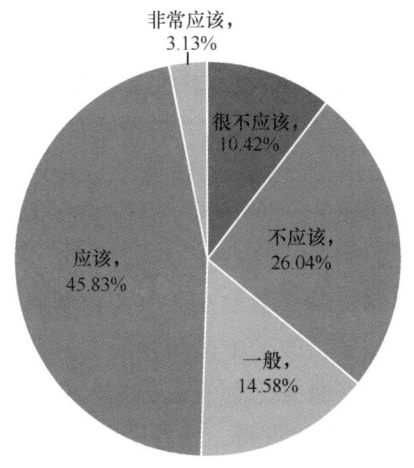

图 15　对是否应当设置绩效差距限制的评价

4　知名科研院所创新创业激励政策借鉴

4.1　中科院上海药物所苏州研究院

4.1.1　基本情况简介

中国科学院上海药物研究所是我国历史悠久的综合性创新药物研究机构。建所以来，上海药物所共研制开发新药 100 余种并投入生产，创制了一批在国内外具有一定影响的创新药物；累计获各类科研成果奖 287 项，其中，国家三大奖 25 项，全国科学大会奖等国家级奖 21 项，省部级奖 96 项。顺应院地合作大势，上海药物所积极开展与江苏省苏州市及苏州工业园区的创新合作。2013 年 11 月 18 日，上海药物所与苏州工业园区政府签订战略合作协议，共建上海药物所苏州成果转化中心，为上海药物所创新成果转化提供支撑服务，为苏州高新产业发展提供创新源头和技术支撑。2015 年前后，上海药物所出资与苏州与工业园区共建中科院上海药物所苏州药物创新研究院（以下简称苏研院）。苏研院设计建筑面积 8 万平方米，包括生物技术药物研发平台和技术保障中心、动物中心。目前，苏研院已建立了"新药篮"生物医药专业孵化器，孵化 CRO 服务及新药研发公司 20 余家。累计为江苏恒瑞、江苏扬子江、齐鲁制药、丽珠集团等 70 余家药企提供了包括工艺研究、特殊制剂研究、临床前 ADME 试验及一致性评价等方面的 CRO 服务，三年累计服务收入超过 1.4 亿元，其中 2017 年 CRO 服务收入超过 8000 万元。开展的新药研发项目 20 余个。有 3 个一类新药获得临床批件并进入临床研究，其中一个治疗精神分裂的一类新药已转让给江苏康缘药业，合同金额 9000 万元。

4.1.2　主要经验做法

中科院上海药物所苏研院沿用了上海药物所的相关制度，主要内容包括：科技成果转让或实施许可所获收益,原则上药物所提取 10%~30% 发展基金,其余收益作为对科技成果完成人的奖励及成果完成团队的科研经费,其中科研经费原则上不低于收益的 20%。若收益中人员领取的奖励不超过 10%,药物所提取 10% 发展基金,其余收益归成果完成团队作为科研经费;若收益中人员领取的奖励大于 10% 小于等于 30%,药物所同比例提取发展基金,其余收益归成果完成团队作为科研经费;若收益中人员领取的奖励超过 30%,药物所提取 30% 发展基金,其余收益归成果完成团队作为科研经费。科技成果完成人所获奖励由项目负责人按照参与人员的贡献大小进行分配,项目负责人原则上最高可享受奖励总额的 40%,由财务处进行发放。若因奖励分配产生的纠纷,项目负责人可向成果转移转化处申请协调处理,协调不成的,由项目负责人自行承担责任。

另外,苏研院积极进行体制机制探索,在上海药物所制度的基础上大胆改革创新。例如,有关服务平台建设和项目实施,改变中国科学院上海药物研究所以课题组组建团队的方式,以市场化的形式运营。这些服务平台的设备投入和运营费用由各公司承担,苏研院提供一些后勤保障服务并收取一定的管理费。这些平台在政府和药物所苏研院的投入,通过引进社会资本等方式建立了国内领先的专业服务平台,为创新药物研发企业提供了大量的专业服务。

4.2 浙江省科技信息研究院

4.2.1 基本情况简介

浙江省科技信息研究院前身为浙江省科技情报研究所,建于 1958 年,隶属于浙江省科技厅,为纯公益性事业单位。现有专业技术人员 115 人,其中正高专业技术职务 12 人,副高专业技术职务 32 人。职工总数中,本科以上学历的占 85%,其中博士 7 人,硕士 78 人。该院坚持面向政府决策部门和企业创新主体,拓展业务范围渠道,形成了信息资源建设与服务、战略研究与决策支持服务、科技咨询与评估、信息网络技术服务、科技宣传服务及政务公益服务六大业务体系,构建了数据—信息—知识—智慧一体化的信息咨询服务体系,发展成为浙江省最大的综合性科技信息研究机构,科技部认定的省内唯一国家一级科技查新单位,浙江省科技文献共建共享、大型科学仪器设备协作共用等省级科技基础条件平台的牵头建设与管理运作单位,同时挂靠管理浙江省科技情报学会、浙江省科技期刊编辑学会、浙江省科技查新咨询协会等社会组织。

4.2.2 主要经验做法

依据浙江省人社厅印发的《关于进一步完善省属事业单位绩效工资政策 推动人才创业创新的若干意见(试行)》(浙人社发〔2017〕132 号),试行"绩效工资+X"管理模式,在核定的绩效工资水平基础上,新增"X项目",纳入院工资总额管理,不纳入院绩效工资总量。根据 2017 年浙江省委办公厅、省政府办公厅联合印发的《关于进一步完善省财政科研项目资金管理等政策的若干实施意见》(浙委办发〔2017〕21 号),制定实施《科研项目经费管理办法》(浙科信〔2017〕28 号),规范和加强科研项目经费管理,提高资金使用效益。制定具体实施办法,切实落实国家修订《促进科技成果转化法》。

4.3 安徽省科技情报研究所

4.3.1 基本情况简介

安徽省科学技术情报研究所是安徽省科学技术厅直属的公益一类全额拨款事业单位，安徽省唯一的公益类综合性科技情报（信息）研究与服务机构，安徽省重点智库——安徽科技与产业发展研究院共建单位，科技部批准的国家一级科技查新咨询机构。安徽省科技厅科技发展战略研究中心、安徽省科技厅科技统计中心、安徽省科技厅科技报告管理中心、安徽省科技信息网络中心、安徽省科学技术厅宣传中心等都依托该所组建挂牌。主要从事以公共科技情报（信息）服务为重点的社会科技服务性业务，和以科技发展战略研究、科技宣传、科技统计、科技信息网络管理为重点的科技管理支持性业务，为安徽省科技厅等政府部门提供决策支持，为科技创新主体提供全方位的科技情报（信息）服务。

4.3.2 主要经验做法

贯彻落实有关技术贸易酬金提取政策，明确技术贸易酬金是指法人和其他组织按照国家有关规定从技术开发、技术转让、技术咨询和技术服务的收益中提取一定的比例作为报酬，给予职务技术成果完成人和为成果转化做出重要贡献的科技人员。根据省有关部门文件规定，对经认定登记的技术合同可以从其技术性收入中按其不超过净收入30%的比例提取酬金，直接奖励从事该项目的有关人员。技术贸易酬金不计入单位奖金总额，允许在企业所得税税前扣除。不计征奖金税，个人所得达到应纳税额的，单位应代扣个人所得税。申请提取酬金的技术合同必须已经认定登记，且合同已经履行并取得收入。

4.4 江苏省农业科学院

4.4.1 基本情况简介

江苏省农业科学院是由省政府直接领导的综合性农业科研机构。全院共有24个研究所，在院本部按专业划分设有13个专业研究所；在全省按照农业生态区划分别建有11个农区所。全院现有30个农业部、科技部平台。全院从事科技活动人员总数达到3700多人，其中在职在编职工2000多人，具有高级职称科技人员近1000人，院士1名、国家"百千万人才工程"专家4名、科技部中青年科技创新领军人才1名；220多名科技人员享受国务院颁发的政府特殊津贴（其中在职47人），有40多名科技人员入选国家现代农业产业技术体系[①]。根据科技部联合财政部对全国376家研究开发机构和高等院校开展科技成果转化年度分析评估，并于后期发布的《研究开发机构和高等院校科技成果转化报告2017》：2015—2016年，江苏省农业科学院（院本部）以转让、许可、作价投资3种方式转化科技成果总收入为14 948.89万元，在全国研发机构中排名第九、合同数排名第七；其中，以许可方式转化科技成果收入为13 705.39万元，在全国研发机构中排名第三、合同数排名第四。

4.4.2 主要经验做法

省农科院贯彻落实新修订的《促进科技成果转化法》和省"40条"政策，研究制定了

---

① 资料来源：江苏省农业科学院官方网站，http://www.jaas.ac.cn。

《江苏省农业科学院科技成果转化收益分配试行办法》等系列政策文件，将科技成果转化收益用于奖励团队人员的比例，由过去的30%提高到500万元以上50%，50万~500万元60%，50万元以下70%。在新政策激励下，省农科院2017年科技成果转化收益突破9000万元，科技人员创新活力得到空前的激发。一方面，作为农业部列为农业科技成果权益改革试点单位，将科技成果权益范畴延伸覆盖到所有职务科技成果，除以往的品种、专利等农业投入品物化成果转化收益，将"四技服务"收益也纳入成果收益范畴；另一方面，从物质投入和智力成分两个维度考量，按物化成果、技术服务、技术开发、公共平台等类型对收益比例进行设计。其中，物化成果类科研团队（个人）的分配比例为转化净收益可分配部分的50%~70%；技术服务类为60%；技术开发类为50%；院公共平台类为40%，物质投入和无形资产产出的平台类部分收益返还科技创新和资源投入[①]。

5 关于江苏省科学技术情报研究所激励科研人员创新创业的政策建议

5.1 深入开展江苏省科学技术情报研究所科技成果转化工作

5.1.1 制定科技成果转化收益管理及奖励试行办法

贯彻落实国家和省相关法规政策，明确由江苏省科学技术情报研究所相关职能部门牵头，组织开展江苏省科学技术情报研究所促进科技成果转化相关工作。有关职能部门按照所领导要求部署，具体负责牵头研究制定江苏省科学技术情报研究所"科技成果转化收益管理及奖励办法（试行）"，会同财务部门开展科技成果转化收益核定、费用提取、奖励额度核算等，并承担科技成果转化奖励申请受理、报审、公示、登记等相关工作。

5.1.2 明确科技成果转化相关概念内涵

江苏省科学技术情报研究所职务科技成果，是指江苏省科学技术情报研究所职工为完成本职工作或主要利用单位资产、技术条件、人员智力等资源，通过科学研究与技术开发所产生的具有实际应用价值的成果，包括专利、软件著作权等。江苏省科学技术情报研究所科技成果转化，是指根据江苏省科学技术情报研究所"科技成果转化收益管理及奖励办法（试行）"有关规定，按程序登记备案的科技成果，用于实际应用的过程和活动，包括科技成果转让或许可使用，以及在科技成果转化过程中开展的技术开发、技术咨询和技术服务等。江苏省科学技术情报研究所科技成果转化收益，是指该科技成果转化产生的一切经济权益，包括科技成果转化或许可使用的收入，在科技成果转化过程中进行技术开发、技术咨询和技术服务所取得的收入等。有关科技成果转化服务（技术转让、技术开发、技术咨询、技术服务）合同，必须经过省技术产权交易市场的技术合同登记。

5.1.3 明确科技成果转化净收益的核算办法

科技成果转化净收益一般为科技成果转化的实际到账金额，扣除成本费用后的收益。成本费用主要包括直接费用和管理费用。直接费用是项目开展过程中发生的与之直接相关

---

① 资料来源：微信公众号"管理三人行"，原创：沈建新、严建民。

的费用,主要包括项目设备费、材料费、测试化验加工费、燃料动力费、差旅费、会议费、合作协作研究与交流费、出版/文献/信息传播/知识产权事务费、劳务费、专家咨询费等。管理费用是指为保障项目实施的日常机构运行与管理,为项目实施提供相关服务和支撑的费用。管理费用一般按照科技成果转化实际到账金额的20%进行计提,由所统筹管理和使用。

5.1.4 明确科技成果转化奖励及分配办法

按照科技成果转化净收入的50%提取奖酬金,对完成、转化职务科技成果做出重要贡献的人员给予奖励和报酬。考虑到科研单位的科技成果转化是一项系统工程,不同岗位人员都不同程度为成果转化做出了贡献,因此,建议以不低于科技成果转化净收入的30%提取全所在职人员平均奖,由所统筹分配。

江苏省科学技术情报研究所促进科技成果转化相关职能部门,会同财务等相关部门,对通过相关登记程序和省技术产权交易市场技术合同登记鉴证的项目进行审核,确认各部门可分配的科技成果转化奖酬金,提出全所科技成果转化奖酬金分配预案。各有关部门在全所科技成果转化奖酬金分配预案框架下,制定本部门科技成果转化奖酬金具体分配方案,分配细化到个人,报经所办公会审核同意后公示,公示结束后由财务部门将奖酬金核发到相关人员。科技成果转化净收入提取奖酬金、全所在职人员平均奖之后的剩余部分,作为江苏省科学技术情报研究所科研发展基金,由所统筹管理和使用,主要用于所科研工作开展和自身发展。

5.1.5 科技成果转化奖励和报酬支出不纳入绩效工资总额

科技成果转化奖励和报酬支出计入当年本所工资总额,但不纳入江苏省科学技术情报研究所绩效工资总额,不受当年本单位工资总额限制,不纳入江苏省科学技术情报研究所工资总额基数。

5.1.6 做好科技成果转化年度报告工作

每年初,做好江苏省科学技术情报研究所上一年度科技成果转化的年度报告工作,主要内容包括:科技成果转化取得的总体成效和面临的问题;依法取得科技成果的数量及有关情况;科技成果转让、许可和作价投资情况;推进产学研合作情况,包括自建、共建研究开发机构、技术转移机构、科技成果转化服务平台情况,签订技术开发合同、技术咨询合同、技术服务合同情况,人才培养和人员流动情况等;科技成果转化绩效和奖惩情况,包括科技成果转化取得收入及分配情况,对科技成果转化人员的奖励和报酬等。

科技成果转化情况报告,每年年初按照有关规定要求上报主管部门省科技厅及有关信息管理系统。

5.2 优化创新科研经费管理办法

5.2.1 分类管理科研项目经费

江苏省科学技术情报研究所科研项目经费按照纵向、横向、其他横向三类管理:纵向科研经费是指国家、省级科技主管部门或机构批准立项的各类科技计划项目(专项、基金等)经费;横向科研经费是指以市场方式取得的市、县(市、区)政府部门、企事业单位、社会团体等委托的技术开发、技术转让、技术咨询及技术服务经费；其他是指以市场委托方式取得的其他形式的项目经费。

具体项目经费归类，在项目立项时由业务管理部门会同财务部依据有关政策规定予以认定。科研项目经费全部纳入所财务部门集中管理、统一核算，部门和个人不得以任何形式转移或截留，各部门落实具体管理职责和义务。

业务管理部门负责科研项目全过程管理，归口管理科研项目申报、立项、组织实施、中期检查、验收与结题、科研成果管理等业务，协同财务部和项目承担部门做好经费使用、管理和监督等工作。

5.2.2 明确科研项目经费开支范围

经费开支是指在科研项目组织实施过程中与研究开发活动直接相关的、需由项目经费支付的各项费用。科研项目经费分为直接费用和间接费用。其中，直接费用是指在项目研究开发过程中发生的与之直接相关的费用，主要包括设备费、材料费、测试化验加工费、燃料动力费、差旅费、会议费、合作协作研究与交流费、出版/文献/信息传播/知识产权事务费、劳务费、专家咨询费等。项目归口管理部门对直接费用有明确规定的，从其规定。间接费用是指在项目组织实施过程中无法在直接费用中列支的相关费用，主要包括管理费用和绩效支出，其中，管理费用是指为保障项目实施的日常机构运行有关支出，绩效支出是指为体现专业技术人员和保障服务人员价值，提高科研工作绩效而安排的人员激励（劳务报酬）支出。

5.2.3 明确科研项目间接经费的提取办法

间接经费的提取主要包括管理费用的提取和绩效支出的提取。

（1）对于纵向科研项目

间接经费的核定按照省"40条"政策有关规定执行，间接费用核定比例不超过直接费用扣除设备购置费的一定比例提取：500万元以下的部分为20%，500万~1000万元的部分为15%，1000万元以上的部分为13%，且间接费用的绩效支出纳入江苏省科学技术情报研究所绩效工资总量管理，不计入江苏省科学技术情报研究所绩效工资总额基数。

纵向科研项目管理费用，按照到账经费总额扣除设备购置费的10%进行计提。管理费用由所统筹管理和使用。

纵向科研项目绩效支出，按照不超过直接费用扣除设备购置费的一定比例提取：500万元以下的部分为10%，500万~1000万元的部分为7.5%，1000万元以上的部分为6.5%。绩效支出由部门制定分配方案，经所业务管理和财务部门审核，报所办公会审议同意后，由财务部门核发。

（2）对于横向科研项目和其他横向科研项目

横向科研项目原则上不计提管理费用，但横向科研项目净收益由部门和单位按照5:5的比例分成，兑现科研人员奖励性绩效；其他横向经费参照横向项目进行计提。

横向科研项目和其他横向经费的绩效支出，按照项目净收益的50%计提。绩效支出由部门制定分配方案，经所业务管理和财务部门审核，报所办公会审议同意后，由财务部门核发。

（3）其他事项

江苏省科学技术情报研究所承担科研项目经费的绩效支出部门，要体现其科研激励的导向，绩效分配向为项目实施做出实际贡献的科研人员倾斜。已计提的横向科研项目经费和其他横向经费不再计算科技成果转化收益。

5.2.4 明确纵向科研项目结余经费的管理

按照省新"30条政策"有关规定，江苏省科学技术情报研究所承担的纵向科研项目实施期间，年度剩余资金可结转下一年度使用，项目完成任务目标并通过验收后，结余资金按规定留归项目组用于后续科研活动直接支出和由所统筹用于科研活动直接支出。

5.3 完善多样化的创新创造激励机制

5.3.1 建立有计划的职工创新能力培训和提升制度

发挥江苏省科学技术情报研究所作为江苏省唯一省级科技情报类科研院所的平台优势，充分利用所内外资源，加强对全所职工的在培训再教育再提升。

积极举办创新沙龙、科技论坛等各类科研交流活动，邀请省内外科研领域的知名专家学者来江苏省科学技术情报研究所讲学交流，为江苏省科学技术情报研究所职工提供更多与省内外学界大咖对话交流的平台，以帮助江苏省科学技术情报研究所职工开阔视野、提升科研能力。

积极走出去，定期组织职工赴省内外知名高校院所培训学习，鼓励各部门组织职工参加全国技术预见年会、中国软科学年会等活动，推动我国职工走出去更新理念，了解科技前沿动态，学习最新的研究方法，进而提升江苏省科学技术情报研究所职工的科研创新水平。最后，充分利用江苏省科学技术情报研究所已经积累起来的人才资源优势，通过定期开展科研沙龙等方式，组织江苏省科学技术情报研究所科研人员深入交流，碰撞思想，在相互的学习交流中不断进步。

5.3.2 加强表彰表扬等科研创新激励

进一步加大对江苏省科学技术情报研究所科研人员科研成果的奖励力度，针对江苏省科学技术情报研究所职工为主要完成人，且以江苏省科学技术情报研究所为署名单位的当年度科研项目、科研成果获奖、学术论文、学术著作、专利等知识产权、标准规范、研究成果被采纳、研究报告获批示等，适当提高江苏省科学技术情报研究所科研与学术成果奖励金额标准，加大对获奖科研人员及科研成果的宣传，让想干事、能干事、干成事者获益，带动全所职工积极行动、创新创业。

5.3.3 鼓励青年科研人员担任项目负责人

响应青年科研人员担任科研项目负责人的需求，鼓励和支持江苏省科学技术情报研究所青年科研人员担任科研项目负责人。鼓励青年科研人员，自主选择专业方向，开展相关产业、领域、学科的持续跟踪研究。

鼓励青年科研人员积极申请、承接纵向、横向科研项目，支持青年科研人员跨部门组织研发团队承接科研项目，项目立项（签订合同）后由项目负责人负责组织研发和经费使用，项目经费结余或横向项目净收入参照业务部门项目管理，给予青年科研项目负责人充分的项目经费使用权，不断提升江苏省科学技术情报研究所青年科研人员组织开展课题研究的能力和水平。

课题负责人：孙　占
课题组成员：张玉赋　汪长柳　韩　博　李艳茹
撰　稿　人：孙　占　韩　博

江苏省科学技术情报研究所绩效管理研究

1 绪论

1.1 研究背景和意义

党的十九大报告提出,"建立全面规范透明、标准科学、约束有力的预算制度,全面实施绩效管理"。2017年10月,科技部公布了《中央级科研事业单位绩效评价暂行办法》,从深化管理方式改革、优化评价机制、激发创新活力的高度,要求加快推进科研事业单位绩效评估工作。由此可见,绩效管理得到了党和政府的大力推动,并逐渐成为现代国家治理体系与能力的重要组成部分。

江苏省科学技术情报研究所是江苏省科技厅下属的科研事业单位。在新时代新形势新使命下,建立适应现代科研院所管理制度要求,完善"充满活力、富有效率、增强竞争力"的运行机制和管理体制,开展绩效管理研究,探索绩效分配改革,逐步建立起符合江苏省科学技术情报研究所公益研究和服务需要,有利于推进科技情报事业发展的绩效管理机制,充分调动职工积极性、发挥主观能动性,形成激励创新的内部环境,增强全所可持续发展能力。2018年是江苏省科学技术情报研究所"业务稳固拓展年""思想作风规范年""院所文化创建年",进一步明确江苏省科学技术情报研究所"科技创新智库、科技大数据中心、科技咨询服务中心、科技传媒中心"的"一库三中心"主导业务定位,开展高水平科技发展战略与政策研究、科技信息大数据集成建设、科技管理支持与科技创新咨询、科技创新宣传服务等重点业务与服务,加快建成省内领先、国内行业内有重要影响的区域科技情报信息研究与服务中心,也需要进一步加强绩效管理创新研究和实践。

开展绩效管理研究,对本所科研人员、支撑人员、管理人员等不同岗位类型的绩效评价为主要研究对象,深入分析全所绩效管理与评价的应用模式和实践现状,厘清当下本所绩效管理与评价存在的问题,并提出相关对策措施,形成相应绩效管理办法,为本所绩效评价提供学理依据。

1.2 国内外研究现状

据资料记载,开展绩效管理与评价在西方已有80多年历史,我国是在借鉴西方经验的基础上研究、实践并不断发展的。从20世纪80年代开始,以绩效管理与评价作为探讨对象的学术著作不胜枚举。

目前,美国、德国、法国、日本等国家都建立了科研绩效评价的法规或制度。美国国会 1993 年发布了《政府绩效与结果法案》和《绩效基础组织法案》两个法案；2002 年，美国国会又将绩效评估工具应用到联邦政府项目管理中，引入项目等级评估工具（program assessing rating tool，PART）科研绩效评级成为美国国会、联邦政府及各类科研院所规范化、制度化的工作行为。1957 年，德国成立了科学委员会，对国家科研机构开展系统评估。法国科研中心（CNRS）是法国最大的从事自然科学基础和应用基础研究的公益性机构，每 2 年进行一次对科研人员的评价考核，每 4 年开展一次总评，评价内容主要包括科研业绩与水平、参加科技成果推广、科技信息传播和人员培训及科研管理等方面的情况。1997 年，日本政府批准实施《国家研究和发展评估指南》，把重点放在研究课题评估和机构评估上。

20 世纪 80 年代，我国开始引入绩效评价。1981—1984 年，中国科学院学部对 42 个研究所开展现场评估，开启了我国科研院所学术评价的先河。2000 年之后，国内学者的研究重点逐步转移到科研绩效的量化评估上，实现定性评价与定量相结合。例如，李正风、赵红专、李强等学者对科研院所绩效评估体系的研究中提出采用层次分析法、德尔斐法、组合评价等方法。李永进、刘梅英在对北京市科学技术研究院考核与薪酬管理的研究中，提出建立以职能、影响力和发展潜力 3 个方向为核心的评价体系，在经济效益、创新与科研开发、人才建设、安全稳定 4 个方面设计了 9 个定量指标。从我国国内对科研院所绩效评价的研究轨迹来看，尽管科学研究的绩效评估比较复杂，但运用先进的绩效评价理论，结合自身实际，通过不断创新评价方法，科研院所的绩效评价得到了不断发展。

1.3 研究思路与方法

本课题研究思路是在参阅文献、结合本所实际，确定研究内容，明确研究意义，并梳理绩效管理与评价的理论、方法，对本所现行绩效管理与评价开展分析，剖析其存在的问题及产生问题的原因，提出符合基于综合评价体系的绩效考核优化设计方案。

本课题研究主要方法有：①文献研究法。在查阅、收集、整理文献的基础上，形成对研究对象的构思。通过省文献中心平台、互联网络运用、日常工作资料等手段，检索相关文献资料，并对文献进行整理分析后，得出具有规律性、逻辑性的结论。②比较法。针对科研绩效管理与评价，选取国内 2～3 家同类院所，比较其绩效考核办法，分析发现绩效管理的相似性，得出最可行、最有效的解决方案。③个案分析法。系统梳理本所以往绩效考核相关制度，分析得出值得吸取的经验，以及存在的不足，最后形成符合本所实际的、有效的、相对公平的绩效考核体系。

1.4 研究内容

绩效管理与评估的目的就是促进本所科技创新工作。要尊重科学研究发展规律，以引导提升战略研究能力、咨询服务水平和创新队伍成长为目标，创造相对宽松的创新工作环境和氛围。本课题根据本所部门目标责任书，以及各部门工作职能定位、部门职工岗位职责，结合情报所近年来绩效管理实际，梳理和研究绩效评价考核内容及指标体系，试将德、能、勤、绩 4 个方面纳入考核内容，优化绩效考核指标体系、健全考核过程管理、完善保障体系、强化评估改进与结果运用，为全所日常和年终奖励性绩效工资发放提供依据。

本课题将部门及职工德、能、勤、绩4个方面纳入研究和考核内容，重点考核工作业绩。德，主要考核政治思想和职业道德素质；能，主要考核适应本职岗位的工作能力及创新能力；勤，主要考核出勤情况、遵守纪律情况、工作态度、工作作风和敬业精神；绩，主要考核履行职责情况，包括年度目标责任完成的数量、质量和效率，取得的社会效益等。研究将从分析本所部门目标责任书，以及各部门工作职能定位、部门职工岗位职责出发，简析本所绩效管理与评价的实践现状，剖析绩效管理体系运行所存在的主要问题，从绩效管理实施流程及方法设计、指标体系优化及绩效管理与评价结果运用等方面，对当前本所绩效管理与评价提出建议，形成本所绩效管理办法。

2　绩效管理理论综述

2.1　绩效管理的含义

2.1.1　绩效与管理

"绩效"（performance）一词，从单纯语义学的角度看，"绩效"包含两层含义：一是"成绩"，二是"效果"。"成绩"指的是通过工作和学习所取得的结果，是一种主观评价；而"效果"指的是工作或学习带来的结果或影响，是一种客观实际情况的反映。绩效的含义囊括了效率，其范围要比效率的含义更广泛。学术界对这一概念存在不同的观点。一种观点是把绩效认为是工作的结果；另一种观点认为绩效是工作的行为过程；还有一种观点认为绩效是"行为"与"结果"二者的相互统一，是有效的行为过程及其结果，行为过程是结果实现的条件，同时，行为本身就是一种结果，是职工的脑力和体力劳动的结果。

在管理学领域，绩效包括组织绩效与个人绩效两大方面，绩效体现在不同层级上，为了实现组织目标所具有不同的表现。在经济学领域，绩效被认为是组织和职工之间薪酬与绩效的相互兑现，通过薪酬实现组织对职工兑现，通过绩效实现职工对组织兑现。在社会学领域，绩效被认为是社会成员根据不同的社会分工对于其扮演的不同角色应承担的责任。

综上所述，理解绩效的含义，不应将行为与结果割裂开来，应将二者统一起来。本文认为，准确理解绩效的含义需要从工作行为和工作结果两方面去认识，将二者统一起来，更多关注职工的能力、素质，从职工的角度去考虑如何通过提升职工绩效和组织绩效，实现组织目标与个人目标的和谐统一。

管理是指通过计划、组织、激励、领导、控制等手段，结合人力、物力、财力、信息等资源，以期高效的达到组织目标的过程。根据我国管理学高校教程《现代管理学》在借鉴中外学者对管理概论的认识，我们把管理定义为：在社会活动中，一定的人和组织依据所拥有的权利，通过一系列职能活动，对人力、物力、财力及其他资源进行协调或处理，以达预期目标的活动过程。管理是基于人性和人群差异性基础上的民主化、科学化操作，以达到预期目标的活动过程。

2.1.2 绩效管理

绩效管理于 1976 年首次被研究者 Beer 和 Ruh 提出,他们将绩效管理定义为"管理、度量、改进绩效并且增强发展的潜力"。到 20 世纪 80 年代末期和 90 年代初期,由于学术界不断关注人力资源管理理论研究的发展,绩效管理逐渐被关注并且成为热点研究领域。学术界对绩效管理的理解,主要包括以下 3 种定义。

一是认为绩效管理的对象是组织绩效。这一观点的代表人物是罗杰斯(Rogers)和布瑞德鲁普(Bredrup),布瑞德鲁普认为绩效管理包括计划、改善、考察 3 个过程,在不同范围和层次的绩效管理中,这 3 个过程可以普遍适用。这一观点的核心内容是绩效管理着重突出生产工艺流程、组织结构、实现组织的战略目标和业务操作流程等组织绩效内容。

二是认为绩效管理的对象是职工绩效。安史沃斯和史密斯(Ainsworth &Smith)认为"绩效管理不仅是对职工绩效结果的管理,同时更加强调对职工行为过程的监控"。强调职工对组织活动的直接投入和参与,组织对职工对于其工作业绩和发展潜力进行考评和奖罚。

三是认为绩效管理是组织绩效管理和职工绩效管理的综合统一体。阿姆斯拉尼(Michael Armsrany)认为,绩效管理是建立在管理者和职工互相理解的基础上,对双方为了达成共同目标,取得优秀工作业绩的工作行为的管理过程。将职工的工作目标和组织目标进行统一,通过实现个人目标来完成组织目标,以此提高组织绩效。

本文认为绩效管理是实现组织绩效和职工绩效统一的管理过程。实现组织目标,需要个人目标的达成,需要调动职工的积极性,促进团队和个人有利于目标达成的行为,进而实现组织目标。

2.1.3 绩效管理与绩效考核的区别

提及绩效管理,往往许多人想到的是绩效考核,这从侧面说明了两者之间的关系十分密切。一般认为,绩效管理源于绩效评估,即通常所说的绩效考核。但是随着经济与管理水平的发展,越来越多的管理者和研究者意识到绩效评估的局限性和不足。绩效管理正是在对传统绩效评估进行改进和发展的基础上逐渐形成和发展起来的。

绩效考核是检验个人绩效结果的标准,企业建立完善的绩效考核制度、绩效考核指标评价体系,运用相关制度与规定对职工工作情况进行评价、测量,观察其职责的完成度,对每位职工的工作情况有了大致的了解,也使职工认识到自身的不足,在后续的工作中加以改进和完善。

绩效考核是对职工工作情况的审查与测量,便于对职工进行管理,考核结果作为职工竞聘、薪资、调职的参考指标,此种方式易于引起职工的抗拒,不愿服从企业管理者的指令,大多时候还需企业采取一系列必要手段才能使职工配合工作。绝大多数企业绩效评价指标尚未建立完善,考核结果存在较多的人为干扰,绩效考核缺乏真实性、可靠性、科学性,结果往往不太理想。绩效管理适用于企业内部的管理活动,使个人明确自身职责与绩效任务,完成个人绩效目标,促进企业整体目标的实现,绩效考核在此过程中起到辅助作用。没有绩效管理参与的考核方式功能性不高,会出现这种情况的原因是没有调动职工的参与,集体感、组织感不强,考核双方缺少基本的交流,绩效考核与绩效管理的区别(表 1)。

表1 绩效考核与绩效管理的区别

区别点	绩效管理	绩效考核
过程的完整性	一个完整的管理过程	管理过程中的局部环节和手段
着眼点	过去、现在和将来	过去
侧重点	信息沟通、业绩辅导	对以往业绩的考核的判断
方法	双向沟通	单向评价
管理者角色	辅导员	裁判员
着重点	注重过程	注重结果
指标设置	动态参与	静态设置
考核目的	能力开发和提高	奖惩
问题解决	过程中解决	事后解决
评价时间	过程中不断反馈和期末评价相结合	期末评价

2.2 绩效管理过程

正如上文所指出的,绩效管理是实现组织绩效和职工绩效统一的管理过程。只有具备了完善的管理的绩效管理过程或流程,绩效管理体系才可能会有效,否则,有效性无从谈起。绩效管理过程可以用PDCA循环进行解释。

PDCA循环又叫戴明环,是英语单词Plan(计划)、Do(实施)、Check(检查)和Action(处理)的第一个字母,PDCA循环是美国质量管理专家休哈特博士首先提出的,由戴明采纳、宣传而获得普及,所以又称戴明环。它是全面质量管理所应遵循的科学程序。全面质量管理活动的全部过程,就是质量计划的制订和组织实现的过程,这个过程就是按照PDCA循环,不停顿地周而复始地运转的(图1)。

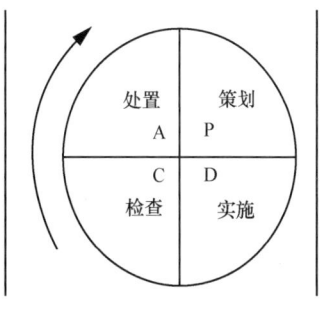

图1 PDCA循环

2.2.1 绩效管理的计划阶段

绩效管理的计划阶段(P阶段)主要是进行绩效管理的准备、计划及系统设计。它是指管理者和被管理者共同沟通,对被管理者的工作目标和标准达成一致意见,形成契约的过程,是整个绩效管理体系中最重要的环节。绩效计划发生在新的绩效期间的开始。制订绩效计划的主要依据是工作目标和工作职责。在绩效计划阶段,管理者和被管理者之间需要在对被管理者绩效的期望问题上达成共识。在共识的基础上,被管理者对自己的工作目标做出承诺。绩效计划主要包括两大部分,一部分是指绩效管理实施的具体计划;另一部分是指绩效目标的确定。主要包括现状分析、确定绩效管理的思路和方法、制定发展战略目标、进行工作分析、关键考核指标(KPI)设计。

2.2.2 绩效管理的实施阶段

绩效管理的实施阶段(D阶段)主要是进行绩效管理的系统实施。所实施的效果如何将直接关系到所得出的绩效评估结果的公正性,进而关系到依据评估结果所制定的人力资源管理的政策的正确性和可操作性。因此,实施阶段是整个绩效管理的关键阶段。实施阶段的主要工作包括职工和组织两方面。

（1）职工的主要工作

根据工作职责，按照绩效计划中的目标任务，充分利用组织赋予的权利和义务，以积极向上的工作态度，自觉有效地发挥自己的素质和能力，努力做好各项工作任务，提高个人工作成效。针对工作和绩效管理过程中所遇到的困难和问题，客观及时地向组织沟通和反馈，共同研究应对和解决方法。

（2）组织的主要工作

一方面，持续进行业绩辅导。通过持续不断的绩效沟通，根据下属情况，明确不同的指导方法和实施方案；对绩效管理过程中发现的问题及时予以解决；及时根据现实环境的变化调整绩效目标，保证目标的动态性和可操作性；采用各种手段来激发职工的责任意识，提高职工的工作积极性，使他们努力朝着目标前进；提供上、下沟通的联系桥梁和机会，以保证目标在受到阻力和遇到本组织无法解决的时候向上司提供支援；协调绩效管理在实施过程中，由于人为因素干扰所产生的不利问题，积极稳妥地推进绩效管理的实施。

另一方面，对个人重要事件加以记录，建立组织成员信息库。考核人在平时注意收集被考核人的优秀表现和不良表现，对这些行为表现形成书面记录，并按个人情况分类纳入信息库，以方便调取查阅。本着认真负责的态度收集、分析和汇总数据信息，为绩效评估结果的制定提供客观公正、实实在在、鲜活的事实依据，使反馈不再空洞、乏味，考核结果也更有说服力，有利于考核工作的公平公正，杜绝"人情考核""暗箱考核"，也有利于为后期的绩效改善提供正确的诊断策略。

2.2.3 绩效管理的评估反馈阶段

绩效管理的评估反馈阶段（C阶段）主要是进行绩效评价与控制、诊断纠正绩效管理目标与计划偏差。一方面，绩效的评估反馈阶段是对绩效系统的控制，且该控制贯穿于企业人力资源管理的各个环节，它涵盖了前馈控制、同期控制、反馈控制3个环节；另一方面，该阶段还要结合前期的考核情况，以及最后的工作实际业绩对考评对象进行综合考评，并反馈考评过程和结果，使之对成绩信服。在该阶段，组织要评估被考核者的目标实现情况，并帮助被考核者认清不足、发扬优点，不断完善或选择更优的管理制度。分析、纠错、改进、更新成为该阶段工作开展情况的四大特征。该阶段主要有以下几方面工作。

（1）对绩效系统的控制

通过各种考核手段的实施、各种考核资料的汇总分析，对绩效考核的标准、实施及工作中存在的问题，不断的检查改进；发现问题，及时进行改正，不断提高绩效考核的科学性和可行性；检讨工作质量，考察职工工作目标完成情况和发展潜力，为企业人力资源计划提供依据；正确客观地评估企业各岗位所承担的风险、贡献的大小，推动企业职工薪酬福利待遇的公平、公正合理定位。通过系统循环对企业各岗位工作说明书的反复回顾与修订，为完善企业人力资源管理中工作分析提供了详细依据；通过定期或不定期的职工考核，及时发现企业组织结构、工作分工与职工能力等缺陷问题，调整企业组织人员，制订企业职工培训计划，有针对性地组织开展职工培训工作，并通过绩效管理系统论证培训效果。通过运行过程中的绩效管理，让企业和职工在发展过程中，明确目标、及时发现问题、分析原因、解决问题、不断前进，提高职工满意度及成就感，叠加企业组织绩效的提高。

（2）对绩效的考评

依据预先制订好的计划，组织对职工的绩效目标达成情况进行考核。绩效考核的依据就是在绩效期间开始时双方达成一致意见的关键绩效指标。同时，在绩效实施与管理过程中，所收集到的能够说明被考核者绩效表现的数据和事实，可以作为判断被考核者是否达到关键绩效指标要求的依据。在绩效考评过程中，要特别注意考评的准确性和公正性。要确保考评数据源的真实完整，对绩效考评结果进行必要的评审，监督各级考核者公平公正的开展绩效管理，对绩效申诉进行调查核实。

（3）对绩效的反馈沟通

绩效管理的目的不是绩效评估，而是实现企业战略目标。在绩效汇总结果向职工反馈之前，应及时与职工进行正式有效的沟通，共同商讨存在的问题和制定相应的对策；考核结果出来后，及时与被考核者沟通，将绩效管理中取得的进步与存在的不足进行反馈，以促进下一阶段绩效管理的改进。通过绩效反馈面谈，既表达了组织对职工的关心，增强职工的组织归属感和工作满意感，使下属了解管理者对自己的期望，了解自己的绩效，认识自己有待改进的方面，有利于帮助职工查找绩效不佳的原因所在；并且，下属也可以提出自己在完成绩效目标中遇到的困难，请求上司指导，来提高职工绩效，推动职工个人职业生涯的发展。这实际上是一个增强组织人文关怀和凝聚力与实现企业目标互惠的过程。

2.2.4 绩效管理的后评价阶段

绩效管理的后评价阶段（A阶段）主要是进行绩效考核汇总整理及综合评估，以提高绩效措施。A阶段既是阶段性的绩效管理的终点，又是一个新绩效管理工作循环的起点。本阶段中，各级主管应给下属以正确的指导，强化下属已有的正确行为并克服在考核中发现的低效率行为，不断提高职工的工作执行能力和工作绩效，各级主管可以从绩效考核的结果中发现问题，帮助下属解决问题，避免了下级组织孤军作战的情况；利用各部门汇总资料，洞悉企业隐藏的深层问题和对D阶段未解决问题做出分析，通过绩效评估结果所反映出的问题制订服务于下一周期的绩效改善计划。进行绩效奖惩，把绩效考核结果作为职工工资调整、职位晋升等的依据；根据考核的结果，对组织管理者和职工进行晋升、工资、奖金分配、人事调整等人力资源管理活动的措施；对考核结果的合理运用，使各个组织清楚地认识到自己的不足和同类型组织的优点，提供一个公平竞争和互相学习的平台，努力营造一个激励职工奋发向上的工作氛围；发现本组织的缺陷和弱点所在，从而采取有针对性的培训。同时，职工也可以清楚地认识到自己的水平和位置，从而摆正自己，为自己的职业生涯发展规划提供切实的依据。

绩效激励主要是采用正激励与负激励相结合的策略，坚持做到应奖励的人员给予重点奖励，应惩罚的人员大力的惩罚的公平原则，避免步入奖惩无效的境地。而绩效计划则主要是通过评估结果寻求绩效不佳的源头，并采取与之相应的对策来服务于后期的绩效提升，如若是经营流程层面存在不合理之处则应着手于经营流程的重新规划，若是职工技能和知识水平与完成绩效目标的能力需求存在差距，则应在审视绩效目标合理性的同时，对职工开展有针对性的知识技能培训。至此，完成了一轮循环周期，成功的绩效管理可以让企业站在一个全新的高度，以更高的目标要求进入下一轮新的循环周期。

2.3 绩效评估方法

绩效评估方法是企业绩效评估的具体方法和手段。传统常见的绩效评估方法主要包括关键事件法、量表法、比较法与360度反馈法等。随着现代人力资源的发展，绩效评估体系除注重财务效益指标外，开始关注并评估客户满意、企业学习与成长、流程指标；建立严格的企业分级绩效评估体系与流程，部门业绩、职工业绩、领导业绩紧密挂钩；评估结果与部门、职工的薪酬福利待遇分配紧密结合；关注企业长期经营发展，注重全面提升企业核心竞争力指标。从而，出现了一些新的绩效评估方法，如关键绩效指标法（KPI）、目标管理法（MBO）和平衡计分卡法（BSC）。

2.3.1 关键绩效指标法（KPI）

关键绩效指标法（key performance indicator，KPI）是目标管理（management by objective，MBO）法与帕累托定律（"20/80"定律）的有机结合。它对企业的战略目标进行全面的分解，分析和归纳出支撑企业战略目标的关键成功因素，继而从中提炼出企业、部门和岗位的关键绩效指标，是把企业战略目标分解为可运作的远景目标和量化指标的有效工具。KPI要遵循SMRT原则，即具体的（specific）、可测量的（measurable）、可实现的（attainable）、实际的（realistic）、有时间限制的（time bounded）。当然，KPI的关键并不是越少越好，而是应抓住绩效特征的根本。其核心思想就是，企业80%的绩效可通过20%的关键指标来把握和引领。关键业绩指标法的精髓在于其指出企业业绩指标的设置必须与企业的战略挂钩，其中关键的含义是指企业在某一特定阶段战略上所要解决的主要问题。虽然KPI对战略的实现具有指导和监督作用，但是由于没有将关键业绩指标与企业职工，特别是基层职工的日常作业结合起来，所以容易造成目标与人员脱节。另外，KPI仅仅是单个的指标，而没有形成完整的对操作具有具体指导意义的指标框架体系。

2.3.2 目标管理法（MBO）

目标管理法（management by objective，MBO）主要是通过专门设计的过程，将组织的整体目标逐级分解，转换为各单位、各职工的分目标。从组织目标到经营单位目标，再到部门目标，最后到个人目标。在目标分解过程中，权、责、利三者已经明确，而且相互对称。这些目标方向一致，环环相扣，相互配合，形成协调统一的目标体系。只有每个人员完成了自己的分目标，整个企业的总目标才有完成的希望。

2.3.3 平衡计分卡法（BSC）

平衡计分卡法（the balanced score card，BSC）是一种全新的组织绩效管理方法，它打破了传统的只注重财务指标的绩效管理方法，而强调组织应从财务、客户、流程、学习与成长四个角度来审视自身业绩。它反映了财务、非财务衡量方法之间的平衡，外部和内部的平衡，结果和过程的平衡，定量和定性的平衡，长期目标与短期目标之间的平衡，管理业绩和经营业绩的平衡等多个方面。因此，BSC能反映企业综合经营状况，使业绩评估趋于平衡和完善，利于企业长期发展。

平衡计分卡既是一种战略规划工具，又是一种战略部署工具，其作用包括：①确定战略方向，并就组织目标进行沟通，达成一致；②把战略变成可实现、可度量的指标，并对指标进行排序，保证企业整体和局部的行动与战略目标和年度目标一致；③指标的分解、部署、执行、反馈和持续改进。

2.3.4　360度反馈法

360度反馈法（360°feedback），也叫全方位绩效评估或多元反馈评估，是由被考评人的上级、同级、下级、本人或考评专家担任考评者，从各个角度对被考评者进行全方位评价的一种绩效考核方法。考评的内容涉及被考评人的管理绩效、专业绩效、业务绩效、工作态度和能力等方面，考评结束后，人力资源部门通过预先制定的反馈程序，将整理出的考评结果反馈给本人，从而达到改变行为，提高被考评人工作绩效的目的。与传统的考评方法相比，360度绩效考评的方法可以从多个角度来反映被考评人，因而考评过程更加透明，考评结果更加客观、全面、公正和可靠。

2.3.5　几种评估方法的比较

以上方法各有优点和不足（表2）。

表2　集中绩效评估方法的主要优缺点

方法	优点	缺点
关键绩效指标法	①将结果指标与过程指标有机地结合在一起，能更公正、真实、全面地反映被考评者的工作绩效； ②有利于判断被考评者的能力到底如何、优势和劣势在哪里，对考评者提出进一步的改进意见； ③对部门和个人工作目标起导向作用	①没有明确指标的设置，由于指标之间没有明确的内在联系，故而忽视了部门绩效之间的内在逻辑与组织战略实施之间的关系，还没能跨越其职能障碍； ②与平衡计分卡相比，绩效考核的落实层面没有得到战略管理意义的深化
目标管理法	①目标明确，具有高度的参与性，有利于评价者和被评价者对工作绩效目标的认同； ②有利于激发职工的创新精神和创造性，建立职工的团队精神和主人翁意识，使之积极配合、主动参与，把自己与组织的命运紧密相连，大大提高组织的团队活力和整体绩效水平	①目标难确定，目标短期化，目标修订不灵活，要更多的时间来沟通； ②出于目标管理法本身的局限，如果对于目标甄别、确定和分解没有特别有效的思路和技法，那么这种绩效评估框架就会陷于琐碎麻烦的经验主义和讨价还价的机会主义陷阱，无法实际操作或实施效果大打折扣
平衡计分卡法	①克服财务评估方法的短期行为； ②使整个组织行动一致，服务于战略目标； ③能有效地将组织的战略转化为组织各层的绩效指标和行动； ④有助于各级职工对组织目标和战略的沟通和理解； ⑤有利于组织职工的学习成长和核心能力的培养； ⑥实现组织长远发展，通过实施BSC提高组织整体管理水平	①指标的创立和量化方面，列出的指标有些是不易收集的，有些重要指标很难量化，需要企业在不断探索和总结，对企业信息传递和反馈系统提出了很高的要求； ②要确定结果与驱动因素间的关系，而大多数情况下结果与驱动因素间的关系并不明显或并不容易量化，企业要花很大的力量去寻找，明确业绩结果与驱动因素间的关系
360度反馈法	①评量中心多元向度与多位评者，防止因特定人的偏见而产生偏差，相较于单一来源反馈，拥有比较高的信度及效度； ②反馈的信息可作为制订工作绩效改善计划、个人未来职业生涯及能力发展的参考； ③有助于促进组织成员彼此之间的沟通与互动，提高团队凝聚力和工作效率，促进组织的变革与发展	①但是考核结果只能当作参考依据，却不能成为考核的单一标准； ②在中国特有的文化氛围内，容易受关系的影响，在表达意见上易受主观影响； ③工作量较大

3 江苏省科学技术情报研究所绩效管理的现状

3.1 基本情况

江苏省科学技术情报研究所暨江苏省科学技术发展战略研究院、江苏省科学技术厅科技成果档案馆是江苏省科学技术厅直属公益性科研服务机构，以科技信息资源为基础、科技信息网络为平台，组织开展科技文献与科技档案信息资源收集与加工及开发、信息网络管理、电子政务建设、科技战略研究与技术跟踪、科技统计、科技评估评价、科技查新、科技信息专题检索、专利、标准咨询、科技宣传等。

目前的组织结构是 2016 年 3 月调整完成的，正副所长下设办公室、党委办公室、财务部、业务部、后勤部 5 个管理部门，并在科技战略研究与咨询服务方面设立了区域创新研究中心等 15 个业务部门和 5 挂靠管理的学会协会，整体组织结构如图 2 所示。

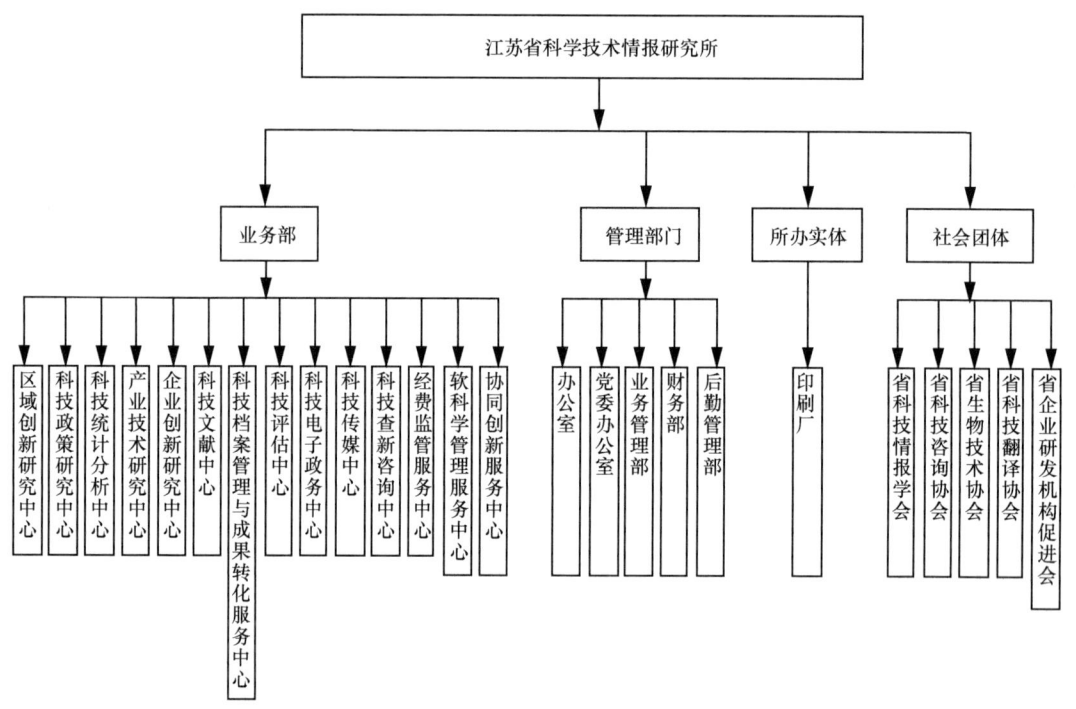

图 2　组织机构

目前全所共有职工 179 人，分布于管理、科研、工勤三类岗位上，其中，管理人员 7 人，占 4%；工勤人员 9 人，占 5%；专技人员 163 人，占 91%；其中，高级职称 59 人、中级职称 73 人，其中，博士 11 人，硕士研究生 98 人；享受国务院政府特殊津贴和省突出贡献专家 4 人，"333 工程"第三层次培养对象 3 人；具有海外留学和培训经历 10 余人，高级咨询顾问、注册咨询专家等高级咨询人员 40 余人。总体而言，人才规模及质量位于全国同行前列。

3.2 绩效管理现状

江苏省科学技术情报研究所现行的绩效管理，主要侧重于对部门的绩效管理，可以概括为"三年一大考，年年一小考"。其中"三年一大考"是指，每3年一轮的部门管理优化与岗位竞聘，调整部门数量与结构，部门正副职实行竞聘上岗，竞聘上岗的部门负责人与所法人代表签订3年的任期目标责任书，责任书规定了部门3年内工作总目标、主要工作任务与要求、经济指标与计提费用、精神文明与管理工作要求等，管理服务类部门则在经济指标与计提费用方面不作要求。"年年一小考"是指，每年年底的部门年度考核。每年年初，按照每年科技厅和本所重点工作任务，结合任期目标责任书，制定部门年度工作目标与责任任务，以此作为年底考核的重要依据。

3.2.1 部门的年度考核

①考核实施者由所领导和相关部门的负责人组成的考核小组开展考核工作。

②考核内容即部门的年初签订的目标责任书。同时，目标责任书也是对部门和中干年度绩效考核的依据，即依照目标责任书实行目标管理。

考核程序：

①各部门进行年度工作总结，部门负责人考核小组述职，考核小组根据目标责任书完成情况对部门负责人（包括副职）及部门打分，得出工作任务成绩。

②考核小组下发中干民主测评表至部门职工，对中干进行民主测评。

③民主测评成绩的 X% + 工作任务成绩的 X% = 中干全年实际考核成绩。

3.2.2 一般职工的年度考核

主要由各部门负责人围绕职工的"德、能、勤、绩"4个方面，结合职工自我评价（填写年度考核登记表），对每位职工的工作实际做出考核评价。职工年度考核结果包括4个等级：优秀、合格、基本合格和不合格。被确定为优秀等级的职工数，部门人数在15人以下（不含15人）的部门1名，部门人数在15人及以上的部门2名。

3.2.3 绩效奖励

按照《部门领导任期目标责任制考核奖惩办法》，完成全年任期目标，并得到厅领导、厅处室以及本所的认可，经考核合格，由所核定奖励性绩效工资。部门奖励性绩效工资总额，业务类部门按照不同类别以全年创收利润的一定比例计提为奖励性绩效工资分配，管理类部门以全所平均水平计算奖励性绩效工资。部门正职奖励性绩效工资不超过本部门职工人均奖励性绩效工资的1.8倍，部门副职奖励性绩效工资不超过本部门职工人均奖励性绩效工资的1.6倍，部门职工奖励性绩效工资，由部门正职根据职工全年工作业绩，在奖励性绩效工资总额内自主确定。

3.3 现行绩效管理中存在的问题

3.3.1 缺乏明晰的绩效管理体系目标定位

绩效管理目标直接影响着绩效管理方法的选择，最终影响绩效管理实施的效果，明确绩效管理的目标，才能明确要通过绩效管理体系究竟解决什么问题。公益性科研事业单位要突出公益性，把握好定位，充分发挥科技情报工作的战略性、参考性作用，如何坚持公益目标，尽可能为社会提供更优质、更高效的服务是科技情报事业发展过程中最大的挑战。绩效管理体系的总体目标，就是在于坚持公益性，提升公共服务的水平。在这一总体目标的引领下，还要特别注重效率与公平。新公共管理理论注重将效率与公平指标作为重要的评价标准，认为通过建立效率和公平的指标可以客观公正地评价组织绩效的水平。因此，建立事业单位绩效管理体系，要以提高工作效率、实现相对公平为标准。

单位在绩效管理体系目标定位方面的问题具体表现在以下几个方面。

①公益性目标在绩效管理中未充分体现。虽然在绩效考核涵盖了项目工作质量、预期成果完成、服务质量等内容，但并没有明确要求要达到什么样的工作标准。通过加强管理、细化标准，建立一套科学合理的工作标准，公益性目标具体落实到科技战略研究、科技情报分析咨询、科技文献服务等多项具体工作中，才能真正实现公益性目标。

②不能区分绩效管理和绩效考核。绩效管理不能与绩效考核画等号，而在实际工作中却将绩效管理等于绩效考核，将考核目标等于管理目标。绩效管理覆盖多个方面，绩效考核只是其中一个较为重要的组成部分。考核目标应该是提高绩效，而非绩效工资，绩效工资只是为了实现绩效的提升而采取的一个手段。从实际工作的角度来看，考核的目的就是为了发放考核绩效工资，进行利益分配。这在一定程度上的确能够激励职工努力工作，但同时产生一定的弊端，就是将职工的关注点集中在绩效工资上，对于如何提升工作效率和质量，推进单位业务和管理的全面发展则关注相对较少。公益性科研事业单位应将绩效考核的目标定位为提高绩效，通过提高职工个人的绩效来提升整个组织的绩效，从而实现个人与组织的共同发展。

③没有将职工考核、绩效工资考核和上级单位的绩效考核进行统一整合。在实际考核中，职工考核是针对职工个人，奖励性绩效工资考核是针对部门，向上级单位报送的绩效目标任务书是针对单位整体，为了年终参加上级单位的绩效考核。职工年度考核从德、能、勤、绩、廉五方面进行考核，由部门负责人填写考核结果，考核结果是作为评选先进、是否发放绩效工资和职务晋升资格的依据；奖励性绩效工资考核是根据各部门完成工作情况和职务级别确定绩效工资发放额度，由各部门自行分配；向上级单位报送的绩效目标任务书，是按照上级单位的要求，根据单位年度工作任务编制任务书，在年终参加上级单位的绩效考核，从而确定单位的考核结果。这三者各行其是，并没有进行统一整合，使得单位的绩效考核工作相对分散，各块各自运行，因此，一套全面、科学、严谨、合理、有效的绩效管理体系并未真正建立起来，实现绩效管理的总体目标自然受到很大影响。

3.3.2 缺乏科学合理有效的绩效考核指标体系

公益性科研事业单位设置绩效考核指标时要以公益性为总体目标，要紧密结合科技情报工作的特点，充分考虑科研型事业单位的队伍结构和工作特点，建立符合单位实际的，科学、合理、有效的绩效考核指标体系。科研事业单位由于其技术人员占较大比重，对于专业技术岗位和行政管理岗位要建立不同的绩效考核指标体系，并对各项指标进行细化完善。同时还要充分考虑技术与管理岗位的不同特点，科技情报工作具有长期性、连续性、创新性的特点，管理服务工作具有时效性、事务性、复杂性的特点。如何平衡技术岗位的成果评价、工作质量与工作效率的关系，如何处理管理岗位人员少与工作效率、服务质量之间的矛盾，需要绩效管理者进行深入思考。目前的绩效考核指标体系主要存在以下问题。一是指标体系缺少具体量化，对不同岗位和性质的职工的考核没有建立相应的具体考核标准。二是指标的可操作性欠缺，并未明确规定哪些指标任务完成需要日常工作记录等材料做依据，也没有针对不同岗位的明确考核标准，导致最终的考核结果大多取决于部门负责人的主观评价，缺乏客观公正性。三是指标缺乏顶层设计，没有体现战略一致性。绩效管理是一个组织发展战略落地的工具，是化战略为行动的一套管理体系。在一个战略的背景下，在战略执行、战略行动的大背景下，谈绩效考核、绩效管理，它就不仅仅是人事部门的事情和责任，而是从单位领导到所有管理者、所有职工的责任。

例如，江苏省科学技术情报研究所在对职工年度考核进行设计时，将考核结果设置几个等级选项，包括"优秀、良好、基本合格、不合格"4项（表3）。部门负责人依据被考核者的工作表现和业绩，结合部门职工的民主评议结果，提出考核等次意见。这种评价方法一般是由评价者的主观意志决定，带有一定的随意性和主观性，对于不同的技术及管理岗位没有明确的岗位工作标准和日常工作记录要求作为评价的客观依据，指标内容相对模糊，缺少具体的量化标准。考核结果不能真实全面体现职工的真实绩效，也就不能保证职工考核的公正性，绩效考核的实施效果也会大打折扣。

表3　事业单位工作人员年度考核登记

单位：

姓　　名		性　　别		出生年月	
民　　族		政治面貌		文化程度	
岗位类别		岗位等级		岗位名称	
本人总结					
主管领导评鉴意见	签名　　年　月　日				
考核委员会（小组）审核意见	考核委员会（小组）　年　月　日				
单位负责人意见	签名　　年　月　日				
本人意见	签名　　年　月　日				
未确定等次或其他情况说明	签名　　年　月　日				

3.3.3 考核过程缺乏沟通

在绩效管理实施的过程当中，缺少有效的沟通。绩效管理行之有效的一个关键因素是需要职工在绩效管理过程的 4 个环节中全程参与，管理者需要与被管理者针对绩效考核的结果进行双向沟通，通过对绩效结果的全面分析，找出绩效改进的方向与措施，从而提高职工的工作业绩。绩效考核的目的其实就是发现不足，改进工作，提高工作效率。

江苏省科学技术情报研究所主要集中在绩效考核上，缺乏对绩效考核的结果进行进一步的交流和改进，忽视了绩效反馈，一定程度上也造成了领导与职工之间互动的缺乏。这使得绩效考核的结果形同虚设，没有达到绩效考核的真正目的。从总体看江苏省科学技术情报研究所绩效考核的做法，反馈渠道不畅通，原因是疏忽了反馈面谈，尤其是对绩效考核的结果存在问题的职工，如果不让他们及时认识到自己的不足，那么可以肯定的是，他们在今后的工作中是不会有所改善的。

3.3.4 缺乏有效的激励机制

当前考核结果的应用，主要在于发放年终奖励性绩效工资和先进个人的评选，从而造成一方面未能充分发挥绩效管理的作用；另一方面也缺乏负激励措施，激励机制不成体系，激励效果不明显。

正激励强度不大，激励效果不明显，不能有效激发职工的工作热情。同一部门内，科研业绩或工作业绩优劣在绩效考核上不能拉开区分度，奖励性绩效工资差距不大，虽然一定程度上有利于公平，但另一方面挫伤了优秀职工的科研热情和积极性；负激励措施缺失，不能有效的约束、规范少数职工的不良行为。大部分职工认为负激励是良好激励机制的必要环节之一，负激励对于少数不求上进的职工具有督促和警示作用，同样对于单位的发展具有重要作用。同时，认为应将考核结果与中层干部任用、选拔、学习培训结合起来，构建民主、公开、竞争、择优的干部管理体系。

3.4 现行绩效管理中存在的问题的原因分析

3.4.1 公益性事业单位自身的特征原因

公益性事业单位是依法建立的，从事教科文卫等公共服务，而不是为社会组织的利润目的，这决定了公益机构本身有一些特点，如服务性、非营利性。所以不能用企业固有的评价标准直接应用到公益性事业单位。江苏省科技情报研究所近年来一直在强化绩效管理的应用，但是公益性事业单位管理体制与企业大相径庭，给公益性事业单位自身的绩效管理造成了很大的影响。公益性事业单位中旧的人事行政体制思想根深蒂固，职称数量、晋升体制严苛，升职提干与绩效并不是完全联系在一起。工作效果和业绩难以考核，无功无过就会保证不会失去这份工作，所以，造成了大家并不追求工作效率，也不追求要把工作做得多好，只求没有过错就好。基本工资水平属于按级别发放，与绩效无关。考核结果难以确定，公益性事业单位提供的大多是公益类的公共服务，公共服务的效果很难在短期内表现出了，不像企业做了工作后，短期内就能看到效果。这都为单位实行绩效管理增加了难度。

3.4.2 缺乏先进的绩效管理理念

当前，公益性科研事业单位的管理者大多数认为绩效管理是一个日常性工作，主要由人事部门负责管理，其他管理部门只是辅助做这项工作。绩效管理是人力资源管理中的一项重要内容，绩效管理的实施需要依靠人力资源管理中的多个环节来实现。绩效管理的主体对象是人力资源，因此，绩效管理是覆盖组织内各个部门的一项系统工程，需要各个部门的通力合作，并非只是人事部门的一项日常性工作。随着事业单位深入推进用人制度改革，从终身制转向聘用合同制，但就领导和职工的心理层面来讲，很多人还是保留着传统观念，就是职工进入事业单位后工作相对稳定，流动性低，竞争压力小，只要不违法，就不会被单位辞退的观念。正是因为有这样的心理，才使得事业单位职工的工作积极性和主动性及工作效率很难有很大的改观，形成"干多干少一个样""干得越多，出错越多"的错误认识，工作中易存在惰性，效率不高，责任感不强，缺乏担当意识等问题。正是因为绩效管理理念相对落后，才使得绩效管理的执行力大打折扣，从而影响整体目标的实现。

3.4.3 缺少岗位设置和工作内容分析

江苏省科学技术情报研究所主要以专业技术岗位和管理岗位为主，但缺少对相应岗位系统性的分析。作为科研单位，专业技术岗位的考核还停留在过去人事考核的做法，缺乏在科研业绩与成果的具体要求，造成科研专业技术人员工作动力不足，不利于职工的工作成长；在管理岗位上，由于管理部门分工不明确，形成有的部门过于繁忙，工作压力巨大，有的部门过于清闲，人员冗余；部门内岗位工作内容不清晰，工作量不均衡，能者多劳，多劳者未必多得，多做多错。由此可见，缺乏科学的岗位设置和工作内容分析，易造成工资分配制度难以体现按劳分配、按劳取酬为基本准则，公平管理机制缺失，进而带来工作松散缺少活力与创造力等后果。

3.4.4 缺乏专业的绩效管理人才

业务工作量较大，专业技术人员占较大比重，而管理机构却十分精简，管理工作任务繁重，日常工作都处在满负荷的状态。因此，在巨大的工作压力下，管理人员必然会疏忽对绩效管理方式方法的深入研究，从而导致绩效管理相对粗线条，在指标设计和考评过程不够精细完善，使得考核结果不够全面、客观、真实。在绩效管理各个环节的实施过程中也存在不完善的地方，工作落实不到位。

此外，从事人事行政管理工作的人员，大都没有相关专业背景，而且工作中很少参加人事管理工作的专业培训课程。人事部门仅围绕"事"却忽略了"人"。日常繁杂的小事占据了人事部门的主要工作，而如何激励、如何考核、如何管理，并没有被他们重视。通常，人事部门人员构成很多时候是从各个部门借调的，或者是一个人要干好多分工作的，也没有那个时间和精力去学习新的管理专业知识。

4 绩效管理体系改进与推动

从江苏省科学技术情报研究所现有的绩效管理体系来看，还存在着一些缺陷与不足，并且影响了全所绩效考核的信度与效度，不能达到新时代新形势下建立现代科研院所对人力资源管理的要求，所以在单位原有的绩效管理系统的基础上，进行进一步的优化，建立一套新的、更加可行有效的绩效管理体系显得尤为必要。

4.1 绩效考核体系方案设计的总体原则

4.1.1 实行分类绩效管理原则

分类的绩效管理其实质就是根据不同人员的工作性质，对组织职工进行分类。例如，技术人员，在设置个目标计划的时候要突出技术人员，在设置个目标计划的时候要突出其自身的特点，这时候专业技术水平和创新能力就需要在绩效考核的时候被突出来。行政人员，按照不同的级别有不同的考核指标，工勤职务和领导职务就不能统一而论。敬业精神、工作态度及服务意识；管理水平、能力创新精神；履行岗位职责情况；本人负责或参与完成的主要工作情况；工作中取得的主要业绩、获得的奖励、出勤到岗情况等，是要被考虑进去的。

4.1.2 绩效考核公开公正原则

绩效考核制定的标准必须公开公正，减少因主观因素带来的问题而干扰绩效考核。绩效考核的过程必须公开化、透明化，严格按照程序执行，及时将绩效考核标准、考核程序及考核结果向职工公示，只有这样才能增加职工对绩效考核的积极性和信任度，让他们乐于参与到考核当中。

4.1.3 定量考核为主、定性考核为辅的原则

在设置考核指标时，根据研究所工作任务，设置绩效考核指标。考核指标体系是应以全所战略目标、近期工作规划及职工岗位职责为基础，从人力资源管理的角度出发，以突出实际业绩为主，科学设置指标体系。在指标体系设置过程中尽可能把考核内容具体化、数量化，减少定性指标的设定，增强考核指标体系的实用性、针对性和可比性。在考核过程中，严格按照考核指标体系，据实对职工业绩进行评分；在日常考核中要做到跟踪管理、检查评估、及时对数字及文档材料归档记录。

4.1.4 有效沟通原则

在绩效考核全过程中要注重绩效考核沟通渠道的建设，加强考核双方的沟通，消除绩效考核的种种误解，增强绩效考核的可信度，提高绩效考核结果的应用水平，为营造优越的工作环境和良好的人际氛围打下良好的基础。绩效考核的有效沟通，将有力促进全体职工绩效水平的提高，继而使绩效考核成为全所所实现战略目标、提高职工工作能力和持续健康发展的助推器。

4.1.5 有效利用绩效考核结果原则

绩效考核的目的主要是为了提高单位整体绩效水平，促使单位科研能力及工作业绩不断提升。为进一步明确绩效考核目标，应对绩效考核结果充分利用。绩效考核结果不仅要作为职工薪酬调整、在职培训、岗位选择、职位升降的主要依据，更要发挥考核结果在职工日常工作中的激励和鞭策作用，最大限度地调动职工的工作热情，提高工作能力，促使全所各类科研任务的高效、高质量完成。

4.2 完善绩效考核体系

4.2.1 制订切实可行的绩效计划

（1）绩效目标与计划应科学合理

构建完善的绩效管理系统，制定绩效目标是其首要环节，同时它也是绩效管理能否成功

的重要之处。绩效计划制订的一个首要目的就是给职工提供了努力的方向。简单来说，公益性科研事业单位制订的绩效计划越科学，绩效目标实现的可能性就越大。计划指引着目标的前进，计划是个大的、方向性的东西。而绩效目标是在计划的基础上，想要达到的一个成果。绩效目标的设置要与公益性事业单位的现实状况相吻合，切记不可好高骛远，一味追求"远大"，而变得"遥不可及"。个人目标是组织目标的一个分支，在清楚了组织的长远目标之后，部门设定部门目标，个人设定个人目标。

（2）职工参与绩效目标计划的制订

公益性事业单位在制定绩效目标的时候，应该充分征求内部职工的意见，让所有的职工能够参与到公益性科研事业单位绩效管理中。职工通过参与绩效目标制定，也会对职工起到一个促进作用，包括约束自己的行为、激励自己尽快实现绩效目标等。绩效计划也一样，职工参与的越多，日后工作中的积极性就越强烈。

4.2.2 明确岗位职责

岗位职责的明确主要是因为科研事业单位岗位特殊性决定。针对科研事业单位职员岗位详细研究，清晰掌握岗位属性与岗位之间的关系，这样就能够保证岗位职工积极履行岗位职能期间，知识、能力、技术以及责任因素，按照岗位权限对工作内容、工作程序等详细了解，制定适合岗位职责的绩效考核方案。

4.2.3 考核指标体系的设计

（1）专业技术岗位考核

关键绩效指标法（KPI）的理论基础是二八原理（帕累托定律），是衡量单位战略实施效果的关键指标，其目的是建立一种机制，将战略目标分解成内部的活动，KPI不仅是评估体系中激励约束的手段，更是战略实施的有效工具。专业技术人员是江苏省科学技术情报研究所的主要构成人员，对全所战略目标的实现和今后的长远发展起着关键性的作用，所以绩效考核使用关键绩效指标法比较合适（表4）。

（2）科研管理岗工作考核

科研管理岗，侧重工作岗位职责，采用MBO（目标管理法）来考评。主要考核指标有工作态度、工作能力、工作成效和管理创新4个目标管理来评价，权重分别设置为20%、30%、40%、10%（表5）。

（3）工勤保障岗位考核

工勤类岗位宜采用360度反馈评价法进行考核。科研型事业单位绩效考核不能简单地套用企业的360度反馈评价法。根据科研所工勤岗的实际工作，结合工勤岗的工作定位与中长期目标，对360度反评价考核法进行适当修改。修改为从工作量、上级、同事评价、自己评价、工作纪律等方面进行考核。权重为分别设为：工作量30%，上级评价的比重为20%，同事评价的比重为20%，工作纪律方面权重为20%，自我评价的权重为10%，总分100分。江苏省科学技术情报研究所工勤保障岗绩效考核信息如表6所示。

表4　科研技术岗考核评分

一级指标		二级指标	得分
科研管理人员绩效考核	工作态度（20分）	按时考勤，工作积极（5分）	
		严守纪律，严格要求（5分）	
		人际关系，团队精神（5分）	
		廉洁诚信、职业道德（5分）	
	科研能力（40分）	专业知识（10）	
		学习创新能力（10）	
		研究能力（10分）	
		组织计划能力（5分）	
		表达影响能力（5分）	
	科研成果（40分）	主持或参加课题（项目）（10分）	
		获得资助经费（10分）	
		论文、论著、专利（10分）	
		获奖成果（10分）	

表5　科研管理岗考核评分

一级指标		二级指标	考核得分
科研管理人员绩效考核	工作态度（20分）	按时考勤，工作积极（5分）	
		严守纪律，严格要求（5分）	
		人际关系，团队精神（5分）	
		廉洁诚信、职业道德（5分）	
	工作能力（30分）	人际协调、化解矛盾能力（10分）	
		执行高效、问题应变能力（10分）	
		部门管理、下属激励能力（5分）	
		问题研究、决策分析能力（5分）	
	工作成效（40分）	任务目标完成情况（10分）	
		完成工作效率（10分）	
		完成工作数量与质量（10分）	
		管理服务工作满意度（10分）	
	管理创新（10分）	提出创新性建议并采纳（5分）	
		整合资源、自主创新（5分）	

表6 工勤保障岗绩效考核信息

序号	考核指标	所占权重	考核方式	考核分数
1	工作量	30	交办工作完成情况，工作量汇总表	
2	领导评价	20	领导打分	
3	同事评价	20	同事打分	
4	自我评价	10	自己打分	
5	工作纪律	20	考勤记录 督察记录	
	总分			

4.2.4 绩效考核的实施

绩效考核周期一般是每个年度考核一次或每个聘期考核一次，考核的依据主要是各个岗位不同的目标责任，进行年度工作总结。部门年度总结主要由部门负责人负责，汇报在一年中本部门对于职责的履行情况、工作业绩、工作中遇到的问题、工作的不足及对下一年工作的设想等。个人工作总结主要汇报一年中个人对工作的履行情况、工作中存在的问题与改进及个人对于未来工作的目标等。各个考核组根据部门及个人的工作总结，按照要求整理并审核材料，根据考核材料听取汇报、开会研究，并依据考核表进行打分，最后得出初步考核结果。

4.3 推进绩效管理保障措施

4.3.1 提高思想认识，树立绩效管理理念

要转变过去绩效管理只注重考核结果的观念，意识到绩效管理计划、实施、反馈、应用都很重要，提高对绩效管理的认识，树立绩效管理是一个过程，而不单单是一个结果的理念。要重视绩效管理过程中的每个环节，每个环节都是紧紧相扣的，一环套一环，保障绩效管理按流程完成。只有以先进的绩效考核理念为基础，科学合理地安排绩效考核流程，才能确保全所绩效管理科学合理、有序执行。

4.3.2 完善激励机制，加强考核结果应用

实践证明，绩效管理结果运用合理与否，直接影响被考核组织、职工绩效改进和能力提升的激励效果。通过反馈及奖惩让管理对象在下一个绩效周期内更容易实现绩效目标，某种程度上结果运用为绩效管理开展提供动力源泉。因此，建议开展恰当的结果运用，增强绩效管理实效。首先，建议开展外在型激励结果运用。即按照绩效评估档次，给予不同的物质激励。外在激励短期效应显著，是一种最直接、最普遍的激励措施，这也是发挥绩效管理导向性的常用方法。其次，建议深层次开展内在型激励结果运用。即组织或职工通过工作本身所带来的成就感、满足感和价值感，具体的如根据绩效评估档次给予培训奖励、荣誉奖励、实现人事晋升等。内在激励是持久的和深刻的。与外在激励相互补充，效果更佳。总之，从绩效管理激励的导向性出发，激发广大干部职工干劲的范围能够更广、层次更深、时间更加持久，从而实现组织的战略目标、管理目标，形成积极向上的工作氛围。

4.3.3 建立专业机构,提高绩效管理水平

通过专门的管理机构来确保绩效体系工作的扎实开展与体系的正常运转,一般来说,这种机构的职责由负责体系设计的绩效管理委员会承担:一方面,着手建立科学的整体理论体系;另一方面承担着对绩效体系的计划实施、考核沟通、结果应用等各项工作的分配、安排、施行和监督。同时,要加强对同行专家评估队伍、研究所管理人员、团队首席的培训,提高对绩效管理的认识水平和管理技能水平,培育一支政策水平高、综合素质好、执行能力强、工作绩效优的评价队伍,实现管理专业化、规范化和制度化。

4.3.4 加强双向沟通,激发职工参与热情

绩效考核是单向的评价活动,而绩效管理强调双向的沟通。过去事业单位职工参与绩效考核热情不高,大多数人认为考核流于形式,考核结果不能真实反映自己的工作业绩,对职业发展帮助不大。事业单位要想实现从绩效管理到绩效考核的转化,必须改变自上而下的沟通方式,加强管理者与职工的交流,使职工积极参与绩效管理全过程。通过有效沟通,组织可以更多地了解职工的工作过程并进行同步管理,帮助职工发现问题,找到改进方法。职工根据反馈意见不断做出调整,可以更好地完成绩效目标。职工与组织共同制定绩效目标、参与绩效管理,可以使双方避免因认知差异所带来的冲突,找到共同发展的方向。

4.3.5 积极营造氛围,建立组织文化环境

组织文化是组织在发展过程中形成的管理理念的提炼。营造科学、合理的绩效管理文化,可以增强职工对绩效管理的关注度,强化绩效管理理念,对职工有潜移默化的影响和改变,促进绩效管理的实施。营造以绩效为导向的组织文化,加大对绩效管理的宣传引导的力度,转变职工的绩效观念,同时作为绩效管理的考核对象,职工要清醒地认识到绩效管理与自己的职业人生规划息息相关,其参与程度将影响考核结果的反馈。营造鼓励创新的工作环境,鼓励职工善于发现绩效管理系统中存在的问题并共同改进,促使绩效管理发挥真正的作用,调动职工的积极性与热情。

5 结论

本文以江苏省科学技术情报研究所为例,在理论分析与实证研究的基础上,结合了科研事业单位固有的特点,以绩效管理系统的设计为理论基础,根据江苏省科学技术情报研究所的发展战略规划对现有的绩效管理制度与方法进行了优化。综合全文,得出以下结论。

①较为全面地分析了绩效管理的相关理论和内涵,以此为理论基础来界定江苏省科学技术情报研究所专业技术人员、管理人员、工勤人员的绩效管理的概念。

②针对江苏省科学技术情报研究所目前所处的绩效管理现状进行了较为完整的分析,找出了主要存在的问题。

③针对绩效管理存在的主要问题,通过绩效管理方法理论的指导,结合江苏省科学技术情报研究所专业技术人员、管理人员和工勤人员的绩效特点,重新建立了一套科学、完整的绩效管理理论体系。

绩效管理作为当下组织管理的一种有效手段,其管理目的是实现组织的战略性目标,使

一个组织能够平稳快速的发展，绩效管理的重要性已引起社会各界管理者越来越多的关注。近年来，在我国事业单位分类改革浪潮的推动下，江苏省科学技术情报研究所作为公益性的科研事业单位，对绩效管理的认识和应用还处于应用探索阶段，与绩效管理相配套的制度和管理办法尚未完善。在这样的背景下，本文通过对江苏省科学技术情报研究所绩效管理系统的研究、设计及有效实施，希望能够对江苏省科学技术情报研究所的绩效管理起到一定的推动作用。相信随着我国事业单位改革的进一步深化，绩效管理的重要性日益凸显，而对绩效管理的研究就显得更具有意义。

课题负责人：鲁　旭
课题组成员：喻　建　钱荣国　吴晓行　李文静　戴伟华　朱秀敏
撰　稿　人：鲁旭　喻建

现代院所文化建设路径探究

1 院所文化建设的内涵

1.1 文化的定义

从语义起源上来看,"文化"一词是"人文化成"的缩写。此语源出于《易经》贲卦象辞:"刚柔交错,天文也;文明以止,人文也。观乎天文,以察时变,观乎人文,以化成天下。"

"文化"是一个常用词,人人都很熟悉,知识丰富、见闻广博的人可以被称作"有文化",穿衣有服饰文化,吃饭有饮食文化……似乎身边的一切事物都可以跟"文化"沾上边,但也正是因为文化这种无所不在的特性,导致其内涵十分广泛、抽象且具有延续性,进而使得文化的定义也众说纷纭、莫衷一是。

美国人类学家克鲁伯(A. LKroeber)和克拉克洪(Clyde Kluckhohn)合著的《文化,关于概念和定义的检讨》(*Culture, A Critical Review of Concepts and Definitions*)一书中,即梳理出了多达 164 种关于文化的定义。在这些定义中,有的是描述性的,认为文化是包括知识、信仰、艺术、法律、道德及习俗在内的复杂整体;有的是历史性的,认为文化是经由人类代代传承、积累而成的总和;有的是准则性的,认为文化是为一种生活和行为方式提供模型或准则;有的是心理性的,认为文化是在人类对环境的适应中习得的解决问题的方法;有的是结构性的,认为文化是由彼此关联、彼此依赖的习惯性反应方式所组成的系统;有的从发生学去定义,认为文化是人类交往的结果或人类社会生活的结果。

总的来说,1982 年,在墨西哥召开的世界文化大会上发表的《总报告》和《宣言》对文化含义的描述得到了大多数人的认可——"文化是体现出一个社会或一个群体特点的那些精神的、物质的、理智的和情感的特征的完整复合体。文化不仅包括艺术和文学,而且包括生活方式、基本人权、价值体系、传统和信仰……"

1.2 组织文化建设的类别

组织文化是组织在长期的生存与发展中所形成的物质文化和精神文化的总和。科研院所作为一种社会组织形式,其文化建设理所当然属于组织文化建设的范畴。

不同的组织具有不同的文化基因,相应地也会展现出不同的文化特色,组织文化的类型也就多种多样。理论界根据不同的标准和不同的用途,对组织文化有着不同的划分方法,常见的划分方法有以下几种。

一是按照组织文化的内在特征划分，大致有以下 4 种类型：学院型组织文化，其特点是强调持续学习、不断面对新问题；俱乐部型组织文化，其特点是重视适应、忠诚感和承诺；棒球队型组织文化，其特点是比较鼓励冒险和革新；堡垒型组织文化，则更注重创造发明。

二是按照组织的有效性，组织文化又可划分为以下 4 种类型：部落式组织文化，重视内部管理的灵活性和生机，强调成员间的互助共享；等级森严式组织文化，重视内部管理及所有的控制权，代表一个高度制度化和机构化的文化组织类型；市场为先式组织文化，比较关注外部事物，组织的核心价值观是竞争力和生产力，是以业绩为重点的文化，对他们而言，超越对手和成为市场主宰是最重要的目标；临时体制式组织文化，重视外部竞争的同时又希望能有机管理，是一个动态的、创业式的并且充满创意的工作组织。

三是按照流程标准不同，组织文化又可以分为以下 4 种类型：功能型组织文化，该类型的组织文化最能体现制度化特点，强调稳定性和可靠性；流程型组织文化，其特点是以客户为导向，使客户满意最大化，强调团队精神、客户满意和稳定回报；时间型组织文化，比较注重以最快的速度将新产品和服务推向市场；网络型组织文化，以合伙人方式分配权力，核心是敢冒风险，捕捉机会，关注市场的开拓与渗透。

四是按照权力的集中或分散，将组织文化划分为以下 4 种类型：权力型组织文化，也叫独裁文化，其显著特点是由一个人或很小的群体领导这个组织；作用型组织文化，也叫角色型组织文化，每个岗位的人做每件事情有固定的程序和规矩，各自按部就班，但其缺点是应变能力较差；使命型组织文化，也叫任务文化，平等的团队成员以完成设定的任务为目标，可能导致恶性政治竞争；个性型组织文化，既以人为导向又强调平等的文化。

在此，必须申明的是，一方面，现实中存在千千万万、各种各样的团体组织，这些组织性质千差万别，每个组织都具有其与众不同的自身特色，自然而然地也具有其文化上的特殊性；另一方面，即便在单个组织内部而言，其文化通常也不可能是单一的、固定不变的，在组织内部还存在强势文化和弱势文化、主文化和亚文化，多种维度往往交织在一起，呈现出动态的融合演变。基于以上两个方面的原因，可以说，前述任何一种组织文化类型都难以完全概括特定组织的文化特征。只不过理论上的简化分类，还是有助于组织找到自身的文化定位，从而更好地发扬优势、弥补不足。

1.3 院所文化建设的范畴

院所文化是一个有机整体，其涵盖的基本范畴可以根据不同的分类方法而划分为不同的组合。

1.3.1 两层次划分法

将院所文化划分为外显文化和内隐文化两层：外显文化指院所的文化设施、文化教育、文娱活动，以及干部职工的整体风貌、言行举止等；内隐文化指院所发展进程中逐步形成并为全体干部职工自觉遵循的价值标准、道德规范、工作态度及生活观念等。

1.3.2 三层次划分法

将院所文化划分为精神理念文化、制度行为文化、物质形象文化三层：精神理念文化是核心，制度行为文化是受精神理念文化约束的行为和准则，物质形象文化则是精神理念文化和制度行为文化的基础。

1.3.3 四层次划分法

将院所文化分为精神文化、制度文化、行为文化和形象文化四层：精神文化包括院所的核心价值观、发展愿景、所风所训及干部职工的思想品质、文化修养、处世态度等，它通过一定的文化媒体在院所工作和生活中得到传承和发展，对干部职工的精神面貌产生深刻影响；制度文化是规范和协调院所文化诸要素相互关系的总则，包括指导院所建设发展的领导体制、组织架构、规章制度等。由于制度和文化共同构成组织内部控制体系，在一些管理学理论中，制度与文化往往平行存在。但需要明确，一是不能把制度的所有内容归纳为"制度文化"，制度文化是制度制定、执行和修订的指导思想，而制度是制度文化的外在表现；二是制度和院所文化相辅相成，可以院所文化带动制度改进，以制度固化院所文化理念。行为文化是干部职工工作、学习、生活中表现出来的行为模式和规范的总和，包括人际关系、行为准则、行为礼仪等；形象文化是院所的外部表现形式，是文化的物质基础、物质条件和物质手段等方面所反映的文化内涵的总和，包括文化设施、文化环境、文化产品、文化活动、视觉识别系统等。

精神文化、制度文化、行为文化和形象文化相辅相成、互为依托。精神文化是其他文化范畴的核心、升华和支撑，起着引导作用。制度文化是精神文化的反映和保证，是精神文化和行为文化、形象文化的中介和结合。行为文化是精神文化和制度文化的折射，形象文化是其他文化的外在表现和物质基础（图1）。

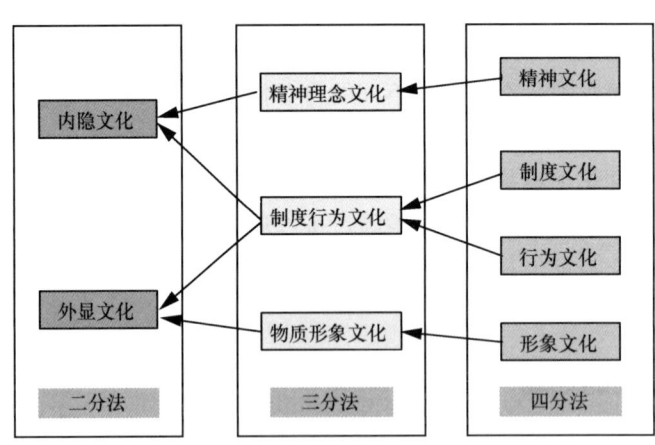

图 1　院所文化建设范畴的划分结构

2　院所文化建设的意义

院所文化是现代院所的核心软实力，是院所繁荣发展的基础，对提升院所的综合竞争力具有重要作用。概而言之，院所文化主要有以下几个方面的功能。

2.1 引导功能

引导功能是指"以文化人"。通过"所风""所训"等体现单位发展理念的文化要素，明确单位的价值追求，引导组织内部成员建立统一的价值取向，并把单位的价值追求细化为职工的价值信念——单位提倡什么、抵制什么，职工的注意力就随之转向什么。院所文化越强盛，其价值观对于职工的影响力也就越明显，院所文化在职工行为中体现的也就越充分。

2.2 规范功能

规范功能是指"以文塑人"。通过一系列制度设计及约定俗成的规则，形成对职工具有规范作用的行为准则，强化制度的引导和规范作用，增强成员自觉遵从的意识。同时，院所文化还可以借由独特的徽标、服装、办公环境等文化元素，塑造规范、统一的院所外部形象。

2.3 凝聚功能

凝聚功能是指"以文聚人"。即通过人文环境的营造，增强团队向心力。在院所文化的作用下，形成单位对职工的感召力，使职工增强对本职工作的责任感和对单位的归属感，进而增强实现单位目标的使命感，乐于投入到单位建设中去，参与单位事务，积极发挥各自才能，为实现单位发展目标做贡献。

2.4 激励功能

激励功能是指"以文促人"。通过目标激励、环境激励、荣誉激励、情感激励、物质激励、良性竞争激励和领导行为激励等方式，激发职工的动机与潜力，勇于任事，敢于创新，最大限度地实现自我价值。

2.5 协调功能

协调功能是指"以文和人"。通过加强单位对职工的人文关怀、教育引导等方式，营造和谐的内部人际环境，强化成员之间的合作、信任和团结，培养亲近感、信任感，促进个体与个体之间、个体与整体之间、部门与部门之间、上级与下级之间的包容、协作。

2.6 辐射功能

辐射功能是指院所文化不仅会对单位内部产生影响，也通过产品、服务的输出及其职工的对外交往，把自身理念、精神和形象传播、展示给外界。优秀院所的精神理念、价值追求、职业道德、管理思想等会对社会产生强烈的影响。

3 先进院所文化建设的经验

本课题研究过程中，课题组先后实地调研了安徽省科学技术情报研究所、云南省科学技术情报研究院、江苏省农业科学研究院等院所单位。几家院所在文化建设方面的成绩和特色各有千秋，值得学习借鉴。

3.1 安徽省科学技术情报研究所

安徽省科学技术情报研究所成立于1960年，截至2018年6月，共有在职在编职工88人，单位性质已核定为公益一类。

该所在文化建设方面的亮点主要有以下几个方面。一是畅通内部沟通通道，除了有效利用民主生活会等常规渠道征求职工意见、建议，每年还定期召开青年职工座谈会，每两年组织一次全员"春训"，组织各相关部门专门就工资待遇、职称晋升、财务报销等各项内部管理制度进行讲解。二是关注职工身体健康，如每年组织全员体检等。三是注重打造单位文化"名片"。将单位当年工作总结和来年工作打算、内设机构及职能、经费收支、固定资产情况、业务成果、奖励荣誉等编印成册，并附当年"大事记"，定名为"年报"，能够很好地展示单位基本情况及亮点。此外，该所在单位"logo"设计方面探索出的流程经验也值得借鉴——首先是所内公开征集，然后外聘专家评委打分，再由所里打分，最后综合票决，初步选定图案之后请专业机构选定标准色号。

3.2 云南省科学技术情报研究院

云南省科学技术情报研究院成立于1971年，截至2018年6月在职在编职工101人。单位性质已核定为公益一类。该院充分利用云南接近南亚、东南亚的特殊地缘优势，承接国家"一带一路"倡议，在国际合作、技术转移、气候变化、节能减排等领域形成了自身特色和优势。

云南省科学技术情报研究院在文化建设方面的亮点主要有以下几个方面。一是注重理念引导。以"把单位的事、地方的事，做成国家的事"为基本理念，按照"创新驱动，情报先行"的发展思路，确立了"信息准确、快捷高效、科学规范、持续改进、顾客满意"的对外服务理念。二是对职工的福利关怀比较丰富。食堂每天提供早饭、中饭，每周五下午到体育馆固定包场供职工进行羽毛球等体育锻炼，每月组织离退休老同志聚会聚餐一次。三是院内工作氛围比较和谐。职工对单位的认同感比较高。四是全方位展示院史。开辟了专门的院史展馆，通过照片、实物展示该院的发展轨迹及在此过程中取得的各类成果、奖励、荣誉等，特别值得注意的是，院史展示中突出以人为本的理念，展示历任领导、高层次人才、业务骨干、离退休同志等为单位发展做出贡献的人员风采。此外，该院还充分利用办公楼内走廊、会议室等处的墙壁空间，张挂本院发展中发生过的一系列重大活动照片，在起到较好地宣传推广作用的同时，也增强了内部文化氛围。

3.3 江苏省农业科学院

江苏省农业科学院是由江苏省政府直接领导的综合性农业科研机构，前身为1931年"国民政府"创立的中央农业实验所，新中国成立后，历经华东农科所、中国农科院江苏分院等历史时期，1977年更名为江苏省农业科学院。全院共有24个研究所，在院本部按专业划分设有13个专业研究所；在全省按照农业生态区划分别建有11个农区所。截至2017年，全院从事科技活动人员总数达到3721人。

作为全国领先的农业科研院所，江苏省农业科学院在文化建设方面的亮点主要有以下几个方面。一是具有较强的"文化自觉性"。该院几年前就注意到文化建设的重要性，实施文化"凝心聚力"工程，聘请专业公司规划构建全院"理念系统"，明确了社会使命、核心价值观、战略发展目标、江苏省农科院精神、管理理念、服务理念、人才观、科研观、经营观、沟通观、执行观等全方位、多层次的发展理念、观念。二是注重形象标识文化的打造与传播。将单位logo等图文标识印制到席卡、茶杯、信封等各类办公用品上。三是文化载体活动比较丰富。除了经常性地举办各类文体活动之外，每年都结合4月25日院庆日举办一系列活动。四是关注不同职工群体的特殊需求。针对青年职工的住房问题，提供人才公寓；针对离退休职工专门建有老年活动室、老年大学等；为职工子女入学提供协调帮助。

4 江苏省科学技术情报研究所文化建设现状

4.1 成绩总结

江苏省科学技术情报研究所（以下简称江苏科技情报所）成立于1960年，作为一个即将走过1个甲子历程的科研院所，该所有着比较深厚的历史积淀。特别是近几年来，随着业务发展水平的持续提升和综合管理制度的不断优化，在文化建设方面也呈现出日渐向好的态势——既注重传承发扬优良传统，又注重与时俱进、开拓创新，呈现出生生不息、欣欣向荣地发展势头，取得了一系列喜人的成绩。

4.1.1 所容所貌日渐优化美化

围绕绿化、美化、整洁化办公环境，实施了多项基础设施改造、建设工程。改造档案库房，建成了现代化报告厅；更新办公楼内花木绿植装饰，绿化改造楼内天井；集中整修公共卫生间；增设大楼和电梯层部门索引；整合安装标准化所标所牌；新铺设办公楼二、三、四楼过道地胶等，显著改善了全所工作和服务环境。

4.1.2 工作作风更加规范有序

不断强化内部管理，工作秩序和工作作风明显提升。出台本所停车管理办法，规范出新停车泊位和标识标线，加强停车秩序管理；强化安全制度规范要求，大楼安全保卫工作更加规范；工作场所和周边环境秩序显著改善，工作纪律得到加强，职工精神面貌大有改观。

4.1.3 职工福利关爱比较丰厚

不断强化对干部职工的人文关怀，持续开展送生日蛋糕券、报销聘用职工独生子女医药费、困难职工送温暖等关爱活动；组织职工参加省直机关职工医疗特困互助活动；关心离退休老同志生活，坚持看望离休干部及住院离退休老同志。和谐友爱的工作氛围日渐浓厚。

4.1.4 文化载体活动有声有色

不定期组织紫金创新沙龙等学术交流活动；聘请瑜伽、声乐等方面的专业老师，每周来所为职工提供培训指导；支持职工开展乒乓球等体育运动；每逢国庆、元旦等重大节庆期间组织职工书画摄影展；组织环湖健步走、"三八妇女节"女职工牛首山游、老同志重阳节参观农业生态园等集体活动。以开展"院所文化建设年"为契机，每季度组织一次文化交流讲座。促进了职工间文体才艺交流，丰富了职工文化生活。

4.1.5 文明品牌创建硕果累累

持续开展"青年文明号"、省级文明单位等创建活动，5个部门获评为"省级机关青年文明号"，1个部门获评为"江苏省青年文明号"；鼓励职工积极参加社会公益活动，与锁二社区结对帮扶，自觉参与美化社区环境、帮扶孤寡老人等公益活动。

4.2 问题分析

对照中国特色社会主义新时代的新要求，对照江苏省创新发展的战略需求，对照全所"一库三中心"（有全国影响力的科技创新智库、科技大数据中心、科技信息咨询服务中心和科技全媒体宣传中心）总体发展目标及广大干部职工对所内文化建设的需求，江苏科技情报所文化建设方面也存在一些尚待提高和改进的问题，主要表现为以下6个方面的问题。

4.2.1 文化"自觉"意识不强

首先表现为单位核心价值观和发展理念不够明确，不够彰显。近年来，江苏科技情报所提出了建设"一库三中心"的发展战略，但是，与这一战略相匹配的单位核心价值观和发展理念尚缺少总结提炼。其次是文化建设工作在全局工作中的重要性没有得到应有体现，缺少对文化建设工作的系统谋划，通过单位文化塑造、激励和引导员工的力度还不够。

4.2.2 文化基础设施仍显匮乏

目前，所内办公环境总体上还只是处于整洁有序的层次，以满足基本的日常办公需求为主，但能够彰显自身特色的文化元素、文化基础设施仍然比较少，文化基础设施的不足，直接导致了文化活动、文化氛围赖以依存的土壤比较贫瘠，限制了单位文化的发展。

4.2.3 文化形象标识不彰显

江苏科技情报所的所标作为该所重要的文化标识，很大程度上是全所的符号象征，但其在日常工作中显示度不高，日常应用不多，在干部职工间的关注度较低。同时，干部职工名片、PPT、对外交流手册等能代表单位形象"名片"还不够亮丽。

4.2.4 所史总结展示不充分

作为即将迎来60周年所庆的科研院所，江苏科技情报所在几十年的发展历程中，取得了一系列比较重大的发展成就，也先后涌现过诸多先进人物、创造过诸多先进事迹，但是目前对于这些可贵的历史文化资产的总结展示力度尚且不够。此外，所内各项工作的归档意识不强，档案管理制度化、专业化程度不高。

4.2.5 职工福利及文化活动还需进一步提升

作为政府主管下的事业单位，江苏科技情报所职工的福利待遇必须遵循有关法纪章的约束，但在此前提下，针对不同群体的精细化、个性化福利关爱工作还有提升的空间。同时，能够提升职工幸福感、归属感、增加凝聚力的文化载体活动举办仍然较少，形式仍不够多样化，在引导职工加强沟通交流、互相学习、共同进步方面发挥的作用仍不明显。

4.2.6 团结和谐的氛围仍需进一步强化

总体而言，江苏科技情报所内部比较团结，同事之间、上下级之间关系比较融洽，具有比较和谐的内部工作交流氛围。但在和谐友爱的主基调下，不和睦、不团结、不顾大局的杂音时有显现，极少数职工对待工作特别是在涉及个人局部利益的事务面前，观念不正直、手段不正当，对全所和谐稳定的大局造成一定的干扰。

5 江苏省科学技术情报研究所文化建设的对策、建议及措施

为进一步充分发挥文化建设在促进院所发展中的引导、规范、凝聚、激励、协调功能，营造积极向上的院所文化氛围，特提出以下对策、建议及相关工作举措。

5.1 构建价值理念文化

运用系统思维，构建完善本所发展的价值理念体系，包括所训、所风、发展理念等。在本研究开展过程中，已经面向全所发放了调查问卷，经调查统计，初步提炼出"和谐、民主、公正、敬业"的所训，弘扬"求是、严谨、团结、奋进"的所风，强化"以人为本、科学规范、勇于创新、研以致用"的发展理念。建议在此基础上，组织更加深入的研究讨论，最终确定符合本所发展实际、发展需求的价值理念系统。并要加大对文化理念的宣传教育与践行落实力度，将价值理念贯彻到全所工作的方方面面，让广大职工将文化理念内化于心、外化于行。

5.2 优化管理制度文化

围绕增强职工对单位的归属感、认同感，以优化内部管理制度为抓手，努力营造和谐包容的工作氛围。一是要更加注重制度的人性化，如灵活调整上下班时间，实行冬令时与夏令时工作制，冬季缩短午休时间，下午5:00下班。二是要更加注重制度的科学化，如调整绩效奖金分配办法，在符合财务审计规范的前提下，划出一部分绩效奖金（如上一年度平均额度的50%），在平时发放给职工，尽可能避免全部留归年终集中发放。三是更加注重制度透明化。将本所各项管理制度汇编成册，发放给每位职工学习、遵行，并对此加强教育培训，特别是针对人事、财务、差旅、津补贴等职工关注度高、日常应用多的各项制度，要每一到两年举办一次集中内训，由相关部门进行讲解培训，做到职工应知尽知，让日常工作更顺畅的同时，减少误解，预防矛盾。四是要更加注重制度的民主化，各项制度的制定、修订过程中，更加注重倾听广大职工的意见建议。继续开展好"所长接待日"活动。五是更加注重制度的精细化，进一步细化面向全员的考勤、考核制度。

5.3 点亮形象标识文化

通过规范工作秩序，打造有自身特色的文化产品等举措，打造更加亮丽的院所形象。一是加强职工行为规范及工作纪律管理，编印职工手册，明确职工行为规范。加强全所职工大

会等重要集会的会场纪律监督管理。将工作纪律遵行情况与干部职工年终考核、评先评优等密切挂钩。二是加强门户网站及办公内网的管理及维护，优化对外门户网站，开通运营所微信公众号，增加办公内网功能，出差、公务用车、会议室使用等实行网上申请，优化流程。三是优化院所logo等徽标的形象设计，并将其结合文化产品定制、内部宣传、对外交流等工作加以推广。四是打造一批有情报所特色的文化产品，如PPT模板、纸杯、席卡、名片、信封、手提袋等办公文化用品。

5.4 完善文化基础设施

本着优化与建设并举的思路，对现有文化基础设施进行优化提升，进一步完善功能；规划建设一批重要的文化基础设施。一是规划建设所史展馆，开辟专门场馆，展示单位发展历程中的重大事件、重大成果、重要奖励荣誉，主要业务发展历程及现在主要业务介绍，曾在本单位工作、服务过的领导、专家，现任职工风采，离退休职工、老干部风采等。同时，以此为契机，在以后的工作中进一步强化本单位档案的归集、管理工作，建立标准化的档案归集流程。二是结合所内青年女职工较多的现实情况，顺应职工需求，开辟一间母婴室，用于女职工哺乳，职工年幼子女临时托管、自习等。三是规划建设"文化墙"，利用各楼层走廊、会议室、办公室墙壁，展示记录单位重大事件的照片，职工书画、摄影等文艺作品，单位或部门集体学习、活动照片，所风、所训、发展理念等标语，单位内的先进集体、先进人物、先进事迹。四是进一步丰富一楼报告厅、党员活动室等活动空间的基础设施配置，赋予更多文化功能。同时可以考虑设置图书室，供职工图书阅览，小型研讨沙龙等文化活动。

5.5 丰富文化载体活动

按照有益身心健康、职工喜闻乐见的原则，进一步丰富全所的文化载体活动形式。一是以增加交流，增进感情为导向，面向全员开展素质拓展培训，每年合理制定培训计划，分批有序开展。同时可每年适时组织"环湖走"、趣味运动会等集体活动。二是设立"所庆日"，每年所庆期间举办文艺展演、业务研讨等活动。三是增进内部文化交流，将"院所文化建设年"每季度开展文化活动的举措固定下来，坚持下去，定期组织在业务研究、文化爱好等方面有所专长的职工与大家分享交流经验做法。四是加强对外联谊交流，加强与兄弟单位、其他机关、院所之间的文化交流，优先为青年职工、单身职工提供机会。五是每年春节放假前，结合职工掼蛋比赛等活动一起开展"春节联欢会"。此外，还要继续办好瑜伽、歌唱培训，并尽可能开拓出更多项目，满足更多职工的文化活动需求，大力发展紫金创新沙龙等沙龙文化。

5.6 改善职工福利关怀

在合乎法纪规定的前提下，通过更加个性化、人性化的工作举措，将对职工的福利关怀工作做得更加贴心、暖心，提升职工幸福感、获得感，进而增强职工对单位的归属感、认同感。一是优化福利、劳保用品发放办法，节日福利品、劳保用品等发放品类可适当征求职工意见，给予一定的选择空间，可考虑菜单式订购：对每人每次可选物品的总价进行控制，但具体品类可由职工自主选择。二是更加关注职工身体健康,每年组织全员体检一次。此外,在条件允许的情况下,可以考虑进一步扩大福利力度,如食堂供应早餐、包租运动场馆供职工锻炼交流等。

5.7 强化组织领导保障

着力构建主要领导主抓、管理部门牵头、各部门支持、全体职工参与的文化建设工作组织体系。要明确全所文化建设的主要责任部门,并明确主要负责人,实现定岗定责。发挥好党办、工会、办公室、业管部、团委、后勤管理部等部门的组织协调作用,推动文化建设工作与党建、团建、工会工作及业务工作相互结合、相互依托。将文化建设工作任务纳入党办、工会等重点责任部门的考核范围。同时要强化院所文化建设"事关每位职工、依靠每位职工"的工作思路,着力构建支持、鼓励职工参与文化建设的激励制度,对在单位文化建设过程中积极参与、贡献突出的职工给予适当奖励。

课题负责人:李殿君
课题组成员:左 茜 韩 博 韩 莉 李艳茹
撰 稿 人:李殿君

构建新型科技宣传服务体系与管理机制的建议及分析思考

1 研究背景

传统媒体是相对于近几年兴起的网络媒体而言的，传统的大众传播方式，即通过某种机械装置定期向社会公众发布信息或提供教育娱乐平台的媒体，主要包括报刊、户外、通信、广播、电视以外的网络等传统意义上的媒体。

新媒体一个相对的概念，是报刊、广播、电视等传统媒体以后发展起来的新的媒体形态，包括网络媒体、手机媒体、数字电视等。新媒体亦是一个宽泛的概念，利用数字技术、网络技术，通过互联网、宽带局域网、无线通信网、卫星等渠道，以及电脑、手机、数字电视机等终端，向用户提供信息和娱乐服务的传播形态。

"媒体融合"（media convergence），最早由美国马萨诸塞州理工大学教授浦尔提出，原意是指各种媒介呈现多功能一体化的趋势。其概念应该包括狭义和广义两种，狭义的概念是指将不同的媒介形态"融合"在一起，产生"质变"，形成一种新的媒介形态，如电子杂志、博客新闻等；而广义的"媒介融合"则范围广阔，包括一切媒介及其有关要素的结合、汇聚甚至融合，不仅包括媒介形态的融合，还包括媒介功能、传播手段、所有权、组织结构等要素的融合。也就是说，"媒体融合"是信息传输通道的多元化下的新作业模式，是把报纸、电视台、电台等传统媒体，与互联网、手机、手持智能终端等新兴媒体传播通道有效结合起来，资源共享，集中处理，衍生出不同形式的信息产品，然后通过不同的平台传播给受众。媒体融合是信息时代背景下一种媒介发展的理念，是在互联网迅猛发展的基础上传统媒体的有机整合。

1.1 我国科技宣传服务的现状

近年来，我国科技部门十分重视科技宣传工作，充分认识到科技宣传作为科技工作的重要组成部分，是党的宣传工作的重要组成，是科技管理部门的重要工作内容和职责。科技宣传是党宣传事业中非常关键的一部分，更是科技工作中的重点内容，加强科技宣传、构建宣传平台，是促进社会发展的根本举措。我国部分地区已经对宣传平台的建设引起重视，并取得了一定的成果。

我国科技宣传的内容主要针对科技体制改革、区域技术体系建设、重点技术创新领域、科技园区和产业带建设、重大科技成果转化及培育高新技术产业、地县科技工作、院地院企合作、星火专家大院及科技特派员工作、民营科技企业。知识产权工作、国际科技合作与交流、重大科技专项、科技工程和重要科技活动的进展情况，宣传在科技开发、技术服务、创新创业过程中涌现的科技先进集体、先进人物的事迹和经验。借助省内外各个新闻媒体，通过组织各种科技宣传活动，弘扬科学精神，传播科学思想，倡导科学方法，普及科学知识。

目前对于一些地区的科技宣传而言，其宣传渠道和平台都比较传统，基本上以下载体为主：首先，科技管理系统政府网站、内部刊物、摘报；其次，我国一些主流媒体，其中有电视台、电台、报纸、杂志等；最后，较为专业的交流平台，如科技学术会议、非正式交流及科技会展等。但是，上述这些宣传途径和平台存在一定的局限性，政府网站点击率较低、内部刊物和摘报的发放范围有限、主流媒体缺乏对科技宣传内容的关注，无法及时报道重大的科技事件。而且，在目前新技术不断发展的社会中，一些科技部门没有很好地有效发挥新媒体资源的作用，没有及时建立微信、微博等宣传平台，对先进工具的使用严重不足。

1.2 媒体融合背景下科技宣传的意义分析

1.2.1 科技宣传能够提升我国科技研发效率

新媒体时代，科技宣传对经济发展具有十分重要的意义，主要体现在科技宣传充分提升了我国科技研发的效率。在新媒体时代下，科学技术得到了普遍的创新和信息共享，我国与世界大多数国家均成立了科技成果共享平台，极大地提升了我国科技研发的效率，为社会经济的转型发展奠定了坚实的基础。

1.2.2 科技宣传能够提高科技创新能力

通过媒体融合的科技宣传，能有效提高科技创新能力，为社会经济的发展提供动力。一方面，科技宣传需要科学技术的创新。科技宣传在依赖先进科学技术的同时，也要注重对科学技术的广泛创新，利用媒体融合背景下的科技宣传为科技的创新提供稳定的基础，从而实现经济的发展。另一方面，科技宣传能够为科技创新提供更多的信息。科技宣传能够有效地将现有的科学技术加以传播，使更多公众了解现有的信息技术。在科技创新过程中，可以充分利用现有的信息技术，进一步实现对技术的更新和优化，实现各国之间的科技信息共享，提高我国科技创新能力，并将创新的技术广泛应用到社会发展中去，最终促进社会经济的发展。

1.2.3 科技宣传可以提升社会公众对科技的认知度

在新媒体的背景下，加强对科技的宣传，能够使社会公众对当前现有的科学技术有充分的了解，并明确当前科学技术的应用现状、应用途径等，在日后社会发展、生产进程中，充分实现对科学技术的应用。同时，在加强对科技宣传过程中，主要是向广大社会公众展开了对现有科技的宣传和推广，使得社会公众对科学技术有了更新的认识和了解，并能够在现有科学技术的带动下，逐渐提升自身的综合素质能力，充分实现对科学技术的广泛应用。

1.3 科技部及江苏省有关科技宣传的开展情况

1.3.1 《科技日报》

《科技日报》原名《中国科技报》，1986年1月1日由国家科委、国防科工委、中国科学院、中国科协联合创办。1987年1月1日更名为《科技日报》，目前由科技部代管。《科技日报》是富有鲜明科技特色的综合性日报，是面向国内外公开发行的中央主流新闻媒体，是唯一的国家级科技媒体。2017年起，《科技日报》除周末及法定节假日停出纸报，通过《科技日报》"两微"及中国科技网发布消息，其他时段每日出报。

《科技日报》已建立官方网站——中国科技网，作为国家级的新闻网站，是国家科技新闻宣传的重要窗口。2010年，《科技日报》原官方网站正式更名为"中国科技网"，实行报网联动宣传，扩大对外宣传途径。2017年11月，中国科技网建立了自己的微信公众号。

科技部党组成员、科技日报社社长李平指出，科技日报社作为科技宣传主阵地，以中国科技资讯库建设为突破口，融合资讯、融合平台、融合智库，着力于科技特色，努力服务于创新驱动发展战略在全国的深入实施。

一是融合资讯。媒体融合首先是资讯的融合，科技日报社提出了建设中国科技资讯库的思路，确定了建设中央厨房、资讯库发布平台、智库服务平台三步走媒体融合的发展路径，逐步统筹报社纸媒、网媒、新媒体等媒体资讯资源，统筹科技系统资讯资源，统筹地方科技资讯和国际科技资讯资源等。

二是融合平台。在围绕国家战略和社会需求，建设中国科技资讯库的同时，科技日报社正在构建以下三大平台。①科技政策"云传播"平台，汇集政策解读、发布传播、舆情监测、评估反馈、研究咨询等功能于一体，面向科技人员、企业家、创业者，提供专业化服务。②国家科技计划成果展示转化平台，在大数据分析的基础上，通过多媒体融合展示，推动科研成果的推广普及，打造永不落幕的科技成果展；通过定制研究，提供专业咨询服务；通过建立市场估价标准，促进资本、市场和技术的对接，加速成果转化。③融媒体研究推广平台，依托国家科技计划项目，重点推进传媒技术开发、产品推广，引领科技传媒发展。

围绕科技资讯库的建设，报社不断探索和开发新的"平台"型产品，逐渐从"一库三平台"向"一库N平台"拓展。同时，作为资讯库建设的重要部分，科技日报社着力于科技资讯产品的国际合作与交流，分别与俄罗斯卫星网、《以色列时报》、英国皇家学会签署了科技新闻与信息交流合作协议，这将促进我国科技界对国际科技资讯的即时了解、国际科技界对我国科技创新成果的即时关注，促进国际科技合作与交流。

三是融合智库。为科技管理部门提供决策资讯服务，是科技资讯库建设的重中之重，也是拓展和提升媒体功能，实现媒体融合、转型升级的应有之义。目前，科技日报社正在积极筹划建设科技智库服务平台，以融合发展的思路统筹现有分散在科技系统的相关信息资源，有效实现科技信息资源的深度整合，着力解决目前存在的信息碎片化、公共数据独占和独享、已有的信息传播效果参差不齐等问题，加快推进科技创新公共信息资源开放，更好地释放科技创新信息的经济价值和社会效应，为国家科技管理部门提供高品质的决策咨询服务。

1.3.2 中国科学技术信息研究所

中国科学技术信息研究所（简称中信所）于1956年10月成立，是科技部直属的国家级公益类科技信息研究机构。目前，中信所建有自己的官方网站，"服务平台""科学评价""刊物出版""学术研究"等重要板块均已在其官网上列明。全所下设7个职能处室、

8个公益部门和3个企业集团,并受托管理中国科学技术情报学会、中国软科学研究会、中国科技咨询协会3家学会团体。

中信所在刊物出版方面主要负责以下8个刊物:《情报学报》《情报工程》《高技术通讯》《高技术通讯(英文版)》《中国软科学》《全球科技经济瞭望》《中国科技资源导刊》《数字图书馆论坛》。8本刊物均为各自学科领域的核心期刊,均开通了官方网站和在线投稿系统,其中《情报学报》《情报工程》开通了官方微信公众号。其中,科学计量与评价研究中心承办《情报学报》,情报理论与方法研究中心承办《情报工程》,科技报告服务与产业情报研究中心承办《高技术通讯(中英文版)》,政策与战略研究中心承办《中国软科学》《全球科技经济瞭望》,资源综合利用与公共服务中心承办《中国科技资源导刊》,信息资源中心承办《数字图书馆论坛》。

中信所下属北京万博科文化传媒有限责任公司成立于2006年6月,是中信所深化改革、整合出版资源独资创办的集图书、期刊、音像制品、电子出版物出版发行和影视节目编辑制作、广告策划制作于一体的集团化出版企业。目前,下辖科学技术文献出版社、北京天盛科技音像出版社、北京天盛广告公司、北京东晓国际技术信息咨询公司4家企业。

1.3.3 江苏省科学技术厅

江苏省科学技术厅为了加强科技宣传工作,专门设立了科技宣传与调研办公室。该办公室主要负责省科技厅的科技宣传、新闻报道工作,以及科技信息的组织、收集、整理、报送工作。与此同时,该部门还负责有关重大科技问题的调研工作并承担综合性文稿的起草工作和《江苏科技简讯》的组稿、编辑工作。科技宣传与调研办公室还积极联系地方科技局,与国内多家网络新闻媒体形成长期战略伙伴关系,科技宣传工作成效明显。

1.4 新媒体融合给予江苏省科学技术情报研究所科技宣传工作的启示

以习近平同志为核心的党中央做出推动媒体融合发展的重大决策以来,媒体融合正在变成生动实践,以人民日报社为代表的主流媒体,在媒体融合发展中,取得了丰硕成果,深度推进着主流媒体转型升级。

在新媒体发展得如火如荼的形势下,当前很多省市的科技部门在科技宣传上都缺乏研究与实践,江苏省科学技术情报研究所更应具备强烈的紧迫感和危机感,抓住机遇应对挑战,创新自己的发展手段,不断丰富自己的传播方式,在与新媒体共生融合中寻找到自身的突围之道,做好媒体产业转型,实现媒体融合,促进江苏省科学技术情报研究所各项建设事业发展。

在梳理有关媒体融合背景下各类宣传媒介发展的理论和实践案例的基础上,认真剖析江苏省科学技术情报研究所现有的网站、微信公众号、内刊、期刊、年鉴等宣传载体的现状,对浙江、广东、天津、福建等省市进行实地调研和研究分析,对标找差。根据新形势下江苏科技创新工作和江苏省科学技术情报研究所"一库三中心"业务建设需要,对江苏省科学技术情报研究所科技媒体宣传工作进行基于内外部竞争环境和竞争条件下的态势分析,结合网络媒体、手机媒体等新媒体手段和数字化、网络化技术的运用,探讨围绕全省科技创新宣传工作,集成整合现有宣传资源和手段,运用现代化传媒技术创新和提升服务质量,引入更多的资源和渠道构建新型科技宣传服务体系及相关管理运行机制的发展战略和措施。

2 江苏省科学技术情报研究所科技宣传服务的现状

江苏省科学技术情报研究所暨江苏省科学技术发展战略研究院、江苏省科学技术厅科技成果档案馆是江苏省科技厅直属公益性科研服务事业单位，始创于1960年5月，建所57年来历经数次机构与业务调整整合，到目前形成"江苏省科学技术情报研究所""江苏省科学技术发展战略研究院""江苏省科学技术厅科技成果档案馆"3个全额事业法人，"三块牌子、一套班子、一支队伍"的科技创新服务业务新格局。2017年，经省编办批准增挂"江苏省可持续发展研究中心"牌子。

江苏省科学技术情报研究所近60年来，历经多次变革。1968年，江苏省科委、科学院江苏分院情报处成立；1960年，江苏省科技情报研究所成立；1996年，江苏省信息网络中心与江苏省科技情报所合署办公；2001年，江苏省轻工情报总站与江苏省科技情报所合署办公；2004年，江苏省科技厅科技成果档案馆与江苏省科技情报所合署办公；2012年，江苏省轻工情报总站更名为江苏省科学技术发展战略研究院。

目前，全所（院、馆）共设19个部门，其中14个业务部门：科技政策研究中心、区域创新研究中心、产业技术研究中心、企业创新研究中心、科技统计分析中心、科技文献中心、科技评估中心、科技查新咨询中心、科技经费监管中心、软科学管理服务中心、科技电子政务中心、协同创新服务中心、科技档案中心和科技传媒中心；5个管理部门：办公室、党委办公室、业务管理部、财务部、后勤管理部；1个所办实体：印刷厂；挂靠管理5个社团组织：江苏省科技情报学会、江苏省科技咨询协会、江苏省生物技术协会、江苏省科技翻译协会和江苏省企业研发机构促进会。共有事业编制181个，现有在职职工179名，其中，博士10人，硕士（研究生）97人；包括拥有国务院政府特殊津贴专家、省突出贡献中青年专家、省"333工程"培养对象在内的高级职称人员53人、中级职称人员71人。江苏省科学技术情报研究所主要部门设置，如图1所示。

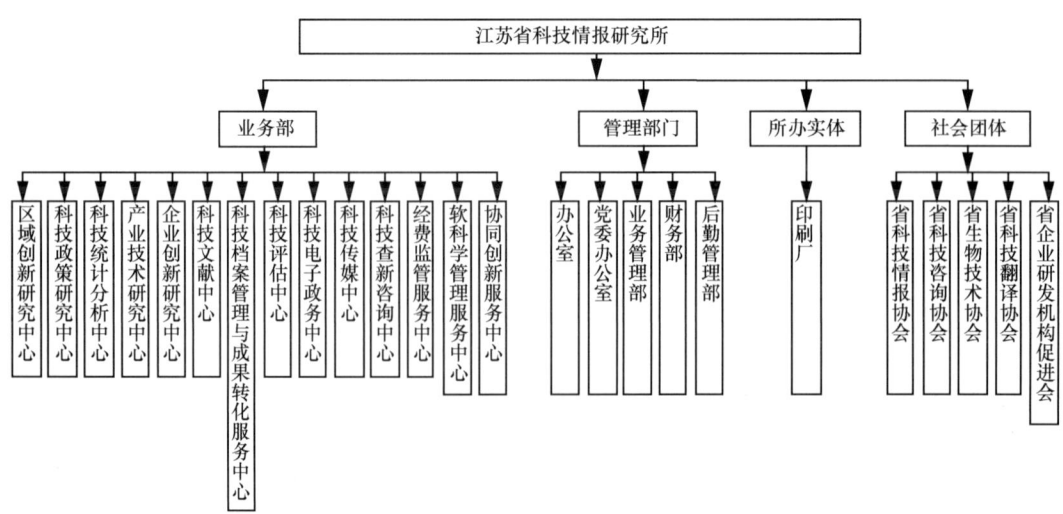

图1 江苏省科学技术情报研究所主要部门设置

江苏省科学技术情报研究所暨江苏省科学技术发展战略研究院、江苏省科学技术厅科技成果档案馆是江苏省AAA级信誉咨询机构、江苏省科技骨干服务机构；国家一级科技查新咨询机构、国家二级科技文献收藏单位、地区一级专利文献服务中心，中国（江苏）知识产权维权援助中心合作成员单位；江苏省中小企业五星级公共服务平台；江苏省文明单位；通过ISO 9001:2008质量管理体系国际标准认证。

从成立于1981年的编译室到今天的科技电子政务中心、科技传媒中心等业务部门，从最初的内部资料翻译和汇编到目前通过江苏科技政务平台、微信公众号、"三刊一鉴"公开出版物等媒介手段开展全方位的服务，江苏省科学技术情报研究所的科技媒体宣传工作经过30多年已经有了跨越式发展。目前，江苏省科学技术情报研究所初步形成了新媒体与传统媒体相结合的宣传模式，以多种渠道来宣传江苏省科技政务和科技发展成果，服务江苏省科技事业。

2.1 科技宣传服务的现状

从媒介手段来看，江苏省科学技术情报研究所新媒体主要有政务和资讯网站、微信公众号和视频答辩平台等，传统媒体主要有期刊、年鉴等。

2.1.1 新媒体

2.1.1.1 网站平台

江苏省科学技术情报研究所较早建立了所官方门户网站，由江苏省科学技术情报研究所办公室负责维护和更新所官方门户网站。网站页面包含单位概况、院所动态、科技动态、成果公示等静态和动态信息，所办公平台和所电子邮箱的入口，以及其他相关单位的链接等内容。

近年来，江苏省科学技术情报研究所科技电子政务中心承担了省科技厅官方门户网站建设和日常运营维护的工作。该网站页面包含科技资讯、重大科技事项、信息公开、科技服务广场、公共互动平台和科技创新政策等内容。

2.1.1.2 微信公众号

随着新媒体的蓬勃发展，微信公众号在各行各业扮演着非常重要的宣传和服务的角色，江苏省科学技术情报研究所也积极顺应当前形势，开通了"江苏科技""江苏科技创新政策""江苏今日科技"等微信公众号。"江苏科技"于2017年1月20日完成微信认证，账号运营主体是省科技厅，科技政策研究中心负责维护和更新，主要发布江苏省科技厅最新通知公告，关注创新前沿，解读科技政策，传播科学思想，服务创新主体，推送国内外科技前沿动态，江苏省科技产业企业、人才和重要通知等信息。"江苏科技创新政策"于2017年9月26日完成微信认证，由省科技情报所（省科技发展战略研究院）主办，软科学管理服务中心负责维护和更新，主要发布最新科技政策最新动态、政策研究等文章，为读者推送江苏省和全国最新的科技政策。"江苏今日科技"于2017年10月9日完成微信认证，由省科技情报所（省科技发展战略研究院）主办，区域创新研究中心负责维护和更新，主要推送各大媒体的科技相关资讯文章，如《人民日报》、新华社、《求是》、《光明日报》、《经济日报》、《科技日报》、《中国青年报》、《学习时报》等，主要提供为读者读报服务，缺乏自己的原创文章。目前，江苏省科学技术情报研究所的这些微信公众平台是由各个部门维护和更新的，尚未建立全所级别的微信公众平台，而且全部为微信订阅号，尚未开通微信服务号。

2.1.1.3 视频答辩平台

视频答辩平台由江苏省科学技术情报研究所承办，科技电子政务中心负责维护和管理，主要负责科技部各项科技计划项目的视频答辩，江苏省科技厅科技项目评审的视频答辩。网络连通到13个省辖市。视频答辩、评审每年有300～400场。该平台宗旨为保证视频答辩设备运行情况正常，网络实时通畅，答辩人员的接待与入场情况有序。

2.1.2 传统媒体

纸媒编辑出版业务是江苏省科学技术情报研究所传统业务之一，但是宣传内容分散，尚未形成合力。江苏省科学技术情报研究所尚且缺乏借助新媒体、互联网、数字化等的技术和手段拓展和强化科技宣传服务。

2.1.2.1 期刊

目前，江苏省科学技术情报研究所公开出版的期刊有《江苏科技信息》《无线互联科技》《电动自行车》。《江苏科技信息》于1984年创刊，主要刊登学术论文，栏目主要有科技战略研究、图书情报、管理与创新、基础研究、应用技术、科教研究和科学与社会等。《无线互联科技》于2004年创刊，主要刊登学术论文，栏目主要有业界前瞻、通信观察、无线天地、网络地带、软件透视、实验研究、计算机世界、技术应用、市场纵横、教学探讨、图书情报、计算机教育等。这两本学术期刊为全国作者和读者提供了一个学术交流的平台。出版形式目前仅限于纸质期刊，虽然开通了知网、维普、万方的数据库，但是缺乏新媒体形式的出版方式。《电动自行车》于2003年创刊，是电动车行业指导性的宣传类刊物，主要刊登电动车行业资讯，坚持围绕服务电动自行车企业、促进电动车行业发展为宗旨，栏目主要有专题报道、行业发展、行业大事、人物专访、企业动态、科技新品、专利技术、研究论坛等。

2.1.2.2 年鉴

《江苏科技年鉴》于1989年创刊，由江苏省科学技术厅主编，科技传媒中心负责具体编纂工作，每年出版一卷，自2016卷起设特载、科技管理、科技计划、科技奖励、科技人才、科技政策与深化改革、知识产权（专利）、科学普及与科技团体、行业科技、地区科技、国家高新区、科技统计资料、重要科技文件、大事记14个篇目，当年出版的年鉴主要反映上一年度江苏科技活动的基本情况、最新科技成就、重大事件及发展趋势。虽然《江苏科技年鉴》是江苏省科技管理、科学研究、科学普及、科技开发等工作的参考工具书，承担宣传江苏省科技事业的任务，但是当年的年鉴都是反映上一年度的内容，故时效性差。

2.2 科技宣传服务存在的问题

传统媒体和新兴媒体相结合，虽然取得了一定的传播效果，推进了江苏省科学技术情报研究所科技信息宣传服务，但是仍然存在可以提升服务质量的空间。

2.2.1 宣传服务体系尚未真正建立

2.2.1.1 缺乏统一的科技宣传和业务管理部门

江苏省科学技术情报研究所新媒体科技宣传业务分布在各个部门，布局分散，资源整合力度不够，传播力度较为分散。江苏省科学技术情报研究所办公室负责维护和更新省情报所官方门户网站,科技电子政务中心负责维护和更新厅官方门户网站。3个微信公众号分布在3个部门。科技政策研究中心负责维护和更新"江苏科技"公众号。区域创新研究中心负责维护和更新"江苏今日科技"公众号。软科学管理服务中心负责维护和更新"江苏科技创新政策"公众号。科技电子政务中心负责维护和管理视频答辩平台。

相较于新媒体,江苏省科学技术情报研究所传统媒体分布相对集中。科技传媒中心作为江苏省科学技术情报研究所传统的宣传部门,负责编辑出版《江苏科技信息》《无线互联科技》《电动自行车》3本期刊,编纂出版《江苏科技年鉴》1本年鉴,如图2所示。综上所述,江苏省科学技术情报研究所新媒体和传统媒体分散在不同部门,且分管领导亦不同,尚未成立统一的科技宣传和业务管理部门。

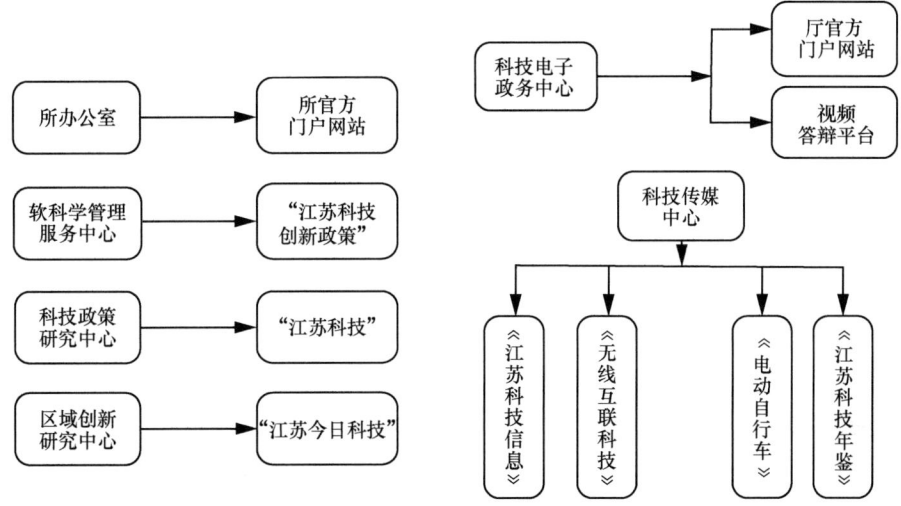

图2 江苏省科学技术情报研究所新媒体和传统媒体分布

2.2.1.2 缺乏统一的业务流程和标准

厅官方门户网站、"江苏科技"微信公众号和《江苏科技年鉴》是为省科技厅服务的,业务流程和标准由省科技厅制定,如图3所示。

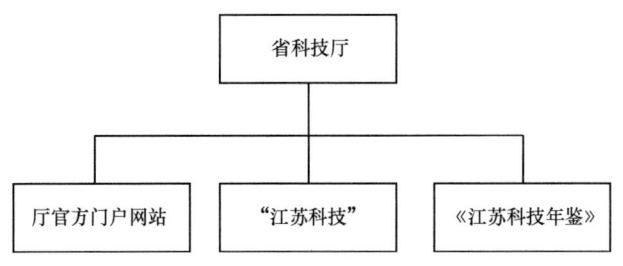

图3 江苏省科技厅服务的宣传载体

除了以上3个媒体,其他媒体都是为江苏省科学技术情报研究所服务的,但是没有形成统一的业务流程和标准。其中,《江苏科技信息》《无线互联科技》是学术期刊,《电动自行车》是电动车行业的宣传类期刊，每个编辑部都制定了相应的编辑校对标准和业务流程。江苏省科学技术情报研究所新媒体由不同部门分管，每个部门都有不同的业务流程和标准，如图4所示。

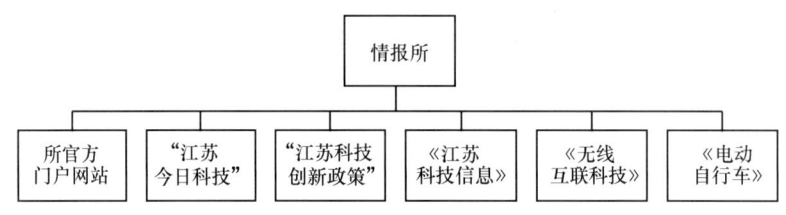

图4　江苏省科学技术情报研究所服务的宣传载体

2.2.1.3　缺乏统一的运行机制和考核机制

江苏省科学技术情报研究所新媒体和传统媒体分布在各个部门，组织架构呈散射式，缺乏统一的运行机制和考核机制。各部门之间缺乏沟通，各自为政，不能整合人力、物力资源集中力量进行宣传，宣传力度有限，故而传播效果有限。组织分散容易导致相同或相近的信息重复传播，信息挖掘不深，浮于表面，浅谈辄止。组织分散，不容易集中力量办大事，导致重复劳动、浪费资源的现象出现。新媒体中，官方网站建立时间较早，而微信公众号于近期建立，运营时间不长，主要由各个部门指定人员兼任宣传的职责，尚未指定专人专职负责，更没有形成考核机制。传统媒体中，期刊和年鉴为主要的宣传媒介，由科技传媒中心的专业编辑负责编辑出版。期刊和年鉴有专门的考核机制。

2.2.2　宣传时效性和宣传效果有待加强

2.2.2.1　新媒体

新媒体利用率不高，具体表现在：①受众有限。现有的微信公众平台的粉丝量较少，单篇阅读量一般在400个以下，有的甚至只有个位数的阅读量。而浙江省的微信公众号"创新浙江"超过1000阅读量的文章较多。②宣传载体品种不齐，功能单一。目前，江苏省科学技术情报研究所宣传媒介集中在官网和微信公众平台，尚未开通所级层面，并且为江苏省科学技术情报研究所宣传服务的微博和微信公众号尚未搭建客户端。微信公众号的类型功能单一，主要为微信订阅号，尚未建立微信服务号。微信服务号可以实现发布者和读者双向互动，提供多项服务功能，如查询功能、咨询功能等。江苏省科学技术情报研究所3个微信公众号以推送信息的功能占据主导地位，科技咨询服务的功能尚未被发掘。③内容质量和原创性不高。官网主要更新江苏省科学技术情报研究所的工作动态和科技信息，更新频率不固定且更新周期较长。微信公众平台更新时间不固定，原创文章有限，有些文章是直接转载自其他媒体，缺乏创新。

2.2.2.2　传统纸媒

传统纸媒的时效性远远落后于网络新媒体。纸媒主要为点对面的传播模式，缺乏互动性，很难及时得到受众的反馈。期刊从组稿、编辑、校对、印刷到发行至少要经历1个月的时间。年鉴完成这一流程需要耗费1年的时间。等纸媒付诸成品再通过邮寄等方式发行后，许多科技信息已经成为旧闻。旧闻对于受众没有多少利用价值，故宣传效果较低。

传统媒体和新媒体的融合度不高。江苏省科学技术情报研究所传统媒体大多未开通官方微信公众平台、官方微博，且均未以网站的形式、微信公众号的形式或客户端的形式架构官方采编系统，故宣传时效性和宣传效果有很大的提升空间。

此外，与兄弟省市科技宣传所拥有的载体相比，江苏省科学技术情报研究所尚缺乏一本高水平的宣传类期刊，从而更好地丰富江苏省科学技术情报研究所"一库三中心"的定位。目前，江苏省科学技术情报研究所期刊是学术类和电动车行业宣传类期刊，并不是宣传江苏省科技工作的期刊，故对江苏省科技宣传效果不明显。

2.2.3 宣传队伍缺乏专业化人才

江苏省科学技术情报研究所宣传队伍缺乏专业化人才的问题主要表现在以下三点。①江苏省科学技术情报研究所负责科技宣传工作的人员鲜有具备新闻、中文、出版等相关学科背景的专业人才，在文稿撰写、专业知识储备及信息传递方面多靠经验积累，缺少系统的学习及认识。②近年来，江苏省科学技术情报研究所入编考试招收的具有新闻、中文、出版等相关学科背景的专业人才较少，且即使入编了相关学科背景的专业人才，也没有安排在宣传岗位上。③在职人员有关媒体宣传的岗位培训或继续教育不足。因为缺乏系统的指导和紧密的组织，部分工作人员可能对科技工作、科技成果的认识不够透彻，因此可能出现对热点问题把握不准的现象，且容易忽略一些可能成为重大选题的课题。

2.2.4 受众和服务对象聚焦度不足

江苏省科学技术情报研究所科技宣传业务还未和江苏省科学技术情报研究所主要业务紧密结合。省科技厅官方门户网站、"江苏科技"微信公众号和《江苏科技年鉴》承担省科技厅的相关宣传任务。省科技厅官方门户网站和"江苏科技"受众对象主要为省内读者；《江苏科技年鉴》主要为省内科技行业的工作者。《江苏科技信息》《无线互联科技》《电动自行车》为江苏省科学技术情报研究所主办，但是受众却为全国作者和读者。《江苏科技信息》《无线互联科技》是学术类期刊，《电动自行车》是宣传类行业期刊，主要功能不是为江苏省科学技术情报研究所科技宣传服务。"江苏今日科技"和"江苏科技创新政策"由江苏省科学技术情报研究所（江苏省科学技术发展战略研究院）主办，主要服务于全省科技工作人员及各大科研单位。严格上说，除了省情报所官方门户网站，其他新媒体也都不是宣传江苏省科学技术情报研究所科技事业的媒介。

结合以上分析，江苏省科学技术情报研究所科技宣传的受众和服务对象聚焦度不足具体表现在以下两点。一是缺乏直接为江苏省科学技术情报研究所服务的宣传载体。没有所级层面且为江苏省科学技术情报研究所服务的微信公众号、微博，没有为所（厅）宣传的期刊。二是宣传载体与江苏省科学技术情报研究所主要业务部门没有紧密结合。江苏省科学技术情报研究所有14个业务部门，其中，战略研究、科技统计、科技文献、科技评估、科技查新、科技档案等重点业务部门没有和宣传载体结合起来。

综上所述，江苏省科学技术情报研究所迫切需要抓紧传统媒体与新媒体融合发展的机遇。在新媒体发展得如火如荼的形势下，江苏省科学技术情报研究所应具备强烈的紧迫感和危机感，抓住机遇应对挑战，创新自己的发展手段，不断丰富自己的传播方式，在与新媒体共生融合中寻找自身的突围之道，做好媒体产业转型，实现媒体融合，促进江苏省科学技术情报研究所各项建设事业发展。

江苏省科学技术情报研究所下一步目标是建立"一库三中心"，即科技创新智库、科技咨询服务中心、科技大数据中心和科技媒体宣传中心。其中，科技媒体宣传中心是江苏省科学技术情报研究所的业务品牌，聚焦全省科技创新的重点、热点和社会关注点，强化对重大科技活动、重要科技政策、最新科技发展动态等的全方位宣传报道，深化公开期刊、专题信息等的编辑出版服务，拓展视频保障、活动策划与宣传片制作等工作，打造系列化、专题化、特色化的科技宣传服务品牌。

科技宣传与专题报道。通过江苏科技电子政务平台、公开发行期刊、微信公众号等媒体手段，运用融媒体理念与技术，面向各级政府、园区、孵化器等创新管理部门和创新主体，开展科技方针政策、重大科技活动、行业动态资讯、科技信息服务、技术交易等专项发布推送、专题系列报道等全方位宣传服务。

网站建设与视频保障。为各级政府部门提供业务管理系统、政务宣传平台等电子政务系统的开发建设与运行管理服务；提供部省、省市、市市之间的视频会议及国家科技计划项目、省科技计划项目的视频答辩与评审等保障服务。

科技年鉴与期刊出版。《江苏科技年鉴》是由省科技厅委托编撰的综合性科技工具书，为政府管理部门、广大科技工作者查阅江苏科学技术活动信息，提供丰富翔实的历史资料。《江苏科技信息》《无线互联科技》为政府、高校和科研院所的科技管理工作者提供刊登省内外科技与互联网领域的创新成果及学术研究论文服务。《电动自行车》为行业、企业提供信息发布、新品宣传和市场推广服务。

活动策划与制作服务。针对重要科技活动、重大科技会议等提供活动组织策划、拍摄制作、宣传报道等多方位宣传服务；为各级政府部门、企事业单位提供教育专题片、课件资源、企业宣传片、产品宣传片、工程宣传片等制作服务。

3　兄弟省市科技情报所系统宣传服务的现状与经验

课题组在对全所科技宣传服务调研的基础上，针对全所存在的问题，对河南、广东、浙江、天津、湖北和湖南等兄弟省市的科技宣传服务现状进行了调研。通过调研了解到了这6个兄弟省市的科技宣传服务现状和各自的特色，它们在科技宣传服务工作中都取得了较好的宣传效果。但是，由于科技发展日新月异，宣传手段需要不断创新，这6个兄弟省市在科技宣传服务过程中也遇到了新媒体的盈利较为困难、新媒体手段有待丰富、纸媒组稿依旧困难、考核和分配机制有待健全等诸多问题。尤其是它们在宣传手段、队伍建设、管理体制等方面的宝贵经验，可为江苏省科学技术情报研究所今后的科技宣传服务工作提供一定的借鉴。具体不在这里赘述。

4　构建全所新型科技宣传服务体系与管理机制的对策建议

为加快推进全省科技宣传与普及工作，着力完善科技宣传机制，构建科技宣传阵地，唱响科技宣传主旋律,以强有力的科技舆论支持创新型省份和科技强省建设,依据中央全面深化改革领导小组第四次会议审议通过的《关于推动传统媒体和新兴媒体融合发展的指导意见》,提出科技全媒体中心建设方案。

4.1 建设背景

近年来,全媒体发展成为全国新闻出版广电系统创新驱动的新引擎,越来越多的传统媒体与新媒体从相"加"到相"融",并真正融为一体、合二为一。《人民日报》"中央厨房"、新华网"融媒体中心"、浙江新闻客户端等一大批全媒体产品,为进一步推动主流媒体在功能、技术、资源等方面的生态化发展,创造了一个又一个的传播奇迹。

面对信息载体、传播形态的深刻变化,以先进技术为支撑的媒体融合大环境里,科技传媒更应该锐意创新,通过全媒体中心建设,加快从"高度融合"到"深度融合"的"纵深化"推进,更好更快占据制高点,巩固壮大主流阵地,牢牢掌握舆论主导权;在新技术、新产品、新服务、新业态的载体和平台上要大有作为,积极谋划和布局未来移动传播终端,着力增强相关技术研发应用能力,抢占移动技术发展应用的先机;同时积极参与到媒体的市场化竞争大格局中,加快实现信息内容资源、人才资源、技术产品资源和商业资本资源的"最优化",为建设"互联网+"世界科技创新高地营造良好舆论环境。

4.2 指导思想

全面贯彻党的十九大精神,坚持以习近平新时代中国特色社会主义思想为指导,推动新媒体和传统媒体在内容、渠道、平台、经营、管理等方面的协同发展,着力打造形态多样、手段先进、具有竞争力的新型科技主流媒体,建成拥有较强传播力、公信力、影响力的新型科技全媒体平台,形成立体多样、融合发展的现代科技宣传服务体系。

4.3 建设目标

一是发挥科技行业系统优势,采取针对性措施,搭建信息采集平台、传播发布平台、学术交流平台三者交互的平台型全媒体中心。二是通过媒体互补,打造现代传播体系;实行媒体联动,增强舆论引导力;注重全媒体发展,提升宣传效果。建设线上线下结合、多媒体交互、全产品融合、跨终端呈现的融合型全媒体中心。三是由"科技资源拓展"重点转向"智库价值拓展",努力把科技全媒体中心建设成为江苏省科技宣传主阵地,打造成为公信力、权威性、影响力、主导力明显提高的科技宣传服务体系。

4.4 对策建议

结合全所"一库三中心"建设中科技媒体宣传中心的发展定位,加快构建新型科技服务宣传体系,通过对河南、广东、浙江、天津、湖北和湖南等省市的实地调研,建议集成全所宣传资源,构建科技全媒体中心,同时积极打造新型科技宣传服务体系。

4.4.1 构建江苏省科技情报研究所科技全媒体中心

4.4.1.1 科技全媒体中心的业务内容

在学习借鉴兄弟省份科技情报系统科技宣传先进经验的基础上,构建江苏省科技情报研究所科技全媒体中心,打造新型科技宣传服务体系,创新科技宣传模式,加强科技宣传能力建设,是打开全所科技宣传工作新局面的重要手段。建议全媒体中心主要开展新媒体和传统媒体两个方面的业务,其业务内容分别如下。

(1) 新媒体业务

江苏省科技情报研究所作为科技管理部门,一方面,要建设好江苏省科技厅和全所官方门户网站,运营好"江苏科技""江苏今日科技""江苏科技创新政策"等微信公众号,进一步加强各传播载体间的整合,实现科技传播流程再造;另一方面,建立全所的微信公众号,突出宣传全所各项科技活动的新方法、新成效和新机制。在现有形态的基础上,进一步丰富主平台的容量,做足做深新媒体的优势,实现与传统纸媒平台的深度互动,充分发挥辐射型、滚动式传播的作用,扩大持续的深度影响。利用自媒体平台,建设好全所微信公众号的图文版、视频版,实现全时空、全媒体、全终端的高效传播。

在开展新媒体业务的同时,加强"宣传、研究与情报服务"的深度融合。推进"江苏科技"从发布科技政策与动态信息的出版传播载体,向提供科技成果与情报资讯的政府决策参考的转型升级,成为社会科技决策的综合性指南。加强"江苏今日科技"的建设与推广,进一步丰富主平台和资讯原文链接平台的容量,不断提升长三角科技宣传全媒体发展示范基地的影响力。

(2) 传统媒体业务

随着新媒体的大量涌现,传统媒体已经到了大变革的时期。传统媒体要积极参与到媒体的市场化竞争大格局中,加快实现信息内容资源、人才资源、技术产品资源和商业资本资源的优化。一方面,办好《江苏科技信息》和《无线互联科技》期刊及做好《江苏科技年鉴》的编辑、出版工作;另一方面,创办一本高层次的科技宣传刊物,面向政府、科研院所和广大科技人员提供各类科技宣传服务。

《江苏科技信息》和《无线互联科技》期刊要进一步稳固出版发行等基础性保障,力争电子版年阅读下载量持续增长。要通过主动设计、策划采编重大主题和创新典型报道的刊中刊,进一步聚焦科技创新的江苏经验、江苏模式;《江苏科技年鉴》要为省内外的科技、经信、发改系统主要领导提供参阅。根据科技全媒体中心的目标定位,集聚主管、主办、协办机构和单位的更多资讯、情报、成果、专家等信息与智力资源,既发挥好"技术"优势,又发挥好"内容"资源,依托科技全媒体中心的优势,服务于期刊和年鉴的编辑出版的同时,服务于省内外的科技创新与经济社会发展。

(3) 与江苏省科技情报研究所学会(协会)工作的结合

认真做好江苏省科技情报研究所学会(协会)的科技宣传工作,宣传科技"好故事",传颂优秀科技工作者,对推动全所科技事业在新的历史起点上继往开来、创新发展意义重大。一方面,强化宣传资源的整合,加强与学会(协会)的工作对接,积极争取宣传资源,注重挖掘科技工作特色;另一方面,强化宣传方式的创新,有效利用互联网、微信等新媒体及传统媒体的知名度，扩大学会（协会）的社会影响力。

通过对浙江和天津两地科技情报系统的调研发现，学会（协会）在科技宣传系统中发挥了重要的作用，全所要充分发挥所内社会团体江苏省科技情报学会、江苏省科技咨询协会、江苏省生物技术协会、江苏省科技翻译协会和江苏省企业研发机构促进会在科技宣传方面的引导作用，以服务科技工作者为主体，以全面宣传科技系统深化改革为着力点，积极开展全省各项品牌活动、重点工作和科技英才的宣传，围绕服务"两聚一高"所开展的创新工作、科技系统深化改革工作典型、宣传江苏科技英才、双创团队和省科技系统的各项重点工作、品牌活动，注重发挥省市主流媒体的资源优势，利用好学会（协会）自有报刊、网站、影视等资源，对科普周和科普日活动、学会服务能力提升计划、承接政府转移职能工作、基层科技服务能力提升计划等内容，精心策划设计，有针对性分层次、分步骤地进行全面系统宣传，调动激发广大科技工作者向世界科技强国进军的热情和活力，努力营造良好的社会舆论氛围，为实现"两聚一高"、建设"强富美高"新江苏做出新的贡献。

通过对多种类型载体平台得打造，在政策解读、选题策划等方面加大科技宣传力度，稳定巩固传统媒体的同时，重点发展新媒体业务，构建立体式的全媒体科技传播体系，最终形成"平面媒体+网络媒体"的全方位的科技宣传模式。

4.4.1.2 科技全媒体中心的服务对象

江苏省科技情报研究所开展科技宣传工作的主要服务对象为江苏省科技厅、本所及其他社会服务对象。建议根据新媒体和传统媒体的不同特点，厘清宣传侧重点，构建立体高效的科技全媒体中心。

① 针对江苏省科技厅。全所紧紧围绕"创新驱动发展"主题，以江苏省科技厅门户网站为阵地，积极开展科技宣传工作，为服务领导决策、促进全省科技事业发展发挥了重要作用。其开展科技宣传服务工作的侧重点主要包括发布江苏省科技厅最新的通知公告、科技发展的基本情况和重要动态，关注对江苏科技创新工作有重大参考价值的国内外信息，解读各类科技政策，传播科学思想，激励创新主体。同时，营造促进技术转移的良好氛围，通过深入开展各类科技法律、法规和政策的宣传活动，大力营造鼓励全社会科技进步的浓厚氛围和有利于创新驱动发展的市场环境。

② 针对江苏省科技情报研究所。全所开展科技宣传服务工作的侧重点主要包括通过江苏科技电子政务平台、微信公众号等媒介手段，开展科技方针政策、重大科技活动、行业动态资讯、科技信息服务、技术交易等专项发布推送、专题系列报道等宣传服务。江苏省科技情报研究所作为省科技厅科技宣传工作的日常办事机构，在省科技厅职能处室指导支持下，履行江苏省科技厅宣传中心相关职责，紧紧围绕全省经济社会发展对科技的需求和省科技厅的中心工作，努力把握科技发展的舆论导向，面向全省广大科技工作者，全面系统地宣传各行各业的科研发展、科技进步与创新中的好成果、好经验，积极组织联络主流新闻媒体，组织开展重大决策、重要部署、重点工作、重大成就、重大成果、创新创业先进典型等宣传工作。

③ 针对其他社会服务对象。全所开展科技宣传服务工作的侧重点主要以"三刊一鉴"

的出版工作为目标，即《江苏科技信息》《无线互联科技》——为政府、高校和科研院所的科技管理工作者提供刊登省内外科技与互联网领域的创新成果即学术研究论文服务；《江苏科技年鉴》——为政府管理部门、广大科技工作者查阅江苏科技活动信息提供丰富翔实的资料。

4.4.2 建设全所科技宣传保障体系

4.4.2.1 领导重视与推进

建立江苏省科技情报研究所科技宣传工作领导小组，负责科技全媒体中心建设推进工作，同时协同省科技厅研究年度科技宣传重大选题，全力打造特色专栏，培育科技创新典型，为创新型省份建设和科技强省建设提供有力的科技舆论支持。一方面，各业务部门和学会（协会）的主要负责同志要把科技宣传工作摆上重要议事日程，把科技宣传作为推动业务工作开展的重要抓手，统筹谋划安排，重大事项主动组织策划、研究工作部署。另一方面，要从贯彻落实科学发展观、实施科教兴省和人才强省战略的高度，充分认识加强科技宣传的重要性和必要性，立足当前，着眼长远，既要做好阶段性安排，又要形成长效机制；同时，各层级和各部门之间要加强沟通，紧密配合，及时指导科技全媒体中心做好科技宣传工作，主动为各载体平台的科技宣传提供便利。

4.4.2.2 人才引进与培养

随着科技宣传工作的不断延伸，亟须一批相对固定、专业的写作班子，完成重点科技宣传材料的采写工作，以提高全所科技宣传的质量和效率。一方面，扩大和加强新媒体人才团队。建议全所集中抽调政治素质高、业务能力强、熟悉网络语言的人员组建新媒体工作团队，切实加强对政务微博、微信等新媒体平台的运行管理。每年组织开展科技信息工作原则、信息采编方法、新媒体运行等专题培训，提高工作队伍的工作能力和业务素质。另一方面，维持传统媒体人才队伍稳定，提升专业技术水平。要求传统媒体从业人员必须具备出版专业职业资格认证。针对传统媒体从业人员开展适应全媒体技能的培训工作，并通过培训、考核等形式提高编辑业务水平。

4.4.2.3 经费投入与支出

全国各省市科技经费投入比率虽然逐年加大，但主要集中在科技三项经费上，科技宣传工作方面的投入增幅较小，从而导致宣传工作手段单一、形式单调。全所要开展的新媒体和传统媒体的建设、运营和维护都需要大量的资金投入，包括购置相关的硬件设备、租用电信线路、开发相应的电脑软件等。但是，目前全所对新媒体发展的资金投入极少，绝大多数新媒体的建设投入是由部门出资，针对新媒体中心，可以通过江苏省科技厅和江苏省科技情报研究所联合经费拨款的形式进行保障。传统媒体在经营困难的情况下，除了保证日常编辑和出版的开支，继续采取以江苏省科技厅拨款和社会化服务为主的形式。通过上述多种渠道保证科技宣传、信息采集、科技奖励、人员培训等各项经费的支出。

4.4.2.4 考核指标与评价

完善的科技宣传考核激励机制，有利于提高全所科技宣传工作人员的积极性。一方面，加快建立健全《科技宣传工作方案》的工作制度，进一步明确科技宣传工作任务、责任分工和考核奖惩等内容。另一方面建立定期通报奖励制度，针对一段时期内"影响好、效果佳、传播广泛"的科技宣传活动和内容，设先进、抓典型，做好表彰先进、宣传典型的工作，定期开展"科技宣传能手"的选拔评比工作。针对新媒体中心，初期以经费保障为主，设立相对较低的考核指标，待后期市场开拓完成之后再以创收为主、经费补贴为辅，每年设立递增的考核指标。传统媒体因面临传统纸媒不断缩减的形势，需要进一步加大经费扶持，通过不断加强内容建设，争取从内容供给上来一场"形神兼顾"的变革。

5 结语

当前，科技发展形势和科技宣传手段都发生了深刻的变化，为了更好地明确江苏省科学技术情报研究所"一库三中心"强化战略研究、强化资源集成、强化应用服务的发展定位，推进科技宣传服务工作的开展，推动传统媒体的变革，使媒体领域朝着全媒体的方向发展，让科技宣传成为开展科技宏观管理的有效手段，尤其是在互联网与高科技媒体高速发展的背景下，传统媒体与新媒体的融合发展形势已迫在眉睫。新媒体时代背景下，只有充分认识新媒体的特征，加快重视和利用新媒体的传播特点，以传统媒体融合新媒体发展的方式，高效整合科技部门自身的资源优势，创新工作思维和工作方法，构建科技全媒体中心，打造新型科技宣传服务体系，以润物细无声的方式精准推送科学知识，才能达到潜移默化提高全民科学素养的效果，让科学知识真正发挥指导公众生产生活的作用，进而达到提升科技宣传效能的目的。

课题负责人：严文强
课题组成员：汤淏　姚缘　孙琳　王永超　王雪芬　傅金睿　季晨宸　王真
　　　　　　姚鑫　何琳　余莹
撰　稿　人：严文强

江苏省科学技术情报研究所内部激励机制建设研究

1 激励机制的相关理论研究

1.1 激励与激励机制的含义

激励是人力资源管理中的重要内容，美国管理学家贝雷尔森和斯坦尼尔把激励定义为"一切内心要争取的希望、条件、愿望、动力都构成了对人的激励——它是人类活动的一种内心状态"。在现代管理学中，激励主要指激发员工的工作动机，通过设计适当的工作环境、奖酬形式及一定的行为规范来激励员工的工作行为，使其具有较高的工作积极性，勇于创造，更好地、有效地实现管理者或个人设定的任务或目标。激励是以满足员工的需要为出发点，通过科学、有效的奖惩措施，使员工在实现组织预期目标的同时也实现其个人目标，达到个人目标与组织目标的统一。激励通常采用物质激励和精神激励两种方式，明确激励的目的是什么，公开激励的内容并直观表达出激励指标。常用的激励方式还有正激励和负激励、内激励和外激励。在国内外，有许多激励的方法和理论，如著名的需求层次论、ERG 理论、双因素理论等，在下面小节中将详细论述。

激励机制又称为激励制度，是通过一套理性化的制度来激励主体与客体之间相互作用的方式，由机会、程度、频率、方向等一些在激励中起到关键作用的因素组成，对激励的效果具有显著的、直接的影响。激励机制主要包括诱导因素集合、行为导向制度、行为幅度制度、行为时空制度、行为归化制度 5 个方面的要素，在上述 5 个因素中，诱导因素起到引发行为的作用，其他 4 个因素则具有规范、导向及制约的作用。

激励机制运行的过程就是激励主体和客体之间相互作用的过程，激励机制的运行模式如图 1 所示。从员工开始工作到最终目标的实现，该运行模式贯穿于整个过程，将其运用到实际管理中，可以分为如下内容。

① 双向交流，主要任务是完成员工与管理者之间的相互沟通，各自了解对方的目的和意图。

② 各自选择行为，根据上一步的交流结果，管理者为员工安排适合的工作，提出目标和方向；而员工则通过适当的工作态度、方式开始工作。

③ 阶段性评价，对员工所取得的阶段性成果进行评价，以便双方再次做出适当的调整。

④ 年终评价与奖酬分配，员工在年底对自己的工作进行总结评价，并据此获得管理者的奖酬。

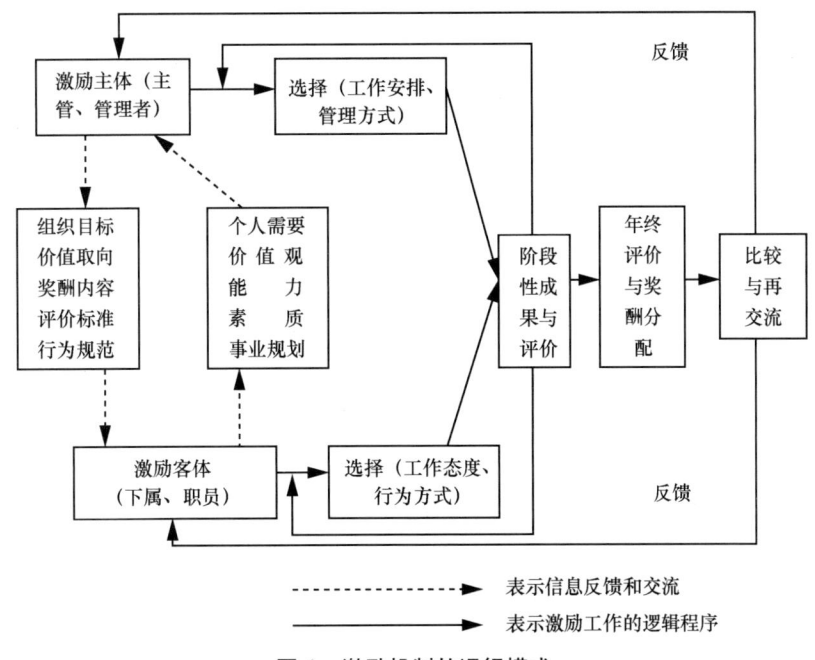

图 1　激励机制的运行模式

⑤ 比较与再交流，员工将自己通过努力获得的奖酬与他人或自己的过去相比较，确定是否对获得的奖酬满意。将比较结果与管理者再次沟通，使双方达成一致。

1.2　国外激励理论

（1）马斯洛需要层次论

亚伯拉罕·马斯洛(Abraham Harold Maslow，1908—1970 年)是美国一位著名的社会与比较心理学家、人格理论家，他在 1943 年发表的《人类动机的理论》一书中提出了"需要层次"论，这种理论是由以下基本假设构成的。

① 人类要想生存，影响他行为的因素是他的需要。只有未被满足的需要才能够影响到人类的行为，而已经得到满足的需要则无法充当激励的工具。

② 按重要性和层次性把人类的需要进行排序，就是从简单的、基本的需要（如吃和住）到复杂的、有价值的需要（如实现自我价值）。

③ 当人类较低层的需要得到基本满足后，才会追求更好的目标需要，由此产生内在动力，经过不懈努力，实现最高层次需要。

马斯洛把人类复杂、繁多的需要分为生理需要、安全需要、社会需要、尊重需要和自我实现需要 5 个层次，见图 2。

马斯洛的"需要层次"论指出了人类在不同的时

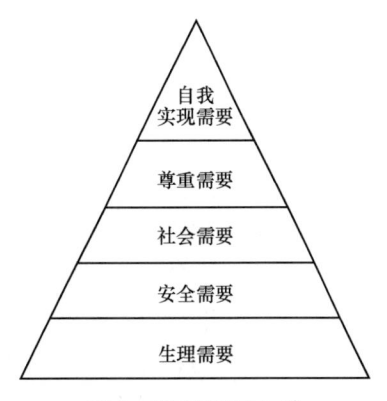

图 2　"需要层次"论

期,都有一种需要占主导地位,而其他需要则处于从属地位。这个论断对于现在的管理工作具有启发意义。马斯洛指出人们一般会先满足生理的需要,随着人们的成长和不断进步,才会逐渐激发更高层次的需要,自我实现的需要位于最高层,也是最难实现和满足的。然而,马斯洛理论也存在消极的因素,该理论特别强调人类发展受遗传的影响这一观点,反而忽略了人类先天的潜能也会受到社会生活条件的制约;该理论带有一定的机械主义色彩,把这种需求层次看成一种机械的上升运动,忽视了人的主观能动性;该理论只注意到一个人各种需求之间的纵向联系,忽视了一个人往往同时存在多种需求。

由此看来,要确定科技人员的激励需求,就必须确定这个人当前所处的需求层次,根据需求层次制定相应的激励方式,来激发科技人员的潜能,使其向更高层的需求前进,以达到最终的激励目标和效果。

(2)双因素理论

双因素理论又称"激励-保健"因素理论,该理论是美国心理学家赫兹伯格于20世纪50年代首先提出来的,见图3。能使员工产生不满情绪的因素称为保健因素,如工作生活条件、政策方针、人际关系等。当保健因素不能被满足时,员工就会产生不利于工作开展的抵触情绪,甚至是对抗行为等;尽管保健因素后期能够得到改善或满足,不论如何努力,也难以再激发员工的工作热情和积极性,使员工产生满意情绪。能使员工感到满意的因素被称为激励因素,如岗位晋升、工作被认可、取得成绩或成就等。一旦激励因素被满足,就能最大限度地激发员工的工作热情,如果不能满足,即使员工感到不满意,往往影响也不会很大。

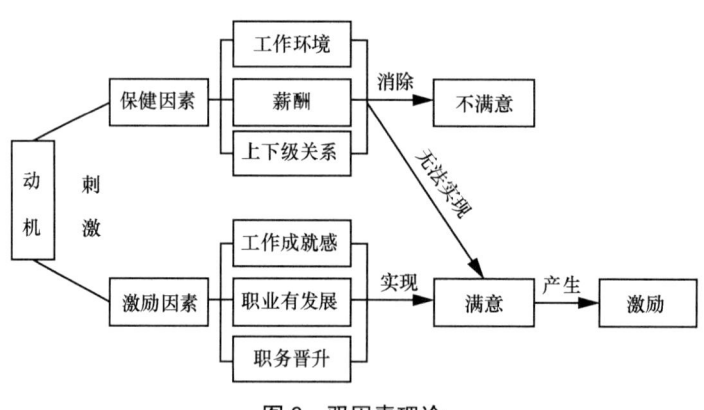

图3 双因素理论

从上述观点可以看出,激励因素处理得好,能够使人们产生满意情绪,并达到激励的目的和效果,如果处理不好,只是不能产生满意情绪,不会导致不满意;而保健因素处理不好,即使消除了也不会再使人们产生满意情绪。

(3)奥尔德弗的ERG理论

20世纪70年代初,耶鲁大学教授克雷顿·奥尔德弗提出来的"生存-相互关系-成长需要"理论简称为ERG理论。人的需要被划分为以下3种。

① 生存的需要,指的是人一生中生理的需要和物质的需要的总和。

② 相互关系的需要,指人与人之间的相互关系联系的需要。

③ 成长发展的需要，指一种要求得到发展和提高的内在欲望，是个人自我完善和发展的需要。它指人有发挥潜能、成就和开发新能力的需要。

ERG 理论认为，当某人在较高层次的需求受到挫折时，他会重新追求较低层次的需求以得到满足。较低层次的需求得到满足后，会引发出对更高层次需求的渴望。因此，管理措施应跟随着人类需求结构的变化而改变，并制定出相应的策略。

（4）成就激励理论

成就激励理论是美国哈佛大学教授戴维·麦克利兰通过对人的动机和需求进行研究，于 20 世纪 50 年代提出来的。麦克利兰教授认为人类除了生存需要之外，还有成就需要、权力需要和亲和需要 3 种重要的需要，同时提出了成就激励理论。教授对这 3 种需要进行了深入研究。

① 成就需要：努力取得成功并期望做到最好的一种需要。

② 权力需要：对控制别人具有极大的欲望和兴趣，注重身份、地位和影响力的取得的一种需要。

③ 亲和需要：寻求被他人接纳和喜欢的一种愿望。这种人喜欢与他人交往，愿意为他人着想，帮助别人，从交往中获得满足和快乐。

（5）亚当斯公平理论

公平理论又被称为社会比较理论，于 1965 年由著名心理学家亚当斯提出，该理论是用来研究人的知觉和动机关系的，主要包括 3 个方面的内容。

① 公平是激励的动力。

② 公平理论的方程式：$QP/IP=QO/IO$

式中：QP 为自己对所获报酬的感觉；QO 为自己对他人所获报酬的感觉；IP 为自己对个人所做投入的感觉；IO 为自己对他人所做投入的感觉。

③ 不公平的心理行为。

公平理论的基本观点是：一个人在取得成绩并获得相应的报酬后，往往会产生一种比较心理，希望通过与他人的比较来判断自己获得的报酬是否合理，这种比较结果将会直接影响到他今后的工作情绪。

（6）目标设置理论

目标设置理论是美国马里兰大学心理学教授埃德温·洛克于 1968 年提出来的，他通过调查发现，任何激励手段的运用都离不开目标的设置，目标能把人们的需要转变为动机，再将自己的行为和设定的目标进行对比，及时进行修改和调整，进而实现设定目标。洛克认为目标设定的是否合理，需要研究以下 3 个方面的内容：一是目标的具体性；二是目标的难度；三是目标的可接受性。

总之，上述 6 种经典激励理论各有所长，其中马斯洛"需要层次"理论、双因素理论、成就激励理论和奥尔德弗的 ERG 理论可以归类为内容激励型理论，这些理论主要研究人类的需要，并且根据这些需要来确定激励的因素和作用；公平理论和目标设置理论可以归类为过程激励型理论，这些理论主要研究从目标的确定到采取行动的心理过程。内容激励型理论的不足之处在于缺乏对激励过程所实现的预期目标是否能满足激励对象的需求这方面的研究，而过程激励型理论恰恰弥补了这一缺点，重点研究了如何将人的行为过程转化为行为，来达到预期目标。

1.3 国内激励理论

在我国传统文化中,有着诸多关于激励的论述,归纳起来有两种,一种是宏观的激励理论,另一种是微观的激励理论。宏观的激励理论主张通过政治、经济、教育、文化等措施来调动人民的积极性,如孔子提出的"义利""惠民"激励观,孟子提出的"爱民""教民""富民"激励观等。微观的激励理论主张通过一些具体的物质和精神措施来调动人民的积极性,如管子提出的"功利观""同利、诚信、公平"的奖惩观等。

现阶段,随着我国政治、经济、文化的深入发展,西方的激励理论不能完全适用于中国的国情,因此俞文钊教授结合中国实际提出了三大特色激励理论。

（1）物质与精神同步激励论

同步激励论又称为 S 理论,俞教授认为只有通过物质激励与精神激励及根据人的自然和社会需要而采取的激励措施有机结合、同步实施时,激励效果才会最好。关系式为:激励力量 $=\sum f$(物质激励×精神激励)。只有物质激励和精神激励都在最高数值时才能得到最大的激励力量。

（2）公平差别阈的理论

公平理论中特别强调条件相等的公平感,而公平差别阈的理论则强调条件不相等的公平感。在条件不相等的情况下,无差别分配和悬殊差别分配都会使人产生不公平的感觉,只有进行适宜、合理的差别分配才能使人感到公平。因此,公平差别阈是一个动态量值,它直接受客观因素的制约。

（3）三因素（激励、保健、去激励）理论

三因素理论是在西方双因素理论的基础上提出来的,在该理论中,提出了去激励的概念,去激励因素使人产生不满情绪,在降低工作积极性的同时也降低了工作效率。

2 国家、省及同类机构有关激励政策的制定情况

2.1 国家、省有关激励政策的出台情况

2017 年,国务院办公厅印发《关于推广支持创新相关改革举措的通知》,推广 13 项支持创新相关改革举措。其中两项关于事业单位的创新举措将于全国推广:①建立"动态调整、周转使用"的事业单位编制省内统筹调剂使用制度,形成需求引领、基数不变、存量整合、动态供给的编制管理新模式;②事业单位可采取年薪制、协议工资制、项目工资等灵活多样的分配形式引进紧缺或高层次人才,高校和科研院所采取年薪制、协议工资制或项目工资等灵活多样的形式引进紧缺或高层次人才。

2018 年《政府工作报告》中提出,未来将完善机关事业单位工资和津补贴制度,向艰苦地区、特殊岗位倾斜。除此之外,事业单位编制或将省内统筹、养老金进一步提升。

各省（区、市）相继相关落实出台相关政策,2018 年 3 月,安徽省人社厅在新闻通气

会上介绍，2018年安徽省将适时提高最低工资标准。同时，深化机关事业单位工资收入分配制度改革，做好调整机关事业单位基本工资标准、实施地区附加津贴制度和公务员奖金制度、落实人民警察值勤津贴待遇3项工作。

宁夏按照国家统一部署，调整机关事业单位基本工资标准，实施地区附加津贴制度，推动企业建立以一线职工特别是技术职工为重点的工资增长机制，确保居民收入增长与经济增长同步。

2.1.1 国家和兄弟省市有关激励政策情况

（1）国家促进科技成果转化"三部曲"

科技部党组书记、副部长王志刚指出，《促进科技成果转移转化行动方案》与修订《促进科技成果转化法》、出台《实施〈促进科技成果转化法〉若干规定》，是一个整体考虑和系统性部署，形成了从修订法律条款、制定配套细则到部署具体任务的科技成果转移转化工作"三部曲"，对于实施创新驱动发展战略、强化供给侧结构性改革、推动大众创业万众创新具有重要意义。

1)《中华人民共和国促进科技成果转化法》（修订）（2015年8月）

主要政策亮点有：①释放活力，下放"三权"。"三权"即科研机构和高校的科技成果使用权、处置权和收益权。②协议优先，提高奖酬。科技成果转化奖励和报酬的数额遵照协议，最低限是转化所得净额的50%；国企、事业单位科技成果奖酬支出不受工资总额限制。③面向市场，资助研发。利用财政资金设立科技项目，应当听取相关行业、企业的意见；将科技成果转化和知识产权创造、运用作为立项和验收的重要内容和依据。④成果分享，科技报告。拟形成统一的国家级科技成果信息数据库，建立科技成果转化情况年度报告制度。

2)《实施〈中华人民共和国促进科技成果转化法〉若干规定》（2016年2月）

主要政策亮点有：①对于科技成果协议定价，应在本单位公示科技成果名称和拟交易价格，公示时间不应少于15个工作日。②科研人员可以在企业兼职、可以离岗创业，保留3年人事关系。③尽职免责条款：单位领导在履行勤勉尽责义务、没有牟取非法利益的前提下，免除其在科技成果定价中因科技成果转化后续价值变化产生的决策责任。④担任领导职务的科技人员获得科技成果转化收益，按照分类管理的原则执行：正职领导可以按照促进科技成果转化法的规定获得现金奖励，原则上不得获取股权激励。其他担任领导职务的科技人员，可按规定获得现金、股权或者出资比例等奖励和报酬。⑤科技成果转化情况年度报告报送时间：每年3月30日报送至主管部门，4月30日前报送至指定信息管理系统。

3)《促进科技成果转移转化行动方案》（2016年4月）

部署8个方面、26项重点任务：①开展科技成果信息汇交与发布；②产学研协同开展科技成果转移转化；③建设科技成果中试与产业化载体；④强化科技成果转移转化市场化服务；⑤大力推动科技型创新企业；⑥建设科技成果转移转化人才队伍；⑦大力推动地方科技成果转移转化；⑧强化科技成果转移转化的多元化资金投入。

（2）各省市促进科技成果转移转化"三部曲"相关政策

1）上海促进科技成果转移转化"三部曲"之《行动方案》

对应国家促进科技成果转移转化"三部曲"，上海市相继出台了《关于进一步促进科技成果转移转化的实施意见》《上海市促进科技成果转化条例》《上海市促进科技成果转移转化行动方案（2016—2020）》"三部曲"。

其中《行动方案》从实际问题入手，重点解决成果转化"怎么做"的问题。主要内容聚焦科技成果转移转化要素功能提升（科技成果转化主体、技术转移服务体系、科技成果信息库），生态环境营造（各类平台和网络体系建设）2条主线、4项重点任务、15项子任务展开，涉及23个委办局、部门及各区政府。加大政策引导力度，重点解决以下问题。

①重点解决高校院所、企业作为成果转化主体的创新能力问题。各项任务涉及的牵头委办局建立联席会议制度，督促规划、计划和任务落实，协商与解决有关的瓶颈问题与制度障碍。着力强调高校院所作为科技成果供端，建立完善相应的制度体系，增强科技成果转化意识和使命感，重点放在建立健全专业化技术转移服务机构，建立与国际规则接轨、市场导向的选人用人育人机制，形成有效的成果管理制度等。着力强调企业作为科技成果转化需方，形成开放式创新模式，尤其是鼓励本市国有企业、科技型中小企业科技创新。

②重点解决成果信息作为成果转化"种子"的共享利用。成果转化是一个全要素协同、各类信息流动的过程，政府部门储备了大量与科技成果有关的信息，拟建立资源汇聚、开放共享、分工协作的科技成果转化公共服务平台，其中包括建立汇聚市级财政资金支持产生的科技成果信息及转化服务信息的科技成果信息库，成果信息最大限度向全社会开放。市场化、专业化服务机构可以开展科技成果信息筛选、鉴别，挖掘有产业化前景的科技成果；主管部门还可以通过汇聚数据建立科技成果转移转化动态的长效跟踪机制。

③重点解决服务机构作为成果转化"桥梁"的能力问题。《行动方案》进一步强调了服务机构的重要作用，并推出系列政策加以保障。鼓励市场化、专业化服务机构发展，形成引导创业、培育试点、重点示范的梯度化政策支持路径；推广科技创新券政策工具，引导企业创新需求、培育科技服务市场，保障科技成果所有者和需求者在进行科技成果转化时得到专业而有效的服务；建立科技成果转移转化服务人才培养体系、激励机制，探索技术经纪人梯度化培养与市场化选人用人机制。众创空间作为科技成果转移转化的"出口"之一，将在专业化、国际化方面有所发展。

④基于成果转化全链条、全要素，营造转化生态环境。在上述要素能力提升基础上，《行动方案》提出进一步完善各类平台和网络体系建设，聚焦功能型平台建设、功能区打造、协同网络和金融支撑等，以期对整个生态起到"催化""加速"效应，具体包括建设研发与转化功能型平台、打造专业技术交易服务平台、构筑成果转移转化金融服务网络、打造科技成果转移转化功能集聚区、构建全球权威展示交流网络、形成国际国内成果转移转化协作网络、搭建成果转移转化传播网络7项任务。

2）浙江省三举措加速科技成果转化

2016年以来，浙江省不断深化产学研合作，着力打通科技创新"最后一公里"，始终把科技成果转化作为全省"第一工程"来抓，一是2017年3月发布《浙江省促进科技成果转化条例》，首次在地方立法中明确职务科技成果权属奖励制度，切实激发高校院所的科技成果转化活力；二是政府出资20亿元设立省级科技成果转化引导基金，重点投资信息经济、新材料等新兴产业，强化金融支撑；三是通过免费向企业主体发放创新券的方式，撬动浙江省创新热情;四是充分发挥浙江科技大市场作用,通过省市县三级联动、线上线下融合。2017年,浙江网上技术市场已成为完备的信息发布平台,累计签约技术合同4万份、金额421.8亿元,线下建成51家分市场;五是2016年8月,省知识产权交易中心挂牌成立,实现知识产权的协议定价、挂牌和拍卖等三大交易方式。

3）广东省人民政府办公厅关于进一步促进科技成果转移转化的实施意见

广东省于2016年11月出台了《实施意见》,以进一步促进科技与经济的融合发展,加快推动科技成果转化为现实生产力,推动全省经济转型升级、提质增效。主要包括:①加强科技成果信息交汇与发布。加快建立重大科技成果转化数据库,加快科技成果登记与信息交汇,推动科技成果数据资源开发利用,推动军民科技成果融合转化应用。②推动科技成果转移转化载体建设。引导建立各类科技成果转化服务机构,推动技术交易网络平台建设,建设科技成果产业化基地,强化科技成果中试熟化。③产学研协同推动科技成果转移转化。加快应用型科技项目研发及成果转化,深入推进省部院产学研合作,支持高校和科研院所开展科技成果转移转化,推动企业加强科技成果转化应用,充分利用国际创新创业资源。④强化科技成果转移转化市场化服务。发挥科技社团促进科技成果转移转化的纽带作用,完善技术转移机构服务功能,强化科技成果知识产权服务。⑤大力发展创新创业孵化平台。推动科技企业孵化器提质增效,大力发展"四众"创新服务平台,建设一批创新创业服务中心,推动创新资源开放共享,举办各类创新创业大赛。⑥建设科技成果转移转化人才队伍。开展技术转移人才培养,组织科技人员开展科技成果转移转化,强化科技成果转移转化人才服务。⑦大力推动地方科技成果转移转化。加强地方科技成果转化工作,开展区域性科技成果转移转化试点示范。⑧完善促进科技成果转移转化的激励机制,加大对科研人员向企业转化科技成果的奖励力度。高校、科研院所为科技成果转化开展的技术开发、技术咨询、技术服务、技术培训等横向合作活动的,净收入可按照高校、科研院所制定的科技成果转移转化奖励和收益分配办法对完成项目的科技人员给予奖励和报酬,其比例不得低于60%。对科技人员承担横向科研项目与承担政府科技计划项目,在业绩考核中同等对待。科技成果转移转化的奖励和报酬的支出,计入单位当年工资总额,不受单位当年工资总额限制,不纳入单位工资总额基数。⑨加大对科技成果转移转化活动的激励。鼓励技术转移服务机构开展技术转移服务活动,按照其上年度签订技术交易合同额的一定比例给予补助,补贴资金主要用于开展技术转移服务发生的相关支出,可将不高于30%的补助资金用于奖励为促成交易做出突出贡献的团队或个人。鼓励高校、科研院所等向企业输出科技成果,按照其上年度技术交易合同额的一定比例给予补助。对承接高校、科研院所科技成果并实施转化的企业,按照技术交易合同额的一定比例给予补助。

（3）经费相关的激励政策

1）国家部委相关政策

——《关于调整国家科技计划和公益性行业专项经费管理办法若干规定的通知》（财政部、科技部）（财教〔2011〕434号）

——《国务院关于改进加强中央财政科研项目和资金管理的若干意见》（国务院）（国发〔2014〕11号）

——《关于进一步完善中央财政科研项目资金管理等政策的若干意见》（中共中央办公厅、国务院办公厅）（中办发〔2016〕50号）

——《关于进一步做好中央财政科研项目资金管理等政策贯彻落实工作的通知》（科技部、教育部、发展改革委）（财科教〔2017〕6号）

——《关于科技人员取得职务科技成果转化现金奖励有关个人所得税政策的通知》（财政部、税务总局、科技部）（财税〔2018〕58号）2018年5月29号

——2018年7月18日《国务院关于优化科研管理提升科研绩效若干措施的通知》（国发〔2018〕25号）

2）各省市相关政策

——浙江：《关于进一步完善省财政科研项目资金管理等政策的实施意见》（浙委办发〔2017〕21号）（20条）

——安徽：《关于改革完善省级财政科研项目资金管理等政策的实施意见》（皖办发〔2016〕73号）

——广东：《关于进一步完善省级财政科研项目资金管理等政策的实施意见（试行）》（粤委办〔2017〕13号）

——湖北：《关于推动高校院所科技人员服务企业研发活动的意见》（鄂政发〔2015〕66号）

2.1.2 江苏省有关激励政策情况

（1）江苏省"40条"政策

2016年8月，江苏省政府出台了《关于加快推进产业科技创新中心和创新型省份建设若干政策措施》（苏政发〔2016〕107号），文件包含7个方面的相关政策共40条，故又简称"40条"政策。其中涉及科技成果转移转化的共有7条，旨在打通科技成果转移转化的通道，主要包括以下几个方面。

一是下放科研院所和高等院校科技成果的使用权、处置权和收益权。①在处置权上，明确由科研院所、高等院校自主实施科技成果转移转化，主管部门和财政部门不再审批或备案。②在收益权上，明确成果转化收益全部留归单位，不再上缴国库；明确成果转化责任，对科研院所、高等院校由财政资金支持形成的、不涉及国家安全的科技成果，明确转化责任和时限，选择转化主体实施转化，在合理期限内未能转化的，依法强制许可实施。

二是提高科技人员科技成果转化收益。①明确职务发明成果转让收益用于奖励研发团队的比例提高到不低于50%。②明确高等院校、科研院所可与研发团队以合同形式明确各方收益分配比例。③要求建立覆盖科技人员的政府购买法律服务机制，对因参与科技成果转化而产生纠纷的科技工作者提供法律服务。

三是完善股权激励相关制度。①允许专制科研院所、高新技术企业、科技服务型企业的管理层和核心骨干持股，且持股比例上限放宽至30%。②支持国有企业提高研发团队及重要贡献人员分享科技成果转化或转让收益比例，具体由双方事先协商确定，骨干团队和主要发明人的收益比例不低于成果转化奖励金额的50%。

四是改革高校院所领导干部科技成果转化收益管理办法。①明确科研院所、高等院校正

职和所属单位中担任法人代表的正职领导,其科技成果转化可获得现金奖励,但原则上不得获取股权激励。②明确领导班子其他成员、所属院系所和内设机构领导人员的科技成果转化,可以获得现金奖励或股权激励。③明确科研院所、高等院校正职和所属单位中担任法人代表的正职领导,在担任现职前因科技成果转化获得的股权,可在任现职后及时予以转让,转让股权的完成时间原则上不超过 3 个月。

五是完善高校院所科技成果转化个人奖励约定政策。①对符合条件的科研院所、高等院校等事业单位以科技成果作价入股的企业,依规实施股权和分红激励政策。②对以股份或出资比例等股权形式给予个人奖励约定,可进行股权确认。③财政、国有资产管理、知识产权、版权、工商等部门对上述约定的股权奖励和确认应当予以承认,根据职责权限落实国有资产确权和变更、知识产权、注册登记等相关事项。④鼓励符合条件的转制科研院所、高新技术企业和科技服务机构等按照国有科技型企业股权和分红激励相关规定,采取股权出售、股权奖励、股权期权、项目收益分红和岗位分红等多种方式开展股权和分红激励。

六是健全促进科技成果转移转化的激励机制。①实施股权激励递延纳税试点政策,对高新技术企业和科技型中小企业转化科技成果给予个人的股权奖励,递延至取得股权分红或转让股权时纳税。②省财政安排专门资金支持技术转移机构建设,连续 3 年每年分类资助 30 万~50 万元,3 年后纳入省级技术转移机构绩效考评管理序列。

七是完善科技成果转移转化市场体系。包括建立科技成果项目库和信息发布系统,建立网上技术需求及技术创新供给市场服务平台,加快建设省技术交易中心,打造辐射长三角的技术资源交易平台,加快建设综合性平台,促进科技成果规范有序交易流转。

(2)江苏省"30 条政策"

2018 年 8 月,中共江苏省委、江苏省人民政府印发了《关于深化科技体制机制改革推动高质量发展若干政策》的通知,文件包含 4 个方面的相关政策共 30 条,故又简称"30 条政策"。着力破解制约科技创新的体制性障碍、结构性矛盾和政策性问题,充分激发科技人员创新创业活力,更好地将我省科教人才优势转化为创新优势、发展优势,根据《国务院关于优化科研管理提升科研绩效若干措施的通知》(国发〔2018〕25 号)等文件精神并结合江苏实际制定实施。其中,与江苏所单位性质和业务特性密切相关主要集中在前面两大方面 16 条政策中。其中与人员薪酬激励相关的大致包括以下几个方面。

①拓宽项目直接费用列支范围。与科研院所、高等学校等事业单位签订劳动合同的编制外人员工资性支出、参与科研项目的退休返聘人员费用可在省级科研项目劳务费中列支。

②提高项目间接费用核定比例。间接费用的绩效支出不计入项目承担单位绩效工资总额基数,纳入项目承担单位绩效工资总量管理。间接费用的绩效支出中,给予 35 周岁以下青年科技人员的比例原则上不低于 30%。

③加大对承担重大科研任务领衔人员的薪酬激励。对全时全职承担重大技术攻关、成果转化或平台建设任务的项目负责人实行年薪制,年薪所需经费允许在项目经费中列支并单独核算,在本单位绩效工资总量中单列,单位当年绩效工资总量相应增加。

④自主规范管理横向委托项目经费。科研院所、高等学校等事业单位以市场委托方式取得的横向委托项目经费，实行有别于财政科研经费的分类管理方式。科研院所、高等学校等事业单位可根据科研活动实际需要，研究制定横向委托项目经费管理办法，不纳入单位预算，自主确定使用范围和标准及分配方式，并作为评估评审或审计检查等依据。横向委托项目完成后获得的净收入，如合同约定分配事项，则按合同约定提取报酬；如无合同约定，允许全部留归项目组成员自主分配并依法缴纳所得税。科技人员承担横向委托项目与承担政府科技计划项目，在业绩考核、职称评定中同等对待。

（3）技术交易奖酬金相关激励制度

1）通过江苏省技术合同登记服务平台认定、审核

根据国务院办公厅印发《促进科技成果转移转化行动方案》的精神，要健全区域性技术转移服务机构，支持地方和有关机构建立完善区域性、行业性技术市场，形成不同层级、不同领域技术交易有机衔接的新格局。要完善技术转移机构服务功能，完善技术产权交易、知识产权交易等各类平台功能，促进科技成果与资本的有效对接。要完善技术转移机构服务功能，完善技术产权交易、知识产权交易等各类平台功能，促进科技成果与资本的有效对接。

2017年12月，江苏省科技厅发布省科学技术厅关于加强全省技术合同认定登记工作的通知（苏科条发〔2017〕385号），强调进一步完善技术合同认定登记工作，明确江苏省技术合同认定登记工作主要采用线上办理方式，归属地在江苏省内的技术交易卖方、买方、中介机构、技术经理人等法人和自然人在合同签订后，均可登录省技术合同认定登记系统进行合同录入登记和认定审核。通过技术合同登记机构审核技术合同、合同分类登记和核定技术性收入。同时办理免税登记凭证及技术交易奖酬金业务。

2）严格按照成果转化法及省有关政策执行

根据国务院关于印发实施《中华人民共和国促进科技成果转化法》若干规定的内容，国家设立的研究开发机构、高等院校制定转化科技成果收益分配制度时，要按照规定充分听取本单位科技人员的意见，并在本单位公开相关制度。依法对职务科技成果完成人和为成果转化做出重要贡献的其他人员给予奖励时，按照以下规定执行。

①以技术转让或者许可方式转化职务科技成果的，应当从技术转让或者许可所取得的净收入中提取不低于50%的比例用于奖励。

②以科技成果作价投资实施转化的，应当从作价投资取得的股份或者出资比例中提取不低于50%的比例用于奖励。

③在研究开发和科技成果转化中做出主要贡献的人员，获得奖励的份额不低于奖励总额的50%。

④对科技人员在科技成果转化工作中开展技术开发、技术咨询、技术服务等活动给予的奖励，可按照促进科技成果转化法和本规定执行。

根据江苏省"40条"政策规定，提高科技人员科技成果转化收益，在利用财政资金设立的科研院所和高等院校中，职务发明成果转让收益用于奖励研发团队的比例提高到不低于50%，计入当年本单位工资总额，但不受当年本单位工资总额限制，不纳入本单位工资总额

基数，不计入绩效工资。

根据江苏省技术市场管理办公室的工作职能和江苏省技术合同认定登记服务平台的审批职能，我省技术交易奖酬金的提取比例、审核及认定均由省技术市场管理办公室执行。

2.2 同类机构有关激励制度的制定情况

（1）浙江省科技信息研究院

依据 2017 年 12 月浙江省人社厅印发的《关于进一步完善省属事业单位绩效工资政策推动人才创业新的若干意见（试行）》，试行"绩效工资总量+X"管理模式，对高层次人才、科研经费绩效、科技成果转化、承担横向项目、文化产业发展 5 个"X 项目"进行专项激励，明确了这些激励政策主要用于人员奖励分配，均不纳入单位绩效工资总量。

2017 年 8 月，制定实施了《科研项目经费管理办法》，明确了纵向科研经费、横向科研经费和其他横向经费 3 类科研项目经费的计提方式和比例。其中，横向科研项目和其他横向经费的绩效支出以劳务报酬形式计取。劳务报酬以项目净收益扣除管理费用后的 20%～40%计提，依据多劳多得、优劳多得的原则，按照项目组成员和保障服务人员实际贡献进行分配。院专业技术人员与保障服务人员该项收入比例为 2.5∶1。已计提的横向科研项目经费和其他横向经费不再计算科技成果转化收益。

（2）安徽省科技情报研究所

2012 年 1 月，制定实施了《安徽省科学技术情报研究所技术贸易奖酬金提取管理办法（暂行）》（皖科情综〔2012〕4 号），明确了：①技术贸易酬金不计入单位奖金总额，允许在企业所得税税前扣除；②对经认定登记的技术合同可以从其技术性收入中按其不超过净收入 30%的比例提取酬金，直接奖励从事该项目的有关人员。

（3）广东省科技情报研究所

2016 年 10 月，制定实施了《广东省科学技术情报研究所科技成果转化及服务实施方案（暂行）》，明确了收益分配比例：人员奖励 70%（其中 50%奖励科技成果转化及服务的主要贡献人员；50%由所统筹奖励科技成果转化及服务的相关贡献人员）和单位 30%（主要用于研究开发与成果转化、人才引进培养和知识产权保护等相关工作，并对单位的运行和发展给予保障）。

（4）江苏省水利科学研究院

2016 年，制定实施了《江苏省水利科学研究院科技成果转化奖酬金分配办法》，明确了科技成果转化奖酬金的提取比例结构和分配方式。①科技成果奖酬金提取比例为 50%。在提取的奖酬金总额中扣除 5%，用于奖励发表论文、取得专利、获得科技成果和各种荣誉称号等。剩余奖酬金的 95%用于奖励全体科技和管理人员，重点向科研负责人、骨干倾斜。②以不低于可分配科技成果转化奖酬金的 30%提取全院在职人员平均奖。用于奖励重要贡献人员的奖酬金由各业务部门负责人提出内部分配方案报院部备案。院领导及行管人员的奖酬金分配以个人系数乘以院人均可分配转化奖酬金确定，系数为院领导正职 1.5、院领导副职 1.4、行管科室正职 1.1、行管科室副职 1.0、其他人员 0.85。

3 江苏省科学技术情报研究所激励制度的建立和执行情况

3.1 单位基本情况

江苏省科学技术情报研究所（以下简称江苏所）暨江苏省科学技术发展战略研究院、江苏省科学技术厅科技成果档案馆是江苏省科学技术厅直属公益性科研服务机构，为国家二级科技文献收藏单位和地区Ⅰ级专利文献服务中心、国家一级科技查新咨询机构、江苏省AAA级信誉咨询机构、江苏省中小企业五星级公共服务平台、江苏省省级文明单位。通过ISO 9001：2008质量管理体系国际标准认证。

江苏所始创于1960年5月，其前身为江苏省科学工作委员会暨中国科学院江苏分院1958年7月成立的情报处，"文革"期间业务中断，1978年起逐步恢复和发展为省级综合性科技服务机构。1997—2004年经几次机构与业务调整整合，并于2012年建立江苏省科学技术发展战略研究院，至2018年为"三块牌子、一套班子、一支队伍"的格局。

2018年，江苏所共设有20个部门（实体），其中：14个主导业务部门、5个管理部门和1个所办实体，有江苏省科技情报学会、江苏省科技咨询协会、江苏省生物技术协会、江苏省科技翻译协会、江苏省企业研发机构促进会5个社团组织挂靠管理。拥有一支经验丰富的专业技术队伍，硕博士人员占比57%；中高级专业技术人员占比70%；享受国务院政府特殊津贴专家、省中青年突出贡献专家、省"333高层次人才培养工程"中青年科技带头人等专家级人才十多人；拥有江苏省注册咨询专家近30人。

江苏省科技厅于2004年2月以苏科条〔2004〕76号文确定江苏所为16家江苏省属公益型科研机构之一，并对公益性业务进行定位。主要"承担不能或不宜由市场配置资源的公益性服务业务"，开展"两个面向"，即"面向全省科技管理提供支持性服务"和"面向全省科技创新提供科技情报信息服务工作"。江苏所现有七大主导业务：科技战略研究与情报分析、科技文献与档案信息服务、科技统计与分析、科技网络服务与宣传出版、科技查新咨询和科技评估评价、科技经费监管服务与软科学管理。

科技战略研究成果与情报服务成效显著。研究成果长期受到江苏省委、省政府及相关厅局的重点批示和引用，得到了社会各界广泛重视与好评。完成《基层科技创新组织与管理体制研究》《创新型省份建设》《科技创新和苏南自主创新示范区建设》等国家创新支撑课题和省政府决策咨询研究重点课题及重大任务100多项，承担各地区机关企事业单位委托的重点调研、创新规划等研究性任务近千项。提交的《江苏省大型工业企业发展情况对比分析》《关于建立江苏科技报告制度研究报告》等4篇报告获得省委书记、省长批示。先后获得省级以上科技进步奖、全国科技信息优秀成果奖等奖励近百项。牵头组织管理由江苏所、南京大学、东南大学、江苏省委党校等10家机构构成的"江苏省科技思想库"。编辑有《决策参考》《今日科技》等为各级领导决策及时提供情报信息服务，2011年至今出版《科技金融创新与发展》《创新驱动经济发展》等专著近20部。

科技文献信息资源与配套服务丰富完善。建有江苏省政府2004年批建的重大科技公共基础服务平台——"江苏省工程技术文献信息中心",平台以元数据仓储为底层架构,彻底整合集成了全省科技、教育、文化三大系统10家重点单位的61个国内外核心全文数据库的全部检索数据,元数据总量超过2.1亿条,开通包括期刊、学位、标准、专利、成果等12个检索频道,23个数据检索入口。文献服务满足率达90%以上,原文传递满足率达99%。下设15个分中心、20多个工作站,仅江苏省中心注册用户10 000多家,用户服务量年均超过50万人次,全文下载量超过了360万篇。

科技创新服务支撑能力持续增强。在全省开展了科技查新查证、科技评估评价、科技统计分析和科技网络期刊宣传等服务性工作,是国内最早通过ISO 9000质量管理认证的查新机构之一,建立健全全省查新工作网络体系,将查新服务拓展到开发区和科技园等科技创新第一线;在全国率先开展"省级工程技术研究中心及重点实验室绩效评估"工作,编制全国第一个省级标准《江苏省科技评估规范》;承担了15大类国家和省级科技统计工作,建立全省第一个科技统计工作平台,成为全省重要的科技统计信息采集、汇总、研究和发布中心,编制《江苏科技统计》内刊;全面承担了省科技厅机关政务网络管理,承担省科技厅要求的信息宣传、信息采编及视频会议、视频答辩和相关会议的保障工作,编辑出版发行《江苏科技年鉴》《江苏科技信息》《电动自行车》《无线互联科技》"一鉴三刊"。

3.2 江苏所激励机制现状

3.2.1 江苏所激励机制的建立情况

(1)物质激励

物质激励一般都是单位的主要激励方式,江苏所分两大部分:工资薪酬和奖金福利。

江苏所的工资薪酬结构是基本薪酬和绩效薪酬。基本薪酬即月工资,工资结构为事业单位工资结构。绩效薪酬主要是年终绩效,根据员工所在部门业绩情况,年终由单位统一发放。

奖金福利主要包括奖酬金和员工福利。奖酬金(暨技术交易奖酬金)根据员工所在部门业绩情况,由单位统一组织、部门自主申报,阶段性发放。员工福利主要包括员工健康体检、免费午餐、生日券等方面。女员工每年会在三八妇女节额外增加一次聚会活动;每年的端午、中秋、春节等重要节日的过节礼品等。

(2)精神激励

1)目标激励

明确2018年为江苏所"业务稳固拓展年""思想作风规范年""院所文化创建年",进一步明确江苏所"科技创新智库、科技大数据中心、科技咨询服务中心、科技传媒中心"的"一库三中心"主导业务定位,开展高水平科技发展战略与政策研究、科技信息大数据集成建设、科技管理支持与科技创新咨询、科技创新宣传服务等重点业务与服务,为加快建成省内领先、国内行业内有重要影响的区域科技情报信息研究与服务中心打下坚实基础,为服务我省深入实施创新驱动发展战略提供有力支撑。

2)荣誉激励

先进评选。工作上,每年年底都会在单位内进行先进集体、先进工作者和优秀室主任等评选；党务上，每年年底都会评选优秀共产党员、先进党支部等。为全单位在业务工作中、党务学习中树立榜样。

所内科研学术成果奖励。根据《江苏省科技情报研究所科研与学术成果奖励办法》，每年就单位科研学术成果情况，采取自主申报、专家评审的方式，评选出科研成果与领导批示奖、重点研究成果奖（一等奖、二等奖和三等奖）、优秀著作奖、优秀论文奖和优秀知识产权奖等，并对获奖人员给予相应的奖励（奖金和荣誉证书），以鼓励单位内科技人员积极开展科研学术活动，提高单位的科研学术水平，强化科技人员科研业务能力。

外部科研学术奖励。单位一直鼓励所内科研人员积极申报社会上的各项科研学术奖项，包括各主管部门、行业协会等设立的各种奖项，并主动通知、配合符合申报部门积极组织申报工作。

高层次荣誉。单位一直积极考察、推荐所内符合国务院政府特殊津贴专家、省突出贡献专家、333高层次人才等各项高层次荣誉人选，并对获奖人员予以公示、号召单位职工学习。

3）参与激励

单位设有职工代表大会、工会委员会和学术委员会。

职工代表大会的成员构成，对行政管理人员、中层干部和普通职工设有严格的比例，保障职工代表的全面性代表作用，提高全民代表的积极参与，逢单位重大发展决策、职称（职务）晋升及其他设计员工利益的问题，职工代表大会起重要决策作用。

学术委员会的产生，设置有相关的管理制度，成员按比例严格控制具备高级职称的职工和领导的构成结构，逢重大科研项目、重大学术活动、全所学术奖励及其他科研方向调整等，学术委员会起决定作用。

工会委员会严格监督全所的职工工会人员福利保障情况，2017年所工会组织环湖健步走、"三八节"女职工牛首山游、离退休老同志重阳节参观农业生态园等活动，活动参与人数超过400人次。

所党委阶段性的召开全所的民主生活会及相关学习，是听取职工代表们对单位发展的建议及管理中出现的问题。多种渠道都通过让职工参与单位管理的方式，调动了职工工作积极性，对单位长远发展起重要帮助，2017年江苏所结合"百千万大走访"活动和"找补改提"抓落实行动开展，所领导班子成员带队深入基层开展驻点调研，走访园区141个，走访企业、高校、科研院所1380多家，走访科技人员6822名。1名所领导被选派到常熟科技镇长团挂职副市长，1名青年党员骨干被选派到兴化合陈镇陈章村任村第一书记。

4）组织文化激励

单位组织文化是单位的精神图腾，是单位整体软实力的表现，展现了一个机构的价值观念、战略定位、经营目标和行为规范。2018年，江苏所现有组织文化方面，如单位年鉴、职工摄影展等各类文化展、所长接待日等均为分散性的、非制度化的实施，仍需完善。

（3）成长激励

1）培训与深造

岗前培训，主要是帮助新员工了解单位的历史、各项业务、职业未来的发展方向、单位的战略发展目标及各项规章制度等，帮助他们尽快融入工作。对于新进职工，单位会安排

1~2次座谈会，由相关领导及中层干部一起座谈，并要求新进职工依次到各相关业务及管理部门试用、培训。

继续教育。单位一直鼓励员工根据单位所需及个人意愿继续到高校（国内外）中去学习知识，拓宽思路、开阔眼界，获得更高的学位及学历，接受更好的专业技术教育，并承担员工部分学习费用，减轻了员工学费压力。单位每年均有在职继续教育的职工存在，包括进修博士；同时，根据上级主管部门安排，积极争取海外高校进修机会，近几年，江苏所职工根据单位安排赴英国、澳大利亚等国高校进修学成。

专业技术教育。根据单位业务情况，所内积极开展业务培训，全所会根据相关业务部门需求，积极组织相关业务培训，如文献资源应用培训、竞争情报分析培训等；积极鼓励职工参加重点业务培训，根据各部门科研业务开展需求，鼓励职工参加重要的专业培训，如省级以上相关行业协会组织的培训、由上级主管部门（或兄弟省市机构）组织的科技统计（科技评估、科技查新、战略研究）等专业培训等。

2）职称（职务）晋升

作为研究院所，职称和职务直接关系到职工的薪酬待遇和个人发展。管理岗位的晋升，僧多粥少，对大部分职工来说职称的晋升是最为关心的。

情报所一贯鼓励职工积极申报更高一级的职称，在职称申报过程中，管理部门在材料收集和信息获知等方面努力为全所职工提供帮助。

情报所每3年进行一次工作轮岗，所有中层干部竞聘上岗，所有职工与部门双向选择轮岗，为有能力、有发展需要的职工提供了竞争发展的平台。

（4）江苏所有关激励制度制定情况

2017年，所党委认真研究制定修订《采购管理办法》《专家咨询费、讲课费暂行管理办法》等15项内部管理规章制度，规范资产购置、招标采购，财务报销审批等程序，确保做到有效制度管控。有关激励制度制定修订情况如下：

①江苏省科学技术情报研究所工作人员临时出国（境）管理暂行规定；

②信息报送与宣传工作考评奖励办法；

③民主生活会制度（试行）；

④江苏省科学技术情报研究所先进评比与表彰奖励办法（试行）；

⑤职工培训与进修管理办法（试行）；

⑥关于优化职工岗位绩效分配的实施细则(试行)；

⑦退休人员返聘工作暂行办法；

⑧专业技术职务聘任管理暂行办法；

⑨科研、学术成果奖励试行办法；

⑩自立课题管理办法（试行）；

⑪科技项目管理办法；

⑫"四技服务"管理及技术贸易奖酬金实施办法；

⑬江苏省科学技术情报研究所工会经费收支管理办法（试行）；

⑭江苏省科技情报研究所编外职工子女医疗费补助管理办法；

⑮江苏省科技情报研究所职工代表大会章程；

⑯省科技情报所职工休假旅游管理试行办法。

3.2.2 江苏所激励制度的落实执行情况

3.2.2.1 落实省政府"40条"政策情况

"40条"政策出台后，江苏所领导高度重视，广泛发动，精心组织，通过领导班子带头学、中层干部集中学、宣讲人员指导学等多种方式加强政策的宣传、学习与贯彻落实，并以"40条"政策为契机，不断深化科技项目管理、绩效分配激励等机制体制改革，加快推进新形势下现代科研院所制度建设，取得了良好成效。

①修订完善科技计划项目管理办法。根据新形势下科技项目管理要求，结合单位实际，修订了《科技计划项目管理办法》，进一步明晰责任权限，强化项目负责人权利义务，在加强对重大科技项目全过程管理与服务的同时，赋予项目负责人及其团队更多经费支配权、技术路线决策权及成果收益权，更好地激发科研组织活力和科研人员积极性。同时，建立科研信用与绩效评价管理机制，对项目负责人及主要人员在项目实施过程中的信用情况、科研绩效（论文、专著、获奖等情况）进行评价和记录，其结果作为项目申报、评选先进及专业技术职务评聘的重要依据。

②建立健全科研财务助理制度。逐步建立健全科研财务助理制度，已初步明确专业财务人员，充实科研财务助理岗位，加强项目、财政、预算、审计等方面知识的系统培训，着重针对重大纵向项目、横向项目及合作项目等，为科研人员在项目预算编制和调剂、经费支出、财务决算和审计验收等方面提供专业化服务，把科研人员从财务报销、财务结算、经费检查、财务审计等烦琐的事务中解放出来，让他们"轻装上阵"，潜心从事科学研究。

③制定劳务费发放管理办法。制定《劳务费发放管理办法》，进一步明晰劳务费的发放范围、发放标准、发放程序及相关责任等。劳务费按照所承担的工作任务、工作时间、工作量和工作效率，在符合所统一薪酬体系规定的前提下，实行分类分档制定和发放。例如，纵向项目（课题）劳务费，对于硕博士等聘用人员，按南京市和本领域科研单位的硕博士参与研究的单位时段平均发放水平据实测算发放；对于科研辅助人员，参照南京市科学研究和技术服务业从业人员上一年度平均工资水平及本地相应的社会保险补助标准发放。横向项目（课题）劳务费，在项目合同或者协议的约定额度内，按照承担临时性劳务的性质及工作量的不同实行分类发放，一般按照项目合同实际收入的10%～20%发放，最高不得超过项目合同实际收入的30%。

④制定专家咨询费、讲课费管理办法。根据财政部《中央财政科研项目专家咨询费管理办法》、省财政厅《江苏省省级机关培训管理办法》规定，结合江苏所实际，制定《专家咨询费、讲课费管理办法》，明确专家费和讲课费的发放范围、发放标准、发放程序等事项。依据专家所承担的任务、工作时间、工作量和完成质量，实行分类分档制定和发放。并充分发挥纪检职能，所纪检部门不定期组织抽查专家咨询费、讲课费发放情况，切实做到合规、合理发放。

⑤修订完善咨询服务激励办法。按照成本控制、总额把控、按绩分配、兼顾公平的原则，修订完善所《"四技服务"奖酬金实施办法》，鼓励支持面向社会开展信息资源建设开发、产业与政策咨询研究、知识产权分析评议等市场化的技术开发、技术咨询与技术服务，

承接部门及其主要完成人员可按一定比例提取奖酬金作为工作激励。同时，对于为开展"四技服务"提供公益支持、管理保障的服务部门，以及"四技服务"创收能力明显偏弱的其他部门，按照兼顾公平原则，按照合理基数和职级系数对相应部门人员发放一定的"四技服务"酬劳奖励，切实有效调动全所职工做好业务开拓和服务保障工作的积极性。

⑥实行科研学术成果奖励制度。加大对科研人员的激励力度，实行科研学术成果奖励制度，鼓励科研人员积极开展科研学术活动，努力多出学术成果、多获领导肯定。每年通过部门申报、专家评定、学术委员会研究、所内公示等程序，对获奖成果给予不同级别奖励。2016年度共对领导批示、重大调研报告、核心期刊论文、知识产权四大类43项重大科研成果予以奖励，充分调动了全所人员从事科技研究工作的积极性。

⑦完善绩效考核分配机制。充分发挥绩效考核的激励导向作用，不断优化完善绩效考核工作。按照客观公正、注重实绩的原则，量化工作量、服务满意率、服务成效等指标，加强所对部门的考核及部门对内部职工的考核，所考核部门科研工作成果、公益服务、社会服务工作效果，部门考核内部人员工作目标、岗位职责完成情况，将绩效考评的结果与部门及职工的收入挂钩，引导绩效分配向科研一线部门、一线人员倾斜，适当拉开收入差距，突出工作实绩，体现人才价值。

⑧加强科技人才队伍建设。落实江苏所《中长期人才发展规划》，加快人才引进步伐和培训培养力度。一是加快专业技术人员引进。根据实际工作需要，通过公开招聘方式，面向社会招录科技战略研究、科技政策研究、科技情报开发服务等方面专业人员。2017年公开招聘引进专技人员7名，选聘优录转业干部1名，几年来累计引进60余名硕博士专业技术人员。二是加强内部人员培养培训。鼓励职工参加各类专业技术资质和岗位技术培训，帮助职工开拓工作视野，提高业务工作能力。2017年，3人获得全国专业代理人资格，1人获国家创新工程师二级资质；做好职称申报工作，引导符合条件的人员进行职称申报，本年度22名职工申报职称，其中，高级职称7人，中级15人，全部通过评定。三是培育选拔学术带头人。在所内遴选经验多、理论实、水平高的研究人员，探索实行首席研究员制度，给予其与同级别管理岗位相一致的地位和薪酬待遇，引领带动全所科研学术研究队伍和情报理论方法建设。2018年，江苏所高级职称59人、中级职称80人，其中，博士9人，硕士研究生99人；享受国务院政府特殊津贴专家和省突出贡献专家4人，"333工程"第三层次培养对象3人；具有海外留学和培训经历10余人，高级咨询顾问、注册咨询专家等高级咨询人员40余人。

3.2.2.2 技术交易奖酬金相关制度的落实执行情况

2017年，江苏所对原实行的《技术贸易奖酬金管理办法》进行补充规范，修订完善并形成了《"四技服务"管理及技术贸易奖酬金实施办法》，以进一步支持和激励全所（情报所、研究院和档案馆）各部门专业技术人员和管理服务人员充分利用本单位各类资源，积极开展专业化技术开发、技术转让、技术咨询、技术服务（即"四技服务"），提升全所开展科技情报信息专业化服务水平，拓展业务领域，扩大服务影响，提高全所社会化服务创收水平。

（1）总体情况

2017年度江苏所总计完成技术贸易合同登记8013项，同比2016年度减少4.77%；实现合同额2118.5429万元，同比2016年度增长3.3%。其中，科技查新咨询中心全年完成技术贸易合同登记7830项,占全所合同数的97.72%;实现合同额1106.1376万元,占全所合同额的52.21%。其余十三部门,全年共完成技术贸易合同登记183项,占全所合同数的2.28%;实现合同额1012.405万元,占全所合同额的47.79%(图4至图6)。

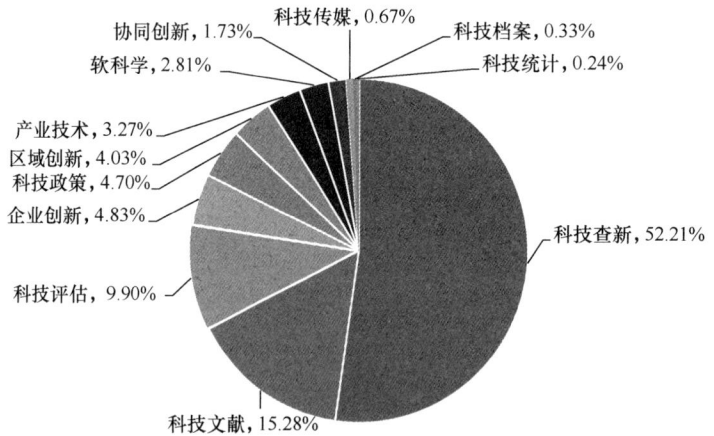

图4 2017年度江苏所各部门技术贸易合同收入情况占比

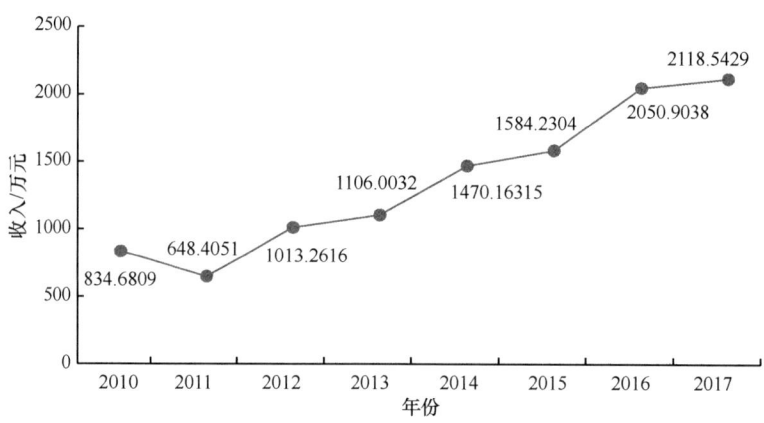

图5 2010—2017年江苏所技术贸易合同收入情况汇总

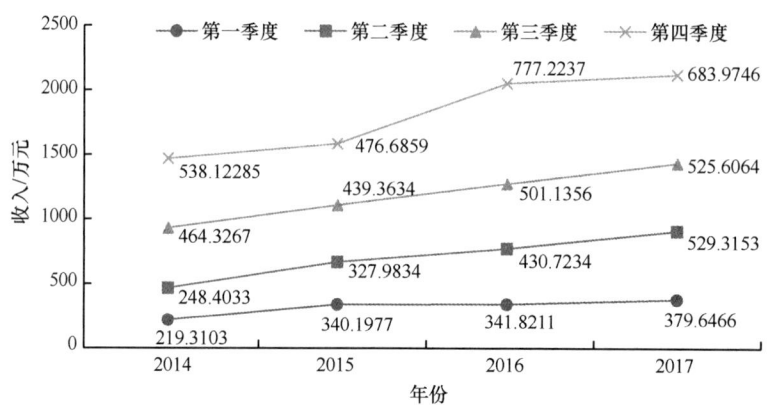

图6 2014—2017年江苏所各季度技术贸易合同收入情况汇总

（2）按工作属性分类汇总情况

江苏所各业务部门按工作属性分三大类。科技战略研究工作相关部门，包括科技政策研究中心、软科学管理服务中心、区域创新研究中心、产业技术研究中心、企业创新研究中心5个部门；资源建设与服务支撑工作相关部门，包括科技文献中心、电子政务中心、科技经费监管服务中心、科技统计分析中心、科技档案管理与科技成果转化服务中心5个部门；科技信息咨询服务工作相关部门，包括科技查新咨询中心、科技传媒中心、协同创新服务中心、科技评估中心4个部门（图7、图8）。

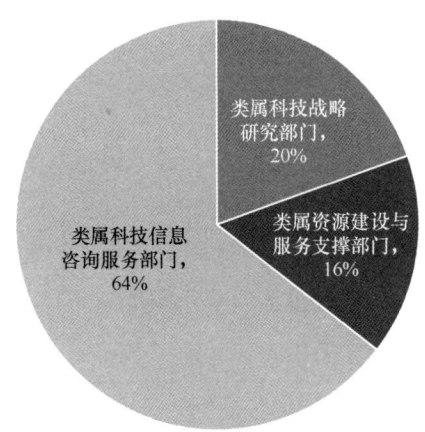

图7 2017年度江苏所三大类属相关部门技术贸易合同收入情况占比

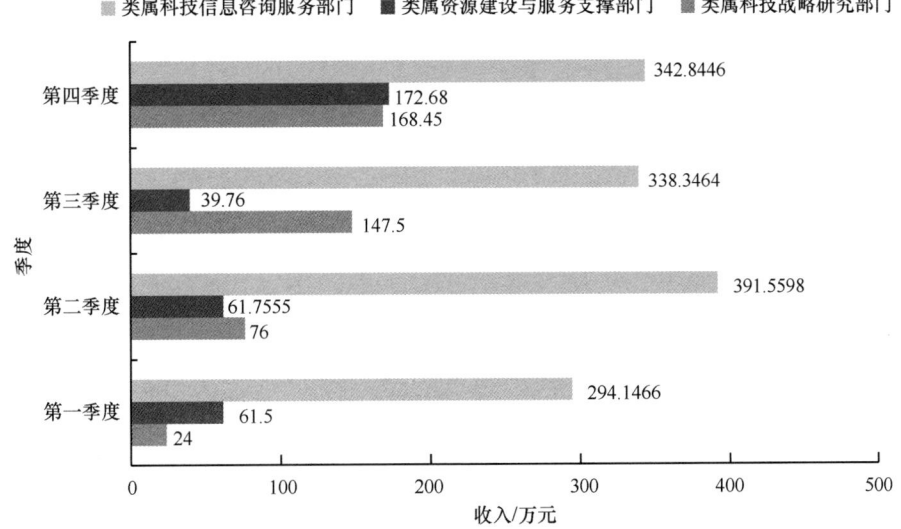

图8 2017年度江苏所各季度三大类属相关部门技术贸易合同收入情况汇总

1）科技战略研究工作相关部门技术贸易合同完成情况

2017年度，类属科技战略研究工作的5个部门合计完成合同登记37项，实现合同额415.95万元（图9，表1）。

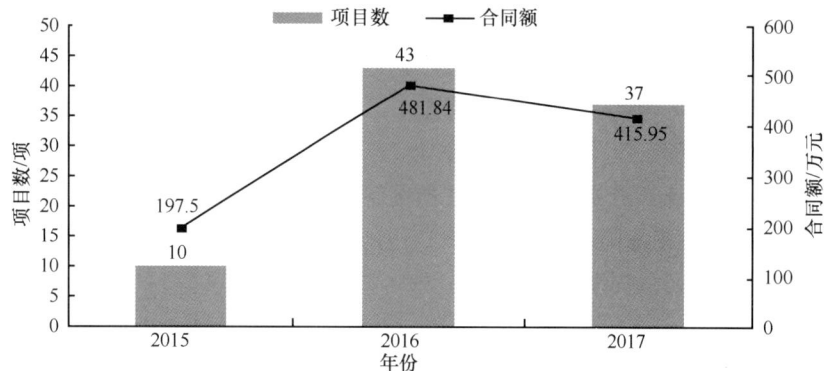

图9 2015—2017年科技战略研究工作相关部门技术贸易合同完成情况汇总

表1 2015—2017年科技战略研究工作相关部门技术贸易合同数据汇总

年份		2015	2016	2017
科技政策研究中心	项目数/项	6	9	7
	合同额/万元	114.5	127.5	99.5
产业技术研究中心	项目数/项	3	9	6
	合同额/万元	43	112.98	69.2
区域创新研究中心	项目数/项	0	12	9
	合同额/万元	0	137.4	85.4
企业创新研究中心	项目数/项	1	7	10
	合同额/万元	40	65.5	102.4
软科学管理中心	项目数/项	0	6	5
	合同额/万元	0	38.46	59.45
合计	项目数/项	10	43	37
	合同额/万元	197.5	481.84	415.95

2）资源建设与服务支撑工作相关部门技术贸易合同完成情况

2017年度，类属资源建设与服务支撑工作的5个部门合计完成合同登记121项，实现合同额335.6955万元（图10、表2）。

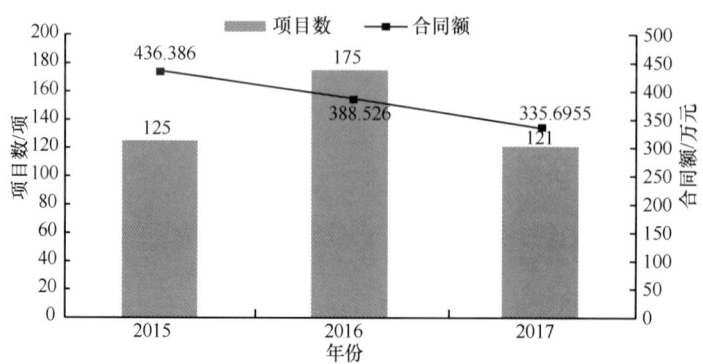

图10 2015—2017年科技文献资源建设与服务工作相关部门技术贸易合同完成情况汇总

表2 2015—2017年科技文献资源建设与服务工作相关部门技术贸易合同数据汇总

年份		2015	2016	2017
科技文献中心	项目数/项	97	170	119
	合同额/万元	349.036	365.406	323.6955
科技统计分析中心	项目数/项	4	2	1
	合同额/万元	45	18.12	5
科技电子政务中心	项目数/项	0	0	0
	合同额/万元	0	0	0
经费监管中心	项目数/项	0	0	0
	合同额/万元	0	0	0
科技档案中心	项目数/项	24	3	1
	合同额/万元	42.35	5	7
合计	项目数/项	125	175	121
	合同额/万元	436.386	388.526	335.6955

3）科技信息咨询服务工作相关部门技术贸易合同完成情况

2017年度，类属科技信息咨询服务工作的4个部门合计完成合同登记7855项，实现合同额1366.8974万元（图11、表3）。

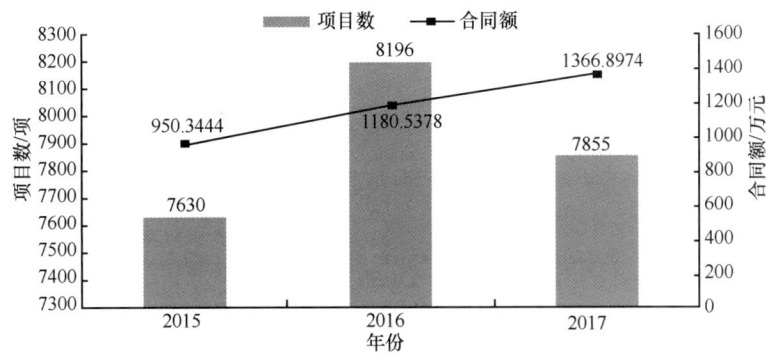

图11 2015—2017年科技信息咨询服务工作相关部门技术贸易合同完成情况汇总

表3 2015—2017年科技信息咨询服务工作相关部门技术贸易合同数据汇总

年份		2015	2016	2017
科技查新咨询中心	项目数/项	7629	8156	7830
	合同额/万元	930.3444	1034.7008	1106.1376
科技传媒中心	项目数/项	1	8	3
	合同额/万元	20	60.195	14.24
科技评估中心	项目数/项	0	1	6
	合同额/万元	0	25	209.7798
协同创新服务中心	项目数/项	0	31	16
	合同额/万元	0	60.642	36.74
合计	项目数/项	7630	8196	7855
	合同额/万元	950.3444	1180.5378	1366.8974

3.2.2.3 科研学术成果奖励制度的落实执行情况

每年江苏所会根据所科研与学术成果奖励管理办法制定相应的实施细则（如《江苏省科技情报研究所科研与学术成果奖励2017年度实施细则》），组织全所各部门及科研人员积极申报各类科研学术成果，根据年度实施细则组织专家评选出各类优秀科研学术成果，并召开全所科研学术成果奖励大会予以表彰，授予优秀成果荣誉证书并发放相应的奖励奖金。

2017年，江苏所新承担国家、省级研究课题22项，研究完成各类专题研究报告108篇，科技战略研究能力与水平有新提升，形成一批有影响的研究成果，其中，"我省虚拟现实（VR）产业发展现状分析"等4项专题调研报告获马秋林、蓝绍敏副省长等省领导批示；全年获得"省社科应用研究精品工程人才发展奖"1项，"省社科联应用研究精品工程奖"一等奖1项、二等奖2项，华东科技成果奖1项，长三角科技情报成果奖2项；组织开展中情网上传研究报告获卓越贡献奖；获批软件著作权4项，发明专利授权1项；荣获全国"首届科技期刊青年编辑业务大赛"三等奖、华东地区优秀科技情报工作者等奖项荣誉7项次。全所职工在省级期刊发表论文61篇，其中核心期刊论文10篇，被CPCI-S检索1篇。

（1）科研成果奖

科研成果奖设省级以上政府奖、领导批示采纳奖、重点研究成果奖及其他科技成果奖。

省级以上政府奖指省级以上政府设立并颁发的科研成果奖励，主要包括国家自然科学奖、国家技术发明奖、国家科学技术进步奖、省科学技术奖、省哲学社会科学奖等。

领导批示采纳奖指对经厅级以上领导批示并获得采纳的研究报告予以奖励，奖励的认定由所学术委员会组织专家初审推荐，所学术委员会最终认定。

重点研究成果奖指对承担省级以上科技计划项目、重大研究项目及自主开展的研究、调研等工作产生的研究成果予以奖励，设一等奖2项，二等奖6项，三等奖12项。

其他科技成果奖指根据江苏所业务特色设置的具有针对性和鼓励性的科技成果奖励，主要包括省优秀软科学成果奖、省社科应用研究精品工程奖2项（表4）。

表4 2015—2017年江苏所各类科研成果奖情况

年份	2015	2016	2017
省级以上政府奖/项	4	7	5
领导批示采纳奖/项	0	5	4
重点研究成果申报数/项	92	103	135

（2）著作论文奖

著作分为专著与编著两类，按不同情况予以奖励。论文按国内核心期刊和其他两种情况予以奖励，国内中文核心期刊以北京大学中文核心期刊目录最新版为基准；其他期刊主要设定有被《科学引文索引》（SCI）收录引用的论文，被《社会科学引文索引》（SSCI）、《工程索引》（Ei）、《科学评论索引》（ISR）收录引用的论文，以及被《科学技术会议录索引》（ISTP）收录引用的论文（表5）。

表5　2015—2017年江苏所著作论文奖情况

年份	2015	2016	2017
著作/部	0	0	2
论文/篇	12	10	9

3.2.2.4　人才培养相关制度的执行及效果

江苏所一直坚持引育并举的人才队伍建设，一是加大专业技术人员引进力度。2017年完成社会公开招聘专技人员7名，优录转业干部1名。2018年全所硕博士已达110人，中高级专技人员超过130人。二是鼓励参加岗位技术学习培训。3人获得全国专利代理人资格，1人获得国家创新工程师二级资质。

截至2017年年底，江苏所职工获得各项服务资质的情况汇总如表6所示。

表6　江苏所职工获得各项服务资质情况汇总

序号	服务资质名称	获得人数
1	全国专利代理人资格	7
2	全国专利信息实务人才	3
3	全国专利信息师资人才	1
4	知识产权管理体系审核员	2
5	统计人员上岗资格证	11
6	证券从业资格证	1
7	科技查新员从业资格证	19
8	科技查新审核员资格证	11
9	江苏省注册咨询专家	27
10	江苏省企业研发管理体系贯标评估专家	12
	合计	94

4　江苏所激励机制的完善性建设研究

4.1　激励机制建设的基本原则

4.1.1　吸取"激励理论"基本思想的原则

常见的激励策略包括"内容型激励策略""过程型激励策略""行为修正型激励策略"。我们应该积极吸取传统和现代的各种"激励理论"的思想，取其精华，去其糟粕，灵活地将其应用到单位职工管理制度中，从而有效激发单位职工的积极性和创新性。

（1）3种常用的激励理论

内容型激励理论，侧重于分析激励的作用因素，即这种理论重点关注被激励者的需求内容，针对他们的需求来提供相对应的激励措施，从而促进人们为满足这种需求而采取的动机。马斯洛需求层次论就是典型的内容型激励理论，他通过5个不同层次的需求引导来逐级递进的激励人们在不同发展阶段的不同要求。另外，赫茨伯格的双因素理论也是一种内容型激励理论，这种理论主要从保健因素和激励因素这两方面来阐述激励的方式，其中保健因素类似于马斯洛需求层次论中的生理需求、安全需求和感情需求，而激励因素则相当于自我实现等更高级的需求因子。

过程型激励理论，主要着眼于被激励者心理变化而产生动机后，然后其采取一定的行动的整个过程中的被激励者的心理过程，主要包括期望理论和公平理论。单位职工在从事科学研究过程中，他们认为这种行为对他有足够的价值时，才会全力投入其中，这就是期望理论的一种表现；同时他们也会或多或少的在意工资报酬分配的合理性和公平性，因此这会对他们的工作积极性产生最直接的影响，这就是公平理论的直接体现。

行为修正型激励理论，重点研究激励的改造和行为修正。这种激励理论类似于一种"黑箱"机制，它不会关注整个激励的方式和过程，而只是关心"黑箱"的输入和输出，即关系激励后的结果及对以后行为的影响。

（2）激励理论的应用

激励机制可以针对内容型激励理论的相关要点，考虑单位职工的需求，通过分析单位职工的需求因素，就能够有针对性地对这些因素进行激励，就能有效地转化为对工作热情、积极性和潜力激发的影响。另外，管理者还要针对不同层次的单位职工来了解他们不同的需求，采取不同的激励方式来满足不同人才的不同需求。经过创造良好的环境，发挥单位职工的聪明才智，通过各种途径使单位职工获得需求实现所带来的各种满足。

过程型激励理论在单位职工的日常管理中应用广泛，通过分析单位职工对于科研工作的动机形成、目标选择到行为发生的心理过程，组织管理者就可以进行目标设定等方式来增强单位职工的正向动机，提升动力。另外，管理者在设定激励目标时要合理有效，期望值过低会让单位职工感到自身能力的否定，期望值过高则会让人望而生畏。同时要形成良好公平的竞争机制，在工资、奖金、职称等敏感问题上做到公平合理，不让单位职工感觉到内心不平衡而产生不满情绪。而且对单位职工工作绩效的考核也要客观合理，坚决贯彻按劳分配的原则，而不能论资排辈，靠关系走后门。

我们可以在措施制定中充分考虑正强化和负强化的激励理论，来正确影响单位职工的观念意识，从而修正单位职工的行为走向，潜移默化的调动单位职工积极性和主动性，使他们逐渐改正工作中不应该存在的一些不良习气，并让一些好的优良传统得以发扬，激励全体单位职工自强自信、团结进取、自我完善，使全体人员朝着科研院所的共同发展目标来实现个人价值，从而把集体利益和个人利益巧妙地结合起来。

4.1.2 遵循"以人为本"中心理念的原则

（1）第一要素是"人"

"坚持以人为本"是在党的十六届三中全会《决定》中重点提出的要求，是把满足人的全面需求、促进人的全面发展，作为发展的根本出发点。单位的激励机制构建要遵循"以人为本"的基本思想，把人作为单位事业发展的最根本条件和最宝贵财富。管理者应该了解单位职工的物质需求、精神需求和自我价值实现的需求，注重单位职工的内心世界，根据其情感的倾向性、归属性来实现"人性化"管理，充分发挥单位职工的核心作用，激发单位职工的积极性。

要重视人才,把人的因素放在单位发展的中心地位,而不能把单位职工当成是被动接受管理的对象。人力资源是第一资源,是生产力要素中最为活跃的因素,而人无疑又是单位生存发展的决定性因素。单位要克服传统管理观念带来的不良影响,贯彻"以人为本"的理念,充分发掘单位职工的科研积极性和创造力,争取做到对职工的适才适用,在科研管理中始终把人的因素放在第一位,实施人本管理。因此,单位的激励机制要体现人性化的理念,给予职工比较宽松的工作环境,同时对职工的工作场所、工作规则等给予比较适用的标准,让他们能够免于为这些事情而费心费力,从而把主要精力都投入到科研活动中。

（2）要实现共同发展

单位不能强行让职工去适应各种制度,而应该让制度来为职工服务,为职工的创新发展保驾护航。反之如果科研管理机械僵硬,势必会影响职工能动性的发挥。因此单位应该在管理过程中通过民主管理、民主监督的机制,提高职工对单位的关注度,增强职工作为主人翁的责任感和个人成就感。从精神激励和培训激励等多方面给予职工激励,提高他们的归属感,激发职工的工作热情和创新精神,鼓励职工参与单位管理,让他们能够对自己的科研运作和科研目标发表个人看法,并能够对决策层提出个人意见。单位要通过培训激励来满足职工自身成长的需要,提高他们的知识技能和创新能力,通过职业发展激励,让职工清晰自己的个体成长和职业生涯设计,让他们对单位产生一种情感上的依赖,从而更愿意为单位发展献智献力,避免出现职工"辞职"和"跳槽"等严重的人才流失问题。

同时,"以人为本"的激励机制还要考虑职工与单位的共同发展如何实现统一,将他们的个人目标与单位的发展目标完美的统一结合,实现两者之间的"和谐共赢"。职工不是作为一个孤立的个体而存在,而是单位中的一员,他们的行为很大程度上会受到单位发展规划的影响,同时他们也会左右着单位的发展方向。只有协调好职工与单位这两者之间的利益均衡时,才能最大限度地发挥职工的潜能。当职工能够清楚地认识到自己在单位内的发展前途时,他才会有很大的动力为单位尽心尽力地贡献自己的力量,才会让他们与单位共呼吸,形成与单位长期合作、荣辱与共的良好关系。

4.1.3 营造"自主创新"激励氛围的原则

（1）重视职工的"自主性"

江苏所职工普遍具有较高的专业知识、职业道德意识和自律意识,他们渴望科研领域的"自主性"思维,不喜欢条条框框的制度限制,从心底上抵触军事化的指挥体系,同时职工在科研活动领域具有潜在的"创新性"能力,他们期望通过创新性成果来获得组织的肯定和鼓励,实现个人价值与集体荣誉的和谐统一。但是另一方面,单位具有行政权力和学术权力的双重特征,如果行政权力过于强制,导致科研活动过于服从行政管理,就会造成科研运行缺乏活力,严重情况下会制约职工的科研能力。

因此,单位在制定具体的激励机制时,要针对职工独有的"自主性"特点,使管理柔性化,懂得传统的"命令式"的领导方式已经不能适应"知识型科技人才"的管理,强调行政权力的服务性同时,也要提高学术权力的地位,让两者和谐统一。在组织管理活动中,发挥职工的决策和参与作用,增强职工在整个科研院所中的主人翁精神;在科研技术研究中,则要确立科研人员的主体地位,充分发挥职工在组织发展中的主体性作用,积极营造"自主性"的科研激励氛围,将管理部门和领导个人的强制性影响降到最低点,让职工在科研活动中有足够的发言权与支配权,让他们能够根据个人的研究方向来适时改变研究思路与研究方法,让他们能够在不受非科学因素影响的条件下最大限度地发挥个人的创新能力。职工在"自主性"的氛围影响下,会自发形成一种强烈的归属感与责任感,将积极性更好地融入研究工作中,在自我发展的同时也全面增强科研院所的生存和发展能力。

（2）发扬职工的"创新性"

创新对于提升单位竞争力具有重要作用,国内外许多研究机构都非常重视创新意识的培养,例如,英特尔公司以机制逼着员工去创新;公司出台的政策表明每年有的人需要离开岗位,倒不是因为他们的工作受到处罚,而是因为他们缺乏创新精神和行为。单位在制定具体的激励机制时,必须要考虑职工独有的"创新性"特点,坚持"以用为本,创新机制"的重要指导思想。职工对于自己所从事的创新性工作,会心甘情愿地倾注自己的全部时间、精力和心血,因为他们知道工作的创新性成果是对他们最高的补偿方式,是自我价值实现的最有力证明。因此,他们会充满激情而全身心地投入创造性科学活动中。创新型科技人才是在科研活动中具有创造力和创新力的人才,只有创新型人才和创新性成果才能不断推动单位的科技进步和科技创新。因此单位在构建激励机制时,要加强对"创新"工作的支持,建立以创新成果为导向的职工评价标准,改变片面的从项目经费、发表论文等角度的传统考核思维,加快建设创新型人才培养服务体系,有意识、有目的、有针对性地在单位营造"创新"的激励氛围,将国内外最新科技资源和创新观念传输给职工,满足他们的创新与发展的要求,鼓励和支持职工自我研发,自我创新。

4.1.4 采取"综合多元"激励策略的原则

激励机制是一个复杂的系统过程,在激励机制的构建过程中要考虑综合性、多元性和因需性等的变化策略,灵活地运用多种激励方法,以达到激励职工的目的。

（1）激励机制要考虑职工的不同需求

激励手段的选择和应用要因人而异,针对不同人的不同需要,采用多种激励机制。单位每个职工的知识能力和性格特征是不尽相同的,管理者要了解每个职工的特点,采取适合不同职工的不同激励策略,而且还要把握最佳的激励时机,从而能够选择契机对职工进行激励和奖惩,做到事半功倍。激励机制要考虑性别和年龄的差别,女性职工可以在生育和假期等方面给予更好的激励条件,男性职工可以在事业激励和自我价值实现激励角度进行重点设计。激励机制还要考虑不同年龄段的需求。激励手段还要兼顾不同学历层次的职工的不同需求。具有较高学历的职工一般工资薪酬比较高,所以他们更关注精神激励和成长激励的满意度指数,说明他们在基本生活需要得到满足之后,看重自我发展空间和自我价值的实现。而学历相对较低的职工则会对稳定的工作环境和较好的待遇给予的关注度更多。

（2）激励机制方式要多样化

激励手段不能单一,要采取多跑道的策略。职工需求层次较高,他们不仅注重物质需求,还注重社会需求、尊重需求和自我实现需求。高成就、个人前途和自我价值实现是其工作的主要动机。管理者要采取多激励方式的策略,既重视物质激励,又要采取精神激励,并给予宽松的人文环境。在多重激励的作用下，职工的积极性必然得到充分发挥。要注重内在激励与外在激励的结合作用，消除职工不满意度的同时，还要增加职工的满意度。

激励频率要因时调整。激励频率是一定时间内进行激励的次数，它对激励的效果有着非常显著的影响。激励频率的选择受到诸多因素的影响，如工作内容、激励对象情况、外界环境等。管理者不能采取一成不变的激励频率。要参考客观条件的变化情况来控制改变激励频率，根据合适的时机和明确的激励目的来形成适度的激励频率，这样往往能够起到事半功倍的效果。

4.2 激励机制建设的完善性建议

4.2.1 物质激励机制方面的完善

（1）工资薪酬激励机制

我国很多科研院所的薪酬分配制度仍然采用的是事业单位制度下的相关管理制度，在这种制度下，实行的是等级工资制度，只有高职位、高职称和高工龄才能获得更高的工资收入。

优秀的职工是单位最宝贵的财富，这就需要职工在自己的研究岗位上能够静下心来努力工作，而不是每天想着如何获得更高的职位和悠闲的混年限。因此为了建立更为有效的薪酬激励机制，让职工以更高的积极性和创造性投入到科学研究中，应该根据单位的实际情况来有机调整薪酬体系，根据科研任务的强度和获取的科研成果来建立更为公正透明的薪酬制度。严格把握职称评定和职务体系，保证只有确实在工作岗位上努力付出的职工能够获得评定机会和晋升机会，使得职工能够安心科研，而不是一味想着如何走上行政职务。

在绩效薪酬方面，根据本单位实际情况，建立合适的绩效薪酬确定方案，并通过科学性的评分方式具体评估。按照岗位职责、岗位价值和实际岗位履行情况对职工的科研岗位执行情况进行打分评估；按照科研课题研究情况、文章专利成果的获得情况及职工进行的科研任务的难度情况和工作量的大小进行量化评估，实现对职工科研能力的综合评定；另外还要考虑职工的团队协作能力，制度执行情况及科研外延能力。通过这些具体的科研因素评分情况，科学合理、公平透明、以岗定酬、以能决薪，全方位的对职工进行考评，建立适合本单位职工的绩效薪酬体系。

我国事业单位的工资由基本工资、绩效工资、津贴补贴、其他工资 4 类组成。由于事业单位收入分配是绩效工资总量核定制定，而由于不同事业单位之间评定标准"可操作性"太强，因此为了公平，江苏所已根据本所实际情况，成立专门自立科研课题（项目）进行探讨研究，并进一步完善制定相关管理制度和实施方案。

（2）奖金福利激励机制

建立奖金制度。对于付出超额劳动的职工提供另外的物质奖励，可以采取多种形式的奖励政策。例如，正常工作时间外加班工作的职工，可以提供加班费等奖励形式，这一点，江苏所近几年在贯彻执行，但仍需进一步细化和完善；对于获得各种项目支持的职工，可以提供与项目挂钩的奖金；对于完成某项科研任务并取得重大突破的职工，可以一次性提供高额奖金，体现单位对职工及其创新成果的重视。这些奖金激励政策有利于促进职工的工作热情。

在技术交易奖酬金提取、分配方面，可参照江苏省水利科学研究院和广东省科技情报所，在现有的执行的实施方案的基础上，明确提取比例结构和分配方式，明确人员奖励和单位提留的比例，保障单位职工在对技术交易奖酬金的个人获得上，具有较明确的期望值和自我价值实现值，以更有效的激励、促进单位职工积极投入到更高效的社会化服务创收中，以提升全所开展科技情报信息专业化服务水平，拓展业务领域，扩大服务影响面。

4.2.2 精神激励机制方面的完善

物质激励对于发挥职工在科研工作中的积极性具有直接的引导作用，提高工作积极性，是必不可少而且最为有效的激励手段。但是由于职工自身的特殊性，所以在物质水平达到某种程度，解决了基本生活需要时，他们会更关心工作环境的满意度和宽松度，以及自我价值的实现程度。从马斯洛的需求层次理论来看，精神激励是一种高层次的激励手段，是尊重需要和自我实现需要的体现。在满足物质需要以后，大多数职工会将承担富于挑战性的工作、个人价值得到认同、给予更多发展机会等精神激励的重要性提到前面来考虑。因此管理者要及时调整激励策略，采取物质激励与精神激励齐头并进的双重激励机制，最大限度地发挥激励机制的能动效应。

（1）科研环境激励机制

研究所的使命就是获得更多的科研成果并服务于社会，因此作为一个研究院所，其管理就是为了更好地为科技服务。行政管理人员应该牢固树立为科研而服务的观念，做好职工的服务保障工作，让职工在科研的同时没有后顾之忧，从而让职工以更多的精力投入到科研任务中，激发创造激情。

建立良好工作环境。管理者应该积极关心职工表现出来的一些个人兴趣、在专业方面具有的某种特长和能力，从而创造条件、机会和舞台让他们能够施展才能，从而激发和创造他们的各种潜在能力。对科研人员的生活和工作环境给予多方面的照顾，一方面使科研人员能够对从事的科研工作的社会价值提高认识，让他们产生强烈的紧迫感和责任感；另一方面，认识到精神层次的有效激励能够形成良好的行为导向影响。通过民主参与、学术交流等手段丰富职工的生活，形成一种精神振奋，开拓创新的良好风气，为科研人员的成长创造宽松、和谐的环境和氛围。从另一角度而言，职工从事的是思维型的工作，固定的工作时间和工作地点可能会抑制他们的创新能力，因此可以指定弹性工作时间，充分发挥职工在自主精神方面的追求，从而把个人需要和工作要求的矛盾降低到最小。

（2）情感沟通激励机制

增进沟通渠道。鼓励和增强职工的心灵沟通和感情认可的方式，使得职工获得主人翁感、信任感和责任感，感受到一种轻松的人际关系氛围。同时管理者要通过沟通来及时准确地掌握职工的研究动向和面临的困难，给予职工理解和尊重的同时提供及时的指导和支持。通过开放式的沟通交流，能够让职工摆脱复杂人际关系带来的压力影响。

通过情感方面的交流和沟通，以及各种尊重关怀政策，让他们感受到组织的温暖，从而将个人工作前途和单位的命运紧密联系起来，形成一种强烈的归属感和认同感。

因此，有效沟通而建立起来的精神激励，会让职工感觉到自己从事工作的重要性，提高其责任感和满意感，同时也能提高管理者的工作效率。

（3）组织文化激励机制

建立良好的组织文化，并且让这种文化融入每个职工的价值观中，赢得职工的认同感和归属感，职工将个人价值实现与单位目标统一起来考虑，为科研院所的长远发展提供强大动力。逐步使得职工的培养体制走向规范化、系统化、科学化和合理化。为此，江苏所就单位组织文化的建立建设设立专门的自立科研课题（项目）进行系统的研究、分析，最终制定具体可实操的方案和相关制度实行。

（4）培养发展激励机制

马斯洛的"需求层次理论"表明，当一个人满足了低级的需求后，就会增强对更高级需求的渴望。在物质利益满足的情况下，要面对竞争激励的残酷现实，与物质奖励相比，职工更愿意参加各种培训来作为对个人的奖励方式。为职工不断提供更新专业知识的学习机会，让他们能够不断地接受本研究领域内的先进知识和先进思维，不断保持在前沿领域内的研究地位，同时还要根据职工所从事研究方向的技术专长和目标要求，设计符合职工的职业规划方向，让职工能够在良性目标指引下，不断发展和提高科技创新能力。

对于刚进入单位工作的职工，要使他们能对自己的职业未来充满希望，能够让职工非常热情地投入科研活动中，从青年职工自身特点出发，并结合单位自身的优势和现实条件，对这种目标的合理性进行评估，并为他们的工作前景提出导向性的指导意见，让他们了解必要的职业规划信息，并帮助青年职工共同应对他们在发展规划中遇到的一些问题。

管理者要为职工发展提供上升空间。尊重其个人荣誉动机与成就动机，从管理层面上鼓励职工个人价值实现的愿望，并肯定其付出和贡献，有效引导职工如何更好地获得和支配科技资源，如何更好地让科技资源为自身服务，从而创造一定的上升空间，以此更好地发挥职工个人的优势和潜力，更好地将其个人价值实现与单位整体目标协调统一。

课题负责人：沈　强
课题组成员：王晓梅　梅　伟　蒋　岚
撰　稿　人：沈　强

江苏省科学技术情报研究所大数据中心建设方案

1 项目概述

当前，情报所在信息化管理方面存在信息系统分散建设、分散管理、独立运营等问题，信息孤岛效应明显，存在着一定的安全隐患和廉政风险，同时，部分信息系统功能重复，巨大的存量数据长期得不到利用和盘活，造成了一定的资源浪费。通过建设大数据管理中心，能够有效解决以上问题。

1.1 项目的主要思路和目标

本项目坚持采用平台化建设原则，围绕主体业务，以各部门需求为导向，集成现有的数据、系统及业务流程，形成统一的情报所大数据资源中心，支撑全部业务全流程管理，利用基于大数据技术的数据挖掘分析与可视化展示等技术，实现智能化的领导决策支持和精准化的科技公共服务，促进"一库三中心"战略发展目标的实现；着眼未来厅机关和情报所业务发展，坚持在此项目中引入区块链技术，为相关业务预留发展接口，利用区块链技术为跨级别、跨部门的数据互联互通提供安全可信任的环境，形成可持续发展的运维服务保障机制。

1.2 项目建设原则

1.2.1 资源共享及业务协同原则

遵循资源共享和业务协同原则，总体设计，合理布局，由情报所统一规划，各部门配合建设，数据集中、存储集中、系统部署集中，提升数据资源共享和业务协同能力，并具备良好的系统集成能力、信息共享和交换能力、外部接口能力及对标准规范的支持能力。

1.2.2 经济性和资源节约原则

项目建设应充分利用现有网络资源、硬件设备、软件系统、人力资源和数据资源，保护前期投资，确保现有系统与目标系统之间的平滑过渡和无缝集成；慎重权衡性能与代价的关系，选择适度超前的软硬件产品，在保证系统先进性的同时，降低投资成本、节约投资。

1.2.3 开放性和可扩展性原则

平台建设要按照开放性和可扩展性原则设计，必须既要满足当前业务发展需求，又要考虑未来大数据处理及应用的发展趋势，设计合理的扩展架构，采用开放的、标准化的平台设计，合理分配利用基础设施资源，实现现有业务系统平滑接入和扩展。

1.2.4 易用性和便捷性原则

在系统建设时，针对不同层面的使用者的应用水平，充分考虑系统的易用性，充分考虑使用者不同的计算机操作水平，使操作简单、方便，以保障信息化应用的顺利推广。

2 主要任务

2.1 项目建设内容

按照"大平台、大系统、大集成、大数据"的建设思想，江苏省科学技术情报研究所大数据中心建设内容可以概括为"一个科技大数据资源中心、一体化业务处理平台、多类应用服务整合"，即基于云计算技术，构建可扩展的一体化科技服务业务平台，形成人员、数据、管理等有机统一的大数据资源中心，在此基础上提供情报业务、决策支持、科技服务、数据开放等多种应用服务。具体内容包括以下几个方面。

2.1.1 科技大数据资源中心

科技大数据资源中心在统一元数据标准体系和元数据管理基础上，利用采集、归集、交换、网络抓取等多种数据获取技术和手段，实现对涉及主导业务的政策信息、产业数据、企业信息、科技统计数据、文献资源、科技情报信息等结构化和非结构化数据资源的整合处理、体系管理、共享交换、数据接口服务等功能。

2.1.2 一体化业务处理和服务平台

一体化业务处理平台主要将对外服务功能进行集成整合，实现资源与数据互联互通，提供统一身份认证、工作流引擎、数据挖掘引擎、系统管理等基础平台功能，通过数据、消息及界面实现与现有业务系统的集成应用，通过统一身份认证实现单点登录。

2.1.3 多类应用服务整合

基于大数据资源和一体化业务处理平台，全面集成现有的应用业务，整合内部管理、对外服务、政务服务等业务管理流程，形成数据一致、流程协同、功能完整的应用体系，提供兼容PC端和移动端的多种应用整合的服务。

2.2 大数据中心实现的主要功能

2.2.1 系统集成

实现情报所所有业务系统高度集成目标，分散系统集中到统一平台，利用虚拟化和云计算技术，实现硬件环境和网络安全统一管理。业务部门负责提需求和使用，数据中心负责系统开发、升级、运维和网络安全，数据集中管理共享，提升数据资源使用效率，压缩运维和安全管理成本。

2.2.2 数据交换

实现各业务系统数据实时全流程无障碍交换，并构建与厅机关、省政府大数据中心及科技部相关系统的数据交换接口，实现数据实时无障碍交换对接。

2.2.3 数据加载清洗

实现各级业务系统的数据抽取和加载，主要功能包括：数据源管理、数据关系匹配与转换规则、审核规则设置、数据交换流程管理、数据交换引擎、任务异常监控。

2.2.4 即席查询

即席查询功能提供一个灵活的查询工具，用户可以根据自己的需要，灵活地设置查询项及查询条件，同时支持查询条件的任意组合及与或关系。功能点包括：自由的选择查询项，支持TOPN查询；查询条件的自由设置与任意组合，同时支持介于、属于列表等条件设置；查询结果的排序项可设置多个，并支持单独设置升降序；查询方式可保存成查询模板，发布给其他人使用；查询结果支持各种类型发布，包括生成Excel、HTML等功能。

2.2.5 多维在线分析

为用户提供可视化、简单易用的多维在线分析（OLAP）工具，通过鼠标拖拽的方式，实现复杂多变的报表分析与展示。具体功能包括：维度、指标可以任意组合,实现数据的统计及分类汇总；通过查询模板设置与统计报表设置的结合，实现条件查询、模糊查询、组合查询、关键字搜索，支持切片过滤；支持Excel、HTML格式的报表导出；支持行列互换及数据的上钻、下钻操作；支持派生指标；支持交互式的图表展现,图表导出PNG、JPEG、PDF、SVG等格式。

2.2.6 智能图表

智能图表会提供图表制定工具，用户可以自行设置图表展现形式，图表间联动交互逻辑等，包括：①可视化的、拖拽式的、所见即所得的图表设置工具；②支持图表触发事件的逻辑设置，支持图表交互；③支持仪表盘、驾驶舱等展现模式；④支持移动端的数据及图表展示；⑤支持与GIS系统结合。

2.2.7 智能检索

利用关键字索引，字段索引技术，实现智能搜索功能，根据用户输入的搜索内容，自动查询相关指标、报表、文档、分析报告等内容并一体化展示。

2.2.8 智能挖掘

集成开源的统计分析语言（R语言），并支持SAS、SPSS等常用挖掘分析工具，用户可以自己编写数据挖掘算法；支持在线编译、可视化分析、数据和图表互动、算法模型管理。

2.3 平台总体框架

平台采用云计算技术架构进行分层设计，支持存储和计算的水平可扩展，并且可以适应未来情报所业务与应用的发展。系统总体架构如图1所示。

2.3.1 基础设施层

基础设施层提供数据综合管理平台建设部署所依赖的软硬件基础设施，包括计算资源、存储设备、网络设备及其他基础设施。

2.3.2 数据服务层

数据服务层实现各类数据资源的存储及数据访问接口服务，数据主要来源包括实际运行过程中产生的行政管理库、工程文献数据库、档案数据库、统计数据库及基础数据库等，具体包括元数据库、原始数据库、工作任务库、标准流程库、系统基础库、文献数据库、档案数据库、

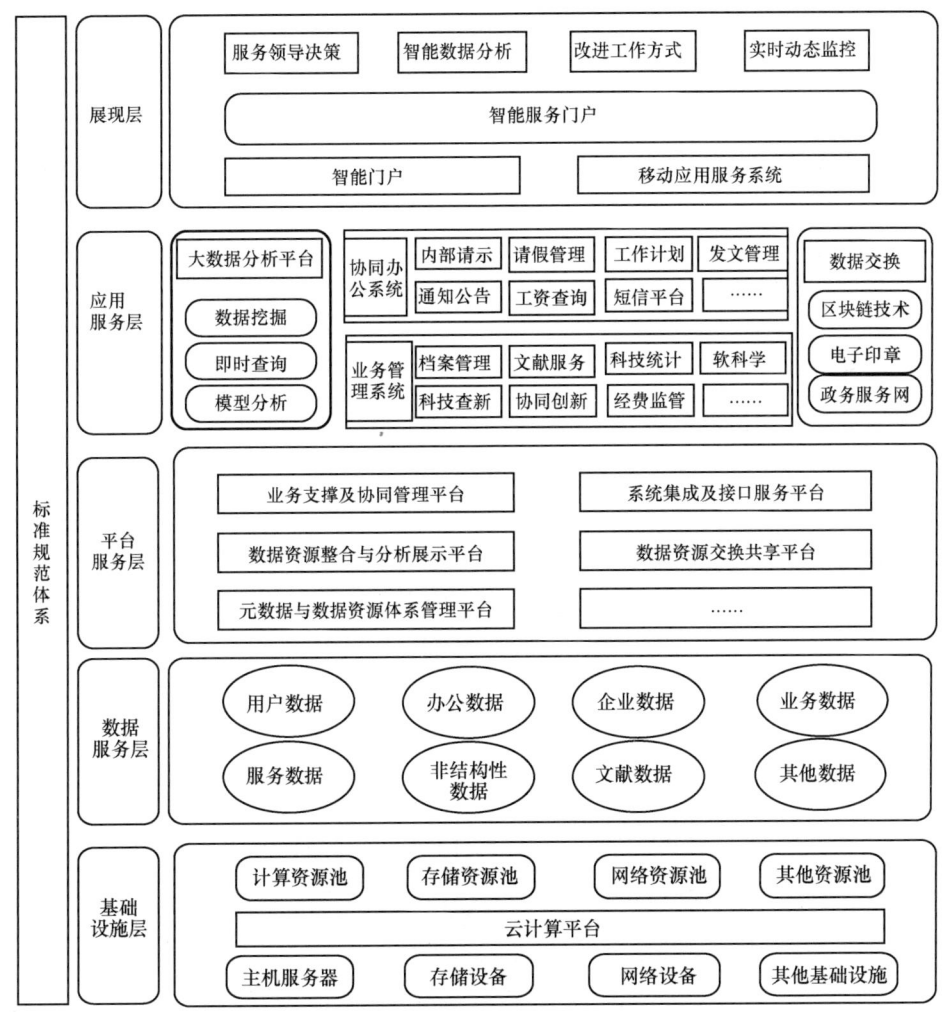

图 1　江苏省科学技术情报研究所大数据中心总体框架

统计数据库、查新数据库、行政管理库、知识库等 11 大类数据，预留相关接口，未来将可能接入科学数据库、资源共享数据库等。数据类型包括文本、电子表格、数据库文件、网页等非结构化或半结构化数据，也包括元数据、综合数据等结构化数据。其中非结构化数据通过非关系型数据库或 HDFS 存储，结构化数据通过关系型数据仓库存储，根据需要可以构建数据集市。

2.3.3　平台服务层

平台服务层作为对应用系统的支撑保障，根据本平台的建设需求，为保证应用系统之间的互联互通，平台服务层的主要功能为业务支撑及协同管理、系统集成及接口服务管理、数据资源整合与分析展现、数据资源交换与共享、元数据与数据资源体系管理等。

2.3.4　应用服务层

应用服务层主要通过智能用户服务门户集成各类应用服务系统，提供全新的流程优化、集中的信息展示和系统之间的协作等功能，分为三大部分，即行政管理业务类系统（包括通知公告、日常管理、车辆管理等)、业务系统数据管理类系统(包括数据挖掘分析系统、动态监测预警系统、模型分析系统等),以及通用服务系统(包括档案管理系统、文献管理系统、科技统计管理系统等),三大类应用服务系统相互融合,可形成一个有机整体,共同覆盖情报所的各项工作任务要求。

2.3.5 展现层

展现层通过PC端或移动端实现数据查询展现门户功能,通过直观的、多维度的信息展示,具有提供服务领导决策、改进工作方式、实时动态监控等作用。

2.4 平台集成架构

本次平台建设采用门户集成的方式而设计,由于平台建设涉及应用系统多、业务范围领域较广、数据结构复杂等原因;同时各业务系统又存在关联,需要进行业务整合、流程优化和数据交换等,因此需要有一个统一的管理和监控平台,实现多系统的集成、数据共享、标准统一。从长远规划和方便实际操作出发,通过运用单点登录技术统一访问技术、多框架集成技术、多体系管理技术、并发事务控制技术、应用监控技术等,可有效防范风险、优化管理、减少系统运维成本,提高用户使用体验(图2)。

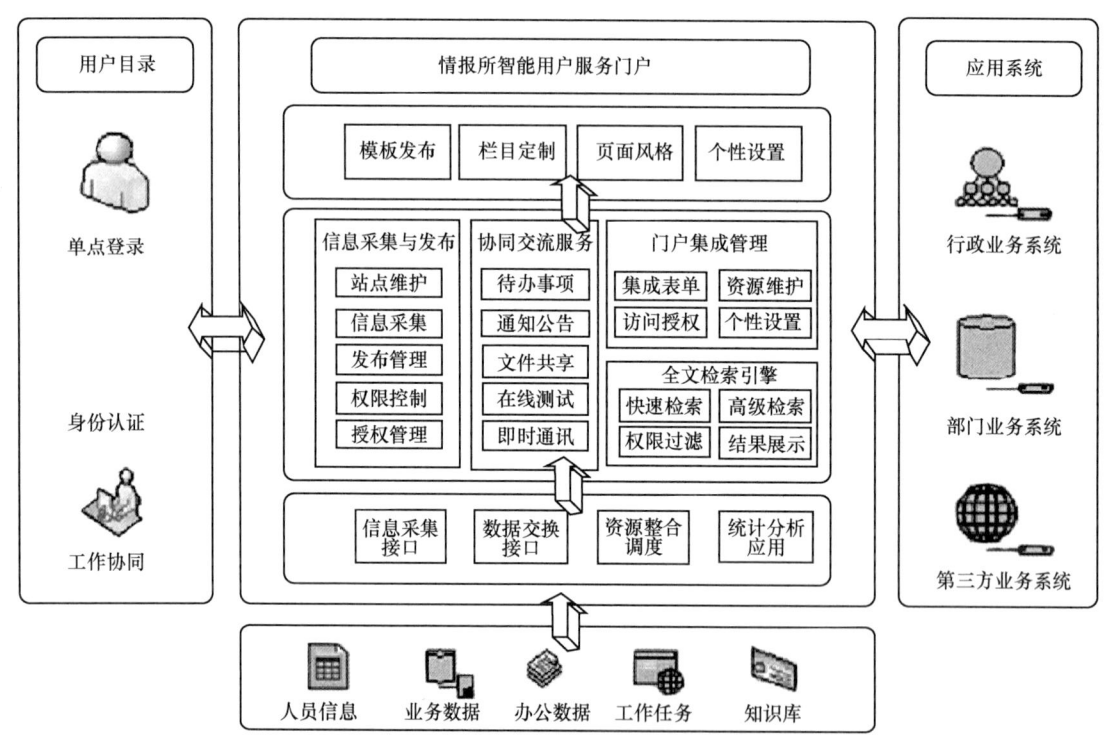

图2 平台集成架构

2.5 网络部署图

网络部署如图3所示。

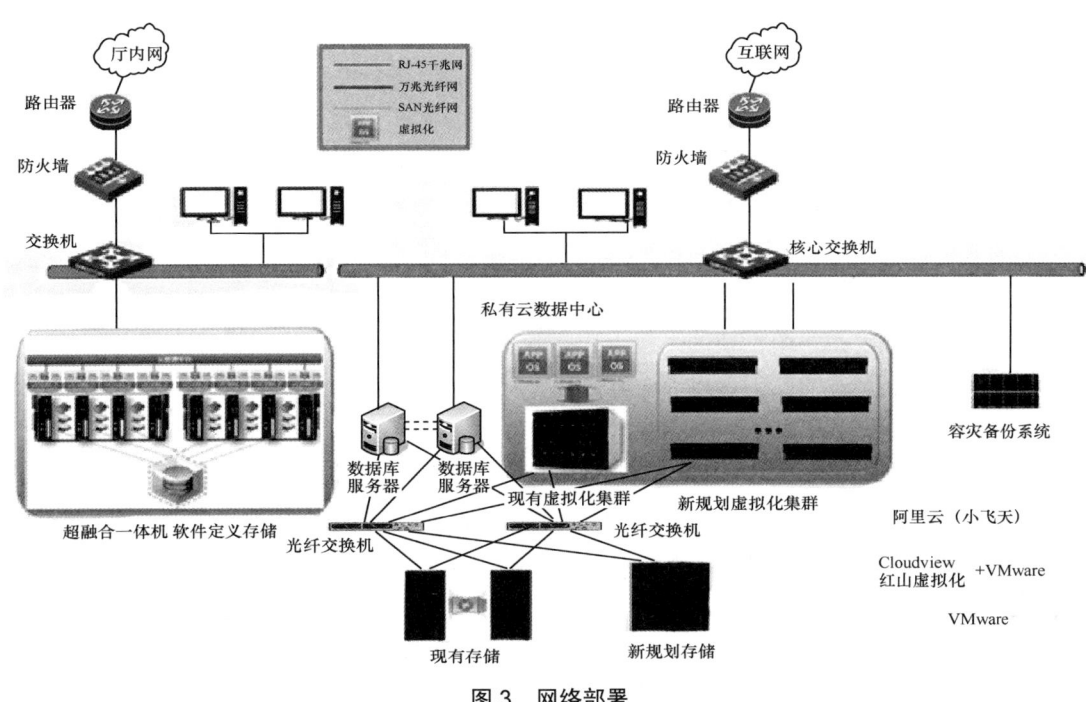

图 3　网络部署

3　应用系统建设

3.1　建设目标与建设内容

3.1.1　建设目标

项目一期建设目标侧重平台基础环境及统一软件平台建设和部署，全面集成现有的应用业务，实现行政管理与业务处理的全流程一体化工作平台。初步形成科技大数据资源中心，实现数据资源的管理、查询和分析。二期完成多类应用服务整合，实现对外服务统一门户，统一入口，单点登录，全网通办。

3.1.2　建设内容

根据本期项目建设目标，本次项目建设内容包括完成标准规范建设、初步完成信息资源规划和数据库建设、应用支撑平台的搭建、业务应用系统的部署及相关IT基础设施系统建设。

3.2　标准规范的建设

3.2.1　建设原则

标准和规范的建设涉及电子服务的数据交换、信息安全、应用协同、运行维护等工作。起着示范和顶层设计的作用，在建设的过程中要必须遵循以下原则。

（1）遵循电子政务的国家标准、行业标准、国际标准

标准和规范的制定继承和贯彻国家标准、行业标准，参考国际标准。标准和规范的采用

顺序是：先国家标准，后行业标准，最后是国际标准。

（2）切实可行，准确实用

标准的制定和修订要求准确实用，具有较强的可操作性。

（3）前瞻性强，易于扩展

标准的制定和采用应具有前瞻性并成熟可用，满足易于扩展的需求，使之能适应行业业务发展的变化。

（4）先易后难，分轻重缓急逐步实施

标准规范的制定是一个复杂的系统工程，既不能急于求成，也不能畏难而退，而是应按照轻重缓急，先易后难的原则，逐步实施。

（5）统一组织，各级参与

标准和规范建设的制定和实施应由江苏省（市）政府相关部门统一组织，各级相关部门共同参与。

3.2.2 标准规范体系的建设

（1）总体标准

总体标准包括项目建设所需的总体性的标准与规范。从工程建设角度来看，总体标准的建设内容是根据江苏省科学技术情报研究所"一库三中心"建设总体方案，从框架性思路出发，制定情报所信息化所涉及的基本术语、标准化指南、标准编写规则等方面的标准，以保证信息系统的建设工程高效、健康和稳定发展，减少重复投资和互不兼容。确定情报所信息化的整体框架，包括信息化相关系统内部结构和与外部系统间的联系，已建系统和新增系统的联系等。

（2）数据交换标准

数据交换标准指信息化建设中所涉及的部门内部、各部门之间及与公众、其他学院之间以网络为媒介进行交换的数据格式。重点建设的标准如表1所示。

表1 数据交换标准

标准名称	标准编号	标准状态
政务信息资源交换体系 第1部分：总体框架	GB/T 21062.1—2007	已颁
政务信息资源交换体系 第2部分：技术要求	GB/T 21062.2—2007	已颁
政务信息资源交换体系 第3部分：数据接口规范	GB/T 21062.3—2007	已颁
政务信息资源交换体系 第4部分：技术管理要求	GB/T 21062.4—2007	已颁

数据共享交换规范主要指本系统内部各部门之间、各层级之间、各子系统之间及本系统与外部系统之间进行数据交换的内容、共享模式、数据交换格式、接口类型等标准规范。

（3）信息安全标准

为了避免网络系统、应用系统和数据资源遭受来自系统内外各类主动或被动式的攻击，保障各级系统稳定、有效地运行，本项目必须建立完善的安全保障体系。规定对项目工程网络环境、主机系统、应用系统、数据安全、安全管理等方面进行安全检查和评估的要求和标准如表2所示。

表2 信息安全标准

标准名称	标准编号	标准状态
平台计算机信息网络安全保护规定		拟编
平台网络安全总技术要求		拟编
平台网络安全设计指南		拟编
涉及国家秘密的计算机信息系统保密技术要求	BMZ1—2000	已颁
信息处理 64bit分组密码算法的工作方式	GB/T 15277—1994	已颁
信息处理 数据加密 物理层互操作性要求	GB/T 15278—1994	已颁
信息技术 安全技术 用块密码算法作密码校验函数的数据完整性机制	GB 15852—1995	已颁
信息技术 安全技术 N位块加密算法的操作方式	GB/T 17964—2000	已颁
信息技术 安全技术 加密算法的登记注册	ISO/IEC 9979：1997	已颁
MD2报文摘要算法	RFC 1319	已颁
MD4报文摘要算法	RFC 1320	已颁
MD5报文摘要算法	RFC 1321	已颁
CAST-128加密算法	RFC 2144	已颁
RC加密算法的描述	RFC 2268	已颁
信息技术 安全技术 带附录的数字签名 第1部分：概述	GB/T 7902.1—1999	已颁
信息技术 安全技术 带附录的数字	GB/T 7902.2—2005	已颁

（4）运行维护与管理标准

运行维护标准对项目相关业务系统、基础硬件设备等的运行、管理、维护、保障等进行规范。运行维护标准重点建设的标准如下。

1）设备运行维护规范

规定项目设备运行管理、人员配备、运行维护等方面的规范和要求。

2）运行维护保障规范

规定项目运行保障、人员保障、业务保障等方面的规范和要求。

（5）项目管理标准

工程管理标准是针对项目建设过程中有关管理过程的标准规范，其目的是规范系统的建设与管理工作。重点建设的标准如下。

1）项目评测规范

根据信息化技术发展趋势，研究提出项目性能、功能评测要求。

2）项目验收推广办法

本标准规定了项目工程软件验收和推广的环节、程序等方面的要求，对软件知识产权、开发推广经费、升级维护等重点内容做出规定，用于保障软件开发应用工作有序推进。

3.3 信息资源规划和数据库建设

项目信息资源体系规划建设包括十一大核心数据库、资源体系管理系统、数据资源整合系统和数据共享交换系统。

3.3.1 十一大核心数据库

十一大核心数据库包括元数据库、原始数据库、工作任务库、标准流程库、系统基础库、文献数据库、档案数据库、统计数据库、查新数据库、行政管理库、知识库等，由数据中心统一建设、统一资源分配，实现业务数据和元数据的集中采集、集中处理、集中存储、集中管理和集中使用。

3.3.2 资源体系管理系统

资源体系管理系统可实现项目信息资源的全过程管控，是数据中心的数据管控工具，由元数据管理、名录库管理、数据资源管理3个子系统组成。

①元数据管理。元数据管理实现对统计设计、数据采集、数据处理各个阶段元数据的标准化定义、管理和维护，包括元数据标准管理、调查制度管理、报表组成要素（指标、分组、目录、计量单位、地域空间、时间）管理、报表设计器等。

②名录库管理。名录库管理实现对项目基本单位名录库的管理，包括基本单位名录信息的维护更新、多部门名录库同步等功能。

③数据资源管理。数据资源管理实现对科技大数据资源中心各类数据资源的归类、编码、目录化管理，以及资源目录中管理的各类数据的查询、更新、下载等功能的服务封装和发布。

3.3.3 数据资源整合系统

数据资源整合系统是一套数据处理工具，属于支撑类系统，包括各种类型数据资源采集、数据资源整理、数据审核评估等模块。

①数据资源采集。以组件化、图形化的方式构建采集接口、采集流程、数据加载等服务，基于原始数据的元数据定义，实现数字类资源、文字类资源的采集和数据库表加载，作为原始数据库的数据输入；

②数据资源整理。以组件化、图形化的方式构建数据资源的清洗、转换、比对、合并等服务，整理后的数据符合项目元数据标准的要求，作为基础数据库的输入；

③数据审核评估。支持对数据资源采集、数据资源整理结果数据的流程化审核，审核规则来自资源体系管理系统中定义的规则元数据。

3.3.4 数据共享交换系统

数据共享交换系统实现以科技大数据资源中心为中心节点，为部门之间的数据共享交换提供服务。数据共享交换系统将所有共享交换的信息资源以目录形式进行管理，从而提供灵活、可扩、可控的信息资源发布、订阅交换方式。数据共享交换系统支持多级分布式的交换节点部署，面向上下各级、各部门、各企事业单位提供通畅的系统间信息共享服务通道。

3.4 应用支撑平台

为满足本次项目新建信息化系统需求,同时考虑后续扩展及新系统的建设,本次项目需建设业务支撑及协同平台,基于 SOA 技术标准提供通用架构和基础服务,建立统一集成标准与接口规范,实现各信息化系统底层组件、基础服务的统一部署与管理,保证各信息化系统可以快速搭建,实现整体集成、共享及协作,并保证对后续系统的新建、优化提供持续支撑,灵活适应科技服务业务和数据中心未来不断变化的业务需求。业务支撑及协同平台需实现基础支撑组件的集成,以及提供公共组件服务,包括统一身份认证及全文检索等。

3.4.1 数据资源共享交换平台

数据资源交换系统的目的是通过大数据中心的信息资源交换与共享,实现跨部门、跨行业、跨层级的系统间数据共享,将共享信息资源进行目录化、可视化管理,以松耦合的方式提供灵活、可扩、可控的信息资源发布、订阅交换方式,支持多级分布式的交换节点部署,面向部门、事业单位信息化系统提供通畅的信息共享通道。

(1) 系统设计

数据共享交换系统提供不同部门、行业、层级间的按需信息交换服务,提高业务协同效率和数据服务水平(图 4)。

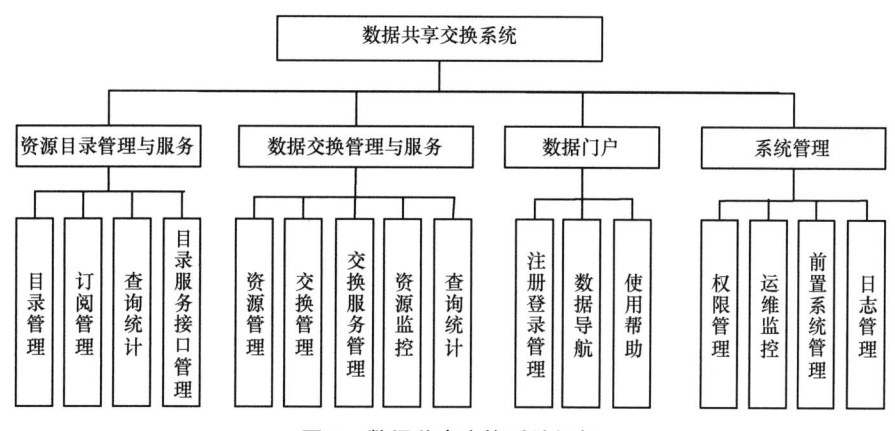

图 4 数据共享交换系统框架

数据共享交换系统实现对信息资源在不同应用、不同部门间数据共享和交换服务。由资源目录管理与服务、数据交换管理与服务、数据门户、系统管理 4 个模块组成。不同应用、不同部门之间的资源交换均通过数据交换服务进行交换和共享。数据交换服务的发送模块负责从业务系统(数据发布者)接收信息,在交换区对信息进行预处理后,保存到共享发布区相应的共享发布数据库。数据交换服务根据业务系统(数据订阅者)的订阅要求,从共享发布数据库中抽取数据,可先在交换区进行预处理,再发送给接收模块,接收模块把接收到的信息的格式转换成接收系统可识别的格式,再把转换后的信息发送给接收系统(图 5)。

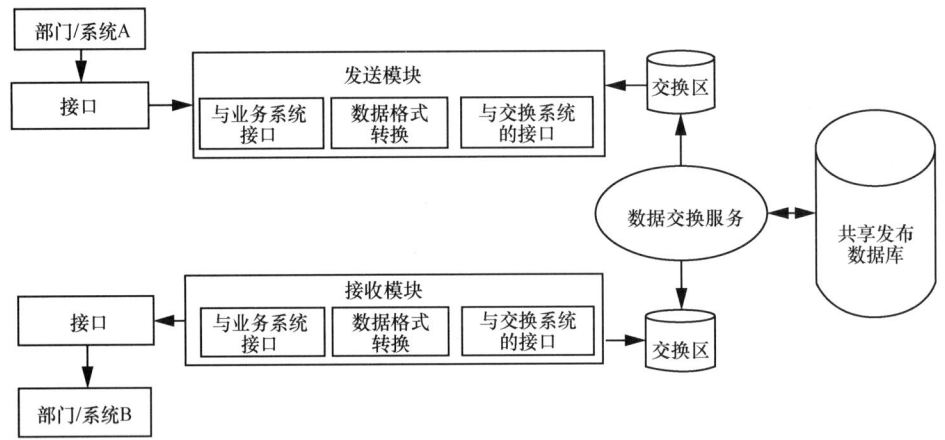

图5　数据共享交换系统工作流程

1）资源目录管理与服务

资源目录管理与服务以目录方式实现资源共享，是江苏省科学技术情报研究所业务和数据中心实现信息资源共享的有效手段，用目录体系可以以更灵活的方式实现更多应用单位、更多资源的接入与共享。信息资源目录是一种非落地的信息共享模式，是对交换共享模式的补充，在目录式共享中，各应用部门/单位对各自共享的资源有完整的控制权。

①目录服务能力要求如下。

——严格的资源权限管理，动态权限等级设定，使不同授权等级的人员能看到不同的资源；

——根据目录展示内容查看资源描述，并支持目录驱动交换；

——根据目录内容提供标准接口，提供资源的二次开发支持，为其他应用提供接口查询目录对应资源内容，供给其他应用使用；

——提供跨库数据查询功能支持，提供查询主题动态设定，并支持按主题便捷地查询多个异构的资源；

——信息资源目录应支持各类主流数据库结构化资源的编目，同时也应支持音频、视频、PDF、办公文件等非结构化资源的编目，以及网站、URL、Web服务等多种信息资源的编目。

②目录服务主要功能如下。

——目录管理。目录管理包括目录信息提交、目录信息发布、目录信息撤销、目录信息同步、目录信息注册、目录信息审核等功能。目录信息发布主要将已注册的目录信息发布到统一的门户中供各级应用单位进行检索、查看和申请。针对无效的目录信息或需要进行下线的目录信息，系统提供目录信息撤销的功能，该功能可对已发布的目录信息进行撤销和下线，该目录信息撤销后可重新进入待发布状态，如需发布可以重新进行发布。

——订阅管理。提供信息订阅服务功能，主要以表订阅和复合信息订阅的方式为主，主要包括表订阅查询、表订阅管理、表订阅审批、表订阅启动、复合订阅查询、复合订阅管理、复合订阅审批和复合订阅启动。

——查询统计。查询统计提供目录查询、目录服务状态的统计，如信息评价、访问量统计等信息。信息评价主要提供各应用单位对已发布资源目录信息的评价信息查询功能，访问量统计能够根据各应用单位对该目录信息的浏览数量进行统计。目录查询包括基础查询和自定义高级查询功能，支持多种查询方式联合，并以树形分层方式展示相关编目信息的详细内容。

——目录服务接口管理。目录服务接口用于向需要接入共享交换系统的部门提供开发接口，可提供信息资源的发现功能、检索功能和管理功能。

2）数据交换管理与服务

数据交换服务系统的作用在于实现信息资源的统一交换。

①交换能力要求如下。

——提供信息整合功能，可按业务主题要求整合形成共享资源库，支持动态组件形式的数据清洗等处理功能；

——支持自动编码转换，统一编码标准；

——支持主动与被动两种数据交换方式，实现按需交换；

——支持增量与全量数据同步；

——支持订阅式数据交换模式，提供订阅过滤支持，支持键值、一对多、多对一等多种数据落地方式；

——提供异构数据库、跨平台数据交换功能；

——无缝支持结构化及非结构化资源交换，数据采集方式丰富，支持触发器、数据库日志、时间戳、轮询等采集数据方式供用户选择；

——基于 Web 图形化平台配置，简单易操作；

——为用户提供个性定制处理组件接口，方便用户自由拓展；

——自定义数据交换格式，保证在无须代码开发的情况下，完成新交换节点的接入，实现交换元素及交换规则的调整；

——支持信息资源申请、调度流程化，支持目录驱动交换；

——支持非侵入业务式的前置交换服务。

②主要功能包括以下几个方面。

——资源管理。提供交换中心和前置交换节点之间各种交换表资源、数据库的管理功能，主要包括交换表管理、字段转化维护和数据库进程管理。

——交换管理。交换管理提供交换队列管理、交换规则定义等功能，主要包括交换队列查询、交换队列管理（添加、删除、查看、修改）、交换规则定义等。

——数据交换服务管理。数据交换服务用来实现部门业务系统与数据共享交换系统之间的双向信息同步，提供服务配置工具、适配器管理等功能，服务配置工具提供图形化的配置界面，对适配器进行组装，配置业务系统与共享交换系统之间的信息交换映射规则，以实现一个数据交换服务程序。适配器负责共享数据采集及数据拆分同步等工作，采集方式支持触发器方式、时间戳方式、CDC 方式、标准文件格式、FTP 文件交换、消息队列文件交换等，支持常用数据库。

——资源监控。资源监控主要提供各种信息资源的监控功能，主要包括对各种交换队列的状态监控，订阅服务的状态监控。

——查询统计。查询统计提供交换信息资源的查询和统计功能，主要包括交换数据查询、系统信息查询和交换数据统计。

——日志维护。日志维护提供交换系统的各种日志管理功能，主要包括系统日志、交换日志和导入日志等，为系统提供全面的日志管理功能。

3）数据门户

数据门户提供经济社会发展数据资源对外展示的窗口，服务于党政机构、各级政府部门、公众用户对经济社会发展数据资源的不同需求。数据门户包括但不限于用户注册登记、数据导航、使用帮助等。数据导航支持各类发布数据的可视化查询、浏览、下载等，包括月度/季度/年度数据、普查数据、地区数据、部门数据、国际数据、专题数据、文献数据在内的数据栏目，支持简单和复杂查询条件设置。

4）系统管理

①权限管理。权限管理包括机构管理、用户管理和密码管理。机构管理提供组织机构维护管理功能，包括机构的查询、添加、编辑、删除，详细信息查看和机构锁定/解锁等操作，锁定的机构将变为不可用状态，重新解锁后方能生效。用户管理提供统一的用户管理服务，包括用户的查询、添加、编辑、删除和详细信息查看及用户状态修改。密码管理功能提供密码的维护和管理功能，支持密码修改和密码重置。

②运维监控。运维监控包括运行报告、故障通知、访问统计等功能。运行报告提供系统运行状态报告，以报表的方式生成。故障通知提供多种方式的故障通知服务，当某项服务发生故障时，系统能够以邮件、短信等多种方式通知指定用户，从而对系统故障进行快速响应。访问统计提供各种服务的访问统计功能，可以灵活进行统计，根据不同的条件进行各种数据的统计服务。主要包括服务流量统计、服务访问量统计、用户/IP访问量统计等功能。

③前置管理。当与省级部门、统计机构进行数据交换时，为了保障交换双方数据安全和突破网络隔离限制，可以在前置交换节点部门部署前置机系统，使之成为与江苏省科学技术情报研究所业务和数据中心数据共享交换节点相连接的桥梁，同时也是与交换节点相隔离的"堡垒"。在交换节点前置机上安装前置交换数据库、数据共享交换系统，用于实现信息的发送和接收。通过前置管理功能完成前置交换节点与江苏省科学技术情报研究所业务和数据中心之间的初始化设置，通过初始化可以实现前置节点与中心节点之间的通信和目录同步，主要包括前置节点注册、用户权限认证等相关服务。

（2）接口设计

注册接口。与数据共享交换系统进行交互的系统调用该接口，实现该系统的标识码分配和默认权限分配。

资源服务接口。资源服务接口包括订阅接口、资源发现接口、资源同步接口。订阅接口提供数字资源访问权限的分配，数据共享交换系统将订阅数据的变动信息通过消息发送给订阅该数据资源的系统；资源发现接口提供信息资源数据检索功能和信息资源检索结果提取功能；资源同步接口根据发现接口获得信息资源的信息，从共享发布库实现数据资源内容的同步。

3.4.2 元数据与数据资源体系管理平台

资源体系管理系统以元数据管理为主线，配套以名录库管理、数据资源管理功能，形成较完整的元数据配置、名录数据管理、数据和服务目录索引体系，实现对数据资源的有序管理，为后续的数据应用提供支撑（图6）。

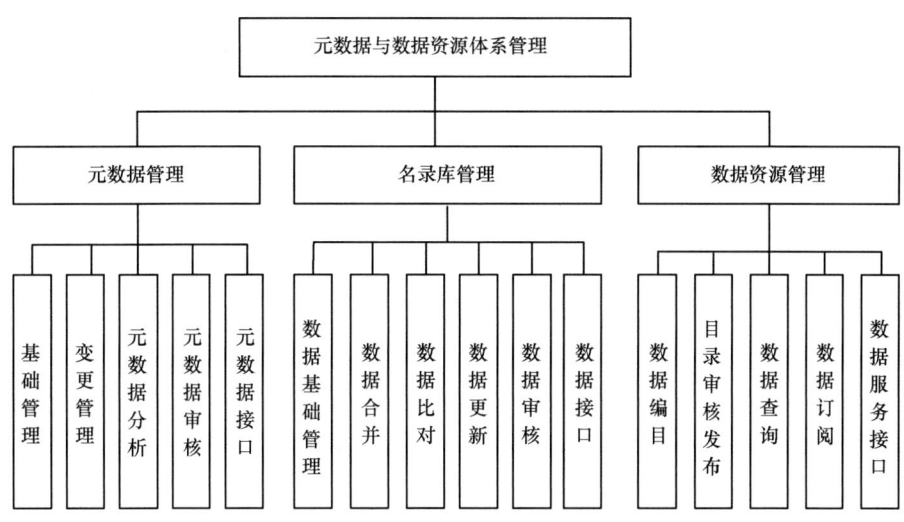

图6 元数据与数据资源体系管理平台框架

（1）系统设计

资源体系管理系统包括元数据管理、名录库管理、数据资源管理3个子系统。

1）元数据管理子系统

实现经济社会发展元数据的集中定义、管理和维护，通过元数据管理实现各类数据资源的标准化设计和管理。功能包括但不限于以下几个方面。

①元数据基础管理。元数据基础管理包括元数据维护、元数据查询等功能。元数据维护，实现对制度、指标、分组目录、报表、审核关系、汇总公式、计算公式元数据的基础管理，提供建立指标（分组）体系、制定元数据标准、设计统计调查制度（表式、采集时间、频度、数据控制方式、审核要求等）、制定报表（包括基层表、综合表和汇总表）等能力。支持元数据整理模版定制及导入导出功能。元数据查询支持制度、分组、指标、报表、公式、数据库表等实体信息的查询，支持对历史版本信息的查询。

②元数据变更管理。元数据变更管理包括变更通知和版本管理两个部分。元数据变更要满足元数据管理流程上的约束。变更通知是当元数据发生改变时，系统自动发送信息（邮件、短信）给订阅用户。用户可以订阅自己关心的元数据。版本管理是对元数据的变更过程进行版本快照，支持单一元数据和批量元数据的版本管理，能够显示元数据的修改历史，能够进行元数据版本的恢复；支持版本差异分析，生成变更差异报告。

③元数据分析。元数据分析包括元数据统计、指标分析等功能。元数据统计是指用户可以按不同类别进行元数据个数的统计，方便用户全面了解元数据管理模块中的元数据分布，该统计功能可以按元数据类型、元数据创建者和元数据的版本号来进行统计；指标分析功能

可实现指标同名分析、指标同义分析、派生指标影响分析等。

④元数据审核。元数据审核管理贯穿元数据维护、变更、发布等各环节，涉及各级统计机构用户、制度设计管理员和系统管理员等多种角色。制度设计管理员接受元数据维护、变更、发布申请，考察其必要性并进行元数据质量检查、与变更影响相关方进行变更影响分析，在确认后，制度设计管理员批准申请。

⑤元数据接口。元数据接口包括元数据获取接口和元数据服务接口。

元数据获取接口实现从国家局系统、一套表系统等各类源系统获取元数据的能力，可提供批量文字资料元信息抽取功能，支持对主流数据库元数据、主流ETL工具元数据的抽取，支持自动或手动获取方式，支持将元数据写入到XMI或Excel文件后再提交到元数据库。

元数据服务接口为用数据封装的机制对外提供一系列查询和操作的服务接口，供本模块内部和外部系统或模块调用，支持XMI、REST接口。

2）名录库管理子系统

实现基本单位名录数据的在经济社会发展元数据中心的集中标准化管理，主要功能包括但不限于数据合并、数据比对、数据更新、数据审核等，实现部门名录库和统计机构名录库之间的数据交换，为名录数据的全市统一提供数据基础。功能包括但不限于以下几个方面。

①数据基础管理。包括名录数据维护、名录数据查询等功能。支持名录数据新增、修改、删除等基本功能；支持对名录数据的简单和复杂查询，支持自定义查询模版设置，包括多条件查询、定义显示列、定义计算列、数据导出等。

②数据合并。实现部门名录库、统计机构名录库上传数据的转换、过滤、合并处理，支持自定义匹配规则、匹配策略、预置通用操作符和函数，支持自动/手工匹配、关键字映射、例外处理等。

③数据比对。实现合并数据与数据中心基本单位名录库中现有的基本单位信息的比对处理，支持自定义匹配规则、匹配策略，支持自动/手工匹配、例外处理等。

④数据更新。实现数据中心基本单位名录库中的数据变更处理，变更管理包括变更通知和版本管理两个部分。名录数据变更要满足管理流程上的约束。变更通知是当名录数据发生改变时，系统自动发送信息（邮件、短信）给订阅用户。用户可以订阅自己关心的元数据。版本管理是对数据的变更过程进行版本快照，支持单一元数据和批量元数据的版本管理，能够显示数据的修改历史，能够进行数据版本的恢复；支持版本差异分析，生成变更差异报告。

⑤数据审核。名录数据审核管理贯穿维护、变更、发布等各个环节，涉及各级统计机构用户、制度设计管理员和系统管理员等多种角色，支持批量审核、发布、异常数据剔除等功能。

⑥数据接口。数据接口包括数据交换接口、数据服务接口。数据交换接口提供和外部系统进行数据交换能力，支持从数据共享交换系统等外部数据源获取各类数据，支持调用数据共享交换系统的数据交换服务接口进行数据发布，支持自动和手动方式，支持主流数据库访问、Excel文本文件、XML数据源等；数据服务接口用数据封装的机制对外提供一系列查询和操作的服务接口，供本模块内部和外部系统或模块调用，支持XMI、REST接口。

3）数据资源管理子系统

实现统计业务和数据中心各类数据资源的归类、编码、目录化管理，主要功能包括但不限于数据分类、数据编码、目录发布、数据查询、数据订阅、服务接口管理等。提供各类数据资源的索引化管理,实现数据资源落地到应用的快速对接。功能包括但不限于以下几个方面。

①数据编目。提供对各类数据资源分类目录管理功能,根据目录展示内容可查看数据资源描述;提供跨库数据查询功能支持,支持查询多个异构的资源;数据资源编目应支持各类主流数据库(Oracle、DB2、MSSQL、MYSQL 等)结构化资源的编目,同时也应支持音频、视频、PDF、办公文件等非结构化资源的编目。

②目录审核发布。支持审核流程设置,按流程进行数据目录的审核、发布,支持资源权限管理、动态权限等级设定,使不同授权等级的人员能看到不同的资源。

③数据查询。支持按照数据资源目录进行简单和复杂条件的数据内容、数据表结构查询,并支持数据导出、打印功能。

④数据订阅。提供数据订阅管理,主要包括订阅查询、订阅管理、订阅审批、订阅启动、消息通知等。数据服务接口管理提供开发接口,支持其他系统开发者调用资源体系管理系统提供的服务,提供二次开发包、Web Services 开发接口,以满足不同的开发用户需要。提供数据服务能力,服务内容包括数据资源目录中的所有数据资源,提供服务申请、审核、使用等管理功能和服务注册、上架、撤销等维护功能。

(2)接口设计

资源体系管理系统接口主要包括:元数据查询和同步接口、名录库查询和同步接口、数据资源查询、更新、下载接口(表3)。

表3 资源体系管理系统接口分类

功能模块	接口服务
元数据管理	元数据查询服务接口、元数据同步接口
名录库管理	名录库查询服务接口、名录库同步接口
数据资源管理	数据资源查询、更新、下载接口

1)元数据查询和同步接口

提供元数据信息查询服务,包括业务元数据(指标类、目录类、报表类、规则类、制度类、标识类)信息查询;提供元数据的同步接口,可调用该接口获取元数据。

2)名录库查询和同步接口

提供名录库数据的查询服务;提供名录库数据同步接口,可调用该接口获取名录库数据。

3)数据资源接口

提供数据资源目录查询、更新和下载服务。

3.4.3 数据资源整合与分析展示平台

数据资源整合与分析展示系统实现各种类型政府数据资源的采集、整合及审核评估,为后续的应用分析、数据发布提供高质量、规范化的数据资源。

(1)系统设计

数据资源整合与分析展示系统主要功能模块包括数据采集、清洗、转换、加载、审核评估、开发管理设计器及系统管理等。本系统在江苏省科学技术情报研究所业务和数据中心项目中承担数据的采集、清洗、标准化等工作，实现全市经济社会发展数据的统一采集，避免重复多次采集或数据填报。本系统主要从业务系统（如企业一套表联网直报系统、部门一套表联网直报系统、普查/调查/抽查等业务系统）、外部数据源系统采集各类经济社会发展数据，同时提供历史数据资源（数字类资源、文字类资源）的采集整理，最终形成标准化、高质量的数据，提供给经济社会发展业务应用和进行专题/主题分析等更进一步的应用（图7）。

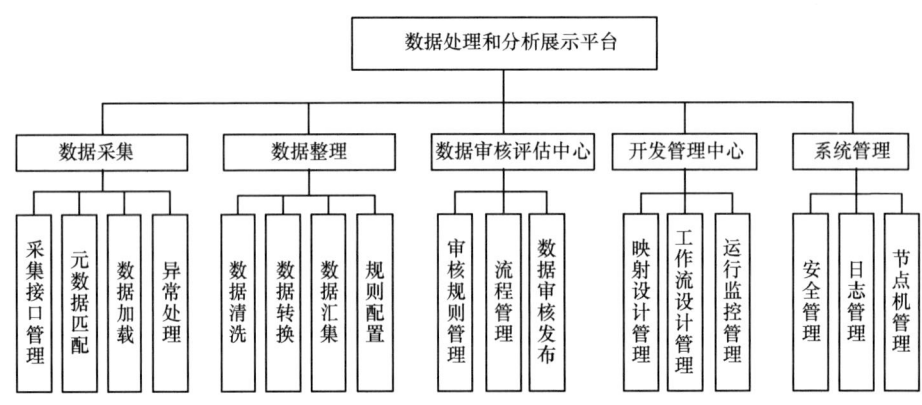

图7　数据处理和分析展示平台框架

1）数据采集

数据采集管理功能基于元数据体系，通过统一的采集任务定义把多种采集形式有机地组织在一起，灵活地实现各种来源、各种形态数据的有效采集。数据采集功能设计包括但不限于采集接口管理、元数据匹配、数据加载、异常处理等功能。

2）数据整理

数据整理模块功能包括数据清洗、转换、汇聚、规则配置等，提供历史数据资源（数字类资源、文字类资源）整理功能。其中数据汇聚功能以规范化的基础数据为基础，按照后续业务的需要，采用筛选、派生计算、汇总等加工处理手段，进行进一步的分类、整合、重构，形成更多形态的基础数据和综合数据，进一步丰富和完善数据资源。

3）数据审核评估中心

支持对数据资源采集、数据资源整理结果数据的流程化审核，审核规则来自资源体系管理系统中定义的规则元数据。

支持审核数据发布，数据发布调用资源管理体系提供的数据服务接口，将数据发布到数据资源目录。

4）开发管理中心

开发管理中心负责所有数据采集、清洗、转换、汇总、加载任务的设计、所有工作流的设计及所有作业的调度设计功能，并提供集中的资料库进行配置数据存储；提供常用预定义数据处理功能组件，并支持自定义组件扩展；支持图形化拖拽实现任务、工作流的快速设计、更新、浏览等。映射设计管理提供数据源定义、资源存储定义、数据处理规则配置、处理任务配置等功能，支持自定义处理脚本（如 java script、perl、shell、sql 等）；提供错误及异常处理机制；工作流设计管理提供任务的协调执行机制，实现工作流配置、任务调度等功能，支持灵活多样的作业调度方式；运行监控管理支持灵活多样的图表形式实时监控作业、任务的运行情况，并生成日志和报告。

5）系统管理

安全管理包括用户及角色的管理，提供统一的用户管理服务，包括用户的查询、添加、编辑、删除和详细信息查看及用户状态修改；日志管理提供对系统运行、用户操作、访问等操作生成日志和报告；节点机管理支持数据处理任务和作业的分布式部署、管理，支持任务服务化发布，支持节点机的可伸缩扩展，支持对节点机的集中监控。

数据资源整合流程如图 8 所示。

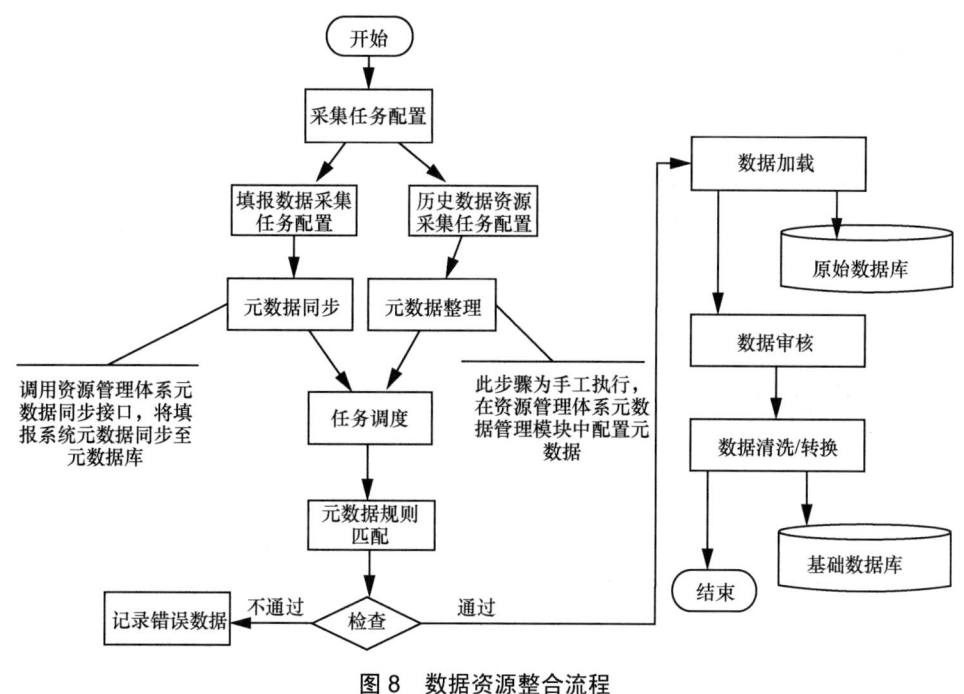

图 8　数据资源整合流程

6）用户角色

数据资源整合系统的主要服务对象是：各级用户、系统管理员。用户角色及权限如表 4 所示。

表4　用户角色及权限

角色	角色权限
各级用户	数据审核和加工处理
系统管理员	负责用户权限及功能菜单管理、数据备份、协助专业人员设置系统参数、管理数据采集和汇聚过程及系统异常处理等工作

（2）接口设计

数据资源整合系统接口主要包括：数据采集服务接口、数据整理服务接口（表5）。

表5　数据资源整合系统接口及服务

功能模块	接口服务
数据采集	数据采集服务接口（支持结构化、非结构化数据采集）
数据整理	数据整理服务接口（清洗、转换、加载）

数据采集服务接口：基于元数据体系，提供支持结构化、非结构化等多种格式数据的采集服务，实现多来源、多形态数据的有效采集服务，实现原始数据的抽取和加载等过程。

数据整理服务接口：基于元数据体系，按照指标、报表格式等要求，提供对数据的清洗、转换服务。

1）系统间关联

从企业联网直报系统、部门指标系统等统计业务系统进行数据资源的采集；为数据全业务处理系统提供数据采集、数据整理等数据服务接口；与资源体系管理对接，调用元数据服务接口、名录库数据访问接口、数据资源目录服务接口；为数据共享交换系统提供数据采集、数据整理等数据服务接口（图9）。

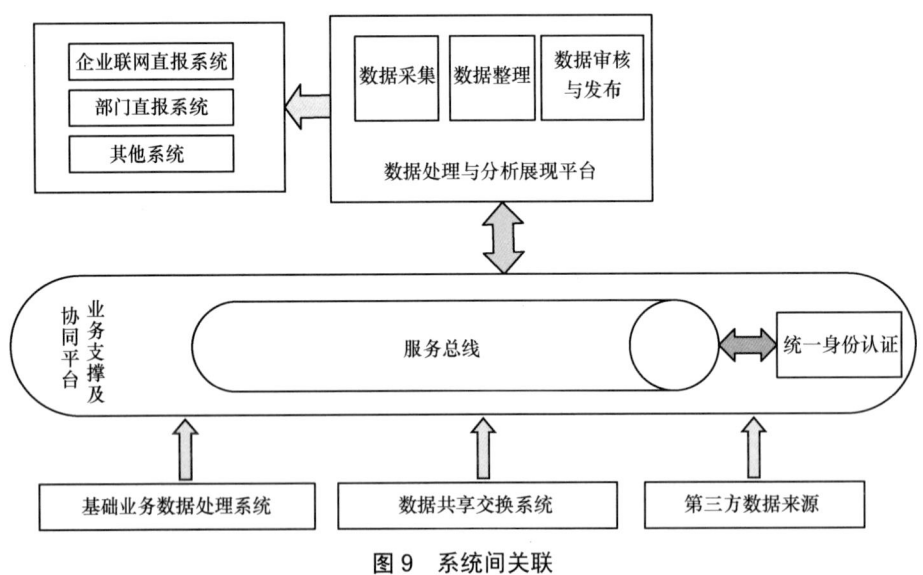

图9　系统间关联

2）模块关联

数据资源整合系统各功能模块既有独立操作流程又相互关联，开发管理中心提供采集、清洗、转换、加载任务和工作流的设计功能，数据审核模块提供对数据采集和数据整理结果数据的审核（图10）。

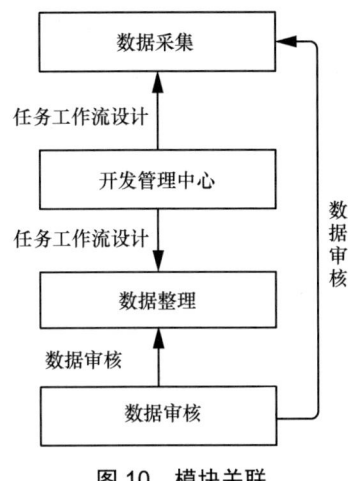

图 10 模块关联

3.4.4 业务支撑及协同平台

业务支撑及协同平台是一个承上启下的、组件化的支撑中间件平台，提供业务支撑及业务协同相关的各类组件服务。通过提供一个良好的可扩展平台，以降低信息化系统建设的复杂度、提高建设的可靠度。

业务支撑及协同平台提供了可以纵向贯通各类不同层级的信息资源与上层应用之间的垂直通道，构建高效、实时、共享、准确的信息流；横向通过各类业务组件组装，满足跨部门、跨领域的信息共享和协同应用，最终达成资源共享、协同管理、多元服务的总体目标。

通过标准服务总线向上层应用平台提供粗粒度的应用基础服务接口，对应用开发者屏蔽下层信息细节和计算模型；另外，对跨部门、跨领域应用流程提供管道，并进行管理与监控，实现各应用系统间的高效协同工作。

系统设计

业务支撑及协同平台由两类组件构成：基础组件和公共服务组件。其中基础组件包括服务总线、消息队列、业务流程协同、短信邮件及日志与审计；公共服务组件包括统一身份认证及全文检索等（图11）。

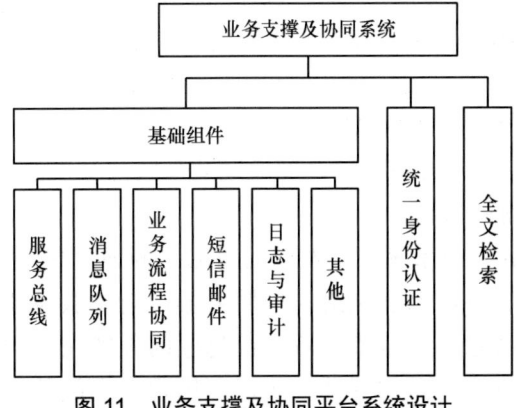

图 11 业务支撑及协同平台系统设计

各组件遵循业界标准 SOA 架构。通过这种架构的实现机制，并采用开放标准和面向构件的设计，可很好地实现应用系统的平台支撑作用，使系统具有很好的灵动性和扩展性；同时能够使统计业务和数据中心在面对业务变化时能够快速做出反应，利用对现有的应用程序和应用基础结构投资来解决新出现的业务需求。

1）基础组件

①服务总线。企业服务总线（enterprise service bus，ESB）是传统中间件技术与 XML、Web 服务等技术结合的产物。ESB 提供了网络中最基本的连接中枢，是构筑信息化系统中神经结构的必要元素。ESB 的出现改变了传统的软件架构，可以提供比传统中间件产品更为廉价的解决方案，同时它还可以消除不同应用之间的技术差异，让不同的应用服务器协调运作，实现了不同服务之间的通信和整合。

从功能上看，ESB 提供了事件驱动和文档导向的处理模式，以及分布式的运行管理机制，它支持基于内容的路由和过滤，具备复杂数据的传输能力，并可以提供一系列的标准接口。同时，ESB 还是面向服务架构的骨干，在完成服务的接入、服务间的通信和交互基础上，还提供安全、可靠、高性能的服务能力保障。采用 SOA 架构，基于 ESB 总线进行信息化应用集成，应用系统之间的交互通过总线进行，这样可以降低应用系统、各个组件及相关技术的耦合度，消除应用系统点对点集成瓶颈，降低集成开发难度，提高复用，增进系统开发和运行效率，便于业务系统灵活重构，快速适应业务及流程变化需要。

服务总线需要实现异构系统的接入、不同协议的转换、标准服务的封装、服务的注册集成等。

主要功能如下。

——配置与监控服务总线作为服务集成的关键路径，基于统一用户角色、权限管理的支撑下，从管理到开发都有统一的路径，使服务的接入、封装、发布在每一个层面都可被有效管理；采用多角度监控管理，提供被消费情况的统计分析。

——服务发布服务总线利用不同协议接入应用系统后，通过内置的协议转换后发布成标准的服务，注册到服务库供其他系统使用。

——服务集成可以对多个服务按一定规则进行编排后形成一个新的颗粒度相对大的服务。

——资源目录库所有服务提供者把服务发布到资源目录，所有服务消费者从资源目录查询已有服务，进行服务的申请，被授权后才可以使用服务。

②消息队列。消息中间件通过消息队列接口为程序提供异步通信方式。利用高效可靠的消息传递机制，实现与平台无关的数据交互，提供消息传递和消息排队模型，允许程序向队列发送或从队列取走消息，不同的程序之间通过共享队列交换消息，支持多通信协议、语言、应用程序、硬件和软件平台。

在采用消息中间件机制的系统中，不同的对象之间通过传递消息来激活对方的事件，完成相应的操作。发送者将消息发送给消息服务器，消息服务器将消息存放在若干队列中，在合适的时候再将消息转发给接收者。消息中间件能在不同平台之间通信，它常被用来屏蔽掉各种平台及协议之间的特性，实现应用程序之间的协同，其优点在于能够在客户和服务器之间提供同步和异步的连接，并且在任何时刻都可以将消息进行传送或者存储转发。

消息队列具体应用功能包括以下几个方面。

——接收消息封包监听连接集合的数据传输情况，调度适当的操作对到达的数据进行接收，构造完整的消息封包。

——发送消息封包消息队列管理，为建立连接的客户端分配抽象的连接标识，标识由消息队列服务端创建、维护与解析；服务端根据此标识定位客户端连接及区分不同的客户端连接，客户端根据此标识来指定消息封包所要确定发送的目的客户端。广播式消息封包可枚举当前所有连接，向其进行发送。

——多线程及重发机制。消息队列服务应以多线程方式运行，充分并发CPU操作与IO操作，有效利用系统资源；在任务分配方式上，各线程负责完成消息发送的某一步骤，减少线程间访问数据信息的共享。另外，消息发送失败时，需以一定时间间隔进行多次重试，达到一定次数后放弃。

——连接池管理。连接池由消息队列服务在系统初始化时根据连接数上限进行构造，以使系统运行时不必因构造与分配连接相关资源产生太大的开销。

——消息队列监控对消息队列服务器运行参数的配置通过配置文件的形式来支持，服务端提供一系列可配置的运行参数，可由程序在启动时读入与应用。提供专门的监控模块查询系统运行情况，并以此向管理者报告可能的警告信息。

——日志管理。消息队列所有的消息封包在销毁前需经过日志处理模块，根据配置的日志管理参数，对各消息封包进行相应的日志记录工作。

③业务流程协同。业务流程协同服务的建设目的是实现业务流程电子化，提高工作和运作效率。协同服务要求支持跨系统之间的工作流程，并可以按用户权限控制流程使用范围，进而对端到端的业务流程进行有效的支持。

业务流程协同服务设计如图12所示。

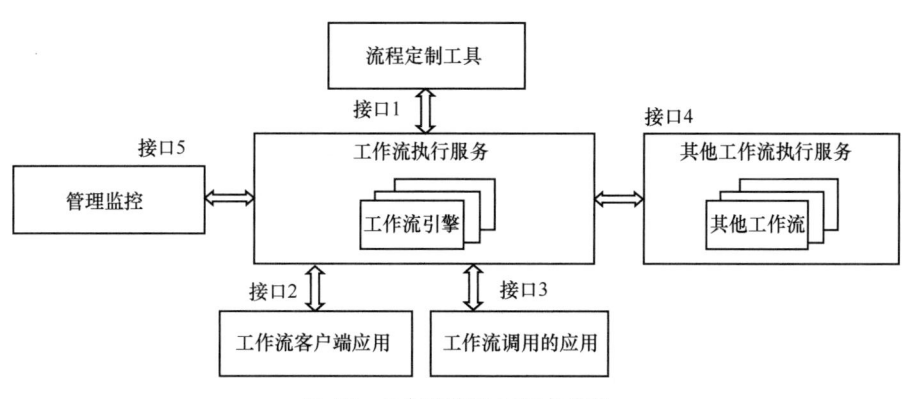

图12　业务流程协同服务设计

业务流程协同的具体应用功能包括以下几个方面。

——流程设计开发提供图形化流程设计器，允许图形化流程定义与表单设计。支持复杂业务流程，如串行、并行、选择、同步子流程、异步子流程、循环、递归、异（与）或等。

支持流程模板和表单模板的预定义，提供版本管理。面向应用系统提供完整的接口包供二次开发，允许应用系统根据需要扩展业务流程接口。

——流程部署执行。支持业务流程及相关系统模块与用户应用的灵活部署方式；支持运行时本地缓存优化、历史数据和运行数据分离等；支持流程变化后的热部署，提供多种版本控制机制。

——流程监控管理提供图形化的流程实例监控工具，可实时监控流程实例的流转情况，对其可做相应操作；可以查看流程流转路径和数据信息等。可监控模板对应实例，如统计处于某一节点的流程实例清单，某节点平均执行时间等。另外，可统计单位时间段内的任务办理数量、办理耗时、超时任务数等，辅助绩效考核及优化流程设计。

业务流程协同服务将实现流程的流转和流程数据的汇总记录，但业务逻辑和业务数据的处理不包含在流程平台中，建议由业务系统实现，流程平台将保留流程和数据接口，提供与专业系统进行集成的技术可行性，这种实现思路符合 SOA 架构设计的思想。

④短信邮件。短信邮件服务是基于移动通信运营商和邮件服务商提供的短信邮件接口，与互联网连接实现短信邮件批量自动发送和自定义发送。通过业务系统与短信邮件服务的集成，以短信邮件的形式发送业务系统各类提醒，方便用户在第一时间获取业务信息，并即时处理信息。

具体的功能要求如下。

——支持 SMTP、SSL–SMTP、POP3、SSL–POP3、IMAP4、SSL–IMAP4，多种协议及服务，及其所有相关 RFC 协议；

——支持包括 SSLSMTP、SSLPOP3、SSLIMAP4 的安全通信服务，防止网络侦听，使得通信更安全；

——可提供完善的日程管理功能，可以和系统内其他用户进行高效的协同合作；

——可提供多级地址簿及通信组功能，包括：私人地址簿/域公共地址簿/（系统）公共地址簿，并支持完善的管理机制；

——仿人工垃圾邮件投诉分拣功能，让垃圾邮件彻底远离收件箱；

——提供网络硬盘功能，可以分目录管理，并能为每一个网络存储的文件添加注释文档；

——提供完善的文件夹共享功能，包括：私人文件夹及存储文件夹的共享；

——提供良好的 Web 支持，可以直接通过 IE 浏览器收发电子邮件，支持 Web 远程管理服务，无须登录服务器，仅靠 IE 浏览器就可以实现对邮件系统的全面管理；

——提供完整的 Web Mail 开发接口，包括多种对象、方法及属性，以支持针对 Web Mail 系统进行的相关程序二次开发，与各应用业务系统集成。

⑤日志与审计。日志与审计系统通过对网络设备、安全设备、主机和应用系统日志进行全面的标准化处理，及时发现各种安全威胁、异常行为事件，为管理人员提供全局视角，确保业务的不间断运营安全。

主要功能如下。

——日志采集。全面支持 Syslog、SNMP 日志协议，可以覆盖主流硬件设备、主机及应用，保障日志信息的全面收集，通过预置的解析规则实现日志的解析、过滤及聚合，同时可将收集的日志通过转发功能转发到其他网管平台等。

——通信服务器实现与日志采集器的通信,将格式统一后的日志直接写入数据库并同时提交给关联分析模块进行分析处理,通信服务器可以接收多个采集器的日志,在平台尚未支持统一日志格式时,能够根据要求将日志转换为所需要的日志格式。

——关联引擎实现全维度、跨设备、细颗粒度关联分析,内置众多的关联规则,支持网络安全攻防监测、合规性监测。

——其他功能支持各种网络部署需要,包括日志聚合、日志过滤、事件过滤、日志转发、特殊日志格式支持等。

2)统一身份认证

江苏省经济社会发展大数据中心统一身份认证组件基于4A规范建设,即解决各类用户在访问数据中心各应用系统时的统一用户管理、统一身份认证、统一授权管理及统一安全审计等4个方面存在的安全和管理问题,能够有效统一管理和单点识别访问用户合法身份,阻止非法访问限制性资源,满足数据中心安全保障要求。

考虑当前情报所OA系统中已有情报所机构用户数据,因此在项目实施时需要从OA中同步用户数据,以及实现与OA等现有系统的单点登录集成。

统一身份认证系统主要包含以下功能模块。

①身份管理。对系统用户身份进行集中管理,主要包括用户组管理、角色管理、用户账号管理、口令管理及会话管理等功能。

——用户组管理。对于具有登录系统权限的用户进行分组管理,每个用户组对应不同的角色,系统提供用户组的维护功能及角色分配功能。

——角色管理。"角色"主要用来区别各类不同用户,通过把用户加入到某一种角色来实现该用户的权限分配。管理员可以添加自定义的角色,从而实现灵活的系统配置。

——用户账号管理提供用户的注册、用户信息维护功能。

——口令管理提供用户的口令修改功能,口令的有效期等维护。

——会话管理查看、浏览与检索用户登录情况,管理员可以在线强制用户退出当前的应用登录。

②身份认证。对访问者的身份进行合法性检查。主要包括单点登录、身份识别及身份校验等功能。

——单点登录。用户登录。各集成单点登录的应用系统时,统一跳转到单点登录窗口,登录完成后返回应用系统,并在客户端浏览器中生成凭据信息。

——身份识别。各个业务系统需要把用户信息统一提交到身份服务系统中进行身份识别。身份识别通过后才能使用各业务系统。考虑到系统的通用性,采用Web Services提供身份识别服务,供各业务系统调用。

——身份校验。各个应用系统收到用户请求后,需要通过身份校验功能向用户统一管理平台进行身份校验,验证该请求是否合法。

③授权管理。对系统用户实现按需分配、集中授权。不同类型用户对系统不同资源的访问许可,依据系统资源的安全和数据敏感级别、用户合法职责范围等,进行定义与分配。主

要包括用户授权管理和分组权限管理等功能。

——授权管理。管理员通过统一授权系统为各用户在不同系统的权限进行配置，在登录时各系统就调用相关的统一认证和授权接口，获取用户相关的权限信息，进到各系统后再创建用户，将相关的权限信息赋予用户，然后可以再进行权限验证。

——分组权限管理对不同的用户角色进行权限分类。

④安全审计。收集、监控用户对系统资源的访问行为，并对资源访问日志进行审计，一旦发生事故后可进行追踪溯源，减少非法访问造成的安全危害。主要包括应用访问日志和系统运行审计功能。

——应用访问日志系统提供用户访问系统日志查询导出功能。

——系统运行审计系统可以通过运行审计功能去审计用户通过统一身份认证平台登录后，是否违规访问其他应用系统。

3）全文检索

全文检索服务基于全文检索理论基础之上，通过将经济社会发展相关数据、资源等内容整合，配置各类文档类型、搭配各种数据索引方式，且辅之以可靠的安全策略，构建完整的经济社会发展大数据中心全文检索功能，为用户提供统一的、完整的、智能的、安全的、强大的数据中心搜索服务。

功能主要包括：内容采集、索引建立、统一索引、语文处理及安全管理等。

3.4.5 系统集成与接口服务平台

江苏省科学技术情报研究所业务和数据中心的建设目标是为了实现政府信息资源的全面整合与共享，推动情报所信息资源统一管理和应用，更好地支持上级的科学决策与宏观管理，为部门、企业及社会公众提供更加全面、准确、高效的信息服务，其运转核心是各类科技信息资源的充分整合与利用，只有制定出信息资源共建共享的统一规范，实现跨部门、跨系统的信息共享服务，才可以避免出现数据分离、交换不充分及产生新的统计信息资源盲区，因此应提供合适的接口标准以适应项目建设所涉及的外部系统对接的标准性及可扩展性。

（1）数据接口

江苏省科学技术情报研究所大数据中心提供多种数据处理与交换的手段，采用C/S与B/S相结合的接口模式，应用用户可根据系统建设状况灵活选择数据处理与交换的方式。

（2）数据交换方式

在本项目中，数据接口主要采用Web Service、文件交换、API、消息队列等数据交换技术。

1）基于Web Service的同步实现方式

采用基于HTTP的SOAP/Web Service分布式数据同步技术来实现不同业务系统的数据交换功能。SOAP/Web Service使用了XML作为封装和交换信息的标准，以HTTP作为第一个实现的传送通信协议，而HTTP又是现在所有平台和操作系统都已经接受的标准通信协议，在Internet/Intranet基础上跨越了地域的限制。

SOAP/Web Service可集成所有的软件技术，包括流行的脚本语言，M/MTS/COM+、CORBA和EJB等，在任何平台和操作系统中，结合了分布式应用技术与松散耦合数据的同步技术,最大范围满足了扩展与外延,高效易用的问题。在实际的应用中,Web Service服务器部署在统计业务和数据中心DMZ区,并发布相应的Web Service接口列表,外部系统可以有选择性的调用接口进行数据交互。

2)基于文件交换的数据接口实现方案

基于文件交换的数据接口方案是指以源系统和目的系统约定互相可以识别的中间数据格式为基础,以中间文件作为数据交换的媒介,实现数据从源系统到目的系统的迁移。

在数据从源系统加载到目的系统的过程中,可以采用手工导入方式,也可以采用自动数据接口方式。

采用自动数据接口方式进行数据交换的操作流程如图13所示。

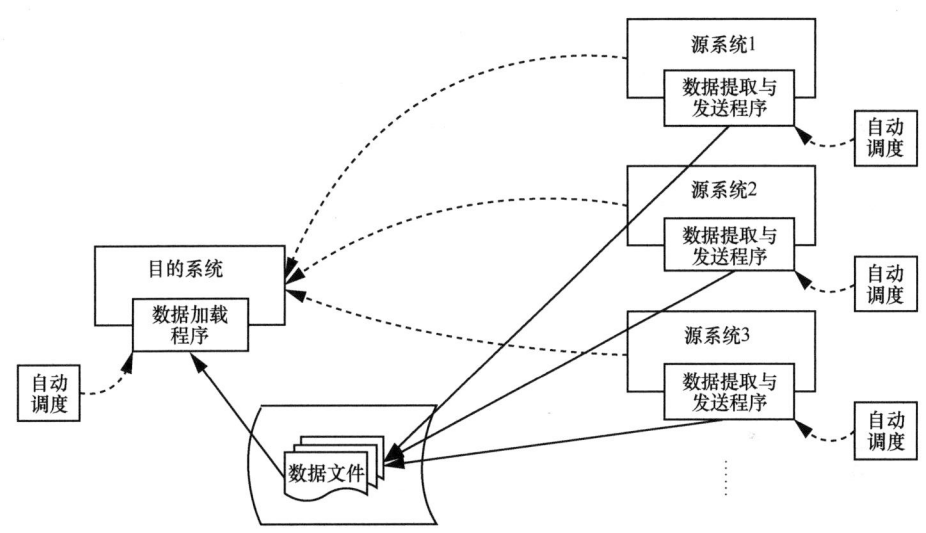

图13 采用自动数据接口方式进行数据交换的操作流程

①源系统按照事先约定的中间格式生成数据文件(可以采用定期生成或在源系统中手工触发生成);

②源系统将生成的数据文件发送到指定数据文件暂存位置(如某个机器的某个文件夹中,可以通过某种传输工具,如FTP,或开发单独的传输组件将数据文件发送到指定位置),该位置也可以被目的系统访问;

③目的系统从数据文件暂存位置取出未加载的数据文件,并将数据文件加载到目的系统中。目的系统加载数据文件可以定期启动或在目的系统中手工启动;

④已被加载的数据文件被目的系统标记(可以将标记放置于某个日志文件或存储在数据库中,也可以直接将已加载的数据文件移到另外的备档目录中,这样暂存目录下所有数据文件都是未加载的);

⑤目的系统提供查询数据状态的方法,源系统通过该方法查询上报的数据文件是否被成功加载(图中长虚线表示),如果在加载过程中发现数据有问题,或者数据在加载后又被业务系统驳回,要求源系统重新生成或重新发送到暂存位置。

3）基于API交互的数据接口实现方案

与基于数据文件的交换数据方式不同，基于API通信的数据接口方案是一种同步通信方式，也就是说在数据源一端开发数据提取与发送程序（称为数据发送方程序），数据发送方程序先将数据从数据源系统提取出来，通过转换和清洗形成接口API方法的参数约定的结构，然后由数据发送方程序调用目的系统提供的API方法，将数据以参数形式传递到调用的方法中，最后由这些API方法将数据入库到目的系统中。其数据交换过程如图14所示。

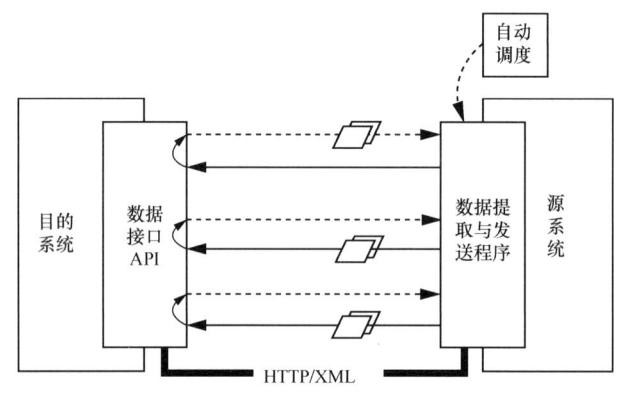

图14 数据交换过程

①数据发送方程序先进行调用前必要的初始化，如创建连接、初始化有关变量或分配内存等；

②如果必要，数据发送方程序调用业务系统提供的有关API方法取得收入业务系统某些基础数据，如指标列表、单位列表等（这一步可以省略）；

③数据发送方程序从源系统中提取数据，形成业务系统所提供的API方法的参数要求的数据结构；

④数据发送方程序调用业务系统提供的数据发送方法，并将上一步骤提取的数据作为方法的参数传入；

⑤数据发送方法执行过程就是将数据从源传输到目的系统，最后加载到目的系统中；

⑥数据发送方程序的运行可以采用在源系统中手工触发或通过调度程序定时运行；

⑦为保证数据接口程序的可移植性和平台无关性，业务系统提供的API方法基于Web Service技术。

4）基于消息机制的数据接口实现方案

通常一个消息系统允许分开的未耦合的应用程序之间可靠地异步通信。在多应用系统运行环境下，需要一种异步的、非阻塞的消息传递。例如，一个数据目的应用系统（客户端）给一个数据源应用系统（服务器）发送一个请求后，可能不在乎是否马上能得到回应。这样，客户端没有理由必须等待服务器处理请求。客户端应用程序在递交一个请求之后，只需确保请求到达服务器端后，就可以处理其他任务。

消息系统提供了许多其他分布式对象计算模型没有的优点。它鼓励在消息产生者和使用者之间的"松耦合"，在它们之间有很高程度的事务处理。对于使用者，它不在乎谁产生了消息，产生者是否仍在网络上及消息是什么时候产生的。这就允许建立动态的、可靠的和灵活的系统。同时它具有高度可扩展性及可靠性，容易与其他系统进行集成。

有两种消息类型。

① 发布/订阅（publish/subscribe）：发布/订阅消息系统支持一个事件驱动模型，消息产生者和使用者都参与消息的传递。产生者发布事件，而使用者订阅感兴趣的事件，并使用事件。产生者将消息和一个特定的主题（topic）连在一起，消息系统根据使用者注册的兴趣，将消息传给使用者。

② 点对点（peer to peer）：在点对点的消息系统中，消息分发给一个单独的使用者。它维持一个"进入"消息队列。消息应用程序发送消息到一个特定的队列，而客户端从一个队列中得到消息。

基于消息机制的数据交换过程如图15所示。

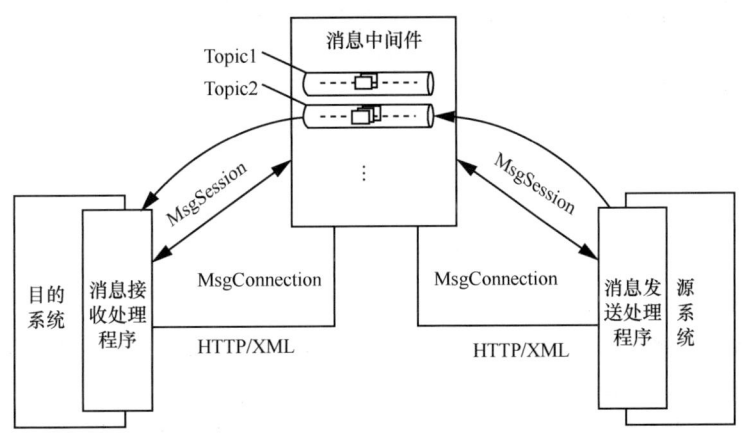

图 15　基于消息机制的数据交换过程

①数据源系统创建一个到消息系统提供者（消息中间件）的连接（connection）；

②数据源系统通过连接创建一个消息会话（session），用于发送消息；

③数据源系统通过消息会话对象创建一个消息发布对象（message producer）；

④数据源系统通过消息会话对象创建要发布的消息（message），将要交换的数据填充到消息对象中，然后通过消息发布对象将要发布的消息发布给消息系统提供者（消息中间件），可以连续发布多条消息；

⑤目的系统创建一个到消息系统提供者（消息中间件）的连接（connection）；

⑥目的系统通过连接创建一个消息会话（session），用于接收消息；

⑦目的系统通过消息会话对象创建一个消息消费对象（message consumer）；

⑧目的系统通过消息消费对象侦听消息系统提供者，并从消息系统提供者顺序提取数据源系统发布的消息。

5）系统支持通过固定格式文件导入导出

至少需要支持MSWORD、MSEXCEL、PDF、XML、文本文件及数据库导出文件的处理方案，支持相关数据的导入导出处理，提供简单的数据沟通方式，方便建立库表之间的数据关系及历史数据的相关处理等。

（3）数据接口API设计

1）概述

基于Web Service实现与外部系统交换数据的API，其接口交换的数据采用XML格式作为基础交换格式，通过该数据接口可以进行双向的数据交换，外部系统与本系统采用一致的指标代码来进行数据的映射。数据交换的原理和过程如图16所示。

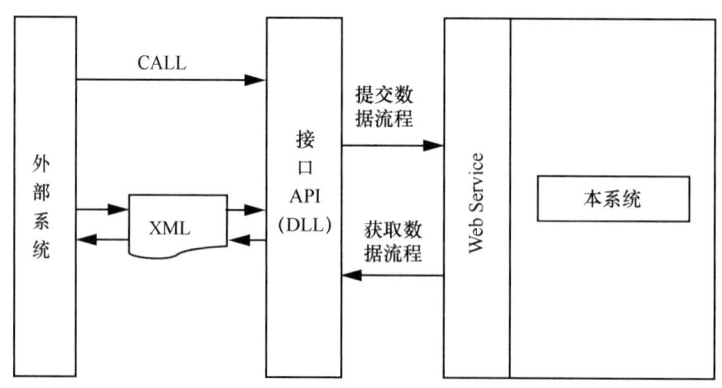

图16　数据交换的原理和过程

从图16可见，本系统实现的数据接口API基于XML文件格式进行交换，通过Web Service技术将需要调用的方法封装。它有以下特点。

①Web Service方法与具体开发语言无关，外部应用系统通过任何开发工具和编程语言（只要支持Web Service技术）都可以直接与本系统交换数据；

②Web Service技术基于HTTP/XML/SOAP实现，可以穿越防火墙，因而可以跨广域网调用，集远程通信和数据交换为一体；

③Web Service技术本身具有跨平台的特征，保证了本系统可以跨平台集成。

2）提交数据流程

提交数据流程包含以下动作。

①外部系统将要提交的数据，按照XML格式说明部分的要求生成XML格式的数据；

②外部系统调用接口API进行数据的发送；

③外部系统将XML格式的数据提交给API接口。

3）获取数据流程

获取数据流程包含以下动作。

①外部系统要获取单位信息，须调用API通过回调枚举出本系统存在的单位信息（如单位代码、单位名称、上级单位代码等，根据系统对单位定义的属性信息而定）；

②外部系统将要获取的指标代码、时期等信息按照XML格式说明要求生成XML格式的数据；

③外部系统调用接口API进行数据接收；

④API接口将填充好数据的XML格式的数据返回给外部系统；

⑤每次调用只能获取一个单位的数据。

（4）应用集成

在本项目中，应用集成主要采用 Web 页面整合、REST 接口整合两种方式。

1）Web 页面整合方式

Web 页面整合方式如图 17 所示。

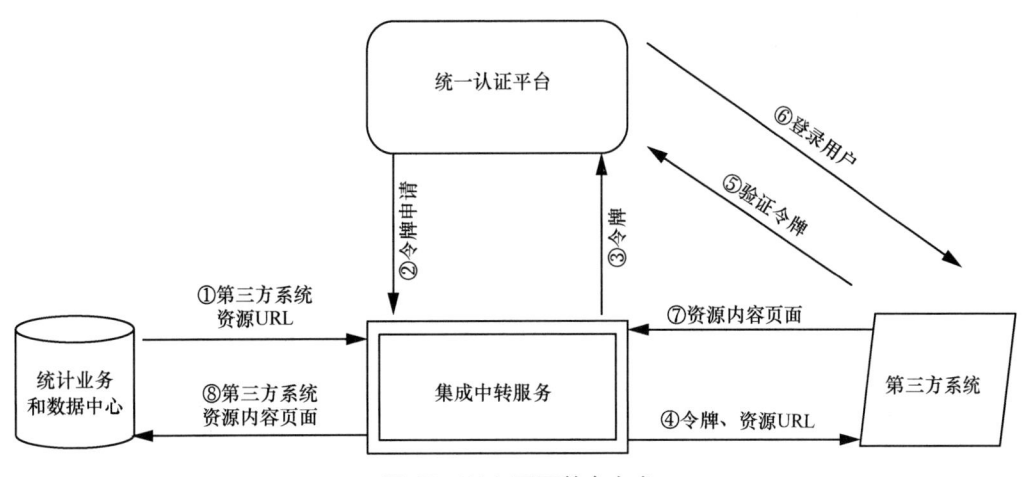

图 17　Web 页面整合方式

通过基于服务总线的集成中转服务，经过统一认证后获取第三方系统相关资源，主要步骤如下。

①江苏省科学技术情报研究所业务和数据中心相关应用系统通过集成中转服务传递第三方系统资源 URL；

②集成中转服务向统一认证平台申请身份验证令牌；

③统一认证平台返回令牌给集成中转服务；

④集成中转服务将获取的令牌和资源 URL 一起传递给第三方系统；

⑤第三方系统接收到令牌后，拿令牌去统一认证平台进行身份验证；

⑥统一认证平台验证令牌通过后将登录用户返回给第三方系统；

⑦第三方系统获取登录用户并进行系统登录操作，然后根据资源 URL 返回资源内容页面给集成中转服务。

⑧集成中转服务将第三方系统资源内容页面返回给江苏省科学技术情报研究所业务和数据中心相关应用系统。

2）REST 接口整合方式

REST 接口整合方式如图 18 所示。

①第三方系统向统一认证平台申请身份验证令牌；

②统一认证平台将令牌返给第三方系统；

③第三方系统调用 REST 接口服务，并且传递令牌给接口服务；

④REST 接口服务使用令牌去统一认证平台进行身份验证；

⑤统一认证平台验证令牌通过后将登录用户返回给REST接口服务；

⑥REST接口服务根据登录用户和REST接口调用江苏省科学技术情报研究所业务和数据中心相关应用系统的操作命令；

⑦江苏省科学技术情报研究所业务和数据中心相关应用系统根据操作命令进行相应的操作，并且将操作结果返回给REST接口服务；

⑧REST接口服务将操作结果返回给第三方系统。

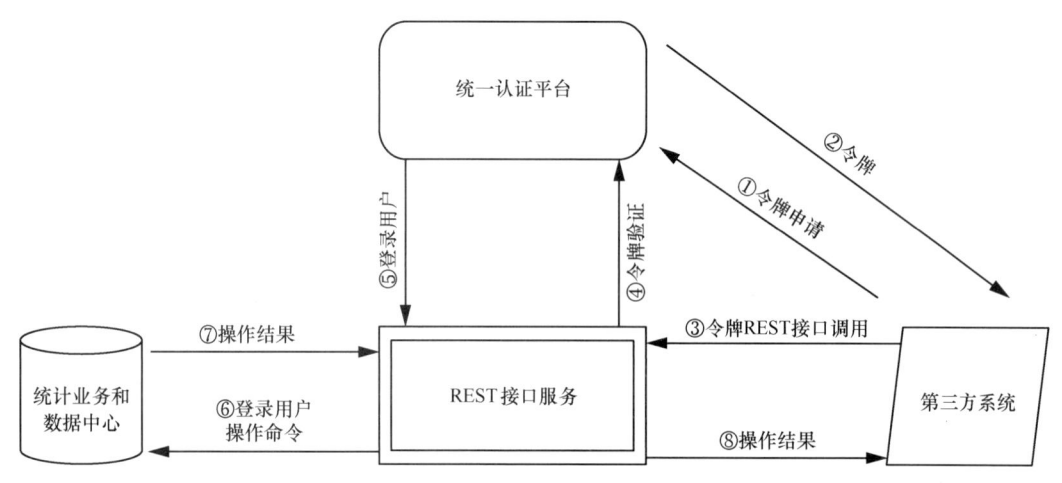

图18　REST接口整合方式

（5）对相关业务系统接口实施建议

对江苏省科学技术情报研究所业务和数据中心接口设计及建设有如下建议。

①统一数据规范，整理各个相关应用系统对应的数据结构，统一其格式、内容、表达方式等，格式统一了就要统一其接口方式，确定接口的实现方案，这样就可以降低不同接口、不同数据带来的复杂程度，降低数据的不兼容性。

②在数据来源确定的情况下，要坚持接口最少原则。确保现有系统和未来规划系统接口最少，提高数据一致性、准确性。

③支持多种数据采集方式（包括手工、文件导入、实时数据接口等方式）。降低部署成本，提高数据迁移速度，并最大限度保护各级管理部门、预算单位的前期投入。

④建议实施过程中加强与相关系统开发商的沟通及协调，促进接口开发顺利开展，保障实施进度。

3.5　数据管理平台

3.5.1　数据挖掘分析系统

借助开源R语言或标准化的SPSS或SAS等作为分析工具，以存储管理的历史数据为依托，根据预测分析与决策支持理论，建立分析模型，实现数据的深度挖掘分析，为用户提供决策支持。

数据挖掘分析系统的主要服务对象是：上级领导用户、部门用户、全情报所机构用户

（表6）。

表6 数据挖掘分析系统角色及角色权限

角色	角色权限
上级领导用户	可以查看全部数据
部门用户	可以查看本部门相关的所有数据
全情报所机构用户	可以执行所有数据综合查询功能，可查看数据范围为所在地区

（1）系统设计

考虑数据挖掘分析系统中涉及数据分析处理及结果审核流程，为满足用户可以随时随地进行日常办公、业务处理等需求，数据挖掘分析系统开发和实施时应当同时满足对PC桌面和智能移动终端（移动应用服务系统）的适配支持。

通过建立挖掘分析专题，全面、真实地反映经济、社会发展态势，客观、科学地评价各个监测领域取得的成效和存在的主要问题及矛盾，为党政领导综合决策提供全面小康监测评价、率先基本实现现代化监测评价、文化产业监测评价、战略性新兴产业监测评价、妇女儿童监测评价、农业现代化监测评价、生态文明监测评价、社会事业监测评价等全方位、多角度的参考依据（图19）。

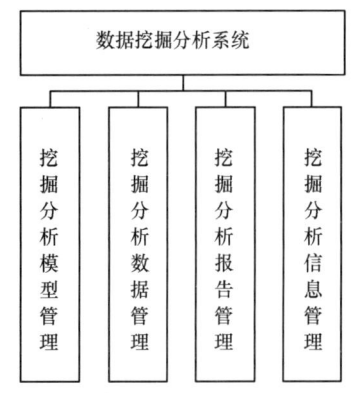

图19 数据挖掘分析系统设计框架

1）挖掘分析模型管理

主要包括提供丰富评价模型与算法、评价模型与算法查询、评价模型与算法配置。

① 提供丰富评价模型与算法。包括指标无量纲化分析、指标权重赋值分析、指标综合分析等。

② 评价模型与算法查询。通过监测评价体系类别、评价分类、评价指标、模型名称等过滤条件，查询系统使用人员权限范围内的评价模型与算法。

③ 评价模型与算法配置。提供注册、启用、禁用、修改、删除评价模型与算法，并能够通过评价模型与算法的分解、组装等功能，实现不同评价目标，为用户提供灵活的、可配置的管理方式。

2）挖掘分析数据管理

主要包括监测数据使用申请、监测数据使用审核、监测数据查询与监测数据下载。

① 监测数据使用申请。提供系统使用人员向监测数据管理者提交数据使用申请。

② 监测数据使用审核。监测数据管理者对数据使用申请进行审核，并进行授权操作。

③ 监测数据查询。通过监测评价体系类别、监测评价分类、监测评价指标、查询时间等过滤条件，调用数据综合查询系统中多样化方式查询系统使用人员权限范围内的监测数据。

④监测数据下载。可下载系统使用人员权限范围内的监测数据。

3）挖掘分析报告管理

主要包括监测评价报告模板配置、监测评价报告查询、监测评价报告修改、监测评价报告下载、监测评价报告审核、监测评价报告发布。

①挖掘分析报告模板配置。提供注册、启用、禁用、删除、修改监测评价报告模板等操作，为用户提供灵活的、可配置的管理方式。

②挖掘分析报告查询。通过监测评价体系类别、监测评价分类、监测评价指标、时间等过滤条件，查询系统使用人员权限范围内的监测评价报告。

③挖掘分析报告修改。对已有监测评价报告进行修改与完善，并将已经完成的与监测评价任务相关的报告转存至历史监测评价信息中。

④挖掘分析报告下载。可下载系统使用人员权限范围内的监测评价报告。

⑤挖掘分析报告审核。监测评价报告生成后，需要提交给审核人进行审定与修改。

⑥挖掘分析报告发布。审核人将监测评价报告审核结果和意见反馈给报告提交人员，如审核通过，则由审核人提交申请发布。

4）挖掘分析信息管理

主要包括历史监测评价信息查询、历史监测评价信息上传、历史监测评价信息下载。

①历史监测评价信息查询。通过监测评价体系类别、监测评价分类、监测评价指标、时间等过滤条件，查询系统使用人员权限范围内的历史监测评价信息。

②历史监测评价信息上传。上传历史监测评价信息。

③历史监测评价信息下载。可下载系统使用人员权限范围内的历史监测评价信息报告。

（2）接口设计

数据挖掘分析系统是各项统计监测与评价工作的主要平台，面向的用户主要是统计机构和市级部门用户。监测评价系统中的监测评价指标体系构建管理、监测数据管理、评价模型与算法管理、专题监测评价管理、监测评价报告管理、历史监测评价信息管理和交流信息管理七大模块均是以平台的方式为用户提供服务。

1）系统关联

数据挖掘分析系统需要使用业务支撑及协同平台所提供的统一身份认证服务。系统需要访问原始数据库、基础数据库、综合应用数据库及主题/专题数据库等，其所提供的监测评价服务通过服务总线面向数据云服务系统、数据决策支持信息系统、智能门户系统、移动应用服务系统、数据中心全局视图系统及经济社会发展"一张图"系统等开放，包括第三方系统在经过授权后也可以访问接口服务（图20）。

2）模块关联

各类专项评价均是基于挖掘分析管理模块事先订制完成后提供功能服务，并且可通过挖掘分析管理模块对其进行后续的维护、配置。另外，通过挖掘分析管理模块，允许用户在新增挖掘分析体系模块中自定义新的评价（图21）。

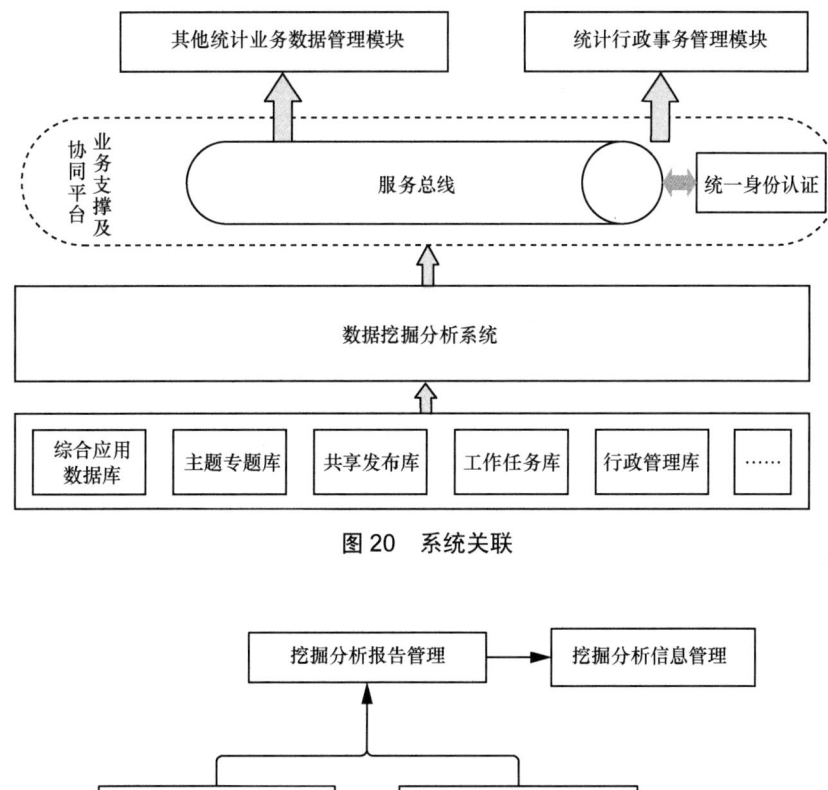

图 20　系统关联

图 21　模块关联

3.5.2　综合查询系统

数据综合查询系统在业务和数据中心数据资源整合和集中存储的基础上，通过多种方便灵活的查询分析手段及展示形式，提供经济社会发展数据查询功能，以及面向其他应用系统提供数据查询接口服务。数据综合查询系统支持全文检索，支持对查询结果进行二次渐进式查询，逐步缩小查询范围。

（1）用户角色

综合查询系统的角色分为党委用户、部门用户、情报所机构用户（表7）。

表7　综合查询系统角色及角色权限

角色	角色权限
党委用户	可以查看全部数据
部门用户	可以查看本部门相关的所有数据
全情报所机构用户	可执行所有数据综合查询功能，可查看数据范围为所在地区

（2）系统设计

数据综合查询系统包括综合查询、自定义查询、接口服务及系统配置等4个模块，系统的模块结构如图22所示。

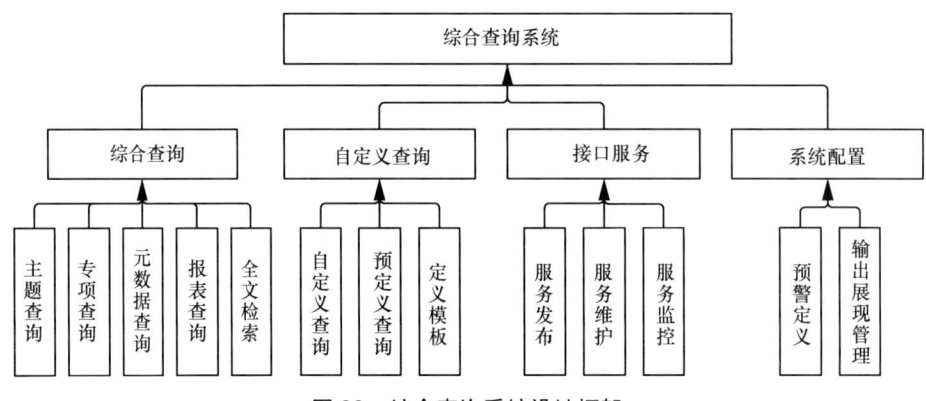

图 22　综合查询系统设计框架

具体功能模块如下。

1）综合查询

包括主题查询、专项查询、元数据查询、报表查询及全文检索，查询支持按关键词查询、按数据库表字段查询等方法。

①主题查询。提供面向主题数据库和主题指标分类的数据查询，能够实现按行业代码分类、按地区分类、按指标类型分类等，进行经济指标数据的浏览，这种查询方式以系统预先建立的面向各主题数据库和主题指标分类的数据报表为查询数据源，允许经过授权的各层面用户查询不同报告期、不同范围的数据。

②专项查询。专项查询一般是整表查询，查询结果为专题数据加工过程中数据分析人员预先定义的报表，报表的格式、内容基本固定。系统提供以树形结构逐级展开的专题层次，方便用户指定查询的专题数据库范围；根据用户指定的专题判断并列出专题数据的时间频度，如年报、半年报、季报、月报，供用户选择，关键词可以是报表名称、指标名称、分类项目、标题等，也可以是报表中的分类项。

③元数据查询。通过充分利用数据库完备的元数据体系，经元数据体系导航定位到具体业务数据，从而完成查询。

④报表查询。提供用户以报表为单位，输入报表表号或名称，设置报告期，从数据库数据资源体系中查询报表数据。

⑤全文检索。采用业务支撑及协同平台中提供的全文检索服务，检索内容涵盖整个数据资源体系，包括结构化数据和非结构化数据，用户可对数据资源体系中各种信息进行全文检索。

⑥按关键字和数据库表字段查询。按关键字查询是通过用户输入的关键字词，进行模糊匹配搜索。关键词可以是报表名称、指标名称、业务用语、目录、分类项目等，也可以是非结构化文档在存储时抽取的关键词、摘要等，另外还允许多个关键词组合后查询。按数据库表字段查询，可为熟悉数据存储结构的数据管理人员提供快速数据查询的途径，系统辅助用户查找到数据表及完成字段选择。综合查询功能还支持对查询结果再次查询和结果筛选处理，如按报表频度、所属专业、报表类型、所属地区等进行筛选。

2）自定义查询

由用户自定义查询方式，利用查询服务管理模块，注册并发布新的查询方式服务，提供给本系统和其他系统调用。

① 自定义查询。自定义查询提供方便灵活的数据查询功能，其提供强大的定制能力，用户可以在进行查询时，定义运算指标、定义数值预警范围、定义相应的图类型，以及常用的高级格式化设置（如千分位）等。

② 预定义查询。对于用户经常要使用和查看的查询内容及数据，用户可以定义为查询模板，然后在预定义查询中点击相应的名称即可获得查询结果。

③ 自定义模板管理。对于用户经常要使用和查看的查询内容及数据，用户可以定义为查询模板，然后在查询模板中点击相应的名称即可获得查询结果，用户可以浏览、增加和删除查询模板和查询模板组。

3）接口服务

提供对外的数据查询服务的管理。包括接口服务的发布、修改、启用、禁用、删除及接口服务访问情况监控等管理功能。

4）系统配置

① 预警定义。允许用户自定义预警条件，当执行查询时可根据设置的预警条件进行预警提示，每个查询项可以对应多个预警项。

② 输出展示管理。执行综合查询、自定义查询后，查询结果允许导出多种格式文件，包括文本、DBF、HTML、XML、Excel及PDF等。另外，还提供查询结果默认排序配置、图表展现方式配置、默认量纲配置、查询结果默认样式管理等。

（3）接口设计

数据综合查询系统是江苏省科学技术情报研究所业务和数据中心进行综合查询工作的主要平台，其面向的用户主要是部门用户及全情报所机构用户。同时，数据综合查询系统也以接口服务形式对其他系统提供多样化的数据查询类服务，此类服务均是通过业务支撑及协同平台提供的服务总线对外发布。

3.5.3 综合分析系统

综合分析系统按照"数据+服务"的总体思路，在科学、规范、高质量的数据资源体系的基础上，通过各种统计分析算法与可视化分析工具进行专题分析，创造具有高度专业灵活性、需求适应性和易用性数据分析服务，切实提高对各类数据的分析研判能力、诠释解读能力和决策咨询能力，及时反映经济运行中的趋势性问题、差异性问题，满足不同层次用户对数据服务的不同深度需求。一方面支持用户直接使用定制好的成品服务；另一方面支持用户按需定制个性化服务。

（1）用户角色

综合分析系统的主要服务对象是：党委政府用户、部门用户、全情报所机构用户。用户角色及权限如表8所示。

表8 综合分析系统用户角色及权限

角色	角色权限
党委政府用户	可以查看全部数据
部门用户	可以查看本部门相关的所有数据
全情报所机构用户	可以执行所有数据综合查询功能，可查看数据范围为所在地区

（2）系统设计

综合分析系统包括专题及专题数据资源管理、数据分析展现、综合分析及辅助决策支持3个模块。

以居民消费价格指数综合分析为例，首先根据居民消费价格指数进行专题建模，配置数据采集规则后执行基础数据采集，成为居民消费价格指数专题资源储备；用户通过数据分析展现执行居民消费价格指数分析，分析结果以多种形式可视化展现；另外，用户通过综合分析及辅助决策支持模块还可以对居民消费价格相关的数据进行常规分析及研判，如分类指数分析、孤立点分析、同比环比分析及区域性分析等。以孤立点分析为例，从居民消费价格数据中发现异常，并分析出关联性因素，可提供给相关职能部门用来进行决策支持（图23）。

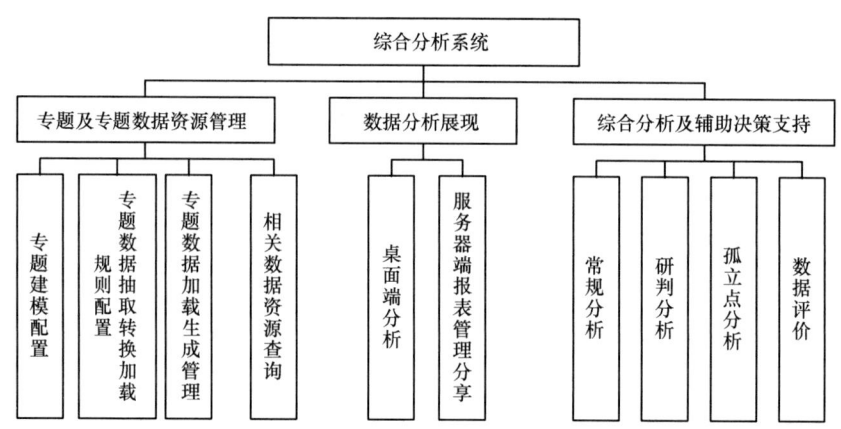

图23 综合分析系统设计框架

1）专题及专题数据资源管理

专题及专题数据资源管理是提供一套通用的专题及专题数据资源的管理机制，主要包括专题建模配置、专题数据抽取转换加载规则配置、专题数据加载生成管理、相关数据资源浏览查询四大模块。在综合分析系统中，此模块主要实现专题数据抽取转换加载规则配置及数据资源管理。

①专题建模配置。通过数据加工者和使用者的需求分析，挖掘出日常统计作业中潜在的更广、更深的分析需求，真正了解构建专题模型的数据基础及上层应用，探索指标的本质含义及相关关系，合理抽象出存储稳定，能够对政府、部门、公众提供科学高效支撑的专题模型，并能够对专题模型进行灵活配置（注册、启用、禁用、修改、删除等操作），以适应数据基础、政策、需求等信息的变化。

②专题数据抽取转换加载规则配置。在这个过程中，需要完成数据的抽取、清洗、转换、加载等操作。

数据抽取。配置数据抽取规则，确定要抽取的源数据、如何抽取数据、抽取数据的频率和时间。

数据转换。配置数据转换规则，对来自不同数据源的数据进行一致性转换、合并来自不同数据源的信息并去除重复信息。定义取值范围、匹配和清除、对同组或相关数据进行聚合或汇总计算、统一计量单位、将代码转换为完整的有实际意义的描述、将数据源中的单一信息按照数据仓库的需要进行分解、对数据进行重组或重构。

数据加载。配置数据加载规则，确定加载的目标数据库、确定数据加载类型（批量加载、增量更新、删除等）、对数据加载进行时间调度。

为减小数据转换、加载处理对资源的负荷，并满足抽取的实时性等要求，可以通过增加抽取频率来分担负荷的方法，对业务数据采取增量抽取的方式，如每日设置固定间隔，根据业务数据源系统的忙闲程度、调度任务的先后顺序与所需时间，合理安排ETL任务，使同一时间不冲突、不绝对争用系统资源的任务并行数达到较合理水平，以提高ETL的处理效率。

③专题数据加载生成管理。基于配置的专题数据抽取、转换、加载规则，将数据按照数据中心专题模型进行整合，并最终生成面向专题分析的专题数据。

④相关数据资源查询。通过专题类型、基础数据资源类别、时间等过滤条件，查询系统使用人员权限范围内的基础数据资源。

2）数据分析展现

数据分析展现是基于标准规范的数据资源体系，基于新一代 BI 软件技术，用户可以按照分析应用的需求，方便灵活地组合相关数据资源，通过点击或者拖放的方式快速地创建出交互、美观、智能的视图和仪表盘，形成自己的分析模型，并利用浏览器进行分享。利用丰富多样的分析功能，满足从一般到高级的各类分析人员的分析需求。主要包括桌面端分析和服务器端报表管理分享两大主要模块。在综合分析系统中，此模块主要实现在桌面端和服务器端提供分析服务及可视化服务功能。

①桌面端分析。通过鼠标点击，就可连接到各类数据源，然后只需用拖放的方式就可快速地创建出交互、美观、智能的视图和仪表盘；可以处理海量的数据，并且可以快速创建出各种图表类型，如饼图、柱状图、条形图、气泡图、热力图、瀑布图、突出表、折线图、散点图、交叉表等，拥有自动推荐图形的功能，即用户只要选择好字段，软件会自动推荐一种图形来展示这些字段。图表可以在仪表盘中自由摆放，形成图文结合的视图。这些视图可以是一表多图、一图多表、多表多图的表现形式。同时，还支持图表的动态播放功能。桌面端分析模块主要包括数据源管理、工作表管理、仪表盘管理、动态图形管理、智能分析、样式管理、服务器端发布管理等子模块。

数据源管理。支持 Oracle、MySQL、IBM DB2、Teradata、Cloudera Hadoop Hive 等数据源，也需支持独立的文本、Excel、Access 及 SAS、SPSS、R 等常用通用统计软件的文件。

工作表管理。包括新建、复制、导出工作表，对工作表中的显示内容进行设置，设置与其他工作表及外部 URL 的关联。

仪表盘管理。包括新建、复制仪表盘、导出仪表盘中的图形，对仪表盘中的显示内容进行设置，设置与其他工作表及外部URL的关联。

动态图形管理。包括新建、复制动态图形、导出动态图形中的图像，对动态图形的显示内容进行设置，设置与其他工作表及外部URL的关联。

智能分析。可对视图中所用数据进行操作，如按百分比显示，显示行、列的合计数，显示趋势线，显示快速筛选的项目，行列互换，创建自定义的计算字段（支持常用的数字、字符、日期、类型转换、逻辑、聚合、表计算、RAWSQL等函数）等功能。

样式管理。可对工作表中各式标题、注释、标签、说明进行样式设定，设定阴影、边界、表格、线的样式风格，添加标记线、参考线等。

服务器端发布管理。登录服务器，上传并发布制作完成的工作表、仪表盘或者动态图形，对上传内容的访问权限进行控制。

②服务器端报表管理分享。用于发布和管理桌面端制作的仪表盘，同时也可以发布和管理数据源。基于浏览器的分析技术，当仪表盘做好并发布到服务器平台上后，可通过浏览器或平板电脑查看分析结果。

灵活的数据架构。通过实时数据连接利用快速数据库，借助其数据引擎，提取和刷新内存中的数据。可灵活在两种方式里做变换。

自动更新。以设定的时间间隔或增量程度，按计划刷新本地数据。或者全部刷新。数据连接发生故障时获得警报。设置订阅，无论何时需要，均可取得数据。

嵌入式分析。可把数据整合到业务中。将仪表板嵌入现有的任何工作流中。

权限控制。可根据需要级别设置安全权限。通过组管理及角色管理区分用户，为项目、仪表板，以及用户设置单独的权限。利用数据连接权限和行级筛选确保数据安全。

支持移动设备访问。通过创建一次仪表板，可在任何设备上查看或编辑。仪表盘针对移动平板电脑自动优化，无须再次编程处理。可以在移动Web浏览器中，或者利用原生iPad和Android应用程序，通过平板电脑手势查看仪表板并与之交互。服务器端报表管理分享模块主要包括内容管理、用户管理、组管理、数据源更新管理、进程及日志管理等子模块。

内容管理。新建项目，工作表、仪表盘、动态视图及数据源管理。

用户管理。新建、修改、删除用户，用户登录状态查看。

组管理。新建、修改、删除组，管理组用户，管理组权限。

数据源更新管理。新建、修改、删除数据源更新计划，调整数据提取刷新频率。

进程及日志管理。监控应用、API、缓存服务器、数据引擎、文件存储等相关进程运行状态，提供对视图访问、用户操作、数据加载时间及空间使用情况等内容的图形化监测分析，日志文件管理。

3）综合分析及辅助决策支持

综合分析及辅助决策支持是基于各类基础数据、综合数据、主题/专题数据，以及业务支撑与协同平台提供的服务体系的支撑功能，采用数据仓库、数据挖掘、BI（商业智能）等技术，实现多维分析、趋势分析、指数分析等高级应用，全面反映江苏省市经济和社会发展、重点行业和产业发展态势，为政府部门和各级党政领导实施科学决策和管理提供辅助支持。综合统计分析包含四大功能：常规分析、研判分析、孤立点分析、绩效评价。在综合分析系统中，此模块主要实现对经济社会发展数据常规分析和深度挖掘，充分利用分析工具提供多维度高级分析，反映江苏省科学技术情报研究所业务的重点行业和产业发展趋势，为各级政府部门进行科学决策提供可视化和高质量的数据支持。

①常规分析。常规分析要对经济社会发展数据进行各种基本的数字特征的计算，包括求和、计算平均值、标准差、增长率、比例分析等，主要包括以下功能。

基本数字特征的计算。选定单位（可以同时多个单位）、时间段所确定的数据，计算所选择的统计指标的横向和纵向平均值、横向和纵向方差、横向和纵向标准差等基本数字特征，其中纵向是指取某一单位、同一指标、不同时间点的统计数据来计算数字特征，横向是指取同一指标、同一时间点、不同单位的统计数据来计算数字特征。计算出来的结果列在一个表格中。

增长率分析。选定单位（可以同时多个单位）和统计指标（可以同时多个指标），计算这些指标在指定时间内的环比增长率和环比增长量、同比增长率和同比增长量及定基增长率和定基增长量。结果列在一个表格中，同时能显示所选定的统计指标相应的折线图、对比直方图等形式的趋势图。

纵向比例分析。从业务分类的角度计算在某些统计特征上子类业务占上级总分类业务的比重，并能以表格和统计图两种方式表示计算结果。

横向比例分析。从单位层次的角度（不同单位对应范围的地理区域）计算统计指标占上级单位同一指标的比重，并能以表格和统计图两种方式表示计算结果。

对比分析。能按某一类口径（如地区、业务类别）比较不同统计指标的数值。

自定义分析。自定义各种结构分析表，对基础指标进行加工分析。

数据收集起来后，要充分利用这些宝贵的信息，总结过去的业务情况，发现业务隐藏的规律，预测以后发展的趋势。

统计分析概括原数据的总体情况，按照特定的分类进行汇总或罗列明细，找出其中隐含的规律，把握业务的未来趋势。一般来说，分析需求分为三大类。

总结性分析。统计概括原数据的总体情况，进行分类汇总或罗列明细。

发现性分析。目的是发现数据之间隐含的规律。

预测性分析。根据历史数据把握业务的未来趋势。

②研判分析。研判是根据经济发展过程中的历史和现实，综合各方面的信息，运用定性和定量的科学分析方法，提炼出经济发展过程的客观规律，并对各类经济现象之间的联系及作用机制做出科学的研判和分析，指出各类经济现象和经济发展过程的可能过程和结果。按其性质分析，研判分析可分为定性研判和定量研判，定性研判通常需要大量的人工交互，实施成本较高，本系统只要求提供定量研判分析方法。研判分析包括以下步骤和过程。

历史数据预处理。由于存在数据缺失、数据异常和统计口径的差异，这样的统计数据不能直接用于模型研判分析，必须对存在异常的数据进行平滑处理。要求系统在选定模型进行研判前，能自动对历史数据进行平滑处理，要求给出平滑处理的算法。

趋势分析模型。系统能提供常见趋势研判分析模型，如线性趋势分析模型、二次曲线分析模型、指数曲线分析模型、对数曲线分析、皮尔曲线分析模型、高珀兹曲线分析模型等。

平滑分析模型。系统能提供常见平滑分析模型，如布朗二次指数平滑法、布朗二次多项式指数平滑法、霍尔特线性指数平滑法等。

季节分析模型。若一个时间序列的时间跨度跨越了超过两个以上的季节周期，一般都需要考虑该时间序列存在的季节趋势因素，这里所说的季节周期是由数据的粒度决定的，常用的季节周期有"月"（周期为12）、"季"（周期为4）、"半年"（周期为2）、"旬"（周期为3）等。系统要求提供常见季节模型，如温斯特—霍尔特季节模型（包括加法模式和乘法模式）、缪尔—温特斯季节模型、不变季节指数预测模型、博克斯—詹金斯模型等。

相关分析模型。系统能提高常见的相关分析模型，对于线性模型，要求能提供一元线性回归模型和多元线性回归模型，对于非线性模型，要求能提供几种特殊的非线性回归模型，如一元幂函数回归、一元指数曲线回归模型、一元对数函数回归模型、一元S曲线回归模型、一元双曲线回归模型等。

自动研判分析。通常，做好研判分析需要用户掌握较多的统计学知识，为降低普通用户使用系统提供的统计研判分析功能的要求，要求系统能提供自动研判分析功能，用户只需选定需要研判分析的指标，系统就自动利用判定规则选择研判分析模型，给出研判结果。

③孤立点分析。孤立点分析是按一定的标准从一组数据中挑出异常的或与其他数据有明显不同的数据，孤立点分析可以用于预警分析。

④绩效评价。绩效评价的主要功能是进行评价计算，并且基于系统评价计算的结果为统计工作提供判断、决策的依据。计算部分包括评价计算和标准值测算两部分：其中评价计算是完成对绩效评价计算，标准值测算是利用已有的基本数据计算出相应的标准值。

（3）接口设计

本系统功能的实现需要由资源体系管理系统、数据资源整合系统等提供服务支撑。综合分析系统是各项综合分析工作的主要平台，面向的用户主要是统计机构业务人员、统计机构领导和部门用户。综合分析系统中的专题及专题数据资源管理、数据分析展现、综合分析及辅助决策支持三大模块均是以平台的方式为用户提供服务。

3.5.4 决策支持系统

为使领导更准确地使用资源、更有效地提供决策支持信息，基于情报业务和数据中心建设决策支持系统，最大限度地发挥统计业务和数据中心的决策支持信息能力。

除决策支持分析功能外，系统还展现经济形势方面的数据表及统计分析成果、热点问题参考意见、相关部门资料的检索等，以及监测评价、经济预测和景气预警信号灯等系统中成果的查询。

（1）用户角色

数据决策支持信息系统的主要服务对象是：党委用户、部门用户、各级统计机构用户。用户角色及权限如表9所示。

表9 决策支持系统用户角色及角色权限

角色	角色权限
党委用户	可以使用数据分析评价和决策支持模块中各分析、预测功能
部门用户	职权范围内的分析、预测功能
各级统计机构用户	所有分析、预测功能

（2）系统设计

数据决策支持信息系统主要包括数据预处理、数据分析评价和决策支持功能（图24）。

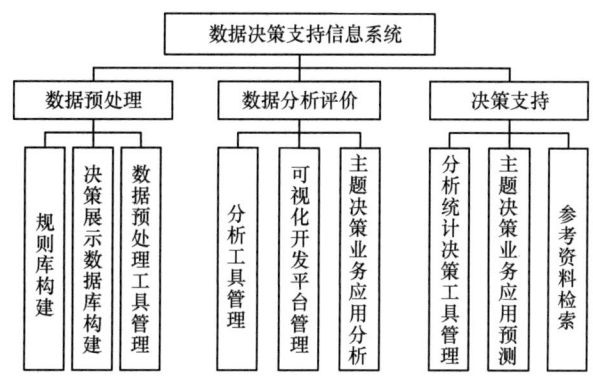

图24 决策支持系统设计框架

1）数据预处理

依托统计业务和数据中心数据，进行决策数据的预处理及统计，建立不同决策主题的规则库，进行决策展示数据库的采集和处理。依托元数据、原始数据、基础数据、综合应用数据、主题/专题数据库建立决策展示数据库，并构建决策展示数据库与数据中心数据的立体管理关系。

① 规则库构建。依托统计业务和数据中心数据，进行决策数据的预处理及统计，构建不同决策主题的规则库，并能够对规则库进行有效的维护和管理，实现规则库中知识规则的新增、修改、删除和检索（全文检索和条件检索）。

② 决策展示数据库构建。依托元数据、原始数据、基础数据、综合应用数据、主题/专题数据库建立决策展示数据库，并实现对决策展示主题的配置管理。

③ 数据预处理工具管理。提供季节调整、空缺值处理、数据标准化等工具，并实现数据预处理工具的配置管理。

2）数据分析评价

依托数据可视化等技术或成熟产品，提供满足不同主题决策业务应用的开发平台，实现不同决策主题应用的分析。

① 分析工具管理。提供增长率分析、比率分析、结构分析、弹性分析、平滑分析等指标分析工具，并实现对分析工具的配置管理。

② 可视化开发平台管理。集成数据可视化等技术或成熟产品，并实现可视化开发平台的配置管理。

③ 主题决策业务应用分析。利用不同分析工具、基于可视化手段，实现主题决策应用的多样化分析。展现内容不仅包括经济形势方面数据表及统计分析成果、热点问题参考意见、以及相关部门资料等，还包括经济预测系统和景气预警信号灯系统中的部分结果。

3）决策支持

依托决策树、统筹学等预测分析技术，提供满足不同主题决策业务应用的开发，实现不同决策主题应用的开发。

① 分析统计决策工具管理。提供回归分析、趋势预测、BJ 预测、季节预测、平滑预测、灰色预测、组合预测等预测工具及主成分分析、因子分析、聚类分析等统计工具，并实现分析统计决策工具的配置管理。

② 主题决策业务应用预测。基于分析统计决策工具，对各类主题决策业务应用进行预测。

③ 参考资料检索。展现经济形势方面的数据表及统计分析成果、热点问题参考意见、相关部门资料的检索，以及监测评价、经济预测和景气预警信号灯等系统中成果的查询。

（3）接口设计

本系统功能的实现需要应用支撑系统、数据全业务处理系统、资源体系管理系统、经济预测系统、监测评价系统及景气预警信号灯系统等提供支撑和服务。

主要涉及的接口如下。

1）与应用支撑系统对接

调用统一身份认证、服务总线、工作流、消息队列等服务接口；调用智能运维管理服务接口。

2）与数据全业务处理系统对接

调用数据处理各类服务接口。

3）与资源体系管理系统对接

调用元数据管理、公共基础数据管理及资源目录更新等服务接口。

4）与经济预测系统对接

调用经济预测系统中的算法及模型服务。

5）与监测评价系统及景气预警信号灯系统对接

调用相关服务接口。

（4）系统关联

数据决策支持信息系统与外部系统的关联关系与 3.5.3 描述的接口内容相同（图 25），参见 3.5.3。

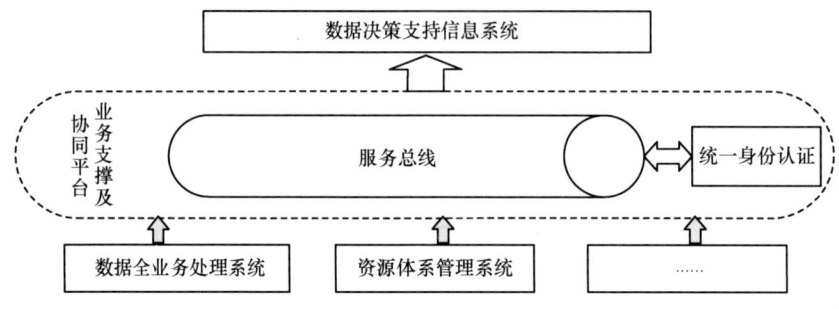

图 25　业务支撑及协同平台外部关联

（5）模板关联

首先要对分析评价和决策支持处理的数据来源进行预处理，预处理完毕后可执行主题决策业务应用分析处理，同时应用分析处理的结果可以提交到主题决策业务应用预测中进一步进行数据挖掘，结合检索出来的资料及数据结果形成可用于为决策提供支撑的主题业务预测结果（图26）。

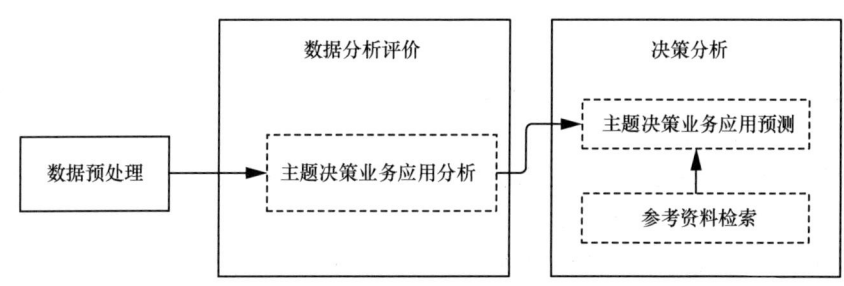

图26　数据模块关联

3.5.5　数据云服务系统

（1）设计目标

数据云服务系统是为各类用户提供在线查询，获取数据信息资源和运算服务资源，并且根据需求自定义访问服务的服务互动平台。

考虑数据云服务系统涉及对云服务的注册、订阅等业务的审批，为满足用户可以随时随地进行日常办公、业务处理等的需求，数据云服务系统开发和实施时应当同时满足对PC桌面和智能移动终端（移动应用服务系统）的适配支持。

（2）用户角色

数字云服务系统的主要服务对象是：统计机构用户、部门用户，用户角色及权限如表10所示。

表10　数据云服务系统角色及角色权限

角色	角色权限
统计机构用户	所有服务资源访问权限
部门用户	与部门相关的服务资源访问权限

（3）系统设计

数据云服务系统主要包括服务管理、资源检索、服务订阅、系统维护功能（图27）。

1）服务管理

服务管理包括服务编目、服务注册、服务发布等功能模块。

①服务编目。数据信息资源及服务信息资源的提供者对共享服务资源进行目录编辑，形成目录内容。服务信息资源可分为数据、文件、出版物等，服务类型可分为查询、汇总、推送及交互等。服务编目包括以下功能。

——对信息资源提取相关特征信息，并在此基础上结合具体业务适当增加，形成信息资源数据；

——根据信息资源标识符编码标准，向目录管理者申请信息资源的标识符编码，并对数据中的标识符信息进行赋值；

——根据信息资源分类标准对数据中的分类信息进行赋值；

——对目录内容设置适用权限。

②服务注册。提供者将编目形成的服务信息资源通过注册系统向目录中心注册，管理员进行审核，通过后入库。服务注册包括以下功能。

——提交。通过管理机构和提供者之间的网络平台，实现服务信息资源数据的提交。

——审核。通过相应的审核系统，管理员确认提供者提交的信息资源数据格式及内容是否符合标准要求，未通过审查的元数据返回给提供者修改。若提供者未对政务信息资源唯一标识符赋码，由管理者进行赋码。

——入库。对于通过审核的信息资源数据，实现入库管理，形成正式目录。这里的库是指管理员向使用者提供服务信息资源目录服务的数据库。

③服务发布。管理员把目录内容对外发布，目录即可供部门和统计机构使用了。目录的外部展现方式是一站式服务系统。管理员可以控制特定的服务信息资源数据是否对外服务。发布的目录可以以主题分类为主或者选用服务分类。

2）资源检索

使用者向一站式服务系统发送目录查询请求，一站式服务系统根据查询条件和用户权限将检索到的资源信息返回给使用者。资源检索提供多种查询功能：按照主题分类、部门分类等多种方式查询；按照单条件查询；按照组合条件查询。

3）服务订阅

通过提供服务信息资源访问服务，用户可以通过服务信息资源目录服务平台对共享资源进行浏览、查询，对需要订阅的服务向管理员提起申请，管理员审核通过后允许下载，从而基于统一的统计业务和数据中心进行数据信息资源和服务信息资源共享。

4）系统维护

系统维护的主要工作如下。

①对服务信息资源数据的建立、更新、备份和恢复；对服务信息的修改、删除和注销等。

②服务监控。监控各服务的运行情况。

③日志分析。根据查询日志，统计访问系统的次数，统计分析不同服务信息资源的查询次数等。

（4）接口设计

本系统功能的实现需要应用支撑系统、数据全业务处理系统、数据共享交换系统、资源体系管理系统、数据资源整合系统、监测评价、经济预测系统、景气预警信号灯系统及数据决策支持信息系统等提供支撑和服务。

主要涉及的接口如下。

1）与应用支撑系统对接

调用统一身份认证、服务总线、工作流、消息队列等服务接口；调用智能运维管理服务接口。

2）与数据全业务处理系统对接

调用数据处理各类服务接口。

3）与数据共享交换系统对接

调用数据共享等服务接口。

4）与资源体系管理系统对接

调用元数据管理、公共基础数据管理及资源目录更新等服务接口。

5）与数据资源整合系统对接

调用数据采集、数据整理等服务接口。

6）与监测评价系统、经济预测系统、景气预警信号灯系统及数据决策支持信息系统对接

调用相关服务接口。

（5）系统间关联

数据云服务系统与外部系统间的关联关系与3.5.4中描述的接口内容相同，具体如图28所示。

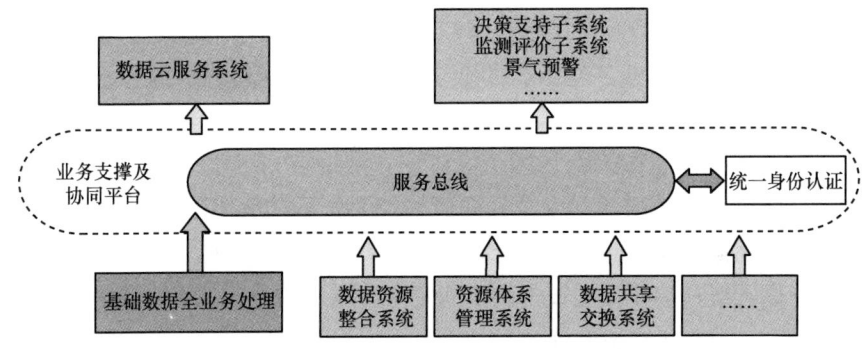

图28 数据云服务系统与外部系统间关联

（6）模块间关联

数据云服务系统各功能模块间存在依赖关系，与业务操作流程相同（图29）。

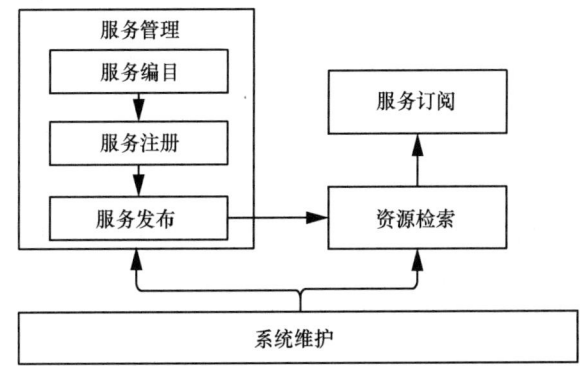

图29 数据云服务系统各功能模块间关联

3.6 顶层综合服务平台

3.6.1 智能门户服务系统

智能门户作为政府大数据中心的集中展现窗口，是以用户需求为导向、以服务为目标，集展现、受理、交付、监管于一身的一站式服务平台。通过采集整合各应用系统的数据资源，将分散在各处的异构服务信息按照面向用户的公共服务体系结构方式进行梳理，重构扁平化的服务栏目结构，搭建一个为各部门、公众市民、企业单位等多种身份的群体提供全方位的智慧、个性化、快捷的公共服务平台。

智能门户提供统一的用户管理控制，整合现有业务系统的访问控制，基于业务支撑及协同平台实现单点登录（single sign on，SSO），打破多点登录、入口分散的现状，为各部门、各级用户、各级领导、公众按照各自角色权限提供统一接入点。登录用户在可控权限内通过智能门户云桌面获取相应权限内的信息及应用，并可对信息、界面、应用等进行个性化的设置。

智能门户需要部署在核心业务区与 DMZ 区，核心业务区用户为所领导和各部门业务人员，以账号权限及 IP 地址等加以区别；DMZ 区用户主要是社会公众，以账号区别个性化内容设置。核心业务区用户可从相关系统获得相应权限范围内的系统处理的数据及相关分析结果；业务人员则可使用相关业务范围内的业务系统，并获取其他系统的相关数据及分析结果；社会公众则可从部分系统（如"一张图"系统等）获得最终可发布的数据服务信息。

前端主要功能有以下几个方面。

单点登录。用户在打开门户后可进行注册登录（如不登录使用则默认是公众用户），智能门户基于业务支撑平台提供的统一身份认证服务，在后台自动匹配角色及相应权限，用户仅在门户系统进行一次登录即可完成本次访问对所有系统的登录认证操作，并实现用户在各系统间的无缝转接、漫游和状态保持。

信息展现。信息展现功能是智能门户服务系统的重要组成部分，门户系统从各部门信息门户网站、信息服务系统等处获取信息，基于内容管理将各不同角色用户所关注的各方面信息以模块化方式进行展现。需要展现的信息分类后进行发布，整个发布过程是可配置管理的。

个人设置。用户个人可对基础信息进行设置，包括修改密码、个人信息设定、工作流程常用办公用语的设定、工作流程外出代理的设置、自定义群组及自定义提醒声音、系统皮肤设定、个人工作状态设定等。用户可对门户样式、布局、颜色、字体、名称等进行个性化配置，实现灵活的信息门户自定义功能，以适应快速变化的需求，用户可对登录页样式、内容、布局、样式效果、门户元素样式等进行自定义设置，并且不影响他人使用效果。

待办事项。智能门户提供一个信息发布接口供其他应用系统如 OA 系统等进行调用，使得应用系统能够直接将相应信息发布到指定的栏目中，在门户界面统一显示，并且可以进行后台定制：新消息、新邮件等。

3.6.1.1 用户角色

智能门户服务系统的使用人员包括系统管理员、普通管理员、模块管理员、普通用户（表 11）。

表11 智能门户服务系统角色及角色权限

角色	角色权限
系统管理员	系统安装时默认的具有最高权限的角色,系统管理员这个角色下的默认权限就是系统管理,拥有系统管理员权限的用户可以管理整个系统管理模块。例如,创建组织、用户、分配用户角色、创建普通管理员角色(一级)
普通管理员	普通管理员的权限比系统管理员小,普通管理员可以在自己的组织之下创建下级组织及维护自己组织之下的用户(二级)
模块管理员	针对应用或模块设置的管理员(三级)
普通用户	普通用户包括统计系业务人员及领导、相关部门用户、各类调查对象、社会公众科研院所等大众用户,根据机构及角色的不同,管理员可赋予不同的权限,获取不同的门户及相关应用、信息

3.6.1.2 功能设计

智能门户集成了本次项目新建的基础业务处理系统、数据挖掘分析系统、动态监测预警系统等在内的应用系统,以及已有的其他各系统,还包括后续要扩展的应用系统,为其提供统一的接入口。

智能门户后台涵盖基础管理模块、行政事务管理模块、业务数据管理模块、对外服务接口模块等功能,以业务支撑平台为底层服务支撑,通过与应用系统数据共享,为用户提供集成的个性化工作环境。

基础管理模块

1)门户自定义模块

智能门户自定义平台集成系统各模块,为用户定制个性化的集成界面。可自定义领导办公门户、职能个人办公门户、公众办公门户、企业办公门户、专题办公门户等。

① 用户个性化配置。包括门户元素板块随意摆放、自定义元素板块、主题选择、菜单自定义等。

② 门户及其数据权限管理。建立一套完整的权限控制体系,从整体门户、菜单、元素及数据内容等可为不同类型的对象设定丰富的权限控制。包括不同类型门户权限控制、门户的自定义权限、门户元素板块的权限控制、门户元素锁定删除权限、门户元素数据权限等。

③ 门户自定义功能。门户自定义包括门户的名称、门户的样式、门户的开放对象及门户的管理权限等。

④ 布局样式。系统提供不同类型的信息门户布局摆放、整体样式、每一种元素样式的视觉效果定义,包括文字大小、颜色、图标等,便于可灵活根据UI要求随时更新。

2)内容管理平台

内容管理平台提供了跨越组织的信息管理模式与按组织的信息管理模式,使江苏省科学技术情报研究所业务和数据中心实现信息与知识的发布、共享、积累、利用与创新的全过程管理,便于组织传递信息、积累知识、打造学习型组织,为用户的个性化信息获取提供支撑。

① 知识地图。具有灵活的栏目(目录)管理,可以像Windows资源管理器一样创建任

意级的栏目（目录），可以跨越组织建立栏目，也可以在某个组织下建立栏目。如建立新闻、规章制度、下载中心、报表中心、通知公告等。

② 信息审批。可以调用工作流引擎对栏目的信息发布建立审核流程，实现某个栏目下的信息经过审核后才能发布。

③ 信息编辑。给用户提供多种信息发布方式，如 HTML、Word/Excel 等，可提供 HTML 编辑器供在线编辑正文内容与拷入或导入 Word/Excel 内容并且不变形，可在线编辑 Word/Excel 文档，另外提供模板的功能，供用户发布信息时选择相应的模板发布。

④ 权限控制。提供栏目级的新建、维护、查看权限控制及信息级的查看权限控制，保证访问者只在权限允许的范围内查看、维护信息。

⑤ 信息查看。以列表、详细、缩略图等多种方式查看信息列表，以多种方式查看详细信息与附件，媒体文件可以直接播放，网页可以直接打开，附件可以直接下载，可以基于文档讨论与交流，可以记录信息的查看情况便于相关人员跟踪信息查看情况，可以针对文档记笔记、打印等，查看时还可以禁止打印拷贝等。

⑥ 版本管理。系统记录信息的每次修改版本，默认查看最新版本，可以查阅历史版本。

⑦ 信息附件。可以上传多个附件，通过 FTP 的方式上传大的附件。

⑧ 信息统计。可以对信息的发布情况按组织、按人、按作者统计。

⑨ 全文检索。系统提供丰富的信息检索能力，可以按标题、内容、发布时间等组合检索，支持全文检索。

⑩ 信息管理。为信息维护人员提供信息转移、推荐、归档等管理功能。

3）系统管理模块

系统管理模块提供了系统运行的基础管理，是系统运行的前提，系统管理模块是每个单位的管理员进行单位管理的平台，可以设立组织机构、用户、群组及角色，并给用户赋予群组及角色等。可以进行系统的各用户的首页定义，系统的工作流定义、表单定义、自定义的功能模块的菜单定义，查看系统的用户日志等。系统管理模块可以分级进行，系统管理模块下可设置普通管理员，普通管理员下设立模块管理员，各单位通过四维权限模型设计与分级管理体系设计达到既共享又独立的目的。

① 基础设置。包括系统设置、界面设置、访问 IP 控制、组织管理、群组设置、角色管理、用户管理、权限管理。

② 自定义工具。包括自定义表单、自定义模块、自定义报表、个人文档管理。

——自定义表单。结合自定义数据表，允许用户结合 Word/Excel 等创建个性化的表单应用。

——自定义模块。管理员可以通过自定义模块，根据本单位的管理需要完全自定义出一个功能模块。自定义模块依托于系统底层组织、用户及权限体系，结合自定义数据表、自定义表单及一组自定义模块模型来帮助用户构建自定义模块。

——自定义报表。自定义报表通过 Excel 表工具将本系统中不同模块的数据提取到一张报表上，也可以将第三方异构系统的数据提取过来，实现复杂报表的自助服务。

——个人文档管理。个人网上硬盘空间可管理个人的文档资料如临时性数据文档等，并可以共享个人文档资料与查看共享自己的文档资料，网络硬盘的容量可由系统管理员控制。

4）系统集成模块（统计行政事务管理与统计业务数据管理）

系统集成模块包括统计行政事务管理和统计业务数据管理，统计行政事务管理模块集成主要用于行政事务的工作消息的通知、报表信息的采集、行政事务的数据统计分析等内容。具体可参考 3.6.1.2 系统集成模块相关内容。

系统集成平台功能包括内容整合、流程整合、功能整合、系统登录定位的整合和个性化定制等，为了实现这些功能，智能门户需要调用业务支撑协同平台的相关基础服务，还有信息安全保障体系提供的安全相关的服务。统计业务数据管理系统集成模块定义了所集成系统的展现内容。

① 挖掘分析系统。包括全面小康监测评价、现代化监测评价、"八项工程"实施进程监测评价、文化产业监测评价、战略性新兴产业监测评价、民生幸福"六大体系"监测评价、妇女儿童监测评价、农业现代化监测评价、生态文明监测评价、社会事业监测评价等。

② 综合分析系统。包括本单位统计业务工作范围内的数据、综合分析及辅助决策支持中各类分析结果的浏览与查看等。

③ 数据综合查询系统。查询输出和展示功能模块中的相关信息。

④ 经济社会发展"一张图"系统。主要实现 GIS 资源的分类搜索，通过门户数据使用者可以搜索查询需要的数据和功能服务，包括基层数据、综合数据、经济社会可视化分析功能模块相关展现、统计调查对象空间监测相关展现等。

⑤ 经济预测系统。包括经济预测分析管理模块中季度形势、年度预测与中长期的预测等。

⑥ 景气预警信号灯系统。包括宏观经济预警、工业预警、资源环境预警、社会保障预警、居民消费预警及自定义相关主题预警信息等。

⑦ 数据决策支持系统。包括数据分析评价模块中生成的各类不同决策主题应用的分析可视化信息及决策协同模块中对外发布的各类信息。

⑧ 数据云服务系统。包括可发布的服务信息资源目录。

⑨ 应用服务系统。应用服务系统主要包括数据全业务处理系统中可访问的共享数据及发布数据、计划任务、数据采集监控、任务执行监控、数据成品监控、数据发布监控、数据交换监控、数据直报监控、普查工作监控、质量报告、执行综合分析等相关的监控图形及分析报告等。

⑩ 其他应用系统。包括江苏省科学技术情报研究所数据中心集成范围内已建或者正在建的其他应用系统的展现，如综合数据库服务系统、图说江苏省、数据江苏省、普查平台等及未来可能进行拓展的一些应用系统，还包括市级各部门的一些信息门户网站等。

3.6.1.3 接口设计

智能门户系统的重点在于实现统计业务和数据中心的集成接入，完成对经济社会发展数据成果的多维度、多层次直观展示。其不直接产生数据，数据来源主要依赖于江苏省科学技术情报研究所数据中心共享与发布数据库、部分应用系统，以及市情报所和市部门的部分现有信息化系统，因此本系统的接口主要是通过服务总线调用相关系统的访问服务。

3.6.1.4 系统间关联

智能门户系统不是孤立存在的,其功能实现与外部系统有着密切联系。借助于业务支撑及协同平台,智能门户实现与数据中心各新建的各业务应用系统及已有的其他异构系统的对接,完成包括组织架构同步、单点登录、异构系统核心基础数据同步等整合工作,以统一工作台的形式将各类应用系统和信息发布到不同门户,为不同角色的用户提供个性化服务(图30)。

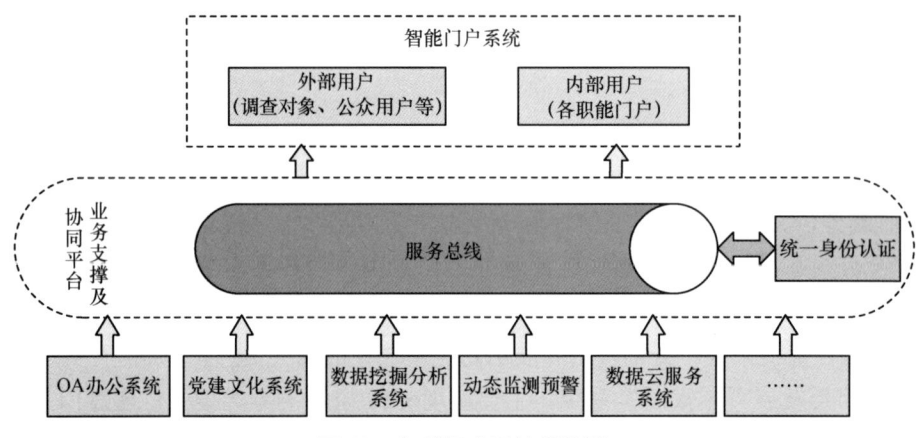

图30 智能门户系统间关联

3.6.1.5 模块间关联

各功能模块既有独立的操作流程又相互关联。统计行政事务管理模块和统计业务数据管理模块实现各公共模块及各应用系统等的整合;基础管理模块对系统进行管理,包括用户、组织权限等,同时还提供各种自定义的工具,对集成的信息内容进行管理,对门户自定义模块定义门户样式;接口服务模块提供门户与外部系统连接的通道(图31)。

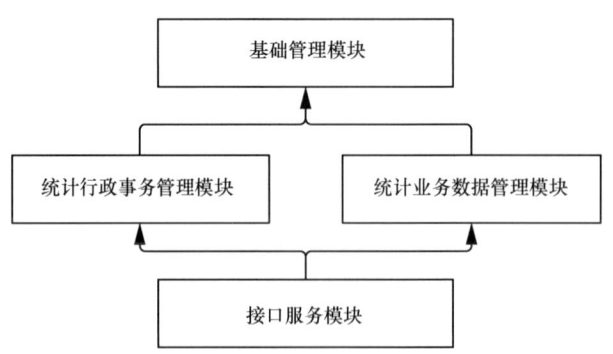

图31 智能门户系统模块间关联

3.6.2 移动应用服务系统

移动应用服务系统提供了Android及iOS版本的应用APP,便于用户可以利用智能手机、平台电脑等移动终端设备,并通过移动互联网连接访问江苏省科学技术情报研究所数据中心提供的各类数据处理和应用系统,满足不同用户对数据处理、数据访问的需求。包括满足江苏省市相关用户日常办公、现场数据采集等需求,满足党委、政府、部门及全情报所机构随时随地基于江苏省科学技术情报研究所业务数据中心开展业务处理、决策支撑等需求,满足企业、社会公众对经济社会发展数据、国家政策法规等了解的需求等。

(1) 用户角色

移动应用服务系统的用户角色可分为党委政府用户、部门和统计机构用户,以及调查对象和社会公众用户,具体角色权限如表12所示。

表12 移动应用服务系统用户角色及角色权限

角色	角色权限
党委政府用户	可使用业务版中的数据综合查询、数据综合分析、数据成果展示功能,可访问全部数据范围
部门用户、统计机构用户	通过统一身份认证后,使用业务版全部功能模块。业务操作权限及数据访问权限与数据全业务处理系统、数据综合查询系统、数据综合分析系统及数据成果展示系统相关的权限设置相同
调查对象、社会公众用户	使用公众版全部功能模块

(2) 功能设计

移动应用服务系统分业务版APP、公众版APP及后台服务端。业务版包括的数据业务处理、数据综合查询、数据综合分析及数据成果展示等内容来源于应用服务系统、数据综合查询系统、数据综合分析系统、经济社会发展地理信息系统、监测评价系统、景气预警系统、数据决策支持系统、经济预测系统、数据云服务系统等。党委、政府、部门及全区统计机构等用户可通过业务版APP(基于基础业务数据处理系统、监测评价系统、景气预警系统、数据云服务系统等所提供智能移动终端的适配支持)满足用户可以随时随地进行数据采集和数据业务流程处理的需求。公众版包括数据(政府数据公开)、专题报告等。

后台服务端为前端APP提供基础配置、数据维护和服务支撑的作用,后台服务端负责与其他系统进行对接。业务版APP和公众版APP均要求开发Android和iOS版本。

移动应用服务系统功能架构如图32所示。

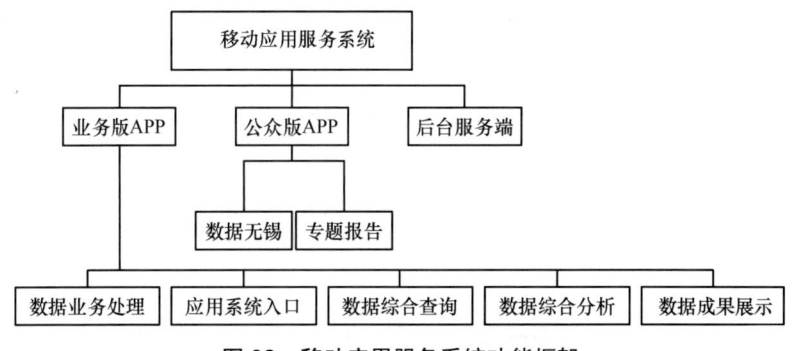

图32 移动应用服务系统功能框架

移动应用服务系统是统计业务和数据中心部分应用的移动化实现,系统可以利用WAPI协议作为移动处理的通信协议,解决移动处理的网络传输安全问题。移动应用服务系统依托数据全业务处理系统、数据综合查询系统、数据综合分析系统及数据成果展示系统，以移动终端为交流手段，为不同类型用户提供不同版本和服务。

1）业务版

①数据业务处理。基于数据全业务处理系统、监测评价系统、景气预警信号灯系统、数据云服务系统等，本模块提供对经济社会发展数据从规划设计、数据采集、数据整合加工、综合分析应用、发布与共享到信息服务与推送等各阶段的数据处理功能，允许部门和全情报所机构用户可以远程执行业务工作。允许党委、政府、部门和全情报所机构对数据处理情况进行了解和掌控。

②应用系统入口。通过应用系统入口功能，正常登录的用户可通过浏览器进入智能门户系统中的系统集成平台，即可访问智能门户系统中所有集成的应用系统，包括统计业务和数据中心中各应用系统及市情报所 OA 等现有信息化系统，从而满足各级统计机构、部门实现移动办公的需求。

③数据综合查询。提供多种、方便、灵活的查询手段和结果展示方式，支持用户对经济社会发展数据资源体系进行数据查询和结果展现；支持对查询结果进行二次渐进式查询；提供全文检索能力，支持对结构化和非结构化信息进行检索。

④数据综合分析。搭建具有高度专业灵活性和需求适应性的数据综合分析功能，提高对各类数据的分析预判能力、诠释解读能力和决策咨询能力，可及时反映经济运行中的趋势性问题、差异性问题，从而满足不同层次用户对数据服务的不同深度需求。

⑤数据成果展示。将经济社会发展数据资源体系中各类数据成果进行数据查询和结果展现，从领域、监测评价、经济预测及景气预警信号灯等多维度解读和展现全市经济社会发展数据处理工作的成果。

2）公众版

①数据江苏省。提供数据化的江苏省市的自然地理、人口就业、经济发展、智慧城市、城市建设、改革开放、科技教育、社会发展、民生情况、名胜旅游及情景目标等各类市情信息，供调查对象、社会公众等查阅。另外，还提供行业数据、统计年鉴、统计公报、指标解释、数据信息等各类信息，用户可方便快捷地查询和浏览各类统计信息，有利于调查对象和社会公众获得内容更丰富、时效性更强、获取更便捷、使用更方便、科学规范的经济社会发展数据。

②专题报告。专题报告模块包括统计分析、分析排行、专家视点等子项，其中统计分析包括部门分析、统计分析和专题研究等，通过日期检索、字段检索等方式查询和浏览当前已发布的统计分析报告，并提供打印文章和添加收藏操作；分析排行是从分析报告浏览量、文章打印量、添加收藏量等维度进行排名；专家视点是专家从专业角度对经济社会发展数据进行分析和预测，能够提供用户查询和浏览分析及预测报告。

3）后台服务端

后台服务端支持 APP 运行所需的数据访问、业务处理、基础数据维护、系统配置、APP 版本升级控制等服务，以及负责与其他应用系统进行对接。

（3）接口设计

移动应用服务系统重点在于部分应用系统的移动化，以及经济社会发展数据成果的多维度、多层次直观展示，实现统计业务和数据中心的移动化延伸，其不直接产生数据，数据来源主要依赖于江苏省科学技术情报研究所业务数据中心共享与发布数据库、部分应用系统，以及统计机构和市级部门的部分现有信息化系统，因此，本系统的接口主要是通过服务总线调用相关系统的数据访问服务。

（4）系统关联

通过业务支撑及协同平台所提供的统一身份认证服务，移动应用服务系统可对用户实现身份认证和单点登录。通过业务支撑及协同平台提供的服务总线，本系统分别从数据全业务处理系统、数据综合查询系统、数据综合分析系统、数据云服务系统、监测评价系统、经济预测系统及景气预警信号灯系统中调用服务，对业务版APP中的数据业务处理、数据综合查询、数据综合分析及数据成果展示等进行支撑；对公众版APP中的数据江苏省、专题报告等功能进行支撑。与智能门户系统对接，能够访问智能门户系统中所有集成的应用系统，实现移动办公的需求（图33）。

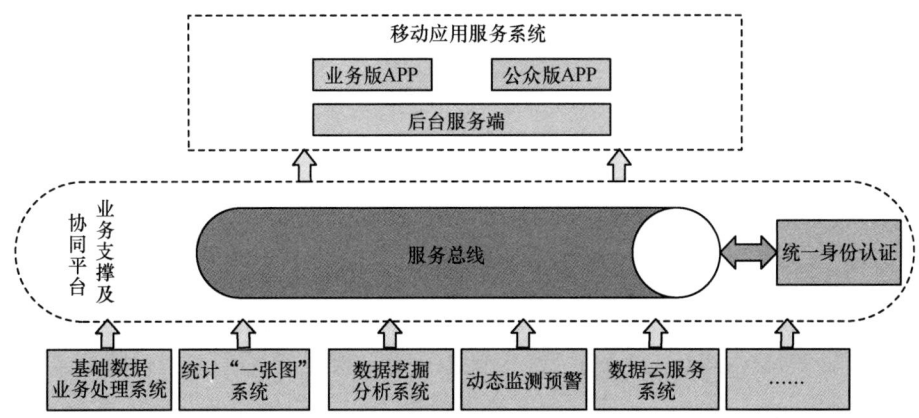

图33 移动应用服务系统间关联

（5）模块关联

本系统中两个版本均是以后服务端为基础的，相关数据访问、业务处理均是通过后台服务端执行。业务版与公众版之间没有联系，面向不同类型的用户角色（图34）。

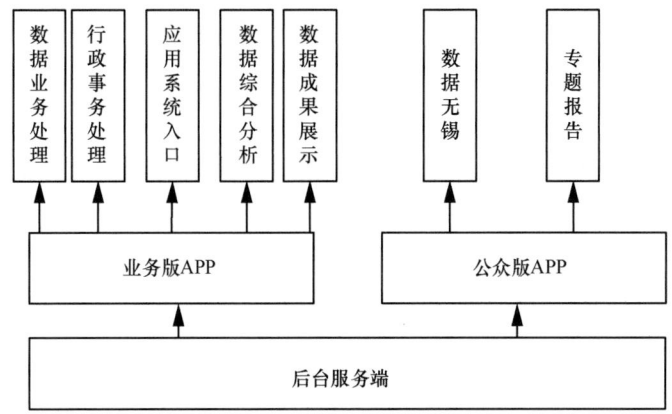

图34 移动应用服务系统模块关联

3.7 网络系统建设

3.7.1 使用高性能设备构建新旧地数据中心通道
设计合理的数据中心区域划分和安全策略。

3.7.2 构建独立的核心网络及融合的服务计算存储区域

3.7.3 业务的灵活调度
①设计层次性整网架构；
②核心网和数据中心、各部门、企业通过OSPF进行路由交互，实现流量在广域链路上的灵活调度。

3.7.4 根据业务特点进行逻辑分区，提高业务安全性
针对各业务特点进行逻辑分区，在不增加逻辑复杂度的前提下提高可靠性。

3.7.5 数据中心维护简单，不增加维护人员技能的复杂度
双活数据中心通过统一部署统一网管实现统一管理。

3.7.6 确保从现网到目标网络业务迁移过程的平滑性和稳定性
①双活数据中心的设计需要满足当前业务到双数据中心的平滑融合；
②需要确保新老数据中心共存期间的业务稳定性、维护简单性。

3.8 主要软硬件配置

3.8.1 选型基本原则

（1）开放性和扩展性原则

一方面，系统将与各部门的业务系统及数据库相连接，要采用开放性、标准化的设备、软件及信息资源；另一方面，系统对于未来可能增添的新的子系统、新的数据库、新的功能、新的用户都要留有接口，并符合相关技术标准，系统可以随形势的发展而不断成长扩大。

（2）先进性和成熟性原则

信息技术尤其是软件技术发展迅速，新理念、新体系、新技术相继推出，这造成了新的、先进的和成熟的技术之间的矛盾。而大规模、全局性的应用系统，其功能和性能要求具有综合性。因此，在产品选用方面要求先进性和成熟性的统一，以满足系统在很长的生命周期内有持续的可维护性和可扩展性。

（3）可靠性原则

社会在向信息时代迅速发展的同时也有潜在危机，即对信息技术的依赖程度越高，系统失效可能造成的危害和影响也就越大。因此，本系统的软硬件选择尽可能在有限的投资条件下，从系统结构、网络结构、技术措施、设备选型及厂商的技术服务和维修响应能力等方面综合考虑，确保系统整体运行的可靠性。

3.8.2 主要硬件选型原则

（1）选型原则

由于应用系统的复杂性和特殊性，对于硬件选型设计需要采用如下的原则。

①统一规划。明确应用系统在规划期内的规模，对整个应用系统的模块、用户、流程进行分析，确定总体需求，从而定义出其硬件平台对应的架构和配置。

②高可用性。要求硬件平台具有单点失效保护，能够实现故障预警、报警，具有良好的故障应急处理能力。例如，在有限个数的服务器、磁盘、存储设备或交换机出现故障等情况下，系统可以继续运行，不影响业务处理。

③高扩展性。由于应用系统建设是一个长期持续的过程，日后随着公司规模的扩大和业务量的增长，用户数可能会超出预期，当硬件平台的处理能力不够时，要求可以在原有架构的基础上实现灵活扩展。硬件平台的扩展性主要分成两类：纵向扩展和横向扩展。纵向扩展是指通过增加硬件设备的CPU、内存、通道和板卡等资源来提高原有设备的处理能力；横向扩展是指通过购买新的设备和原有设备并行工作，通过负载分担来实现处理能力扩展。

④高安全性。能够实现良好的信息安全能力，能够应用灵活的安全策略，如对不同用途的服务器进行安全分区以实现不同程度的隔离等。

⑤高可维护性。维护便捷简单，尽量减少宕机时间，特别是减少进行故障修复、系统扩展和变更时的宕机时间，能够提供友好、全面的监控工具。

⑥合适性价比。在满足需求并符合上述原则的前提下，良好的性价比是关键。各家硬件各有所长，关键是需要关注满足应用系统需求的技术，而不是一味追求先进技术，只要能解决主要问题，满足需求和原则，有合适的价格，就可以着重考虑。

（2）IT硬件主要构成

IT硬件主要构成为：服务器、存储和网络。

①服务器主要包括应用服务器、数据库服务器和管理服务器。应用服务器一般为小型机或者PC Server，用于运行应用系统的应用程序，这些程序至少冗余部署在两台机器上；数据库服务器通常以RAC或其他集群方式运行数据库程序，也建议至少冗余部署在两台机器上；其他管理服务器一般为PC Server，用来运行辅助系统。

②存储是指磁盘阵列和带库，通常与服务器分开部署，通过SAN或其他方式将存储资源在不同的服务器和应用之间共享，通常还需配置备份和存储管理软件对存储资源进行统一管理，以提高存储使用效果。

③网络负责将应用系统中的服务器和存储进行互联，一般通过交叉互联、安全分区和共享技术等实现安全的高可用网络，这种网络互联方式应用很普遍，而且具有很好的性价比。

3.8.3 主要软件选型原则

（1）操作系统

选用主流服务器操作系统，服务器运行安全、稳定、可靠，硬件设备兼容性优异，支持多种软件集成，拥有高效完善的网络功能和图形工作平台等。

（2）数据库软件

选用主流数据库软件，具有高可靠性，开放可扩展，编程接口符合国际通用标准，支持多个操作系统平台部署，拥有高效并发控制机制，提供查询优化策略，支持故障恢复，提供备份和还原，支持多媒体数据存储，提供全文检索功能，支持数据仓库，支持数据库集群等。

（3）应用服务器中间件

选用主流的应用服务器中间件，具备良好的可靠性、可扩展性、可用性、互操作性和可管理性，并可提升开发效率。

——支持 Windows、Linux 等主流操作系统，不依赖特殊操作系统；

——支持主流的数据库：Oracle、MySQL、MSSQL Server 等；

——支持 JAVA 标准规范和主流开源开发框架；

——提供优异的处理性能，在性能方面具有权威机构的认定结果；

——具备优异的扩展性；

——支持可插拔安全架构，可集成第三方安全模块。

（4）服务总线中间件

符合 SOA 标准，使用主流开发语言开发，使用简单，配置方便，业务化可定制，高性能可扩展，具备较强的接口适配能力和异常处理能力，图形化的监控分析界面。

——支持 Windows、Linux 等主流操作系统，不依赖特殊操作系统；

——支持 Web Service（SOAP/HTTP）、JMS、HTTP、Socket、JDBC、FTP 等协议；

——支持 XML、TEXT 等消息格式；

——支持集群；支持 7×24 小时运行，并支持热部署。

（5）业务流程管理中间件

国产专用产品化软件，符合 SOA 标准，基于 Web 的业务流程定制化能力，业务化表单和流程定制能力，提供工作流引擎、人机交互服务、用户代理服务等功能。高性能可扩展，支持国内特色流程管理，监控分析能力强，可快速配置。

（6）消息队列中间件

支持主流的操作系统和编程语言，具备很强的集成能力，支持同步/异步模式，松耦合，开发成本低，具备良好的开放性。

——支持实时、批量数据传输；支持同步、异步通信模式；支持点对点、单点对多点的分发式传输；

——支持永久性的消息和队列；

——支持数据的断点续传；

——可跨平台、跨系统、跨网络协议的消息通信和应用整合；

——支持集群；支持 7×24 小时运行。

（7）数据报表工具

国产专用产品化软件，纯 JAVA 开发，支持 Web 页面中插件式开发，具备报表制作、自定义分析、图表展现和在线填报数据等功能，能够与业务系统无缝对接，可移植性能好，支持中国式复杂报表。

（8）数据挖掘工具

支持主流的操作系统（Windows、Linux 等）和数据库（Oracle、MySQL、MSSQL Server 等），具备对多种格式的数据进行处理的能力，能够从多种类型的文件（如可变长度记录、二进制文件、自由格式数据、Excel 等）读取任何格式的数据，提供多种数据处理节点，分析人员可以通过拖拉的方式实现数据的预处理。可以提供数据挖掘所需的各种核心算法，支持分类、回归分析、聚类、关联规则、神经网络等挖掘方法。提供简单直观的模型评估功能，提供常用的评估图形。

（9）数据可视化工具

纯JAVA开发，支持Web页面中插件式开发，可移植性能好。支持数据动态展现、实时更新，支持数据钻取，可提供折线图、柱状图、散点图、K线图、饼图、雷达图、地图、和弦图、力导向布局图、仪表盘、漏斗图等展现形式，同时支持任意维度的堆积和多图表混合展现，能够与业务系统无缝对接。

3.8.4 系统硬件系统物理部署方案

以高可用性为指导原则，数据库架构设计需要采用服务器双机双工、数据复制、读写分离等技术，确保应用系统的功能完善、安全可靠。

（1）数据库架构的技术选择

在设计高度可用的数据库技术架构时，需要采取多种技术和应对措施来缩短停机或恢复时间，提高系统的可用性。在本项目中需要采用的具体技术如下。

1）数据库集群

通过数据库集群来构建支持多个服务器节点的架构，提供出色的可用性和可扩展性。在一个集群中启动数据库实例运行于两个或更多服务器之上，可以同时访问一个共享/非共享数据库，集群中的每个实例都可以提供独立的数据服务，对用户应用来说是透明的，当某个服务器发生故障或数据库实例崩溃时，集群会以透明的方式将该实例上的服务恢复到其他可用的数据库实例上，从而最大程度保持数据库服务的可用性。

2）数据库级灾备

通过数据库级别的数据同步/异步复制，建立数据库镜像，提供数据库级别的数据灾备，确保数据库的高可用性、数据保护及灾难恢复。当主数据库发生故障停机时，可以手工或自动将镜像备数据库切换为主数据库供业务系统访问，从而最小化宕机时间。

（2）数据库物理部署

业务应用系统部署在政务云平台（政务外网）主要面向政府部门、企事业单位、社会公众的信息服务系统。

六大核心数据库架构设计采用集群方式，通过合理设计，可以将不同的应用分布到数据库服务器集群上，在核心服务器性能达到瓶颈时，可以通过增加新的服务器节点方便地实现系统扩展。集群机制提供了系统级别的保护，当核心服务器集群中的任何一个出现了故障，这个服务器上的应用可以自动切换到另一个正常的服务器上，保证高级别的系统可用性。

通过数据同步/异步复制技术，在灾备中心建立核心数据库的备份数据库，核心数据库上的所有数据变化都会被同步到备份数据库上。当核心数据库发生故障崩溃时，可以通过手工或自动方式，将备用数据库切换为主数据库，从而最小化宕机时间，保证高级别的数据可用性。

本项目采用本地一体化备份平台实现数据库的联机在线备份，充分保证数据库备份数的完整性、一致性和可靠性，当业务系统故障造成数据丢失时，可通过离线备份系统实现对数据的恢复，从而保证各业务运行的数据安全性。

3.9 系统安全建设

由于系统部署在外网政务云平台，因此本次平台的安全设计按照等级保护二级进行建设即可，另外配备防火墙和IPS等安全设备对边界进行保护，应用层和数据层保护利旧。

3.9.1 安全风险与需求分析

（1）风险分析

针对江苏省科学技术情报研究所信息系统网络现状，其主要的信息资产是网络中的应用系统及数据，包括承载应用系统的重要服务器（数据库和应用服务器），承载访问和数据交换的网络设备和物理线路等。对这些信息资产正常安全运营形成威胁的来源主要包括：通过对外服务区来自于恶意用户的攻击，不同部门间人员的非法访问，内部人员的越权访问，设备运行故障，重要数据泄密等。为了全面地对信息系统网络安全威胁进行分析和归类，根据安全风险的来源，参照业界通用的分析方法和国家《信息安全风险评估指南》《信息系统安全等级保护基本要求》，将江苏省科学技术情报研究所网络与信息系统面临的安全风险分为边界安全风险、内网安全风险、应用安全风险和管理安全风险4个层面，针对每一层面分别具体分析其面临的安全风险。

1）网络边界风险分析

江苏省科学技术情报研究所统计专网的边界主要包括3类，第一类是江苏省科学技术情报研究所专网纵向连接国家情报所和属单位统计专网的边界；第二类是江苏省科学技术情报研究所统计专网连接省情报所相应管理层次的部门的边界，第三类是江苏省科学技术情报研究所统计专网内部不同安全域之间的边界。这些边界处如果没有严格的访问控制措施，那将会给江苏省科学技术情报研究所的网络信息系统带来极大的安全风险。具体表现在以下方面。

①信息传输。江苏省科学技术情报研究所信息系统有大量的统计信息依托网络平台，其数据的传输方式多为明文，这种传输方式易于被非法窃取、篡改或删除。例如，以窃取商业秘密为目的的"网络大盗"，利用数据集中必由之路的路由器的缺陷，定期采集流经指定目的地址的全部数据，窃取有价值的商业情报。

②病毒入侵。江苏省科学技术情报研究所信息系统当前病毒威胁也非常严峻。任何一个子网暴发蠕虫病毒，会立刻向其他子网迅速蔓延，这样会大量占据正常业务所需带宽，造成网络性能严重下降甚至网络通信中断，严重影响正常业务。

③越权访问。江苏省科学技术情报研究所信息系统网络系统结构复杂，用户覆盖面广，分布在不同安全等级之间的用户越权访问也是江苏省科学技术情报研究所信息系统网络面临的主要安全风险。例如，分支部门的某终端用户越权进入上级单位的数据库，查看其他分支部门的数据资源，这种越权也将造成江苏省科学技术情报研究所信息系统敏感信息流失。

2）计算环境风险分析

内网安全风险主要是江苏省科学技术情报研究所信息系统网络系统中各级单位局域网可能潜在的风险。其主要包括以下几个方面。

①主机系统漏洞。江苏省科学技术情报研究所信息系统应用纷繁复杂，内部运行着大量的计算机设备，包括服务器及大量的终端设备，尤其是核心服务器作为各种重要应用服务的载体，其操作系统也各有不同，对于不同的操作系统可能会存在不同的安全漏洞，这些安全漏洞随时构成江苏省科学技术情报研究所信息系统的致命威胁。

②服务器配置不当。江苏省科学技术情报研究所信息系统的每一个业务都依托服务器上对应的每一个应用服务，从信息系统的业务现状就可以看出，信息系统涉及业务复杂多样，其对应的应用服务也复杂多样，因此对服务器各项服务的安全配置就显得尤为重要，如果有一点疏忽也会直接造成江苏省科学技术情报研究所相关信息系统被攻击。例如，用户在配置SQL Server时没有对管理添加密码，黑客就可以通过SQL Server直接轻松渗透到江苏省科学技术情报研究所信息系统网络当中来截取、修改或删除数据。

③桌面系统漏洞。江苏省科学技术情报研究所信息系统终端设备部署较为分散，没有采取统一管理，这样极易构成内部用户的违规操作。例如，内部用户安装恶意软件、修改客户端IP地址等欺骗行为。

④内部用户误操作。江苏省科学技术情报研究所信息系统各级用户对计算机相关的知识水平参差不齐，一旦某些安全意识薄弱的终端用户误操作，也将给江苏省科学技术情报研究所信息系统带来破坏。例如，某些终端用户在恶意网站上下载或是错误使用了某些存储介质，从而导致计算机感染了病毒或木马程序，很可能会给整个内部网络带来灾难性的破坏。

⑤合法用户的恶意行为。从网络诞生的那一天开始，黑客就存在，发展到今天已经到了无孔不入的地步，而且还在进一步蔓延，许多黑客攻击行为已经不需要太多的网络攻击知识，只需简单的攻击程序和设置就可以实现。在内部终端用户当中，也不乏这样的角色，他们本身不具有很高超的攻击水平，而只是用现成的攻击程序来实现"黑客"的目的，他们有些甚至可能在不知情的情况下被一些真正的黑客所利用去攻击内部网络。

3）应用系统风险分析

应用安全风险主要是指江苏省科学技术情报研究所业务与数据中心项目中各应用系统所面临的各种安全风险，包括业务应用平台、OA应用平台、Web平台等网络基本服务。这些平台、系统和服务主要依赖Web Server、浏览器等通用软件，或者依赖商用数据库、中间件等应用开发平台所开发的应用软件，这些通用程序和第三方开发的应用程序因自身的安全漏洞和配置不当造成的安全脆弱性会导致整个系统的安全性下降。

①网络行为审计。由于计算机操作者相关的知识水平参差不齐，一旦某些安全意识薄弱的管理用户误操作，将给信息系统带来致命的破坏。有必要进行基于网络行为的审计。从而威慑那些心存侥幸、有恶意企图的小部分用户，以利于规范正常的网络应用行为。

②系统风险评估管理。网络中大量的服务器系统均存在着各种类型的漏洞，对服务器各项服务的安全配置显得尤为重要，如果有一点疏忽也会直接造成信息系统被攻击。建议定期或不定期地全面掌握网络设备、安全设备、主机、应用系统、数据库系统的风险情况，并依此在安全事件发生前进行加固，全面提高抗风险能力。

③应用安全管理。江苏省科学技术情报研究所信息系统的正常运转是最核心的问题，而业务系统能否实施良好的监控管理则是关键因素之一。因此，需要技术手段对应用系

统的状况进行全面监控,全盘呈现业务环境,实施主动监控,进行运行趋势分析,及时发现存在的问题。

4）管理安全风险分析

由于江苏省科学技术情报研究所信息系统整体建设网络覆盖面广,用户众多,技术人员水平不一,对安全设备与安全措施的使用与管理也存在着一定的风险。例如,由于没有正确地配置安全设备,导致某一安全区域内的防护手段失效。同时,对于某一安全区域内突发的安全事件,现有的安全管理手段很难迅速准确地对这种风险进行快速响应,也无法快速定位威胁来源于哪里,因此也无法及时调整安全策略来应对这样的安全事件。

（2）需求分析

根据以上的风险分析可知,在边界、内网、应用、管理四大方面还存在很多的安全隐患,因此当前迫切需要通过众多的技术手段和管理手段来加强安全建设,在安全建设方面仍然有以下需求（表13）。

表13 风险分析对比

需求类别	对应关系	安全风险描述
网络边界安全	各类区域边界的安全需求	纵向专网：高速、稳定的边界防护是专网边界的基本要求。此外,在专网边界上应考虑防止不同级别用户之间的越权、非法访问,保证网络安全策略的一致性。 横向业务网边界：既要保证多个协作单位专网网络的信息安全、快速交换,又必须要实现系统之间的安全隔离

3.9.2 安全建设框架设计

将所有涉及的各方面安全需求汇总归纳后可以看出：项目信息系统安全体系建设分为安全组织体系、安全防护体系、安全保障体系三大部分,其中重点在于安全防护体系,体系框架如图35所示。

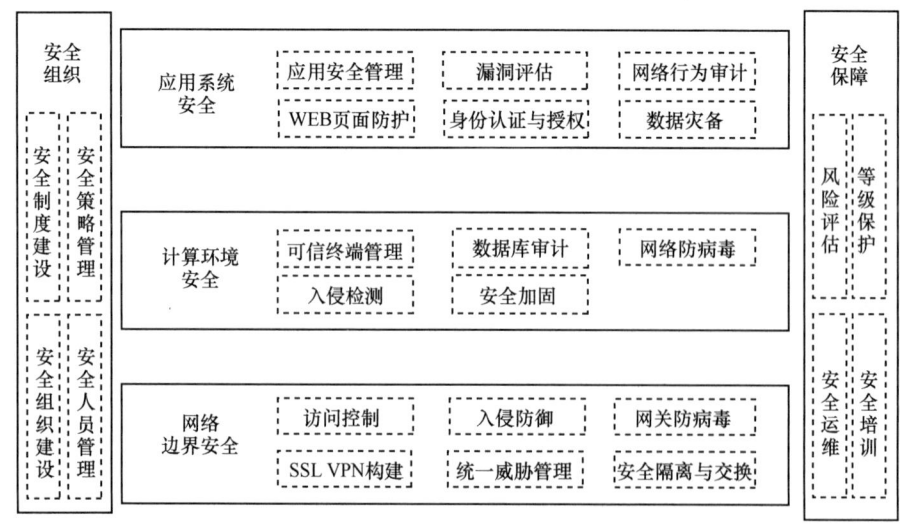

图35 安全总体框架示意

3.9.3 安全防护体系

安全防护体系用于对统计专网、互联网和电子政务外网，以及所支撑的应用系统进行安全保护，基础安全防护产品主要是结合项目信息安全建设现状、等级保护基本要求差异性分析和安全防护策略设计，分别从计算环境安全、区域边界安全、网络通信安全，统一安全管理中心，以及安全管理体系和安全保障服务等方面进行配备和支撑。

4 保障措施

4.1 划拨专项系统建设和运维经费

建议以项目形式申请专项经费补助，完成项目建设。同时，每年要列支专项运维经费，保障中心的可持续发展。

4.2 调整运维保障力量

建议整合情报所相关数据产生、数据处理、数据加工、数据统计分析、信息系统软硬件维护的力量，成立大数据中心专门运维部门，形成数据的产生、数据的存储管理、数据的挖掘、数据的整理、数据的分析使用全链条运维和保障力量，能够实现依靠自身力量完成上级和客户赋予的数据处理、数据查询、模型设计、数据分析和结果解读等任务。

部门的定位不仅局限于对上和对内的服务，而且可以为其他部门开拓市场做技术支撑，更可以作为独立单元，争取和承接市场业务。

4.3 建立相关运维管理制度

从日常工作、人员管理、任务分工、安全管理等方面，分别制定大数据中心建设、工作管理、人员职责、经费保障、安全预案等规章和制度，确保大数据日常工作能够有序开展。

4.4 积极向上争取任务和支持

要建立相关工作计划，尽量缩短与上级单位的建设差距，同时，抢占先发优势，积极争取科技厅对大数据中心的支持，争取厅大数据中心、科学数据中心和科学资源统筹平台等项目落户情报所，将江苏省科学技术情报研究所大数据中心纳入厅大数据中心分中心同步建设、同步运维和发展，争取相关资金和制度支持，提升情报所大数据中心在厅宏观决策层面的作用和影响力。

课题负责人：孙智强
课题组成员：何如徽　钱　斐　朱孔村　周崇修
撰　稿　人：孙智强

新媒体融合推进科技期刊转型升级的对策研究

进入 21 世纪以来，媒介技术的发展可谓是突飞猛进。随着各种信息技术与网络技术的飞速发展，在当今媒介环境下的信息传播方式产生了巨大的变化，以广泛应用的互联网媒体和 3G、4G 手机媒体为代表的新兴媒体对传统媒体产生了巨大的冲击。新媒体的崛起让广大受众获取信息变得更加便利与快捷，新媒体以其及时性、开放性和互动性等优势吸引了纸质媒体、广播媒体、电视媒体等传统媒体的受众。在这个追求快节奏、高效率的信息时代，传统媒体的滞后性、单线性等缺陷日益凸显出来，传统媒体的发展路径面临着前所未有的挑战。

传媒技术与内容的更新之快，直接影响着受众对新鲜事物的接受方式和内容。新媒体的迅速发展突破了传统传媒时代单一线性的传播模式，受众选择日趋多元、媒体竞争日益激烈。传播的技术、手段、观念都随之发生更多新变化，传统媒体要想胜出，必须迎合受众喜好，进行相应的调整与改变。

本课题对传统媒体与新媒体的融合下期刊内容与经营模式的创新进行系统性、深入性、针对性的调查分析，突破既有研究视角的局限，为传统媒体与新媒体的融合提供具有实际意义的参考。

第一，分别从全国、江办省及江苏省科学技术情报研究所分析了纸媒在发展过程中遇到的问题及原因。目前，全国范围内非学术期刊经营发展遇到瓶颈，主要是由于纸媒自身的体制机制僵化，以及新媒体带来的冲击。

第二，新媒体融合发展的现状研究。分析了新媒体与报纸期刊内容的融合情况，分别从新媒体的优势、国内报纸及期刊新媒体发展现状、全国部分省市新媒体使用案例、江苏省科学技术情报研究所的学术期刊和非学术期刊的媒体融合存在的问题及原因，主要是融合思维落后、人员队伍尚未建立、经营推广能力不足。

第三，新媒体与纸媒融合方式的研究。从媒体融合典型、兄弟单位、行业媒体、典型企业需求等几个方面进行案例分析，并提出对江苏省科学技术情报研究所媒体融合发展的经验启示。在内容融合方面，要了解用户、关注行业。在经营方式融合方面，要转变思路、丰富运营形式、加强人才培养。

第四，新媒体与纸媒融合推进江苏省科学技术情报研究所科技期刊转型升级的对策研究。在上述研究的基础上，提出新媒体与纸媒融合推进江苏省科学技术情报研究所科技期刊转型升级的对策和实施步骤。一是转变新媒体与纸媒运营的思维理念；二是获得领导支持；三是扩大领域；四是重新定位；五是创办各类特色活动；六是加强内容建设；七是加强内部人才培养，积极寻找合作伙伴；八是丰富新媒体媒介；九是打造"期刊+新媒体+智库"的行业专业平台。

1 绪论

1.1 研究背景

纸媒，与广播、电视一起并称为三大传统媒体。不可否认的是，纸媒在当前的媒体市场中依然占据一定的份额，是生产新闻的主力军，仍旧有着广泛的受众基础。随着社会经济的快速发展，科学技术水平的不断提高，再加上人们日常需求的巨大改变，纸媒在当前与新媒体的竞争中愈显吃力，纸媒应当清醒地认识到在众多的受众群体中，相当一部分是中老年群体，年轻群体在其中仅仅占据极低的比重，同时，纸媒的发行量在近些年来逐渐下降，影响力也越来越低，甚至有些纸媒已经停刊，其中绝大部分的原因在于自身内容传播速度和覆盖面的限制，纸媒必须要寻求新的发展模式。对于传统纸媒而言，要想做大做强，在媒体市场上占据更大的份额，一方面要求具有强大的传播力；另一方面要求找到符合自己的商业模式，形成能支撑传播的经济实力。

"创新驱动""供给侧改革""科学文化软实力建设"等国家战略需求在新的历史时期赋予了科技期刊新的发展内涵。面对传统纸质期刊需求市场的不断萎缩、国外数字出版的激烈竞争，科技期刊出版模式也到了转型升级的拐点。计算机和互联网技术的发展，催化了新媒体的产生。新媒体使科技期刊的生产介质、传输介质和阅读介质发生了根本性变化。将传统媒体和新兴媒体的优势融合，是实现科技期刊可持续发展的常见方式。创新知识传播方式，提升科技期刊在整个出版产业，乃至在整个国家的教育文化发展中的地位，推动经济社会的发展，是科技期刊面临的首要任务。

随着国内信息技术的高速发展及"互联网+"等全新技术理念的出现，传统媒体迎来与互联网融合这一前所未有的发展机遇。媒体融合不但是现阶段国内传统传媒创新发展的新思路，同时也是研究者普遍关注的一个科研课题，是国内媒体事业发展的新尝试。2014年以来，传统媒体格局的变革与发展逐渐成为我国媒体事业发展的核心任务，传统媒体与新媒体的融合发展成为提升我国媒体信息传播能力及舆论引导能力的重要举措。2014年召开的中央全面深化改革领导小组第四次会议，习近平总书记明确提出了"传统媒体和新兴媒体融合发展"，各行业媒体融合潮澎湃而来。在融合、跨界、"互联网+"的大形势下，出版行业正通过"纸、网、移、微、博、视"等的融合发展，打造具有较强实力的新型媒体集团，以实现战略转型。传统媒体与新媒体融合发展战略的提出，推动了传统媒体与新媒体的融合发展，已被确定为今后我国传媒事业改革发展的基本任务。习近平总书记指出，当代传媒工作必须加强自身创新发展，切实提升传统媒体的多样性与先进性，进一步提高传统媒体与新兴媒体融合发展的能力，不断提升传媒事业的科学发展水平。基于以上发展战略，媒体融合已成为多个领域关注的重点。在国内学者的努力下，媒体融合取得了许多科研成果，从不同角度和不同层面提出了媒体融合发展的思路和模式。

1.2 研究意义

进入 21 世纪以来，媒介技术的发展可谓是突飞猛进。随着各种信息技术与网络技术的飞速发展，在当今媒介环境下的信息传播方式产生了巨大的变化，以广泛应用的互联网媒体和 3G、4G 手机媒体为代表的新兴媒体对传统媒体产生了巨大的冲击。新媒体的崛起让广大受众获取信息变得更加便利与快捷，新媒体以其及时性、开放性和互动性等优势吸引了纸质媒体、广播媒体、电视媒体等传统媒体的受众。在这个追求快节奏、高效率的信息时代，传统媒体的滞后性、单线性等缺陷日益凸显出来，传统媒体的发展路径面临着前所未有的挑战。

传媒技术与内容的更新之快，直接影响着受众对新鲜事物的接受方式和内容。新媒体的迅速发展突破了传统传媒时代单一线性的传播模式，受众选择日趋多元、媒体竞争日益激烈。传播的技术、手段、观念都随之发生更多新变化，传统媒体要想胜出，必须迎合受众喜好，进行相应的调整与改变。

本研究将对传统媒体与新媒体的融合下期刊内容与经营模式的创新进行系统性、深入性、针对性的调查分析，为求突破既有研究视角的局限，为传统媒体与新媒体的融合提供具有实际意义的参考。

1.3 国内外文献综述

1.3.1 关于新媒体的研究现状

1.3.1.1 国外关于新媒体的研究

1967 年，美国哥伦比亚电视网技术研究所高尔德·马克发表的关于开发电子录像商品的计划书中把电子录像称为"新媒体"，"新媒体"一词由此产生。1969 年，罗斯托向尼克松总统提交了一份报告书，在报告书中多处使用"新媒体"一词。"新媒体"一词就此在美国社会流行，且这一流行趋势在不久后扩展到了全世界。早期，联合国教科文组织关于新媒体有一定义，即新媒体就是网络媒体。这个概念显然不具有相对性，在瞬息万变的信息社会中，网络媒体也将成为"传统"媒体。美国《连线》杂志提出新媒体的定义是"所有人对所有人的传播"。此概念强调人际传播，目的是多对多的多向传播模式。

2000 年，国际学术界在《新媒体与社会》发刊一周年的卷首语中写道：我们承认新媒体是一个相对易受攻击的概念，但是它点出了关注技术、媒体、社会生活相互交织影响所带来的变革的重要性。虽然"新媒体"是一个相对性的概念，但是它有其约定俗成的内涵。从历史视角来看，"新媒体"本身是个时间性的概念，只有与历史媒体相对照才有所谓"新媒体"；从一个研究领域的视角来看，"新媒体"是在特定的历史语境中，尤其是在媒介发展史的特定阶段，获得其相对稳定的内涵和外延。

因此，"新媒体"的概念在国外研究领域也存在争议，且随着时代的进步与发展，"新媒体"的定义越来越完善且全面。

1.3.1.2 国内关于新媒体的研究

"新媒体"一词在我国流行于 21 世纪初。近年来，随着新媒体产业的迅猛发展，国内越来越多的传播领域与媒体行业研究人员关注新媒体，并对其现状、发展趋势与创新内容进行分析研究，学术界和业界对于新媒体的探索与争论持续升温。很多学者、专家、研究人员都从不同角度对"新媒体"下了不同的定义，对新媒体概念的内涵和外延也提出了自己的界定。中国人民大学匡文波（2014）的文章《"新媒体"概念辨析》中对已有新媒体的概念进行梳理和分析，认为新媒体的根本特征是互动性、数字化。新媒体包括网络类、数字广播电视类、移动类（手机媒体）三大类。其中，网络类包括搜索引擎、各类网站（门户、新闻、视频、社交网站、网络社区、网络论坛）、IPTV、网络报纸、网络图书、EBOOK、网络期刊、博客、播客等；移动类包括短信彩信、手机报纸、手机期刊、手机图书、手机电视。中国人民大学喻国明则从媒体的信息传播特性方面进行定义，即传统媒介是一对多的传播，而新媒体是多对多的传播，阐明了传统媒体单向传播及新媒体多向传播的特点。广播科学研究院马炬强调新媒体是互联网的产物，其最重要的是互联，新媒体的突出特征就是人人即媒体，在此基础上，是内容的多样性，加上接收终端的多样性。

综合以上"新媒体"的定义，中央人民广播电台电视节目中心邵庆海（2016）认为，新媒体可定义为：基于数字技术产生的，具有高度互动性非线性传播特质，能够传输多元复合信息的大众传播介质。主要包括网络媒体、手机媒体和数字广播电视媒体。上述定义涵盖了新媒体的起源、平台、特征、影响等方面，但就目前而言，学界与业界比较认同的是清华大学熊澄宇的"新媒体是个相对的概念，新是相对于旧而言的"观点，本研究也是借用此观点。

1.3.2 关于新媒体融合的研究现状

1.3.2.1 国外关于新媒体融合的研究

"媒体融合"（media convergence）这一概念始于1983年伊契尔·索勒·普尔（Ithiel De Sola Pool）在其著作《自由的科技》中提出的"传播形态融合"，其含义为"各种媒介呈现出多功能一体化的趋势"。他在《自由的科技》一书中指出："一个既定的物理网络能够提供任何类别的媒介设备，反过来，一个曾被限制于一种技术的媒介设备现在能够被传送到任何物理上分散的网络上。"

20世纪80年代以后，随着数字技术、网络技术的不断进步及这些技术在各个领域的全方位渗透与应用，新媒体形式层出不穷，媒体与媒体之间的界限渐渐被打破，"媒介融合"的说法应运而生。美国新闻学会媒介研究中心主任安德鲁将"媒介融合"定义为"印刷的、音频的、视频的、互动性数字媒体组织之间的战略的、操作的、文化的联盟"，并强调，"媒介融合最值得关注的并不是集中了各种媒介的操作平台，而是媒介之间的合作模式"。美国传播学者约书亚·梅罗维茨在他的《消失的地域：电子媒介对社会行为的影响》一书中指出："当一种新因素被导入一种旧的环境中时，我们所得到的并非该旧情境加该新因素，而是一种新的环境。当然，新的程度取决于新因素在多大程度上改变旧系统。"

综合以上观点，同时结合工作实践，我们认为，"媒体融合"可以从狭义和广义两个角度去理解。狭义的角度是指传统媒体形态通过和新媒体的"融合"，产生"质变"，形成一种新的媒介形态，如电子杂志、电子书等。而广义的"媒体融合"不仅包括媒介形态的融合，还包括媒介功能、传播手段、组织结构等要素的融合。也就是说，"媒体融合"是在新技术环境下，报纸、杂志、电视、电台等传统媒体通过与互联网、手机等新兴媒体全面合作的方式，密切互动，资源共享，从而获得社会效益和经济效益的最大化，实现传统媒体和新媒体共赢的局面。本研究所指的"媒体融合"是从广义角度来理解的。

1.3.2.2 国内关于新媒体融合的研究

我国对媒体融合的研究始于20世纪90年代末，研究初期成果较少，2004年中国人民大学蔡雯教授将此概念介绍到国内，相关研究才不断拓展。"媒体融合"即在以数字技术、网络技术和电子通信技术为核心的科学技术的推动下，各产业组织在经济利益和社会需求的驱动下，通过合作、并购和整合等手段，实现不同媒介形态的内容融合、传播渠道融合和媒介终端融合的过程。近年来，在技术变革及市场变化等因素的推动下，"媒体融合"已成为世界传媒业发展的重要趋势和研究热点。

针对媒体融合这一现象，不同学者从不同的角度和方面揭示了在信息化、数字化背景下媒体融合这种现象的本质和特点，也从单一的技术视角向多样化视角转换来研究传统媒体如何与新媒体融合发展，这些研究成果为深入开展高校传统学术期刊与新媒体的融合发展提供了一定的借鉴作用，但目前关于媒体融合方面的理论研究和实践主要集中在报纸、广播、电视等领域。由于体制机制等方面的原因，尽管学术期刊与广播、电视、报纸等传播媒介相比，其跨媒体经营及与新媒体融合的范围和速度都不尽如人意，但融合的趋势已比较明显。

1.3.2.3 关于新媒体融合背景下传统媒体出路的相关研究

新媒体正在影响和形塑传播理念、传播方式和盈利模式。传统媒体特别是期刊、报业的市场空间受到严重挤压。在提高和重建媒体影响力方面，蓝燕玲（2016）提出广告主对媒体的选择不仅只关心媒体所能到达的受众数量，更注重媒体影响和改变受众态度、行为的能力；提升媒体影响力的根源在于对媒体内容制作的投入及对媒体公信力的塑造。章宏法（2015）认为社会转型期媒体影响力的4个构成要素是解渴、解读、解释、解惑，其代表的含义分别是：及时提供突发事件的信息全景，在满足受众的知情权中扩大影响力；透过纷繁复杂的现象把握本质，在帮助受众读懂新政策新举措中提高影响力；准确判断社会新闻事件的意义与价值，在权威分析中增强影响力；围绕时下热点话题，搭建交流的平台，呼应民声，明辨是非，在聚合民意当中拓展媒体影响力。此外，学界对传统媒体如何在新媒体的冲击下求得生存讨论激烈，大部分认为应在实现媒体融合的同时把握内容为王的优势，主要研究现状有以下方向。

媒体融合。曹溪月（2015）提出新媒体与传统媒体的融合是大势所趋。匡文波（2016）认为进入3G时代以后，新媒体将会以数倍于原来的速度前进，而传统的新闻媒体则会渐渐向手机媒体靠拢，媒介融合将在各个领域上演。张金洁（2014）认为传统媒体在新闻报道的深度、广度、高度等方面是新媒体不可比拟的，但网络媒体在新闻信息的海量性、即时性、互动性等方面又是传统媒体难以企及的。网络媒体带给传统媒体挑战的同时，也为传统媒体的发展提供了前所未有的合作机遇。清华大学新闻与传播学院崔保国（2014）认为在传统媒体影响力式微的环境下，党报借助媒介融合，实现跨区域合作，扩大影响力，应该成为未来的方向。

内容渠道皆为王。周必勇（2016）从中国新闻界的现状介绍出发，结合当前新旧媒体融合的趋势及相关做法，对"内容""渠道"的重要性及两者如何结合进行探讨，无论"内容"还是"渠道"，都是传媒业赖以生存、实现经济及社会功能的基本要素，缺一不可。其中，"内容为王"是传统媒体业界的共识。世界媒体峰会前夕，凤凰卫视刘长乐表示：面对数字化和网络技术的冲击，凤凰卫视强调"内容为王"和"重视服务"两者兼得，会继续坚持精英文化路线。

全媒体发展格局。汤宇时（2016）认为从网络电视看，传统媒体与新媒体在内容和渠道上融合；从社交媒体看，传统媒体与新媒体在营销方面融合；从手机媒体看，传统媒体的观念在转变；从搜索技术看，传统媒体正面对来自互联网新媒体的挑战。传统媒体应对新媒体时代转型的思考：调整全媒体融合发展战略；转变传播主体和传播形态变化的认识；建立成熟商业模式，发展和营销新媒体衍生产品；加快转型步伐。傅雪琴（2016）认为传统媒体唯有积极主动介入，并适应其特点，才能抓住自媒体时代的网络话语权。媒体官方微博、微信公众号是传统媒体适应新媒体环境的一大选择，能够扩大自身的影响力。

小众化、多元化定位。黄楚新（2015）提出随着经济社会的快速发展，媒体逐步从满足大众需求向满足某区域、满足某部分人、满足某方面需求的转变，从大众向分众的转变。钟汉成（2014）认为媒体的核心任务是提供信息，无论是报纸、广播、电视，还是网站、APP、微博、微信、户外LED屏，都只是工具。

共舞思维。蒋颖（2011）提出了一种新的思维——共舞思维，传统媒体将和新媒体共同存在，共同成为媒体家族的主要成员。传统媒体需要在内容深度强势等方面努力，以争取在融合与并存时代赢得更大的份额以保持优势。提出新思维下的策略和发展之势有：差异化定位、内容的优势、与网络互动、增量战略。

1.3.3 我国科技期刊媒体融合现状及主要问题研究

1.3.3.1 我国科技期刊媒体融合现状

新媒体与传统媒体最大的区别在于传播方式：由一点对多点变为多点对多点。新媒体的引入使学术期刊的传播由"单一"向"交融"发展，通过文字、图像、声音的多媒体化提升期刊的可读性，吸引读者更多的关注，从而更好地发挥期刊传播信息的载体作用。

内容生产方面。目前，我国科技期刊数字出版的基本支撑仍是传统出版，各大数据库没有自己的科技期刊，其内容主要依赖于各科技期刊编辑部。各科技期刊分散出版，小而散的出版格局很难发挥集约化和规模化经营及管理的作用。大多数科技期刊仍将自己封闭在"投稿—编辑—出版—发行"的闭路系统中，虽然不少期刊启用了办公自动系统，实现了线上作者投稿、专家审稿及编辑在线办公，然而编辑思维及工作模式仍同纸质期刊大同小异。

传播方面。目前，我国科技期刊对新媒体的使用，主要表现在数字期刊、网站建设、社交媒体的使用等方面。利用数据库实现期刊的数字化改造。近些年来，在国家政策及以实现全社会知识资源传播共享与增值利用为目标的信息化建设项目的推动下，CNKI、万方、维普等数据库不断发展，通过扫描等数字化转换方式，将各学术期刊的纸质信息转换为数字信息，大大方便了学术期刊信息的存储、调用、编辑和共享。这些数据库改变了科研人员获取信息模式及科研习惯的转变，科研人员通过数据库来搜集科研信息和科研资料已成常态。随着信息化技术的发展及数字化发展观念的深入人心，大部分科技期刊均通过几大数据库实现了对学术期刊的信息化改造。

利用期刊网站与读者和作者进行信息沟通。网站是科技期刊对于网络资源最早的利用模式，科技期刊网站的主要功能可归纳为学术期刊相关信息提供、内容发布、在线办公系统、与受众互动及相关服务等功能。各科技期刊均比较重视期刊网站的建设，以期通过网站与作者更好地沟通交流，扩大期刊影响力，提高期刊服务质量。期刊网站的建立拉近了编辑部与作者、读者之间的距离，网站发布的约稿信息等使作者能尽快了解刊物的选题策划内容、投稿要求等，在线投稿系统节约了投稿成本，缩短了出版时滞，促使科研成果更快地发布，网页过刊内容也便于读者开放获取。但学术期刊编辑部往往限于人力、物力及技术人才缺乏等因素的影响，网站的网页更新缓慢，网页的维护也不及时；除少部分名刊外，大部分科技期刊影响力有限；再加上由于个体科技期刊不能发挥信息的汇聚效应，因此期刊网站虽然做到了信息的开放获取，但读者不多，影响力有限。

利用社交媒体与作者互动。我国科技期刊与新媒体融合发展缓慢，科技期刊的传播媒介仅限于期刊网站或国内外的一些期刊数据库，使用新媒体的类型比较单一。博客的迅猛发展和不断普及使其成为互联网最引人注目的关注点。虽然一些科技期刊为构建网上商务和办公门户建立了自己的博客，但总体仍处于成长状态；微博总体影响力不高，粉丝数量较少，大多数科技期刊没有开设相关账号；粉丝和用户对信息关注量不足，信息传播缺乏足够互动，信息孤岛现象较为严重。不少科技期刊为拓展传播渠道及提高期刊影响力，通过微信公众号将原创内容或纸质期刊的重点内容传播给广大粉丝。然而，目前微信的接收终端仅限于手机，传播渠道单一，再加上传播范围仅限于朋友圈，因此微信的大众传播能力较弱，对大规模群体的交互具有一定的局限性，难以实现像微博一样高度互动的大众传播。

1.3.3.2 我国科技期刊媒体融合存在的问题

目前，国内科技期刊媒体融合的研究主要集中于科技期刊"媒体融合"策略的研究，或以单一期刊为个例，进行媒体融合实践，但仍存在一些问题，主要包括以下几个方面。

内容融合。内容融合包括挖掘与拓展期刊出版内容，丰富媒体表现形式两个方面。通过加强跨媒体融合，探索"纸媒与互联网""纸媒与手机终端""纸媒与电子期刊""纸媒与微媒体"等多种媒体的融合方式。在新媒体中推出与期刊相关的可以加强编辑、作者、读者互动的内容；但与国外著名科技期刊内容融合情况相比，还存在内容融合不够深入、形式不够丰富等问题。

服务融合。部分学者认为，媒体融合时代不再单单是"内容为王"的时代，而是信息服务为王的时代。虽然内容仍然并且永远是重要的，但是媒体融合时代应以用户价值为导向，以互联网加传统平台，促进刊网融合，通过数据挖掘，个性化满足用户对内容、阅读方式等的需求；利用新媒体的双向互动性，如微信公众号，创新科技期刊服务模式。但目前通过新媒体提供的服务主要集中在查询服务和部分在线阅读服务，并未能给作者与受众等提供全面的按需服务。

采编融合。利用新媒体平台进行科技期刊采编工作,加强科技期刊编辑工作。例如:利用微信语音功能进行微信审稿;利用微信开展编辑与审稿人等多人在线小规模虚拟研讨会,节约人力成本与时间成本,提高沟通效率;还可以利用学者微信群进行组稿等工作。但并未完全实现融合传统方式、PC(person computer)端、APP端和新媒体端的采编融合。

传播融合。利用微博、微信等新媒体营销成本低、营销定位精准、受众面广、传播力强等优点,革新科技期刊营销策略;借助新媒体的传播优势,优化科技期刊发行渠道及出版形式,扩大科技期刊的用户规模和受众范围,提升科技期刊影响力;在期刊移动媒体端(如微信、微博)建立行业数据库入口,引导访问流量进入数据库期刊内容下载页面,提高期刊的内容在数据库中的显示度。与其他几个方面相比,在此方面虽然国内科技期刊进行了相对较多的实践,但是大部分科技期刊未能利用期刊内容形成更具吸引力的新媒体传播产品,亦未能为受众提供按需服务。

1.3.4 我国期刊媒体融合的对策研究

1.3.4.1 期刊内容融合的对策研究

无论新媒体还是传统媒体,从本质上讲,都是依靠内容吸引用户。传统媒体经历了繁荣期,在内容建设上有优势,如专业采编、报道及品牌影响等,是新媒体最为缺乏的。从这一角度而言,期刊应该借助自身的这些优势,利用新媒体的相关技术,不断丰富自身的内容,实现内容的增值服务,实现新旧两种不同形态媒体的相互融合,即期刊将自身丰富的内容数字化,利用网络、移动技术传播,而新媒体则利用自身形式多样、方便快捷等特点,为期刊与用户之间的互动搭建平台。

1.3.4.2 期刊经营方式融合的对策研究

媒体融合发展为期刊走向集约化经营创造了绝佳契机。纵观国际学术期刊出版业的发展大势,成功的往往是那些大的出版集团,如世界最大的学术期刊出版商爱思唯尔出版集团和非营利出版机构美国化学会等。因此,期刊出版单位应充分考虑期刊集群化或集约化发展的实际,明确出版单位的市场主体地位,建立权责利分摊机制,推动集群的集约化运营;以期刊集群的媒体融合发展平台建设为重点,通过领头刊物和优势项目带动期刊集群发展,通过期刊集群的技术创新和服务创新来增强加盟期刊的认同度和用户黏性;探索学术期刊集群发展的国际化战略,积极推进期刊集群的国际化进程,提升期刊集群的国际合作和竞争力。

1.3.5 研究述评

纵观国内外关于新媒体融合理论研究,可以发现,国外相关研究的起步较早,且研究角度多样化。我国学者在国外媒介融合研究成果的基础上,进一步深入研究,研究角度主要关注新媒体融合的内涵、融合的特征、融合的模式、新媒体融合下传统媒体的出路等,但理论描述的研究比较多,典型案例研究和实证研究相对缺乏。

因此,本研究从新媒体融合的文献回顾入手,着重探讨新媒体融合对科技期刊内容和经营方式的改变,系统地分析新媒体融合对江苏省科学技术情报研究所科技期刊转型升级的作用,并寻找可能的对策。通过实地调研,结合典型案例研究,结合江苏省科学技术情报研究所科技期刊的现状,提出内容与经营方式的创新,不仅对完善媒体传播理论具有一定的理论价值,而且对于推动江苏省科学技术情报研究所科技期刊向数字化新媒体方向发展、促进科技期刊运营机制更科学合理有着一定的现实意义。

1.4 研究思路与方法

1.4.1 研究思路

在对新媒体的定义及在新媒体融合背景下传统媒体如何选择出路的研究进行概述的基础上,本研究主要内容包括5个部分:第一部分为研究理论基础和分析框架,对现有文献进行梳理,提出研究思路;第二部分分别从全国、江苏省及江苏省科学技术情报研究所分析了纸媒在发展过程中遇到的问题及原因;第三部分分析了新媒体与报纸期刊内容的融合情况,分别从新媒体的优势、国内报纸及期刊新媒体发展现状、全国部分省市新媒体使用案例、江苏省科学技术情报研究所的学术期刊和非学术期刊的新媒体使用现状4个方面进行阐述;第四部分分析了江苏省科学技术情报研究所媒体融合存在的问题及原因,并从媒体融合典型、兄弟单位、行业媒体、典型企业需求等几个方面进行案例分析;第五部分在上述研究的基础上,提出新媒体与纸媒融合推进江苏省科学技术情报研究所科技期刊转型升级的对策和实施步骤。

1.4.2 研究方法

本研究拟采取的研究方法包括:文献研究法、调查法、定性分析法、案例研究法。

文献研究法:通过搜集、阅读和理解与新媒体、媒体融合、期刊工作等有关的知识、资料,由前人的研究成果中得到启示,进而指导本研究。资料来源主要为中文期刊、相关著作、政府文件、互联网搜索引擎等。在搜集资料的过程中,要注意去伪存真,尽可能地找出可靠性、可行性强的信息和资料,为本研究所用。

调查法:通过有目的、有计划、系统地搜集有关新媒体、媒体融合、期刊工作等的现实状况,获取相关材料后进行分析、综合、比较和归纳,从而找出传统期刊媒体和新媒体融合时的规律性举措。通过工作实践中的直接观察,收集传统期刊媒体与新媒体融合的实践资料,从而扩大感性认识。

定性分析法:运用归纳和演绎、分析与综合及抽象与概括等方法,对获得的各种材料进行思维加工,从而能去粗取精、去伪存真、由此及彼、由表及里地认识传统期刊媒体与新媒体融合的本质特点及内在规律。

案例研究法:从媒体融合典型、兄弟单位、行业媒体、典型企业需求等几个方面,通过具体分析、解剖,挖掘对江苏省科学技术情报研究所期刊媒体融合的经验借鉴。

1.5 研究的基本内容和创新点

1.5.1 研究内容

纸媒发展的问题及原因。分别从全国、江苏省及江苏省科学技术情报研究所分析了纸媒在发展过程中遇到的问题及原因。

新媒体融合发展的现状研究。分析了新媒体与报纸期刊内容的融合情况,包括新媒体的优势、国内报纸及期刊新媒体发展现状、全国部分省市新媒体使用案例、江苏省科学技术情报研究所的学术期刊和非学术期刊的媒体融合存在的问题及原因等。

新媒体与纸媒融合方式的研究。从媒体融合典型、兄弟单位、行业媒体、典型企业需求等几个方面进行案例分析，并提出对江苏省科学技术情报研究所媒体融合发展的经验启示。

新媒体与纸媒融合推进江苏省科学技术情报研究所科技期刊转型升级的对策与实施步骤。在上述研究的基础上，提出新媒体与纸媒融合推进江苏省科学技术情报研究所科技期刊转型升级的对策和实施步骤。

1.5.2 创新点

本研究通过对江苏纸媒和新媒体融合进行文献调研和实际调研，提出适合江苏省科学技术情报研究所期刊内容和经营模式发展的对策，可能的创新点主要有以下两点。

第一，新媒体技术日新月异，越来越多的新媒体抢占传统媒体的市场，使传统媒体始料未及，本研究契合时代的发展及新媒体技术的出现，结合典型企业对新媒体的需求，全面调查媒体融合典型、兄弟单位、行业媒体的媒体融合现状及与新媒体融合的方式。

第二，本研究分析了新媒体融合对科技期刊内容和经营方式产生的影响，力求在新媒体融合的大趋势下为江苏省科学技术情报研究所期刊发展提出有针对性的见解与理性应对策略。

2 纸媒发展的问题及原因

2.1 纸媒发展的现状及问题

2.1.1 我国纸媒发展的现状及问题

纸媒产业萎缩，广告、发行受累。受互联网尤其是移动互联网发展影响，人群阅读习惯逐渐由线下向线上迁移，纸媒发行量萎缩，发行收入下降。房地产等重要广告投放行业景气度下降，营销意愿降低，加之新媒体崛起导致广告媒介转移，共同造成纸媒广告收入下降。

2.1.1.1 我国纸媒行业的总量规模

（1）我国报纸行业总量规模持续降低

2016年我国报纸行业的总量规模同比下降（表1）。2016年，全国共出版报纸1894种，较2015年降低0.6%；总印数390.1亿份，降低9.3%；总印张1267.3亿印张，降低18.5%；定价总金额408.2亿元，降低6.0%。报纸出版实现营业收入578.5亿元，降低7.6%；利润总额30.1亿元，降低15.7%。与2015年相比，平均期印数超过百万册（份）的报纸减少了1种，平均期印数前10位的报刊总印数继续整体下降。但市场定位和读者对象更为明确的专业类、读者对象类报纸，总印数降幅分别为3.6%和1.0%，低于整体降幅5.7个百分点和8.3个百分点，反映出报纸出版供给侧的专业化、细分化改革成效初显。报纸出版主要经济指标下滑速度趋缓。

表1　2016年我国报纸出版总量规模

总量指标	数值	增长率
品种/种	1894	-0.6%
总印数/亿份	390.1	-9.3%
总印张/亿印张	1267.3	-18.5%
定价总金额/亿元	408.2	-6.0%
营业收入/亿元	578.5	-7.6%
利润总额/亿元	30.1	-15.7%

（2）我国期刊行业的总量规模持续下降

近年来，我国期刊品种数量稳定，但期刊总印数、总印张持续下降。2016年全国共出版期刊10 084种，较2015年增长0.7%；总印数27.0亿册，降低6.3%；总印张152.0亿印张，降低9.4%（表2）。

表2　2016年我国期刊出版总量规模

总量指标	数值	增长率
品种/种	10 084	0.7%
总印数/亿册	27.0	-6.3%
总印张/亿印张	152.0	-9.4%

2.1.1.2 我国纸媒行业的影响力

（1）我国报纸行业的影响力有待提高

第一，在当前世界前十大影响力报纸中，中国入围的只有《人民日报》。联合国教科文组织不久前按照影响大小，评定出当前世界十大报纸，依次是：《纽约时报》(美国)、《苏黎世报》（瑞士）、《世界报》（法国）、《泰晤士报》（英国）、《卫报》（英国）、《人民日报》（中国）、《世界报》（德国）、《阿贝塞报》（西班牙）、《华盛顿邮报》（美国）、《真理报》（俄国）。

第二，隶属中央的报纸影响面全国最大，广东、浙江、山东的报纸分列第2、第3、第4位。全国性报纸、专业类报纸和读者对象类报纸总印数在报纸总印数中所占比重上升，省级报纸、地市级报纸总印数加剧下滑，综合类报纸、生活服务类报纸总印数降幅较大。2016年《时事报告》平均期印数超过400万册。《人民日报》《参考消息》《环球时报》等25种报纸平均期印数均超过100万份，较2015年减少1种。其中综合类12种，减少1种；专业类报纸11种；读者对象类报纸2种（表3）。

第三，江苏的报纸影响面有所下降。与2015年相比，《扬子晚报》退出前10位，《广州日报社区版》跻身前10位；《半岛都市报》《都市快报》《广州日报》排名上升，《齐鲁晚报》排名下降；排名第10位的《齐鲁晚报》平均期印数较2015年排名第10位的报纸减少12.0万份。平均期印数和总印数整体继续下滑。

表3 2016年平均期印数排名前10位的综合类报纸

排名	报纸名称	刊期	所在省份	2015年排名	排名变化
1	《人民日报》	周七刊	中央在京	1	0
2	《参考消息》	周七刊	中央在京	2	0
3	《南方都市报》	周七刊	广东	3	0
4	《新华每日电讯》	周七刊	中央在京	4	0
5	《钱江晚报》	周七刊	浙江	5	0
6	《半岛都市报》	周七刊	山东	10	4
7	《都市快报》	周七刊	浙江	8	1
8	《广州日报》	周七刊	广东	9	1
9	《广州日报社区报》	周一刊	广东	11	2
10	《齐鲁晚报》	周七刊	山东	6	-4

（2）我国期刊行业的影响力不断提升

第一，我国科技期刊产文量居世界第一。美国科学基金委最新公布的2018年SEI指标显示，综合各学科产文量中国已超过美国，为产量最高的国家（表4）。我国英文学术期刊总量从2003年的208种上升到2017年的431种，平均年增长率为10.0%。

表4 美国科学基金委公布的世界各国各学科产文量

排名	国家	经济发展水平	2006年	2016年	年均增长	2016年占世界比重	2016年累计占比
	世界	—	1 567 422	2 295 608	3.9%	—	—
1	中国	发展中	189 760	426 165	8.4%	18.6%	18.6%
2	美国	发达	383 115	408 985	0.7%	17.8%	36.4%
3	意大利	发展中	38 590	110 320	11.1%	4.8%	41.2%
4	德国	发达	84 434	103 122	2.0%	4.5%	45.7%
5	英国	发达	88 061	97 527	1.0%	4.3%	50.0%
6	日本	发达	110 503	96 536	-1.3%	4.2%	54.2%
7	法国	发达	62 448	69 431	1.1%	3.0%	57.2%
8	意大利	发达	50 159	69 125	3.3%	3.0%	60.3%
9	韩国	发达	36 747	63 063	5.5%	2.8%	63.0%
10	俄罗斯	发展中	29 369	59 134	7.2%	2.6%	65.6%

第二，我国学术期刊文章质量与发达国家仍存在差距。但是我国与发达国家在科研实力方面的差距也不容回避，学术出版业公认的权威数据库ESCI、SSCI、AHCI收录中国期刊的数量，仅在亚洲地区都低于日本和韩国。2007—2016年中国机构在SCI收录中国科技期刊发文数仅占中国SCI论文总数的9%。

第三，2017年中国学术期刊的影响因子有所进步。中国期刊进步明显，进入国际同领域期刊排名Q1区（前25%）的期刊数量由2016年的28种提升至38种。大部分期刊的影响因子及领域内排名均有所提高。其中，由Nature出版集团与中科院上海生科院联合出版的*Cell Research*影响因子由2016年的14.812上升至15.606，依然位于中国期刊排名首位（表5）。

表5　2017年全球学术期刊影响因子排名前10位的期刊

排名	期刊名称	覆盖城市数量	影响因子
1	*Cell Research*	11 885	15.606
2	*Light-Science & Applications*	2856	14.098
3	*Fungal Diversity*	4068	13.465
4	*Bone Research*	592	9.326
5	*National Science Review*	512	8.843
6	*Molecular Plant*	6040	8.827
7	*Nano Research*	9155	7.354
8	*Journal of Molecular Cell Biology*	1655	5.988
9	*Cellular & Molecular Immunology*	2691	5.897
10	*Protein & Cell*	1898	5.894

2.1.1.3　我国纸媒行业的经营情况

2016年，随着广告收入降幅扩大，经营环境恶化，减少出版版数，缩减发行量已经成为报业的普遍现象，甚至有一些报纸经营不下去而停刊关门。一直以来，报纸经营收入的主要来源都是广告，广告收入持续大幅的下降使得报纸的出版和运营面临严峻考验。经营亏损，意味着压缩成本支出成为迫不得已的选择。版数和发行的减少，使得采编、发行、经营人员，甚至行政管理人员均出现过剩现象，部分人员转到报业的新媒体部门或者是非报经营部门，更多的过剩人员则不得不被裁掉。

（1）我国报纸行业的经营情况各项指标均呈下降态势

第一，从发行情况看，全国报纸发行种数、总印数及销售量等指标均呈下降态势。自2011年起，报纸发行种数连续小幅下降。2015年共8种报纸相继停刊或停止出版纸质版，其中包括杭报集团旗下都市快报社发行的《都市周报》。报纸总印数也自2014年起开始下滑，2015年全国报纸发行总印数达430.1亿份，同比下降7.3%。而据统计，全国报纸整体平均销量持续多年下滑，环比降幅逐渐扩大，2015年下半年平均销量已不足2013年下半年的一半（表6、图1）。

表6　2015年停刊报纸

刊名	主办单位	存续时间	报龄
《杂文报》	河北日报报业集团	1983年至2015年1月	32
《榆林日报城市生活报版》	榆林日报社	2011年4月至2015年2月	4
《生活新闻》	云南省残疾人联合会	1998年11月至2015年7月	17
《长株潭报》	湖南日报报业集团	2011年6月至2015年9月	4
《上海商报》	上海市委财贸工作委员会	1985年10月至2015年12月	30

续表

刊名	主办单位	存续时间	报龄
《今日早报》	浙江日报报业集团	2000年10月至2015年12月	15
《都市周报》	杭州日报报业集团	2007年4月至2015年12月	8
《九江晨报》	九江日报	2010年10月至2015年12月	5

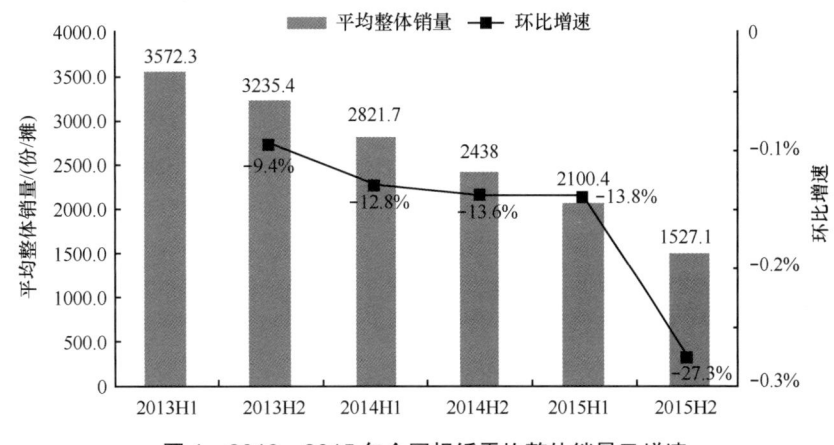

图 1 2013—2015 年全国报纸平均整体销量及增速

2016 年，报纸出版营业收入降低 7.6%，较 2015 年收窄 2.7 个百分点；利润总额降低 15.7%，收窄 37.5 个百分点。43 家报业集团主营业务收入降低 2.5%，收窄 4.4 个百分点；受益于投资收益与补贴收入等大幅增加，利润总额止跌回升，增长 59.4%，提高 104.5 个百分点；营业利润出现亏损的报业集团 29 家，减少 2 家（图 2）。

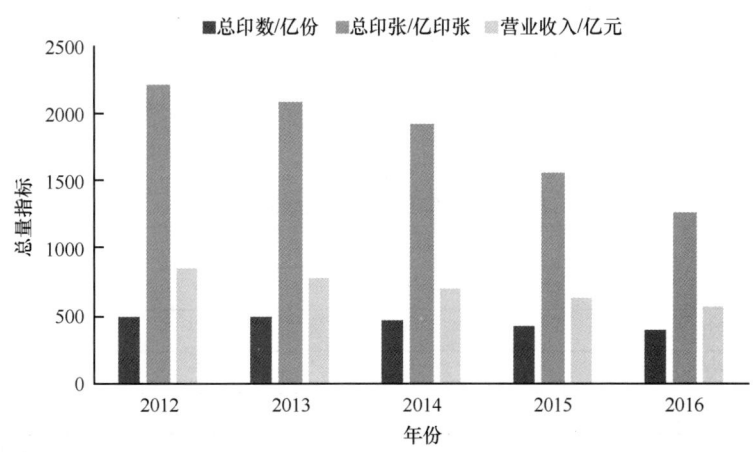

图 2 2012—2016 年报纸总印数、总印张与营业收入变动情况

第二，报纸广告整体持续大幅下降。广告是报纸的主要收入来源，都市报广告又是受新媒体影响最大的"重灾区"。2012—2016 年中国报业广告刊登额的降幅分别是 7.3%、8.1%、18.3%、35.4% 和 38.7%。2016 年的报纸广告市场规模不足 6 年前的三成，与 2011 年比较，2016 年的降幅已达到 72%。

2016年报纸广告市场"断崖式下降"趋势还在继续,广告刊登额降幅高达38.7%,广告资源量的降幅也定格在40.7%。报纸广告上半年降幅高达41.4%,下半年降幅有减缓趋势,下降35.7%,与上半年相比降幅收窄5.7个百分点,与2015年全年35.4%的降幅大体持平。

下半年的报业广告市场趋势表明,报纸广告下降速度极有可能逐渐趋稳,甚至开始进入逐渐减缓的通道。这或许在一定程度上意味着报纸广告的下降已经接近底部。当然,到了底部也并不意味着会有显著的反弹,而是降幅不断减缓,最终在一个较低的水平上稳定下去(图3)。

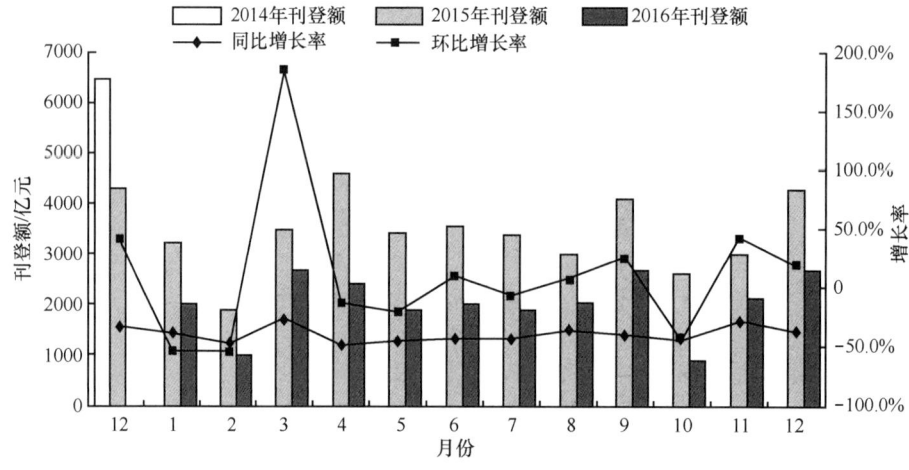

图3　2015年12月至2016年12月报纸广告月度趋势

(2)2016年我国期刊行业的经济指标同比下降

2016年全国共出版期刊10 084种,较2015年增长0.7%;定价总金额232.4亿元,降低4.3%。期刊出版实现营业收入193.7亿元,降低3.6%;利润总额25.7亿元,降低2.2%(表7)。

表7　2016年我国期刊出版总利润

总量指标	数值	增长率
品种/种	10 084	0.7%
定价总金额/亿元	232.4	-4.3%
营业收入/亿元	193.7	-3.6%
利润总额/亿元	25.7	-2.2%

2.1.1.4　我国纸媒行业的单位构成和管理模式

(1)我国纸媒单位构成情况

第一,2016年,我国纸媒行业出版单位中90%以上是法人单位和个体经营户,其中47.3%是个体经营户,49.9%是法人单位。在我国纸媒行业出版单位中仅2.8%的出版单位是由非法人单位构成的(图4)。

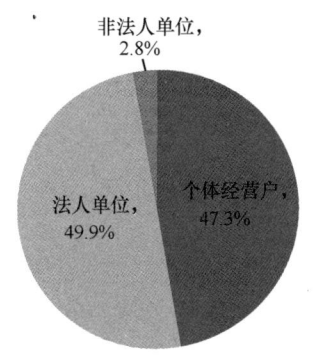

图 4　新闻出版单位类型构成

第二，在纸媒行业出版单位所有制结构中，企业法人所有制单位数量占了近一半。在这类单位构成中 85.0% 是民营企业，9.7% 是国有全资企业，3.3% 是集体企业，1.5% 是外商投资企业，剩余 0.3% 和 0.2% 是港澳台商投资企业和混合投资企业（图5）。

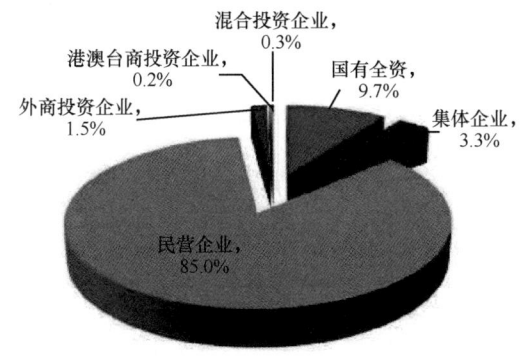

图 5　企业法人单位的所有制结构

（2）我国纸媒管理模式

第一，媒体集团式。这种管理模式一般由集团党委统一领导，下设集团编委会、综合管理部门、集团公司董事会（图6）。

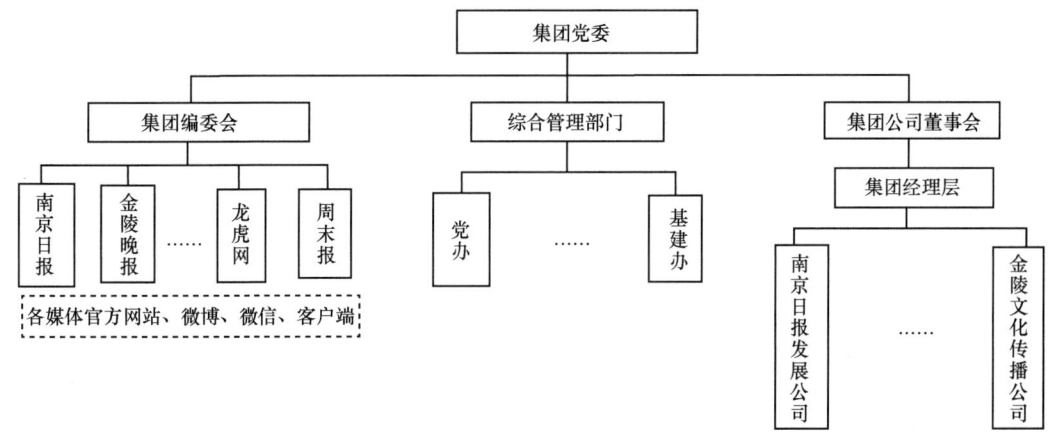

图 6　南京报业传媒集团组织架构

第二，非法人单位、党政事业单位。非法人单位、党政事业单位分为以下2种管理模式：第一种模式是主办单位领导杂志社，杂志社下设各个编辑部（图7）；第二种模式是主办单位下设各个编辑部（图8）。

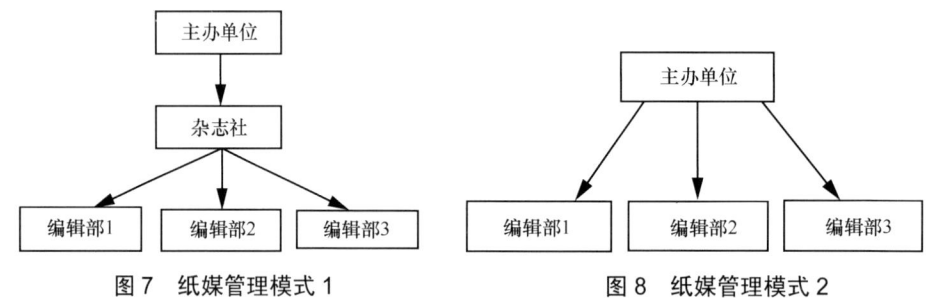

图7　纸媒管理模式1　　　　　图8　纸媒管理模式2

2.1.2　江苏省纸媒发展的现状及问题

2.1.2.1　江苏省纸媒发展的总量规模

（1）2016年江苏省报纸出版量同比下降，整体规模的全国排名位列前五，保持稳定

与2015年相比，2016年江苏省报纸行业的出版单位与出版品种保持不变，平均期印数、总印数、总印张分别下降了9.31%、12.10%、25.00%（表8）。

表8　2016年江苏省报纸出版总量规模

项目	2016年	2015年	增长率
出版单位/个	143	143	0
出版总品种/种	143	143	0
平均期印数/万份	1127.83	1243.55	−9.31%
总印数/亿份	23.25	26.45	−12.10%
总印张/亿印张	81.31	108.42	−25.00%

2016年江苏省有81种报纸，在全国报纸出版总品种排名中居第5位，排名情况与2015年相比没有变化（表9）。

表9　2016年全国报纸出版总品种排名居前5位的省（区、市）

省（区、市）	报纸出版总品种/种	排名	排名变化
广东	99	1	0
山东	87	2	1
四川	85	3	−1
新疆	85	4	0
江苏	81	5	0

2016年江苏省报纸平均期印数为1127.83万份，居全国第4位，排名情况与2015年相比没有变化（表10）。

表10　2016年全国报纸平均期印数排名居前5位的省（区、市）

省（区、市）	报纸平均期印数/万份	排名	排名变化
山西	2412.93	1	0
河南	1476.40	2	0
广东	1151.85	3	0
江苏	1127.83	4	0
江西	1052.92	5	0

2016年江苏省报纸总印数为232 495万份，居全国第4位，排名情况与2015年相比没有变化（表11）。

表11　2016年全国报纸总印数排名居前5位的省（区、市）

省（区、市）	报纸总印数/万份	排名	排名变化
广东	298 845	1	0
山东	262 037	2	1
浙江	261 247	3	−1
江苏	232 495	4	0
山西	201 619	5	1

2016年江苏报纸总印张数为8 131 138千印张，居全国第4位，排名情况与2015年相比没有变化（表12）。

表12　2016年全国报纸总印张数排名居前5位的省（区、市）

省（区、市）	报纸总印张/千印张	排名	排名变化
广东	16 595 386	1	0
山东	11 986 237	2	0
浙江	9 617 286	3	0
江苏	8 131 138	4	0
四川	5 157 271	5	0

（2）江苏省期刊行业的出版规模同比略有上升，从全国范围看，种类丰富，刊期有所增加

与2015年相比，2016年江苏省期刊行业的出版单位与出版品种的增率相同，增长了0.23%，平均期印数、总印数、总印张、定价总额分别增长了0.42%、4.58%、4.39%、10.69%（表13）。

表13　2016年江苏省期刊出版总量规模

项目	2016年	2015年	增长率
出版单位/个	4443	4433	0.23%
出版总品种/种	444	443	0.23%
平均期印数/万册	399.70	398.01	0.42%
总印数/亿册	1.1954	1.1431	4.58%
总印张/亿印张	5.2332	5.0133	4.39%
定价总金额/亿元	10.15	9.17	10.69%

2016年江苏省期刊出版总品种是470种，居全国第2位，排名情况与2015年相比没有变化（表14）。

表14　2016年全国期刊出版总品种排名居前5位的省（区、市）

省（区、市）	期刊出版总品种/种	排名	排名变化
上海	637	1	0
江苏	470	2	0
湖北	429	3	0
广东	388	4	0
四川	359	5	0

2016年江苏省期刊平均期印数为400万册，居全国第9位，排名情况与2015年相比没有变化（表15）。

表15　2016年全国期刊平均期印数排名居前10位的省（区、市）

省（区、市）	期刊平均期印数/万册	排名	排名变化
湖北	763	1	0
上海	653	2	1
广东	622	3	−1
湖南	592	4	0
浙江	515	5	0
辽宁	473	6	0
山东	442	7	0
甘肃	430	8	0
江苏	400	9	0
河南	333	10	0

2016年江苏省期刊总印数11 954万册，居全国第4位，排名情况与2015年相比提高了1位（表16）。

表16　2016年全国期刊总印数排名居前5位的省（区、市）

省（区、市）	期刊总印数/万册	排名	排名变化
湖北	18 544	1	0
湖南	13 966	2	1
广东	12 270	3	−1
江苏	11 954	4	1
上海	11 205	5	−1

2016年江苏省期刊总印张523 319千印张，居全国第5位，排名情况与2015年相比提高了2位（表17）。

表17　2016年全国期刊总印张排名居前6位的省（区、市）

省（区、市）	期刊总印张/千印张	排名	排名变化
湖北	1 027 425	1	0
广东	663 517	2	0
湖南	641 469	3	1
上海	626 093	4	−1
江苏	523 319	5	2
甘肃	520 777	6	−1

2.1.2.2　江苏省纸媒行业影响力

（1）江苏省报纸行业的影响力较低

江苏省报纸行业的影响力较低，在全国省级以上党报中南京只占1家（表18）。

表18　省级以上党报

报纸名称	省（区、市）	城市
《人民日报》	全国	北京
《环球时报》	全国	北京
《参考消息》	全国	北京
《中国日报》	全国	北京
《光明日报》	全国	北京
《中国青年报》	全国	北京
《经济日报》	全国	北京
《解放军报》	全国	北京
《法制日报》	全国	北京
《浙江日报》	浙江	杭州
《河北日报》	河北	石家庄
《新华日报》	江苏	南京
《海南日报》	海南	海口
《江西日报》	江西	南昌
《文汇报》	上海	上海
《山西日报》	山西	太原
《广西日报》	广西	南宁
《河南日报》	河南	郑州
《辽宁日报》	辽宁	沈阳
《湖北日报》	湖北	武汉
《北京日报》	北京	北京
《天津日报》	天津	天津
《内蒙古日报》	内蒙古	呼和浩特
《解放日报》	上海	上海
《四川日报》	四川	成都
《云南日报》	云南	昆明
《甘肃日报》	甘肃	兰州
《福建日报》	福建	福州
《湖南日报》	湖南	长沙

（2）江苏省期刊行业的影响力较弱

江苏省学术期刊在全国影响力较弱，2017—2018 年 CSSCI 收录的 553 种期刊中，江苏省仅占 22 种（表19）。

表19 2017—2018年江苏省在CSSCI中收录的期刊

期刊名称	主办（管）单位	刊号
《南京政治学院学报》	解放军南京政治学院	32-1002/D
《当代外国文学》	南京大学外国文学研究所	32-1087/I
《明清小说研究》	江苏省社会科学院文学研究所等	32-1017/I
《扬子江》	江苏省作家协会	32-1787/I
《南京艺术学院学报（美术与设计版）》	南京艺术学院	32-1008/J
《艺术百家》	江苏省文化艺术研究院	32-1092/J
《东南文化》	南京博物院	32-1096/K
《产业经济研究》	南京财经大学	32-1683/F
《审计与经济研究》	南京审计大学	32-1317/F
《世界经济与政治论坛》	江苏省社会科学院世界经济研究所	32-1544/F
《现代经济探讨》	江苏省社会科学院	32-1566/F
《江苏行政学院学报》	江苏省行政学院	32-1562/C
《高校教育管理》	江苏大学	32-1774/G4
《江苏高教》	江苏教育报刊总社	32-1048/G4
《体育与科学》	江苏省体育科学研究所	32-1208/G8
《江苏社会科学》	江苏社会科学杂志社	32-1312/C
《南京社会科学》	南京市社会科学界联合会等	32-1302/C
《学海》	江苏省社会科学院	32-1308/C
《南京大学学报（哲学·人文科学·社会科学）》	南京大学	32-1084/C
《南京农业大学学报（社会科学版）》	南京农业大学	32-1600/C
《南京师大学报（社会科学版）》	南京师范大学	32-1030/C
《南通大学学报（社会科学版）》	南通大学	32-1754/C

2.1.2.3 江苏省纸媒行业经营情况

（1）2016 年江苏省报纸行业经营同比下降

与 2015 年相比，2016 年江苏省报纸行业经营收入下降 11.34%，主要是由于广告收入下降造成的（表20）。

表20 2016年江苏省报纸行业经营收入

项目	2016年	2015年	增长率
出版单位/个	143	143	0
出版品种/种	143	143	0
营业收入/亿元	38.17	43.05	−11.34%

第一,华东地区报纸广告刊登额下降幅度居全国第3位。2016年各地区报纸广告大幅下降的趋势没有明显变化,但各地区降幅差异还是非常明显,降幅最大的地区被腰斩,与降幅最小地区相比降幅差高达18.7个百分点。西南地区降幅最大为50.7%,东北地区下降了42.4%,华东地区下降42.2%,华北地区下降35.2%,西北地区下降37.9%,中南地区降幅最小但也下降了32.0%(图9)。全国性报纸的降幅为24.0%,状况要明显好于地方性报纸。2015年全国给地区报纸广告刊登额最高的地区是华东地区,但由于2015—2016年华东地区报纸广告刊登额下降幅度大于中南地区,因此2016年全国报纸广告刊登额最高的地区是中南地区。

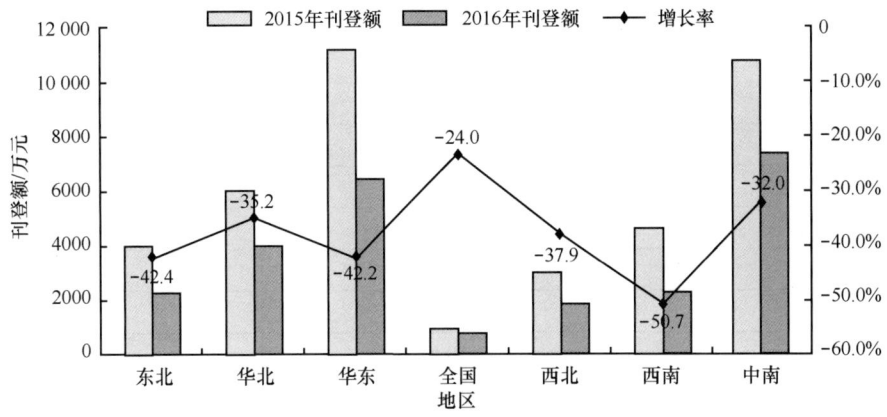

图9 2016年各地区报纸广告刊登额及增长情况

第二,南京市报纸广告刊登额降幅位列全国主要城市第10位。2016年所有城市的报纸广告都在下降,降幅最小的深圳市下降11.3%,降幅最大的贵阳市下降了60.0%(表21);有15个城市的降幅低于报纸38.7%的平均降幅,也有14个城市的降幅超过了40%;南京市下降了42.9%。

表21 2016年主要城市传统媒体广告与报纸广告同比增幅比较

城市	传统媒体增幅	报纸媒体增幅
广州市	-4.4%	-29.1%
北京市	-9.2%	-30.9%
重庆市	-10.5%	-47.0%
上海市	-8.2%	-47.0%
武汉市	-2.5%	-37.9%
深圳市	11.9%	-11.3%
哈尔滨市	-8.2%	-34.7%
合肥市	-12.9%	-44.7%
南京市	-9.2%	-42.9%
兰州市	6.9%	-26.9%
济南市	-7.4%	-36.9%

续表

城市	传统媒体增幅	报纸媒体增幅
天津市	-7.9%	-36.9%
福州市	-15.3%	-31.0%
郑州市	-4.1%	-39.9%
沈阳市	-14.2%	-41.1%
大连市	-12.6%	-47.5%
长沙市	-1.1%	-36.6%
杭州市	-6.5%	-45.5%
南宁市	-5.6%	-48.0%
南昌市	-17.5%	-49.0%
昆明市	14.6%	-56.9%
乌鲁木齐市	2.8%	-46.4%
厦门市	-7.3%	-33.2%
青岛市	-25.1%	-47.1%
宁波市	2.7%	-24.7%
成都市	-13.4%	-54.4%
西安市	-19.8%	-29.6%
贵阳市	-17.1%	-60.0%
太原市	-6.8%	-38.4%
石家庄市	-2.1%	-28.2%

（2）2016年江苏省期刊行业经营收入同比上升

2016年江苏省期刊行业营业收入为7.25亿元，与2015年相比增长了10.69%（表22）。

表22　2016年江苏省期刊行业营业收入

项目	2016年	2015年	增长率
出版单位/个	4443	4433	0.23%
出版总品种/种	444	443	0.23%
营业收入/亿元	7.25	6.55	10.69%

2.2　纸媒经营困境的原因分析

2.2.1　纸媒经营发展环境受到挑战

新媒体日新月异，移动互联的不断发展，全面迈入"互联网+"时代，传统纸媒的自我发展与接受群体均受到不同程度的冲击与挑战。纸媒发展阻力重重，其根本原因在于与国际市场的差距较大，没有完成接轨工作。从媒体产业的发展形势看，"水平整合"已形成潮流。我们处于的时代，科技高度发展，新媒体和网络技术不断更新完善，从国际形势看，传媒巨头已改变原有模式，融合竞争逐渐成为发展的新方向。例如，著名的时代华纳、维亚康姆公司等集团企业，在"垂直整合"的基础上，把"水平整合"列为重点，将集团发展成为高效化、规模化、集约化的全面且多层次发展的新闻集团。由于纸媒自身原因，其传播范围着实存在限制，最大限度省内的发行更是难以满足当代新闻消费需求。而新兴媒体则可借助网络的渠道，实现全世界传播。在这种大媒介环境之下，纸媒面临着严峻的生存挑战，新媒体的传播渠道十分便捷，传播内容兼具时效性与传播力，并且新媒体传播的形态多样化，从报纸、期刊、电视到网络、手机、移动客户端及户外大屏等，其在传播形态上践行着分众化的传播模式。因此，在这种媒体生态环境的背景之下，纸媒如何寻求在新时期的新发展，找寻到自身的准确定位便是亟待我们思考的现实问题了。开放的新媒体环境下纸媒要求每一个环节都能做到真正"流动"起来，更需要积极加强自身的内容生产与公信力的建设才是自身应对新媒体冲击的王道之路。

2.2.2 纸媒体制机制僵化

由于体制机制的原因，包括江苏省科学技术情报研究所在内的国内传媒业发展体制僵化的境遇，导致了行业发展转型改变难度高、效率低下的结果，同时这也是国外先进传媒业的区别所在。以美国传统媒体发展为例，由于准入门槛高，监管力度大，在进行转型时往往会出现倒闭的严重后果。然而，传统媒体也不仅仅在运行机制方面存在弊端，它在互联网基因方面也有所缺乏。一切问题的症结在于体制的僵化。我国目前的一些相关讨论及具体措施的实施纷纷表明解决的措施。将政府与媒体之间的关系分开，整理好政府与企业的利益关系，使现代企业制度真真正正贯彻落实包括在媒体产业内部建立，法人结构、公司管理结构得到完善。除此之外，党的十八大中明确提出传统媒体创新发展方案，促进媒体产业内部改革，以确保其适应时代发展，在激烈的市场竞争中获得优势。创新之本是体制创新。国内传媒业发展体制僵化的境遇，导致了行业发展转型改变难度高、效率低下的结果。媒体监管及保护机制不完善，报刊行业没有有效的竞争及保护机制，不利于纸媒行业的发展。江苏省科学技术情报研究所期刊在其自身的思维理念、内在机制等方面均存在着一定程度的困境与弊病，存在发展瓶颈。江苏省科学技术情报研究所期刊必须要改变思想观念，实现观念创新、制度创新，走出传统的经营模式，拓展实际功能。江苏省科学技术情报研究所期刊首先面临的即为自身的相关体制还没有完全健全，这是控制管理方面的问题，另外一个亟待解决的问题就是人才的问题。

2.2.3 受众阅读习惯变迁

技术不仅服务于生活，同时它也改变着人们的生活。曾几何时，摊开报纸与杂志逐文逐字的阅读还是不少人的日常习惯，而如今，经常接触纸质媒体的受众已为数不多，我们日常所熟悉的场景是，人人刷着手中的电子设备，见缝插针地浏览碎片化的信息。传统媒体输给了技术，而深度报道则输给了由技术所衍生的人们的生活习惯，新媒体信息的特性在于短平快、有趣且获取方便，在获取新闻信息的过程中，受众并非总是乐意选择最优质的内容来阅读，相反，他们只会选择最简单易得的信息，当轻点手指就能获取信息时，很少有人会选择复杂地搜寻、筛选甚至付出成本来阅读。对于免费且易得的东西，人们总是缺乏有效的抵抗力，当技术将这两项特质赋予新媒体时，传统媒体很难再有竞争的空间。究其原因，问题的本质不在于谁的内容更加优质，而在于谁更符合受众的阅读习惯。新媒体带走了那个"逐文逐字读报"或"等候在电视机前看新闻"的时代，取而代之的是一个移动阅读的时代，而在移动阅读时代，先天技术劣势的纸媒，尤其是纸媒的深度内容的落败也就不足为怪了。

2.2.4 纸媒办刊质量亟待提高

因为长期以来的信息单向传播模式，传统期刊刊发的文章无论质量高低、读者是否认同，都不会对期刊的发行流通产生决定性影响。加上受期刊版面和出版周期的限制，对重大事件、深度报道往往不够及时全面，在优质稿源的争夺中常处于不利地位。此外，在物化形态上，由于设计理念、纸品价格、印刷工业等不同，都会影响到期刊的品相和阅读体验。

2.2.5 纸媒的利润空间受到挤压

与新媒体内容端的低成本制作相比，传统纸媒的利润空间受到挤压。新媒体不需印刷、不走传统发行路线，省去了纸张和印刷费用、物流费用，加之出刊快、人力成本低，这种新媒体的优势恰恰映衬出传统纸媒的劣势。此外，传统纸媒的劣势还有发行量小、装订麻烦、发行成本高、检索过程烦琐等。

2.3 江苏省科学技术情报研究所期刊发展的现状及问题

江苏省科学技术情报研究所目前有3本正规刊号的期刊：2本学术期刊，分别为《江苏科技信息》和《无线互联科技》，正在进行数字化平台建设，致力于打造期刊信息化办公平台和富媒体与可视化阅读平台；1本非学术期刊《电动自行车》。

杂志由江苏省科学技术厅主管、江苏省科学技术情报研究所主办，由科技传媒中心负责刊物运营，主办单位下设《电动自行车》《江苏科技信息》《无线互联科技》3个杂志社，《电动自行车》杂志社下设编辑部和市场部，《江苏科技信息》《无线互联科技》杂志社下设编辑部（图10）。

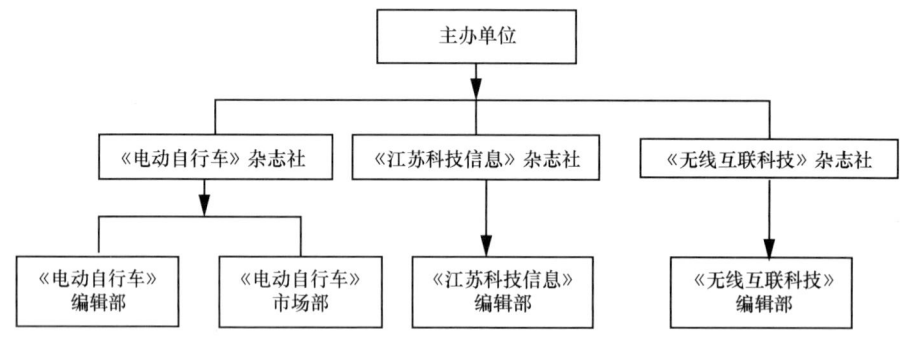

图10 江苏省科学技术情报研究所纸媒的管理情况

《江苏科技信息》是学术期刊，是"中国核心期刊（遴选）数据库收录期刊""江苏省优秀期刊""江苏省一级期刊"，被中国学术期刊网络出版总库（知网）、万方数据期刊网、维普期刊数据库等全文收录。该刊于1984年创刊，旬刊，国内外公开发行（中国标准连续出版物号：ISSN 1004-7530、CN 32-1191/T）。该刊创刊以来，秉承"科学、严谨、诚信"的办刊方针，坚持学术期刊的办刊方向，以促进学术交流、繁荣学术研究为宗旨，刊登各行业科技领域的科技创新成果及学术动态，突出科学性、创新性和实用性，旨在促进我国科技领域学术经验的交流，合理构建我国科学学术交流平台。该刊主要栏目有：科技战略研究、图书情报、管理与创新、基础研究、应用技术、科教研究、科学与社会等。

《无线互联科技》是由江苏省科学技术厅主管、江苏省科学技术情报研究所主办的学术期刊，被中国学术期刊网络出版总库（知网）、万方数据期刊网、维普期刊数据库等全文收录。该刊于2006年创刊，半月刊，国内外公开发行（中国标准连续出版物号：ISSN 1672-6944、CN 32-1675/TN）。杂志内容主要针对无线互联时代背景下，无线电电子、电信技术、计算机技术等领域前沿的研究与应用成果，突出技术性和学术性的结合。以通信领域的最新科技成果与前沿技术为主线，不断提高期刊学术价值，促进学术交流，繁荣学术研究。该刊主要栏目有：通信观察、无线天地、网络地带、软件透视和计算机世界等。

《电动自行车》杂志由江苏省科学技术厅主管、江苏省科学技术情报研究所主办，是"全国唯一公开发行的电动自行车专业杂志"。该刊于2003年创刊，月刊，国内外公开发行（中国标准连续出版物号：ISSN 1672-6936、CN 32-1685/TH），被中国学术期刊网络出版总库（知网）、万方数据期刊网、维普期刊数据库等全文收录。该刊定位于服务和促进电动车行业发展，主要面向各省市电动自行车行业协会、检测机构、电动车企业、科研单位和图书馆发行。杂志涉及行业新闻信息、专题论述、企业风采、行业动态等内容，是企业信息发布、新品宣传和市场推广的有效平台。该刊主要栏目有：本刊视角、专题报道、行业发展、行业大事、企业动态、科技新品、专利分析、研究论坛、行业数据等。

2.3.1 江苏省科学技术情报研究所学术期刊的现状及问题

2.3.1.1 江苏省科学技术情报研究所学术期刊的内容建设

（1）影响因子较低

国内影响因子最高的期刊是 *Cell Research*，其影响因子为15.606；我国期刊平均影响因子为0.6；《江苏科技信息》影响因子为0.155，《无线互联科技》影响因子为0.114。

（2）年度总文献量总体呈上升趋势

1999—2012年，江苏省科学技术情报研究所学术期刊年度文献总量保持稳定；2013年和2014年，江苏省科学技术情报研究所学术期刊年度文献总量增长幅度较大；2015—2017年，江苏省科学技术情报研究所学术期刊年度总文献量基本保持稳定（图11）。

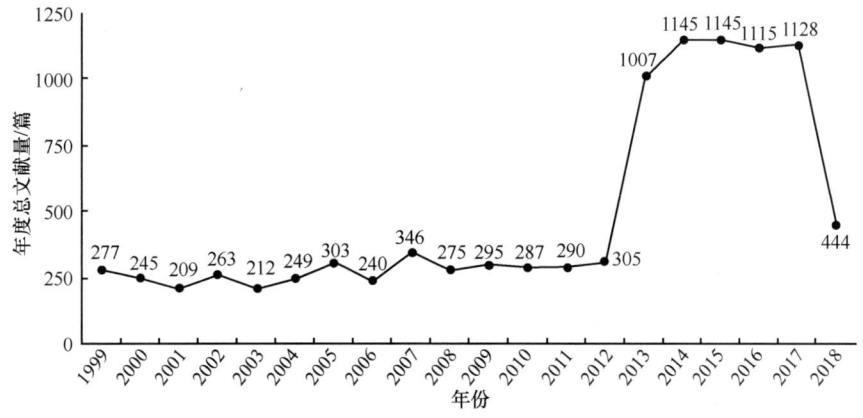

图11 《江苏科技信息》年度总文献量情况

（3）年度基金资助文献量总体呈上升趋势，2017年略有下降

1999—2007年，《江苏科技信息》基金资助文献量几乎为零；2008—2012年，《江苏科技信息》平均基金资助文献量为19篇/年；2013—2016年，《江苏科技信息》基金资助文献量逐年增加且增幅较大；2017年，《江苏科技信息》平均基金资助文献量略有下降。

（4）各栏目文章分布不均，多分布于管理类

近10年来，《江苏科技信息》文献栏目主要集中在管理论坛、技术探讨、科教平台等栏目，文献量最多的有695篇（图12）。

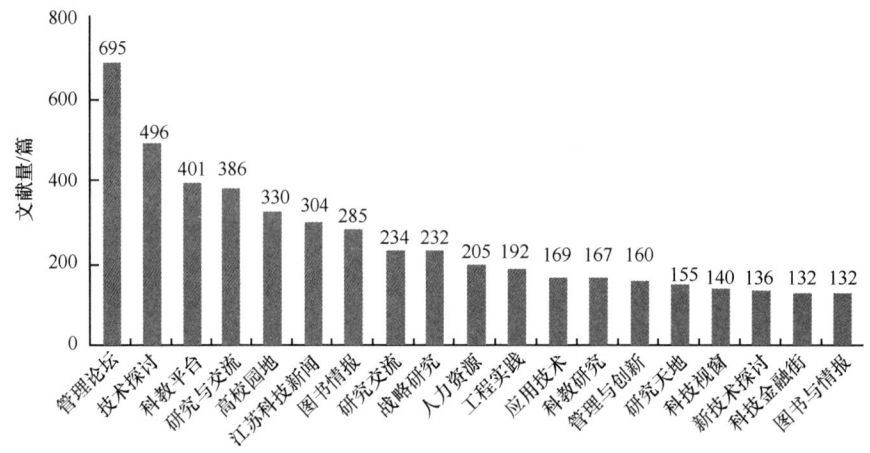

图12 《江苏科技信息》近10年文献所属栏目分布情况

（5）文章学科分布以高等教育、企业经济、科学研究管理为主

近10年来，《江苏科技信息》文章的学科分布中，高等教育、企业经济、科学研究管理总占比超过1/4；图书情报与数字图书馆、宏观经济管理与可持续发展、工业经济、计算机软件及计算机应用总占比约为1/4（图13）。

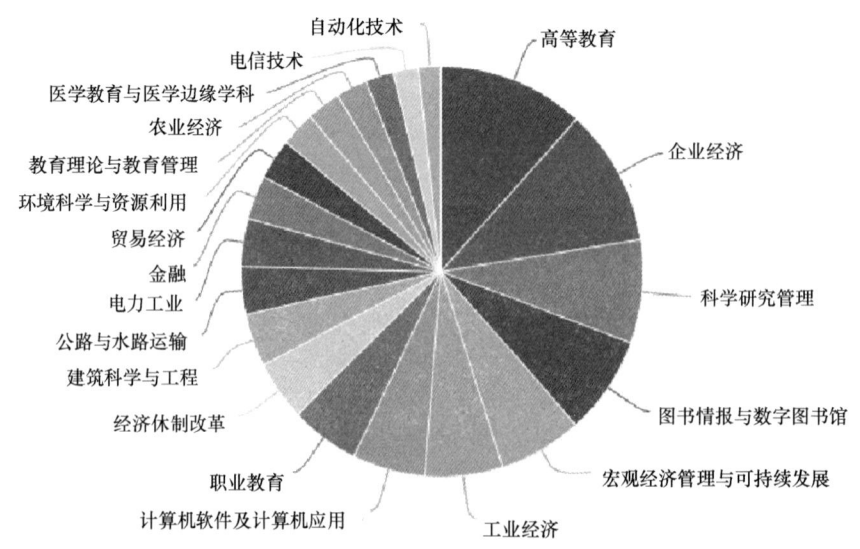

图13 《江苏科技信息》近10年文章的学科分布情况

2.3.1.2 江苏省科学技术情报研究所学术期刊影响力有待提升

2014年4月14日,国家广播电视总局发出的《关于规范学术期刊出版秩序促进学术期刊健康发展的通知》提出,由于学术期刊出版存在着一些问题,主要表现为:分散弱小、结构不合理的状况未根本改变,规模化集约化水平较低;整体质量不高,国际竞争力不强,还不能适应科教兴国、建设创新型国家的战略要求;现行的科研人才评价机制造成论文发表需求过旺,学术期刊功能出现异化现象;一些学术期刊片面追求经济利益,放松审核把关,造成学术质量下降;特别是一些不具备学术出版条件的期刊超越业务范围或一号多版,出租、出售、转让出版权给个人及中介公司,刊发质量低劣学术论文牟利,造成不良的社会影响。为规范学术期刊出版秩序,优化学术期刊出版环境,提高学术期刊出版质量,促进学术期刊健康发展,根据《出版管理条例》《期刊出版管理规定》等相关法规规章提出:严格学术期刊出版资质和要求,建立完善学术期刊出版准入制度;完善扶持激励政策和保障体系,构建学术期刊发展长效机制;落实责任,强化管理,切实推动学术期刊健康有序发展。2014年12月10日,国家新闻出版广电总局正式公布第一批认定学术期刊名单;2017年4月10日,国家新闻出版广电总局正式公布第二批认定学术期刊名单。在这两次公布的名单中都没有江苏省科学技术情报研究所的2本学术期刊。

2.3.1.3 江苏省科学技术情报研究所学术期刊的经营收入总体增长

2014年江苏省科学技术情报研究所学术期刊《江苏科技信息》出版周期是半月刊,每年24期,每期84页。自2015年开始,《江苏科技信息》出版周期改为旬刊,每年36期,每期84页。

发行收入逐年递增,2016年略有下降。原因是原有发行人员退休,新的发行人员没有到位,导致2016年江苏省科学技术情报研究所学术期刊发行量下降,发行收入略有降低。发行收入从2014年的231 020元增加到2017年的409 414元。

2.3.1.4 江苏省科学技术情报研究所学术期刊发行对象改变

过去江苏省科学技术情报研究所学术期刊发行对象主要面向各市县科技局、江苏省科技厅各下属事业单位及全国部分图书馆;现在江苏省科学技术情报研究所学术期刊发行对象主要是全国各大高校及各大图书馆,同时委托第三方发行公司帮助发行。

2.3.1.5 学术期刊数字化建设有待加强

江苏省科学技术情报研究所期刊数字化仅借助知网、万方、维普等第三方平台施行,部门内部没有专门的数字化人才,江苏省科学技术情报研究所学术期刊没有施行采编一体化系统。自2013年开始,成功申报了两项省文化产业引导资金项目"江苏省科技期刊数字化云平台建设的实践与研究""江苏科技期刊富媒体与可视化阅读平台建设",推进江苏省科学技术情报研究所乃至全省的学术期刊数字化建设。

2.3.2 江苏省科学技术情报研究所非学术期刊的现状及问题

2.3.2.1 江苏省科学技术情报研究所非学术期刊的内容建设

(1)江苏省科学技术情报研究所非学术期刊年度总文献量总体呈上升趋势

江苏省科学技术情报研究所非学术期刊的文献总量,自2009年开始基本稳定上涨。江苏省科学技术情报研究所非学术期刊年度文献量2009年为248篇,2017年上涨到411篇(图14)。

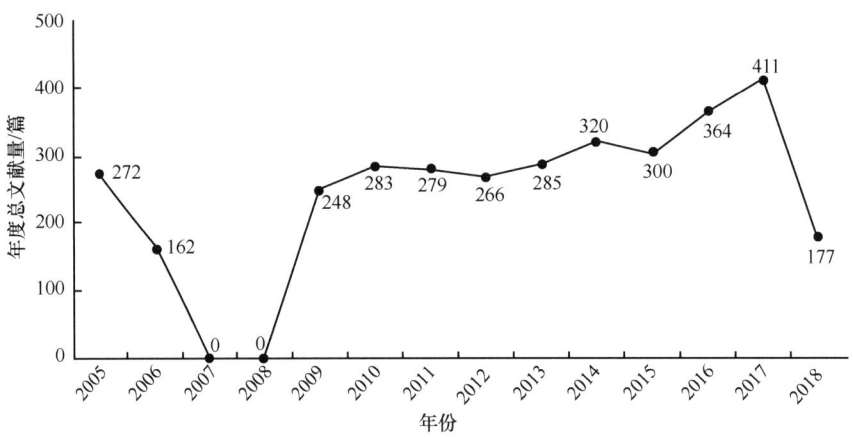

图 14 《电动自动行》杂志年度总文献量情况

（2）江苏省科学技术情报研究所非学术期刊的栏目多集中在企业风采

江苏省科学技术情报研究所非学术期刊近 10 年文献栏目分布中，文献量最多的栏目是企业风采，文献量为 426 篇；文献量最少的栏目是资讯报道，文献量为 38 篇（图 15）。主要是由于杂志定位于为企业服务，进行相应的宣传报道。

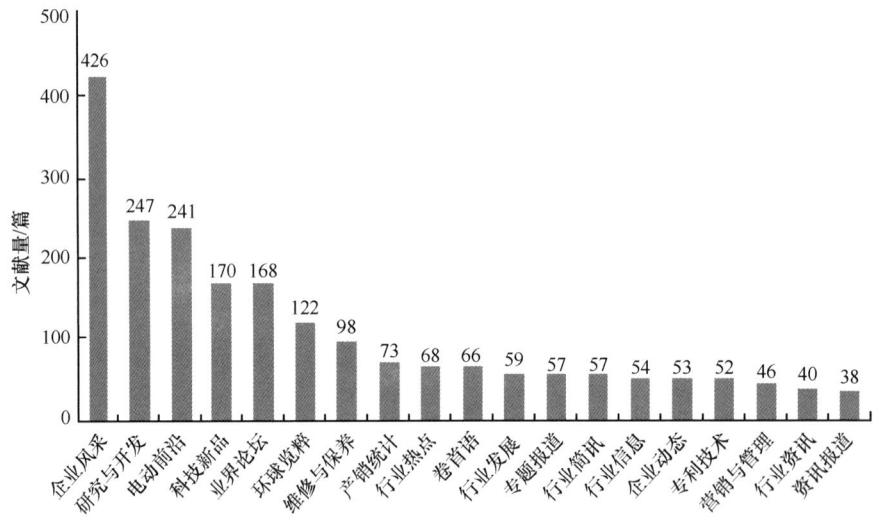

图 15 《电动自动行》杂志近 10 年文献所属栏目分布情况

（3）江苏省科学技术情报研究所非学术期刊文章主要集中在工业经济、汽车工业学科

《电动自行车》杂志文章主要集中在工业经济、汽车工业学科，说明文章符合杂志学科领域。江苏省科学技术情报研究所非学术期刊近 10 年文献的学科分布中，工业经济占 1/2，汽车工业占 1/4，其他学科占 1/4（图 16）。

（4）文章内容主要是电动自行车、电动车方面

在《电动自行车》杂志近 10 年的文献关键词分布中，电动自行车最高文献量为 281 篇，循环寿命最低文献量为 12 篇（图 17）。

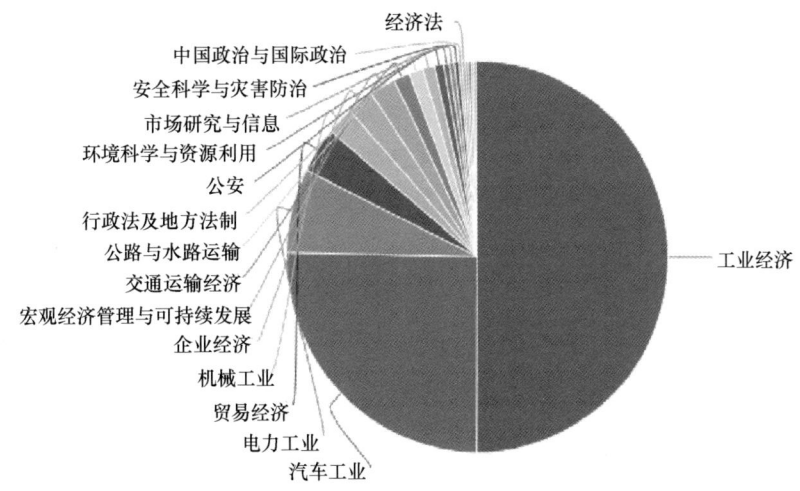

图 16 《电动自行车》杂志近 10 年文章的学科分布情况

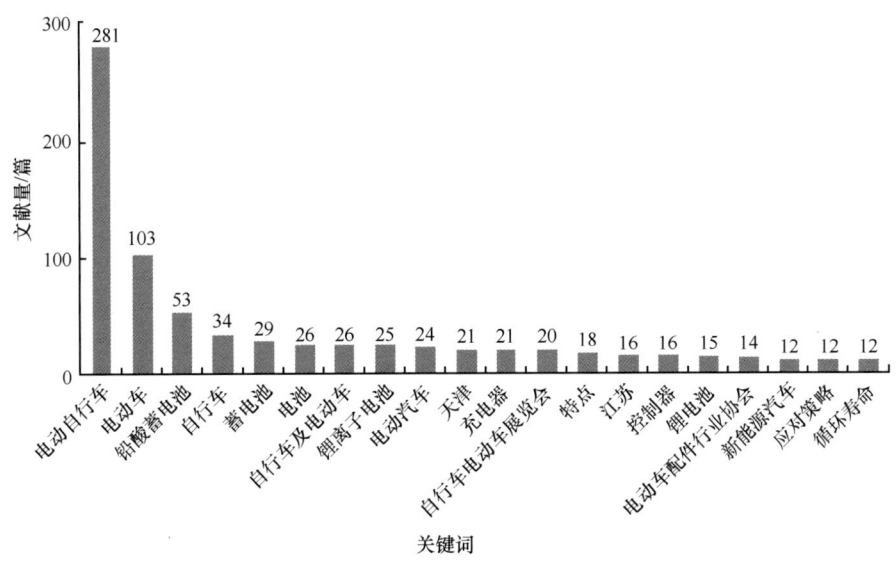

图 17 《电动自行车》杂志近 10 年文献关键词分布情况

（5）杂志原创文章数量逐年增加

2013—2017 年，《电动自行车》杂志发表的原创文章逐年增加，从 2014 年的 5 篇增加到 2017 年的 21 篇；学术论文从 2013 年的 35 篇减少到 2017 年的 24 篇。

2.3.2.2 江苏省科学技术情报研究所非学术期刊的行业影响力下降

杂志创刊（2003 年）前 10 年，《电动自行车》杂志作为全国电动自行车行业内唯一的有刊号杂志，在电动自行车行业影响力较大。杂志的主编、记者等经常应邀参加全国主要电动自行车展会、江苏省重要电动自行车会议、企业新品发布会等。作为行业有刊号的正规杂志，各大企业争相在杂志上做广告，杂志的行业影响力较大。

现今，由于电动自行车行业发展进入瓶颈期，各大电动自行车企业对广告的投放比较谨慎。同时由于我们与合作协会的合作模式发生改变，以及新媒体的发展及各大电动自行车协会无刊号杂志的泛滥，对江苏省科学技术情报研究所《电动自行车》杂志形成较大冲击，导致《电动自行车》杂志在行业的影响力大幅度降低。

2.3.2.3 江苏省科学技术情报研究所非学术期刊广告客户流失，收入大幅减少

2013—2017 年，江苏省科学技术情报研究所非学术期刊广告客户有所减少，从 2013 年的 48 家降低到 2017 年的 34 家（图 18）。

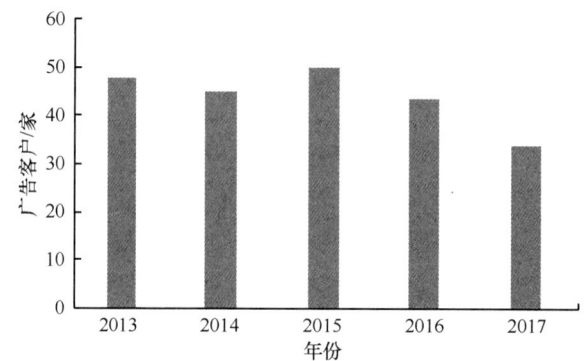

图 18　2013—2017 年《电动自行车》杂志广告客户情况

2013—2017 年，江苏省科学技术情报研究所非学术期刊广告收入逐年减少，从 2013 年的 480 000 元降低到 2016 年的 312 100 元，2017 年更是断崖式下跌，降低到 50 000 元（图 19）。

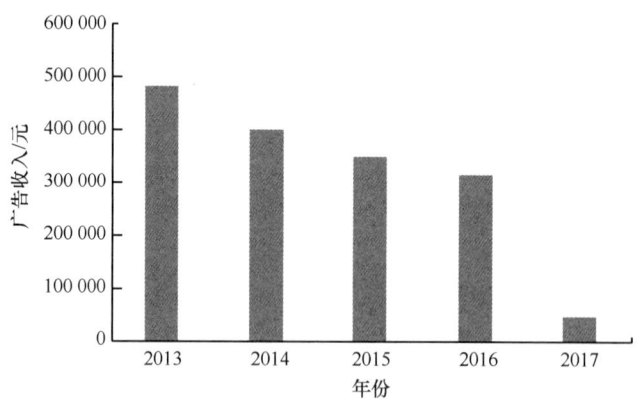

图 19　2013—2017 年《电动自行车》杂志广告收入情况

2.3.2.4 江苏省科学技术情报研究所非学术期刊发行量和订户数量有待提升

2013 年以来，江苏省科学技术情报研究所非学术期刊订户数量缓慢减少，2016 年开始江苏省科学技术情报研究所非学术期刊订户数量降幅有所增大，从 2013 年的 493 本降低到 2017 年的 349 本（图 20）。其中，邮局发行量占比 62.5%，企业赠阅占比 31.25%，编辑部自发行占比 6.25%。

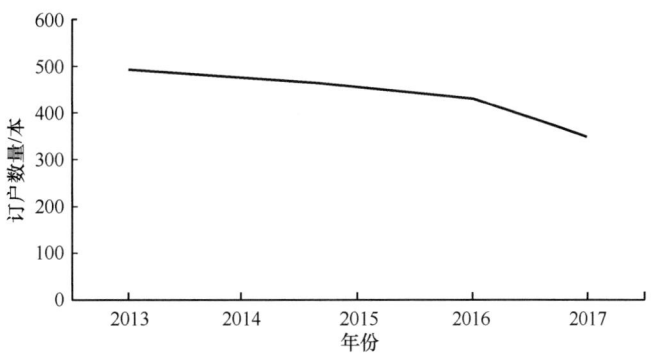

图 20　2013—2017 年《电动自行车》杂志订户数量情况

2.3.2.5　江苏省科学技术情报研究所非学术期刊投稿不足

行业相关文章投稿量很少，年平均约稿量 1～2 篇，自 2017 年起，缺乏企业的投稿。

江苏省科学技术情报研究所《电动自行车》杂志学术论文投稿量不稳定，从 2017 年开始开设"研究论坛"栏目后，学术论文的刊登量从 2013 的 35 篇发展到 2017 年的 24 篇（图 21）。

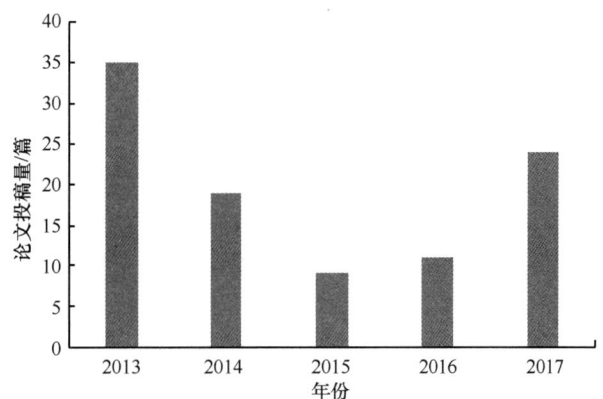

图 21　《电动自行车》杂志学术论文投稿量情况

2.4　江苏省科学技术情报研究所期刊经营困境的原因分析

2.4.1　江苏省科学技术情报研究所学术期刊经营困境的原因分析

2.4.1.1　名牌栏目偏少，收文范围较广

在江苏省科学技术情报研究所学术期刊《江苏科技信息》和《无线互联科技》中，大多数期刊的栏目与其他科技类学术期刊栏目基本相似，缺乏特色。因为内容面面俱到，无异于面面不到，与谁都有关系，也就意味着与谁都没有关系。众所周知，期刊形象的树立，主要依靠名牌栏目，有特色、有个性的名牌栏目无疑是学术期刊吸引读者、增加发行量的保证。读者订阅时，选择的无非是几种有影响的或某一学科栏目特点明显的，而对大多数期刊则失去了兴趣。

为达到国家学术期刊的要求，自 2013 年《江苏科技信息》和《无线互联科技》不断调整收稿范围。《江苏科技信息》由原来的 13 期栏目固定为现今的每期 7 期栏目，分别是：科技战略研究、图书情报、管理与创新、基础研究、应用技术、科教研究、科学与社会。《无线互联科技》由原来的每期 14 个栏目缩小到现今每期 9 个栏目，分别是：通信观察、无线天地、网络地带、软件透视、设计分析、数字教育、实验研究、科技管理、技术应用。

2.4.1.2 缺乏自己的发行团队

《江苏科技信息》和《无线互联科技》由于人手不足，工作繁忙，没有设立发行部或读者服务部，专门从事期刊的订阅和客户服务，进行与期刊有关的市场调查，研究自己的优势与劣势。在原有发行人员退休时没有及时补给新的发行人员。

2.4.1.3 数字化建设进程缓慢

由于经费不足等原因导致江苏省科学技术情报研究所学术期刊一直没有建设采编一体化系统。而部门所承接的期刊富媒体建设项目还在研究中。

2.4.1.4 刊期多、文章学术性有待加强

由于创收的压力，江苏省科学技术情报研究所 2 本学术期刊都存在改刊期和增加页码的情况：《江苏科技信息》由原来的月刊，每期 52 页，增加至现在的旬刊，每期 80 页；《无线互联科技》由原来的月刊，每期 72 页，增加至现在的半月刊，每期 148 页。收稿量的增加导致期刊学术性下降，江苏省科学技术情报研究所学术期刊未通过国家的学术期刊认证。

2.4.2 江苏省科学技术情报研究所非学术期刊经营困境的原因分析

2.4.2.1 电动自行车行业媒体竞争激烈

《电动自行车》杂志宣传的是电动自行车的研发、政策、市场等情况。由于体制机制问题，编辑部不能及时得到一手资料和一手信息。同时，全国各大电动自行车协会都有自己的微信公众号等新媒体和诸多没有刊号的期刊，通过免费赠送进行扩张，而行业内企业宣传主要看发行量，对《电动自行车》杂志造成了巨大冲击。

2.4.2.2 《电动自行车》杂志与协会的合作遇到瓶颈

《电动自行车》杂志由于一直与江苏省自行车电动车协会合作办刊，2017 年由于产权纠纷等问题，导致合作出现问题，江苏省自行车电动车协会带走大量广告客户，导致《电动自行车》杂志广告客户大量流失。

2.4.2.3 编辑部对发行工作重视程度不够

《电动自行车》杂志由于人手不足，没有设立发行部或读者服务部，专门从事期刊的订阅和客户服务，也没有定期进行市场调研，研究《电动自行车》杂志的市场。

2.4.2.4 编辑部对广告管理及市场开拓重视程度不够

《电动自行车》杂志是由江苏省科学技术情报研究所与江苏省自行车电动车协会合作办刊，创刊时杂志的广告及软文由江苏省自行车电动车协会提供，杂志的编辑、校对、印刷由江苏省科学技术情报研究所完成。多年来江苏省科学技术情报研究所与江苏省自行车电动车协会一直沿用这种办刊模式，导致江苏省科学技术情报研究所没有直接与广告客户接

触。2017年江苏省科学技术情报研究所与江苏省自行车电动车协会合作模式出现瓶颈，江苏省自行车电动车协会单方面不提供广告客户和软文。由于《电动自行车》杂志编辑部一直没有与广告客户管理及广告市场开拓，致使2017年《电动自行车》杂志广告收入断崖式下跌。

3 新媒体融合发展的现状研究

3.1 新媒体的优势

新媒体是继报刊、广播、电视为主体的传统媒体后出现的"第四媒介"，即网络媒介，既集中了所有传统媒介的优势，同时又具有传统媒介不具备的特点。新媒体的特征是信息的海量性、传播的快速性、地域的无限制性、参与的互动性及媒体形式的多样性。网络改变了人们的生活方式，也改变了人们的阅读习惯。因此，网络对纸媒的冲击导致纸媒读者减少、发行量下降。新媒体中每个参与者既是受众，也是传播者。博客、播客的出现更使这种传播形态进一步扩张。博客的网络日志曾被称为"乏味的蠢话"，今天则更多被认为是"传播媒介的未来"。据统计，全世界每天新增约12万个博客，平均每秒1.4个。博客新闻化对新闻报道方式的影响，不仅使新闻类型增加，报道方式多样，而且"博客们"的多种分析也使新闻的内涵扩展。特别要强调的是，手机从单纯的通信工具一跃成为"第五媒体"，正在以5倍于当年互联网的速度飞速发展，被称为"放进口袋里的互联网"。它可以上网看电视、看视频、听音乐、看书、炒股、参与社区互动等，集合了纸质媒体、电视媒体、网络媒体的大部分功能，还有便捷性高的特点，可以不受时间限制，随时随地有效传递信息。相比之下，纸质媒体的表现形式便显得单调、呆板而乏味。另外，新媒体广告发布的多样化和覆盖率，使传统媒体的生存基础——广告市场遭受不断侵蚀。新媒体的产生和发展不仅改变着人类生活形态与行为方式，更孕育着巨大的投资价值，成为全球资本新的投资热点。互联网的发展还在持续不断的高速增长，随着网络技术和移动技术的进一步创新，媒体发布、接收模式变得越来越多样化，新媒体将更加受到读者的青睐。

3.1.1 报纸新媒体的优势

事实上，中央和地方主流媒体较之以往都在更加积极主动地探索媒体融合的新路径，拓展融合的深度和广度。目前，《人民日报》已打造成拥有报纸、杂志、移动网站、客户端、移动直播等多种载体的全媒体形态的"人民日报媒体矩阵"；中央电视台在媒体融合工作中大胆创新，敢为人先，在重要活动报道中建立"融媒体编辑部"，运用台网一体化统筹机制应对重大新闻采访报道，将各方素材进行统筹共享，促进台网融合。从2017年起，《京华时报》（纸质版）、《中国青年报》（周末版）等新闻媒体宣布停止纸介质出版，将更多精力集中投放在新闻客户端、微信公众号等移动社交媒体平台，全面转型发展新媒体业务。上海报业集团坚持受众为本、导向为先，全面深化改革、整体转型，旗下媒体不断进行媒体融合创新探索。例如，《新民晚报》的"邻声"社区全媒体平台为传统媒体向社区媒体的转型提供了新思路,时政类新媒体"澎湃新闻"及财经新媒体"界面新闻"凭借专业性的内容与交互性的用户体验成为传播力强、影响力广的新媒体品牌。

我国各地各新闻单位积极进取、大胆探索,新型主流媒体不断涌现,主流媒体传播能力增强,传播阵地大大拓展。融合新闻的生产能力不断提高,有效提高了新闻舆论的引导能力。

3.1.1.1 资源互通,优势互补

报网互动是纸质传媒涉足新闻媒体发展的主要形式之一。报纸的丰富采访资源,高素质的采编队伍完全能够满足网络媒体的要求,进而全面提升了网络新闻品质,增强了网站的权威性,提高了点击率。报纸报道的"精"和"准",网络报道的"广"和"多",两者交汇融合,做到报中有网、网中有报,资源互通、优势互补、发展互推,各自均得到快速发展。《扬州日报》将党报品牌嫁接到网上,推出了报网互动的新平台"党报在线"专栏,借助网络与读者、网友进行互动交流。这个在线论坛结合了BBS论坛、QQ聊天室等多种网络交流平台的长处,每周举办一期,每期一个话题,邀请2～3位嘉宾,回答网友提问。从2006年4月4日首期推出,至今已成功举办了122期,每期网友参与点击量都在1万次以上,在社会上引起了强烈的反响。"党报在线"让办党报的人充分体验了从自说自话、"无人弱彩"到"你来我网(往)"、我网呼应那种与读者声声呼应、心心相连的成功喜悦和自信。新华网江苏频道和新年社江苏分社的手机报主要依托总社的多媒体数据库,同时也全部或多数采用江苏分社记者采写的稿件。实践证明,新华社的通稿并没有因为被网络刊发或被手机报刊发而影响采用率,而是提高了通稿的知名度和影响力;同样,网络报道和手机报也因为主要由通稿形成的新华社影响力而被读者所认可。

3.1.1.2 加强合作,整合新闻资源

合作双赢,是当下传统媒体与新媒体融合发展所追求的目标。如何运用媒体的影响力吸引用户、扩展市场、壮大发展,传统媒体对此已经有了极其丰富的成功经验和探索模式。学习传统媒体经验,与传统媒体携手共同扩大市场规模,是网络媒体加强与传统媒体融合的迫切和现实的需求。从另一个方面看,以网络媒体为代表的新媒体的出现,也给由传统媒体所构成的新闻传播大格局带来了新的元素和活力。吸取新媒体的表现方式、传播方式、技术特质,也已经成为传统媒体持续创新保持活力的有效途径。例如,报纸版面的不断丰富暗含着网络媒体海量信息的特点;报刊头版或扉页导读功能的突出正符合新媒体首页导航的功能(这一点在江苏省都市类报纸表现得尤为突出)。再如,电台、电视台向全天候播出方向的努力,不仅体现了海量信息的特点,更是与网络新媒体即时性更新特点契合;传统媒体不断注重用户反馈和编读、编视、编听的趋势,正是网络媒体互动功能的体现等。在实践中,传统媒体和新媒体积极探索跨媒体、跨地区合作的模式。2008年4月18日,人民网"人民宽频"的开播就是在人民网已有的视频嘉宾访谈等节目资源基础上,整合上海文广新闻传媒集团的节目资源,全新改版而成,这是广播电视媒体面向新媒体领域进行合作的一次积极尝试。《常州日报》网站仅29人,在其办的教育、婚庆、汽车、房地产等18个频道中,大胆选择合作伙伴,降低了成本,提高了效率,尝到了合作双赢的甜头。

3.1.1.3 努力开拓，扩大发展空间

报业发展新媒体，有很大的优势，其中最重要的一个优势，就是报业的内容优势。报业的发展历史，某种程度上就是一部社会发展的历史。作为地方党报，其资讯的全面性和权威性，是其独特的优势。

2006年，《苏州日报》决定启动旧报纸数字化项目，即把近60年的《苏州日报》，从纸质媒体全部变成数字媒体，最近已经基本完成。这个旧报纸的大型历史数据库，既保存了所有往期资料，又为这些极具价值的历史数据的整理加工和二次开发，提供了数字化的平台，其搜索和查询等智能化功能，不仅服务于报人，同时具有广阔的商业开发前景。

新技术新媒体的快速发展，既对传统媒体"施加"了巨大压力，也为传统媒体创新发展提供了广阔空间。2008年4月24日，《广州日报移动数字报纸》通过微波传输发行，自动把内容主动发送给用户，使《广州日报》成为全球第一份通过广播微波发射方式"发行"的报纸，是业界一个里程碑式的跨越；宁波日报报业集团中国宁波网于2008年8月1日推出新一代数字报纸《播报2.0》，以报纸版面形式与网络多媒体手段相结合的全新报道方式迎接网络奥运报道大战，标志着我国首份真正原创多媒体数字报正式诞生。

3.1.2 期刊新媒体的优势

综合已有的相关文献，目前期刊的传统传播媒介主要存在以下几个方面的缺陷：传播速度慢；传播形式单一，仅仅是文字、公式、图表，且形式一成不变，易引发读者视觉疲劳；传播容量有限，且方向单一。期刊新媒体主要存在以下几个方面的优势：传播速度极快；新媒体形式具有多样性，包括音频、视频等，可读性强，同时兼顾内容的准确性、权威性、严谨性；新媒体传播变单一方向为交互式方向。科技期刊如何与新媒体进行对接，并有效加以利用，已经成为业界普遍关注的热点。

3.1.2.1 传播速度快，效率高

从目前新媒体的发展形势来看，新媒体有效地借助了网络平台，实现了信息的高效传播，从而有效地扩大了新媒体的传播范围。从目前我国的网络覆盖率来看，互联网已经覆盖了80%的人群，并且有逐渐扩大的趋势。由此可见，在未来的发展中，新媒体的覆盖范围将会越来越大，将会成为一种有效的媒体形式，将会推动媒体的全面快速发展。对此，我们应有正确认识，应将新媒体作为一种重要的媒体形式来看待，并在新媒体的发展过程中重视拓展其传播范围，使新媒体能够成为一种全面、高效的传播媒体。

以期刊网络采编系统为例，众所周知，网络采编系统是集作者在线投稿、编辑在线办公、专家在线审稿、编辑部内部办公、文档管理及统计、期刊网站建设、网刊发布、短信联系等功能于一体的在线系统。某些商业化的采编系统甚至可以在作者原稿的基础上，自动校正引文，给出推荐的引文链接，并且可以在原稿审稿前给出辅助检测报告，包括学术不端检测、创新性检测、作者学术情况统计等信息。结合某省网络采编系统采用比例情况及网络采编系统应用趋势（表23、图22）显示，网络采编系统的使用数逐年上升，这说明越来越多的杂志社编辑部与时俱进，纷纷开始接受这一网络在线系统。

表23　某省网络采编系统采用比例情况

年份	期刊数/个	所占比例
2006	5	4.85%
2007	9	8.74%
2008	14	13.59%
2009	20	19.42%
2010	24	23.30%
2011	32	31.07%
2012	41	39.81%
2013	49	47.57%
2014	57	55.34%
2015	62	60.19%
2016	65	63.11%

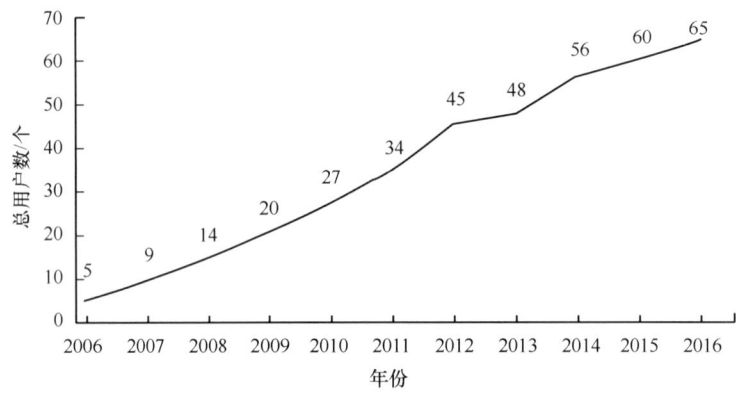

图22　某省网络采编系统应用趋势情况

通过采编系统提高了工作效率，方便作者及编辑查询稿件情况。编校过程更加可控，流程更加透明和规范，工作量下降。作者能在系统中实时看到自己的稿件状态，良好的投稿体验，往往会使作者在自己的生活圈推荐此期刊，使期刊的投稿量较以前有较大的提高。编辑部稿件送审及审稿编辑填写审稿意见都在系统上完成，使审稿过程及审稿的管理更加便捷、规范，既方便了审稿编辑，也方便了编辑部。通过系统的自动时间预警功能，可以有效地缩短审稿周期，同时也可避免稿件丢失、漏审等情况的发生。

3.1.2.2　形式具有多样性

基于对新媒体的了解，新媒体形式相对多样，传播手段更加多元化。以新媒体目前的发展形势来看，新媒体不但依托互联网平台，同时在具体的形式上还有更多的选择。目前，微博、微信、QQ，以及其他的新媒体工具已经成为助推新媒体高效发展的重要手段。由此可见，新媒体在发展过程中，其传播形式将会更加多元化，其传播手段也会越来越多，这给促进新媒体的发展、提升新媒体的传播质量等方面都会带来积极影响。为此，在新媒体发展过程中，应该将其作为一种重要的媒体发展形式来看待，并重视其多元化的传播手段，合理利用新媒体的优势，推动新媒体的进一步发展，使新媒体能够逐渐与传统媒体互补，成为一种重要的媒体形式，弥补传统媒体的不足。

传统期刊的阅读方式多为阅读纸质版的出版物，形式比较固定。但随着网络信息时代的来临，多种依托于互联网的新媒体设备的兴起逐渐改变了受众的阅读方式，读者和受众可以在互联网的环境下通过手机、电脑、电子阅读器等多媒体设备进行在线网络阅读或者下载后阅读。还可以轻松地通过关键字、作者、期刊名称等搜索出需要的文献内容，大大提高了阅读的效率。此外，多媒体阅读内容呈现形式较为丰富，除了单一的文字内容，还融合了图片、声音、视频等元素，更具有吸引力，也为受众阅读增添了乐趣。读者和受众更加倾向于新颖的、便捷的多媒体阅读方式。

3.1.2.3 满足个性化需求

互联网时代给人们带来了信息传递、信息流通的快捷和便利，也带来了信息的精准化传播。传统媒体的大众传播已经逐渐被转化为新媒体的个性化精确传播。受众和读者不再是被动的信息接受者，受众可以对信息内容、形式等方面提出自己个性化的需求。新媒体的市场为了满足不同受众的个性化需求，为其提供个性化的精准定制内容，无限贴近和满足受众和读者的不同阅读需求，从而为受众打造一个快捷、方便、丰富的阅读方式，为读者提供一个良好的、新鲜的阅读氛围。而传统纸质期刊的表现形式有限，并不能很好地满足读者和受众多样化、个性化的需求。

另外，随着社会的发展，以用户为中心、用户至上、以人为本的理念越来越受到人们的重视，用户体验对于现在人们来说已经成为一个很重要的部分，甚至可以引导受众进行消费。传统期刊在纸质出版盛行的时代，可以给读者和受众带去良好的用户体验，满足读者和受众的阅读需求。但随着新媒体的出现，多样化的信息呈现方式和网络带来的便利条件让读者和受众已经不再满足于单一的、较为固定的阅读方式，用户需求提升，新媒体为读者和受众打造了一种全新的、有强大吸引力的阅读方式和相关服务。这导致传统期刊给读者和受众带来的用户体验直线下降，所以传统期刊要想在新媒体环境下生存和发展，与新媒体融合是大势所趋。

3.2 国内新媒体融合发展现状

3.2.1 国内报纸新媒体融合发展现状

根据人民网发布的《2017年中国媒体融合传播指数报告》，全国296份主要报纸的微博微信整体开通率较高。其中，288家报纸进驻微博平台，进驻率达到97%；290家报纸进驻微信平台，进驻率达98%；进入"全国报纸融合传播百强榜"的报纸媒体（以下简称百强报纸）均开通了官方微博或微信账号。微信平台方面，2017年全年，百强报纸在微信平台中平均发文量达到3300余篇，大部分报纸微信公众号发文量在1000～5000篇（图23）；有72家报纸的最高单篇文章阅读量在10万次以上。各类报纸微信总发文量和总阅读量均处于较高水平，呈现齐头并进之势。相比之下，百强报纸的微博平台发展两极分化明显。就发文量而言，百强报纸微博平均每家发文5000余篇，发文量最高的近25 000篇，而最低的仅有几百篇。在转评总量上更是如此，百强报纸平均转评总量约为300多万次，最高的近1.4亿次，而与此同时，有83家的转评总量不足100万次。

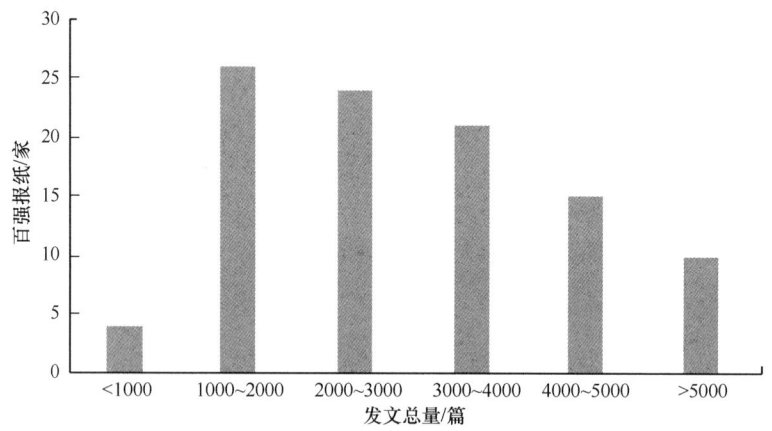

图23　2017年百强报纸微信发文总量情况

在全国296份主要报纸中，有87.5%的报纸（259家）建设了自有客户端，并在苹果应用商店、11个安卓应用市场提供下载。截至2017年年底，平均累计下载量约为590万，较2016年提高119%。此外，在腾讯、今日头条、搜狐、网易、一点资讯等五大聚合新闻客户端上，百强报纸平均进驻量达到3.7个，相较于2016年的2.3个有大幅提升。2017年，报纸媒体无论是自建客户端还是进驻第三方新闻客户端，均比2016年有所增长，客户端已成为报纸媒体融合的必争之地。预计将来各大报纸将继续提高在微信、微博、客户端等各个渠道的传播力，通过加大资金投入、加快平台建设、提高发文频率、互动吸引粉丝等形式，提高各自的竞争力。

3.2.1.1　网络转载量持续增长

全国报纸网络传播监测系统（以下简称MBR系统）监测数据显示：全国各级新闻门户网站中40%以上的新闻内容来源自报纸媒体。2015年1—11月，全国415份主流报纸（包括党报、都市报、财经报、时政报等）新闻被门户网站转载达到319万篇（图24）。每天每份报纸有23篇文章被互联网转发，并引发1865万用户评论量。根据MBR系统监测数据，2015年报纸新闻在互联网新闻中占据38%以上的比例，其中，都市报占60%左右，党报占26%左右。报纸新闻在互联网上引发的新闻点评率约占互联网新闻总评论量的53%。传统报纸媒体与新兴媒体融合发展让报纸影响力在跨界领域产生裂变式增长。

3.2.1.2　微信、微博成为主要传播方式

报纸媒体陆续在微博平台加强自身的互联网新闻传播力，纸媒微博粉丝量持续增长。截至2015年11月，在微博领域，74%以上的报纸媒体在新浪微博开通了官方微博，其中，有116家报纸的官方微博粉丝量超过了100万人，394家报纸在新浪微博的粉丝总量累计达到5.5亿人，以《人民日报》为首的党报在新浪微博的粉丝总量达4126万人（不包括"人民微博"粉丝量）。报纸在网络上的用户（粉丝）数量远远高于报纸线下的读者数量。新兴媒体赋予传统报纸不同的传播介质，也带来了更快速、更广泛的传播效果。

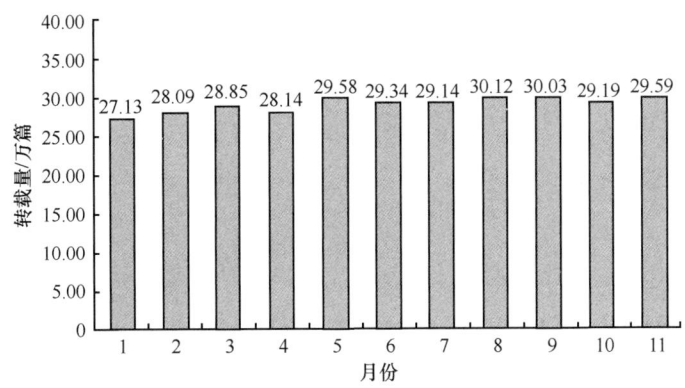

图 24　2015 年 1—11 月全国报纸网站转载量情况

以微信为载体的新闻传播方式已经成为报纸媒体另一个与互联网接轨的传播方式,并且在逐步提升其在微信平台的传播影响力。

3.2.1.3　内容仍依赖传统纸媒

无论新媒体如何发展,当前新媒体在形式上翻新,而在内容上却严重依赖于传统纸媒。报纸媒体运用自身的采编优势和权威影响力在新媒体平台实现了二次传播(图 25)。

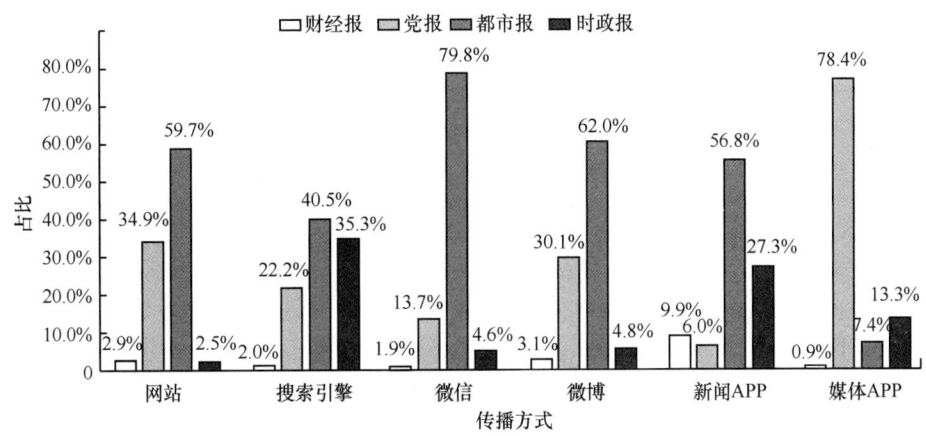

图 25　各类报纸网络二次传播占比情况

3.2.1.4　都市类报纸应用最多且传播力较强

(1)报纸新媒体中应用最多的是都市报

都市报是网络传播主体。2015 年 1—11 月,全国都市报新闻被互联网转载总量超过 186.15 万篇。从转载数据量级上看(MBR,2015 年 1—11 月),华北地区的都市报新闻转载量居首,达到了 93.75 万次,华东和华南地区较为接近,都在 24 万次左右,华西地区转载量为 13.64 万次,华中地区转载量接近 9 万次。

(2)都市报具有较强的网络传播影响力

截至 2015 年 11 月,都市报在新浪开通官方微博的有 173 家,总粉丝量达到了 2.27 亿。目前,都市报平均每个月在微信平台上的提及量达到 36 万次(微信提及量是指在微信公众号上的各类传播信息中,对纸媒的引用、转载、讨论等情况的统计)。从数据上看,无论在微博平台还是微信平台,都市报都显现了非常强的网络传播影响力。

3.2.1.5 各地区党政类报纸传播力表现各异

互联网来自报纸的新闻中,来源于党报的占 26.92%。全国党报(117 家)网络传播力表现各异:《人民日报》《中国日报》《中国青年报》等中央党报只占党报数量的 7% 左右,但网站传播力份额超过 1/3。《北京日报》《天津日报》《南方日报》《河南日报》《四川日报》《浙江日报》等省级党报占全国党报数量的 26% 左右,网站传播力份额超过 50%。地市级党报数量众多,数量占总量的 68% 以上,但是网站传播力份额仅占 13% 左右。从区域上看,华北地区的党报新闻转载次数最高,达到了 55.04 万次,华东地区的党报新闻转载次数位列第三,达到了 18.07 万次(图 26)。

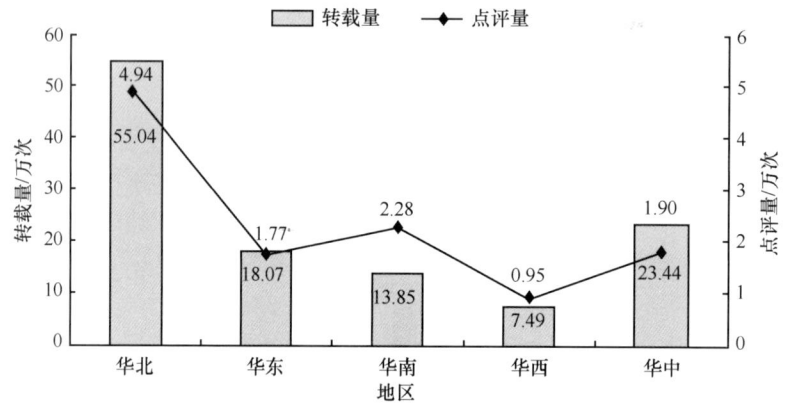

图 26 党报在互联网中的新闻转载量和点评量情况

3.2.1.6 行业报纸传播占比较少亟须转型

(1)行业报纸亟须转型

由于新兴媒体对于传统媒体的冲击,发行量急速下跌,各大行业报均在战略转型中开始布局,力求在新媒体格局中从行业机关报转型为行业媒体。

(2)行业报纸二次传播占比较少

大环境促使传统媒体间加速竞争、转型、整合,读者群体的老龄化与年轻读者断层导致发行增量萎缩,发行量不断缩减。此外,行业报希望在转型的过程中,对于子刊、子报及周边报纸的内容创新与增加发行的投入,不断增大覆盖更多渠道的年轻读者群体。

在零售渠道,行业报连续两年呈现下降趋势,但在覆盖率和实销率的指标上基本保持稳定。在报纸行业市场萎缩的当下,行业类报纸的用户黏性较高,并没有出现较大规模的用户群体流失,保持在 60% 左右的覆盖率说明行业报的市场需求比较普遍。

3.2.2 国内期刊新媒体融合发展现状

期刊媒体融合率偏低。据《中国科技期刊发展报告(2014)》统计,中国科协科技期刊中有 245 种期刊启用了新媒体,占 36.2%,其中开通微博的科技期刊占 14.1%,微信占 5.9%。

目前,大多数科技期刊均拥有独立的官网。以科技核心期刊为例,据 2015 年相关调查显示，全国共有2383种科技核心期刊，其中1529种有自建网站，占比达到64.1%。80%以上的网站都提供期刊简介、编辑部联系方式、投稿要求、数据库收录情况、期刊信息动态等。科技期刊网站的建设为编辑部和广大读者、作者等提供了良好的服务。但受技术、资金及经营理念等因素的制约，国内科技期刊的新媒体传播技术发展依然缓慢。以科技期刊微信公众号为例，以《2015年版中国科技核心期刊引证报告（核心版）》中收录的2383种科技期刊为调查样本，以手机查找公众号方式进行数据统计分析（此次调查的统计数据截至2016年10月底），这2383种科技核心期刊中，仅有236种开通了微信公众号，所占比例为9.9%。其中，有42种期刊在2014年前开通，占比为17.80%。开通微信公众号的期刊中，仅有78种期刊进行了官方认证，占比为33.05%。推送消息的期刊中，期刊总推送达到60条以上的仅有83家，推送频率月均8条以上的有45家。总体来说，科技期刊微信公众号开通较少，推送频率较低。

3.2.2.1 新媒体的应用发展较为缓慢，形式单一

与传统媒体相比，新媒体是在报刊、广播、电视等传统媒体之后发展起来的新兴媒体形态，利用数字技术、网络技术、移动技术，通过互联网、无线通信网、有线网络等多种渠道，以电子计算机、手机、数字电视等终端，向用户提供信息和娱乐的互动式数字化复合媒体，具有低成本、交互性、即时性、海量性、共享性、多媒体、个性化、全覆盖等特点。

以科技期刊为例，传统的科技期刊出版存在众多的局限性。例如，出版容量有限，出版周期长；单向的、一成不变的传播模式易于引发阅读疲劳；经济、地理、人文等方面的综合因素限制了科技期刊的传阅范围和读者群体等。我国科技期刊的新媒体发展较为缓慢。

2012年综合评价排名前60位的中国科技核心期刊应用新媒体的统计数据如表24所示，样本涵盖通信、工程、农学、地学、医学、航空、林业、生命科学、物理学、软件工程、数学、化学等多个学科。应用最多的新媒体仍为RSS订阅和E-mail Alerts，同时提供这2项服务的期刊有20种，占总样本数的36.4%。提供iPad移动阅读平台的核心期刊比SCI期刊多4种，使用论坛/微博/博客的核心期刊比SCI期刊多3种。《土壤学报》和《生物多样性》提供二维码服务，拓展了期刊获取渠道。《煤炭学报》拟开展的QQ在线咨询服务和《水利学报》提供的视频资料服务有效地增加了期刊的即时互动性，扩充了期刊的刊载容量，符合未来科技期刊新媒体传播趋势。

表24 中国科技核心期刊网站应用新媒体情况

应用新媒体类型	应用期刊数	占总样本数比例
RSS订阅	22	40.0%
E-mail Alerts	24	43.6%
iPad移动阅读平台	7	12.7%
论坛/微博/博客	7	12.7%
二维码	2	3.6%
其他	2	3.6%

注：统计数据依据《2013年中国核心期刊引证报告（核心版）》综合评价排名前60位的科技期刊中可查的55个样本。

从学科分布上看，在 55 个样本中有 7 种地学类杂志，其中 4 种应用了新媒体，应用率为 57.1%，居第 1 位；有 15 种医学类期刊，其中 6 种应用了新媒体，应用率为 40.0%，居第 2 位；有 8 种工程类期刊，其中 3 种提供新媒体服务，应用率为 37.5%，居第 3 位；其他学科因样本中所含期刊数较少，统计结果不具代表性，在此不作讨论。

3.2.2.2 目前传统期刊出版经营者在新媒体的开发情况主要分为三大类

第一类是通过外包厂商或公司为其代理相关软件应用。这种是由外包公司做框架，期刊采用技术公司提供的软件框架，定期（如每年或者几年一次）付给技术公司一定的费用，期刊只负责提供需要登出的文本、图片、视频等相关内容，由技术公司负责添加到框架里。这类期刊的代表有《南方人物周刊》《看天下》等。这种方式虽然费用较低，但外包公司出售的框架可以卖给所有刊物，其源码相同，很多刊物用同一形式，缺乏个性化。

第二类是自主研发与平台相适应的软件应用。例如，卓众出版组建了自己的专业团队，策划编辑、文字编辑、网络美编、摄影摄像师、程序员等团队成员分工明确。团队可以根据客户的个性化需要，开发不同的产品，每一期数字期刊应用的模板都经过精心设计，确保不同的版式和特效。在具体出版过程中，团队秉承专业精神，积极探索新媒体的平台模式，针对 iPad 等手持终端屏幕色彩鲜艳细腻、触屏操作、可播放多媒体等适合用来展现期刊图文并茂的特点，打造可读性强、内容丰富、功能完善的数字化产品。

第三类是委托公司开发软件并进行后期维护。让其为自己公司进行量身定做，再根据软件和应用的功能多少收取费用。根据电子杂志所需效果和功能的不同，也根据技术公司的规模和能力，价格从万元到几百万元不等。这种方式可以提供很强大的技术支持，能保证电子杂志在技术上的独创性，使其更符合受众的需求。但这种方式由于成本过高，对规模中等、品牌价值弱小的期刊来说，风险和负担较大。

但目前新媒体应用受开发成本和技术制约，内容同质化问题较为严重。任何一种移动数字期刊的开发形式都需要大量的资金支持和不断地投入，这让许多传统出版企业望而却步或导致开发效果不佳，大部分期刊缺乏多媒体内容。许多期刊数字版内容和印刷版内容几乎无差异，甚至是直接挪用；或者直接使用第三方技术公司的后台系统，制成模式一致的 APP，缺少阅读吸引力。

3.2.2.3 缺少成熟的盈利发展模式

期刊开始利用新媒体的传播优势来开发多元盈利模式，延长价值链。

收费阅读与免费阅读相结合。免费阅读在内容和形式上对传统期刊进行扩展延伸，在很大限度上也有对品牌宣传的作用，有利于用户群的稳固和扩大。例如，卓众出版旗下的汽车时尚类杂志《车主之友》，自营手机周刊，突显策划创意，通过提供原创独家的内容来稳定用户，让他们对栏目形成期待。

在广告形式上进行创新。运用新载体、新技术进行广告形式的创新。例如，*Glamour*（《魅力》）应用二维码来推广其 Facebook 官方主页，读者可通过手机访问该杂志数字内容，而后 *Glamour* 在 Facebook 上被喜欢的次数增加了 18%，互动增加了 10 万条。此外，也有尝试不同于免费赠送广告的打包销售。例如，《第一财经周刊》既提供独立投放 iPad

版的方案，也提供基础的打包策略，这个打包策略不是买纸质杂志广告附赠iPad版广告，而是追加预算，这种方式可以渐渐消除广告商对电子刊物的顾虑。还有一些期刊认为新媒体广告刊例价要比平媒价格低，在完善的市场规则还未建立的时候，需要建立自己数字化杂志的广告标准。

利用移动终端进行数字营销，开展多种增值服务。例如，卓众出版旗下的少儿益智类期刊《乐科》，通过二维码进行微博营销、论坛发布消息、在互联网上发起"乐科立体早教方案"，将多元智能、联动学习、双向亲子互动、陪伴成长、系统学习、专家指导六大理念贯穿于整套产品当中，扩大了影响力，提高了与读者的交流频度，给读者带来了更多价值。

任何一个新产业要想持续发展，参与者必须有利可图，否则将难以为继，可见一个健康、共赢的商业模式至关重要。尽管众多参与者在不断尝试探索多种多样的盈利方式，但至今为止真正能够从中获得实际收益的成熟模式屈指可数。价值链条上各方的利益分配关系还在不断探索，清晰成熟的盈利模式尚未真正建立。

3.2.2.4 缺乏专业的运营团队

传统期刊出版单位作为内容的制作商去引进数字出版营销运营和创意型技术人才，面临的困难很多，其竞争优势远不如游戏公司、大的门户网站等其他文化创意企业，再加上资金的限制，在一定程度上阻碍了人才引进，使吸引人才和留住人才成为一个严峻问题。大多数传统期刊出版单位未能重视复合型新媒体人才的培养，尚未完善人才引进机制。复合型人才是指既了解传统媒体内容运营方式，又了解新媒体运营方式的人才。一般的期刊出版单位只专注于纸质期刊的出版，技术公司对内容缺少了解，两者之间缺乏沟通和对接。从事数字化运营的期刊，应更加注重复合型新媒体出版人才的引进与培养，通过健全人才管理机制来促进数字出版的产品创新和多元化的渠道经营。

新媒体运营需要一支专业素养高的运营团队，依赖于精品推送的实力，在激烈的媒体竞争中立于不败之地。然而，目前国内大多数纸媒的新媒体的幕后运营团队并不是专业化的新媒体运营人员，负责新闻内容编辑和推送的工作人员存在着一个普遍性的问题，即专业性不高，人员流动性较大，大多是身兼数职，保证不了推送新闻的质量。一个成熟的新媒体是需要多种专业性的人员进行不同的分工配合来协力运营的，如果只停留在最初级的阶段，无法进一步整合提升，就注定只能被日新月异的新媒体技术所抛弃。

3.3 全国部分省（区、市）新媒体融合发展案例

3.3.1 全国部分省（区、市）报纸新媒体融合发展案例

3.3.1.1 北京：融合之路各具特点

（1）《北京日报》：发展新媒体矩阵

《北京日报》是北京地区重要的传统媒体，其在媒体融合方面以发展新媒体矩阵为主要抓手，并已形成一定的新媒体传播力。《北京日报》自2014年起，着力发展首都党报微信公众号矩阵，微信矩阵从无到有，从广谱发展到精品打造，影响力日益增强。借助微信发展带来的影响力，"长安街知事"已在2016年1月1日上线打造京报集团的拳头

产品——长安街知事APP。至2017年1月，据报道，《北京日报》在新媒体方面的公众号已达129个，总订阅量近1000万次，官方微博粉丝超过2400万人。与此同时，《北京日报》还积极从资本和技术等方面推进媒体融合进程。2017年5月25日，在北京市委宣传部支持下，《北京日报》报业集团联合中信建投证券股份公司、金汇金投资集团发起设立总规模100亿元的网络信息安全母基金，专注投资网络信息安全领域。在推进新媒体传播矩阵的同时，《北京日报》还积极推进基于大数据的云媒体服务平台的建设。"基于大数据的云媒体服务平台"项目的全称为"基于大数据的纸媒和新媒体融合采编经营一体化云服务平台"，这是2014年北京市委宣传部批准的全市层面重点工作，其实施周期为2014年11月至2016年3月，投入资金共约1500万元。最大的亮点就是将云计算和大数据分析技术应用于传统媒体与新媒体融合领域，以云计算采集用户行为和海量资讯，通过大数据分析技术工具，指导传统媒体利用自身专业采编、广告业务队伍的专业能力，真正下探到新闻、资讯、经营的策划和采集环节。这种多维度推进、多层面发力的媒体融合模式值得关注。

（2）《北京晚报》：网络路线，电子号外

《北京晚报》是一份都市类报纸，其新媒体传播方式主要在于网络和社交媒体方面。在网站方面，《北京晚报》创办了互联网新媒体——北晚新视觉网，用视觉的方式"直播"新都市，目标定位为"北京都市视觉门户"。在移动互联网传播环境下，影像视频类新媒体将日益成为主流的传播方式。此外，《北京晚报》"电子号外"模式是其新媒体传播方式的一种探索和尝试。2015年7月，《北京晚报》推出了电子号外新媒体传播方式。这种"立竿见影"的效果是纸质号外无论如何也无法企及的。当然，这种电子号外的模式总体看来是以纸媒为主体、以电子版式为辅助的一种传播模式，媒体融合效应尚不甚明显。

（3）《京华时报》：退出传统纸媒体，全力运营新媒体

在北京地区的传统媒体中，《京华时报》成为一个退出纸媒、转型新媒的典型案例。一家具有广泛影响力的纸媒的退出，在媒体融合大潮中虽然不是孤例，但是其背后所揭示的媒体发展趋势依旧值得注意。2017年1月1日，《京华时报》发布声明，其纸质版即日起将休刊，已订阅的用户可以办理退订手续。2016年年底，《京华时报》官方微博粉丝已超千万人。同时，京华网已完成改版，全新的基于位置可搜索的APP产品"京华圈"客户端1.0版已正式上线。对于传统媒体而言，媒体融合之路如何走，其实也没有固定的模式可遵循，但是依托内容优势，借助平台优势，最大限度和移动互联网时代的受众人群扁平化接触，从而形成深厚、稳固、持久的新媒体传播力、影响力、公信力，则是一个基本的发展路径。

3.3.1.2 上海：上海报业集团的"三二四"战略布局

作为国内报业集团融合改革的先锋，上海报业集团从一家以报刊为主的报业集团转变为以"三二四"布局为标志的全媒体集团（表25）。

表25　上海报业集团的"三二四"战略布局

	产品创新	机制创新
"三"	三大传统主流媒体的互联网主阵地：上海观察（探索党报、机关报向互联网新媒体话语体系的转变）；文汇；新民邻声	三大产业：平面媒体业务（基础）；文化新媒体业务（主导）；地产和金融股权业务（支撑）
"二"	两大现象级互联网新媒体：澎湃（探索传统纸媒的整体转型）；界面（探索如何在财经和商业报道的细分领域建立内容影响力）	两大平台：文化新媒体投资管理平台；地产金融股权投资管理平台
"四"	四大互联网细分市场项目：第六声；摩尔金融（探索互联网内容付费、交易等新商业模式）；唔哩；周到	四大资本：财政扶持资金；国有资本投资；产业基金投资；产业母基金投资

在传统报业市场上，《解放日报》坚持一体化发展。在新媒体整体转型方面，上海报业集团开辟新闻网站、手机报、信息服务、微信矩阵、电子阅报栏五大板块。截至2017年10月，上海报业集团旗下的各类媒体形态，稳定覆盖总用户超过2.4亿户，处于国内媒体融合的第一阵营。在2014—2017年预算收入中，上海报业集团的新媒体板块呈现高昂的增长势头（表26）。

表26　上海报业集团新媒体板块增长情况

	2014年预算收入	2015年预算收入	2016年预算收入	2017年预算收入
新媒体收入占集团主业收入比重	0.88%	9.44%	18.55%	33.40%
新媒体广告占集团广告收入比重	1.30%	11.30%	26.67%	47.20%

2016年年初，《解放日报》率先提出整体转型方案，2月15日上海市委正式批复同意整体转型方案。《解放日报》整体转型方案的内容可以概括为"一个目标""两个产品""一套新架构"。目标是在"十三五"期间，《解放日报》社要成为一家以互联网传播为主要渠道、以报纸传播为重要依托的新型媒体机构；要做好"上海观察"和纸质版《解放日报》两个产品；要建立适应互联网内容生产的新的内部采编组织架构与采编组织流程，同时配套建立合理有效的薪酬激励机制。2016年3月1日，《解放日报》与"上海观察"在进行全新改版后与读者见面。《解放日报》被定位为新型党报、精品党报，不再是包罗万象、面面俱到的传统党报。《解放日报》日常的资讯类报道大大减少，这些内容被转移到"上海观察"上。此次改版赋予了"上海观察"更重要的角色，新版"上海观察"力图成为上海权威信息在互联网发布的第一平台。

与以往的改版相比，这一次的改革堪称脱胎换骨，除保留精干力量组建《解放日报》编辑中心外，其余全部采访力量都迁入"上海观察"客户端；实行频道制，突出扁平化管理；继续推进实施专业职务序列和首席制，通过竞聘选拔，一大批有活力、有创造力的骨干挑起了重担；与此同时，稿酬考核也进行配套改革，打破原有干与不干、干多干少差别不大的"大锅饭"形式，进一步拉大收入差距，让干得多、干得好的采编人员有了更多的收益。改革之前，"上海观察"主要由《解放日报》的一个部门负责运作；改革之后，《解放日报》与"上海观察"的关系从"我中有你，你中有我"深化成"我就是你，你就是我"。

2014年1月上线的"上海观察"是上海报业集团组建后诞生的第一个新媒体项目，这是一款只在互联网上发行，以用户收费为盈利模式的资讯类深度阅读产品，也是《解放日报》新媒体改革的"自贸区"。"上海观察"立足上海，目标用户以上海本地的党政干部、机关公务员为主，旨在探索互联网语境下党报转型路径，提升其在主流读者中的影响力和公信力。经过两年多的先行先试，2016年3月全新改版升级，正式成为《解放日报》深度融合、整体转型的载体和平台。为此，《解放日报》和"上海观察"的组织架构、采编流程乃至考核激励机制，都做了创新改革，形成了报纸和客户端一体化的深度融合发展新格局。改革之后，"上海观察"成立了编辑、视觉、运营技术三大中心，开设了九大频道、80多个栏目，并建立了全天候生产机制，孵化了包括"韩正一周""伴公汀""康平路""非虚构"等一大批富有特色的栏目，催生了一批浏览量10万+的报道。在内容方面，转型后的"上海观察"投入更多的人员和资源从事资讯类报道，以便与《解放日报》在内容上形成互补。栏目是"上海观察"最基本的生产单元，栏目实行主编负责制，主编享有充分的策划权、组织采编权、发稿权、考核权和分配权。报社每隔一段时间会对所有栏目进行评估考核，不合格的将予以淘汰。尽管包括"上海观察"在内的大多数党报客户端在用户数、下载量等指标方面与一些商业新闻客户端尚有不小差距，但党报客户端正日益发挥着新媒体舆论场"定音锤""压舱石"的独特作用。

在《解放日报》深度融合与整体转型过程中值得一提的是2015年12月的再度迁址，这一天《解放日报》正式作别运行了4年的闵行区都市路解放大厦，回迁市区入驻延安中路816号。这不仅仅是一次新闻室在空间上的迁移，还具有强烈的文化意涵。正如《解放日报》在迁址当天所刊发的一篇报道中提到的："迁址新空间，更像是一个标志。它不仅仅意味着我们离新闻源头更近了，更意味着一种变革的开始。随着传播格局的变化，互联网已经成为舆论传播的主阵地。媒体转型，已是大势所趋。"人民网的报道称："办公地址的变迁，也同时意味着开启了这家党报在上海创刊以来最大的一次转型。"

对于《解放日报》未来的发展，上海报业集团社长裘新说，《解放日报》将继续以"上海观察"为平台，形成"以互联网传播为主体，以报纸传播为重要依托"的新格局，实现从党报、机关报向互联网新媒体话语体系转变。

3.3.1.3 内蒙古：《内蒙古日报》社的融媒体矩阵

自2014年起，《内蒙古日报》社在融合过程中的重点领域和关键环节上完成了自我创新和重大突破，《内蒙古日报》社在全面推进媒体融合发展过程中，形成了包括4种文字、5条业务线、20多种媒体形态、40多个发布终端的现代传播体系（图27）。

目前，《内蒙古日报》社已经从单一的纸质媒体发展成为集报纸、刊物、网站、两微N端、网络电视、户外大屏幕等不同媒介形式的融合媒体。初步形成了6个融媒体编辑部构成的媒体融合发展体系。2016年6月24日，内蒙古新闻网客户端、大草原网新闻客户端、纵横新闻客户端、索伦嘎斯拉夫文客户端、索伦嘎俄文网站客户端上线运行。

在《内蒙古日报》社融媒体矩阵中，《北方新报》是《内蒙古日报》社主管主办，北方新报传媒公司出版发行的都市类报纸，该报与正北方网、大草原客户端形成深度融合的局面。正北方网经过10多年的发展已经成为内蒙古最有影响力的网络媒体之一，单日最高点击量达 1400 万次。其设立的 99 街社区注册用户 89 万人，是内蒙古自治区网民在互联网上的舆论场，也是政府了解民情民意的重要渠道之一。内蒙古北方新闻网络公司开发的客户端"赛白努"（《内蒙古旅游报》的相应APP）以"服务旅游"为核心理念，围绕"扮靓草原文化，推动旅游经济"的宗旨，积极宣传内蒙古旅游业，讲好内蒙古的精彩故事。打造全域旅游概念的综合信息平台，为旅游者和旅游业提供有价值、有品质、有思想、有温度的新闻信息服务。

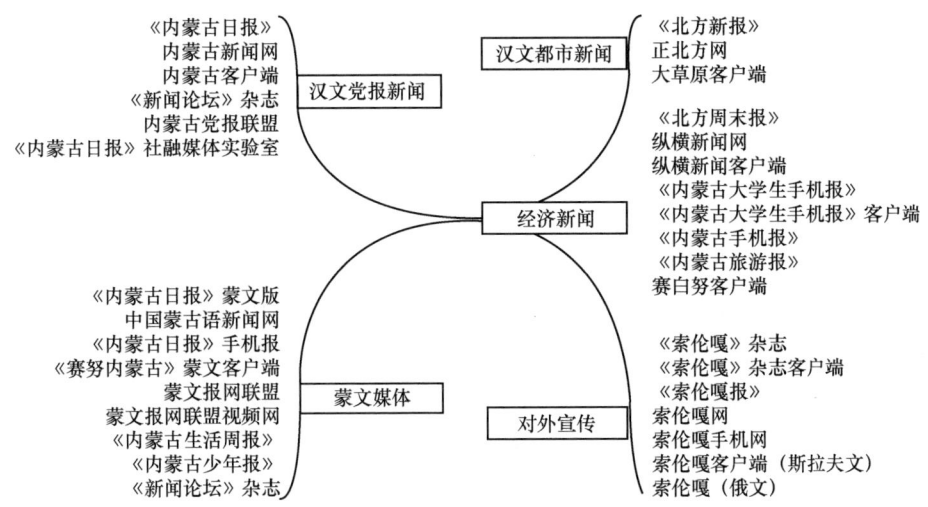

图 27 《内蒙古日报》社融媒体矩阵示意

《内蒙古日报》社结合自身实际和少数民族地区独特的地理位置和文化特点，走出一条地方外宣特色的媒体融合发展之路。索伦嘎融媒体中心成立于 2010 年，现在已经从当初的《索伦嘎》杂志发展成为传统媒体、新媒体、移动媒体融合发展的外宣传播平台体系，在对外宣传和联合发展上寻找到适合自己的路径。索伦嘎新闻中心目前已建成包括全媒体融合采编平台、国内编辑部（索伦嘎新闻中心）、国外编辑部（索伦嘎新闻中心驻蒙古国办事处）、刊物、报纸、网站、移动客户端、手机网、微博、微信在内的高度融合的"一次采集、多次生成、多元发布"的对外宣传全媒体融合体系。索伦嘎系列融媒体产品已成为蒙古国民众了解中国、了解内蒙古的又一个新平台。《索伦嘎报》（斯拉夫文）与《蒙古国商报》合作创办，索伦嘎斯拉夫蒙古语网站在蒙古国已申请域名，实现了境外落地。索伦嘎网、索伦嘎移动客户端（俄文）站在全球角度，面向俄罗斯联邦尤其是以蒙古族为主体民族的国家和地区，通过传播各类外宣新闻信息，全方位提升了中国国家形象和内蒙古形象。

3.3.2　全国部分省（区、市）期刊新媒体融合发展案例

3.3.2.1　上海：《解放军医院管理杂志》探索建立资讯整合平台

《解放军医院管理杂志》是由第二军医大学主办的医院管理专业学术性期刊，科技部中国科技论文统计源期刊（核心期刊）。1994 年创刊，月刊，军队医院管理类专业学术期刊，2004 年、2010 年评为全军优秀期刊。杂志主要面向军内外作者，目前军队作者比重较大，但随着杂志的影响力不断上升，地方作者所占的比重越来越大。近些年来，为顺应新媒体的发展趋势，提高杂志的影响力，《解放军医院管理杂志》结合新媒体的优势，进行了初步探索。

(1) 加强自身网站建设

杂志建立了自己的网站，网站地址为 www.jfyg.org。网络投稿系统全面使用，实现网上收稿、审稿实时动态管理，方便作者、编辑、专家实时了解稿件状态。杂志的新闻动态、出版情况及时上传网站，便于作者了解杂志动态信息。杂志每个季度会将近3期拟刊用的稿件发至网站，便于作者及时查看稿件录用情况。同时，杂志系统与编辑部邮箱、作者邮箱同步链接，网站系统对稿件的操作指令同步发至作者邮箱，作者不需登录网络投稿系统，就能通过邮箱了解稿件进展。作者需要与编辑部互动时，只需通过邮箱直接回复就能与编辑部交流。此外，网站提供杂志文章下载端口，方便作者查看该刊论文，增强作者对杂志的黏性和忠诚度。

(2) 加入知名数据库

《解放军医院管理杂志》目前被收录的数据库有中国知网数据库、万方数据库、维普数据库、医科院生物医学文献光盘数据库等。2015年，《解放军医院管理杂志》新加入中教数据库、超星数据库。截至目前，《解放军医院管理杂志》已被国内六大知名数据库收录。读者可以在六大数据库中搜索到该刊发表的论文，下载并阅读。为了扩大杂志在国际上的影响力，杂志加入了中国知网的优先数字出版计划，并签订了国际DOI协议，扩大杂志在国内及国际上的影响力。

(3) 探索建立资讯整合平台

随着新媒体的蓬勃发展，单一的期刊网络版、电子版不能适应读者快速、全面掌握相关领域的知识信息的形势。一般期刊开发的新媒体产品主要包括网站、手机报、电子杂志等，以自身期刊内容为依托，整合传统媒体资讯与新媒体融合。这种模式是对杂志内容的创造性转移，为新媒体定制新内容，实现内容增值，从而为新媒体搭建资讯整合平台。《解放军医院管理者杂志》目前建立了微信公众号，除了将传统期刊及网站原有的内容同步到微信公众号外，还丰富印刷版不能呈现的内容和形式，设专人负责微信公众号编辑，对杂志信息进行重新排版，使信息传递快捷，内容丰富。下一步杂志将深入挖掘期刊内容，建立期刊专题，将相似的期刊内容进行整合，对某些领域、热点进行深度报道和专题策划，用原创对抗整合，用深度对抗浅显，形成期刊的核心价值。

3.3.2.2 北京：中国科技出版传媒集团有限公司加盟式路径

在数字出版时代，网络聚合刊群已经成为一种行之有效的手段。来自不同主管单位、主办单位、不同地域的学术期刊，完全可以聚集在一个网络平台下摆开架势、倾力一搏。

中国科技出版传媒股份有限公司（科学出版社）通过探索建立资本纽带、法律纽带、服务纽带等合作模式，不断吸引学科代表性、行业代表性、地区代表性的优秀期刊加盟，目前共出版近300种科技期刊，其中英文期刊70种，被SCI收录45种，被EI收录51种。为了打造平台型媒体，聚合与释放科技期刊的能量，中国科技出版传媒股份有限公司不断加大投入，并制定了"点面体"结合的发展战略："点"就是加快创办重点英文大刊，提升高水平英文版刊物的国际影响力。一方面持续推动提升《中国科学》和《科学通报》的国际影响力；另一方面以科学出版社作为主办单位创办新刊18种，其中《国家科学评论》2017年最新发布的影响因子为8.843，在全球多学科综合类期刊中位列第五。"面"就是推动科技期刊学科集群化发展。目前，已建成地球与环境科学信息网，集聚了该领域176种优秀期刊、126个重点实验室、6000多位专家的内容资源。"体"就是通过研发SciEngine中国科技期刊国际传播平台、期刊全流程数字出版平台、中国科技期刊开放获取平台推动期刊平台化、集约化管理运营，适应国际化出版需求。SciEngine的设计和开发，实现了从收稿到发布的一站式服务，通过开发符合国际标准的结构化数据和生产管理系统，实现对内无缝对接投审稿系统，对外自动对接PubMed、Crossref、GoogleScholar、Altmetric等国际学术互联搜索和第三方平台，实时进行内容资源与各类应用数据的双向流动，实现快速、优质地出版和准确、及时地推送，提高期刊内容的被发现率，为国内学术期刊真正实现"走出去"提供技术支持。平台功能丰富，支持中、英双语页面切换和并列检索。基于结构化数据的排版技术，平台实现了HTML全文和PDF全文标签式阅读、数字内容的高效聚合与产品形态多样化。跨平台对接，实现了DOI生产、注册和更新，解决文献的割裂状态（crossMark），提供一站式的链接服务，并能够实时显示期刊被权威数据库的引用情况，提升平台论文的学术影响力及网络分享关注度，与国际平台接轨。发布平台实现自动的优先数字出版，包括接收即出版（accepted）、优先出版（online first）、整期发布（browse），并通过时间戳、水印等设置实现多种版权保护管理。SciEngine在建设过程中获得国家文化产业发展专项资金的资助，为平台持续优化和深入提供了有力的资金保障。

3.3.2.3 江苏：《初中生世界》充分利用资源实现用户爆发式增长

《初中生世界》是一本创刊20余年的综合性教育类期刊，刊物一直以来以优质的内容服务于学生与教师读者的成长。为了给广大读者提供更立体多元的服务，在传统媒体转型发展的大背景下，《初中生世界》编辑部于2015年5月20日正式开通微信公众号。经过两年多的运营，目前拥有用户近50万，在江苏新媒体榜单教育类微信榜中名列前茅。《初中生世界》编辑部在刊物与微信平台的融合发展上积极探索与实践，传统媒体与新媒体优势互补，协同发展，经济效益与社会效益都有了显著提升。从两年多的工作实践来看，"初中生世界"微信公众号的发展主要通过以下几个路径。

（1）明确受众定位，优化内容与栏目建设

"初中生世界"微信公众号从开通起，就把目标用户群主体锁定初中生家长及部分初中教育工作者。虽然也有少量初中学生用户，但初中生因为学业繁重，即使有手机能上网，也少有时间关注与阅读微信。家长用户可以作为微信公众号与初中生读者之间的桥梁，传递相关信息。明确了受众主体，微信平台加强内容建设，发布用户感兴趣的优质内容。

在这个个性化彰显的时代，微信公众号的竞争更大程度上来自其个性的内容和创意的运营。《初中生世界》是一本创刊20多年有一定品牌影响力的刊物，在办刊之余，组织了众多优质的师生活动，为师生发展搭建了更宽广的平台。"初中生世界"微信公众号充分运用现在的品牌活动资源，将线下活动与微信平台密切结合起来，通过活动宣传、在线报名、微信票选、有奖征答等方式，一方面提升活动的人气；另一方面带动微信平台的社会影响力，拉动用户数量的增长。

微信号每日推送的内容是吸引用户的关键。"初中生世界"微信公众号在内容建设上努力做到7个"有"。有趣，一些喜闻乐见有创意的内容；有用，俗称"干货"，为用户提供实用的内容；有关，与用户需求和兴趣点相关联；有序，利用某些主题让零碎内容变有序，形成系列；有热点，有对最新新闻事件及社会热点事件的追踪；有参与，经常设计一些参与性的活动和内容，让用户主动参与，形成互动；有共鸣，针对受众的情感需求发布情感色彩比较浓的内容，激发用户心理的共鸣。紧紧围绕这 7 个"有"，微信内容实现了较高的阅读量，点赞数与后台留言数也逐日增长，WCI 指数最高突破 800。其中，2017 年 4 月 6 日发送的《晚上几点睡，竟然影响孩子一生！父母必读！》阅读数近 4 万，点赞数为 118，留言数为 53 条；《省教育厅发话：小学生须 8 点后到校，初中 7:40，高中 7:20！你怎么看?》阅读数为 3 万，点赞数超过 1000，留言数超过 400 条；11 月 27 日发送的《中考即将取消？不适应新规则将无缘好高中！》阅读数超过 7 万，留言数近 200 条。紧紧把握用户的阅读需求，为他们提供优质的有用的内容是吸引用户最大的因素。无论是传统媒体还是新媒体，都必须清醒地认识到内容为王这一硬道理。

（2）运用刊物现有品牌活动资源，实现微信用户爆发式增长

江苏省中学生作文大赛是经江苏省教育厅批准的 10 项中小学竞赛活动之一。这一活动由《初中生世界》编辑部具体承办，至今已举办了 16 届，在全省中学生中具有巨大的影响力。大赛分县区初赛、大赛现场复赛、微信平台展示、省级现场决赛 4 个环节进行。为了提升大赛组织效率，扩大活动影响，《初中生世界》编辑部在微信公众号"初活动"板块制作了大赛专题页面，全面实现了在线报名，参赛者可以通过关注微信及时了解赛事动态，深度融入大赛。选手在初赛阶段通过关注微信报名并上传作品，专家通过平台进行评审；现场复赛后，评审出入围总决赛的名单；现场总决赛前，在微信上制作江苏省中学生作文大赛微信展示界面，所有入围现场总决赛的选手按地区一一展示，展示内容包括选手个人简介、现场复赛作文的扫描图片及选手平常满意的习作。每位选手可以接受大众的投票，最终评选出大赛的"最佳人气奖"。2016、2017 两个赛季结束后，"初中生世界"微信公众号的用户从 2 万飙升至 50 万，推送的有关大赛的图文收获 10 万+的阅读量。

2017 年 4 月，编辑部还组织了江苏省"五四杯"青年教师微课大赛，通过微信平台展示获奖的微课作品，也吸引了大量初中教师群体的关注，活动中用户数量也有了显著的增加。

纯线下活动向线上转化后，不仅利用微信平台提升活动的影响力，反过来，优质的品牌活动对微信平台的建设也带来巨大的提升，使得用户的数量不断增加，黏合度也越来越强。

（3）充分利用微信平台现有用户资源，努力实现两个效益的转化

吸引用户是微信平台建设发展的第一步，当有了一定规模数量的用户后，如何将这些宝贵的用户资源进行有效转化，以实现经济效益和社会效益的显著提升，这是关键的第二步。

2016 年年底，教育部等 11 部门印发了《关于推进中小学生研学旅行的意见》，要求各地将研学旅行摆在更加重要的位置，推动研学旅行健康快速发展。编辑部及时抓住这一机遇，通过微信平台，2017 年暑假组织《初中生世界》"文学之星"南京大学研学夏令营活动。这一活动旨在帮助更多的学生体验文学的魅力，感受写作的乐趣和文字的力量，领略名校风采，开阔视野，励志未来。本次夏令营活动在微信平台制作宣传图文，推送给用户；制作活动报名界面，方便学生线上报名及缴费；组织专人线上维护，对学生和家长的咨询及时回复；每期活动结束后制作活动宣传图文，及时总结与宣传活动成果。2017 年"文学之星"

夏令营活动共组织4期，参加营员600余人，总收入近200万元。这是微信平台一次成功的活动尝试，也为今后更好地组织研学活动积累了经验。随着微信平台影响力的不断提升，国家对研学旅行活动的进一步推进，这一活动有着巨大的市场前景，未来大有可为。

栽下梧桐树，引来金凤凰。随着微信用户数量的不断增加，传播力与影响力也随之提升，陆续有产品商主动上门投放广告，或寻求更多的合作可能。目前，"初中生世界"微信公众号一年的广告收入已超过了刊物自创刊以来所有的平面广告收入，微信平台有望成为编辑部效益发展中刊物之外的另一个增长点，对纸质刊物的发展也带来了良好的推动。

（4）建立科学管理机制，加强微信运营团队建设

科学的管理机制是事业发展的重要保障。江苏教育报刊总社高度重视新媒体的建设发展，出台了《新媒体经营管理促进办法》，并实施"2017年度新媒体专项资金扶持项目"，积极推进新媒体的建设。这给"初中生世界"微信公众号的建设与发展提供了强大的政策支持与奖金保障，使得微信公众号进一步做大做强成为可能。

专业的人才是事业发展的关键。编辑部成立了一支专业的微信团队，共有5人组成，2名内容编辑，1名市场推广，1名技术维护，主编直接负责。微信团队在日常工作中也有完善的工作机制，团队成员之间通力协作，确保微信平台的顺畅运营。并加大培训力度，通过参加大型新媒体培训会、邀请新媒体专家个性化指导或参观考察优秀新媒体同行运营等方式，提升团队的专业能力与素养。

微信团队成员经常召开选题策划会、标题研讨会、用户分析会等，提升微信内容的品质。除了完成每日内容的推送外，在日常维护中还要做到勤发现、勤回复、勤自检。勤发现需要时刻关注用户的动态，把受欢迎的内容和服务推送给他们；勤回复需要对用户提出的问题跟进并给予解答，让用户的体验更好；勤自检需要经常查看后台的用户数据、图文数据，通过数据检查问题并优化。

"初中生世界"微信公众号经过两年多的运营，虽然已经向前跨出了一小步，但在发展路上面临的困境也是不容回避的。在数字化内容的出版上，缺乏个性鲜明、深入人心、具有品牌特色的拳头产品。目前的人员团队还是由原有的刊物编辑组成，新媒体专业性不够，尚不擅长数字化产品的商业运作。要将不同的资源与新媒体完美整合，出版特色鲜明的优质数字产品，并实现效益的有效转化，这不是一件容易的事，需要我们充分学习和运用互联网思维，不断探索新的发展模式，找寻适合的经营思路，实现新媒体格局下的角色重塑。

3.4 江苏省科学技术情报研究所期刊新媒体融合发展现状

3.4.1 学术期刊正在进行数字化平台建设

江苏省科学技术情报研究所共有2本学术期刊，分别为《江苏科技信息》和《无线互联科技》，目前仅使用邮箱进行收稿。为了推进期刊数字化，正在进行数字化平台建设，致力于打造全省期刊信息化办公平台和富媒体与可视化阅读平台，目前仍在研发阶段。

江苏省科学技术情报研究所尝试建立期刊信息化办公平台。江苏省科技期刊在国内的科技成果传播方面有着很重要的影响，科技期刊的管理要实现信息化，不仅需要有信息化管理的思维模式，更需要有信息化的管理手段，只有将信息化管理手段融入信息化管理工作中，才能

更好地做好期刊工作。江苏大部分科技期刊目前还采用传统的纸搞、E-mail方式进行办公，没有相应的期刊官方网站和网络版的发布平台，江苏省科学技术情报研究所正在尝试为江苏省的科技期刊建设一个国际一流、国内领先的采编平台，使这些刊物的编辑手段方面达到国内先进水平，建立江苏省科技期刊采编平台运维中心，为省内各科技期刊提供集成的、就近的服务。

江苏省科学技术情报研究所尝试建立的富媒体与可视化阅读平台即为一个基于江苏科技期刊全文结构化、内容展现富媒体化和核心内容可视化的阅读平台，把传统的期刊阅读和检索升级与富媒体和可视化相结合的阅读平台，实现知识点、句子、段落、全文的全新阅读模式。该平台的建设既能够更好地为科技期刊的阅读者服务，为科技期刊的阅读做有意义的探索和尝试，也能够在互联网和数字化的环境下为整个期刊行业升级转型服务和产业化的发展服务。

3.4.2 非学术期刊开通了微信公众号

《电动自行车》杂志于2016年4月20日开始以江苏省科学技术情报研究所为主体开办了"电动自行车杂志"微信公众号，主要发布国内外电动车行业权威信息，致力于打造行业情报综合信息服务平台。微信公众号所推送的内容来源于各大网站电动车行业相关资讯，均为转载，无原创内容。更新频率为每隔一日推送信息2～3条，内容包括电动车行业大事、行业发展、国际动态、专利技术、科技新品等。截至目前，粉丝数量近2000人，共发表图文消息309条，平均每条阅读量为30次（表27、图28）。

表27 2016—2017年"电动自行车杂志"微信公众号运营情况

年份	发布新闻数量/条	新闻阅读量/次
2016	110	44 835
2017	199	36 815
合计	309	81 650

图28 "电动自行车杂志"微信公众号页面示例

3.5 江苏省科学技术情报研究所新媒体融合发展的问题及原因

3.5.1 江苏省科学技术情报研究所新媒体融合的现状及问题

3.5.1.1 内容融合的现状及问题

内容融合具体是指媒体采用新的设备、新的技术，创新产品内容的形态，优化内容生产过程，依照互联网传播的基本特点重新配置媒体资源，为用户提供其所需内容。优质的内容除了可以实现媒体自身信息传播的目的之外，在一定程度上还可以吸引用户群体，使其与媒体产生关系，加深链接。目前，江苏省科学技术情报研究所应用新媒体的期刊为《电动自行车》，于 2016 年 4 月 20 日开始启用"电动自行车杂志"微信公众号，目前粉丝数量近 2000 人，共发表图文消息 309 条，总阅读量超过 8 万次。

（1）纸媒内容原创能力不足

《电动自行车》杂志自创刊以来，杂志内容一直为电动车行业大事、行业发展、国际动态、专利技术、科技新品等。稿件主要有两大来源：一大来源是编辑部原创稿件，编辑部成员根据每月电动车行业发生的大事进行记述或分析，稿件内容为各大展会活动的纪实报道、科技新品介绍、行业趋势分析、政府报告解读等；另一来源则是转载各大门户网站文章，主要包括政府部门颁布的电动车行业相关政策、专家对于政策的解读、国内外知名企业的新品发布信息等。

（2）新媒体内容无原创均为转载

"电动自行车杂志"微信公众号于 2016 年 4 月 20 日开始启用，由江苏省科学技术情报研究所主办，发布国内外电动车行业权威信息，打造行业情报综合信息服务平台。每隔一日推送信息 2～3 条，微信公众号所推送的内容来源于各大网站电动车行业相关资讯，均为转载，无原创内容。

（3）新媒体与杂志内容融合不够

"电动自行车杂志"微信公众号与《电动自行车》杂志融合不够，只是在公众号的名称上有所联系，在内容上完全无关联。虽然都有转载的内容，但转载的内容侧重点各不相同。期刊的侧重点在于一段时间内电动车行业的信息，时间跨度较大，而微信公众号根据推送界面的设置规定来看，基本上是一天进行 1～3 次，仅仅适用于每天的日常报道和突发性重大新闻事件的报道，时间跨度较小。

另外，消息推送频率普遍偏低，活跃度很低，处于"少人管"或"管不精"的状态；消息内容主要为行业动态信息，其他方面涉及较少，内容不够丰富；消息形式大多为图文，未能充分发挥微信自身的媒体优势；消息交互性较弱，大多为单向传播，无法调动用户的参与性与积极性，互动不足。

3.5.1.2 经营方式融合的现状及问题

（1）缺乏成熟的盈利能力

目前，江苏省科学技术情报研究所纸媒与新媒体均缺乏成熟的盈利能力，纸媒创收入不敷出，新媒体暂无创收。缺乏成熟的盈利能力是纸媒微信公众号可持续发展的又一瓶颈，从实际情况来看，目前绝大多数的纸媒微信公众号的运营是亏损状态，没有一条明确的盈利发展主线。一方面寄希望于新媒体技术来解救纸媒的生存困境；另一方面却是纸媒微信公众号缺乏盈利机制的事实。

《电动自行车》杂志的创收来源为广告、发行等。以2018年上半年为例，杂志社创收28 054元。其中杂志发行收入约21 654元，编辑部发行收入1216元，邮局发行收入20 438元。2018年上半年，杂志创收不足3万元，入不敷出，处于严重亏损的状态。而"电动自行车杂志"微信公众号仅能推送资讯，暂无任何创收，且每年需缴纳一定数额的认证费。

（2）缺少新媒体开发运营的专业型人才

目前，"电动自行车杂志"微信公众号的幕后运营团队并不是专业化的新媒体运营人员，而是由编辑部成员兼任。编辑部成员于每周一、三、五轮流更新微信平台内容，推送电动车行业、企业信息。负责新闻内容编辑和推送的工作人员专业性不高，人员流动性较大，身兼数职，保证不了推送新闻的质量。纸媒微信公众号的运营和维护大多是依靠之前的纸媒编辑来兼职完成的，难免会因为缺乏精力或对新媒体思维理解不透彻、把握不完全而导致微信公众号不出色，要想把微信公众号更好地运营下去仅靠热情和毅力是不行的。

一个成熟的微信公众号是需要多种专业性的人员进行不同的分工配合来协力运营的，如果只停留在最初级的阶段，无法进一步整合提升，就注定只能被日新月异的新媒体技术所抛弃。

（3）运营资金投入不足

任何一种新媒体的开发形式都需要大量的资金支持和不断投入，这让许多期刊望而却步或导致开发效果不佳，大部分期刊缺乏多媒体内容。江苏省科学技术情报研究所新媒体运用除微信公众号每年需缴纳的认证费用外再无任何投入。许多期刊数字版内容和印刷版内容几乎无差异，甚至是直接挪用；或者直接使用第三方技术公司的后台系统，制成模式一致的APP，缺少阅读吸引力。

如果无法突破商业化困境，无法找到微信公众号为纸媒带来的赢利点，那么纸媒微信公众号就会变成"新瓶装老酒"。不仅不能成功的借助新媒体外衣来帮助传统纸媒摆脱生存困境，反而会因为运营微信公众号而需要额外支付费用让传统纸媒更加举步维艰，陷入入不敷出的循环怪圈。

3.5.2 江苏省科学技术情报研究所新媒体融合困境的原因分析

3.5.2.1 融合思维理念的落后

媒体融合的关键不仅是技术的融合、思维的转化，核心是人的融合。目前，江苏省科学技术情报研究所科技期刊的媒体融合行为，尚未取得良好成效。除了资金、技术等原因，最核心的问题是没有融合思维和意识。部分杂志社只是利用网络技术编辑期刊和通信，仍主要以纸质期刊为主，单一发行。没有充分认识到"互联网+"的巨大作用，即使已经采用现代技术办刊，但因种种困难，如资金紧张、人员配置不合理，也未能全面发挥"互联网+"技术，难以创办具有影响力的精品科技期刊。加上受惯性思维的制约，仅有《电动自行车》杂志利用网络简单与媒体融合，基本都是网络内容的转载，认为这样就实现了融合传播。这些问题和现象的根源，就是对媒体融合发展理解不够全面，没有跳出传统媒体的本位和思维。

新媒体发展已经成为社会的必然趋势，目前，从中央级媒体到省市级主流媒体，均以互联网为媒介，建立微博、微信和移动客户端等平台，实现了新闻信息的快速与立体呈现，并尽可能的覆盖各平台用户群。《电动自行车》杂志已建立了微信公众号，虽然微信公众号增加了新闻形式，但"芯"却还是老一套。内容上，陈旧的语境和思维模式根本不适应新媒体"草根传播"的规律；经营上，互联网的免费思维也无法被传统的媒体人所接受，导致新媒体经营突围无法取得根本性变化。

3.5.2.2 缺乏专业优质的人才队伍

人才作为参与传播市场竞争的潜能资本和中坚力量，日益成为媒体占领市场的关键因素。编辑人才队伍水平决定科技期刊出版商运营成本，是实现科技期刊社会效益与经济效益的基础。

江苏省科学技术情报研究所传统纸媒业务较多，人力资源投入较少。受制于单位的招聘限制，人才短缺、引进难，已成为目前江苏省科学技术情报研究所期刊转型面临的主要问题。尽管加强对现有编辑人员的培训和提升，在一定程度上有助于破解媒体融合人才瓶颈问题。然而，国内从事媒体融合教学的工作者为数不多，且难以精通各种媒体，需要编辑自行学习和研究。这给江苏省科学技术情报研究所科技期刊的编辑工作提出了新的挑战和更高的要求。

新媒体的发展需要复合型人才。这类人才一要懂得新媒体应用技术；二要对网络热点事件、社会热门事件有一定的敏感性；三要具有一定的创新意识，能有效地将传统文化与网络文化有机结合。但由于江苏省科学技术情报研究所开始运作新媒体的时间还很短，管理者本身对新媒体重要性的认识还不足，对此类复合型人才的培养还没有形成系统，导致人才缺乏。

加大投入，精心策划，培养优质的传媒队伍。新媒体作用的发挥离不开一支优秀的传媒队伍的付出。期刊微信公众号的整体运营包括微信运行后台、内容提供者、编辑、移动接收终端、用户等几部分。在这几个部分中，用户是主体，对各部分都起着显性或隐性的导向作用；而运行后台、内容提供者、编辑则是联系各方的传送血液，必不可少。

3.5.2.3 新媒体内容及栏目设置不够科学

就江苏省科学技术情报研究所使用的微信公众号这一新媒体而言，公众号的内容及栏目设置都不够科学。公众号内容主要为行业动态信息，其他方面涉及较少，内容不够丰富；消息形式大多为图文，未能充分发挥微信自身的媒体优势；消息交互性较弱，大多为单向传播，无法调动用户的参与性与积极性，互动不足。微信公众号为创建者提供了多种平台功能，但是在实际使用过程中，运营者往往未能用心经营，导致很多功能利用不足。

微信公众号所提供的用户管理、数据统计、素材管理等后台管理功能的使用率更低。从《电动自行车》杂志微信公众号的推送界面设置来看，除了常规的每天进行1～2次的新闻内容推送的板块相对规范以外，其他的界面设置相对随意和粗糙。这些辅助功能的板块界面只是选择一些简单的内容进行堆砌，鲜有起到实际作用的消息内容，几乎形同虚设。此外，期刊微信公众号还存在界面设置雷同，缺乏自身特色的问题。

由于微信公众号后台功能设置的局限性，使得多数期刊微信公众号的推送界面的呈现形式几乎一致，没有根据期刊自身的特色和受众定位来进行一些独家的服务推送界面，不能一味地进行复制模仿而忽略了期刊本身的独家优势。例如，财经类期刊微信公众号可以设置关于理财产品的界面，而生活类期刊则可以开通关于本地商超打折优惠活动的界面。这样既可以让受众根据自身的需要来进行选择阅读也可以让纸媒微信公众号找到自身的优势，以鲜明的"标签化"印象在众多微信公众号中脱颖而出。

3.5.2.4 新媒体运用的种类单一

纸媒微信公众号在传播推送新闻信息内容上的最大优势就是可以把文字信息内容、免费的即时语音播报和小视频推送链接这3种不同的传播方式进行融合推广，信息发布者可以根据新闻内容的呈现形式需要来任意挑选其中的一种或多种传播方式来进行新闻内容的制作和发布，在微信公众号推送平台上实现多种媒体的跨媒体联动大融合。也正是由于微信平台上这种三方联动的传播优势才可以极大地调动受众的感官器官，运用多种沟通交流方式，给受众带来前所未有的阅读体验。因此，微信公众号平台才能在短时间内迅速积聚人气，吸引大批忠实用户。

但是很多纸媒微信公众号并没有真正重视到微信平台的多媒介融合的优势并认真加以利用，以"电动自行车杂志"微信公众号为例，其大多数的新闻信息内容的推送都是以图文混合的推送形式呈现，很少出现语音、音频和视频等不同媒体类型的信息推送。纵观国内期刊官方微信公众号的运营也都存在同样的状况，这些纸媒机构只局限于一种固定的推送模式，即单一的图文混合传播，这不仅不能够进一步地发挥微信公众号作为传播平台的优势，也不能满足受众的多种阅读体验和信息诉求。与此同时，这种单一的传播方式也会使推送的新闻内容看起来千篇一律，受众对于阅读新闻内容感到乏味，使得新闻内容无法在铺天盖地的信息洪流中脱颖而出，成功吸引受众眼球。微信平台作为一种即时通信类软件其主要功能就是作为沟通和交流的社交软件流行起来的，用户使用微信软件的最主要原因是它的"语音聊天""免费发送接收文字和图片"等功能，这种便捷、即时的沟通方式实际上为期刊公众号与受众之间进行互动、接收读者反馈提供了便捷的渠道和开放的平台。

3.5.2.5 新媒体运营推广能力不足

以《电动自行车》杂志为例，微信公众号粉丝数量很少，根据微信公众号推送界面的设置规定来看，所有的微信公众号不能频繁向受众进行信息内容的推送，基本上是一天进行1～3次，如果推送次数过多反而会引起受众的反感。微信公众号平台的这一局限性就使得它仅仅适用于每天的日常报道和突发性重大新闻事件的报道，而不适用于新闻直播报道。此外，微信公众号推送的信息内容扩散仅限于朋友圈内扩散，属于一个半封闭的传播路径，这种基于朋友圈的内向沟通，具有一定的局限性，消息内容往往无法在短时间内获得爆发性扩散，形成传播合力。

4 新媒体融合发展的方式研究

4.1 期刊新媒体与纸媒融合的典型案例

4.1.1 杂志社媒体融合的典型案例

4.1.1.1 《中国药科大学学报》媒体融合发展情况及对江苏省科学技术情报研究所学术期刊新媒体发展的启示

江苏省科技期刊学会是区域创新体系的组成部分，会员期刊230多种，学科门类齐全、创新资源丰富、人才智力荟萃，是集聚科技资源、人才资源、行业资源、信息资源的重要平台。学会理事长由中国药科大学期刊传媒中心主任郑晓南担任，且学会设在中国药科大学办公。因此，课题组挑选了中国药科大学主办的学术期刊《中国药科大学学报》为研究对象，进一步发掘值得江苏省科学技术情报研究所学术期刊学习的经验。

（1）《中国药科大学学报》新媒体运营情况

《中国药科大学学报》由教育部主管，中国药科大学主办的学术性期刊。微信公众号里不仅有关于《中国药科大学学报》的介绍，还有投稿作者的稿件刊登情况，以及关于期刊的信息，这些信息资讯者是微信公众粉丝的主要来源。微信公众号里还一些最新药品的资讯，以及中国药科大学活动、期刊行业动态。

第一，网站内容丰富。《中国药科大学学报》有专门的网站，里面不仅可以查到最近杂志刊登的内容，还有最新的杂志信息、新药研发信息、校园信息及会讯等。网站访问量为6 702 397次。

第二，增强与读者的互动。新媒体的运用有利于增强作者之间、作者与杂志社之间、作者与读者之间等的互动。传统纸媒投稿流程较为单一，普遍为作者与编辑的点对点沟通。而新媒体可以为作者、读者提供更多的学术信息和交流平台，便于作者、读者相互学习，提升作者、读者的学术水平。

第三，作者投稿和查稿更加方便快捷。《中国药科大学学报》的微信公众号上设有专门链接，便于作者进行查稿，及时了解投稿进度，增强投稿效率。

（2）对江苏省科学技术情报研究所新媒体发展的经验启示

应当丰富新媒体形式，通过"两微一端"，甚至更加多元的方式进行引导与宣传，确保宣传效果。

同时，建议学术期刊开设微信公众号，便于拉近期刊与作者、读者的距离，为作者提供便捷的投稿和查稿渠道，促进作者、读者、编辑之间的交流，有利于增加期刊的影响面。

4.1.1.2 《金属加工》杂志社媒体融合发展情况及对江苏省科学技术情报研究所非学术期刊新媒体发展的启示

（1）《金属加工》杂志社新媒体运营情况

《金属加工》杂志社新媒体平台架构为"两微一端一网一头条"的新媒体矩阵，即微信、微博、手机客户端、网站、今日头条等第三方平台。

"金属加工"微信公众号，被互联网周刊评为金属加工行业，乃至整个机械行业的第一微信平台。2017年，"金属加工"微信公众号总阅读数接近2600万次，平均每条信息阅读量超过1.2万次，历史单条最高阅读超过86万次。

"金属加工"全媒体平台2017年3月推出视频知识服务（直播）栏目——金粉讲堂，并由此衍生出展会直播、会议直播等系列产品。

截至目前，金粉讲堂、展会直播、会议直播3个系列共完成108场直播。主直播页面浏览量超过53万人次。平均每场直播超过5000人次观看，单场最高达到2.4万余人次；部分场次互动评论超过2000条，体现了粉丝观看的积极性、专业性和活跃度。

2017年，《金属加工》杂志社新媒体收入占比为35%左右，"金属加工"新媒体收入接近50%。

（2）对江苏省科学技术情报研究所新媒体发展的经验启示

①提高认识。

第一，一分为二看微信。全面看待全媒体服务平台的转型，处理好当下与未来的关系，一手抓现有产品的优化改造，一手抓新业务的开发。因为微信只是全媒体转型中新业务的一种，不是全部。

第二，保持清醒的头脑。既不要为暂时的领先而沾沾自喜，忘乎所以，因为领先一步的优势只是暂时的，也不要为暂时的落后而悲观失望，因为机会掌握在有准备的人手中，掌握在勤奋的人手中。

②粉丝量的增加不能再依靠此前的举办活动扫码增粉，必须加强内容建设。

第一，标题长短。标题在朋友圈中显示完整，不超过32个字，一个标点符号或两个阿拉伯数字相当于一个汉字。此外，标题越短认知成本越低，传播效率越高。长短不是判断好标题的标准，在精彩程度不变的情况下优化得越短越好。

第二，提高标题吸引力。用阿拉伯数字代替中文数字；同一个词不要在标题中出现两次；调整句式，把标题中最精彩的部分放在开头；删掉或替换不痛不痒的字、词、句；尝试把陈述句改成疑问句。

第三，合理分段。好的阅读体验一段文字不超过5行字，3~4行一段最佳，最多不超过8行，14~16号字体，在5寸左右的手机上，一屏幕显示约20行，也就是3~4段。

第四，设置小标题。尽量多用小标题，可以让读者快速抓住文章的重点，同时吸引读者眼球。

第五，内容来源：蹭热点。热点事件、热点人物、热点企业永远占据最大的流量。

第六，如何更快的发现热点选题。长期关注各种公众号：置顶各领域追热点最快的公众号，关注竞争对手的公众号。微博：经常关注热搜榜，关注领域内官微。各大行业垂直网站：头条推荐，当日点击排名，看评论数。百度：检测热点，查找新闻源，在"百度搜索风云榜"查找热点。

③未来直播是风口。

第一，未来可期：直播符合人们对"真实"的需求。4G网络和直播技术的普及使手机视频直播进入一个相对成熟的阶段。2016年的泛娱乐化直播、全景直播、VR直播等多元的应用潮流，也促进了利用移动直播报道新闻事件。而更深层次的原因在于人们对"真实"的好奇与渴望。尤其对于新闻来说，对信息"真实"的需求更是摆在了第一位，而视频直播的形式将观众们拉到事件发生的当下，正是将这种属性发挥到最大化。除此之外，依托互联网平台传播的手机直播视频，打破了电视媒体自上而下的表述方式。语态的改变，加上直播的不可预见性，互联网上的新闻直播被重新定义。

第二，媒体格局的重新洗牌。移动互联网时代，媒体环境一直在不断发生变化。移动新闻直播的实践，实际上拉平了传统媒体和新媒体之间的起跑线。前两者都需要朝着互联网的方向转型，而后者则需要不断调整自身在新闻生产链条中的作用。

可以预见，移动新闻直播在媒介融合趋势下将会成为相当重要的部分，而媒体格局也将会随之进行重新洗牌。在未来，甚至全景直播、VR直播等新兴方式可能成为人们收看新闻的日常场景。而正在进行融合转型的媒体，应当抓住自身目前仍然拥有的比较优势，尽早在互联网平台占据一席之地。

④从内部培养人才。

《金属加工》杂志社在建立新媒体初期，对内部员工进行了高密度、地毯式、全方位的专业培训，将纸媒运营团队转型为新媒体运营团队。

4.1.2 兄弟单位期刊媒体融合情况

课题组设计了调查问卷，并对全国情报系统的单位进行了电话调研，全国省级及以上的情报系统单位有33家，实际调研了22家（表28）。

表28 全国情报系统22家调研单位名单

序号	单位名称
1	上海市图书馆
2	重庆市科学技术信息中心
3	山西省科学技术情报研究所
4	辽宁省科学技术情报研究所
5	黑龙江省科学技术信息研究院
6	浙江省科学技术信息研究院
7	安徽省科学技术情报研究所
8	福建省科学技术信息研究所
9	河南省科学技术信息研究院
10	湖北省科学技术信息研究院
11	湖南省科学技术情报研究所
12	四川省科学技术信息研究所
13	陕西省科学技术情报研究所
14	青海省科学技术情报研究所
15	内蒙古自治区科学技术信息研究院
16	广西壮族自治区科学技术情报研究所
17	西藏自治区科学技术信息研究所
18	新疆维吾尔自治区科学技术情报研究所
19	中国科学技术发展战略研究院
20	山东省科学技术情报研究院
21	天津市科学技术信息研究所
22	江苏省科学技术情报研究所

4.1.2.1 全国情报系统媒体融合情况

（1）绝大多数单位仍开展期刊业务

根据调查结果，有21家兄弟单位有期刊业务（表29），仅山东省科学技术情报研究院1家没有期刊业务。

表29　仍有期刊业务的单位

序号	单位名称	期刊名称
1	上海市图书馆	《竞争情报》
2	重庆市科学技术信息中心	2本*
3	山西省科学技术情报研究所	《图书情报导刊》
4	辽宁省科学技术情报研究所	《节能》《智能城市》
5	黑龙江省科学技术信息研究院	《中国急救医学》《现代农业研究》
6	浙江省科学技术信息研究院	《今日科技》
7	安徽省科学技术情报研究所	《安徽科技》
8	福建省科学技术情报研究所	《情报探索》
9	河南省科学技术信息研究院	《河南科技》《乡村科技》《创新科技》
10	湖北省科学技术信息研究院	《科技进步与对策》《科技创业月刊》《亚太传统医药》《软件导刊》
11	湖南省科学技术信息研究所	《企业技术开发》
12	四川省科学技术信息研究所	《技术与市场杂志》《畜禽业》
13	陕西省科学技术情报研究所	《情报杂志》
14	青海省科学技术情报研究所	《青海科技》
15	内蒙古自治区科学技术信息研究院	《内蒙古科技与经济》
16	广西壮族自治区科学技术情报研究所	《中小企业科技》《农村新技术》《家庭科技》
17	西藏自治区科学技术信息研究所	《西藏科技》
18	新疆维吾尔自治区科学技术情报研究所	《中亚信息》
19	中国科学技术发展战略研究院	《中国科技论坛》（C刊）、《科技中国》
20	天津市科学技术信息研究所	《食品与健康》、《天津科技》、《数码世界》、《数码世界》（B版）、《计算机产品与流通》
21	江苏省科学技术情报研究所	《江苏科技信息》《无线互联科技》《电动自行车》

* 调查时为电话调研，对方未告知期刊名称，下同。

（2）超过一半的单位未开展新媒体业务

在21家有期刊业务的兄弟单位中，仍有11家没从事新媒体业务（表30）。

表30　未开通微信公众号的期刊

序号	单位名称	期刊名称
1	山西省科学技术情报研究所	《图书情报导刊》
2	安徽省科学技术情报研究所	《安徽科技》
3	福建省科学技术情报研究所	《情报探索》
4	湖北省科学技术信息研究院	《科技创业月刊》《亚太传统医药》《软件导刊》
5	湖南省科学技术信息研究所	《企业技术开发》
6	四川省科学技术信息研究所	《技术与市场杂志》《畜禽业》
7	青海省科学技术情报研究所	《青海科技》

续表

序号	单位名称	期刊名称
8	内蒙古自治区科学技术信息研究院	《内蒙古科技与经济》
9	广西壮族自治区科学技术情报研究所	《中小企业科技》
10	西藏自治区科学技术信息研究所	《西藏科技》
11	江苏省科学技术情报研究所	《江苏科技信息》《无线互联科技》

（3）仅有4家单位经营非学术期刊

目前，只开展学术期刊业务的有17家单位（表31），开展非学术期刊业务的有4家单位（表32），仅占调研单位的18%。

表31　只开展学术期刊业务的单位

序号	单位名称	期刊名称
1	上海市图书馆	《竞争情报》
2	重庆市科学技术信息中心	2本
3	山西省科学技术情报研究所	《图书情报导刊》
4	辽宁省科学技术情报研究所	《节能》《智能城市》
5	黑龙江省科学技术信息研究院	《中国急救医学》《现代农业研究》
6	浙江省科学技术信息研究院	《今日科技》
7	安徽省科学技术情报研究所	《安徽科技》
8	福建省科学技术信息研究所	《情报探索》
9	河南省科学技术信息研究院	《河南科技》《乡村科技》《创新科技》
10	湖北省科学技术信息研究院	《科技进步与对策》《科技创业月刊》《亚太传统医药》《软件导刊》
11	湖南省科学技术情报研究所	《企业技术开发》
12	四川省科学技术情报研究所	《技术与市场杂志》《畜禽业》
13	陕西省科学技术情报研究所	《情报杂志》
14	青海省科学技术情报研究所	《青海科技》
15	内蒙古自治区科学技术信息研究院	《内蒙古科技与经济》
16	西藏自治区科学技术信息研究所	《西藏科技》
17	新疆维吾尔自治区科学技术情报研究所	《中亚信息》

表32　开展非学术期刊业务的单位

序号	单位名称	期刊名称	是否使用新媒体
1	广西壮族自治区科学技术情报研究所	《农村新技术》《家庭科技》	是
2	中国科学技术发展战略研究院	《科技中国》	是
3	天津市科学技术信息研究所	《食品与健康》	是
4	江苏省科学技术情报研究所	《电动自行车》	是

（4）杂志社收入来源多样化

收入主要来源于发行等的有 8 家单位。来源于单位拨款等的有 1 家单位。来源于发行和广告等的有 1 家单位。来源于项目经费、咨询产品销售等的有 2 家单位。已经转为企业的有 2 家单位，其中青海省科学技术情报研究所全所转为企业，河南省科学技术信息研究院下的所有期刊由重新成立的传媒企业负责运营。存在期刊业务外包情况的有 3 家单位（表33）。

表33 主要收入来源情况

收入来源	单位名称	期刊名称
发行等	山西省科学技术情报研究所	《图书情报导刊》
	黑龙江省科学技术信息研究院	《中国急救医学》《现代农业研究》
	安徽省科学技术情报研究所	《安徽科技》
	湖南省科学技术信息研究所	《企业技术开发》
	四川省科学技术信息研究所	《技术与市场杂志》《畜禽业》
	陕西省科学技术情报研究所	《情报杂志》
	天津市科学技术信息研究所	《食品与健康》《天津科技》
	江苏省科学技术情报研究所	《江苏科技信息》《电动自行车》
单位拨款等	福建省科学技术信息研究所	《情报探索》
发行和广告等	重庆市科学技术信息中心	2本
项目经费、咨询产品销售等	湖北省科学技术信息研究院	《科技进步与对策》《科技创业月刊》《亚太传统医药》《软件导刊》
	浙江省科学技术信息研究院	《今日科技》
转企	青海省科学技术情报研究所	《青海科技》
	河南省科学技术信息研究院	《河南科技》《乡村科技》《创新科技》
业务外包	辽宁省科学技术情报研究所	《节能》《智能城市》
	天津市科学技术信息研究所	《数码世界》、《数码世界》（B版）、《计算机产品与流通》
	江苏省科学技术情报研究所	《无线互联科技》

综上所述，全国情报系统期刊运用新媒体的数量不足一半，其中非学术期刊均使用了新媒体，但都处于起步阶段，我们应当抓住发展的契机，争做情报系统新媒体运营的典范。

4.1.2.2 《食品与健康》杂志媒体融合发展情况及体会

此次调研中，《食品与健康》杂志属于宣传类期刊，已开通微信公众号，与江苏省科学技术情报研究所《电动自行车》杂志有许多相似之处，故课题组前往天津开展实地调研，对《食品与健康》杂志主编进行专访。

（1）《食品与健康》杂志媒体融合情况

第一，微博平台阅读量较高。微博平台杂志之前做过，中间中止过一段时间，2018 年又开始做微博平台。2018 年杂志社重新建设微博平台后发现：微博平台比微信平台阅读量大，平均每篇微博文章阅读量可达 2500 次，单篇文章阅读量最高能达到 8500 次。

第二，微信公众号主要用于辅助杂志发行。《食品与健康》杂志微信公众号的发展历程。2014年《食品与健康》杂志开始做微信公众号。第一阶段，全是纸媒内容的改编。每个工作日都会推送消息，消息内容与杂志内容基本一样。第二阶段，节选杂志内容。与杂志内容相比，微信公众号推送出的消息会改题目，会缩文章。第三阶段，根据新闻热点推送内容。公众号推送出的消息打破文章的编排顺序，会专门为微信公众号原创文章。但是，微信公众号只是形式，主要起辅助作用，用于增加杂志的读者，提高杂志发行量。

第三，坚持严格的审稿制度。《食品与健康》杂志为了内容的可读性，维持、扩大读者群，坚持严格的审稿制度，在恪守"三审三校制"的同时，严格执行外审流程，聘用外审专家对杂志内容进行复审和终审，保证审稿的客观公正。

（2）对江苏省科学技术情报研究所新媒体发展的经验启示

第一，除微信平台外可开通微博平台。微博、微信是不同的平台，各自都有各自不同的规则，用户属性也不同，针对自媒体的环境和规则也大不相同。认证的微博拥有更多的机会，微博对内容和运营能力要求极为严格，但是平台相对开放，无论是否关注该账号，都能阅读其发布的信息；微信公众号准入门槛最低，但微信公众号没有统一的入口，自媒体获得的阅读量和粉丝等，完全是靠自己的运营，没有任何第三方展示的机会。因此，应当利用好微博、微信的规则，相互取长补短，更好地服务读者。

第二，利用新媒体辅助杂志发行。利用新媒体的文章、活动吸引大量读者、用户，将其转化为杂志的读者，增加杂志的发行量。

第三，增加内容原创性，引入外审制度。一是利用新闻热点，营造原创气氛，增强内容的原创性，从而达到用户访问超出预料的作用。二是扩展思维方式，寻找新思路。在进行内容方面进行原创性写作，不要只是用一种眼光去看待问题，而是从各个方面出发思考问题。这样看待问题的方式既可以保证问题的完整性，又可以全面地看待问题。内容原创讲究的就是思维的扩展性，从而找到一条新道路。三是坚持创新的方针，执行到底。为了能够保持内容的原创性，要激发更多与众不同的想法，还要执行到最后一刻。同时，可以引入外审制度，聘请外审专家审稿，严格把关内容质量，提高文章可读性。

第四，在今日头条等平台开设专栏。在对新媒体运营规则熟悉以后，分析自己所擅长的部分，看哪一个与自身当前的状况最为相符，前期可以通过微信公众号来获得一定的粉丝和阅读量，同时积累一定的人气，后期再入驻今日头条，逐步让内容展现量最大化。

4.1.3 电动车行业媒体融合的典型案例

《中国自行车》杂志在两轮、三轮车行业内有刊号，一直是《电动自行车》杂志学习和交流的伙伴单位，因此，课题组对其主编进行了专访，了解其媒体融合发展的现状并学习其成果经验。

4.1.3.1 《中国自行车》杂志媒体融合情况

《中国自行车》杂志是经国家新闻出版广电总局批准，由中国轻工业联合会主管，全国自行车工业信息中心、中国自行车协会、上海市自行车行业协会主办的期刊。杂志集国内外自行车科技、生产、营销、文化于一体，传播业界的新时尚、新理念、新技术。

"疯骑"是由上海中自文化传播有限公司打造的微信公众号，主要服务于自行车行业人群及骑行爱好者，分为3个板块：一是"微网"，主要为读者提供中国自行车业界资讯、展示自行车骑行文化、报道自行车前沿科技产品；二是"刊物"，为读者提供电子版的《中国自行车》杂志；三是"中国展"，主要用于报道每年中国国际自行车展览会，包括事前宣传、展会期间企业及活动的报道、展会取得的成效等。"疯骑"致力于打造最大的两轮车移动资讯、交流、活动的权威公众平台。为了服务广大车友，线上相关的自行车信息会定时更新，并且不定期举办各类自行车、电动车骑行活动，在活动期间吸引更多的参与者、观众扫码关注公众号。

"疯骑"与《中国自行车》杂志由同一团队分开运营，"疯骑"主要依靠举办活动，收取企业赞助费获取收入。而《中国自行车》杂志主要依靠上级主办单位拨款开展经营活动。

4.1.3.2 对江苏省科学技术情报研究所新媒体发展的经验启示

《中国自行车》杂志与"疯骑"公众号的媒体融合效果一般。在两轮、三轮车行业内，无刊号的自媒体取得的工作成效比较好，反而有刊号的杂志在转型时受到了束缚，思想不够解放，限制了杂志的发展。

4.1.4 行业内典型企业对新媒体的发展建议

为了更深入地了解企业的需求，推动期刊新媒体建设更有针对性，课题组挑选了行业内具有代表性的老牌企业——上汽大通汽车有限公司（简称上汽大通），以及新锐企业——余姚嘉驻车业有限公司（简称嘉驻车业），并对上汽大通汽车有限公司进行了实地走访和访谈调研，对余姚嘉驻车业有限公司进行了问卷调研。

4.1.4.1 上汽大通汽车有限公司

《电动自行车》杂志受到刊名限制，刊登的文章、合作的对象、读者仅限于电动自行车行业。而近年来，电动自行车行业发展陷入瓶颈，加之新媒体发展对纸媒的冲击，《电动自行车》杂志转型势在必行。目前，杂志社正考虑将杂志领域扩大为新能源车行业，而在国内，上汽大通已经推出了首款搭载氢燃料的宽体轻客车型汽车，它还是一款可插电式双动力源燃料电池汽车，与传统的燃油锂电池混动力不同。它采用了燃料电池汽车最常用的质子交换膜燃料电池，技术不仅在国内领先，而且成为国际轻客（同等级别）中第一款绿色环保燃料电池车。因此，课题组专门前往上海，对上汽大通互联网销售运营部负责人进行专访，深入了解新能源车企的需求。

（1）上汽大通汽车有限公司新媒体运营情况

上汽大通为配合其新零售业务，公司运用各种新媒体手段进行营销，一共开设了30多个自媒体账户，由公司内部自媒体部运营的账户有5个，其他交由供应商运营维护。

以"蜘蛛智选"平台为例，上汽大通作为国内首家C2B大规模智能定制车企，率先利用互联网技术引领汽车制造业变革，推出了具有全新购车模式的C2B智能选配器，让消费者可以来定制符合自己需求的车型。而上汽大通的这一举措，可谓是掀起了一场对于传统造车理念的变革。随着中国汽车市场的崛起，4S店库存积压越来越严重，传统销售模式正逐渐失去优势，而消费者对车辆的定制化呼声也越来越高。有些汽车厂商开始渠道下沉，抢占尚未饱和的底层市场，继续走"老路"。也有些汽车厂商则开始向厂家选装的道路转变，以提高产品转化率，一定程度上避免了库存积压的问题。而上汽大通走了一条别人都不愿意或者不敢走的路，那就是颠覆传统造车的C2B定制模式，一条真正服务于消费者的造车之路。

在C2B业务模式下，用户将以直联的方式，通过"蜘蛛智选"平台参与到产品开发和改进的全过程中，主要包括车型定义、设计开发、汽车试验、产品定价、自由选配，以及贯穿于产品生命周期的改进反馈。以用户直联的形式，让用户参与到产品开发的全过程；以智能选配的形式，为用户提供上万种可选车型；通过选配实现按需支付，让用户不再被固定的配置表所"绑架"；通过移动端直联实现产品制造和物流过程全时跟踪，为用户提供放心产品；以原厂认证的形式，为用户提供有保障的个性化配件。

（2）对行业新媒体发展的建议

第一，新媒体发展要增加用户参与度。应当要结合当前实际情况，梳理整合现有资源，以微信公众号为推动新媒体发展的切入点，围绕优势资源和用户服务搭建自有的多功能微信公众号平台。同时，以用户需求为导向转变思路，不断完善微信公众号功能，强化用户服务，提升用户黏合度、活跃度，用户行为数据分析常态化，并不断调整。

第二，新媒体传播领域应该垂直发展。新媒体的本质就是社群。从用户角度来看，在社群媒体中，更容易找到自我喜好的信息，同时，用户可拥有多个社群以满足用户多元需求。从互联网公司角度来看，社群对于企业品牌的建设具有重要意义，并且社群将更加有效、快速地推动产品的传播。由此可见，未来的新媒体应当更加垂直化发展，逐渐形成社群媒体。

第三，加强内容建设。对新媒体建设来说，先进技术是支撑，内容建设是根本。要增加粉丝数量、黏合度、活跃度，必须要强化内容建设，增加原创文章，保证文章时效性、创新性。坚持内容为王，用精品信息赢得用户"点赞"。

第四，不断提升服务，用功能吸引"粉丝"。寻找合适的合作伙伴，共同推动新媒体升级发展，针对用户需求，完善各项服务，打造新常态下的全媒体、全功能、全信息平台，充分发挥出新媒体宣传与服务的作用。

4.1.4.2 余姚嘉驻车业有限公司

余姚嘉驻车业有限公司地处浙江余姚，综合生产常规油碟、断电开关油碟、特种车油碟和改装车油碟等多类型的油碟产品，可满足不同客户的订制化生产。嘉驻车业属于行业新锐企业，且公司总经理属于"90后"新兴势力，眼光独到，思维活跃，创新力强。因此，课题组将嘉驻车业作为调研对象，希望了解企业对于新媒体宣传方面的需求，故对其总经理进行了问卷调查。

第一，关注的粉丝应当是行业的相关人士。嘉驻车业总经理认为，新媒体的粉丝不在于数量多，而在于专业。他们更希望将企业新品、广告投放在聚集较多行业内专业人士关注的新媒体上。

第二，内容应当以专业的行业报道、行业内龙头企业的动态为主，吸引更多的用户。新媒体的内容需要精练，应当针对行业和企业的发展个性，多报道行业和龙头企业的动态，加快信息的传播速度和广度，加强行业内读者的交流。

第三，内容可以加入行业内企业的链接，更有效地宣传企业。新媒体在传播企业信息的同时，若能将企业链接加入文章中，可以让读者更及时、详尽地了解企业，更直接地达到宣传企业的目的。

4.2 对江苏省科学技术情报研究所媒体融合发展的经验启示

4.2.1 内容融合

4.2.1.1 加强学习和交流

开展专题研讨，边干边总结，边研究边调整；开展多种形式的培训交流。例如，思路培训、技能培训、经验交流、实战模拟，在实战中锻炼提升。不仅编辑人人会做微信，其他岗位也有高手参与。

4.2.1.2 了解用户需求，提升服务质量

优秀的媒体人应当充分意识到，用户的需求是需要我们去发掘的。用户可能属于不同的行业，即使是同一个行业的用户，他们各自的特点也不相同，他们的需求往往存在很大的差异。针对不同的用户，要推送不同的文章，把文章内容和用户需求密切地结合起来，才能达到提升服务质量、稳定用户的目标。

4.2.1.3 关注行业动态，增加内容原创性

编辑部的成员应当多关注行业动态，根据热点消息或企业合理需求撰写原创文章，发表观点，增加内容的原创性，吸引新媒体用户，提高杂志和新媒体的受关注度。

4.2.2 经营方式融合

4.2.2.1 提高认识，转变思路

跟上时代的变化，才能抓住新的机遇；明确方向形成战略共识，才能有前进的动力；做好顶层设计，才能目标一致。

4.2.2.2 丰富新媒体运营形式

开通微信、微博，进驻今日头条，甚至开通直播等第三方平台，结合自身特点，通过多渠道发展推广杂志和新媒体，获取市场优势，提高读者忠诚度，以提升杂志的知名度。

4.2.2.3 利用新媒体辅助杂志发行

通过运营新媒体，吸引大量新的潜在用户，提升用户忠诚度，将新媒体的读者转化为杂志的读者，增加杂志发行量，提高杂志发行收入。

4.2.2.4 加强人才培养

人才队伍建设是期刊经营管理的重要一环，期刊经营战略制定和实施的各个环节都离不开专业化人才队伍的保障，特别是在媒体融合时代，新媒体在发展的每一个阶段都需要各类人才的参与。通过内部培养与外部招聘结合的方式，为新媒体和杂志建立强大的人才团队。

5 新媒体融合推进江苏省科学技术情报研究所科技期刊转型升级的对策及实施步骤

5.1 新媒体与纸媒融合推进江苏省科学技术情报研究所科技期刊转型升级的对策

经研究发现，期刊新媒体发展潜力尚未被充分挖掘。情报系统绝大部分科技期刊仍保持传统的纸质印刷方式，仅有一部分开通了微信公众号，少数期刊微信公众号经营较好，拥有

众多的粉丝用户，科技期刊在媒体融合方面可谓是参差不齐。

国家"十三五"规划也提出了"推动媒体融合，打造一批新型主流媒体"的建议。中央关于传统媒体与新兴媒体融合发展的顶层设计，是传统媒体转型的方向，更是新媒体的发展机遇。江苏省科学技术情报研究所在情报系统内业务发展一直处于领先水平，在媒体融合发展拥有巨大潜力的情况下，把握先机，做好行业的"领头羊"。

5.1.1 转变思维理念

5.1.1.1 强化用户意识

过去传统媒体的单一传播模式，无法满足多样化和差异化的信息需求。而新媒体具有交互性、开放性的特点，更关注用户阅读体验。利用新媒体发布信息快、互动性强的传播特点，促进科技信息传播平台与社交平台有效对接，通过平等互动，集聚更多用户，提升期刊品牌影响力。

科技期刊可以在重要版面开设"热点回顾"专栏，选登微博微信热点话题和粉丝评论；也可以通过自媒体平台，集聚更多的用户，提升期刊品牌影响力。进一步强化用户意识，期刊还可开发更加适应用户需求的个性化产品。充分利用新媒体完全开放的特点，强化市场观念，吸引更多的用户。

5.1.1.2 增进跨界意识

尽管此前《电动自行车》杂志积极开拓新媒体市场，但由于对传统媒体与新媒体融合接触时间不长，尚处于浅层阶段，未能充分发挥全媒体形态的整体优势。事实上，纸刊和新媒体平台不是简单的"1+1"，而是两者优势互补、互融互通的全媒体形态。例如，一部分浅阅读受众可以选择手机阅读方式，而纸刊因其专业性和权威性可以作为深阅读受众的首选。同时，期刊上的内容可以与微信平台互动，两者相互引导，开拓双方市场。同时，将报道内容经过重新编排后，转化为内容丰富、形式多样的全媒体报道，并在微博、官方微信等新媒体上梯次推出，实现多平台、全终端覆盖。

5.1.2 强化内容建设

5.1.2.1 学术期刊借鉴其他期刊成功经验，启动新媒体建设

江苏省科学技术情报研究所学术期刊应当尽快开展新媒体业务，将期刊的征稿、征订等服务转移到线上，便于读者及时查询投稿进度和阅读期刊内容（图29至图32）。借鉴其他学术期刊。首先，要优化并突出自己的特色内容，只有过硬的内容才具有广泛传播的可能。其次，应充分利用线上和线下的资源，综合利用多种媒体，推广高质量的内容，使自己的产品对读者产生内在吸引力，拓展读者对品牌的认同和信任。信任感这一无形的品牌价值形成之后，将良性作用于杂志产品链条的延伸发展，形成品牌增值，创造巨大的有形效益。

融合发展是学术期刊转型变革的关键路径，对学术期刊的生存与发展意义重大。融合发展能缓解传统媒体在新媒体环境中的生存困境，为江苏省科学技术情报研究所带来增值效应。学术期刊应该在融合发展的道路上积极探索适合自己发展的路径，借融合发展的东风，走出发展瓶颈，迎来蓬勃发展的新生机。

图 29 《中国药科大学学报》官方网站

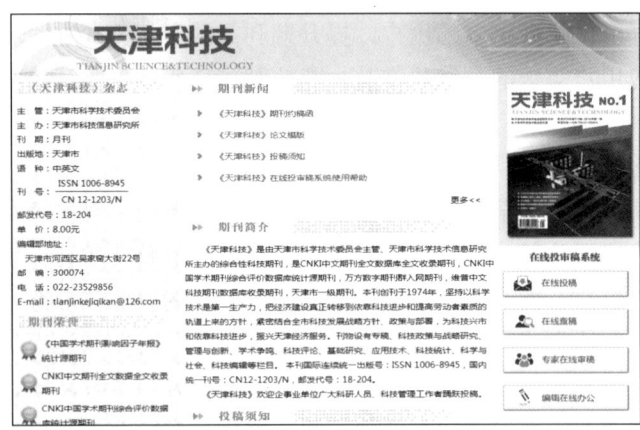

图 30 《天津科技》官方网站

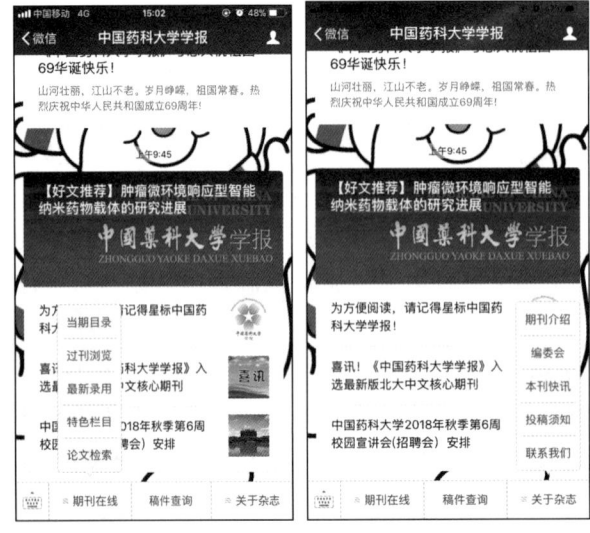

图 31 "中国药科大学学报"微信公众号

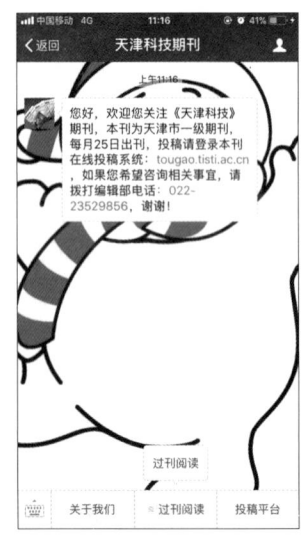

图 32 "天津科技期刊"微信公众号

5.1.2.2 宣传类期刊优化编排效果，打造特色栏目

为了提高文章的阅读价值，宣传类刊物，即《电动自行车》杂志必须高度重视编排创意，使文章更多地被读者发现和引用，增加文章的可读性，提升读者阅读兴趣。

同时，期刊特色栏目建设对提升期刊的质量与品牌效应具有重大意义。特色化是期刊发展的新要求，创建特色栏目是非学术期刊凸显个性、提高质量、扩大影响的必由之路。

5.1.3 组建专业化人才队伍

5.1.3.1 社会招聘与内部培养相结合，为人才成长提供充足空间

应注意人才的引进和培养相结合。社会招聘的人才往往是新媒体运营团队急需的技术型人才，而内部培养的人才往往熟悉部门业态运作方式，所以，应将社会招聘与内部员工培养相结合，鼓励跨行业学习，为复合型人才的涌现创造条件。

5.1.3.2 精心选拔经营管理人才，培养复合型人才

经营管理岗位作为新媒体运营团队重要的决策中枢，人才的选拔又有不同于技术实操岗位的要求。特别是在我国当下金融行业话语较为强势的时代，不同业态间的话语体系融合离不开大批既了解传媒娱乐产业，又了解资本运作方式的复合型人才加盟，需要大量精通经济、金融、法务的人才。因此，应将此类人才配置在关键的决策中枢，促进新媒体做大做强。

5.1.3.3 组建新媒体运营团队

原来的部门继续负责传统纸媒的相关业务，新媒体部多途径发展，开展微博、微信、直播等业务。其中，学术期刊继续沿用以前的刊名，以保留固定读者、作者，尽可能地减少用户流失；宣传类期刊，即《电动自行车》杂志可以通过变更刊名，扩大宣传领域，举办行业会议，请行业专家、企业家交流等方式，吸引新的用户，提升知名度。

随着社会的发展，以用户为中心、用户至上、以人为本的理念越来越受到人们重视，用户体验对于现在人们来说已经成为一个很重要的部分，甚至可以引导受众进行消费。传统期刊在纸质出版盛行的时代，可以给读者和受众带去良好的用户体验，满足读者和受众的阅读需求。但随着新媒体的出现，多样化的信息呈现方式和网络带来的便利条件让读者和受众已经不再满足于单一的、较为固定的阅读方式，用户需求提升，新媒体为读者和受众打造了一种全新的、有强大吸引力的阅读方式和相关服务。这导致传统期刊给读者和受众带来的用户体验直线下降，所以传统期刊要想在新媒体环境下生存和发展，与新媒体融合是大势所趋，重新组建新媒体运营团队势在必行。

5.1.4 开创"期刊+新媒体+智库"的综合传播方式

在移动互联网乃至智能网络技术向社会方方面面快速渗透的大潮中，媒体智库化和智库媒体化双向拓展，显然是江苏省科学技术情报研究所新媒体和特色新型智库建设不得不面对的课题。如果媒体智库化还是媒体发展的选择之一，那么，无论是什么领域的智库，也无论是大型智库还是专业化小型智库，作为新思想、新决策知识的生产传播者，其发展运营的媒体化，特别是一定程度的新媒体化则是没有之一的必然选择。

智库的核心在于生产出智慧产品并且将其传播，目前互联网和共享经济的不断发展，期刊与新媒体的结合自然成为传播知识和经验的高效、广泛的途径；期刊与新媒体则需要有干

货,如专家效应、行家吸引力,大大增强了媒体信任度和专业度。同样,智库也会在很大限度上依赖期刊和新媒体的传播方式,提供产品,借助媒体传播平台和渠道,实现智慧产品的及时有效传播。

5.2 新媒体与纸媒融合推进江苏省科学技术情报研究所科技期刊转型升级的实施步骤

课题组根据实施的难易程度,结合实际工作需要,将新媒体与纸媒融合推进江苏省科学技术情报研究所科技期刊转型升级的方案分为9个步骤,以提高实施效率。

5.2.1 转变新媒体与纸媒运营的思维理念

一方面,要强化用户思维,一切以用户为中心。新媒体和纸媒都需强化服务观念,将其受众称为用户,要求树立用户思维,即能够知道服务的用户是谁,用户需求是什么,如何不断的满足用户需求,在满足的过程中不断的改进产品,创造更多的用户价值。

另一方面,要增进跨界意识。纸媒与新媒体都有着自身强烈的传播特色,两者的相互结合不能仅仅存在于互相作用之间的联合,而是要借助对方的优势特点,并且在实际中进行利用,实现内容丰富、形式多样的全媒体报道。

5.2.2 上下齐心,思路一致

专家表示,新媒体建设是一把手工程,须上升到单位发展战略层面,得到一把手领导的大力支持,全员上下齐心协力推行。在前期投入方面,需要所里的支持,同时,课题组积极探索,以期联合企业、高校等专家联合申报高层次的应用研究课题,以争取一定的经费。在组织架构和人员配置方面,需要扩充人手,成立专门的新媒体发展团队,专门负责新媒体的运营。

5.2.3 扩大领域

为了突破目前宣传类期刊的行业限制,新媒体将从杂志过去的电动自行车领域,延伸至技术含量更高、市场更为重视的新能源车发展领域。

5.2.4 重新定位

在过去面向B端的基础上,我们将过去狭隘的B扩展到整个产业链,将服务对象定位为原材料、供应商、生产商、经销商。挖掘这些企业的需求,借助江苏省科学技术情报研究所的文献、咨询等服务,将过去简单的广告服务进行升级。同时,我们也努力发展C端的客户,逐渐将服务对象扩充为B端和C端两个方面。

5.2.5 创办各类特色活动

首先,依托江苏省科学技术情报研究所智库平台,举办行业论坛,邀请行业内企业家、技术专家、学者等参加,以期打造为行业盛会。其次,依托江苏省科学技术情报研究所研究基础,从科技、创新等角度联合龙头企业,举办行业内的权威性质的技术等评选活动。最后,举办一些视频类的讲堂,如产品介绍、新技术开发、使用经验、产品测评等。

举办活动除了能吸引新能源车产业链的赞助,形成盈利外,更重要的是通过活动来吸引、激活粉丝,并产生原创内容。以行业会议举例,会议开始之前,组成系列的文章(介绍主要演讲人和PPT摘要,介绍主要的赞助企业及其技术和产品,这些文章都可以申请原创),

系统对会议进行宣传。通过以上过程锻炼采编人员的原创能力。

利用新媒体手段，如视频直播来扩大会议影响力，并通过直播来熟悉直播平台如何使用，直播的技术操作，简单的视频剪辑等。会议直播和录制而成的视频素材可以作为讲堂等视频栏目的原始素材。

5.2.6 加强内容建设

在深入调研企业的基础上，充分了解企业需求，面对面地交流，熟悉企业的业务和产品，清楚企业的诉求，有针对性地提供服务。加强原创内容的创作能力，依托江苏省科学技术情报研究所大数据基础，及时挖掘最新的技术、先进的管理经验等，提升杂志内容品质。培养采编人员，及时跟踪行业内最新活动，第一时间发布有观点、有特色、吸引人的新闻类资讯。

一方面，学术期刊借鉴其他期刊成功经验，启动新媒体建设。学术期刊由于有相对固定的读者群和作者群，随着学术市场的进一步开放，应利用新技术，积极寻找融合发展之道。另一方面，《电动自行车》杂志应当优化编排效果，打造特色栏目。强化精品意识，坚持把一流标准作为着力重点，以优秀作品鼓舞人，不断提升微信公众号和杂志的影响力。

5.2.7 加强内部人才培养，积极寻找合作伙伴

目前，我们缺少采编、美编、市场等方面的人才和经验，在新媒体新要求下，现有编辑人员需要加强培训，适应新媒体的岗位要求。同时，将努力寻找协会、企业、专业机构等合作伙伴，合力打造行业领先的新媒体平台。

加强能力建设，坚持把人才培养作为重要支撑，以实践磨砺锻炼人，不断提高员工的执行力。人才决定发展，素质决定效率。新闻宣传工作要想取得好的效果、好的成绩，必须组建专业化的人才队伍。在积极引导内部员工适应融合媒体岗位的现实需求的同时，创新人才培养模式，招聘外部人才，改善知识结构，提升信息化素质，拓展业务能力，努力打造"复合型"和"全素质"的人才队伍。

组建新媒体运营的团队。在原有人员的基础上，重新组建新媒体运营团队，熟悉整个新媒体运营的工作情况，包括媒介平台的命名、新媒体的战略、运营模式等，协调部门内外部的资源，开展新媒体相关的业务。具体的人员配置及分工情况可根据新媒体发展的阶段进行灵活调整。

5.2.8 丰富新媒体媒介

除了目前的微信公众号，计划开通官方微博，后续也考虑使用视频直播等平台，丰富新媒体宣传的途径。自2010年开始，微博在中国互联网迅速发展，在这种大环境下，许多传统媒体纷纷开通官方微博，期刊业应当利用这一新兴媒体开展营销工作。江苏省科学技术情报研究所的期刊应该尽早开通官方微博，避免被抢注，账户命名应体现期刊的品牌。在选择好微博运营商，完成注册之后，应申请运营商的认证，获得运营商的相关支持以更好地提高期刊官方微博的公信力，吸引大量粉丝，建立新型的人脉资源，传播期刊信息。

5.2.9 打造"期刊+新媒体+智库"的行业专业平台

目前，虽然纸媒收到了新媒体的巨大冲击，但我们通过调研了解到，这一媒介形式不会

完全被替代，我们的期刊将定位于主要为B端服务，做精品的专访、行业报告、政策解读等深加工内容；新媒体定位于B+C端，对接B端和C端的不同需求，打造B端、C端联动的媒体平台；发挥智库的优势，深入发掘企业需求，将传统的宣传报道升级为企业需要的咨询服务（图33）。

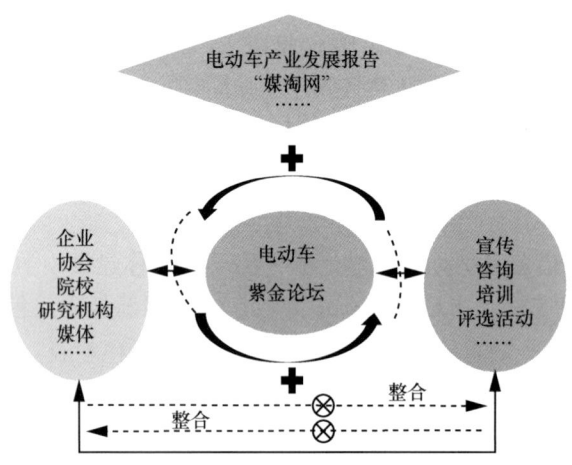

图33 "期刊＋新媒体＋智库"的行业专业平台模型

首先，新媒体化有利于大幅提升智库新思想的生产效率与传播效率。通过搭建新媒体智库业务平台、新媒体社会调查平台、新媒体讨论平台、新媒体众包平台，使得智库的思想生产、课题研究、咨询资政更快更好。

其次，新媒体化有利于加速智库成果的推广应用。一方面新媒体化能使决策者和管理者更快得到决策信息、迅速反馈交换决策信息；另一方面也使智库成果得到更广泛的传播，影响到更多的利益相关者，发挥凝聚共识、启蒙社会等作用。

最后，新媒体化有利于智库建立良好的品牌与社会形象，有利于智库的营销、智库对外合作与交流等。同时，新媒体化有利于智库加快自身人才的聚集培养，有利于聚集网络社会各界专家参与智库的发展。值得强调的是，通过新媒体化，更好发挥引导舆论和启发民智的作用是智库的重要功能。

5.3 新媒体与纸媒融合推进江苏省科学技术情报研究所科技期刊转型升级的政策保障

战略的制定与实施是硬币的两面，相辅相成，有机统一。好的战略，没有好的执行，也就是一句空话。许正（2014）在其著作《企业转型六项修炼》中，就转型的核心内容总结为商业模式创新和运营模式再造的太极图模型。参考该模型，围绕已制定的业务转型战略，提出一些具体的实施与保障措施。战略转型是一项系统性的变革，除了模式创新与模式再造，还需要文化的转型、外部力量的争取及竞争过程中的控制等多方面的举措。

5.3.1 建立鼓励创新的核心价值观

战略的实施离不开文化的保驾护航。对于变革期而言，如何建立鼓励创新的文化则显得对于商家同边网络效应的激发，要定期向商家推送潜在用户的大数据信息，要让营销推广更加精准化，从而降低运营成本，提高商家接入的友好性，帮助商家提升经营效益。当然，当更多的同边商户加入同一个平台时，可能产生过度竞争，使得平台上的商户获得的收益降低，进而形成负效应。因此，平台要注意维护公平的竞争环境，避免流量过于集中于少数有影响力的商户从而形成价格垄断，要有意识地为新用户提供一些推广支持。

（2）激发跨边网络效应

跨边网络效应，主要是通过一方群体，吸引另一方群体或商家的进驻。对于知识服务平台而言，核心群体是科研人员，其既可以是"付费方"，同时也是"被补贴方"。科研人员本身既可以产生同边网络效应，也可以产生跨边网络效应。作为作者身份，越来越多的高水平作者，尤其是行业领军科学家在该平台的进驻，必将带领该学科其他作者的进驻，产生同边效应，同时也会吸引该学科的科研人员更多地下载、引用平台发布的文献内容，因此，也激发了其作为读者身份的跨边效应。

此外，对于很多看重平台集聚的这些科研人员的商家而言，更具规模的科研人员数量及更前沿的学科、更高的科研学术水平都将有利于更多的企业进驻，产生跨边网络效应。同时，随着金融机构（提供产学研的投资业务）、培训机构、企业、政府机构（科研基金提供者）等这些多元化机构的进驻，也必将为科研人员提供更加优质的一体化服务体验，从而带动更多的科研人员进驻该平台，反向激发跨边效应。为此，平台需要设定相应的定价策略，根据用户的价格弹性，在适当时机通过免费机制，鼓励一些关键性企业进驻；或者根据用户的质量敏感度，对一些用户收费，从而保证平台用户及其所提供服务的质量。

5.3.2.2 开展市场协同与战略合作，增强平台核心地位

平台的建立需要海量内容资源的支撑，平台商业系统的运转则需要规模用户大数据的支持。因此，知识服务平台一方面要与同业企业建立协同效应，实现内容的互补和共享利用；另一方面要与异业企业建立战略联盟关系，从而拓展服务，提升用户体验，实现用户规模的共生增长。

（1）同业协同联动

尤其是平台刚刚进入市场时，很难快速提升市场占有率、在行业竞争中获取优势地位。可以寻求合并同业企业或建立合作伙伴关系，达成利益共识，形成战略合作和市场协同，进而快速提升平台的市场份额并增加用户资源。对于知识服务平台而言，通过平台来对同行企业实施资源的战略合并是提升内容资源规模当量和用户数量的有效竞争策略，也是对抗跨界竞争者的有效措施。

第一，知识服务平台的建设本身就是一个耗资巨大的工程。单靠自身的资源、资金和组织能力很难构建起相对完善的知识服务平台。而且，面对当前市场的同质化严重的现象，如果都自建知识服务平台的话，一来不现实，二来也会造成不必要的资源浪费，三来也会造成不必要的同质化恶性竞争，扰乱市场秩序。因此，通过同业合并或合作，有利于实现平台建设的协同效应，不仅加快提升平台（行业领军企业）的市场竞争力，抵抗跨界竞争，开展国际竞争，同时也有利于降低其他企业投入成本，共同提升行业整体的发展水平和收益水平。

第二，通过对同业企业的合并或合作，可以实现一体化战略。一方面通过平台建立相应的数据标准，从而有利于推动行业整体内容资源的一体化，便于未来整合利用；另一方面，还可以通过构建平台间的差异化，集中更多资源为不同的目标用户提供优质的服务，从而提升用户体验。

（2）异业战略联盟

如果说同业协同合作是平台对抗跨界竞争的有效手段，那么建立异业战略同盟则是抵御平台间竞争的有效策略。当知识服务平台面临强大的平台间竞争时，或要进入一个已有同性质平台市场时，单纯依靠自身的生态系统很难对抗更为强大的生态系统的竞争。平台国际化竞争，单纯依靠处在劣势的支撑服务，难以取得竞争优势，因此，就必须要开拓思路，在提升核心业务专业化服务水平的同时，通过异业战略同盟的方式，延展平台的业务领域，促进平台服务的多样化及赢利方式的多元化，拓展平台自身的生态系统，提升自身综合竞争能力。

5.3.2.3 加强技术创新与标准建设，提高竞争壁垒

虽然对于处于"互联网+"时代的平台而言，最核心的特征是共生、共赢，因此，开放式策略是平台实现功能优化和生态系统拓展的有效策略之一。但是面对平台内的某方群体的竞争威胁，或者是平台间的同质化竞争，或者市场的新进入者时，设定一定的竞争壁垒就显得尤为重要。对于知识服务平台而言，建立竞争壁垒，具体可采取以下几种方式。

第一，加强数据标准的建立。知识服务需要碎片化的、可标引的结构化数据，从而建立语义关联，形成知识图谱，提供智能化的决策支撑服务。因此，数据结构化的标准就至关重要。如果知识服务平台通过研究和实践，建立了一套自己的数据结构化标准和知识图谱体系，并使其成为行业标准，这就如同掌握了知识服务的核心技术，从而大大提升自己的竞争力。

第二，加快提升内容资源规模。知识服务的基础是内容，内容资源规模越大，收集的文章数量越多，其统计分析和关联的语义分析就越精确，提供的决策支撑数据也就越具有预测性，也就越有价值。因此，平台企业必须通过兼并、购买、合作、自产、UGC等多种方式，尽快集聚内容资源，在一些学科领域形成绝对的内容优势，从而形成增值服务的领先，进而建立竞争优势。

第三，实施技术隔绝措施。具体包括：在技术上不再与竞争平台兼容，孤立竞争平台；拒绝与竞争平台间的信息对接与共享；终止对竞争平台的服务协议；等等。

第四，加快技术更新迭代。知识服务平台可以通过对自身一些技术层的技术工具及平台应用层的应用系统不断进行更新升级，从而使其更快、更人性化、更便捷。这样通过技术的升级拉开平台技术层面的竞争差距。

5.3.2.4 营建知识社区，增加用户有效性和黏性

对于目标旨在要打造生态圈的平台战略组织和实施而言，一切竞争的核心都是围绕对用户的竞争。平台是实体基础，而用户社区的建设则是"上层建筑"，需要文化的建设、制度的建立及相应的管控措施等。通过社区构建，可以使得种群之间形成一种共生和信任的氛围，从而更有助于价值的分享和传递，进而有助于生态系统的和谐和稳定性。

（1）提升用户黏性

一旦将目标群体转化为平台用户，就需要通过多层次的绑定策略，提高平台用户黏性。

这一方面可以通过提高用户转移到其他平台的机会成本来提升平台转换难度；另一方面可以通过不断提升用户体验从而建立用户的归属感，降低转移意愿。

第一，提高平台转换成本。一是通过"免费""促销""积分"等经济或荣誉奖励措施来绑定用户。例如，用户可以通过在服务平台上的消费、点评、推荐和分享等行为，获得平台所给予的可兑换的积分或是具有一定荣誉或话语特权的用户等级。这样随着用户使用平台的次数越多，其积累的积分或等级也就越高，其离开平台的沉没成本同样也就越高，从而使平台用户对平台产生依赖。二是引导平台中的免费用户转化成为付费用户。当用户对平台付出了一定的成本之后，便从经济上形成了对平台的依赖，从而提高了平台转化的壁垒。

第二，通过建构多元化的顺畅交流体系，提升用户的归属感。一是通过立体化的交流互动，让用户逐渐随着社区的发展而成长，自己在社区中的地位和话语权也随之提升，从而让用户建立起更为深层次的感情依赖，实现平台用户的居留。二是通过平台服务的多样化来提升用户在平台上投入的时间和精力成本，让用户更多地使用该平台，让用户逐渐形成使用平台的习惯。三是当平台用户规模越大，使用频次越高，平台可使用的用户大数据样本也就越大，其为用户提供精准化、个性化的服务能力也就越强。因此，就可以形成相对于其他平台的竞争优势。

（2）建立用户过滤机制

平台用户群体不仅要追求"数量"的持续增长，更要关注"质量"的不断提升。否则，当用户数量在无规则增加时，平台用户群体需求的内在统一性必将有所减弱，从而使平台的差异化特征不再明显。如果不对用户实施一定的过滤或管控，一味盲目地追求单纯的数量增长，往往容易出现用户意见的分歧或争议、虚假用户的信任危机等问题，从而导致平台口碑的降低及"明星用户"的离场，进而形成负面效应，使平台的运转不再可持续。因此，要保证平台社区的"正循环"，就必须要时刻掌握用户信息，并在明确的平台差异化定位基础上，建立相应的用户筛选和过滤机制。

对于服务平台而言，科研人员是平台的核心用户，因此，需要严格审批。对于科研人员要建立个人用户的实名注册审核机制，对于科研人员的姓名、单位、职称、研究方向等信息进行审核，审核通过方能成为正式用户。同时，还可以对科研机构开放 VIP 功能，由平台企业审核科研机构 VIP 用户，而转由科研机构自己审核所属的科研人员个体。通过审核机制，一方面保证科研人员的真实性，便于管理；另一方面也容易让用户更快地找到各自所在的组织或加入喜爱的网络细分群落，不仅让用户社区更加井井有条，而且让各个科研机构或具有相同兴趣的用户通过口碑传播的方式，更快地加入到平台中，有助于平台形成网络效应，加速目标用户群体的集聚。

5.3.3 争取外部力量，提升竞争力

首先，在中国期刊业，目前还存在资源行政化、区域化分割的特点，因此，要建设知识服务平台，势必要整合相关的资源，必须要争取行政力量的支持，通过兼并重组、大项目合作等方式，开展跨部门、跨区域资源的整合利用。

其次，科技期刊的转型升级理念，要争取行政主管部门的支持和认同，并牵头建立相应的行业标准，从政府主管部门层面加以行政推动，并给予推广宣传；同时，还应争取从政府

主管部门层面，制定相应的扶持政策，针对产业转型期的风险提供相应的专项资金或项目支持，加快产业转型；此外，还要帮助政府从行业监管的角度，制定相关行业监管措施，避免恶性竞争，从而引导市场顺势发展、健康发展。

再次，知识服务的实现，内容和版权的保护是其根本保障。因此，还需要政府相关部门联合力量，打击盗版侵权行为，加大版权保护，维护版权所有者利益，鼓励版权市场化交易，推动版权市场繁荣发展。

最后，目前由于国内对于科研人员的考评存在唯影响因子论高低的不科学性，导致很多优秀科技成果优先寻求在国外期刊发表，导致优质科技内容资源外流，很不利于国内科技知识服务体系的建设，也引起国家科技信息安全问题。因此，要争取政府对于该问题的重视，从而推动科研考评机制的改革，同时鼓励在国内优秀的学术期刊上发表文章，支持国内科技期刊加快发展，提升国际影响力。如果从政府层面进行行政干预和体制机制变革，施加恰当的外力，转变目前科技内容资源"两头在外"的恶性循环，那么不仅对于中国的科研提升，而且对于中国科技期刊行业的发展都会有着长远的积极影响。

6 总结

新媒体的崛起让广大受众获取信息变得更加的便利与快捷，新媒体以其及时性、开放性和互动性等优势吸引了纸质媒体、广播媒体、电视媒体等传统媒体的受众。在这个追求快节奏、高效率的信息时代，传统媒体的滞后性、单线性等缺陷日益凸显出来，传统媒体的发展路径面临着前所未有的挑战。传媒技术与内容的更新之快，直接影响着受众对新鲜事物的接受方式和内容。新媒体的迅速发展突破了传统传媒时代单一线性的传播模式，受众选择日趋多元、媒体竞争日益激烈。传播的技术、手段、观念都随之发生更多新变化，传统媒体要想胜出，必须迎合受众喜好，进行相应的调整与改变。

本课题对传统媒体与新媒体的融合下期刊内容与经营模式的创新进行了系统性、深入性、针对性的调查分析，突破了既有研究视角的局限，为传统媒体与新媒体的融合提供具有实际意义的参考。

第一，分别从全国、江苏省及江苏省科学技术情报研究所分析了纸媒在发展过程中遇到的问题以及原因。目前，全国范围内非学术期刊经营发展遇到瓶颈，主要是由于纸媒自身的体制机制僵化及新媒体带来的冲击。

第二，新媒体融合发展的现状研究。分析了新媒体与报纸期刊内容的融合情况，分别从新媒体的优势、国内报纸及期刊新媒体发展现状、全国部分省市新媒体使用案例、江苏省科学技术情报研究所的学术期刊和非学术期刊的媒体融合存在的问题及原因，主要是融合思维落后，人员队伍尚未建立，经营推广能力不足。

第三，新媒体与纸媒融合方式的研究。从媒体融合典型、兄弟单位、行业媒体、典型企业需求等几个方面进行案例分析，并提出对江苏省科学技术情报研究所媒体融合发展的经验启示。在内容融合方面，要了解用户、关注行业。在经营方式融合方面，要转变思路、丰富运营形式、加强人才培养。

第四，新媒体与纸媒融合推进江苏省科学技术情报研究所科技期刊转型升级的对策研究。在上述研究的基础上，提出新媒体与纸媒融合推进江苏省科学技术情报研究所科技期刊转型升级的对策和实施步骤。一是转变新媒体与纸媒运营的思维理念；二是获得领导支持；三是扩大领域；四是重新定位；五是创办各类特色活动；六是加强内容建设；七是加强内部人才培养，积极寻找合作伙伴；八是丰富新媒体新媒介；九是打造"期刊+新媒体+智库"的行业专业平台。

课题负责人：姚　缘
课题组成员：季晨宸　姚　鑫　何　琳　王　真
撰　稿　人：姚　缘

专利导航常州新能源汽车产业创新发展研究

1 绪论

1.1 专利导航概念

《国家知识产权局关于实施专利导航试点工程的通知》指出，专利导航试点工程是以专利信息资源利用和专利分析为基础，把专利运用嵌入产业技术创新、产品创新、组织创新和商业模式创新中，引导和支撑产业科学发展的探索性工作。专利导航的主要目的是探索建立专利信息分析与产业运行决策深度融合、专利创造与产业创新能力高度匹配、专利布局对产业竞争地位保障有力、专利价值实现对产业运行效益有效支撑的工作机制，推动产业的专利协同运用，培育形成专利导航产业发展新模式。

1.2 专利导航研究现状

目前，国家知识产权局已先后确定17个国家专利导航产业发展实验区，各实验区形成了以专利导航产业发展为核心，以及知识产权服务业集中集聚的园区知识产权发展态势（表1）。例如，苏州工业园区作为全国首批"国家专利导航产业发展实验区"，通过深入实施专利导航的"四大工程"，已建立起专利信息分析与纳米产业运行决策深度融合、专利价值实现对纳米产业运行效益充分支撑的工作机制，形成专利布局对纳米产业竞争地位有力保障、专利创造与纳米产业创新能力高度匹配的良好局面。国家知识产权局实施国家专利导航试点工程已经进入建设的关键期。2017年7月，国家知识产权局面向高校、企业和区域，批复设立了首批3家国家专利导航项目研究和推广中心，以不断加强专利导航理论、实务研究和人才培养。

表1 17个国家专利导航产业发展实验区

编号	实验区名称	所选产业领域
1	中关村科技园区	移动互联网
2	苏州工业园区	纳米技术应用
3	上海市张江高科技园区	生物技术药物及医疗器械
4	杭州高新技术产业开发区	物联网
5	郑州新材料产业集聚区	超硬材料
6	武汉东湖新技术开发区	光通信

续表

编号	实验区名称	所选产业领域
7	长春高新技术产业开发区	生物医药
8	宝鸡高新技术产业开发区	钛产业
9	苏州国家高新技术产业开发区	医疗器械
10	南通市	海洋工程装备
11	佛山市	机械装备制造
12	天津滨海高新技术产业开发区	新能源
13	烟台经济技术开发区	化工新材料
14	成都市龙泉驿区	汽车
15	广州经济技术开发区	卫星通信（北斗）导航
16	潍坊高新技术产业开发区	半导体发光
17	北京市丰台区	轨道交通光机电

各地在承担国家专利导航试点工作的同时，也积极在地方推进专利导航工作，形成了区域特色。例如，江苏省在省级重点企业知识产权战略推进计划中明确实施专利导航的要求；山东省东营市设立专利导航专项；浙江省向企业推广专利导航企业创新研发的方法和思路。但在推广实施过程中仍存在以下问题：①专利导航理念还有待深入。当前地方政府对专利对产业发展的作用有较深认识，但对通过专利导航，制定产业发展战略，编制产业创新发展规划，优化产业招商和布局，推进产业结构优化的作用认识不够。②专利导航推广力度有待提升。当前主要还是以国家知识产权局及相关条线开展专利导航应用和推广，由于项目和经费有限，惠及地方及企业范围较窄。③专利导航地方服务体系匮乏。首批专利导航项目主要由国家队承担，但专利导航是实验区及各地各类产业发展的常态化业务，全部依赖国家队实现既不现实也不可持续，而当前专利导航的本地化服务较为缺乏。④专利导航服务能力较低。当前地方的专利信息服务主要集中在专利文献检索、信息化建设等方面，缺乏深层专利信息服务，难以促进地方专利导航产业的发展。

1.3 研究目的与意义

构建专利导航产业发展的理论研究框架，以常州新能源汽车产业为服务对象，为地方产业发展中的产业创新战略制定、企业培育、人才引进、协同创新、研发方向等提供路径指引和政策建议。本研究对完善专利导航理论研究具有重要理论价值，对提升地方规划引导产业创新发展水平具有重要现实意义。

1.4 研究框架及技术路线

通过文献调研和案例研究等分析专利导航产业发展的研究框架（图1）。基于该研究框架，以常州新能源汽车为例，分析产业发展现状；在产业分析的基础上，开展专利分析；最后综合提出产业创新发展战略，并针对研判结果提出相应政策建议（图2）。

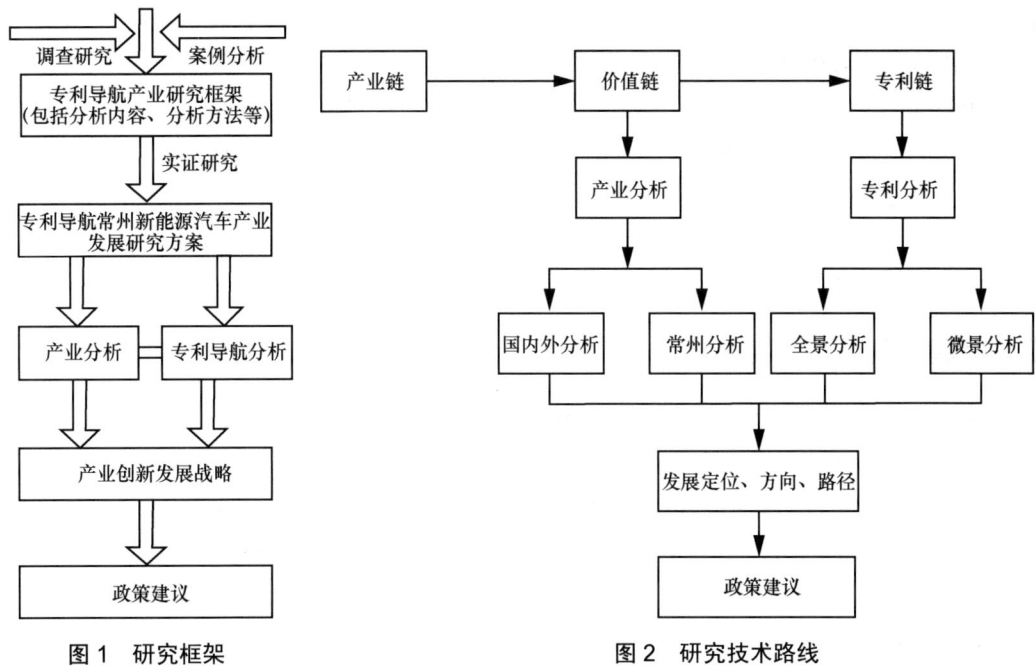

图 1　研究框架　　　　　　图 2　研究技术路线

2　新能源汽车产业基本概念

2.1　新能源汽车概念及产业发展史

新能源汽车系指采用非常规的车用燃料作为动力来源（或使用常规的车用燃料、采用新型车载动力装置），综合车辆的动力控制和驱动方面的先进技术，形成的技术原理先进，具有新技术、新结构的汽车，但不包括采购新能源汽车完整车辆、二类及三类底盘改装形成的汽车（图3）。

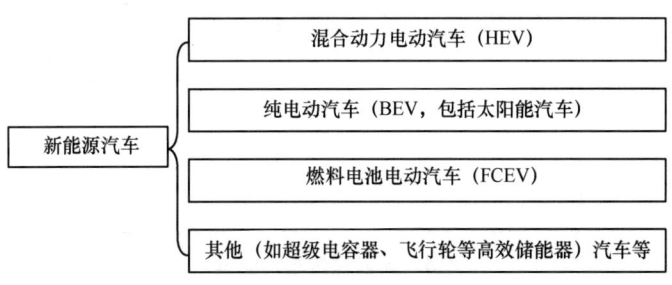

图 3　新能源汽车种类

其中，电动汽车自19世纪末诞生以来，在世界范围内经历过多次起落，大致可分为以下4个阶段。①第一阶段（1881—1972年），起步阶段。电动汽车问世但发展缓慢，传统汽车后来居上。②第二阶段（1973—1989年），初步发展后衰落。石油危机促使了电动汽车发展,但由于动力电池技术未能取得突破,电动汽车发展受阻。③第三阶段(1990—2004年),局部产业化阶段。环保压力促进混合动力汽车技术取得突破,电动汽车逐步产业化。④第四阶段(2005年至今),全面产业化初期。石油短缺和全球变暖,促进新能源技术快速发展,电机、动力电池及整车控制技术快速发展,新能源汽车进入产业化推进阶段。

我国从"十五"时期开始实施新能源汽车科技规划,形成了以纯电动、油电混合动力、燃料电池3条技术路线的"三纵",以多能源动力总成控制系统、驱动电机及其控制系统、动力蓄电池及其管理系统3种共性技术的"三横"电动汽车研发格局。

2.2 新能源汽车产业链分析

新能源汽车产业链主要包括上游锂电池及电机原材料,中游电机、电控、电池,以及下游整车、充电桩和运营3个环节(图4)。

上游方面,锂电池原材料包括正极材料、负极材料、隔膜、电解液。正极材料是决定电池安全、性能、成本和寿命的关键材料,负极材料直接影响着锂电池在安全性能上的表现。中游方面,俗称三电,即电池、电机、电控。动力锂电池系统由电池组和BMS(电池管理系统)构成,驱动系统由电机和电子控制跨界整合。下游方面,主要是整车生产商和充电站,当前我国新能源汽车产业中下游的集中度较高。

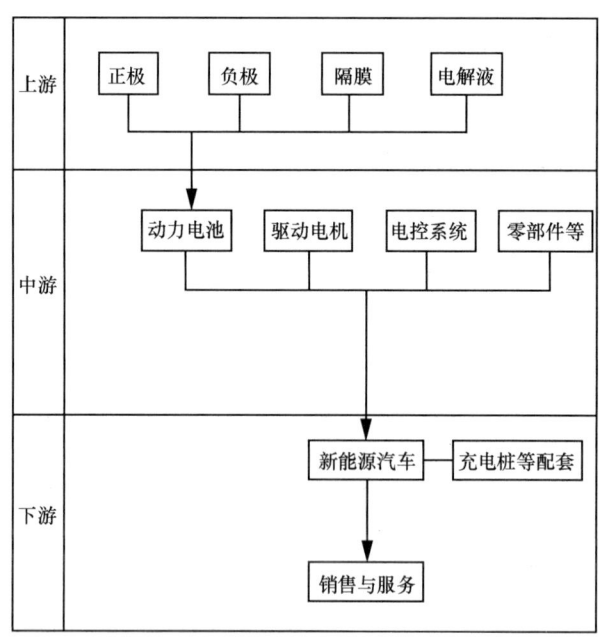

图4 新能源汽车产业链

2.3 新能源汽车产业价值链分析

在纯电动汽车的成本构成中,电池动力系统、驱动系统、电控系统占比达到整车的近70%,其中锂电池占比最高,占了新能源汽车总成本的40%以上(图5)。

动力锂电池材料占电池成本的70%~80%，电池材料是决定电动汽车电池性能和成本的重要因素，决定着未来新能源汽车，就是电动汽车的性能、成本及竞争力的重要因素（图6）。驱动系统、电控系统上游原材料技术成熟，供应充分，这两大子系统的增量对上游原材料影响不大。

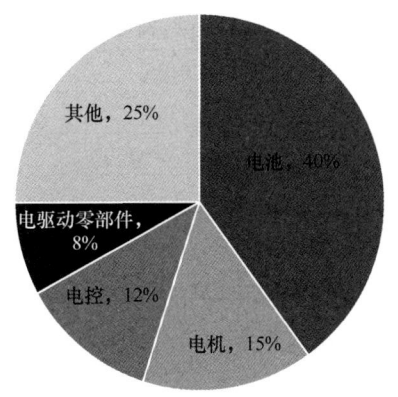

图5　新能源汽车价值链构成

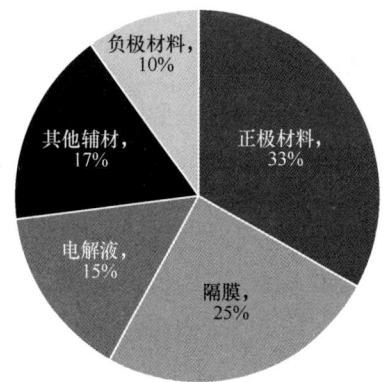

图6　锂电池原材料价值链构成

汽车后市场服务，作为价值链上的高端环节，占据汽车产业近60%的利润。对新能源汽车而言，产品后市场服务包括充电基础设施建设、电池回收、汽车金融、保险、专业维修等。目前，新能源汽车处于产业发展初期，充电基础设施建设是后市场服务的主要环节。

3　国内外新能源汽车产业发展态势

3.1　产业规模

3.1.1　国际产业规模情况

3.1.1.1　*新能源汽车整车：中国占全球销量半壁江山*

2017年的全球电动汽车销量达到132万辆，是2012年的10倍，中国、美国、挪威、德国与法国已经成为全球前五大销售国（表2）。

表2　2017年新能源汽车销量排名前15的国家

国家	BEV[①]/辆	FCV[②]/辆	PHEV[③]/辆	合计/辆	市场份额
中国	652 235	143	124 292	776 670	58.84%
美国	104 487	2298	90 091	196 876	14.92%
挪威	31 068	17	27 742	58 827	4.46%
德国	24 807		25 475	50 282	3.81%
日本	17 441	849	31 504	49 794	3.77%
英国	16 636	35	29 521	46 192	3.50%
法国	30 727	11	10 347	41 085	3.11%

续表

国家	BEV[①]/辆	FCV[②]/辆	PHEV[③]/辆	合计/辆	市场份额
瑞典	4480	14	15 548	20 042	1.52%
比利时	2765	8	11 542	14 315	1.08%
韩国	13 541	61	466	14 068	1.07%
加拿大	6661		4313	10 974	0.83%
荷兰	7040	2	1093	8135	0.62%
奥地利	5485		1819	7304	0.55%
西班牙	3585		2843	6428	0.49%
意大利	2119	0	2495	4614	0.35%
合计	923 077	3438	379 091	1 305 606	98.92%
总计	932 846	3446	383 567	1 319 859	100.00%

数据来源：根据互联网资料整理。

注：①BEV为纯电动车；②FCV为燃料电池汽车；③PHEV为插电式混合动力车；下同。

3.1.1.2 驱动电机：具备较大上升空间

根据估测，新能源汽车电机系统市场规模有望从2015年的23亿美元增长到2020年44亿美元，到2030年可达到318亿美元。预期到2030年市场规模年均增速将在18%～20%。第三方电机制造商由于具有规模效应和技术优势将有机会快速增长。

当前电动汽车电机主要是交流感应电机和永磁电机。欧美市场多用异步电机，转速区间小、效率低，但成本低。日本多使用永磁同步电机，转速区间和效率有优势。下一步电动汽车电驱动系统将逐渐向轮边电机或轮毂电机系统发展，也将提升电机控制器成本和控制策略的复杂程度。

3.1.1.3 电机控制系统：集成化、数字化、智能化是发展趋势

研究和市场公司（Research and Markets）《全球电动汽车（EVM）控制器市场报告（2017—2021）》指出，2017—2021年，全球电动汽车电机控制器市场年复合增长率为42.51%。电机控制系统是新能源汽车驱动系统的核心，由逆变器（主要部件为IGBT模块）、车用薄膜电容器、印刷线路板（PCB）、逆变驱动器、电源模块和中央控制模块、软启动模块、保护模块、散热系统信号检测模块等组成。电机控制系统集成化、数字化、智能化是发展趋势。

3.1.1.4 动力电池：需求量猛增

2017年，汽车动力锂电池出货量达到58.1 GWh，研究机构伊维经济研究院（EVTank）预测到2020年，动力锂电池出货量将达到166.1 GWh。全球动力电池90%以上的产能集中在中、日、韩3个国家，欧美目前看失去了位置，然而由于欧美汽车工业和化工工业发达，创新能力强，极有可能通过研发新一代电池参与竞争。产业布局上，中国、日本、韩国三方均有优势：日本技术实力强，产品质量好；韩国具有特有的大财团优势；中国借新能源汽车产业大发展之际进入了快速成长阶段。

3.1.1.5 充电市场：全球化是大趋势

目前，全球形成中国、欧洲、美国、日本四大充电市场，中国充电设施建设运营数量第

一,公共充电桩总量是第 2 位的美国的 4 倍。其他国家和地区的电动汽车及充电基础设施规模较小,大部分国家还没有形成统一的标准规范。但在碳排放指标的压力下,各国也纷纷制订新能源汽车推广计划,泰国、马来西亚、韩国、俄罗斯等国开始在基础设施建设运营方面加大投入。

各国积极鼓励和扶持充电基础设施产业发展,但基于各国国情,发展思路存在差异。欧洲和日本主要是整车企业主导模式,美国是整车企业和充电运营商共同主导模式,中国主要是充电运营商主导模式。此外,各国充电市场关注快速充电技术,设计满足电动汽车便捷充电的能源补给方案,各国充电市场也不断加快合作步伐,打造全球化充电设施网络,可以预见未来充电市场将不再以国家划分,而以电动汽车的行驶范围为界限。

3.1.2 国内产业规模情况

3.1.2.1 新能源汽车整车:持续增长,保持全球销量领先

2017 年,我国新能源汽车产销分别完成 79.4 万辆和 77.6 万辆,同比分别增长 53.8% 和 53.3%。其中,纯电动汽车产销分别完成 66.6 万辆和 65.2 万辆,同比分别增长 59.8% 和 59.6%;插电式混合动力汽车产销分别完成 12.8 万辆和 12.4 万辆,同比分别增长 28.5% 和 26.9%。

3.1.2.2 驱动电机:发展多样化,行业发展热度不减

我国新能源汽车电机电控装机市场高速增长,2017 年电机装机量约 87.4 万台,同比增长 56%。结构上,以永磁同步电机为主,2017 年新能源乘用车领域永磁同步电机共配套 393 349 台,装机量占比超过 70%(图 7);交流异步电机共配套 152 873 台,装机量占比为 28%。目前新能源汽车电机系统占到整车成本的近 15%,未来 4 年国内新能源汽车动力总成系统的累计市场规模有望达到 1500 亿元。

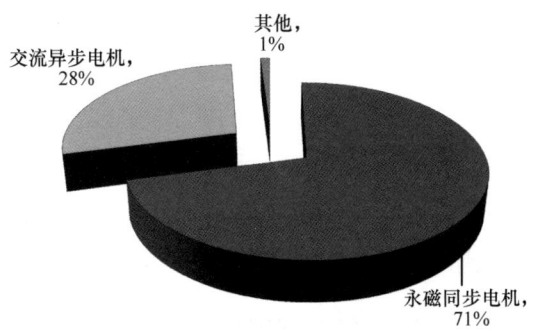

图 7 2017 年电机类型构成

资料来源:工业和信息化部。

3.1.2.3 电机控制系统:国产化与集成化是未来发展趋势

据统计显示,2011 年我国新能源汽车电机电控装机数量仅 7000 套,主要是因为当时新能源汽车市场并未打开,产销量仍然较低;2012—2014 年均保持了低位动荡的趋势;2015 年在新能源汽车完成翻番增长的同时,新能源汽车电机电控装机数量也呈现几何级式增长,由 7.2 万套直线增长至 40 万套;2016—2017 年仍保持着快速增长。新能源电机电控装机规模保持高速增长的前提下,我国新能源汽车电机及控制器行业市场规模也在 2017 年达到 225

亿元左右。

电机控制器关键原件仍需进口。我国驱动电机已基本达到国产化，但控制器在功率密度、体积密度、芯片集成设计、热设计等方面与国外差距较大，以 IGBT 模块为例，作为新能源汽车电控系统和直流充电桩的核心器件，成本占到新能源整车成本的 10%，占到充电桩成本的 20%，中国作为世界上最大的功率半导体市场，占世界市场份额 50% 以上，但中高端 MOSFET 及 IGBT 功率半导体主流器件，基本被欧美与日本等国外厂商垄断，国产化提升空间较大。

3.1.2.4 动力电池：市场规模继续保持全球领先

2017 年，我国动力电池配套量占全球的 62.7%，市场规模保持领先。磷酸铁锂电池和三元电池是主打。2017 年磷酸铁锂电池配套量约 180.3 亿 Wh，同比下降 11.2%，市场占比由 2016 年的 72.7% 降低至 49.6%。三元电池配套量大幅提升至 159.7 亿 Wh，同比增长达 155.1%，市场占比由 2016 年的 22.4% 提升至 43.9%。锰酸锂电池、钛酸锂电池、多元复合锂电池、镍氢电池和超级电容器配套量较少，配套总量约 23.5 亿 Wh，市场占比仅 6.5%。其中锰酸锂电池配套量约 15.4 亿 Wh，同比增长约 61.1%，市场占比由 2016 年的 3.4% 提升至 4.2%。钛酸锂电池配套量约 5.7 亿 Wh，同比增长约 81.8%，市场占比由 2016 年的 1.1% 提升至 1.6%。多元复合锂电池、镍氢电池和超级电容器的配套量约 2.4 亿 Wh，市场占比仅 0.7%。

3.1.2.5 充电市场：重建设转向重运营

根据中国充电联盟统计，截至 2017 年 12 月，我国公共充电桩保有数量为 21.4 万个，比 2016 年净增约 7 万个，月均新增约 6000 个，增速下降了 2000 个/月；私人充电桩数量为 23.2 万个。公共充电桩和私人充电桩总量超过 44 万个。当前运营商由重建设转向重运营，但充电难的总体态势并未根本改变。

3.2 企业发展情况

3.2.1 国际企业发展情况

3.2.1.1 整车企业

2017 年，全球前 10 企业新能源汽车销量总计 77.6 万辆，其中，中国的比亚迪、北汽集团、吉利汽车位列全球前 3 位。入围的 4 家中国整车企业销售占前 10 企业总量的 45.6%（表3）。

表3　2017年新能源汽车销量排名前10企业集团

集团	BEV/辆	FCV/辆	PHEV/辆	总计
比亚迪	42 715		66 253	108 968
北汽集团	101 063			101 063
吉利	80 553		18 623	99 176
雷诺—日产	84 870			84 870
Tesla	80 764			80 764
宝马	27 801		51 769	79 570
通用	38 826		28 062	66 888

续表

集团	BEV/辆	FCV/辆	PHEV/辆	总计
大众	17 152		41 472	58 624
丰田		2682	48 725	51 407
上汽	10 489		33 791	44 280
合计	484 233	2682	288 695	775 610

数据来源：根据互联网资料整理。

3.2.1.2 驱动电机企业

从市场份额情况看，丰田集团位居第一，本田集团位居第二，同时这两大集团也都在混动领域占据全球领先地位。其次是比亚迪，以及台湾电机制造商富田电机，第三方供应商崛起将是大势所趋。

3.2.1.3 电机控制企业

国际上电控龙头企业主要有博地、丰田嘉美、雷克萨斯、本田IMA等。日本在电控领域研发应用能力较强。国内产品在基本性能方面没有明显差距，但在高压安全、功能安全、可靠性和耐久性方面还有一定差距（表4）。

表4 电动车主流车型电机控制主要供应商

电控系统部件名称	全球主要供应商
芯片和专用元器件	恩智浦、亚德诺、英飞凌
车用MCU	美国德州仪器公司、英飞凌、飞思卡尔、瑞萨
电子控制板块设计和加工制造	博世、联合电子
功率驱动模块	三菱、英飞凌、富士
车用传感器	莱姆、西门子、多摩川
系统集成、软件开发技术和匹配	博世、联合电子
接插件	申秦、莫仕、安普

数据来源：根据互联网资料整理。

3.2.1.4 动力电池企业

中国、日本、韩国已基本垄断了全球动力电池供应市场。2017年锂动力电池出货量达到62.35 GWh，而前10企业合计为49.88 GWh，占比达到80%。且前10企业均来自中、日、韩3个国家（图8）。

预计2020年动力电池市场规模在200 GWh以上，CATL、LG、三星、松下成为全球前4。CATL市场主要在中国；LG和三星主要在欧美；松下市场主要是特斯拉。四强中，按份额排序预计依次是

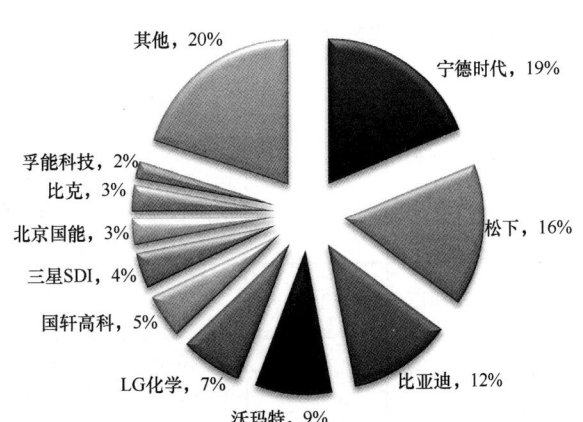

图8 2017年全球前10动力电池企业市场份额

CATL、松下、LG和三星。未来优势企业市场份额将进一步集中，小型低水平的动力电池企业将在竞争中被淘汰。

3.2.1.5 充电设备企业

现阶段，世界电动汽车充电桩龙头企业主要以汽车制造厂商及运营商为主，如美国、德国、法国，主要是汽车整车厂商，而我国主要是以国家电网和南方电网为代表的运营商占主导（表5）。

表5 全球电动汽车充电桩企业竞争格局

所属国家	代表企业	充电桩数量及分布
美国	特斯拉	截至2017年，特斯拉在全球的电动汽车超级充电站共有951座，超级充电桩6550个
	通用汽车公司	通用公司电动汽车充电桩已在全球布局建设600座以上
	ChargePoint公司	超过25 000个充电站，遍布北美、欧洲、亚洲和大洋洲
	Blink公司	在全美大约有4000个充电桩
德国	EV公司	在全球大约有5000个充电桩
	宝马公司	截至2016年，宝马在德国、美国、英国在内的24个市场拥有3.3万个充电桩
法国	Autolib公司	在法国约有1000个充电桩
中国	国家电网	截至2016年，累计建成充换电站5528座、充电桩4.2万个，覆盖城市95座、高速公路1.4万千米
	南方电网	计划到2020年，电动汽车充电基础设施总投资规模超30亿元，建成集中式充电站674座，公共分散式充电桩2.5万个
	科陆电子	充电站45座，出售充电桩近2万台

3.2.2 国内企业发展情况

3.2.2.1 整车企业

目前，整车企业加快在新能源汽车领域布局。新能源汽车整车主要在四大聚集区布局，分别为京津冀、长三角、珠三角、西南地区。城市产业集聚程度主要通过整车企业在本地区布局数量反映（表6）。根据统计得出，重庆市整车企业数量最多，其他城市整车企业数量对标重庆市得出城市产业集聚程度排名，前6个城市依次为重庆、成都、上海、天津、杭州和长春。

表6 新能源整车企业数量排名前10城市分布

序号	城市	企业数量/家	新能源整车企业
1	重庆市	14	长安福特、长安铃木、长安汽车、通用五菱、北京现代、重庆力帆、上汽依维柯红岩、恒通客车、北汽银翔、长帆新能源、东风小康、潍柴重庆嘉川、众泰汽车、金康新能源
2	成都市	12	吉利、成都沃尔沃、神龙、一汽丰田、一汽大众、中国重汽成都王牌、川汽野马、一汽客车、重庆银隆、一汽解放、同捷汽车、成都客车
3	上海市	10	上汽乘用车、上汽通用、上汽海汽、万丰客车、一汽解放、游侠汽车、申沃客车、吉利、康迪、上海大众
4	天津市	10	一汽夏利、比亚迪、恒天新能源、一汽丰田、天津美亚、一汽大众、华泰、国能新能源、长城、国宏汽车

续表

序号	城市	企业数量/家	新能源整车企业
5	杭州市	10	众泰、长安福特、东风裕隆、吉利、广汽、东沃卡车、东风沃尔沃、比亚迪、长江汽车、万向
6	长春市	10	一汽轿车、一汽马自达、一汽丰田、一汽红旗、一汽大众、一汽客车、一汽通用、一汽解放、一汽四环、一汽吉林
7	北京市	9	长安、北方尼奥普兰客车、北汽福田、福田戴姆勒、宝沃、北京现代、北汽、北京奔驰、北汽新能源
8	广州市	9	东风日产、广汽丰田、广汽本田、广汽日野、广汽乘用车、广汽客车、北汽广州基地、广汽比亚迪客车、广汽菲亚特克莱斯勒
9	长沙市	9	广汽菲亚特克莱斯勒、广汽三菱、众泰、福田、长丰猎豹、比亚迪、上汽大众、北汽、陕汽
10	郑州市	8	东风日产、郑州日产、宇通、上汽、海马、森源、少林客车、奇瑞商用车

3.2.2.2 驱动电机企业

从中汽协统计数据看，在2017年新能源汽车公告中，驱动电机和电机控制器生产企业规模约200余家，前20位生产企业的驱动电机和电机控制器产品占总量的比例分别达到74.2%和75.3%，较2016年略有下降。比亚迪、北汽新能源、宇通客车、长安新能源等整车企业通过自建、合资合作等途径，整车驱动电机研发与制造能力快速提升；上海电驱动、联合电子、精进电动、深圳汇川、安徽巨一自动化、上海大郡、南车株洲所、蓝海华腾和上海华域等依然是我国独立的电机供应商中的主导企业；方正电机、山东德阳、杭州杰能、永康斯科诺、珠海英博尔、杭州德沃士等在小型纯电动汽车领域的配套份额依然保持快速增长；苏州绿控、南京越博等商用车动力总成企业自主驱动电机发展迅速，在市场崭露头角；同时，国外企业通过在华合作，如麦格纳与华域汽车合资成立电机公司、安川电机与奇瑞汽车成立电驱动公司等，合资企业纷纷加快新能源汽车驱动电机产业布局。我国驱动电机总体发展多样化，行业发展热度不减，前10装机企业如表7所示。

表7 2017年新能源汽车电机装机量十大企业

序号	企业名称	装机总量/台	配套企业
1	比亚迪	138 557	比亚迪、北京华林
2	北汽新能源	101 753	北汽新能源、北京汽车、昌河铃木等
3	上海电驱动	42 855	奇瑞汽车、吉利汽车、云度新能源、中通客车等
4	精进电动	40 690	吉利汽车、东风汽车、苏州金龙、广汽乘用车等
5	江铃新能源	39 688	江铃汽车、长安汽车、长安标致雪铁龙等
6	联合汽车电子	32 498	上海汽车、陕西通家
7	安徽巨一	27 065	江淮汽车、奇瑞汽车、安凯汽车、昆明客车等
8	郑州宇通	25 578	宇通客车、大运汽车
9	方正电机	22 963	上汽通用五菱、成功汽车、河北御捷等
10	山东德洋电子	22 775	吉利汽车、豪情汽车

资料来源：节能与新能源汽车网。

尤为重要。要建立鼓励创新的文化，需要从以下几个方面着手。

一是树立"以人为本"的人才观。一切创新的根本在于人，因此，要强化人才资源是持续健康发展第一重要资源的观念，建立若干人才引进培养制度，实施一些特色化的人才培养措施，在人才培养方面敢于投入，敢于"不拘一格降人才"，真正形成有利于引进创新人才、培养创新人才的良好环境。

二是建立"科学决策"的治理机构。要保证决策过程的科学性、民主性，通过法人治理结构，降低"人治"可能带来的经营风险。同时要鼓励员工发出心声，敢于表达自己的思想和意见，形成百家争鸣、共谋创新的生动局面，真正让员工拥有舒展自由的、适合创新的心灵空间。

三是实施"创新驱动"的激励措施。应把创新列入发展长远规划，建立健全创新长效激励机制，可根据业务特点，设立创新单项奖，对在工作创新方面做出突出贡献的人员给予重奖，同时做好创新成果认定和保护，并将其作为职工专业技术职称评审、评先评优的重要依据，形成尊重创新、支持创新的良好文化氛围。

四是构建"允许失败"的人文关怀。创新是一项不断探索的工作，难免会出现失败。失败不要紧，关键是上下要多理解、多支持，从中总结经验和教训，保护好创新的积极性，切忌冷嘲热讽、因为一次的失败而对其创新进行全盘否定，防止挫伤员工信心、打击员工创新的积极性。

5.3.2 开展平台治理，营建知识社区，强化核心地位

在平台战略实施过程中，如何让平台为用户所知、如何吸引规模化的用户群、如何维护平台相关各方利益关系、如何设定壁垒抵御竞争是平台运维管理的重点工作，也是落实核心竞争战略的重要控制措施。

5.3.2.1 激发网络效应，尽快形成用户规模

如何设计适合自己与服务群体的整套机制，吸引他们进驻到平台内，与其他用户互动，并让他们久留而不去，是平台运营成败的关键所在。而这需要通过多样化的机制设置来激发网络效应。

（1）激发同边网络效应

对于同边网络效应，又可分为用户（消费者）与商家两类。其中，能否激发核心用户群体中的同边网络效应，是平台能否冲破引爆点，实现赢家通吃的关键。对于知识服务而言，就是能够引爆科研群体的同边网络效应。为此，知识服务平台可以采用以下方式：一是构建强大的社交平台，让科研人员作为内容创造者（作者）或内容或服务获取者（读者或消费者）时，都能有便捷的交互功能，实现分享、点评及在线交流互动，从而打通作者与读者、读者与读者、作者与作者之间的交流渠道，让彼此更加紧密地联系起来，形成一个科研学术交流网络。二是提升用户的参与感，采用用户生成内容（user generated content，UGC）模式，为用户提供便捷的自我在线投稿、同行评议、MOOC等视频录制上传等功能，鼓励科研人员创造提交多样化的内容。三是建立O2O模式，即平台不仅可以让科研人员实现在线交流，而且还通过学术会议和营销推广活动等方式，建立线下联系与交流。

3.2.2.3 电机控制企业

从国内新能源汽车电控领域市场来看,新能源汽车领域厂商占主要份额,比亚迪和北汽新能源的电控市场份额分别是25%和9%;联合汽车电控装机占比7%;其余专业零部件厂商或第三方电控厂商的市场份额均较低(图9)。

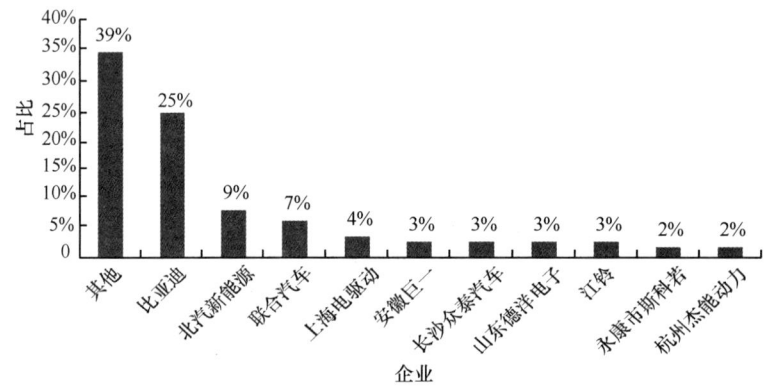

图9　2017年中国新能源汽车电控装机量主要企业市场份额

资料来源:前瞻产业研究院。

3.2.2.4 动力电池企业

2017年,前10家动力电池企业累计配套量约27.70 GWh,市场占比约76.10%。其中,宁德时代和比亚迪分别达10.58 GWh和5.66 GWh,市场占比分别为29.07%和15.55%(表8)。配套量超过1亿Wh的单体企业约40家,配套总量约350.0亿Wh,市场占比超过96.2%,而其余70多家单体企业总的市场占比仅为3.8%。

中国动力电池配套企业2015年约150家,2017年降到了100家左右。2017年,中国动力电池的产能已经超过了200 GWh,但总体产能利用率却只有40%,高端供应不足,低端订货不足,市场两极分化明显,呈现出了结构性的产能过剩。

表8　动力电池前10企业情况

企业	配套台数/台	储电量/GWh	市场份额
宁德时代	198 581	10.58	29.07%
比亚迪	103 505	5.66	15.55%
沃特玛	33 305	2.41	6.62%
国轩高科	51 295	2.10	5.77%
比克电池	47 115	1.64	4.51%
天津力神	17 387	1.97	5.41%
孚能科技	45 861	0.99	2.72%
亿纬锂能	17 318	0.82	2.25%
国能电池	8630	0.80	2.20%
智航新能源	13 265	0.73	2.01%
总计	536 262	27.70	76.10%

资料来源:高工产研。

3.2.2.5 充电设备企业

充电设备四大企业：特来电、国网、星星充电、普天新能源等市场占比约为86%。

3.3 创新情况

3.3.1 国际创新概况

3.3.1.1 动力电池技术发展趋势

当前动力锂离子电池呈现多种材料共存。其中，中国、韩国、欧美等国多以磷酸铁锂系电池为主，是目前的热点和主流；日本及部分欧美国家目前选择三元材料体系；由日本东芝公司和美国Altairnano公司开发的以钛酸锂代替传统的石墨负极材料的锂离子电池成为可能的选择。

从世界各国高能量密度锂电池研发计划看，均在积极地布局锂硫电池、锂空气电池或锂金属电池等前瞻性技术。目前，全固态锂电池研发可提供的能量密度基本可达300～400 Wh/kg，有望成为下一代高能量密度动力和储能电池技术的重要发展方向。

3.3.1.2 驱动电机技术发展趋势

在高密度驱动电机方面，一方面为了降低电机体积、重量和成本，大众、沃尔沃、克莱斯勒等国外汽车企业通过不断提升电机转速要求，来降低电机体积和重量，沃尔沃与克莱斯勒电机最高转速需求达到14 000 rpm，大众汽车推出的模块化电驱动平台（MEB平台）电机最高达到16 000 rpm。另一方面，从电机定子绕组结构上看，发卡式绕组（Hairpin绕组）和扁导线成为明确的技术方向之一，通用第四代Volt电机依然采用Hairpin绕组结构，电装为丰田开发的扁导线电机用于动力总成系统，大众MEB平台明确提出了扁导线绕组结构的要求；采用Hairpin绕组的高速驱动电机，功率密度达到3.8～4.5 kW/kg。在驱动电机材料方面，丰田、通用汽车等国外企业开始研究采用混合磁体（含铁氧体等）部分替代钕铁硼材料的可能性，并研发出样机进行验证；低含量重稀土永磁材料已经在本田雅阁等新能源汽车上实现批量应用。

3.3.1.3 电机控制器技术发展趋势

在高密度电机控制器方面，IGBT芯片双面焊接和系统级封装是当前国外电机控制器主流封装形式，如电装、博世、大陆等公司的集成电机控制器功率密度已达到16～24 kW/L以上；在双电机插式混动和高功率乘用车应用领域，为持续提升车辆电能转化效率和缩短快充时间，动力电池直流电压呈现提升的趋势，从250～450 V提升至500～700 V。在新型电机控制器拓扑方面，美国橡树岭国家试验室基于双三相半桥拓扑，采用载波移相脉宽调制算法将电容器纹波电流有效值降低55%～70%，将进入电池的纹波电流分量降低70%～90%，将进入电机的纹波电流分量降低60%～80%，有效地改善了电容发热、抑制了电机纹波电流损耗。同时，充分利用碳化硅器件高温、高效和高频特性是实现电机控制器功率密度和效率进一步提升的关键要素。2015年，罗姆公司率先开发了采用沟槽栅SICMOS（碳化硅金属氧化物半导体场效应晶体管），开关损耗较平面栅SICMOS降低42%；2016年，英飞凌推出了1200 V/100 A SICMOS的导通电阻降至11 mΩ；2017年，Wolfspeed推出了900 V/150 A（10 mΩ）SICMOS芯片，面向电动汽车开始应用。在碳化硅模块封装和全碳化硅控制器方面，双面焊接平面封装结构和高温封装材料的应用使模块热阻大幅降低，600 V/100 A SICMOS 模块结温可达 225 ℃；丰田、安川推出全 SiCPCU（碳化硅功率控制单元），样车在工况下较 ICBTPCU 损耗降低 30%。2017 年，美国国家能源部投资 2000 万美元资助 21 个宽禁带半导体项目；法国 Yole 公司也预测，2018 年后碳化硅器件将开始应用于电动汽车大功率电机驱动和大功率充电领域。

3.3.1.4 电驱动总成技术发展趋势

在电驱动总成方面，以大陆、麦格纳、吉凯恩、西门子等为代表的电驱动系统集成商推出了电驱动一体化总成产品，包括电力电子与驱动电机及减速器总成，逐步成为乘用车驱动系统主要应用类型。其中，博格华纳、吉凯恩、欧瑞康、格特拉克等国外变速器企业均推出了高速单级减速器或高速两挡变速器产品，最高转速达到 14 000 rpm 以上；博世、吉凯恩等提出了应用于乘用车的电驱动桥产品，以大众 MEB 平台为典型应用，转速达到 16 000 rmp 以上，具有较高的集成度；采尔福也推出了应用于商用车的电驱动桥。

3.3.2 国内创新情况

在政府全力推动下，中国已成为全球最大的新能源乘用车市场。日产、丰田、大众、宝马等主要跨国车企利用其技术储备，已开始加速新能源车型的国产化工作，预计跨国车企新能源车型最迟将于 2020 年前后大规模投放中国市场。例如，日产于 2018 年年初发布的中期事业规划，计划未来 5 年导入 20 款电动车型；丰田也已公布未来在华将推动电动化战略，计划 2020 年推出 10 款电动化新车型，并正在积极推进电机、电池、逆变器等核心技术的国产化进程（表 9）。

表9 主要跨国车企在华新能源乘用车战略

车企	整体计划	车型计划	销量计划
福特	2020年年前在中国生产动力总成；2025年提出全面电气化方案，车型包括HEV、PHEV、BEV	2020年年前导入C-MAX Energi PHEV版和蒙迪欧HEV版，后期全系新能源车型都将入华	2025年70%产品为电动汽车
通用	2020年上市提供PHEV或HEV车型，2025年旗下全部产品在华实现电气化	2020年在中国推出10款电动汽车	2020年新能源乘用车销量达到15万辆，2025年50万辆
大众	2019年在华建立新能源乘用车家族；2020年年前实现所有新能源乘用车品牌全面互联；2025年年前实现新能源、自动驾驶服务生态	2025年年前进口及国产新能源车型超过20款	
奔驰	重点转移至纯电动和插电式混动车型	2020—2022年，约15款车型在华生产	2020年在华销售40万辆，2025年150万辆
奥迪	2030年实现电气化转型	2020年至少在华推出3款纯电动汽车	
日产	新中期事业规划	到2022年，将推出20款电动车	到2022年，电动汽车将占所有东风旗下汽车销量的30%
丰田	主推HEV、PHEV	2018年在华推出PHEV，未来计划推出BEV	

续表

车企	整体计划	车型计划	销量计划
本田	2030年部分车型纯电动或插电式，未来以混动车型为主	2020年在华推出PHEV，2030年在华推出3款纯电动车型	
现代	已积累BEV、PHEV、FCEV、HEV技术，将应用在北京现代旗下产品上	到2020年推出9款新能源车型	2020年占企业销量的10%

资料来源：网络公开资料整理，中国新能源乘用车行业2017年发展综述。

3.3.2.1 国家产业政策

自2009年以来，我国从国家战略高度上支持新能源汽车的发展并出台了一系列政策。2009年，中国开始试点通过财政补贴支持新能源汽车发展。2014年9月，实施了免征新能源汽车购置税（截至2017年12月31日）政策。2015年3月，工业和信息化部发布《汽车动力蓄电池行业规范条件》，规范电池产业的发展。2015年4月，财政部发布《关于2016—2020年新能源汽车推广应用财政支持政策的通知》，补贴标准向高续驶里程倾斜。2016年1月，工业和信息化部等四部委发布《关于开展新能源汽车推广应用核查工作的通知》，开始核查新能源汽车骗补事件，同月发布《关于"十三五"新能源汽车充电基础设施奖励政策及加强新能源汽车推广应用的通知》以推动新能源充电基础设施建设，培育良好的新能源汽车应用环境。2016年11月，工业和信息化部发布《汽车动力电池产业规范条件》（征求意见稿），对产能规模要求提高，锂离子动力电池单位企业年产能不低于80亿Wh，系统企业年产能力不低于80000套或40亿Wh。2016年12月，财政部、发展改革委等联合发布《关于调整新能源汽车推广应用财政补贴政策的通知》，明确了2019—2020年补贴在现有基础上退坡20%，非个人用户满足3万公里行驶要求才能申请补贴。2016年11月，国务院发布《"十三五"国家战略性新兴产业发展规划》，强调新能源汽车、新能源产业是战略性新兴产业的重要组成部分，要把握全球能源变革发展趋势和我国产业绿色转型发展要求，大幅提升新能源汽车和新能源的应用比例，推动新能源汽车、新能源等成为支柱产业；提出到2020年新能源汽车实现当年产销200万辆以上，累计产销超过500万辆的目标。2017年1月，工业和信息化部发布《新能源汽车生产企业及产品准入管理规定》，对新能源汽车的定义、资质考核要求、监管要求、不合格惩罚措施等进行了详细规定。

3.3.2.2 地方配套政策支持力度大

根据中国汽车技术研究中心有限公司不完全统计，全国各地方出台的新能源汽车支持政策已超过400项，涵盖新能源汽车推广应用、财政补贴、基础设施、用电价格、交通管理等5个方面，有力地支撑了各地区新能源汽车市场与产业的发展。其分析认为，新能源汽车发展环境五大最优城市为上海、深圳、广州、北京、天津，尤其在市场环境和使用环境上处于领先地位。市场环境五大最优城市为上海、深圳、北京、天津、杭州，尤其在市场推广程度、电动化渗透率方面处于领先地位。产业环境五大最优城市为成都、重庆、上海、天津、广州，主要得益于整车企业较为集中。使用环境五大最优城市为合肥、太原、广州、深圳、西安，尤其在用户使用成本优惠政策上出台了较为完善的政策。

3.3.2.3 驱动电机技术发展趋势

在新能源汽车驱动电机方面,高速、高密度、低振动噪声、低成本是重点发展方向,扁导线绕组工艺成为提升转矩和功率密度及效率的主要手段,是面向 2020 年量产电机的工艺路线重点方向之一。2017 年,我国驱动电机在功率密度、系统集成度、电机最高效率和转速、绕组制造工艺、冷却散热技术等方面持续进步,与国外先进水平相差无几;低含量稀土材料开始样机研制和探索。同时,我国驱动电机研究开始延伸至振动噪声和材料层面,可进一步提升驱动电机的设计精度、工艺制造水平及产品质量。在电机控制器方面,IGBT 芯片双面焊接与模块双面冷却技术、电力电子集成技术是不断提升电机控制器集成度、功率密度和效率的主要技术发展方向。2017 年,我国自主开发出了车用 IGBT 芯片、双面冷却 IGBT 模块封装和高功率密度电机控制器,样机水平接近国外同类产品;碳化硅器件、高温封装与焊接、全碳化硅控制器已经开始全面布局研发。我国电机驱动系统符合 ISO 26262 功能安全标准设计与认证、电驱动系统与整车的全工况匹配技术逐步普及。在电驱动总成方面,机电耦合与电力电子集成、电力电子封装集成是电驱动总成明确的发展方向。2017 年,我国自主研制的应用于乘用车的电驱动一体化总成开发成功并在国内多个新能源乘用车上进行试验验证;同时上汽、科力远、比亚迪等开发了多款高性能机电耦合动力总成产品并实现量产。

3.3.2.4 动力电池技术趋势

我国动力电池技术路线逐渐明确。磷酸铁锂电池由于安全性好、寿命长得到广泛应用,尤其是在纯电动客车上成为绝对主流,在其他新能源汽车上也占有一定份额。三元电池由于能量密度高,是乘用车和专用车的首选。

我国动力电池技术进步明显,批量装车的三元电池单体能量密度最高达到 230 Wh/Kg,系统能量密度最高超过 150 Wh/Kg,系统价格降低到 1400 元 /kWh 左右。但整体来看,我国动力电池产业在基础研发、前沿技术研发、生产制造管理、质量管理体系等方面,与国际先进水平相比仍存在不小差距。

面向 300 Wh/kg 的电池取得了实质性突破。宁德时代新能源、天津力神、合肥国轩采用正极是高镍三元,负极是硅碳负极,而面向 2025 年产业化单体电池 400 Wh/kg 的目标需要改变正极。目前取得突破性进展的是高容量富锂锰基正极材料。前沿固态电池方面主要有中科院青岛能源所、中科院宁波材料所、中科院物理所、宁德时代新能源、中航锂电等。

3.3.2.5 充电桩技术趋势

目前,传导充电在我国仍是主流的充电模式,应用较广泛的小功率的交流充电、中大功率的直流充电,均是通过充电接口进行充电。随着纯电动汽车动力电池容量的不断增加,充电功率呈现不断增大的趋势。目前快速充电主要通过直流充电接口和受电弓来实现。无线充电可分为静态无线充电和动态无线充电两种,动态无线充电又可分为半动态无线充电和全动态无线充电。近年来国内外企业广泛开展了静态无线充电技术研究,部分企业已计划在量产车型上实现。多家企业及科研机构开展动态无线充电技术研究。目前,我国正在制定静态无线充电系列标准,而动态无线充电系列标准还在预研阶段。

4 常州新能源汽车产业发展现状

常州市新能源汽车及汽车核心零部件产业以高效节能汽车、新能源汽车和智能网联汽车及关键零部件为主攻方向，利用装备制造业和纺织印染工业较好的基础，重点发展优势产品，扩大在锻造件、汽车内外饰件、车灯等方面的优势，积极推进汽车节能技术集成创新和引进消化吸收再创新，大力研发先进电子控制技术，研发和应用新材料。突破驱动电机、动力电池及控制系统等"三大电"和空调、转向、制动等"三小电"关键技术，提升关键零部件生产技术水平，完善产业链配套。发展先进传感技术、通信定位和地图技术、智能决策技术、车辆控制技术、数字平台技术等，拉长和完善汽车零部件产业链。

4.1 产业规模

4.1.1 产业总产值

2017年，常州市新能源汽车及汽车核心零部件产业链，全年实现工业总产值538亿元，增长22.9%，增幅位列常州市"十大产业链"之首。2017年，常州市在车管所上牌的新能源汽车共3857辆，比上年增长224%。在3857辆新能源汽车中，列入工业和信息化部《新能源汽车推广应用推荐车型目录》的2385辆，同比增长299%，涉及众泰、北汽等35个品牌。

4.1.2 分行业产值

整车行业：2017年累计销售10 736辆，其中金坛众泰汽车2017年生产新能源乘用车5965辆，同比增长57.3%；北汽新能源乘用车、北汽（常州）新能源客车进入了量产阶段，全年分别生产了4169辆和628辆。核心零部件企业：2017年1—9月完成工业产值345亿元，同比增长21%。引进重大项目方面：2016—2017年，先后引进亿元以上投资项目38项，项目总投资超800亿元，截至2017年年底，累计完成投资166亿元。充电桩产值：按照《常州市充电设施布局规划（2015—2020年）》要求，2017年常州市建设完成各类充电桩1963个，同比增长169%。在常州市累计销售的列入工业和信息化部《新能源汽车推广应用推荐车型目录》的5286辆新能源汽车中，配套建设各类充电桩5366个，共获得国家、省级财政新能源汽车购置补贴和充电桩建设奖励资金3.07亿元。

4.1.3 区域格局

2017年6月，升级版常州市"十大产业链"发布，培育壮大"五新三高两智能"新兴产业集群，将"汽车及零部件产业"调整为"新能源汽车及汽车核心零部件产业"，进一步确立了新能源汽车产业在常州建设全国一流智能制造名城中的重要地位。目前，新能源汽车及汽车核心零部件产业在常州高新区、武进高新区、钟楼区、天宁经济开发区、溧阳、金坛等地区都有布局，逐步打造出新能源汽车全价值产业链，实现产业集约高效发展（表10）。

常州高新区新能源汽车及核心零部件产业以整车生产为核心，着力培育关键零部件企业，目前已集聚45家企业，初步形成了以北汽常州为主导的新能源公交大客、欧系轻客等整车企业集群，以豪爵铃木、光阳摩托等为主导的电动摩托车企业集群，以蒂森克虏伯、光洋轴承等为主导的关键核心部件企业集群，以新泉汽车、星宇车灯等为主导的汽车饰件和车灯等配件企业集群，以永安行为主导的电动汽车分时租赁共享出行新模式。

武进国家高新区以北汽新能源、星星充电等企业为龙头，集聚了中汽中心华东院、车和家、西门子法雷奥电驱动、博世汽车电子、光宝汽车电子等一批重点项目，加大电池、电机、电控等配套企业的集聚，未来将以智能网联汽车和新能源为主攻方向，实现产业关联配套和区域联动发展。

溧阳市主要是以江苏省中关村高新区为发展重点，动力电池产业发展特色明显。集聚了一批全国一流的动力电池相关生产企业、产业研究和服务机构，包括宁德时代新能源投资100亿元的时代新能源锂电池长三角基地、上汽集团与宁德时代新能源共同投资200亿元的先进动力电池和电池系统产业化项目等一大批优质项目。产品涵盖正负极材料、电池隔膜、电池芯、电池包、结构件、锂电智能装备等动力电池产业链关键环节，已建、在建项目总投资超过500亿元，初步形成了国内最完备的动力电池产业集群，入选"2017最佳投资环境锂电产业集群"。

表10 常州市新能源汽车产业园区布局情况

地区	园区或企业	投资	占地面积	产能	项目
常州高新区	新能源车辆产业园		12.9 km²		集聚了黄海客车混合纯电动客车项目、常捷电动汽车项目、盛扬电动微型轿车项目、高博能源材料有限公司锂电池材料项目、电池成组项目、电动汽车电控系统项目、电动公交车运营项目、星宇车灯年产100万套车灯项目八大重点工程
武进高新区	北京西门子汽车电驱系统（常州）研发生产基地	3.7亿元	一期：7000 m² 二期：11 000 m²		新能源汽车电机驱动系统的研发和生产
	北汽新能源高端产业基地	近100亿元		一期：5万辆（实现） 二期：30万辆（规划）	中国首家纯电动汽车高端制造基地
	车和家智能汽车常州制造基地	100亿元（共2期）		一期：20万辆SEV（实现） 二期：10万辆SUV（规划）	整车企业
	康得复合材料新能源汽车碳纤维部件制造基地	120亿元（共3期）	0.67 km²	600万件	由康得集团、北汽集团、常高新集团三方共同投资，建成全球规模最大、技术最先进的工业4.0智能化新能源汽车碳纤维部件制造基地

续表

地区	园区或企业	投资	占地面积	产能	项目
钟楼区	常州新能源汽车研究院		孵化器：1.6 km² 加速器：25 km² 产业园：0.67 km²		新能源汽车关键零部件（电池、电机、电控）研究开发、检测认证、试验技术及批量生产
天宁经济开发区	新能源动力汽车产业园（易格赛乐）	35亿元	0.077 km²	年产值将超100亿元	由易格赛乐投建，主要内容为动力储能电芯及电池系统总成制造
溧阳	天目湖先进储能技术研究院				美国野猫发现技术公司（Wildcat Discovery Technologies）合作开发高能量密度锂离子电池的电解液开发优化
溧阳	溧阳市零部件产业基地		8 km²		
溧阳	璞泰来	50亿元			高性能锂离子动力电池项目
溧阳	上汽	100亿元			联手宁德时代建设电池相关项目
金坛	金坛汽车科技产业园				由众泰汽车全力打造，是节能汽车和新能源汽车及汽车发动机、新能源汽车关键零部件等为一体的复合型生产制造基地
金坛	迈科锂电		0.36 km²	8GWh	主要生产方形铝壳锂离子电池及配套动力电池系统

4.2 企业发展

4.2.1 企业总量持续增加

借助现有汽车零部件（如发动机系统、底盘系统、车身及车身附件等）的制造基础，常州正着力打造整车制造，重点发展乘用车、客车、轻卡、商务车及新能源汽车等整车。成功引进北汽新能源、车和家、众泰等新能源整车项目，以及北汽西门子电驱机、CATL 电池、波士顿电池、高博能源、斯太尔动力、中航锂电、星星充电等一系列新能源汽车关键零部件项目。

整车企业：全市共有新能源整车生产企业3家，金坛众泰、北汽新能源、常州北汽，其中新能源乘用车生产企业2家，新能源客车生产企业1家。核心零部件企业：全市拥有规模以上新能源汽车及汽车核心零部件生产企业97家，虽然大部分企业规模较小，但是产品门类齐全，通过合作研发，引进并掌握了一定的核心技术，已基本具备覆盖新能源汽车全产业链的能力。引进重大项目方面：目前，抓住列入国家新能源汽车推广应用示范城市的机遇，不断开拓新能源汽车市场，扩大了影响力，吸引了一批新能源汽车整车和关键零部件投资项目，增强了新能源汽车产业的发展后劲。2016—2017 年，先后引进亿元以上投资项目 38 项。

4.2.2 骨干企业覆盖全产业链

常州在电池方面集聚了不少骨干企业，研发能力相对较高，在全国新能源汽车产业知名度较高，如中航锂电（江苏）、波士顿电池（江苏）、常州高博能源材料、常州恒茂电源、鹏辉能源、璞泰来、鹏辉能源、上汽、常州星源新能源、天目先导电池材料等（表11）。常州在电机电控方面正加大集聚力度，北汽西门子电驱系统受到业界和市场好评；博世汽车电子主要提供汽车自动驾驶的电子产品与服务，同时也提供汽车电子助力转向系统控制器。预期至2019年，新工厂将实现4100万个电控单元（ECU）的年产能。常州的整车企业包括金坛众泰、北汽新能源、常州北汽，还有2016年8月投建的车和家智能汽车生产基地，主要生产纯电动及电动增程SUV；金坛众泰公司还积极开拓海外市场，早在2016年已获得东南亚、伊朗等国家、地区的出口认证，有300辆乘用车出口哈萨克斯坦，实现了常州市乘用车出口零的突破。万邦新能源（星星充电）成为我国日均充电量第一的电动汽车充电运营商。

表11　常州市新能源汽车产业链骨干企业分布情况

电池	电机		电控	其他配件	动力电池成组技术	整车	充电桩
	驱动电机	电动汽车增程式主辅电机					
中航锂电（江苏）、波士顿电池（江苏）、常州高博能源材料、常州恒茂电源、鹏辉能源、璞泰来、鹏辉能源、上汽、常州星源新能源、天目先导电池材料	北京西门子汽车电驱系统（常州）、裕成富通电机、常州武起常乐电机	康新能源科技	易控汽车电子、博世汽车电子	康得复合材料、博格思众（常州）空调、安费诺汽车连接、高登新能源车辆	华霆动力技术、江苏绿能新能源	金坛众泰汽车、北汽新能源乘用车、北汽（常州）新能源客车、车和家	万邦新能源（星星充电）、丰泰机电

4.2.3 动力电池集中度提升

2017年3月1日，四部委印发《促进汽车动力电池产业发展行动方案》，要求到2020年动力锂电池总产能超过100 GWh，形成产销规模40 GWh以上龙头企业，表明未来政策思路将引导提升市场集中度，鼓励龙头企业做大做强。

2017年全国十大锂电池投资项目，江苏占了7个，总投资额超过400亿元，其中常州有4个，投资总额超过258亿元，江苏是全国范围内对新能源产业投资最重视的省份之一，常州贡献值最大（表12）。

表12　2017年常州锂电池投资项目

2017年全国排名	金额/亿元	企业	地区	项目	详情
10	50	迈科锂电	金坛	高性能锂离子动力电池项目	用地0.36 km²，项目规划分3期建设，主要生产方形铝壳锂离子电池及配套动力电池系统，项目全部建成达产后，可形成年产8 GWh的生产能力、未来突破百亿产值的规模平台

续表

2017年全国排名	金额/亿元	企业	地区	项目	详情
9	50	璞泰来	溧阳	高性能锂离子动力电池项目	主要包括隔膜、涂覆隔膜和负极材料的研发、生产和销售，并与中科院物理所合作量产新型硅碳复合负极材料
8	58	鹏辉能源	金坛	锂离子动力电池及系统项目	实施10 GWh锂离子动力电池项目和5 GWh锂离子动力电池PACK项目
3	100	上汽	溧阳	联手宁德时代建设电池相关项目	在江苏中关村科技产业园建设总产能超30 GWh动力电池生产基地，主要客户为上汽集团旗下整车企业。

4.2.4　电机电控企业需释放集聚效应

电机系统是电动汽车核心部件之一，是车辆行驶的主要执行模块，良好的电机系统对电动汽车来说至关重要。从新能源汽车的电机电控市场份额来看，北汽新能源因具备强大的新能源汽车产能及相关产业链配套能力，在电机电控的技术研发方面具有较大优势。2017年，新能源汽车电机装机量市场份额和电控装机量市场份额均占25%，仅次于比亚迪38.2%和39.3%。北汽新能源也在顺应趋势，正在从单一产品向"电机＋电控＋减速器"的动力总成转型，目前已取得阶段性成果，自主设计与开发PEU（power electronics unit）产品，该产品集成电机控制、车载充电、高压配电、DC/DC、PTC控制等高压系统相关控制功能。未来几年内，电驱动总成集成化方案将成为主流。

常州驱动电机的重点企业包括北京西门子汽车电驱动系统（常州）、裕成富通电机、武起常乐电机，电控方面的重点企业包括易控汽车电子。北京西门子汽车电驱系统（常州）研发能力很强劲，其生产的电驱系统应用于EV200等畅销车型，所研发的北汽法雷奥西门子电驱系统（EU系列电机、控制器）于2018年2月正式下线投产；常州易控汽车电子主要做电动汽车整车控制器，满足所有现有车型及在研车型的整车控制需求，应用于量产车型。但在最新公示的新能源汽车电机企业配套数量前20名中并未出现常州的企业，因此常州借助龙头企业的集聚效应，更多吸引全国新能源汽车电机电控重点企业落户，为新能源汽车的发展加大马力。

4.3　创新情况

4.3.1　产业创新载体建设初具规模

在产业创新载体建设上，常州新能源汽车领域省级制造业创新中心1家、产业园3家、研究院3家、新能源汽车及零部件产业特色基地5家（表13）。江苏省新能源汽车能源与信息创新联盟，我省新能源领域的唯一一个省级制造业创新中心，由万帮新能源投资集团有限公司、北汽汽车集团产业投资有限公司等13家创始股东出资5000万组成，三年总投资将达2亿元。推动重点领域前瞻基础技术和共性交叉技术从研发到商业化的应用，实现新能源整车企业、充电设施企业、上下游全产业链的跨界协同创新生态体系，在大功率充电、风光储充微网、全自动充换电技术、新型驱动技术、新型电力电子器件的研究应用等方面实现突破。

表13 常州创新载体建设一览

省级制造业创新中心	产业园	研究院	特色基地
江苏省新能源汽车能源与信息创新联盟	常州新能源车辆产业园、新能源动力汽车产业园、金坛汽车科技产业园	常州新能源汽车研究院、常州科教城新能源汽车研究院、天目湖先进储能技术研究院	北京西门子汽车电驱系统（常州）研发生产基地、北汽新能源高端产业基地、车和家智能汽车常州制造基地、康得复合材料新能源汽车碳纤维部件制造基地、溧阳市零部件产业基地

在汽车零部件方面，初步建成新北区汽车零部件产业基地、溧阳市汽车零部件产业基地、武进区新能源汽车产业集聚区、金坛区汽车产业园，以及孟河汽车产业集群等汽车零部件产业基地。汽车零部件产品覆盖了发动机、传动系、制动系、转向系、电气仪表系、灯具、汽车车身、汽车内（外）饰件及电动工具、汽车模具、涂装设备等系列，形成了较为完善的产业链。关键零部件产品有发动机及关键零部件、变速器、前后车桥、车身、轻量化材料、转向系统、电气仪表、制动系统、LED车灯、传感器、动力电池、驱动电机、电控系统、交直流充电桩等。

4.3.2 产品创新呈现更多活力

电池创新方面：工业和信息化部发布《道路机动车辆生产企业及产品公告》（第299批）的车辆新产品公示，由南京金龙客车制造有限公司和北汽（常州）汽车有限公司生产的两款纯电动厢式运输车，率先搭载了21700三元锂离子电池，开启了国产新能源汽车的21700时代。常州星源新能源2018年投产"年产36 000万平方米锂离子电池湿法隔膜及涂覆隔膜项目"一期已建成，其动力锂电池湿法隔膜和涂覆隔膜产品适应于高性能锂离子电池，具有一致性高、机械性能好、热稳定性好、电性能优异、安全性高等优势，而且项目投资方星源材质在动力锂电池隔膜材料产业关键技术方面的突破，填补了我国空白。电机、电控创新方面：北汽新能源EV200搭载的高效永磁同步电机由北汽集团自主研发，额定功率30 kw、扭矩102 nm，较一代电动汽车的额定功率20 kw、扭矩64 nm，提升均超50%。最大功率为53 kw、最大扭矩为180 nm，在同级别电动汽车中处于领先的地位。同时车辆最高时速可达125 km/h，在此速度下，汽车的操控性依旧十分优异，安全平稳，还具有体积小、重量轻、可靠性高等优点，为整车提供充沛动力的同时，还能全封闭式清洁运转，终身无须保养。相比传统燃油汽车，优势明显。北京西门子汽车电驱动系统（常州）有限公司早在2014年在常州建厂，所产的电驱系统应用于EV200等畅销车型，所研发的北汽法雷奥西门子电驱系统（EU系列电机、控制器）于2018年2月正式下线投产，该电驱系统在电机方面采用先进的软件对核心部件进行仿真分析，多次优化结构和性能，减少设计造成的风险，具有较高的可靠性。控制器方面采用新一代SKin IGBT模块，高于市场现有产品的功率循环寿命，同时最新的三核微处理器主控芯片也将满足安全需求。预计该新产品产值将达1.2亿元。

4.3.3 产业双创管理创新

常州在新能源汽车产业管理方面不断创新、不断优化，优惠的扶持政策、宽松的产业政策让更多的企业、人才集聚常州，常州新能源汽车研究院是众多创新载体的一个。研究院提供公共服务、资金支持、技术服务三大支持,通过集聚新能源汽车领域的人才,探索建立"以政府搭建平台、以平台吸引人才、以人才集聚产业"的发展模式,全力打造"国家高层次人才的集聚平台、新能源汽车产业的培育摇篮"。由研究院和同济大学新能源汽车工程中心合作共建的常州新能源汽车联合研究中心和常州新能源汽车技术公共检测试验中心,建有电池测试实验室、电驱动系统测试实验室、电力电子系统测试实验室、动力系统仿真与通信测试实验室、车载信息与远程通信实验室、电子制作室6个专业实验室,围绕新能源汽车关键零部件电池、电机、电控三大部分的需求,开展研究开发、检测认证、试验技术、人才培养4个方面的服务。

4.3.4 商业模式创新整合

在新能源汽车发展初期,整个行业面临着充电桩建设及运营的难题。面对充电难,通过"互联网+"模式创新和跨界整合,成立短短4年时间的常州星星充电解决了我国新能源汽车行业发展的头等问题,成为国内唯一获得国家能源局"能源互联网重大应用示范项目"和工业和信息化部"智能制造2025新模式应用"的项目立项。星星充电牵头成立由新能源汽车整车企业、充换电设施企业、能源企业、电池电机企业、高校科研院所等55家联盟成员单位组成的江苏省新能源汽车能源与信息创新联盟,该联盟是江苏省新能源领域唯一一个省级制造业创新中心。

5 新能源汽车产业专利分析

5.1 新能源汽车产业技术分解

通过文献调研和专家咨询研究确定新能源汽车产业技术分解表,结合常州实际,分为整车、动力电池、电机及其控制、汽车零部件及配件(表14)。

表14 新能源汽车产业技术分解

一级分支	二级分支	三级分支	四级分支
整车	纯电动汽车	充电装置	包括充电转化器、插座、充电机
		充电控制	充电电压、充电电流、充电电容
	混合动力汽车	动力系统构型	并联、串联、混联
		内燃机优化	发动机控制、尾气处理、燃烧系统优化
	燃料电池汽车	制氢及储氢相关	包括氢气制造方法及设备、储氢方法及装置
		燃料电池零部件	包括催化剂、质子交换膜、双极板、电极
		辅助设备和方法	包括辅助装置或方法(压力控制、流体循环、水热管理)、温度控制、电压电流检测
		动力控制系统	包括整车安全控制和控制策略

续表

一级分支	二级分支	三级分支	四级分支
动力电池	电池材料及制造	锂离子电池	
		固态锂电池	
		燃料电池	
		空气电池	
	电池管理系统	包括充放电管理、均衡管理、热管理、状态检测、故障诊断	
电机及其控制	直流电机	包括电机本体、附件	
	永磁同步电机		
	交流感应电机、交流异步电机		
	开关磁阻电机		
	轮毂电机		
	电机控制		
汽车零部件及配件	机动车辆及其车身的各种零配件制造	主要包括变速器、电动空调系统、电动助力转向系统、电制动系统、增程器、整车电子控制系统、专用接插件、电机控制器控制器（集成DC-DC和其他电气功能）等	

5.2 产业专利全景分析

基于中国专利数据库，制定检索式，研究和比较分析了常州在新能源汽车4个主要领域内的专利发展现状，由于专利公开有18个月的滞后期，分析时间均截至2016年年底，2017年和2018年数据仅供参考。

5.2.1 动力电池

5.2.1.1 中国专利分析

新能源汽车动力电池领域中国发明和实用新型专利申请共69 703件，2002年起国内专利申请量迅速增加，达到519件，并呈现高速增长态势，2016年达10 227件，年均增长率达23.7%（图10）。专利类型构成上，发明专利申请占68%（图11）。区域分布上，广东、江苏、北京、浙江、上海为申请量全国前5省（区、市），占全国申请总量的近一半（图12）。从申请来源国看，中国申请人申请量占84%，日本占7%（图13）。前十大申请人中，中国申请人占7个（图14）。

5.2.1.2 常州专利分析

常州动力电池专利申请总量667件，占全国总量的1.0%，申请趋势上，从2007年左右开始快速增长，2015起增速加快，年均增速达57.8%，总体呈现上升趋势（图15）。专利申请中实用新型比例较高，达63%（图16）。这主要得益于中航锂电、北化常州研究院等研发实体的贡献。前10专利申请人中，企业占6家，高校院所占3家，其中常州大学最高，为81件（图17）。

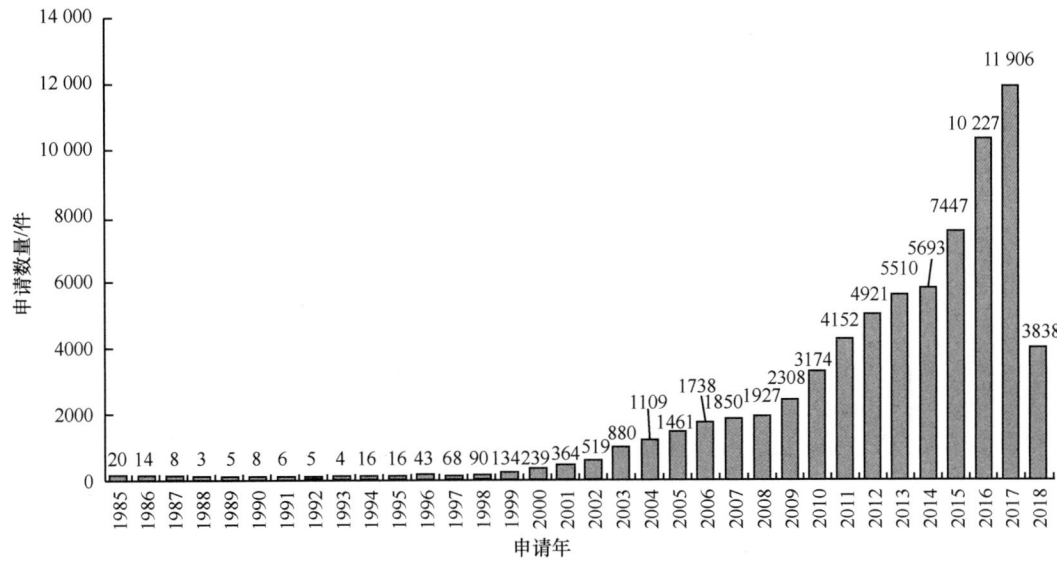

图10 动力电池领域中国专利申请情况

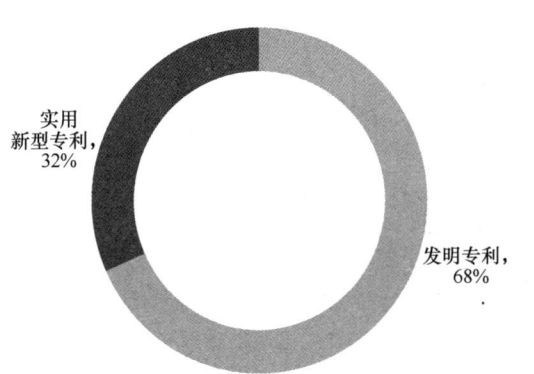

图11 动力电池领域中国专利类型申请构成

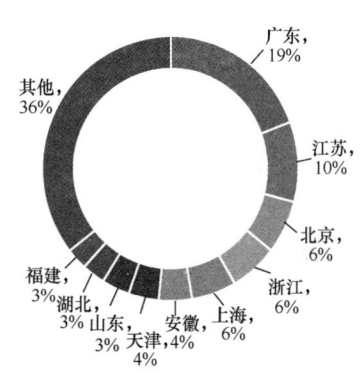

图12 动力电池领域中国专利申请省（区、市）分布

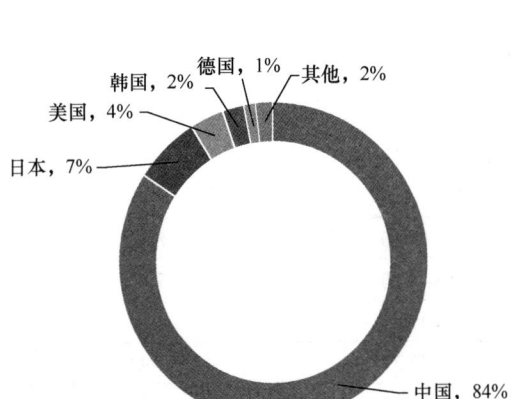

图13 动力电池领域中国专利申请来源国构成

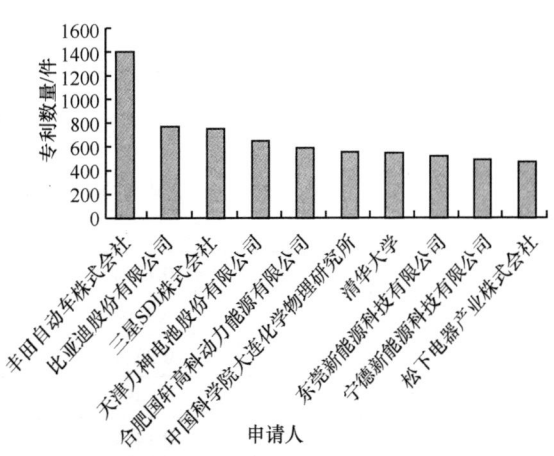

图14 动力电池领域中国专利前10申请人

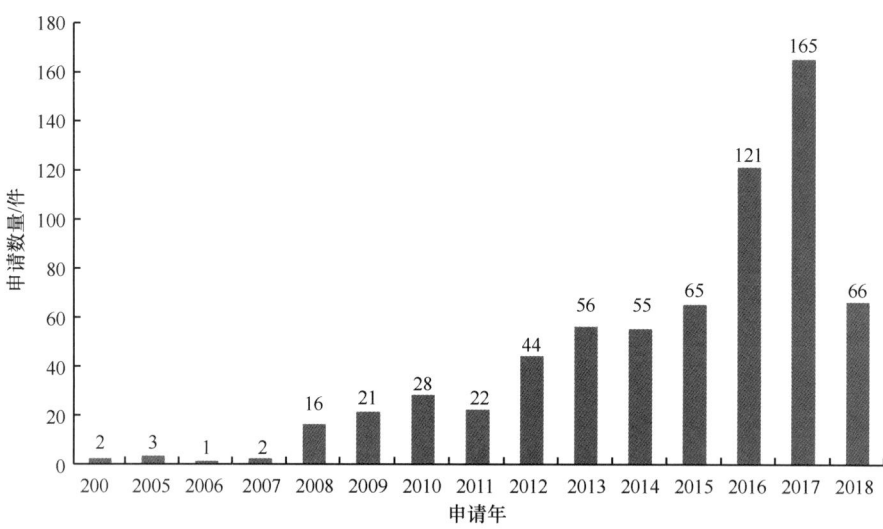

图 15 常州动力电池领域中国专利申请情况

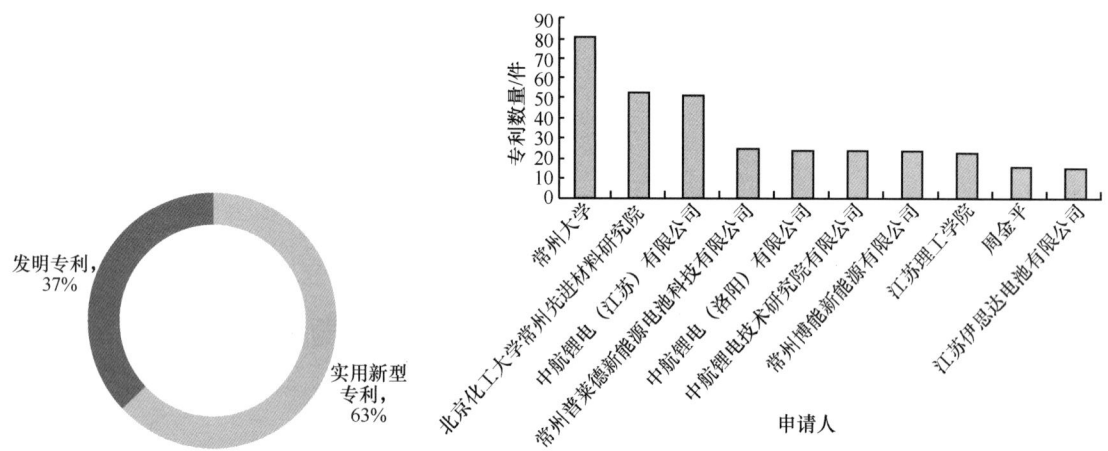

图 16 常州动力电池领域中国专利申请构成　　图 17 常州动力电池领域中国专利前 10 申请人

5.2.1.3 常州专利指标对比分析

在地级市及直辖市层面，常州市动力电池专利申请量列第 21 位。通过与该领域申请国内前 5 城市对比发现，常州在动力电池领域的主要问题是专利申请量过低（表 15、图 18）。

表15 动力电池领域常州和前5城市专利质量比较分析

城市	发明授权率	平均维持时间/天	平均权利要求数/个
深圳市	0.19%	5575.60	8.41
北京市	0.31%	5848.20	7.76
上海市	0.27%	5707.11	6.84
东莞市	0.14%	5207.72	7.21
天津市	0.14%	4927.35	5.06
常州市	0.17%	5871.74	5.95

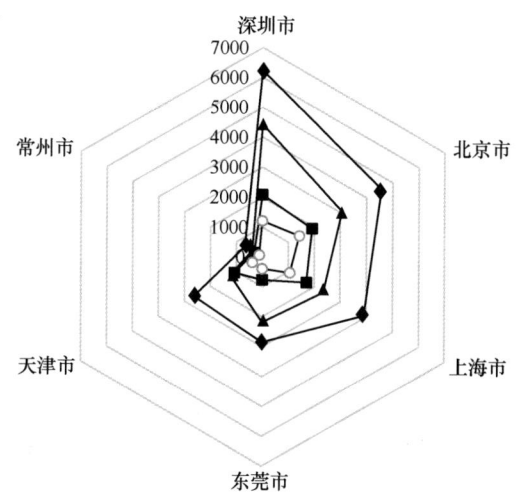

图 18 动力电池领域常州和前 5 城市专利数量比较分析

5.2.2 驱动电机

5.2.2.1 中国专利分析

新能源汽车驱动电机领域中国发明和实用新型专利申请共 35 874 件，2000 年起国内专利申请量迅速增加，并呈现高速增长态势，截至 2016 年年底，年均增长率达 20.8%（图 19）。专利类型构成上，发明专利申请占 59%（图 20）。区域分布上，江苏、广东、浙江、上海、山东、北京为申请量全国前 6 省（区、市），占全国申请总量的近一半（图 21）。从申请来源国看，中国申请占 78%，日本申请占 12%（图 22）。国内前十大申请人中，国外申请人占 7 个，可见我国电机企业规模还比较分散（图 23）。

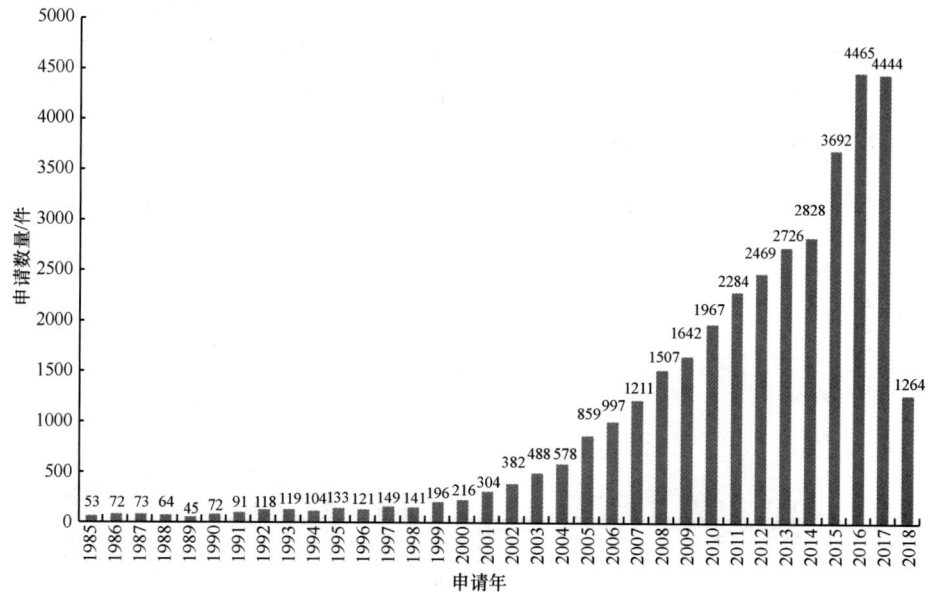

图 19 电机领域中国专利申请情况

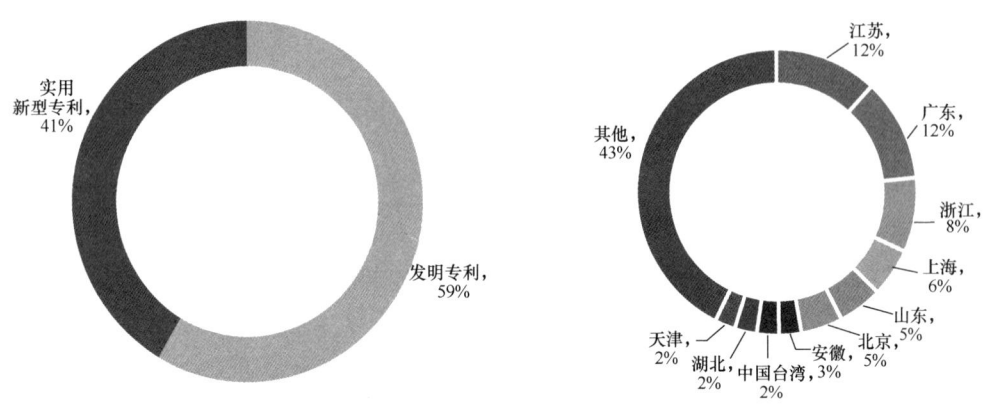

图 20　电机领域中国专利类型申请构成　　　图 21　电机领域中国专利申请省（区、市）分布

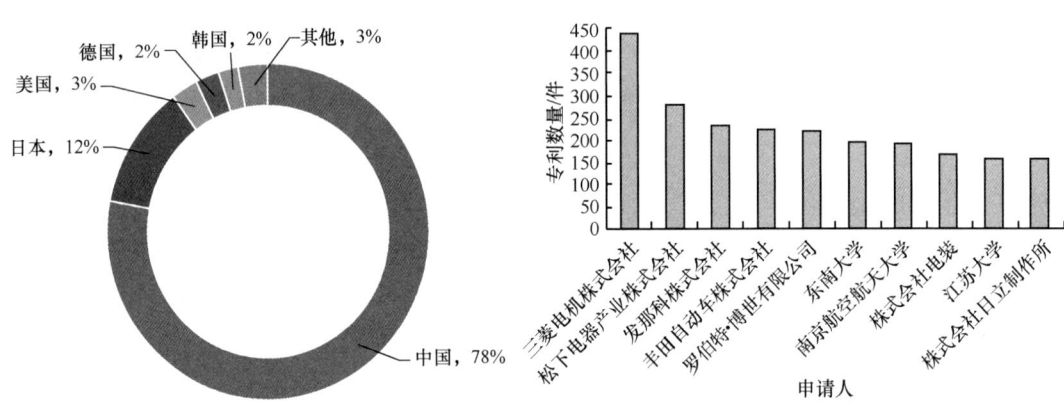

图 22　电机领域中国专利申请来源国构成　　　图 23　电机领域中国专利前 10 申请人

5.2.2.2　常州专利分析

常州电机专利申请总量 774 件，占全国总量的 2.2%，申请量从 2005 年左右开始快速增长，但增速存在一定反复，至 2016 年年均增速为 29.6%（图 24）。专利申请中实用新型比例较高，达 68%（图 25）。前 10 专利申请人中，企业占 6 家，高校院所占 4 家，其中瑞声光电科技（常州）有限公司最高，达 119 件（图 26）。

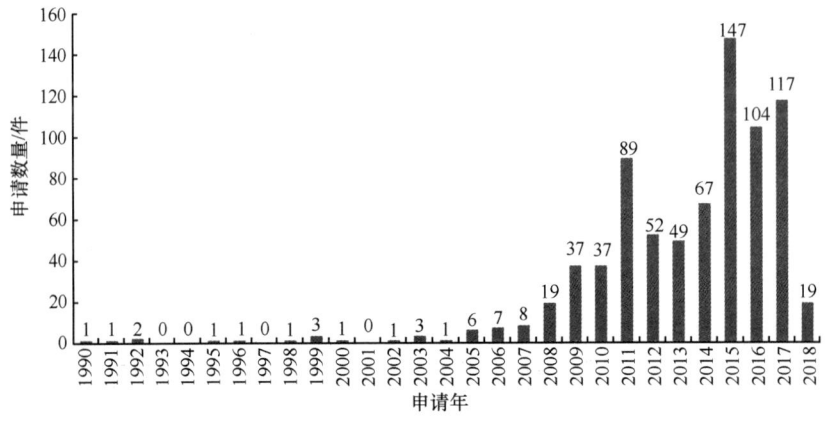

图 24　常州电机领域中国专利申请情况

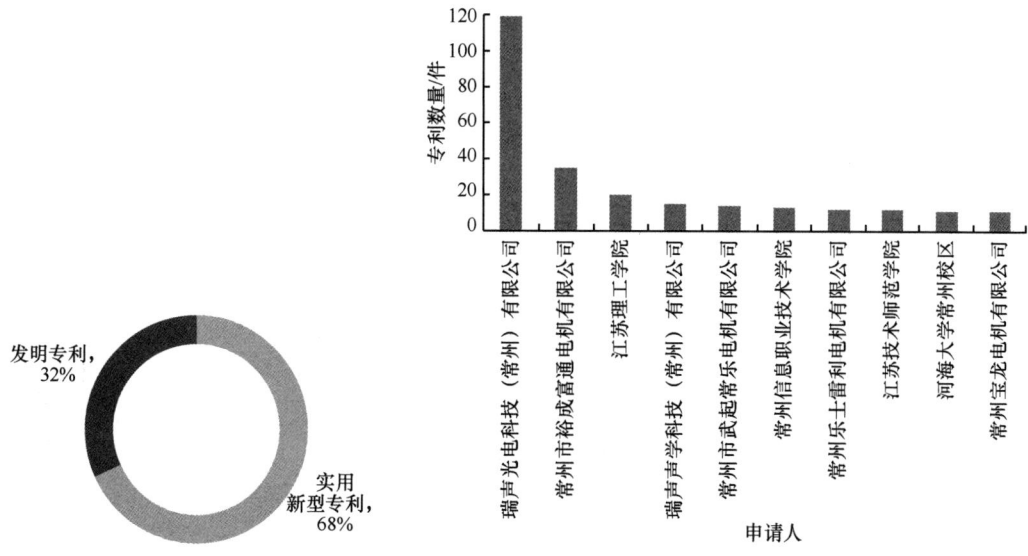

图 25 常州电机领域中国专利申请构成   图 26 常州电机领域中国专利前 10 申请人

5.2.2.3 常州专利指标对比分析

在市一级层面,常州市专利申请量列第 8 位。通过与电机申请国内前 5 城市对比发现,常州在电机发明专利申请量和发明专利授权量上较其他城市差距相对较小,但发明专利授权率较低,专利平均维持时间也较短,专利申请质量还有待提升(图 27、表 16)。

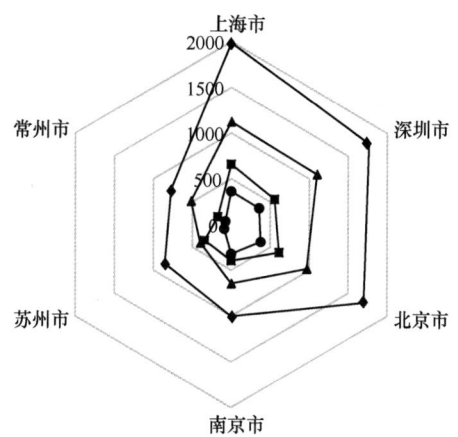

图 27 电机领域常州和前 5 城市专利数量比较分析

表16 电机领域常州和前5城市专利质量比较分析

城市	发明授权率	平均维持时间/天	平均权利要求数/个
上海市	0.18%	5089.97	5.95
深圳市	0.20%	5432.32	8.39
北京市	0.22%	5231.25	6.10

城市	发明授权率	平均维持时间/天	平均权利要求数/个
南京市	0.32%	5949.79	4.65
苏州市	0.10%	5091.81	6.50
常州市	0.10%	4742.74	5.33

5.2.3 汽车零部件及配件

5.2.3.1 中国专利分析

新能源汽车零部件及配件领域中国发明和实用新型专利申请共60 994件，2003年起国内专利申请量迅速增加，并呈现高速增长态势，截至2016年年底，年均增长率达21.3%（图28）。专利类型构成上，发明专利申请占53%（图29）。区域分布上，江苏、浙江、广东、北京、安徽为申请量全国前5省（区、市），占全国申请总量的38%（图30）。从申请来源国看，中国申请占79%，日本和美国申请各占6%（图31）。国内前十大申请人中，国外申请人占5个，中国吉利集团、奇瑞和比亚迪入围（图32）。

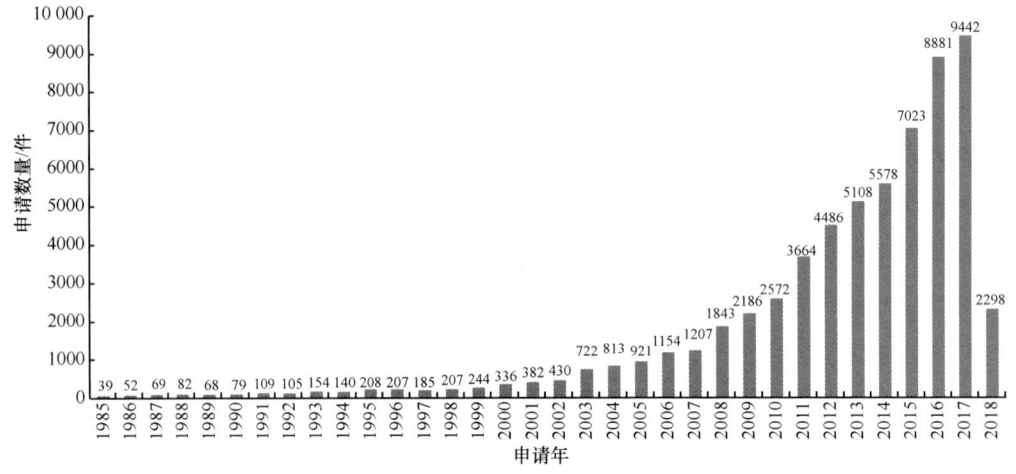

图28 汽车零部件及配件领域中国专利申请情况

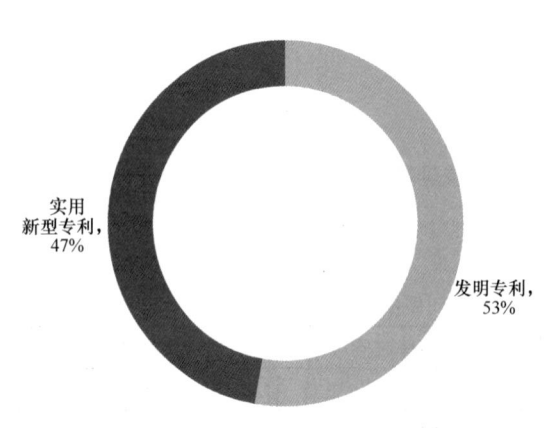

图29 汽车零部件及配件领域中国专利类型申请构成

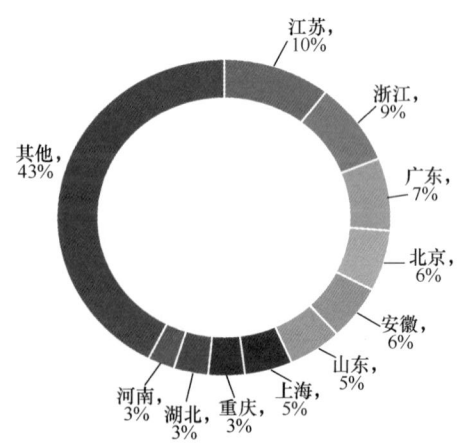

图30 汽车零部件及配件领域中国专利申请省（区、市）分布

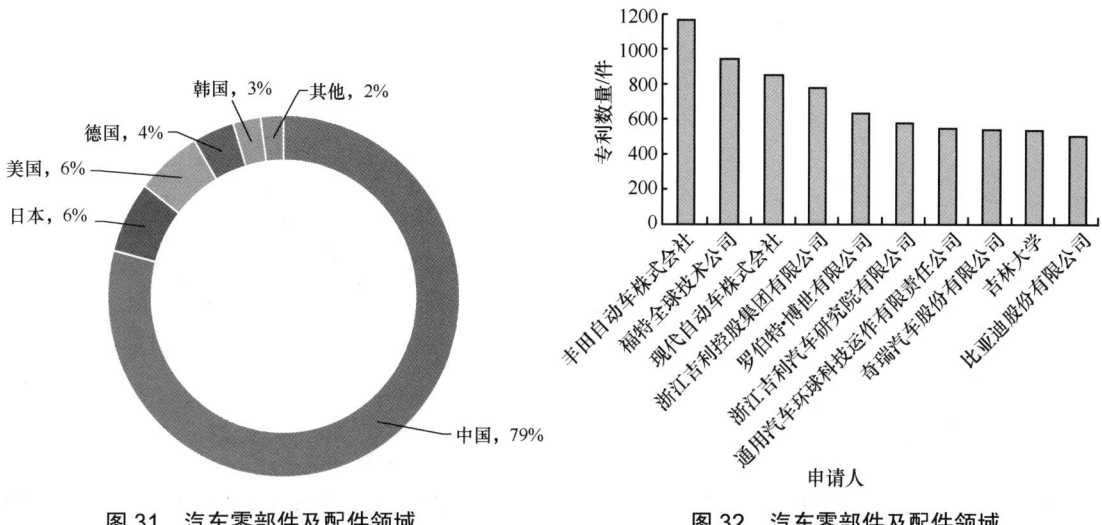

图31 汽车零部件及配件领域
中国专利申请来源国构成

图32 汽车零部件及配件领域
中国专利前10申请人

5.2.3.2 常州专利分析

常州新能源汽车零部件及配件专利申请总量668件，占全国总量的1.1%，申请从2006年左右开始快速增长，至2016年年均增速为27.6%（图33）。但专利申请中实用新型比例较高，达59%（图34）。前10专利申请人中，企业占6家，高校院所占3家，其中江苏理工学院为57件（图35）。

5.2.3.3 常州专利指标对比分析

在市一级层面，常州市专利申请量列第22位。通过与汽车零部件及配件申请国内前5城市对比发现，常州在汽车零部件及配件专利申请量、发明专利申请量、发明专利授权量和有效专利数上较其他城市有较大差距，发明专利授权率较低（图36、表17）。

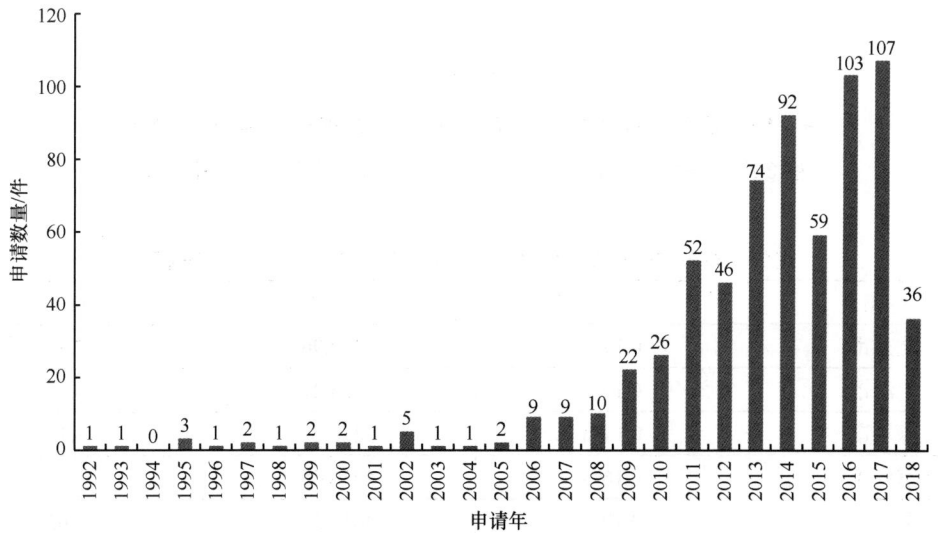

图33 常州汽车零部件及配件领域中国专利申请情况

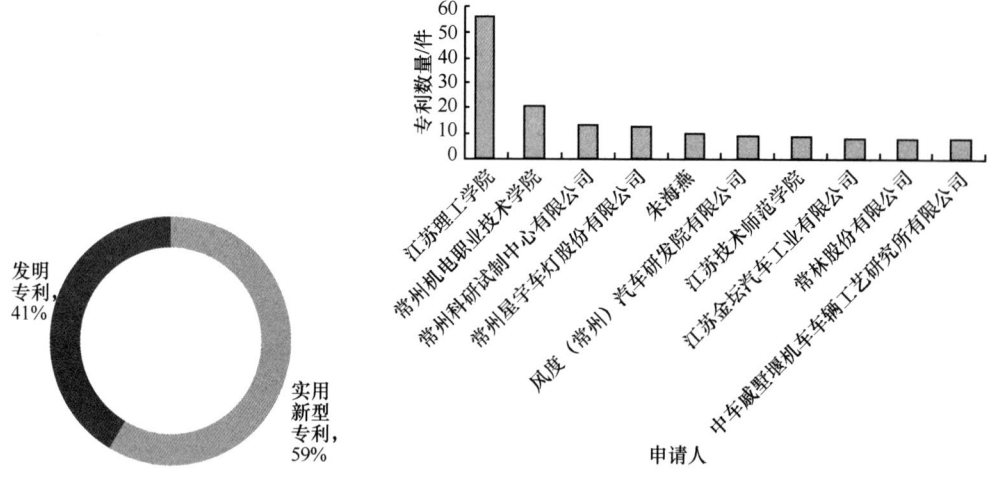

图34 常州汽车零部件及配件领域中国专利申请构成

图35 常州汽车零部件及配件领域中国专利前10申请人

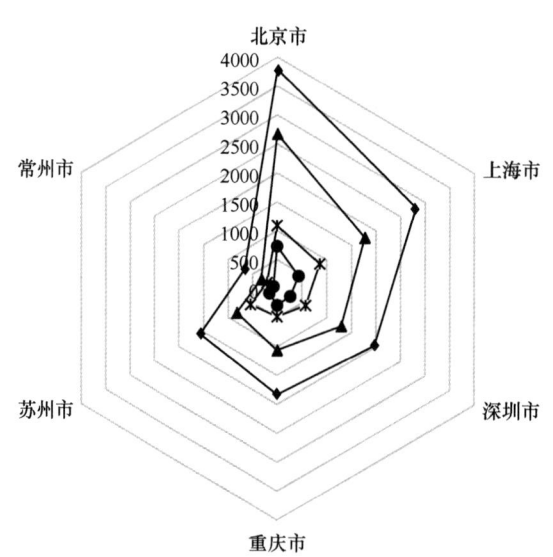

图36 汽车零部件及配件领域常州和前5城市专利数量比较分析

表17 汽车零部件及配件领域常州和前5城市专利质量比较分析

城市	发明授权率	平均维持时间/天	平均权利要求数/个
北京市	0.19%	5310.96	7.48
上海市	0.15%	5064.27	6.29
深圳市	0.14%	5226.24	8.77
重庆市	0.16%	4936.45	5.08
苏州市	0.10%	5059.53	6.63
常州市	0.11%	5035.62	5.14

5.2.4 整车
5.2.4.1 中国专利分析

新能源汽车整车领域中国发明和实用新型专利申请共 5387 件，2004 年起国内专利申请量迅速增加，并呈现高速增长态势，至 2016 年年底，年均增长率达 20.8%（图 37）。专利类型构成上，发明专利申请占 63%（图 38）。区域分布上，广东、江苏、上海、北京、浙江、重庆为申请量全国前 6 省（区、市），占全国申请总量的 39%（图 39）。从申请来源国看，中国申请占 75%，日本和美国申请分别占 10% 和 6%（图 40）。前十大申请人中，国外申请人占 4 个，中国比亚迪、吉利等整车研发实力较强（图 41）。

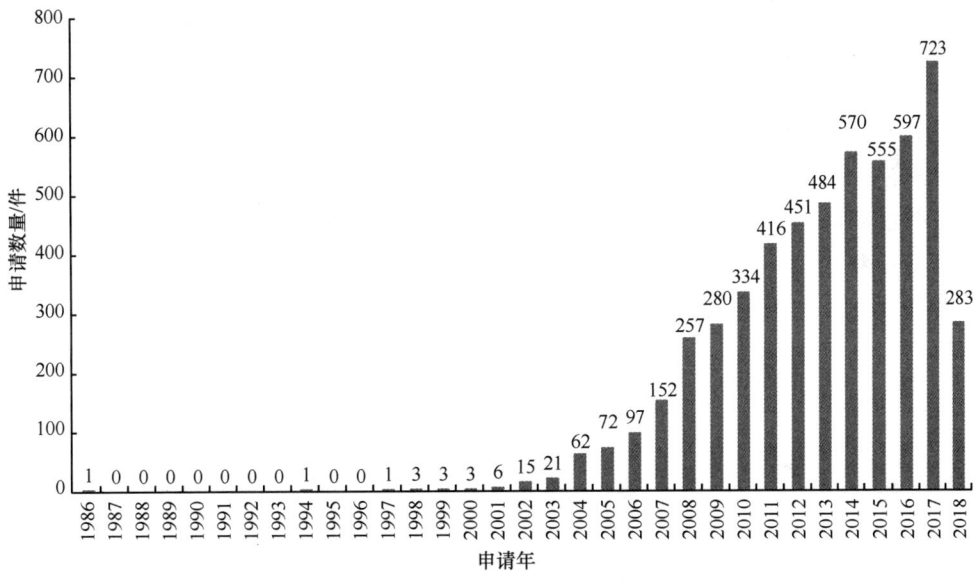

图 37 整车领域中国专利申请情况

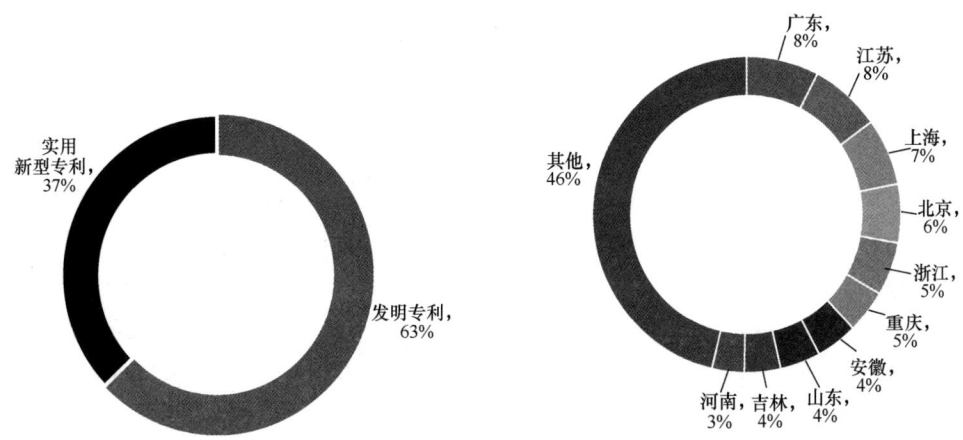

图 38 整车领域中国专利类型申请构成　　图 39 整车领域中国专利申请省（区、市）分布

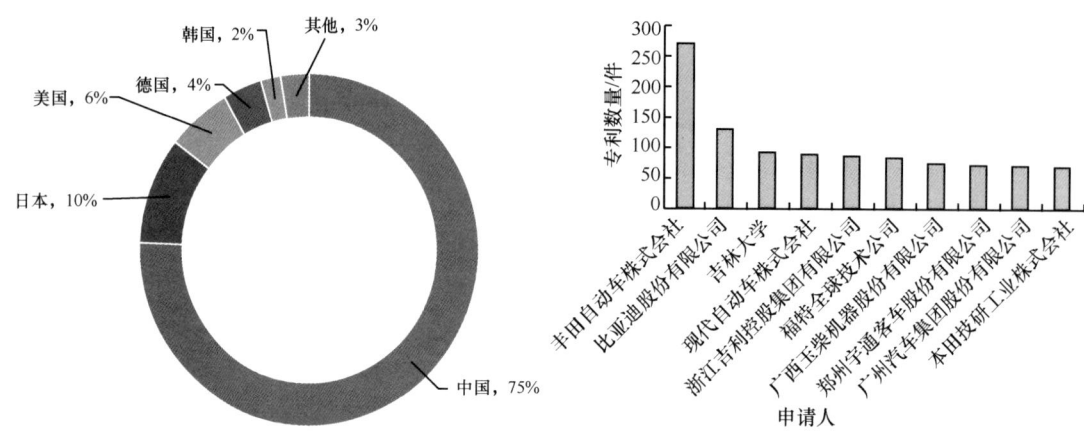

图 40　整车领域中国专利申请来源国构成　　　图 41　整车领域中国专利前 10 申请人

5.2.4.2　常州专利分析

常州新能源汽车整车专利申请总量 49 件，占全国总量的 0.9%（图 42）。专利申请中实用新型比例较高，达 57%（图 43）。前 10 专利申请人中，企业占 5 家，高校院所 1 家，自然人 4 个（图 44）。

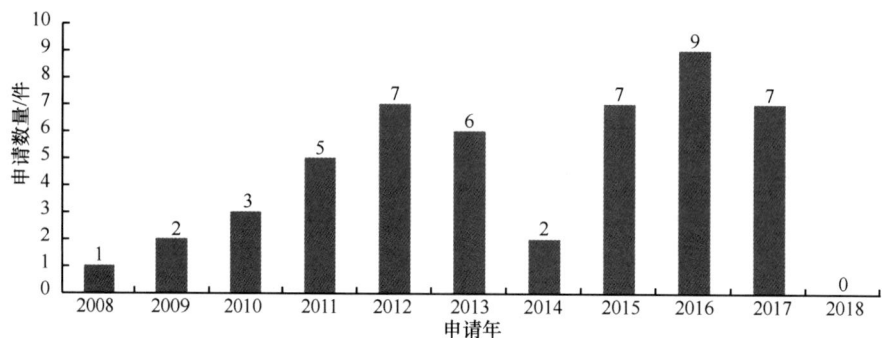

图 42　常州整车领域中国专利申请情况

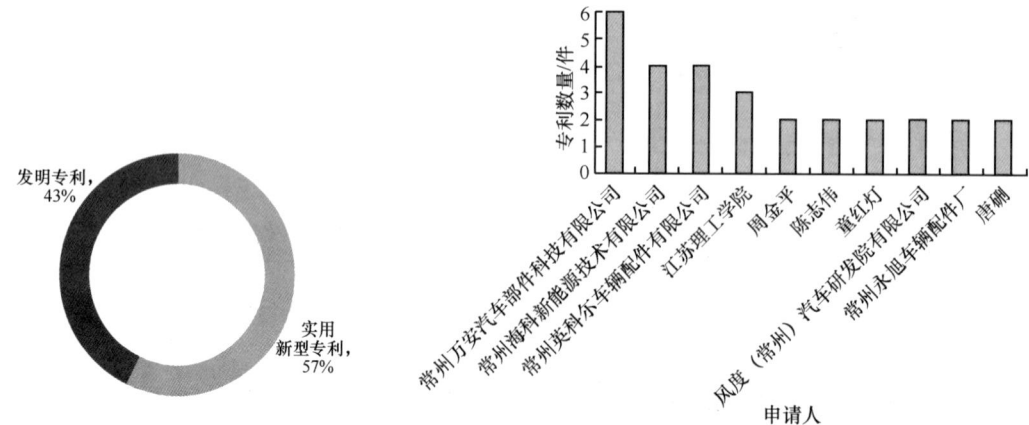

图 43　常州整车领域中国专利申请构成　　　图 44　常州整车领域中国专利前 10 申请人

5.2.4.3 常州专利指标对比分析

在市一级层面，常州市专利申请量列第21位。通过与整车领域申请国内前5城市对比发现，常州在整车领域专利申请量、发明专利申请量、发明专利授权量和有效专利数上较其他城市有较大差距，发明专利授权率较低（图45、表18）。

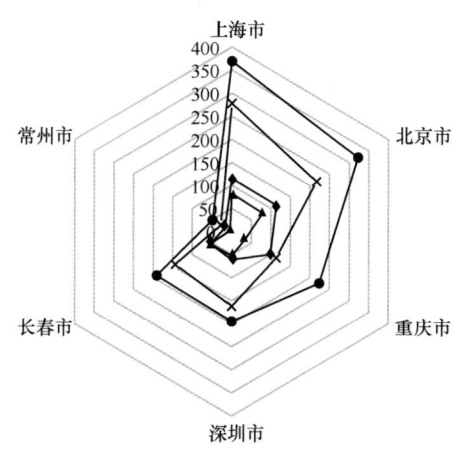

图45 整车领域常州和前5城市专利数量比较分析

表18 整车领域常州和前5城市专利质量比较分析

城市	发明授权率	平均维持时间/天	平均权利要求数/个
上海市	0.22%	5484.26	7.96
北京市	0.25%	5548.04	6.71
重庆市	0.15%	5446.25	5.31
深圳市	0.27%	5587.85	10.75
长春市	0.28%	5697.02	5.07
常州市	0.08%	4772.74	5.11

5.3 产业专利微景分析——固态锂电池

从产业价值链构成看动力电池占比约五成，且当前新能源汽车规模化发展仍主要受制于动力电池续驶里程、安全性、成本等多因素制约。因此，本研究将动力电池部分作为专利分析重点对象。动力电池技术已由第一代的镍氢电池和锰酸锂电池、第二代的磷酸铁锂电池，发展至第三代三元电池。我国《节能与新能源汽车技术路线图》指出，2020年的纯电动汽车动力电池的能量密度目标为300 Wh/kg，2025年目标为400 Wh/kg，2030年目标为500 Wh/kg。然而，当前采用三元正极材料和石墨负极材料的液态电解质动力锂离子电池的能量密度极限在250 Wh/kg左右，而引入硅基复合材料替代纯石墨作为负极材料，液态电解质动力锂离子电池电芯的能量密度上限约为350 Wh/kg。下一代车用电池选用何种电池体系，对于实现目标至关重要。20 世纪 50 年代开始研究基于固体电解质的固态锂电池，由于具有安全性高、循环寿命长、能量密度高等特点，被称为最安全电池体系。基于固体电解质材料的突破，固态锂电池成为当前研究热点，产业界认为其产业化需通过半固态电池、固态电池和全固态电池 3 个阶段逐步实现，预计耗时 5～10 年时间。由于我国在锂离子电池产业链上的积累，继续发展固态锂电池较其他技术路线（如燃料电池）更具优势和现实意义。因此，本研究以固态锂电池全球专利为研究对象，通过对该领域的专利分析，揭示该领域当前的技术创新特点和趋势，为加速常州该领域的科技创新和产业化提供决策参考。

5.3.1 研究方法

本研究检索数据库采用科睿唯安公司的德温特创新在线数据库 Derwent Innovation（DI），分析工具采用 Derwent Data Analyzer（DDA）及 Microsoft excel。数据检索日期截至 2018 年 7 月 12 日，检索范围为 DI 收录的全球范围专利数据，通过重要专利权人进行查全检验，以及通过中国专利申请进行查准检验，检验结果均超过 80%，符合检索及分析要求。由于专利公开制度存在 18 个月的滞后期，因此，分析时间截点为 2016 年 12 月 31 日。

5.3.2 固态锂电池全球专利整体态势

5.3.2.1 固态锂电池专利申请态势及技术生命周期分析

固态锂电池全球专利申请量 19 618 件，10 236 个同族专利家族，其中发明专利申请 10 797 件，占总申请量的 55.0%，发明专利授权 8559 件。从最早 1918 年有专利申请起，固态锂电池专利申请经过了 3 个发展阶段：一是停滞发展期（1918—1970 年），这一时期专利年申请量较低，均在 30 件以下。二是缓慢发展期（1971—2005 年），这一时期年均申请量 237 件，年平均增长率 4.4%。三是快速发展期（2006—2016 年），年平均申请量 1015 件，年平均增长率 5.9%（图 46）。

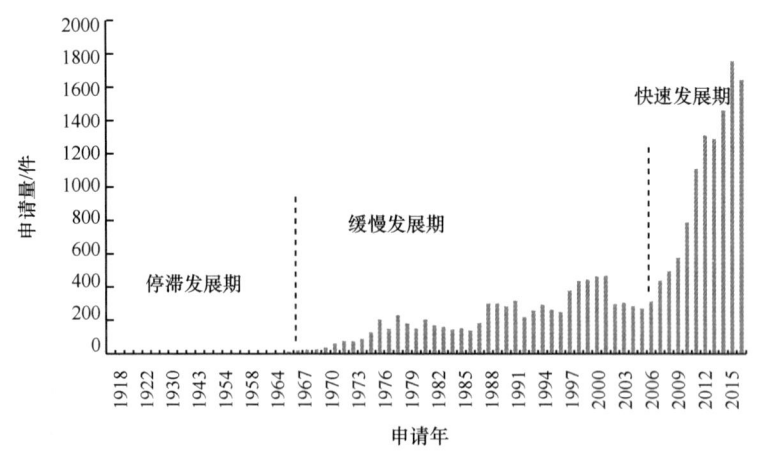

图 46　固态锂电池全球专利申请量趋势

从技术生命周期看，2009 年以前，申请量和申请人数量缓慢增加，基本属于技术萌芽期。2009—2014 年，申请量和申请人快速增加，进入技术成长期。2014 年以后，申请量较为平稳，但申请人有减少趋势，技术集中度降低，即将进入技术整合期（图 47）。

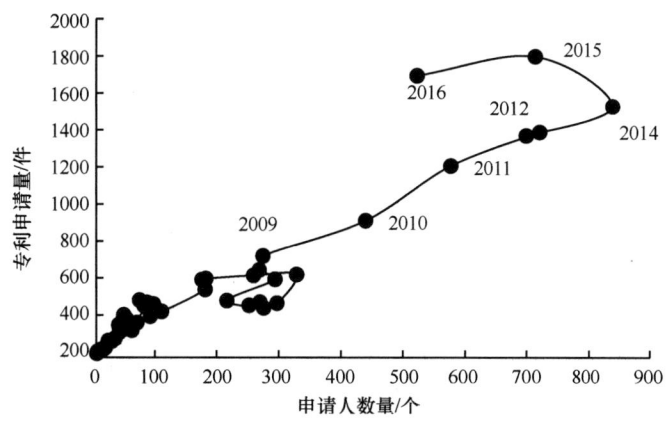

图 47　固态锂电池技术生命周期

（注：图中点表示各年份，由于点比较密集，不可能加上全部年份，故只增加部分关键年份）

5.3.2.2　固态锂电池专利申请国家分布

从总体看，日本、美国、中国、韩国、世界知识产权组织、欧洲专利组织是固态锂电池专利申请最多的国家或地区，均超过 1000 件，占全球总申请量的 84.3%，其中日本最高，达 6624 件，为第 2 名美国的 2.15 倍。从时间变化看，20 世纪 60 年代以后以日本专利申请为主，但 2010 年后，美国、中国、韩国的专利申请量迅速增长，日本专利申请由最高占全球专利年申请量的 1989 年的 60.8% 下降至 2016 年的 19.2%（图 48）。

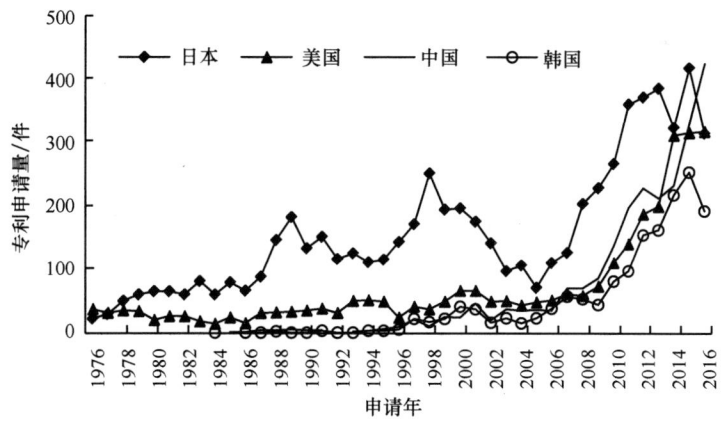

图 48　固态锂电池专利申请国家分布趋势

5.3.2.3　固态锂电池技术分布

从同族专利的 IPC 技术布局看，33.9% 的专利集中于 H01M10/0562，即电解质只有无机固态材料的非水电解质二次蓄电池。其次是 H01M10/052，占 28.5%，即锂二次蓄电池。第三位的是 H01M10/0565，占 20.0%，即电解质只有高分子有机材料的非水电解质二次蓄电池（图 49）。从技术的时间变化看，H01M10/0562、H01M10/052、H01M10/0525、H01M04/62、H01M10/0585 技术分类上的同族专利增长较快，如 H01M10/0562 电解质只有无机固态材料的非水电解质二次蓄电池年平均增长 13.0%（图 50），可见，无机固态电解质材料、锂离子二次电池、非活性材料成分的电极及电池结构是固态锂电池发展的重点技术发展方向。主要IPC分类号释义如表19所示。

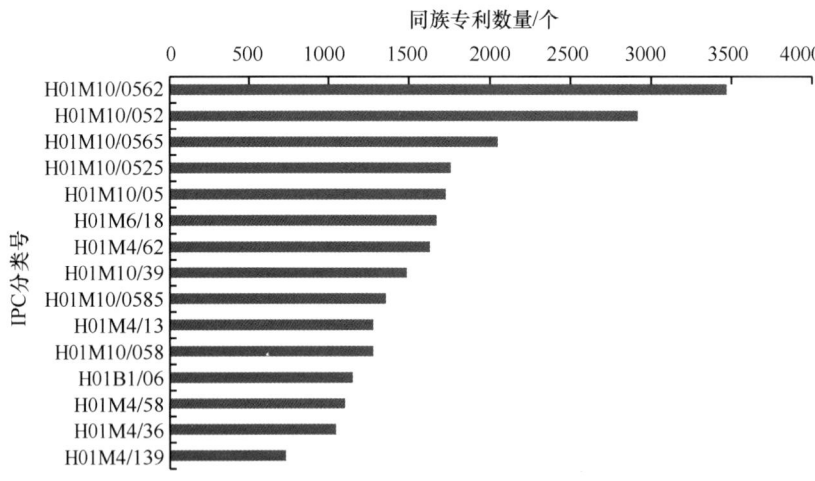

图49　固态锂电池技术分布

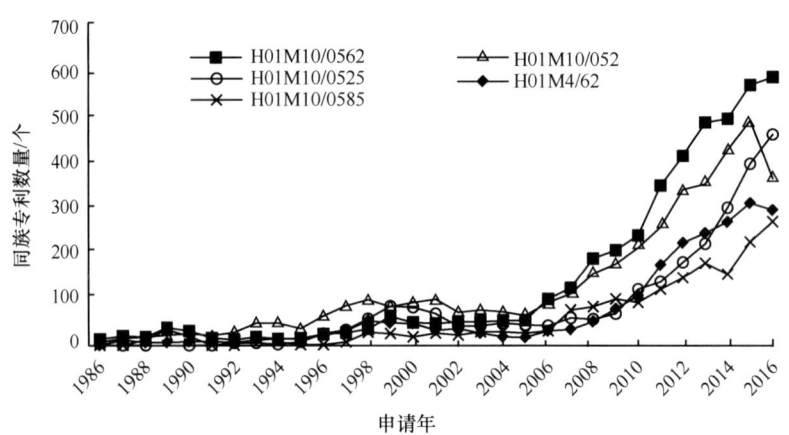

图50　固态锂电池专利技术申请趋势

优先权国家或地区在一定程度上反映技术原创地情况，从技术的区域格局看，形成三大阵营，以日、中、韩为主的亚洲板块，以美国为主的北美洲板块，以及以德国、英国为主的欧洲板块。从国家看，日本占有绝对优势，专利申请占全球总量的47.1%（表20）。

表19　主要IPC分类号释义

IPC分类号	IPC释义
H01M10/0562	电解质只有无机固态材料的非水电解质二次蓄电池
H01M10/052	锂二次蓄电池
H01M10/0565	电解质只有高分子有机材料的非水电解质二次蓄电池
H01M10/0525	非水电解质锂离子二次蓄电池

续表

IPC分类号	IPC释义
H01M10/05	非水电解质二次蓄电池
H01M6/18	带有固体电解质的非水溶液电解质一次电池
H01M4/62	在活性物质中非活性材料成分的选择的电极
H01M10/39	高温工作的气密二次蓄电池
H01M10/0585	只具有板条结构元件构造的非水电解质二次蓄电池
H01M4/13	由活性材料组成或包括活性材料电极的非水电解质蓄电池
H01M10/058	非水电解质二次蓄电池的构造或制造
H01B1/06	主要由其他非金属物质组成的导体或导电物体
H01M4/58	除氧化物或氢氧化物以外的无机化合物,如硫化物、硒化物、碲化物、氯化物或LiCoFy的;聚阴离子结构的,如磷酸盐、硅酸盐或硼酸盐的作为活性物质、活性体、活性液体的材料选择的电极
H01M4/36	作为活性物质、活性体、活性液体的材料的选择由活性材料组成或包括活性材料的电极
H01M4/139	非水电解质蓄电池电极的制造方法

表20 固态锂电池技术原创国情况

排名	同族专利数量/个	专利申请量/件	优先权国家/地区
1	5772	9236	日本
2	1339	3312	美国
3	1059	1159	中国
4	858	1790	韩国
5	346	1036	德国
6	196	594	英国

全固态锂电池是固态锂电池的最终发展方向,而无机固体电解质是重点突破方向之一。从H01M10/0562(电解质只有无机固态材料构成的非水电解质二次蓄电池)发展看,2006年出现第一个增长高峰,2006—2016年年平均专利申请增速达18.3%。日本特别是日本企业在该领域具有绝对的领先优势,20世纪70年代起就开始相关研究,2012年起韩国和中国也相继发力,出现较快增长,总体呈现日、韩、中三足局面(图51)。在前20申请人方面,日本企业占据18个,其中丰田在全固态电池方面的同族专利数量遥遥领先,达638个,占该领域总量的18.4%,是第二位松下的2.2倍(图52)。

5.3.3 固态锂电池主要专利申请人分析
5.3.3.1 专利申请人构成

固态锂电池前20位专利申请人中,日本企业占11家,其中丰田申请量最多,达1709件,是第2位松下的2.2倍。排名前10的均为日韩企业,其中日本企业8家,韩国企业2家(表21)。

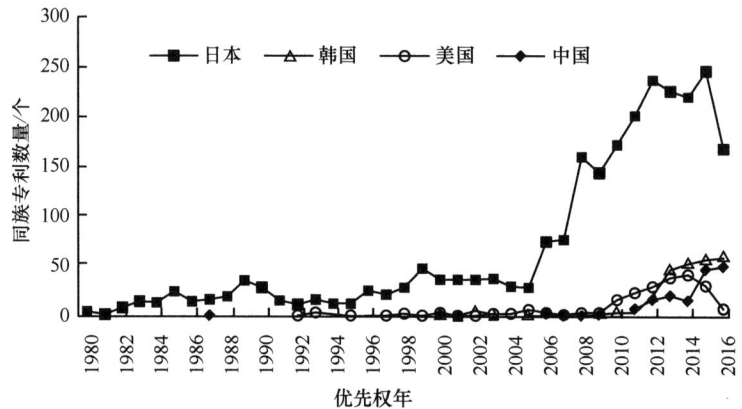

图51　H01M10/0562技术分类优先权国家分布趋势

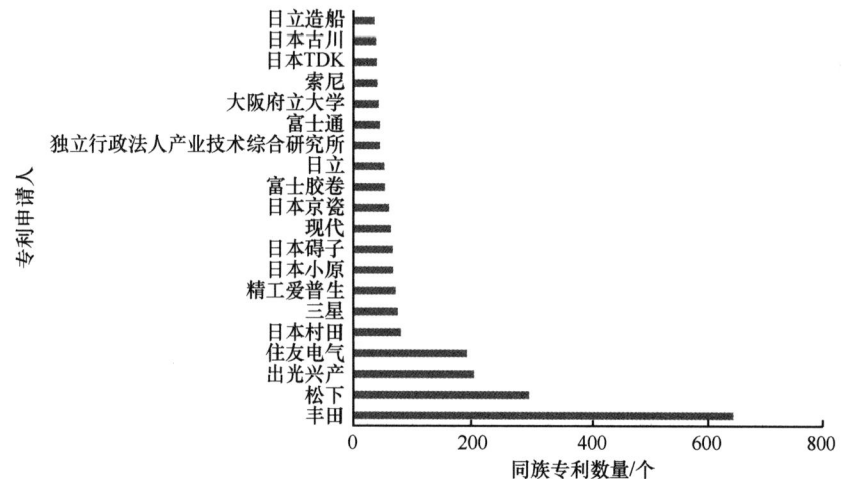

图52　H01M10/0562技术分类专利申请人构成

表21　固态锂电池主要专利申请人

排名	专利申请人	专利申请数量/件
1	丰田	1709
2	松下	762
3	LG化学	693
4	索尼	619
5	三星	506
6	日本碍子	469
7	住友电气	420
8	日立	405
9	日本汤浅	379
10	出光兴产	359

续表

排名	专利申请人	专利申请数量/件
11	巴斯夫欧洲	222
12	法国CIE GEN ELECTRICITE	209
13	博世	206
14	瑞士布朗勃法瑞	205
15	日本村田制作所	192
16	美国Mallory	184
17	日本TDK	177
18	英国克劳瑞德	176
19	加拿大魁北克水电公司	176
20	日本小原	165

5.3.3.2 专利申请人专利全球布局

从申请量前10位的专利权人专利申请布局看,均进行了积极的海外专利布局。从总体看,日本、美国、中国、韩国、欧洲是各大专利申请人专利布局的重点国家或地区。从各专利申请人看,如丰田除本土申请外,在美国和中国申请数量最多,分别占其专利申请总量的14.7%和12.9%(表22)。

表22 固态锂电池专利申请人专利国家布局

单位:件

专利权人	申请国家/地区									
	日本	美国	中国	韩国	世界知识产权组织	欧洲专利组织	德国	加拿大	英国	中国台湾
丰田	804	251	221	93	187	62	43	9	0	8
松下	487	95	40	21	29	47	27	5	5	0
LG化学	83	97	86	256	82	67	1	0	0	14
索尼	195	105	80	57	21	65	19	13	0	27
三星	81	141	43	194	3	39	3	0	1	0
日本碍子	287	43	33	3	34	44	15	9	0	1
住友电气	232	38	33	30	35	23	12	10	0	3
日立	317	26	7	5	25	12	4	3	1	2
日本汤浅	318	18	1	0	4	14	13	5	4	0
出光兴产	239	21	19	14	30	14	5	1	0	14

5.3.3.3 重点专利申请人分析——丰田

从时间看,丰田较早涉及固态锂电池的开发,1978年起开始相关专利申请,经历了一段停滞期后,1996年又开始申请相关专利,2007年开始快速增加,是2006年的4.6倍,达2007之前专利申请总量的60.0%。2007—2016年,年平均申请专利165件(图53)。从专利申请的技术布局看，主要涉及电解质材料、电池构造及电极材料等。H01M10/0562 即电解质只有无机固态材料的非水电解质二次蓄电池的专利申请数量最多，达 638 个同族专利家族，占该领域全球申请总量的 18.4%，其次是 H01M10/052 即锂二次蓄电池，第 3 位的是涉及电极材料，即在活性物质中非活性材料成分的选择（图 54）。从技术布局的时间变化看，H01M10/0562、H01M10/052、H01M4/62、H01M10/0585 是增长较多的技术主题，但近 3 年来趋于平稳（图 55）。综上可见丰田在固体材料电解质方面布局较早，具有较强的研发实力和储备。

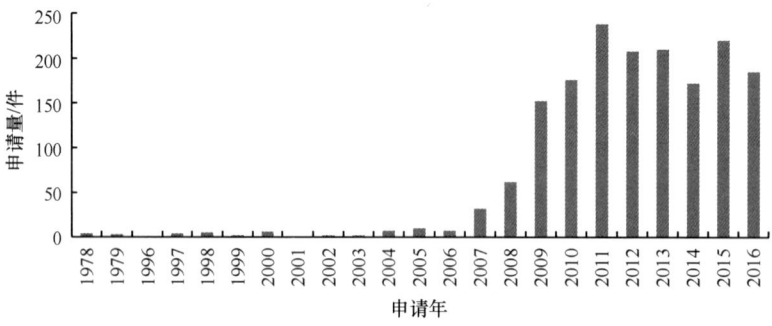

图 53　丰田专利申请数量趋势

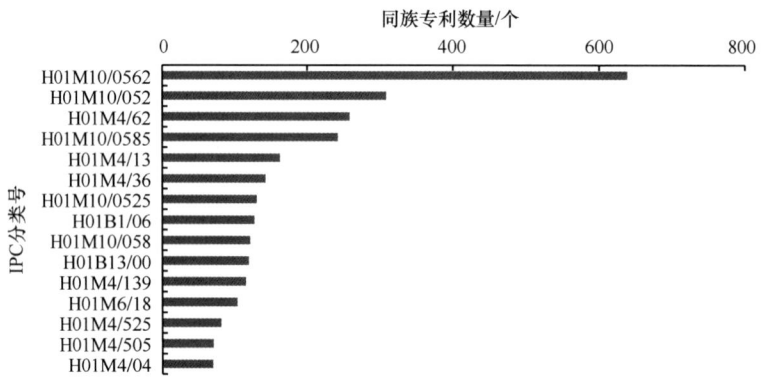

图 54　丰田固态锂电池专利技术分类

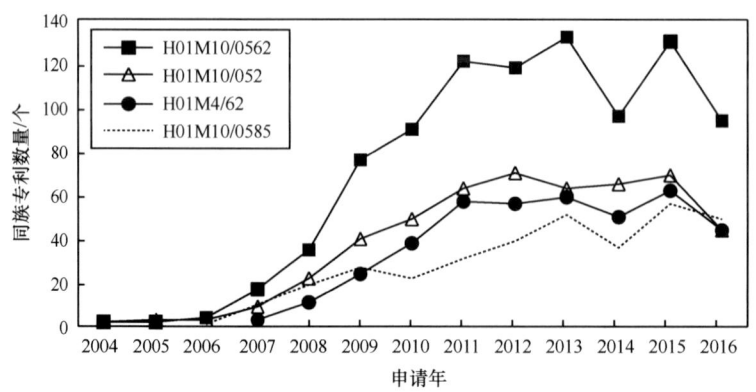

图 55　丰田固态锂电池技术申请趋势

从近 3 年丰田专利申请的技术分类变化看，H01M10/659（通过蓄热或缓冲，如热容或者液—固相变的与电池在结构上相结合的温度控制装置，4 个）、C01D15/04（锂的卤化物，3 个）、H01M6/40（印刷电池，2 个）、C01B25/30（碱金属磷酸盐，2 个）是近 3 年丰田首次出现的申请数量较多的技术类别，可见通过温度控制、材料改进、柔性制造方法创新等是近年来丰田固态锂电池技术发展的方向之一，值得关注。

5.3.4 固态锂电池中国专利情况

5.3.4.1 固态锂电池中国专利申请趋势

我国从 1985 年起出现固态锂电池专利申请，截至 2016 年，中国专利申请累计达 2348 件，专利申请量占全球总量的 12.0%。其中发明专利申请 1242 件，发明专利授权 1026 件。1985—2007 年为缓慢发展期，年平均专利申请量 16 件。2007—2016 年进入一个快速增长期，年平均专利申请近 200 件（图 56），年平均增速达 28.0%。

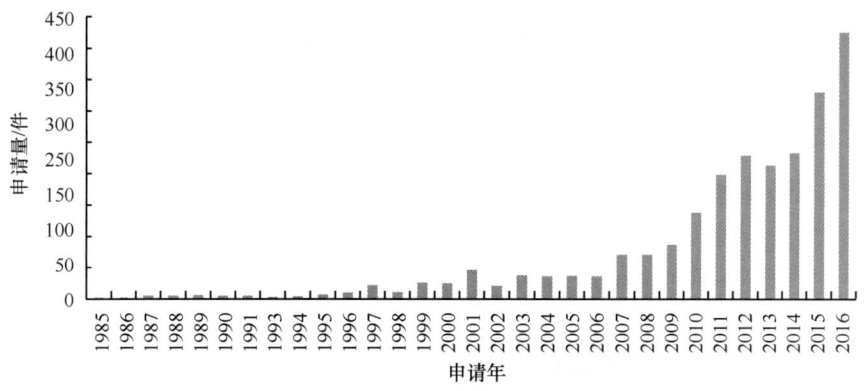

图 56　固态锂电池中国专利申请趋势

5.3.4.2 固态锂电池中国专利申请人构成

申请中国专利的前 20 位专利申请人中，11 个是外国申请人，其中除博世外均为日韩企业，以丰田最高，达 221 件，是第二位 LG 化学的近 2.6 倍。中国申请人 9 个，分别为清华大学、中科院物理所、宁波大学、复旦大学、中南大学、中科院宁波材料所、比亚迪、中科院上海硅酸盐所、宁德时代，可见当前高校院所是我国该领域专利申请的主力（表 23）。

表23　固态锂电池中国专利主要申请人

排名	专利申请人	中国专利申请量/件
1	丰田	221
2	LG化学	86
3	索尼	80
4	日本TDK	48
5	三星	43
6	松下	40
7	清华大学	37

续表

排名	专利申请人	中国专利申请量/件
8	中科院物理所	34
9	日本碍子	33
10	住友电器	33
11	宁波大学	33
12	复旦大学	31
13	中南大学	30
14	博世	29
15	中科院宁波材料所	28
16	比亚迪	26
17	现代	26
18	中科院上海硅酸盐所	26
19	宁德时代	24
20	精工爱普生	23

5.3.4.3 固态锂电池常州专利申请人构成

常州地区固态锂电池相关研究较少，仅有8件专利申请，分别为常州大学"一种基于金属有机配合物液流正极的水系单液流电池及其制备方法"，中航锂电技术研究院有限公司"一种复合锂带生产装置及生产方法""一种锂离子电池负极极片补锂装置及补锂方法""一种锂离子电池负极极片双面补锂装置""一种双面复合锂带生产装置""复合锂带生产装置""锂离子电池负极极片补锂装置"，以及陈建峰"一种致密型固体电解质材料的制备方法"。

5.3.4.4 固态锂电池中国专利申请技术构成

从中国专利申请IPC分类看，固态锂电池申请主要分布于锂离子电池、电解质材料、电极等。其中以H01M10/0525（非水电解质锂离子二次蓄电池）、H01M10/0562（电解质只有无机固态材料的非水电解质二次蓄电池）、H01M10/052（锂二次蓄电池）、H01M4/62（在活性物质中非活性材料成分的选择的电极）、H01M10/058（非水电解质二次蓄电池的构造或制造）较高，同族专利量均在500个以上（图57）。从时间变化上，H01M10/0525、H01M10/0562、H01M10/052、H01M4/62增长较快（图58）。

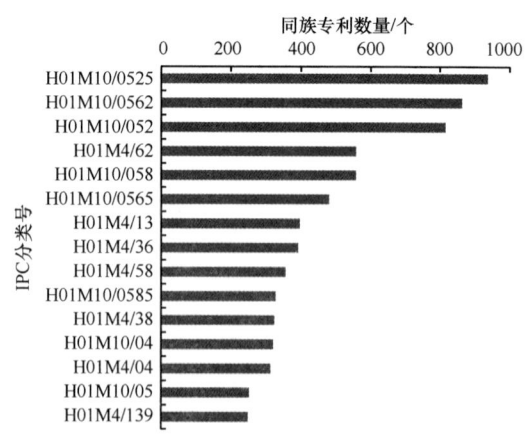

图57 固态锂电池中国专利技术分布

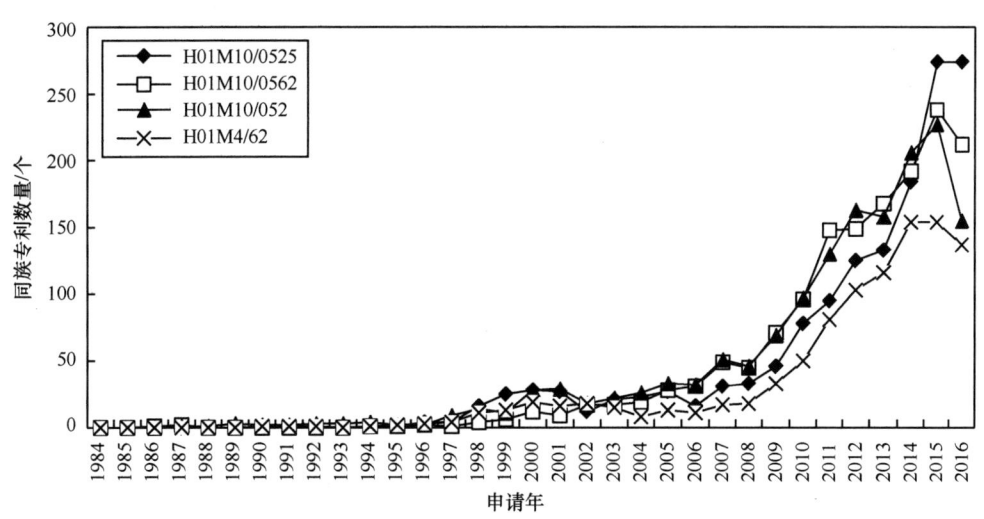

图 58　固态锂电池中国专利技术申请趋势

5.4　主要结论

5.4.1　常州新能源汽车产业全景

本研究从动力电池、电机、汽车零部件及配件和整车 4 个维度研究了常州新能源汽车产业中国专利的发展状态，从申请绝对数量看，除整车领域较少外，动力电池、电机及汽车零部件均在 700 件左右。从相对数量看，电机在全国市一级中排位较前，列第 8 位，其余均在 20 位左右。从发展速度看，动力电池领域年申请量增长最快，年均增速达 57.8%。总体来看，常州四大领域专利申请以实用新型专利为多，发明专利授权量和授权率偏低。

5.4.2　固态锂电池发展微景

本部分研究分析了 1918—2016 年全球固态锂电池领域专利数据，发现主要特点及趋势如下：①固态锂电池作为下一代锂电池的重点方向之一从 2006 年开始进入了技术成长期，从技术原创国的区域格局看，形成三大阵营，以日、韩、中为主的亚洲板块，以美国为主的北美板块，以及以德国、英国为主的欧洲板块。其中日本在该领域布局较早，并在日本、美国、中国等主要市场国家和地区开展了专利布局，专利优势较为明显。②固态电解质材料作为固态锂电池突破的关键，2006 开始进入第一个快速发展期，2006—2016 年年平均专利申请增速达 18.3%。日本企业在全固态锂电池方面具有较大的专利申请领先优势。③固态锂电池全球专利申请排名前 10 的均为日韩企业，其中日本企业 8 家，韩国企业 2 家，日本丰田公司优势突出。④固态锂电池中国专利申请特点为：2007—2016 年进入快速增长期，年平均专利申请近 200 件，年平均增速达 28.0%。前 20 位专利申请人中，日韩企业占 50%，中国申请人以高校院所为主。⑤常州在该领域仅开始涉及，与国内外主要专利权人的差距较大。

6 常州新能源汽车产业发展建议

6.1 主要存在问题

6.1.1 关键领域缺乏创新型领军企业

在四大行业领域的全国企业专利申请排名中，常州地区新能源汽车企业中，能进入前10的为0，能够进入前20的企业除汽车零部件与配件领域的北汽新能源外也寥寥无几，但北汽新能源为引入制造型企业，技术研发主体均不在常州。电机领域虽然专利总量排名靠前，但在最新公示的新能源汽车电机企业配套数量前20名中并未出现常州的企业。

6.1.2 产业技术创新能力还有待提升

从专利分析角度看，常州新能源汽车四大领域专利申请量和授权量在全国城市中的排名整体靠后。电机及其控制领域位于第8位，排名最为靠前，其余均在20余位，仍以传统加工制造为主，技术创新能力优势不突出。

6.1.3 新能源汽车领域专利质量还有待提升

比较发现，常州四大领域专利申请以实用新型专利为多，发明专利授权量和授权率偏低。新能源汽车行业为典型的专利密集型产业，高质量的专利能够为产业发展提供强有力的支撑。

6.2 常州新能源汽车产业发展定位

综合产业分析和专利分析，我们认为常州新能源汽车发展定位为：新能源汽车整车核心零部件配套产业创新中心，即重点发展三电"电池、电机、电控"及关键零部件。

6.3 常州新能源汽车产业重点方向及主要路径

6.3.1 动力电池及其管理

近年来，常州动力电池行业迅速发展，中航锂电、宁德时代等电池龙头纷纷入驻，但从专利分析发现，常州在动力电池创新能力并不突出，本地研发力量有限。从新能源汽车价值链角度看，电池占新能源汽车总成本的近一半。要抓住常州市特别是溧阳等地区新能源汽车动力电池规模优势和产业良好态势，进一步加大新能源汽车动力电池创新能力建设，推动企业加大技术创新、产品创新、品牌创新、商业模式创新和管理创新，围绕动力电池安全、能量密度、功率密度、寿命与成本等关键指标开展技术创新，强化联盟合作，加强技术风险控制，加快形成动力电池创新高地。

6.3.2 电机及其控制

专利分析表明，常州在电机方面具有一定的优势，一方面要进一步发挥北汽新能源、西门子和博世等电机领域实力公司的规模和技术优势，充分带动本地传统电机企业向新能源汽车电机领域转型发展；另外一方面要抓住国际企业如丰田等未来在华将推动电动化战略，正在积极推进电机、电池、逆变器等核心技术的国产化进程的战略机遇,争取更多的国际巨头落户常州。

6.3.3 汽车零部件及配件

常州是传统汽车零部件城市,本地企业要进一步围绕新能源汽车关键零部件,如变速器、电动空调系统、电动助力转向系统、电制动系统、增程器、整车电子控制系统、专用接插件、电机控制器、控制器(集成DC-DC和其他电气功能)等开展技术创新,打造一批新能源汽车零部件领域的隐形冠军企业。

6.4 政策措施建议

6.4.1 加强领军型和"专精特新"创新型企业培育

实施创新型领军企业培育计划,发挥企业创新骨干作用,重点在整车、动力电池、电机电控、关键零部件等板块支持企业牵头承担国家科技重大专项及国家和省重点研发计划、重大成果转化项目和国际科技合作项目,推动企业加大技术创新、产品创新、品牌创新、商业模式创新和管理创新力度,增强企业核心竞争力。支持龙头骨干企业建设省级以上研发机构。

建立"隐形冠军"企业培育库,采取科技信贷、股权投资、知识产权质押、扶持"新三板"股权融资等方式,扶持一批拥有自主知识产权、自主品牌、产品属于行业"单打冠军"的科技型中小企业做大做强,激发中小企业创新活力。

6.4.2 加速构建新能源汽车创新创业人才高地

近年来,一批高质量的新能源汽车创新创业团队和高层次人才给常州新能源汽车产业注入了新的活力。要进一步实施高层次人才集聚计划,重点引进一批掌握世界尖端技术的领军人才和创新团队,落实各项人才扶持政策,推动高科技成果转化。设立"企业创新岗",鼓励国内外高层次人才到企业任职或兼职,积极培养科技企业家、科技副总和产业教授。建立柔性人才库,深入推进院士集聚计划、博士集聚计划、海外工程师集聚计划,拓宽人才流动渠道,柔性引进新能源发展需要的各类高层次人才。结合产业特色制定人才绩效评价体系,通过精神及物质奖励、补贴扶持、股权激励等形式激发各类人才创新创业的活力。全面改善人才保障水平,切实解决人才在落户居住、社会保障、子女入学、配偶安置等方面的各种困难。

6.4.3 以专利链为引导精准开展新能源汽车产业链投资

加强产业链、专利链精准招商。以"强链、补链、扩链"为总指引,以专利链分析为手段,结合当前各板块产业链实际情况,系统梳理国内外新能源产业链各环节龙头骨干企业及重点研发机构,形成新能源产业链重点招商地图,为精准招商提供依据。在强链方面,重点加强技术领先、处于价值链高端的新能源汽车"三电"项目的招引;在补链方面,重点加强动力电池行业上游材料龙头企业的招商力度,降低企业产品成本,提升地区产业集聚度,加速形成具有竞争力的产业集群;在扩链方面,重点加快新能源汽车实力整车企业的招商,以终端应用带动相关上游企业繁荣发展。

6.4.4 加强高价值专利培育,布局产业前瞻

紧密跟踪动力电池等新能源汽车高价值环节的发展态势,设立新能源汽车高价值专利培

育专项,建设常州新能源汽车高价值专利培育中心,加强前瞻技术布局。①加快前瞻技术规划。例如,固态锂电池、燃料电池等。固态锂电池方面,要加强固体电解质材料、温度控制、材料改进、印刷电池、电池柔性化制造等技术的前瞻研究。②创新产业关键技术,突破组织模式。要充分整合新能源汽车研究院等新型研发机构和企业研发机构的资源,重点发挥其在关键共性技术方面突破的组织模式,政府相应加大支持力度。③加强技术成果转移转化进程。从国内相关领域专利产出主体看,主要还是以大学、科研院所为主,要加强我国优势科研单位和相关企业之间的合作,加速科技成果产业化进程。例如,在固态锂电池领域加强与清华大学、中科院物理所、宁波大学、复旦大学、中南大学、中科院宁波材料所、中科院上海硅酸盐所等方面的合作洽谈。

6.4.5 加强新能源汽车产业技术创新公共服务能力建设

充分发挥新能源汽车研究院等新型研发机构的纽带、桥梁作用,加强在新能源汽车产业发展战略研究、新能源汽车技术检测及认证、专业技术人才培训,以及产业发展态势、产业技术人才、技术成果等产业科技创新信息等公共服务方面的有效供给;进一步发挥常州新能源汽车行业协会的作用,搭建政府、企业、资本、高层次人才等创新主体之间互动交流的平台,加快构建全市新能源产业高端资源汇聚的蓄水池和创新驿站。

课题负责人:芮雯奕
课题组成员:殷　铭　袁真艳　姜　疆　周千惠　夏高云　宋海燕　范　闯
撰　稿　人:芮雯奕

基于江苏省科学技术情报研究所数据资源的大数据中心建设路径研究

1 研究背景和意义

1.1 研究背景

1.1.1 信息化发展进入智能化阶段

回顾信息化的发展历程，我们经历了数字化、网络化两次高速发展的浪潮，正在进入以数据的深度挖掘和融合应用为主要特征的智能化阶段。在数字化阶段，实现数据资源的获取和积累；在网络化阶段，通过平台构造促进数据资源的流通和汇聚；在智能化阶段，将通过数据资源的深度挖掘提供类人智能的信息应用，以帮助人类更好认知事物和解决问题。如今，大数据已经渗透到人类社会生活的各个领域，也给科技情报的分析研究工作带来前所未有的变革和挑战。

2014年3月，"大数据"被首次写入《政府工作报告》，李克强总理在多个场合都提及这一"热词"，他指出大数据为政府决策提供第一手科学依据，实现"人在干、云在算"。2017年12月，习近平同志在主持中共中央政治局第二次集体学习时指出："大数据是信息化发展的新阶段"。2018年4月，在福建省福州市举行以"信息化驱动现代化，加快建设数字中国"为主题的首届数字中国建设峰会，习近平同志给此次峰会的贺信中强调："加快数字中国建设，就是要适应我国发展新的历史方位，全面贯彻新发展理念，以信息化培育新动能，用新动能推动新发展，以新发展创造新辉煌。"当前，大数据、智能化、数字经济……一个个高频词正在勾画出数字中国建设的宏伟图景，我们要深刻认识数据资源蕴藏的巨大能量。

情报所作为以信息情报学为核心，覆盖信息资源、信息技术、信息服务三大领域的专业性信息咨询研究机构，一方面数据超载；另一方面有效情报信息短缺。如何从这些超载数据中挖掘和提炼出准确、高价值的情报信息，将手里握着的大量数据实现变现，并使其成为推动经济社会发展、科技进步和情报事业变革的重要战略资源，成为迫切需要解决的问题。

1.1.2 "大数据"时代已经到来

"大数据"一词由英文Big Data翻译而来。"大数据"已经无处不在，然而它的概念仍然存在混淆。维克托·迈尔–舍恩伯格等编写的《大数据时代》一书指出，大数据指的是不采用随机分析法或抽样调查法捷径，运用数据来展开分析处理。

麦肯锡全球研究所对大数据的定义为：超出传统数据库软件工具，具有抓取、存储、管理及分析能力的数据群。高德纳指出,大数据是必须通过新处理模式,才可以具备更强决策力、洞察力及流程优化能力的海量、高增长率及多样化的信息资产。两种定义都简明扼要地指出了大数据的特征:首先,给大数据信息资产做了定义;其次,描述了其海量、高增长率及多样性属性;最后,精准地描述了其应用价值与革新意义,认为其在决策力、洞察力及流程优化方面具备更优的实力。虽然不同的研究机构或学者对大数据的定义不尽相同,但是都广泛认可大数据具有以下4个特征。

①规模庞大。随着各种信息技术的不断发展,世间生物的生存轨迹均可通过数据记录下来,推动了数据的批量生产。移动互联网的核心网络节点也由网页转变成为人。在这样的环境下,所有人都可以通过微博、短信等完成数据制造。人类生活的轨迹透过互联网、移动APP、自动化传感器、交通监测、安防监测等先进技术自动记录下来。这些数据不管是人工制造的还是自动采集的,均借助互联网实现聚集,包含互联网运营商、政府、商场、交通枢纽等,共同形成了大数据的海洋。

②类型多样化。在大数据时代,多种数据平台独立运行,数据格式应平台而异,如微博更多采集文本类型、交通监测更多采集图片类型、数据统计平台更多采集数据类型、视频APP更多采集视频类型等,由此带来的数据类型不尽相同,同时数据来源也进一步拓宽,不仅产生在组织各环节内,同时也源自组织外。

③响应速度快。"一秒定律"作为数据处理速度中的著名定律,即于秒级时间内得出分析结果,超出时间数据便失去了原有的价值,在商业方面,"快"已成为贯穿了整个企业运营、决策及管理智能化全部环节的概念。例如,实时、光速、快如闪电、价值送达时间等描述"快"的新兴词汇越来越多地出现在商业数据的语境里。

④价值密度低。除上述几个特征外,大数据还有一个显著特征,即真实性。其主要体现在对于决策的支持。获得真知最重要的因素是数据的质量和真实性,而这也是制定成功决策最坚实的基础,而数据的规模是不能决定它是否能为决策提供帮助的。追求数据的真实性是一项极其重要的任务。数据都有一定的不确定性,哪怕是再完善的数据库系统也无法避免这一问题。虽说有一定的不确定性,但是我们不能因此而忽略数据背后的巨大价值,我们必须要接受数据库的这一缺点,并想办法将其负面影响降到最低,如数据融合技术,其就是运用模糊逻辑方法等先进的数学方法,凭借参考大量的可靠性偏低的数据来源来搜集更加精确、有参考价值、有指导意义的信息数据。

1.2 研究意义

从狭义的角度看,江苏省科学技术情报研究所建立大数据中心是采用一系列新技术对海量数据进行采集、存储、挖掘分析,并实现成果共享开放的信息化系统;从广义的角度看,江苏省科学技术情报研究所建立大数据中心更是支撑全省科技咨询产业发展、创新全省科技创新服务的重要基础和核心构成。

1.2.1 推动情报资源优化整合

在信息化飞速发展过程中,计算机技术层出不穷,在此过程中,给各部门建立计算机应用带来两个明显的问题:一是各部门之间计算机应用的建设是不同步的,采用的技术是不一致的，导致各部门应用之间是不兼容的；二是部门的应用本身，随着计算机应用的改进，可能与之前的应用出现不配套的问题。因此，从计算机应用技术的角度来看，必然会存在"信息孤岛"现象。除去技术原因，各部门由于条块分割的管理机制、部门利益的阻隔、本位主义思想的存在等原因，严重影响了各部门信息资源的有效利用和充分共享，各部门之间也必然会出现"信息孤岛"现象。因此，促进跨部门的大数据中心建设能有效实现信息资源的整合与共享。

1.2.2 推动情报咨询服务转型升级

情报咨询服务作为江苏省科学技术情报研究所最重要的服务工作，对提升江苏省科学技术情报研究所整理科研能力和服务水平起着关键性作用。随着社会经济、信息技术的快速发展，情报咨询服务的转型升级十分必要。建立大数据中心，可以有效推动江苏省科学技术情报研究所情报咨询服务转型升级（图1）。

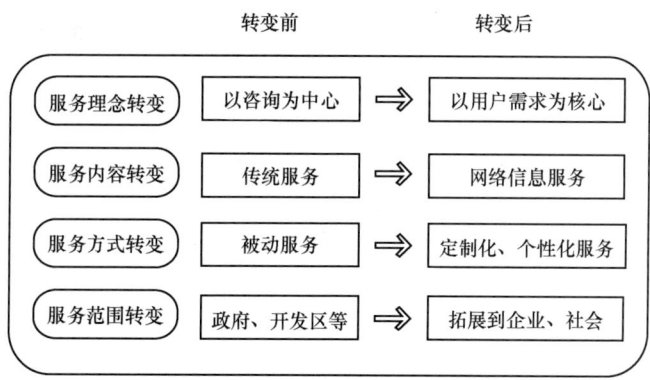

图1 情报咨询服务转型升级

服务理念转变：随着情报机构体制不断深化改革，传统的以信息咨询为中心的服务理念已经远不能满足用户对科技信息服务的需求和要求。各级情报机构服务理念逐步转变为以用户需求为核心，以满足不同用户的不同信息需求为终极目标。大数据中心的建立更好地促使机构以用户的需求为出发点，合理、科学安排咨询服务系统及设施，保证其功能最大限度地发挥。

服务内容转变：时代发展促使情报机构咨询服务的内容与范围得到进一步的拓展与延伸，除了传统的检索、定题情报跟踪服务及科技成果查新等服务外，还可以建立网络共享平台，在网上进行知识库服务、智能咨询、定制服务等综合性比较强的网络信息服务，从而大大满足了不同地区、不同产业、不同层次用户的信息咨询需求。

服务方式转变：计算机网络技术的发展给情报服务带来了更多的便利，服务对象可以通过网络自主对数据资源进行精选与分析。大数据中心的建立可以以网络作为纽带桥梁，加强与服务对象之间的沟通交流，一方面服务对象可以自主探索出符合自己需求的数据资源；另一方面机构可以采用远程和虚拟等网络手段在网上为用户提供定制化、个性化服务，突破了时间、空间的限制。

服务范围转变：以网络为平台开展的现代情报咨询服务，我们的服务对象身份不再仅仅局限于政府、开发区等，而是拓展到企业、社会；服务对象区域不再仅仅局限于本地、本省，而是拓展到全国、全球。同时，基于大数据中心开展的情报咨询服务模式还可以实现情报资源的信息共享，使得国内外情报机构之间的联系更加频繁。

1.2.3 推动产业"预测"拓展到产业"现测"

当前，发展战略性新兴产业已成为世界主要国家抢占新一轮经济和科技发展制高点的重大战略，加快培育和发展战略性新兴产业对推进江苏省创新驱动战略建设具有重要意义，战略性新兴产业是以重大技术突破和发展需求为基础的产业，重大技术突破是关键，因此，关键（重大）技术既是战略性新兴产业发展的核心，又决定了其发展方向。关键技术的选择、开发（或突破）是发展战略性新兴产业的点睛之笔。从世界范围来看，往往采用技术预见或预测来进行关键技术的选择，但目前的这些技术预见或预测活动主要是国家或区域层面的，较少是针对某一个具体产业层面的。特别是考虑到战略性新兴产业具有较大的不可预知性、突变性和复杂性，因此，开展针对战略性新兴产业的技术预测工作，可以为战略性新兴产业关键技术的选择、开发（或突破）提供科学依据，有效引导战略性新兴产业的培育和发展，具有一定的现实意义。

目前，国内外产业预测以定量研究方法为主，且进行产业预测模型所用数据均是应用年度国家或省（州）官方统计数据。该方法带来的问题是：统计年鉴数据均存在滞后性，带来产业预测研究的滞后性，而在信息技术高度发展的今天，互联网的应用已广泛应用于各产业。因此，利用大数据开展预测也是大数据最核心的应用之一，实现传统意义"预测"拓展到"现测"。

2 国内外情报机构开展大数据中心建设现状

2.1 国内情报机构开展大数据中心建设

2016年，习近平总书记在中共中央政治局第三十六次集体学习会议上指出：我们要深刻认识互联网在国家管理和社会治理中的作用，以推行电子政务、建设新型智慧城市等为抓手，以数据集中和共享为途径，建设全国一体化的国家大数据中心，推进技术融合、业务融合、数据融合，实现跨层级、跨地域、跨系统、跨部门、跨业务的协同管理和服务。要强化互联网思维，利用互联网扁平化、交互式、快捷性优势，推进政府决策科学化、社会治理精准化、公共服务高效化，用信息化手段更好感知社会态势、畅通沟通渠道、辅助决策施政。

在科技管理领域，各地都纷纷开展各自的大数据平台建设，如"首都科技大数据平台""内蒙古科技创新大数据平台""贵州科技云""青岛科技大数据平台""上海科技创新资源数据中心"等，重点多在于基础环境建设及平台搭建，在服务内容方面，大部分停留在信息整合发布、数据初步分析等粗加工服务模式。

"上海科技创新资源数据中心"提供各类以情报分析产品为代表的科技管理数据精加工服务，而时下热门的精准化定制及智能决策支撑等创新服务模式方面未见过多涉及。

中国社会科学院下设的调查与数据信息中心（Survey and Data Center of CASS）为信息

与数据采集平台，通过"中国社会状况综合调查（CSS）""中国社区建设与基层群众自治问卷调查""中国大学生就业、生活及价值观研究"等多个大型调查项目，积累大量的调查数据，出版了《中国社会形势分析与预测》《中国政治参与报告（2013）》等多个蓝皮书，并相应形成上报了中央及各部门的《要报》等一系列智库成果。

复旦大学公共绩效与信息化研究中心的绩效管理体系与信息化系统，以大数据建设为切入口，以四大专题数据库（评价指标库、实践案例库、管理标准库、绩效数据库）和一个信息平台（绩效管理信息平台）为支撑，促进和推动政府及其公共部门工作执行的标准化、规范化，进而数据化，为决策部门提供了基于强大数据分析的决策咨询。目前，该系统在国内23个省份、200多个地方政府和部门中得到应用。此外，复旦大学发展研究院建设的"金砖国家经贸信息共享平台"被列入2013年《金砖国家贸易投资合作框架》。

中国人民大学以"中国调查与数据中心（NSRC）"为平台，科学、系统、全面地采集、整理、存储与开发中国经济与社会调查数据，进行调查方法与相关技术的研究开发，通过实施中国综合社会调查（CGSS）、宗教调查、教育追踪调查、老年社会追踪调查等若干具有重大科学与现实意义的大型调查项目，为相关智库研究提供了有力的数据支持，并以此构建了囊括自主调查的各类经济社会调查数据的共享平台。中心自2007年以来持续发布的"中国发展指数（RCDI）"为合理度量我国综合发展水平提供了科学的依据。

2.2 国外情报机构开展大数据中心建设

大数据发展得到广泛关注，联合国"数据脉动"计划、美国"大数据"战略、英国"数据权"运动、日本"面向2020年的ICT综合战略"、韩国大数据中心战略等先后启动。

2.2.1 美国情报机构：寄希望于人工智能

由于有太多数据要去筛选，美国情报机构把他们的希望寄托在了人工智能上，他们希望能够通过人工智能来快速处理亿万比特的数据从而了解世界各地正在发生的事件。中央情报局技术发展部的副主任Dawn Meyerriecks表示，中情局目前有137个不同的人工智能项目，其中许多项目的开发商在硅谷。这些项目的应用范围十分广泛，大到通过对比数据变化和其他证据的相关性来试着预测重大未来事件，小到让电脑自动标记出能引起情报分析员注意的人或物。

在华盛顿举行的情报和国家安全峰会上，包括军事情报部在内的其他一些主要情报机构的官员们表示，他们也在寻求基于人工智能的解决方案，希望通过人工智能来将每天接收到的大量数据转变为能够用于政策和战场行动的情报。

正如一位官员所描述的那样，人工智能有着广泛的功能，小到精准控制战场武器，大到快速恢复黑客攻击导致的计算机系统和程序瘫痪。而在这些功能之中，有一个主要功能是在社交媒体等有价值的信息来源中找到有用的情报。美国中央情报局肯特学校教情报分析的校长Joseph Gartin说道："梳理社交媒体来获得情报并不是什么新鲜事，让人耳目一新的是如今我们收集社交媒体数据的数量之大和速度之快。"

在这个例子中，基于人工智能的计算可以挑选出关键词，进而找到数据的模式与其他事件的相关性，并以此不断改进这种发现模式的方法。Stabilitas（与美国情报界在智能分析合作的一家公司）的首席运营官 Chris Hurst 说道："人工智能可以扩大情报工作的范围，不会遗漏那些有价值的细节。""人类的行为是数据，而人工智能是数据模型。"Chris Hurst 在情报峰会上说："所以我们认为人工智能在处理这些数据方面能够比人类做得更好。"

目前，随着卫星的发展和情报收集技术的进步，可收集到的数据的数量正在成倍增加。"如果我们试图人工分析那些商业卫星的图像，预计在接下来的 20 年里，我们将需要八百万名图像分析师。"国家地理空间情报局的局长 Robert Cardillo 在 6 月的一次演讲中说道。Cardillo 表示他的目标是让分析师们 75% 的任务自动化，而要做到这一点，必须依赖能够自主学习的人工智能。

2.2.2 麦肯锡：提出"大数据"定义

麦肯锡公司是世界级领先的全球管理咨询公司，是由美国芝加哥大学商学院教授詹姆斯·麦肯锡（James O'McKinsey）于 1926 年在美国创建。2011 年，麦肯锡全球研究所给出了对"大数据"的定义：一种规模大到在获取、存储、管理、分析方面大大超出了传统数据库软件工具能力范围的数据集合，具有海量的数据规模、快速的数据流转、多样的数据类型和价值密度低四大特征。

麦肯锡研究所自己的经验则是建立储备经验与知识的数据库，数据库的内容主要源自客户工作的积累及业务领域的总结；同时为了让知识库得到充分利用，公司为每一个业务领域都配备一个全职的协调人员，负责监测数据的质量，帮助顾问更好使用相关信息。为了鼓励顾问们积极上传高品质的资料，麦肯锡还依照阅读次数对文章进行排行，设立"最佳文章排行榜"（bestsellers），让职员建立个人声誉，塑造在公司的专业形象。麦肯锡也积极利用知识资源网络，其中包括知识资源目录、公司业务信息系统及业务发展网络等，不断创造出新的知识，达到知识的协同发展。其中，知识资源目录包含了公司内部所有专家的资料，而业务发展网络则囊括了以往各个领域的工作经验总结。

2.2.3 兰德公司：建立特色数据库

兰德公司在信息支持系统方面有明显优势，早在 20 世纪 80 年代初，"兰德计算中心"就已具有较高的硬件和软件水平。该计算中心由约 1700 台电脑、150 台 UNIX 工作站及文件服务器组成的计算机网，保证兰德的研究人员和公司以外的用户随时访问。除硬件设备外，兰德公司还组建了由编程专家、系统分析专家和信息技术工程师等构成的专家队伍，致力于为研究人员提供资料检索和信息处理等相关服务。同时，兰德公司还于 1976 年建立专门的统计分析支持部门——"兰德数据统计小组"，该小组由不同领域的数据分析专家组成，其职能定位于为研究人员获得满意的数据分析支持和咨询，以提高定量研究的质量。

在业务研究过程中，兰德公司每年要发表 350～450 份研究报告及大量的论文和专著，包括卡内基国际和平基金会的《外交政策》、战略和国际研究中心的《华盛顿季刊》、布鲁金斯学会的《布鲁金斯评论》等影响极为广泛的定期出版物。兰德公司的情报研究规范中明确规定项目研究必须吸纳前人有益成果，并且研究所用数据必须翔实有效、可核实。这些智库成果本身就是很好的研究素材。除自身积累的研究成果外，兰德公司图书馆还馆藏了 134 000 份报告，收集研究人员聚焦最新研究成果获取多渠道的信息，不论是公开信息、灰色信息、还是保密信息，只要能获取到，都纳入收藏的目标。大数据时代，云计算、人工智能、物联网等先进技术的出现，不仅为情报机构提供了新的研究内容，更使服务方式发生了新的变化。

通过大量数据和成果的积累，兰德公司开发和建立了大量的专业数据库，包括统计数据库、调查数据库、案例库等。围绕研究方向，坚持基础数据和研究成果的积累，形成公司公用的咨询研究数据库，提供机构内部研究人员使用，经过长期积累，形成了人类学等国际知名的数据库。经过多年的发展，兰德调查研究组在创新调查、数据收集、数据分析等方面成果显著，高质量研究成果与其丰富数据的支撑是分不开的。

2.3 国内外情报机构开展大数据中心建设启示

2.3.1 专门部门负责信息平台

国外成熟情报机构均有专门部门负责信息平台（不论是否电子化、网络化平台）建设和维护，信息平台的功能不止于信息采集与存储，信息共享、信息决策支持也是其功能的延伸。

2.3.2 注重专题数据库建设

注重专题数据库建设是国内外情报机构共同的特点，如胡佛研究所专注于20世纪和21世纪世界历史和政治等主题，兰德公司、中国社科院、复旦大学、中国人民大学依托学科优势分别就经济社会发展过程中的重大需求及选题持续积累数据。

2.3.3 充足的人财物支持

情报机构信息平台建设需要充足的人力、物力、财力支持，如兰德公司负责信息系统维护的专门人员超过100人；中国人民大学调查与数据中心的服务器和电话调查系统电话均已超过50台，辅助人员数量也已经接近30人。设备和人力的投入都需要充足的资金来保障。

从情报机构研究的需求角度，因研究的系统性、综合性对信息支持具有高敏感度，其研究也具有很强的时效性，所以信息平台对研究所使用数据的客观、及时、准确等方面都具有较高的要求。因此，信息平台建设如何基于自身特点和优势，设定研究领域和主题，是信息平台面临的首要问题。研究领域和主题设定是信息采集的引导，同时也是信息分析团队构建的基础。另外，信息采集和分析均有成本，持续关注和追踪数据的成本一般更高，因此如何保障信息平台的资金和人力投入也是情报机构将要面临的挑战。

3 江苏省科学技术情报研究所建立大数据中心的合理性分析

3.1 情报所符合建立大数据中心的基本条件

3.1.1 情报所资源已具备应用大数据的基本特征

①情报所拥有的信息资源总量庞大且增长迅速，当前全所的资源总量已突破PB级别，虽然尚未到EB、ZB级别，但整体的信息资源总量正在不断增长，且以较快的增速增长。

②情报所拥有信息资源是大数据范畴的一部分。一方面，科技情报资源是大数据的重要组成部分；另一方面，大数据又可以划归为情报档案资源的理论范畴内。因为大数据也是国家机构、社会组织或个人在社会活动中直接形成的各种形式的信息记录。从"大资源"观的角度来看，这些大数据又是情报档案资源的组成部分。

③情报所所拥有的信息资源在形式类型符合大数据复杂多样的定义。过去的情报信息资源类型主要是文献、统计数据或者信息经过数字化处理后形成的结构化数据为主；而大数据时代非结构化数据大量产生，如各种格式的办公文档、文本、图片、XML、HTML、各类报表、图像和音频、视频信息等，这就使得情报资源的类型越来越复杂多样且难以管理。

3.1.2 情报所开展咨询服务的范围更广、精度更深

未来情报信息产生的类型在保持数量整体膨胀增长的基础之上，将是同构数据所占比例越来越少，而异构数据、复杂数据所占比例逐渐提高。在数据获取形式上，将从单一的文献数据、数据库数据逐渐发展到传感器抓取、网络抓取、WEB应用、SNS网站信息反馈及移动服务功能抓取等，对这些数据的分析处理必须建立在大数据基础之上，才能客观分析用户真正需求，因为大数据分析离不开高质量的数据和高效的数据管理，无论在商业领域或学术研究方面，情报所开展大数据中心建设都是必要且有价值的。从整个社会和用户需求角度看，科技情报机构的资源角色和地位进一步弱化，用户需求向更深更广信息分析领域拓展。

①在数据开放驱使下，可得可用的信息资源更加丰富，科技情报服务机构资源独占优势不复存在。数据开放可得，意味着业务机构可直接跳过科技情报服务中介而直接存储和利用信息，对科技情报机构的资源业务服务带来了挑战。因此，在大数据开放环境使资源获取相对容易的今天，更要求情报服务机构充分利用手上资源，注重信息分析方法和分析技术的全面协助，通过现代化信息技术对已有资源进行深入挖掘。

②要求在科技情报服务流程中更早更深入地介入用户服务，提供更加精细化的服务内容，并提供更好的内容质量控制水平。除了深度和广度上的拓展外，对用户信息的利用不同于以往的浅层利用，现在需要更加深入的研究。

3.2 江苏省科学技术情报研究所各部门数据资源特点

3.2.1 科技文献信息资源特点

科技文献信息资源是江苏省科学技术情报研究所科研、情报工作的基础。科技文献信息资源搜集工作是科研、情报工作中不可缺少的第一项工作，科研、情报工作要创一流水平，必须要有国内外丰富的、可靠的、先进的和及时的科技文献信息资源作基石。目前，江苏省科学技术情报研究所的科技文献信息资源以书本型和电子型为主。其中，书本型以科技类中外文馆藏图书为主。随着信息技术的飞速发展，我们已经进入了信息化时代，更多的文献信息资源被电子型资源所替代。江苏省科学技术情报研究所的科技文献服务中心是综合性的科技文献收集和服务中心，为国家二级科技文献收藏单位、地区一级专利服务文献服务中心、江苏省中小企业五星级服务平台，收藏的文献内容丰富、涉及面广并兼有多种学科跨行业的特点。目前，共拥有国内外数据库30多个，数据资源总量已超过2.5亿条、90 000 TB。

从资源类型来看，可分为核心资源、综合资源、期刊资源、学位会议资源、专利标准、图书年鉴、经济信息、分析工具、自建资源等。

从资源语种来看，可分为中文数据库及外文数据库。中文数据库包含了维普、万方、知网等国内主要的文献数据库；外文数据库包括CALIS、NSTL等外文数据库。

从资源功能来看，可分为数据库服务、专利服务、标准服务、引文服务、项目申报、产

业跟踪、专题库定制、难查文献服务等。

3.2.2 科技统计信息资源特点

科技统计信息资源作为信息资源的重要组成部分，能够直观反映出一国、一地、一产业的经济、科技、环境、金融等方面的运行状况、运行过程和运行规律，是我们进行科技创新服务的重要数据支撑。目前，江苏省科学技术情报研究所的科技统计信息资源既包括研究对象的状态、规模、水平等原始统计信息，也包括结构、特征、行为、功能等加工的深层次统计信息；既包括不同地区产生的统计信息，也包括不同部门产生的统计信息。因此，统计信息资源除了具有通常信息的事实性、数量性、社会性、时效性、共享性、压缩性、可扩散性、传输性外，还具有数量庞大、内容丰富、共享程度高、变化频繁及法律性、安全性、再生性、增值性和转换性等特性。目前，江苏省科学技术情报研究所的科技统计信息资源同样以文本型和电子型为主。其中，文本型以科技统计公报、统计年鉴为主；更多的电子信息资源集成在"江苏省科技统计数据处理平台"上。江苏省科学技术情报研究所的科技统计分析中心承担着国家科技统计各项工作；组织开展全省科技统计和统计分析工作；承担科技统计平台持续建设、管理和维护；开展对全省各市科技统计工作指导与培训等。目前，共拥有开展国家级及省级科技统计制度近 30 项，数据资源总量已超过 2 TB。

从统计业务流程来看，可分为采集数据、传输及处理数据、存储数据、发布数据、预测数据等。

从统计对象分类来看，可分为综合类统计信息资源、行业类统计信息资源、专业类统计信息资源、个体类统计信息资源、宣传类统计信息资源等。

3.2.3 科技分析报告信息资源特点

科技分析报告指根据特定的专题经过调查、实验、研究、撰写等步骤后形成的成果或进展情况报告，又称为研究报告或者报告文献。江苏省科学技术情报研究所的科技分析报告基本都与产业、区域、企业创新等科技领域有关，具有发表及时、课题专深、内容新颖、数据完整等特点，为江苏省的科技创新工作提供了有力的文献支撑，是一种非常重要的信息源。江苏省科学技术情报研究所开展科技分析研究的部门主要包括区域创新研究中心、科技政策研究中心、产业技术研究中心、企业创新研究中心等。目前，江苏省科学技术情报研究所的科技分析报告信息资源主要以文本存储为主，各研究部门根据研究步骤保存纸质版的课题合同、课题研究报告及最终的验收材料等。2017 年，江苏省科学技术情报研究所建立了"产业技术创新服务平台"，该平台集成了创新要闻、创新政策、研究报告、产业创新、科技前沿、专题聚焦、科技简报、区域创新、科技统计、科技报告等栏目，但是该平台仅是以数据存储、数据展示为主的内容管理平台，尚未建立规范化数据模型，不利于进行语义分析、数据挖掘等。

从报告的类型来看，可分为重大科技战略问题研究、科技规划及科技政策研究、技术预测及产业发展研究、区域竞争情报和产业竞争情报研究、科技统计分析、科技情报服务等。

从报告的进度来看，可分为最终技术报告、技术进展报告、专题技术报告等。其中，最终技术报告主要内容包含整个研究过程的目的、过程和结果，包括经验和教训，要以数据、表、图、照片等来充分展示所做的工作；技术进展报告主要是某一阶段内研究所取得的进展、获得的经验、工作的失误和教训，并应描述下一阶段研究工作的建议和初步安排等；专题技术报告主要描述实验的条件、设备、过程、数据及最终的实证分析。

3.3 "大数据"创新情报所数据资源管理

3.3.1 更科学有效的数据管理手段

在全所信息量飞速增长的当下，通过多元化渠道来获取数据资本，从而挖掘决策信息，最终实现政策制定支持。以多元渠道获取数据成为我们搭建强大的大数据中心重要的"第一步"，通过科学有效的手段高效管理大数据是数字化转型的基础。就江苏省科学技术情报研究所现有的数据管理情况而言，需要更加科学有效的手段，具体表现为数据管理范围进一步明确、质量标准和操作进一步规范、自动化和智能化工具进一步投入等。

数据管理范围进一步明确：大数据环境下各类科技信息资源的分布格局、系统中的存在形态、数据结构等呈现多元化状态，技术环境相对比较复杂，现有系统中有哪些种类的信息资源及这些信息资源是否具有保存和利用价值需要进行鉴定和挑选，如何从资源存储角度明确专业类和交换共享类等多种数据资源的范围及其所采用的数据模型和存储结构，明确数据建模方法和信息包的存储模型是面临的数据存储层面的大难题。

质量标准和操作进一步规范：大数据环境下信息资源具有异地分布、异种系统和异种结构等现象，无论从技术、管理还是业务和系统等各个层面都缺乏具体要求和行动指南。因此，如何针对不同信息资源的存在形态、技术特征和呈现方式等，真实、完整、有效和安全进行数据资源整理是需要研究和解决的关键任务。

自动化和智能化工具进一步投入：全所数据资源具有大数据的特征，系统复杂、关联性强，人工实现数据管理是不现实的，需要充分利用大数据技术基于系统智能化、自动化地开展管理工作。然而，目前就技术水平、研究能力和基础设施建设状况，大数据和人工智能等技术的应用还很缺乏。如何将政策工具、管理要求、技术要求和业务规范等制度性文件和标准规范嵌入计算机系统功能中，实现数据资源的智能捕获、自动标引和智慧存储业务，以及对数字资源进行真实、完整、有效和安全等质量标准的自动化检测，还需要在加大人力、物力和财力等方面开展研究。

3.3.2 建立更专业、更特色的数据库

国外咨询情报机构在信息资源建设的过程中，非常重视专业数据库的建设，且不仅仅限于公开出版物数据库的建设，在做情报研究的过程中，更多的是科学技术报告、会议论文、计划和规划、年度报告、案例库等多种形式的信息资源数据库的建设。与专业的第三方信息供应商开展专门的合作开发相关数据库，这些数据库的建立都是机构进行研究分析的重要基础。江苏省科学技术情报研究所专业性、针对性强的特色数据库建设还比较缺乏，需进一步建立基础数据库、专家信息库、项目信息库、科技成果信息库及专利信息库等。

3.3.3 更全面的信息共享能力

大数据中心其中重要的一个环节就是大数据交换中心，能够完成各部门之间的信息共享，以此建立的大数据中心才能真正做到数尽其用，价值最大化。目前，江苏省科学技术情报研究所大部分信息资源都是由各个部门分别主导建设的，在建设资源数据库时也只是根据本部门需要，而对与其他部门实现信息共享与协作考虑不足，造成了目前普遍存在的"信息

孤岛"和重复建设现象，极大阻碍了信息资源的共享、开发及应用。

3.3.4 可持续化的发展能力

随着IT技术的高速发展，新一代高密度服务器和存储设备不断涌现。伴随着业务扩展和信息化程度的提高，如今的数据中心已不再只是支持某些单一的应用或日常的数据存储和计算功能，而是要为整个业务运营系统的正常运行提供支撑和服务。IT技术和业务发展对数据中心基础设施的等级标准和服务能力提出了更高的要求。Gartner公司预计，在未来的5年里，全球最大的1000家企业中，70%以上不得不对数据中心进行重大改造。

目前，江苏省科学技术情报研究所数据中心无法做到资源的灵活分配，而在资源共享、提高设备利用率等方面也不能完全实现。据统计，江苏省科学技术情报研究所服务器存在闲置状态或利用率极低的状况，造成这种状况的根本原因是，历史的数据中心通常构建在各种独立的信息技术之上，各个系统之间无法相互通信。同时由于资源无法共享，致使服务器和存储系统的性能无法得到充分利用。

4 基于大数据资源创新江苏省科学技术情报研究所服务模式

4.1 传统情报服务模式现状研究

近年来，科技情报工作虽然取得很大成绩，信息化、数字化等获得长足进步，但相比其他领域，在整体上，改革氛围不浓，面貌改变不大，同需求之间的差距明显。情报工作模式基本上还是以个体劳动、单独作业、手工操作居多，存在跟踪不及时、搜索获取效率低下、深度挖掘分析不足、成果发布滞后、形式单一等问题。这些问题，在专业情报机构和各单位情报部门中，都不同程度地存在，但专业情报机构的问题则更加突出。

目前，各级情报所主要业务还是围绕文献服务、情报研究、科技统计、科技成果管理等情报研究及政府科技管理向外延伸，具有部分专业科学研究人员、资金、科学技术等存量，也积累了基础条件、信息、环境等方面的大数据或小数据的宝贵信息，这些信息的积累为智库情报研究提供了数据储备。与此同时，政府部门决策的制定和实施，将更多地以运行数据为依托。由此可见，以数据为抓手，重视数据搜集和发现，将为情报工作带来新的思路和机遇。

4.1.1 传统的科技情报研究框架

传统的科技情报研究框架包括6个连贯且迭代的阶段：情报分析方案规划、多源异构信息采集、信息分类手工处理、信息定量定性分析、情报产品编制与传播，以及支撑决策的成效评估与反馈。每个阶段的任务主要由科技情报研究人员人工实施，最大的问题是每个阶段需要耗费大量的时间和人力工作，特别是在信息检索采集、信息集成和信息分析阶段，从而导致科技情报研究的效率和时效性受到较大的负面影响。

4.1.2 传统科技情报研究模式分析

科技决策本质上是一个信息汇聚的过程。为推动这一过程，国内文献情报机构已开展了一系列探索性工作，根据决策者的需求建立了情报服务模型。传统人力驱动型科技情报研究模式可分为6个连贯且迭代的阶段（图2）。

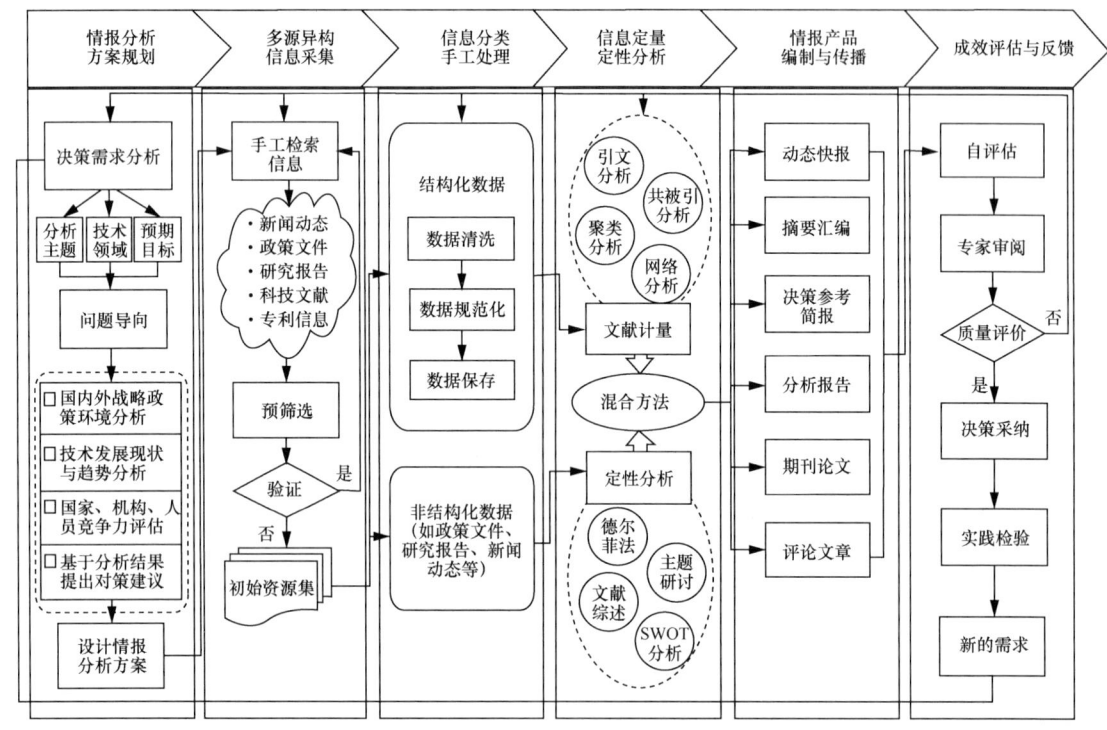

图2 传统科技情报研究模式

①情报分析方案规划阶段。研究人员基于决策者的需求以确定分析主题、涉及技术领域和预期目标，以问题为导向设计情报分析方案。一般需求是调研一个特定的技术领域，包括国内外战略规划图景，技术发展现状与趋势分析，国家、机构、科学家各层面科研竞争力评估，并基于上述分析结果提出对策建议。

②多源异构信息采集阶段。根据分析方案，情报研究人员从不同信息源手工检索多种类型信息，包括论文、专利、报告、统计信息等。通过预筛选和信息验证，将相关信息归类为原始资源集，保存在分散的个人文件系统中。

③信息分类处理阶段。包括数据分类、元数据抽取、数据清洗、数据规范化和数据保存。利用德温特数据分析器（Derwent Data Analyzer™，DDA）等商业软件和Cite Space等开源软件处理从论文和专利数据库下载的原始结构化数据。但由于缺少合适的方法和工具，需手工处理如战略政策和报告文件等非结构化数据。

④信息定量定性分析阶段。这一阶段应用定量分析和定性分析方法来整合数据，发现新的知识。目前定量方法主要限于文献计量方法，通过分析科技文献和专利发现及评估技术发展与演变态势、科研竞争力及合作网络等。定性方法如专家德尔菲法、文献综述、主题研讨、SWOT分析等多用于分析文本数据。

⑤情报产品编制与传播阶段。研究人员将分析结果编辑成文，根据决策者的需求和传播的要求，生成各种类型的情报产品，包括快报、汇编、决策参考简报、分析报告、展示幻灯片、期刊论文、评论文章等。

⑥支撑决策的成效评估与反馈阶段。情报分析产品完成后，情报研究人员首先进行自评

估，并征求领域专家或用户方的反馈。高质量的研究成果被决策者采用并付诸实践或作为进一步决策的支撑，而质量不高的成果基于反馈结果重复上述阶段修正。有时决策者会根据实践中的变化或新出现的形势在已有情报成果基础上提出新的情报需求，使得研究人员完成各阶段的迭代更新。

4.1.3 传统科技情报研究存在问题与局限性

在大数据时代，决策层对多源异构数据实时分析和深度挖掘的需求日益强烈。数据的体量和类型已经远远超出手工分析的能力。由于情报任务通常有固定的完成期限，需要有良好组织的知识管理能力和合适的分析方法能够在有限的时间产出高质量的情报研究成果，从而支撑高效科学的决策。显然，目前的人力驱动型科技情报研究模式存在诸多问题和局限性，无法适应不断变化的科研和决策环境要求，主要存在以下4个方面的问题。

①过程耗时。多个阶段需要大量的时间和人力工作，特别是在信息检索采集、信息集成处理和信息分析阶段。这些任务还严重依赖于手工收集、处理、集成和解读大量的信息。

②知识发现能力有限。由于在情报任务中采集和储存的多数数据是多属性和非结构化格式的文本信息，情报研究人员能够有效分析的数据只占较小比例。

③数据管理与共享问题。战略政策和报告数据集通常储存在分散的个人文件系统中，没有合适的基础设施来共享和集成相关数据，因而不能有效地管理和利用。

④方法学问题。大部分的情报成果是描述性、小规模的分析，缺乏理论框架和量化内容分析的方法学和研究模型。

目前的情报研究模式还属于描述型信息分析，注重通过挖掘历史数据来理解以往的经验和实践成效，研究其背后的影响因素。尽管这一分析模式对于决策而言仍有一定的价值，但由于其受限于手工数据采集和分析能力而缺乏前瞻性。另外，越来越多的决策需求需要通过集成和分析海量的多源异构数据以获得预见性判断来满足。因此，发展基于大数据的预测型分析模式乃至解决方案型分析模式，从而能够利用有限的资源做出更好的决策和行动建议，将是未来科技情报研究的大势所趋。

4.2 江苏省科学技术情报研究所创新服务模式研究

4.2.1 科技服务项目分类研究

根据对江苏省科学技术情报研究所近几年的科技服务项目进行汇总分类，得出这样的词云（图3），和大概的一个研究分类比例图。可以看到近几年来，情报所的研究主要以研究报告、产业分析、规划调研、专利分析为主，其中研究报告占了非常大的比例。

4.2.2 科技信息服务模型研究

从整个社会和用户需求角度看，在数据开放趋势下，可得可用的信息资源更加丰富，科技情报服务机构资源独占优势不复存在。以往科技情报服务过于依赖其资源优势，而对信息加工、信息分析的优势没用充分重视，存

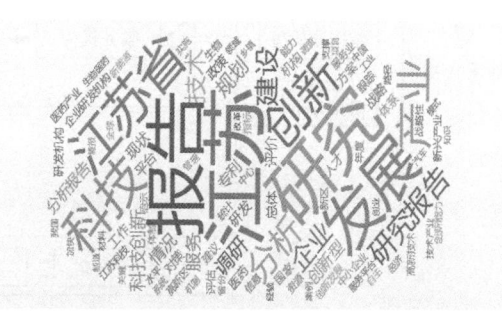

图3 江苏省科学技术情报研究所科技服务项目分类

在短期的"转型瓶颈"。而政府数据公开、研究机构数据公开获取及数据集市商务模式（GitHub）的出现，加剧了科技情报机构作为数据枢纽角色的弱化。以政府数据公开为例，美国政府目前可提供192 440个数据集，英国政府可提供1353个部门和机构开放的20 688个数据集、386个APP应用。数据开放可得，意味着业务机构可直接跳过科技情报服务中介而直接存取和利用信息，对科技情报机构的资源业务服务带来了挑战。例如，美国NTIS提供的科技报告服务，因政府部门科技报告的免费公开，在1999年以后连续多年亏损。因而，单纯提供内容获取或计量的服务模式并不能完全支持业务决策的需要。科技情报机构的资源角色和地位进一步弱化，用户需求向更深更广信息分析领域拓展。

①从服务深度上更突出碎片化信息加工和计算化服务：包括数据资源快速评价推荐、知识单元的抽取和分析、多维数据融合、细粒度数据分析及可视化、计算化的数据呈现与分析，力争将大数据去冗分类、去粗存精、去伪存真。

②从服务广度上以全局性和宏观战略性情报服务为特征：包括动态监测服务、态势分析研究服务和前瞻预测研究服务两种类型，需要对多源数据、异构数据、随机动态数据进行收割、融合、跟踪和监控。

③对用户信息进行利用：大数据时代，对于用户数据或信息资源利用也不同于以往数据阅读、数据参考和数据统计等浅层利用，而是在决策分析和学术研究中寻求高阶数据分析、多维数据的降维理解、专家智慧的介入矫正、从数据分析向情报解析的升级。

因此，科技情报服务不可避免地将由传统的依托资源数据的数据分析服务向多源多方协作的情报解析和计算分析服务转变，是对现有科技情报机构的分析技术能力的挑战。

基于上述的用户需求，结合现有的服务定位，探索出科技信息服务模型（图4）。该模型中主要要素包括服务机构、资源与服务、平台与分析工具、用户及服务流程。

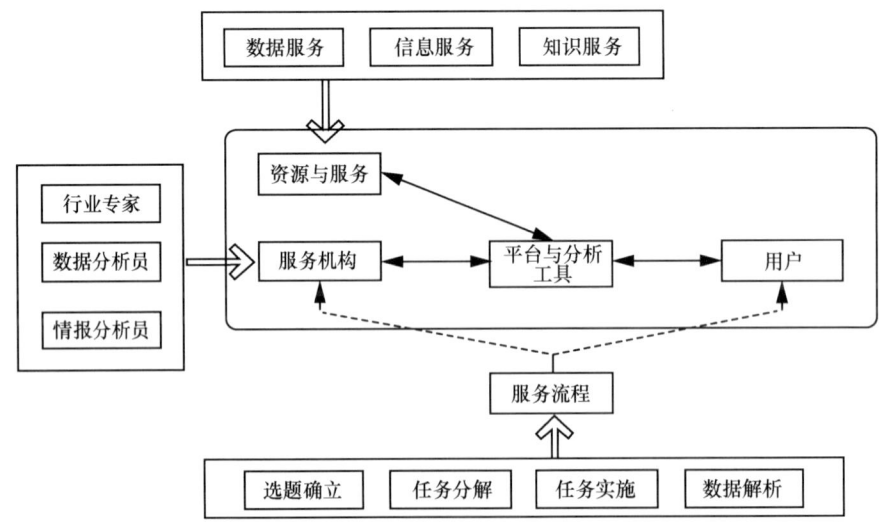

图4　基于大数据的科技信息服务模型

服务机构是指科技创新服务的提供方，既包括科技信息服务机构，也包括提供科技信息服务的人员。本文中将服务机构的团队分成了行业专家、数据分析员、情报分析员3个角色。随着信息环境带来的机遇和挑战，科技信息行业的业务范围不断拓宽，科技机构的服务人员应不断挖掘自身潜力，尽可能地掌握新知识、新技能，满足社会用户对信息的需求，提高科技信息服务机构的服务水平与服务质量。

资源与服务是指科技信息服务所依赖的资源数据库，是服务机构开展科技服务的基础条件，融合数据服务、信息服务和知识服务，其内容主要包括纸制版的文献资源及电子信息资源等。随着信息化的不断加快，服务机构的长期发展，绝大部分的服务机构都积累了丰富的信息资源，拥有了独特的服务方式。

平台与分析工具是指资源集成管理、流程自动化管理的具体实现方式。通过平台与分析工具可以把服务机构、用户和资源三者高效地联系起来。近年来，随着国家的政策扶持与引导、互联网技术的飞速发展，很多机构建设了具有本机构特色的科技信息资源平台。基于平台与分析工具，搭建起服务机构与用户的互动，提升了服务机构的服务水平，满足用户的信息需求。

用户是指科技创新服务的接收方，是我们提供科技信息服务的对象。在整个服务过程中，我们需要研究的内容就是用户需求、用户信息安全、用户满意度、用户行为等。

服务流程是指在整个服务过程中，依托大数据科技情报服务平台和分析工具，以解决用户问题为中心，融入解决问题的过程，探索选题确立、任务分解、任务实施、数据解析等服务机制。

4.2.3 科技信息服务专业化服务

在科技信息服务模型建立的基础上，探讨江苏省科学技术情报研究所可以开展的专业化业务服务体系（图5），构建的服务对象从"信息用户"到"科研人员"到"科技管理人员"到"科技决策人员"，服务内容从"专题研究""产业情报服务""技术情报服务"到"综合研究"，研究主题从"技术研究"到"产业研究"到"区域研究"到"政策研究"，服务产品从"个性化即时信息服务"到"专业化科技咨询服务"到"发展战略情报研究与规划服务"到"科技管理与决策支撑服务"。

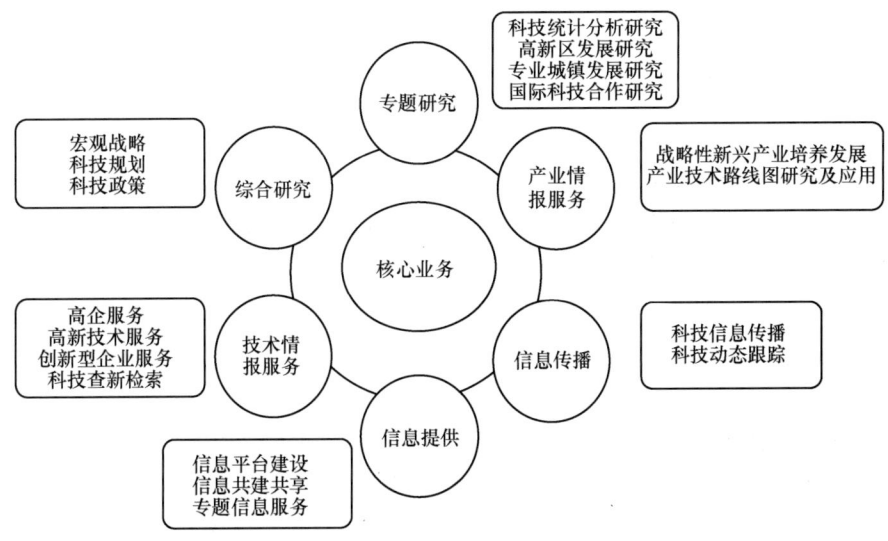

图5 基于大数据的专业化业务服务体系

5 基于江苏省科学技术情报研究所数据资源的大数据中心建设存在的问题和难点

5.1 缺少成体系的理论研究支撑

以科技管理为主题的大数据建设研究，公开的文献报道多以平台搭建、数据中心建设为主；对科技管理数据资源整合的标准，跨体系各分散系统的科技管理数据如何汇交，科技管理大数据平台的基础模型如何搭建，社交媒体等互联网数据如何融入科技管理，以及平台安全保障及运行维护模式等方面的深入研究不多；同时，虽然对大数据技术在科技管理某些环节的应用开展了研究，但对于科技管理整体过程的体系化研究不够全面，未能覆盖科技管理的各个环节，如针对应用大数据优化科技管理的关键决策环节、优化科技管理公共服务模式等问题，缺少相关理论研究。大数据中心战略应加大研发投入，以自身建设为样本，以顶层设计为基础出发点，统筹规划。

5.2 缺乏足够的信息化基础

大数据环境下全所职能在调整与变革过程中，大数据中心建设的体制、机制和模式也将随之而变化，这就导致了信息资源管理缺乏理论指导和实践方法。特别是大数据中心和大数据局建设的新态势和信息资源跨部门、跨行业、跨层级的形成、共享和开放利用的新格局。

5.2.1 业务数据存储需求日益增长

随着移动互联网技术的不断发展和普及，数据量得到了迅猛增加，这些增加的数据量给传统的数据仓库带来了巨大的压力，从而造成数据库的管理难度增加，并且成本增加，最终工作效率也持续下降，传统的数据仓库根本无法有效地处理和分析这些海量的数据。要想实现对这些大数据的长期保存，只能不断对存储空间进行扩大。面对如此大的数据压力，只有通过建立大数据平台才能不断提高线性扩容的存储能力。

5.2.2 大数据分析需求快速的处理能力

现网数据平台是传统关系型数据库架构，大量的用户上网、用户行为等半结构化和非结构化数据无法保存和处理，缺乏非结构化数据的处理能力。用户上网行为等互联网行为数据以结构化数据方式保存至数据仓库中。由于传统数据仓库的数据处理流程与业务保持紧密关联，整个数据加工流程为最终应用服务。为缓解存储压力，在数据抽取和清洗阶段会过滤掉与业务无关的数据记录和字段。由于数据处理与业务的紧密关联，可能需要对中间每个处理环节进行逐个调整，重新生成数据的周期也非常缓慢，面对海量的数据压力，需大数据平台提供快速的处理能力。

5.2.3 数据合作运营需要更有力支撑

因传统的数据库仅能保存较短周期的原始话单数据，无法实现对历史原始数据进行追寻。对外开放地层数据会大幅地消耗掉紫铜资源，进而导致主库无法进行正常的工作。大数据平台的架构将数据分层管理，在各层提供数据开放接口，以满足不同数据需求。从而更有效支撑数据合作运营,同时历时数据能促使合作在第一时间就开展起来。

5.3 数据采集范围和特色数据采集不足

已有研究成果在研究或实现科技管理大数据时,多将统计数据、专利、期刊论文、成果等科技文献元数据作为大数据的主要来源,虽然在一定程度上保证了科技管理大数据的体量,但缺少深度挖掘(如基于科技文献的专家画像、科研合作关系发现、专家及人才评价等),也缺少特色的科技管理数据库(如项目管理过程数据、科技成果登记数据、移动互联用户数据等),最终实现的科技管理服务仅是常规科技管理的信息化展示。除此之外,各大数据平台提供的数据开放、创新辅助等公共服务能力较弱,社会公众对科技管理大数据的获取及应用热情不高,影响平台的社会价值。

"大数据"分析的要义并不是实现庞大数据的提取,而是各种不同领域的信息进行重组、扩展,单纯收集与科技相关的数据,即使数量超出了信息系统的处理能力,也只能看作对原有手工数据采集的技术替代,如想发现数据背后所隐藏的规律和现象,必须突破思维定式,将信息化数据与产业、行业、社交、交通、国家统计等领域数据结合起来,以全新的视角和方式进行多维度的相关分析。既然要利用其他领域的数据,那么如产业信息、企业信息这样的大数据,就必然存在合法的数据资源共享机制。

5.4 缺少专门责任归口和专业人才

大数据只有在进行挖掘分析之后产生的新知识才有价值。无论是当今的数据抓取工具和分析软件,还是未来的大数据搜集分析平台,都只是辅助性工具,只是完成数据收集、初步筛选与鉴别,最终情报分析产品的完成还是需要人脑。大数据人才作为一种高层次复合型人才,需要综合掌握数学、统计学、数据分析、机器学习和自然语言处理等多方面知识。随着大数据人才在组织人力资源管理中的地位日益突出,大数据人才储备已然成为重要的智力资源,对组织的可持续发展产生越来越重要的影响和作用。针对这一现状,不少企业在产品和市场分析、安全和风险分析及商业智能等领域着力培训大数据人才和建设大数据人才团队。毫无疑问,具备熟悉大数据技术、掌握大数据方法、开展大数据精准分析的专门大数据人才能够展现智库研究的专业化水准,提高智库研究成果的质量和水平,从而让更多的智库产品更好地服务于国家重大战略和地方治理需求。

江苏省科学技术情报研究所现阶段的情报分析人员,所学专业集中在情报学、统计学等相关专业,对数学、数据分析、机器学习和自然语言处理等知识储备不足,情报挖掘方法也趋向于传统的手工检索方式,情报分析方法主要限于信息定量定性分析等,对从事大数据的专业人才极度缺乏。

6 基于江苏省科学技术情报研究所数据资源的大数据中心建设的路径研究

通过前文对当前江苏省科学技术情报研究所数据资源建设情况的现状分析与梳理,同时借鉴国内外知名情报咨询机构数据中心建设的实践经验和研究成果,本文从理论、技术和操作三大维度为江苏省科学技术情报研究所大数据中心建设的路径选择提出建议对策。

6.1 理论层面:全面创新大数据思维

在大数据时代,深度挖掘庞大的数据资源及其潜在价值,能够让智库研究更好地把握市场动态和社会热点,因而智库建设要将大数据视作重要战略资源和核心创新要素。更为重要的是,智库研究人员要能够挖掘大数据承载的信息要义,理解研究对象的本质和变化规律,在完成大数据的采集、存储和处理后,还要重视利用专业人才和技术人才各自的优势来识别数据价值,让数据资源最大限度地服务智库决策咨询研究。因此,大智库建设具备大数据思维要求。

①加强事实分析。情报分析服务既要进行"全数据"的收集,了解咨询服务对象的全貌,也要深入实地咨询问题产生的原因,确保决策咨询的效度和信度。

②注重集思广益。群策群力、广开言路,集中众人的思想和智慧,从大量的数据和信息中寻找更好的、有价值的数据和智慧,从众多的备选方案中寻找最好的方案。

③服务决策咨询。决策咨询针对的是公共决策过程中所遇到的重点问题和难点问题,这就需要研究人员运用大数据思维和技术尽可能地简化问题和解决问题。

6.2 技术层面:全面解析大数据技术

对既有的信息平台建立统一的信息标准和模型,形成规范化数据模型。面对海量的情报信息,根据职能特性,建立内容管理模型,通过Machine Learning、NLP自然语义分析等技术,以自动化、智能化的特性在最短时间内,呈现最优质的海量数据管理结果,规避人工逐一删选的冗杂,使用户最快触及最新的情报,做到真正地及时响应。同时作为集中的大数据交换中心,完成各职能部门和机构的信息共享。以此建立的政府大数据中心,才能真正做到数尽其用,价值最大化,否则大数据只能是一堆无意义的数据(图6)。

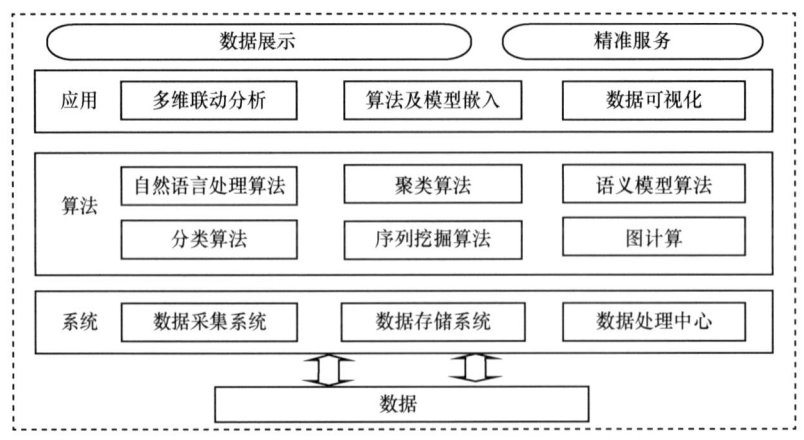

图6 "大数据中心"建设技术层面实现

6.2.1 统一的数据存储系统

由于大数据具备4V的特点(即volume、variety、value和velocity,意为数据体量巨大、数据类型繁多、价值密度低和处理速度快），仅依赖传统的结构化数据库已经无法完成相应的存储、管理任务。而需要引入键值数据库、列存数据库、图存数据库、文档型数据库等非机构化数据库数据技术，同时运用分布式、云存储等技术对数据加以存储和管理，实现海量批处理和高速流处理。

针对呈无序异构分散状态的大数据情报资源，如何使其存储为有序化、结构化的统一知识资源体系，进而实现情报服务，将是江苏省科学技术情报研究所大数据中心建立中资源管理工作所面临的首要问题。而解决问题的第一环节就是信息获取，并且如何做好信息获取的环节，对信息处理的后续环节也提供了便利。准确、有效地获取数据才能方便相关人员进行整理工作。一般的信息获取方式是实时监控，可以保证获取的数据是及时并且真实的，然后将获取的信息送入相应的存储地方进行存储，从而为需求信息的机制服务。

江苏省科学技术情报研究所服务对象比较具体，服务要求明确，服务过程直接，因此资源建设应以服务对象的特点凝练规划，以研究项目为导向进行信息资源的广泛收集和深度开发，以智库研究成果的效果为准则对信息资源建设的合理性与有效性进行评价。其次要积极探索多源异构数据的优化整合。随着数字资源的普及，结构化与非结构化等异构数据并存，利用越来越困难。需要建立统一的数据管理和访问平台，提供可用性高的"一站式"的数据访问服务。

6.2.2 统一的数据建模

在大数据时代，如何利用数据资源进行深入分析和挖掘，以满足不同业务需求为导向，弄清楚业务问题，并通过选取一些建模的方法去解决这些业务问题是大数据精准应用的关键。基于大数据的建模过程和方法，在实践中不断地被开发和完善，建立符合自身需求的数据模型基本按以下4个步骤进行（图7）。

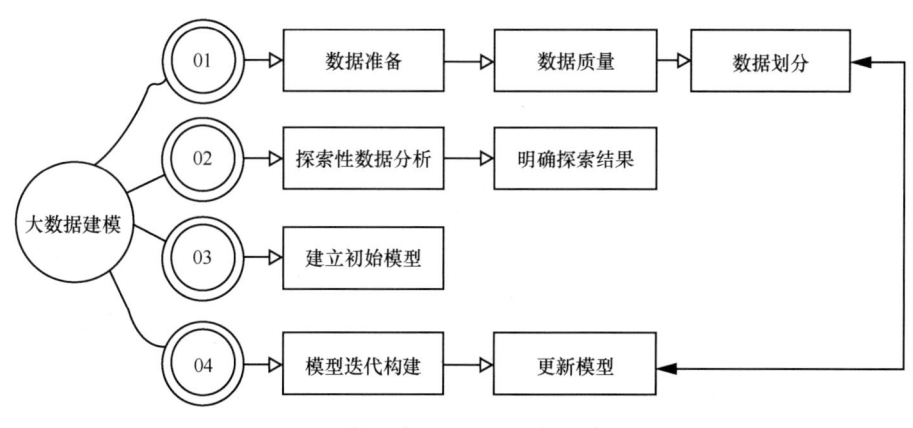

图7 "大数据中心"统一的数据建模实现

①数据准备。在大数据计算中从来不怕数据太多，相反地，数据越多越好。但是在数据量尽可能大的同时，也要注意数据质量。数据质量一般体现在数据的时间维度和数据粒度上。时间维度是越长越好。数据粒度则体现在数据的划分上，通常来说，一个数据划分比较详细且有很多数据关联的容易用来开展深入挖掘。

②探索性数据分析。在数据准备阶段，进行数据划分时，本身就是分析数据的一种体

现，这个步骤可以理解数据，获得数据之间的关系。通过划分后的数据，我们需要得到怎样的数据结果是进行探索性数据分析的关键。只有得到结果，才能明确我们数据分析的标准。

③建立初始模型。只有在建立初始模型之后，才能导入我们存储的数据，通过模型计算得到最终结果，结合我们探索性数据分析的标准，来准确衡量该模型的潜在影响。

④模型迭代构建。随着数据质量的改变、业务需求的变化，需要进行模型的不断升级，以满足日益更新的要求。模型迭代的构建应该是建模时间最长的一个阶段，也可以说没有时间终点的一个阶段。每一次的迭代都是一次实践的反馈。

6.2.3 集中的数据处理中心

随着获取到的科技信息越来越精细，数据量也越来越大，数据处理与分析的时间耗费就越大。因此，传统的数据处理技术和串行计算技术难以满足高精细情报大数据处理的需求。为有效提高大数据处理的效率，建议应用分布式并行处理方法，结合数据的清洗标准化、关联融合、深度分析等模块，从业务需求入手，制定相应的功能逻辑。另外，要提供并行计算框架，能支持高性能的分析计算，在数据中心完成大量计算，并提供批处理计算框架。基于内存计算背景下，提供分析查询引擎，以提高查询分析工作的效率，满足时效性较强的工作场合要求；还要提供SQL查询接口，通过SQL语句的利用，可以对数据进行插入、新建、删除、修改等处理。

6.3 操作层面：全面实现大数据应用

全球来看，对大数据认识、研究和应用还仍处于初期阶段，大数据的获取、整合、传递、加工、算法等技术都有待成熟，大数据应用真正落地还需数据足够丰富和开放，数据分析工具强大，数据化决策管理理念适配（图8）。

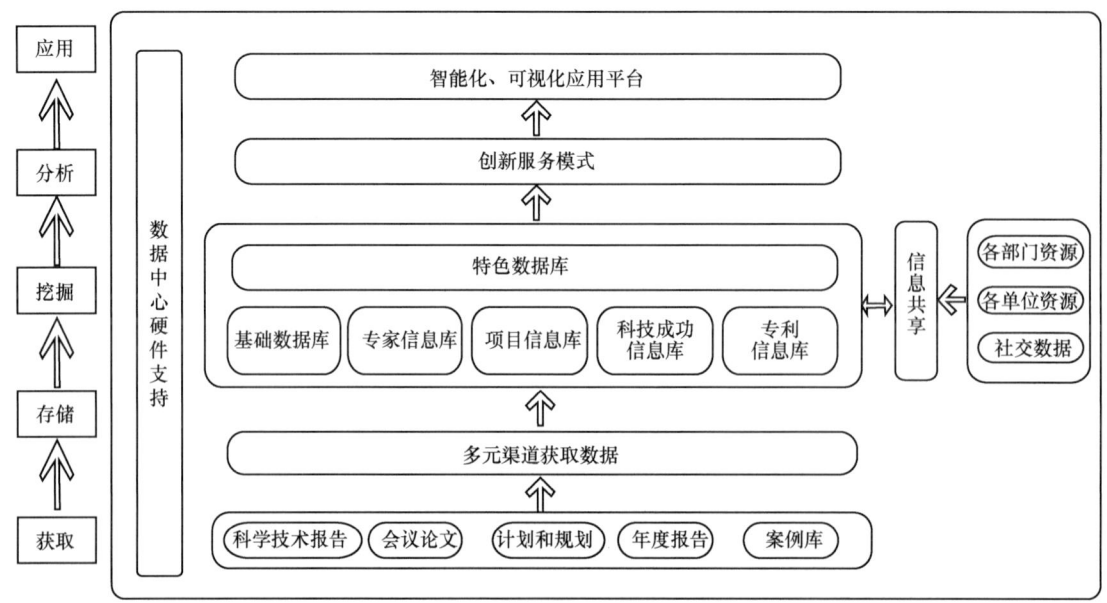

图8 "大数据中心"操作层面实现

6.3.1 实现顶层设计和全面信息化

建立完善的大数据管理体制机制、大数据应用的基础设施与支撑平台建设，做好内部数据统筹管理，以及统一做好数据采集、共享、开放和标准化工作，改变目前分块、分段、分条、分类的信息资源管理体制，打破政策、制度层面各种"数据孤岛"之间相互隔离的状况，实现智库研究中数据源采集的大连接，解决大数据采集重复、大数据共享困难和大数据服务低效等问题。

建立智库的大数据平台需要积累全面的、时序较长的第一手数据和大数据采集分析系统。第一手数据是体现智库原创分析和独立分析的窗口，用第一手资料开展大数据分析，不但可以确保研究资料的真实性，而且可以增加智库研究成果的有效性。同时，全面的和较长时序的统计数据还有利于智库研究人员通过观察数据的完整性和混杂性，更好地了解数据所携带的信息内涵。智库大数据平台建设要提升结构化数据管理技术，要注重视频、音频、图片、文本等非结构化数据管理的标准化建设，从而增进智库大数据平台之间非结构化数据的共享。

6.3.2 做大做强现有数据资源库

①做强现有资源。大数据的分类众多，姑且分为自建资源与外部资源。科技情报系统自建数据资源是科技类资源与企业资源，应进一步完善，这是情报系统的核心竞争力之一。企业是创新的主体，企业产品数据等企业类数据库可充分利用目前较完善的国家科技情报体系机构，做得更大更强。

扩展多元数据来源和新型数据存储：科技信息机构应扩展资源的广度，关注片段信息或社会网络数据等低价值密度信息资源或新型信息资源的采集和保存。在具体的采集和开发过程中，有两种典型做法（图9）：一种是全面性保存，应担心数字信息资源的易逝性，如不加以保存以后将无法利用，因而突出"优先存储，逐步利用"的原则，并不一定要优先设定明确和具体的应用目标；另一种是主张纵向驱动和片段利用驱动，突出以若干利用和专题推动数据的存储，如建立某个技术领域的数据库，并且进行及时的跟踪和扩展，最终实现数据汇集和大数据。

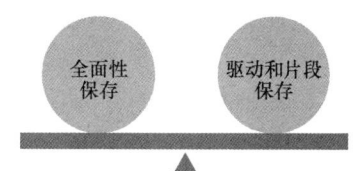

图9 "大数据中心"操作层面实现

②分析关注外部关联资源。大数据时代，数据的取舍很重要。情报机构主要服务对象一是政府，二是企业。以江苏省科学技术情报研究所业务为例，政府方面的工作主要有：接受常规定题信息的报送；接受不定期安排的针对某一领域或技术的专题情报分析；针对当年度热点重大问题的调研报告等。企业方面：查新、技术创新点挖掘、专利分析等。对各类服务重新分析与之相关的外部资源类别、可获取途径、数据关系等，选择适宜的工具，制定新的数据获取与分析的流程、模式。

推动深层数据存储和核心资源质量：相对于文献资源、规范元数据等资源形式，推动深层数据类型的采集和保存将有效提升科技情报机构的信息分析能力。以往科技情报机构的资源主体是文献信息、描述信息、事实信息及部分浅层知识资源，现在需要进一步加强内容实体信息、科学数据、深层知识资源及用户行为信息的保存，继续发展和完善知识库、本体库、情景库、资料库、实体库等新型数据库类型。

对于外部数据如何进行关联，需要利用到数据集的聚合模型和数据的标签化技术等。大数据处理，离不开计算机的运算，标签提供了一种便捷的方式，使得计算机能够程序化处理与人相关的信息，甚至通过算法、模型能够"理解"人。当计算机具备这样的能力后，无论是搜索引擎、推荐引擎、广告投放等各种应用领域，都将能进一步提升精准度，提高信息获取的效率。

③行业细分，建立专业数据库。大数据的发展如同当年互联网的发展一样，都要从数据通用到分行业应用过渡，向垂直细分；大数据必须且一定会应用到产业、应用到行业、应用到企业、应用到政府，产生切切实实的价值。作为知识型研究机构，有效的知识管理对江苏省科学技术情报研究所发展非常重要，面向智库研究构筑具有特色的机构数据库。特色数据库是重要的知识管理工具，建立特色数据库可以实现对知识成果的系统收集和管理，支持对知识资产进行长期保存，促进成果的广泛交流共享。在此基础上，利用互联网构建资源共享平台、新媒体如移动客户端提供动态服务，利用可视化手段将原本用语言描述难以理解的概念、结构、模型进行形象化展示，帮助从多变量问题中推演出最优解。

6.3.3 加大数据资源公开力度

大数据时代，数据规模跃升到GB、TB、PB、EB级别，甚至是ZB级别。面对"海量数据"，我们不得不借助于专门的数据分析和数据挖掘方法开展全数据分析、相关分析和预测分析。这就要求咨询服务人员在完成大数据样本即全数据采集后，全面而又完整地描述研究对象，抓取出某些极为重要的细节以开展针对性的研究。同时，面对规模巨大和类型复杂的大数据，要求我们的分析方法不再偏重揭示事物之间的必然关系，也即因果关系，而是要适度转换到相关性分析，并通过对事物之间的"关联"梳理和总结形成全新的研究视角。咨询服务人员借助海量数据建立数据分析和数据模型，能够提高研究成果的准确性和精确性。当大数据技术与现代识别系统、媒体扫描分析、社交媒体、复杂数据和政府决策相结合时，能更好地满足决策者想要得到的具体政策。

6.3.4 提高科技咨询服务人员自身素质

科技情报工作必须变革，变革的要义在于：突破传统，扫荡沉闷、守旧的局面；从工作理念、组织样式到工具方法实施全面革新，建立起适应新时期任务与要求的新环境和新机制。包括但不限于：革新组织，由个体向团队；革新工具，尽快实现人机翻译和智能搜索；逐步做到获取高速、挖掘充分、分析深入，并加快拥有成果多媒体、多手段并发、增值服务、定制服务等功能。现有咨询服务人员面临大数据时代的严峻挑战，必须培养在职情报人员大数据获取、分析的能力，重新调整新进人员知识结构标准。

①人员培训。大数据的特征决定了其获取和分析模式与现有模式的巨大差异，而对大数据人才的知识掌握则涵盖了数学、统计学、数据分析、商业分析和自然语言处理等多个知识面，要求具有独立获取知识的能力，具有较强的实践能力、创新意识和团队合作意识。由于大数据类型的多样性和数量的海量特征，且由于情报问题趋向复杂化，在解决这类情报问题时，单靠一个机构或个人能力很难完成对大数据的收集处理工作，因此还需要信息数据的共享、工具技术的整合和人员的跨界合作等。

②区域大情报设想。在等待学院人才的引进、逐步增强现有人员在职进修的同时，可设想组成两种模式的智力团队开展工作。当然团队的运行机制等相关问题还有待另行探索。例如，一是以各级情报机构为中心组建区域性专家团队，参与到具体服务项目的数据获取模式与流程的制定、分析等工作中，可以较快的速度提升地方情报能力，提高情报产品质量；二是系统内智力集聚式，全国各省、市（地区）、部分县构成了体系健全、人员稳定、经费稳定、技术成熟、政府信任度高、从业人员近10万的全国性情报系统，在系统内构建情报智力合作模式，发挥国家、省、市、县各级情报机构的优势，构建新型情报机构关系，将有利于形成情报系统的整体竞争力，提升情报质量，拓展情报业务。

6.3.5 树立品牌观念，实现服务转变

实施品牌战略，强化科技情报人员品牌意识，通过提升情报服务水平和产品质量，创建具有较高影响力情报研究产品；利用为政府部门（主要是科技管理部门）多年服务所形成科技计划项目管理、科技文献、科技统计等方面的事实型数据资源，形成具有情报机构特色的数据库；积极开展科技信息资源深度挖掘和综合性分析，针对不同需求提供信息加工的多元化服务，在传统业务的基础上，实现向知识化应用服务转变。

7 大数据平台在科技创新中的应用前景

随着社会的信息化程度不断提高，信息服务的内容、方法和手段发生了很大转变，符合市场发展的信息咨询机构涌现。科技情报研究已经向"数据密集型科学"这一新的研究范式演进。由此可见，以数据为抓手，重视数据搜集和发现，将为情报工作带来新的思路和机遇。

7.1 江苏省科技数据智能化分析平台

为了更好向社会及政府部门提供科技统计数据咨询服务，提高对统计数据的利用率，基于科技统计数据建设了江苏省科技统计数据智能化分析平台。该平台底层采用大数据存储格式及优良的算法，在很好地满足数据采集、数据处理的同时，满足了可视化分析的高性能需求。目前，系统上已经整合全国各省市、江苏省内各设区市、各县区的科技数据，依据指标的具体内涵，对数据进行全面、集中、标准化管理。

7.1.1 可视化页面展示

近年来，随着云和大数据时代的来临，数据可视化产品已经不再满足于使用传统的数据可视化工具来对数据仓库中的数据抽取、归纳并简单地展现。传统的数据可视化工具仅仅将数据加以组合，通过不同的展现方式提供给用户，用于发现数据之间的关联信息。新型的数据可视化产品必须满足互联网爆发的大数据需求，必须快速地收集、筛选、分析、归纳、展现决策者所需要的信息，并根据新增的数据进行实时更新。

江苏省科技数据智能化分析平台以实时性、简单操作、更丰富的展现、多种数据集成支持方式等特点，对统计数据进行数据分析、数据挖掘后通过表格、地图、饼图、柱形图等多种图表展示的方式，更直观地展现科技活动发展情况（图10、图11）。

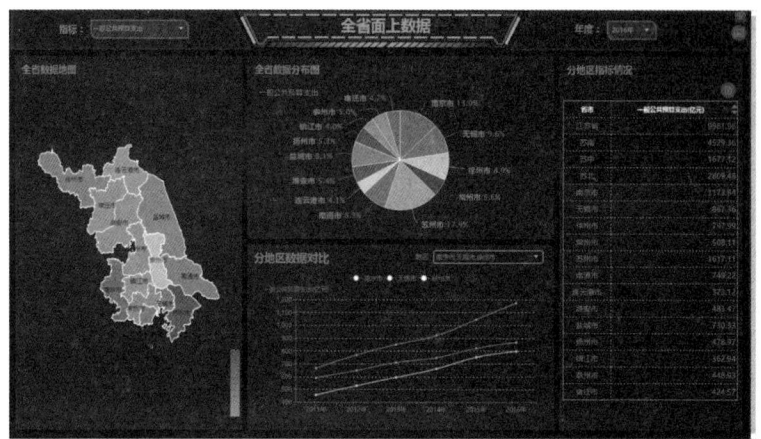

图 10　江苏省科技数据智能化分析平台可视化展示 1

图 11　江苏省科技数据智能化分析平台可视化展示 2

7.1.2　数据预警预测

该平台集合了多种预测模型（图 12），以科技活动为分析对象，建立科技活动预警指标体系及科技投入、科技产出等分析主题，可选用定性分析法，如将科技活动各指标值通过划分过冷、偏热、正常、偏冷、过冷 5 个区域来分析目前科技活动偏弱运行的指标，为政府部门决策提供引导性提示；也可选用定量分析法，如通过熵值法、层次分析法等对各指标赋予相应权重，通过多元回归模型、概率分布理论等方法测算某一分析面的综合得分，划分预警临界值，判断科技活动预警情况，以此做出相应对策。

7.1.3　支持跨平台数据展现

江苏省科技数据智能化分析平台更好地解决了跨平台、跨终端的数据分析与展示问题（图 13）。通过可视化的组态环境，灵活快速地配置各种分析型应用，提供丰富的控件库和交互效果，支持多设备协同分析，满足用户对展示分析的不同需求。终端展示不仅支持 PC 端访问，而且支持搭载 IOS、Android 系统的主流移动设备。平台内置多种适配器，可以与现有业务系统快速无缝集成。平台采用标准服务接口，提供 SDK，支持灵活定制及二次开发。

图12 江苏省科技数据智能化分析平台数据预测预警

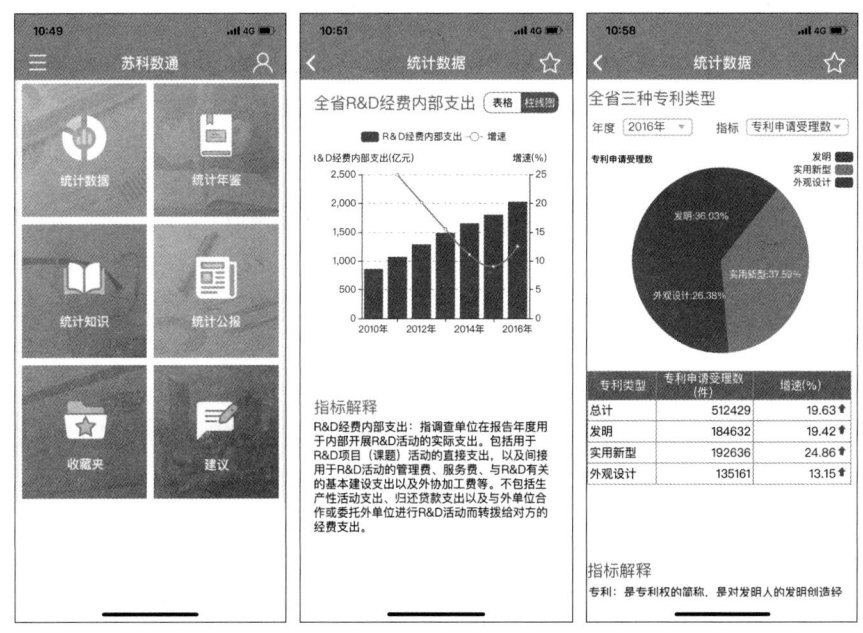

图13 江苏省科技数据智能化分析平台移动端展示

7.2 城市科技发展咨询服务

情报所工作任务是根据本地社会经济和文化发展需要,搜集加工、研究国内外科技经济信息,为各级政府和领导部门决策服务,以提高政府决策的科学化水平,开展情报理论、方法、现代化手段应用等研究等。其核心是信息搜集研究和为决策部门提供战略情报,这也是科技情报工作的初心。根据市场环境、市场主体、技术产品等信息,从战略角度出发选择可入领域和区域是创新获得成功的重要基础。通过大数据平台的建设,江苏省科学技术情报研究所可以构建文献、专利、企业、行业、政策等数据库为创新创业提供竞争情报信息(图14),围绕省重点发展领域,形成"信息类、预测类、咨询类、服务类"资源产品,提供行业研究、企业咨询、决策咨询、科技查询等情报定制类服务,实现科技调研报告、专业分析报告、科技预警报告等多种情报产品公开和共享使用,为创新创业主体提供多方位、多角度的产业竞争情报服务。

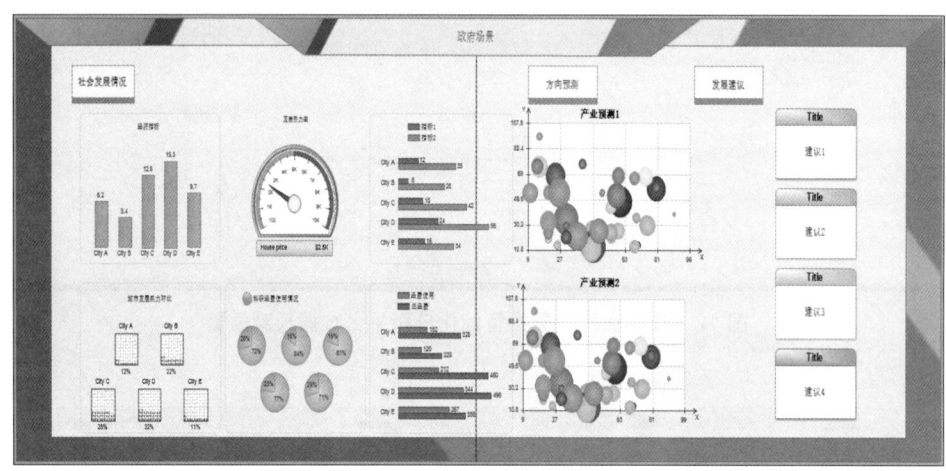

图 14 城市科技发展咨询服务

第一,提供低人力成本的智能城市区域创新发展报告、城市发展景气报告、产业化分析报告等,既能保证报告时效性,也能保证报告精确和高质量完成。

第二,结合城市发展特色、深化服务内容,在需求基础上,进行拓展研究,数据服务做精做深,最大限度地保证大数据平台源于需求高于需求。实现大数据平台对城市创新的宏观辅助功能。

第三,对城市产业研发机构、创新型园区、创新企业数据进行持续跟踪采集,与地方情报服务机构共建特色平台等,将大数据平台服务不断延伸。既有线上的数据服务,也有线下的需求反馈及服务支撑。

7.3 企业科技创新咨询服务

面向企业提供科技创新咨询服务,不仅仅是收集和生产情报,最终目的是将这些情报提供给企业决策层用于辅助决策,因此,只有实时牢牢地把握住决策者的需求,才可能开展有针对性的情报工作。对企业开展科技创新咨询服务大体分为以下几个模块：企业发展情况、核心技术及专家概述、技术路线预测、竞争企业对比、发展建议等（图15）。

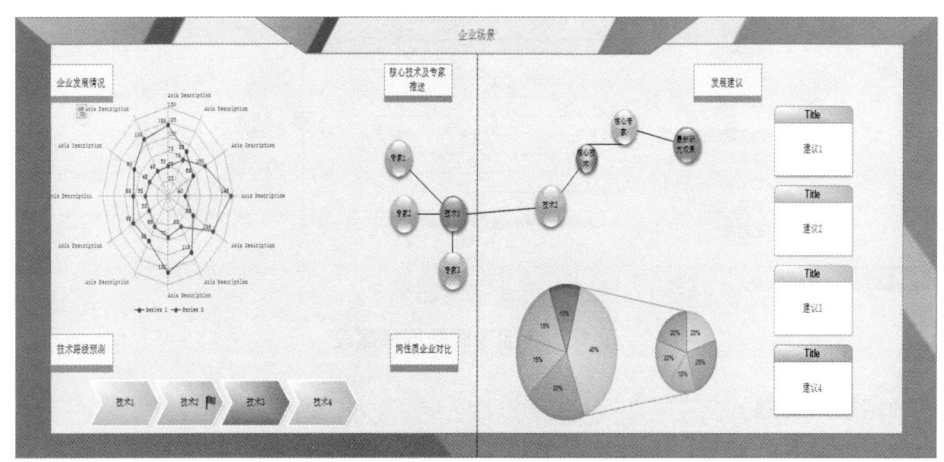

图15　企业科技创新咨询服务

第一，成为企业的情报预测、预警、服务系统：监测企业商业运行环境；跟踪技术变化；了解影响企业主业的政策、法规的变化；跟踪市场需求变化；预期现有竞争对手的行动；发现新的或潜在的竞争对手；开展情报资源的各项利用与服务。

第二，成为企业各类经营活动的科学决策支持系统：产品与技术开发决策；竞争方式决策；资本运作目标与方式选择；生产决策；开发新市场决策；营销战略和策略决策；科技计划管理；大数据挖掘。

第三，成为学习型创新企业的基础：技术借鉴；标杆比较；采用最新的管理工具；新思维、新概念；情报能力的培养与提升；新型的面向内部知识工作者的情报利用激活机制。此外，创新是企业发展的生命力和原动力，但创新过程充满着风险和竞争。只有获取准确、及时和针对性强的竞争情报，才能洞悉新产品开发方向、竞争对手的主攻目标和经营策略，指引创新活动的正确方向。

7.4　行业专题数据库建设

行业专题数据库是针对特定领域专业特点和用户特色需求，从海量的初级专利信息数据中筛选，并进行一定的加工所形成的数据库。行业专题数据库的用途是帮助用户充分了解竞争环境，借鉴已有技术、避免专利纠纷，客观制定竞争策略。因此，行业专题数据库与目前各国家和国际(地区)性专利组织的初级的综合性专利数据库相比较，具有行业特点突出、针对性强，专业技术领域专利信息集中、全面，专利信息挖掘程度高及检索简便等明显优点，它有利于充分了解掌握、分析研究与借鉴发明创造的技术方案，以进一步提高科技创新的思路和能力。

基于江苏省科学技术情报研究所数据资源情况，可分为全球热点分析、行业资讯、企业技术对比、技术发展热力图、专家介绍等模块（图16）。这就要求在大数据平台建设过程中，数据划分到具体行业、技术、专家、专利等。

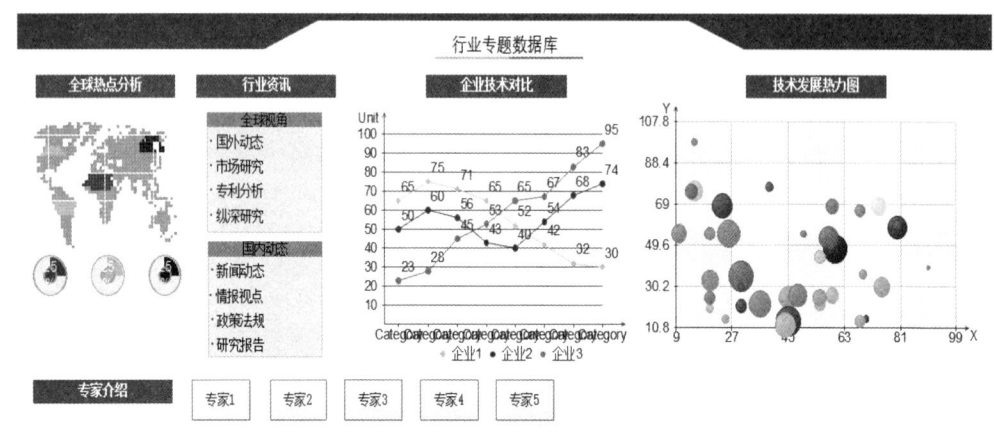

图 16 行业专题数据库建设

（1）确定技术主题

专利技术一般是针对某一具体产品或技术的改进方案，因此，检索技术主题也必须确定一个具体产品或技术。

（2）确定技术范围

技术范围确定应该是除该产品或技术本身的结构、组分和工艺方法外，还应该包括构成该产品或技术整个技术链，包含"上游产品或技术"和应用该产品或技术的"下游产品或技术"。

（3）数据源的选择

数据渠道主要包括3个部分，即专利信息服务商提供、互联网下载、商业渠道购买。选定数据源和检索软件后，可根据检索系统和数据源特点编写检索表达式。

（4）表达式的编写流程

确定专有位置、相关位置针对某种产品或技术专门设置的分类位置，称为专有技术位置；与产品或技术有一定关联的分类位置，称为相关技术位置。选择上位、无歧义的术语进行检索，对检索结果的分类位置通过IPC分类表进行甄别，确定专有位置和相关位置。确定关键词以专有位置为条件进行检索，对检索结果的专利名称和文摘进行甄别，确定关键词。确定竞争对手为研究竞争对手的专利状态，专题数据库应该尽量收集竞争对手的专利申请。编写表达式根据检索目的，编辑检索表达式。

（5）生成专题数据库

根据检索表达式，在全部数据源中下载相应范围内的专利数据，导入数据到专题数据库。在数据库确定以后，通过可视化展示的平台向服务对象提供服务。

课题负责人：马　丽
课题组成员：张　超　徐海燕　张　珍　朱　婷
撰　稿　人：马　丽

长三角城市群智力资本测度及空间溢出效应研究

1 绪论

1.1 研究背景和意义

党的十九大报告明确指出中国特色社会主义进入了新时代，开启全面建设社会主义现代化国家新征程，实施区域协调发展成为建设我国现代化经济体系的重要战略之一。长三角是我国重要的经济增长极，也是我国区域一体化发展起步最早、基础最好、程度最高的地区。随着近年来国家区域发展战略的调整、长三角地区经济社会转型发展，长三角区域合作由以行政区合作为主转向城市群合作，2016 年《长江三角洲城市群发展规划》获批，2018 年长江三角洲区域一体化发展上升为国家战略，长三角区域发展迎来新机遇。

科学技术的不断发展，使得以知识和技术为主导的新型战略资源越来越受到重视。智力资本是知识和技术的总和，在知识经济时代，智力资本已经取代劳动、资本与土地等传统生产要素，成为真正具有决定性作用的资源，也是企业管理和区域经济发展中最重要的竞争要素。长三角城市群区域拥有丰富的智力资本，研究长三角城市群智力资本的发展状况及溢出效应，对研究长三角区域经济和产业协调发展具有重要的理论与现实意义。

1.2 国内外研究现状

智力资本概念起源于企业管理研究。1969 年，美国经济学家加尔布雷斯首次提出智力资本概念，认为智力资本是一种知识性的活动，不仅是知识形态的静态资本，还包括有效利用知识的动态过程。1991 年，美国学者斯图尔特在《智力资本：如何成为美国最有价值的资产》中正式提出智力资本概念，将其定义为："公司中所有成员所知晓的、能为企业在市场上获得竞争优势的事物之和"，认为企业的智力资本就是体现在企业的人力资本、结构资本和客户资本三者之中的整体价值。20 世纪末，随着智力资本理论的深入和成熟，区域层面的智力资本及智力资本对区域创新能力、区域经济发展等的影响和作用日益成为理论界研究的热点问题。

在国外，Amidon（1999）是最早提出可以将智力资本理论应用于宏观经济层面的学者。Pasher 和 Malhotra（1999）撰写以色列国家智力资本的报告，认为以色列发展中形成的比较优势和高增长率与智力资本密不可分。Malhotra（2000）指出智力资本概念可以从企业层面转移到宏观经济层面，帮助决策者管理和测量知识资产。罗伯特·哈金斯协会（Robert Huggins Associates）建立了一个区域智力资本模型来实证研究世界各国的知识竞争力指数，并将区域智力资本划分为宏观经济环境、公司战略和商业环境的质量3个方面来研究各国和地区的竞争力差异。Martins等（2004）将区域智力资本分为4类，包括研究机构和区域政府构建的板块、现有的以环境为基础的资源板块、人力资本和社会资本板块、经济绩效板块。Bontis（2004）在其研究中将国家智力资本定义为"个人、企业、研究机构、社区和区域所拥有的隐性价值，它们是当前和未来财富创造的源泉"，认为其包括人力资本、流程资本、市场资本、更新资本4个部分。Andriessen等（2005）认为国家智力资本是"国家或区域可以利用的所有无形资源，它能够产生比较优势，通过整合能够创造未来的利益"，从人力资本、结构资本和关系资本3个方面考察欧盟国家的智力资本。Hervas等（2007）建立了包含微观、宏观和战略框架3个层面的测度区域智力资本模型，并对欧盟国家进行了对比分析的实证研究。Stahle等（2008）研究了如何从动态的角度来理解国家智力资本。

2005年后，国内关于区域智力资本的研究逐渐开始增多。刘晓宁（2005）研究了智力资本对区域经济发展的影响，认为智力资本的规模影响区域价值体系、智力资本投入影响区域产业的竞争优势、智力资本的变动影响区域价值的创造。陈钰芬（2006）运用Skandia导航器模型建立了评估区域智力资本的测度指标体系，并对全国31个省（区、市）进行了实证检验。李平（2006）提出从包括区域人力资本、区域结构资本和区域关系资本3个方面的区域智力资本构成，研究欧盟国家智力资本领域的主要结论及对中国的启示。李卫兵（2018）对中国区域智力资本进行测度，并研究其空间溢出效应。

总的来看，国内外相关研究主要集中于区域智力资本测度指标体系和测度方法等方面的研究。国内外区域智力资本测度指标体系构建主要有两种形式：一种是包括人力资本、结构资本、关系资本在内的三要素构成；另一种是四要素构成，在三要素的基础上增加了创新资本要素，具体指标包含人才、教育、医疗、卫生、社保、文化、贸易、科技、合作、运输、通信、设施、资金、产业等方面。根据现有研究成果，结合我国长三角城市群发展战略和经济、产业、科技创新发展情况，本研究采用四要素方式构建长三角城市群智力资本指标体系，收集客观数据，对长三角城市群26个城市智力资本进行测度，研究其发展情况。

1.3 研究内容与结构

在系统梳理国内外智力资本研究发展现状和趋势的基础上，对长三角城市群智力资本测度的相关基础理论进行分析，整理和归纳区域智力资本的概念、构成和测度方法；参考国内外研究成果，将各种有关区域智力资本的评价指标体系进行分析，进而提出一套科学合理的长三角城市群智力资本评价指标体系；采用合理的智力资本指数方法，收集相关指标数据，对长三角城市群智力资本指数进行测算，主要包括2016年长三角城市群智力资本指数排名和2011—2016年长三角城市群智力资本指数变化趋势两部分内容；在2011—2016年长三角城市群智力资本指数测算结果的基础上，运用探索性空间数据分析方法，对长三角城市群智力资本的空间分布及溢出效应进行初步研究；在上述对长三角城市群智力资本研究的基础上，根据分析结果，从人力资本协同开发、结构资本协同共建、关系资本协同开放、创新资本协同提升和都市圈协同合作5个方面提出进一步推动长三角城市协同发展的对策建议。

第一部分为绪论。该部分主要阐述本研究的背景与意义、国内外研究现状和研究内容与结构安排等。

第二部分为长三角城市群智力资本指标体系构建。该部分主要研究长三角城市群智力资本指标体系构建和长三角城市群智力资本指数测度方法，具体包括区域智力资本的构成要素分析、区域智力资本指标体系相关理论的总结与分析、长三角城市群智力资本指标体系中具体指标的选取与修正、长三角城市群智力资本指数测度方法等内容。

第三部分为2016年长三角城市群智力资本指数分析。根据所构建的长三角城市群智力资本指标体系，收集相关指标数据进行计算，得出2016年长三角城市群智力资本指数及人力资本、结构资本、关系资本、创新资本4个一级指标指数的排名情况，并对都市圈和不同规模城市的智力资本进行分析。

第四部分为2011—2016年长三角城市群智力资本指数变化分析。根据指标体系，计算2011—2016年长三角城市群智力资本指数，从综合指数、都市圈、城市规模等方面进行分析，研究长三角城市群智力资本的演变趋势。

第五部分为长三角城市群智力资本指数空间分布分析。在2011—2016年长三角城市群智力资本计算结果的基础上，运用探索性空间数据分析方法，对长三角城市群智力资本指数进行全局和局部空间分析，研究长三角城市群智力资本指数的空间分布格局和演化情况，探究长三角城市群智力资本溢出效应。

第六部分为基于智力资本角度的长三角城市群协同发展对策。根据长三角城市群智力资本指数测度结果与长三角城市群智力资本空间分布格局，基于智力资本的构成要素，从人力资本协同开发、结构资本协同共建、关系资本协同开放、创新资本协同提升和都市圈协同合作等方面，对长三角城市群协同发展提出相应对策建议。

2 长三角城市群智力资本指标体系构建

为推动长三角区域协同创新发展，2016年，国务院出台《长江三角洲城市群发展规划》，提出培育更高水平的经济增长极，到2030年，全面建成具有全球影响力的世界级城市群。根据发展规划，长三角城市群共包括26个城市，具体分别是上海，江苏省9个城市（南京、无锡、常州、苏州、南通、盐城、扬州、镇江、泰州），浙江省8个城市（杭州、宁波、嘉兴、湖州、绍兴、金华、舟山、台州），安徽省8个城市（合肥、芜湖、马鞍山、铜陵、安庆、滁州、池州、宣城）。根据规划中涉及的26个城市规模等级（表1），本研究根据规划重点发展的5个都市圈及不同规模等级城市类型对长三角城市群智力资本进行剖析，总结出长三角城市群智力资本发展的特点。

表1 长三角城市群26个城市规模等级

规模等级	城市
超大城市	上海市
特大城市	南京市
Ⅰ型大城市	杭州市、合肥市、苏州市

续表

规模等级	城市
Ⅱ型大城市	无锡市、宁波市、南通市、常州市、绍兴市、芜湖市、盐城市、扬州市、台州市、泰州市
中等城市	镇江市、湖州市、嘉兴市、马鞍山市、安庆市、金华市、舟山市
小城市	铜陵市、滁州市、宣城市、池州市

资料来源：《长三角城市群发展规划》。

2.1 长三角城市群智力资本指数指标体系

根据国内外相关研究成果，采用区域智力资本四要素构成模型，构建由人力资本、结构资本、关系资本和创新资本4个一级指标和20个二级指标构成的长三角城市群智力资本指数指标体系（表2），根据二级指标的说明（表3），从各城市的统计公报及统计年鉴等公开渠道，获取2011—2016年的数据，对长三角智力资本发展情况进行研究。

人力资本是个体、家庭、组织、区域所拥有的体力、健康、经验、各种知识和技能的积累，以及其他素质的总和，能够为区域的发展带来一定的价值，创造一定的产出。它主要包括教育水平、医疗卫生水平、社会保障水平等。

结构资本指那些保证区域经济安全、有序、高效运转，促进区域人力资源发挥作用的无形资产，它们嵌于区域创新网络之中，形成区域社会运行平台，由社会资本和组织资本构成。社会资本是指区域与外部联系的所有资源，包括区域的联系与联结、区域合作能力、政府和金融机构的支持等；组织资本是智力资本的基础条件，主要包括为区域经济发展提供的组织平台、制度保障等。

关系资本指区域内各行为主体之间及其与区域外行为主体之间的相互联系的所有无形资产，通常包括国际贸易往来、国内贸易往来、对外人员交流等。

创新资本是知识资本的生产及知识资本转化为技术的能力，主要包括创新投入、创新产出、创新环境等。

表2 长三角城市群智力资本指数指标体系

一级指标	二级指标
人力资本	人均财政性教育经费支出
	万人高等学校在校学生数
	人均卫生事业经费财政支出
	人均社会保障与就业经费支出
	每万从业人口R&D人员数
结构资本	第三产业增加值占GDP比重
	人均GDP
	人均邮电业务量
	万人移动电话用户数
	高新技术产业产值占规模以上工业产值比重

续表

一级指标	二级指标
关系资本	实际外商投资额占GDP比重
	进出口总额占GDP比重
	人均社会消费品零售总额
	国内旅游人均花费
	国际旅游人均花费
创新资本	R&D经费占GDP比重
	地方财政科技拨款占地方财政支出的比重
	万人发明专利申请数
	万人发明专利授权数
	国家级科技孵化器数量

表3 指标说明

序号	指标名称	指标反映方面
1	人均教育财政经费支出（元）	政府对区域教育事业的投入
2	万人高等学校在校学生数（人）	科技活动人力资源储备
3	人均卫生事业财政经费支出（元）	政府对区域医疗卫生事业投入
4	人均社会保障财政经费支出（元）	政府对区域社会保障财政投入
5	每万从业人员R&D人员数（人）	区域人力资源投入
6	第三产业产值占GDP比重（%）	区域的产业结构
7	人均GDP（元）	区域宏观经济运行
8	人均邮电业务量（元）	区域社会流通情况
9	万人移动电话用户数（户）	区域信息通信建设水平
10	高新技术产业值占规模以上工业产值比重（%）	高技术产业化程度
11	实际外商投资额占GDP比重（%）	区域利用外资情况
12	进出口总额占GDP比重（%）	区域对国际市场的开放程度
13	人均社会消费品零售总额（元）	区域内贸易情况
14	国内旅游人均花费（元）	国内旅游者消费支出
15	国际旅游人均花费（美元）	国际旅游者消费支出
16	R&D经费投入占GDP比重（%）	区域的创新经费投入
17	地方财政科技支出占地方财政支出比重（%）	地方政府科技支出情况
18	万人发明专利申请数（件）	区域创新产出水平
19	万人发明专利授权数（件）	区域创新产出水平
20	国家级科技企业孵化器数量（家）	区域创新平台建设

2.2 计算方法

长三角城市群智力资本指数计算方法采用统计综合评价方法，将不同量纲的指标数据进行无量纲化处理，然后分层级综合形成指标指数。具体计算方法如下：

二级指标数据处理采用直线型无量纲化方法，即：

$$y_{ij} = \frac{x_{ij} - \min x_{ij}}{\max x_{ij} - \min x_{ij}}$$ （$i=1\sim13$，$j=1\sim25$）

采用等权重计算出一级指标指数得分：

$$Y_{ik} = 100 \times \sum_{j=1}^{n_i} \beta_j y_{ij}$$

式中，β_j为各二级指标评价值相应的权值，n_i为第k个一级指标下的二级指标个数，$k=1\sim4$。

采用等权法由一级指标指数形成总指数：

$$Y_i = 100 \times \sum_{k=1}^{4} \beta_k Y_{ik}$$

式中，β_k为各一级指标评价值相应的权值，$k=1\sim4$。

3　2016年长三角城市群智力资本指数分析

3.1　2016年长三角城市群智力资本指数

根据长三角城市群智力资本指标体系，收集各指标数据进行计算，得到2016年长三角城市群智力资本指数排名（图1），排名前5位的城市为上海、南京、苏州、杭州和无锡。

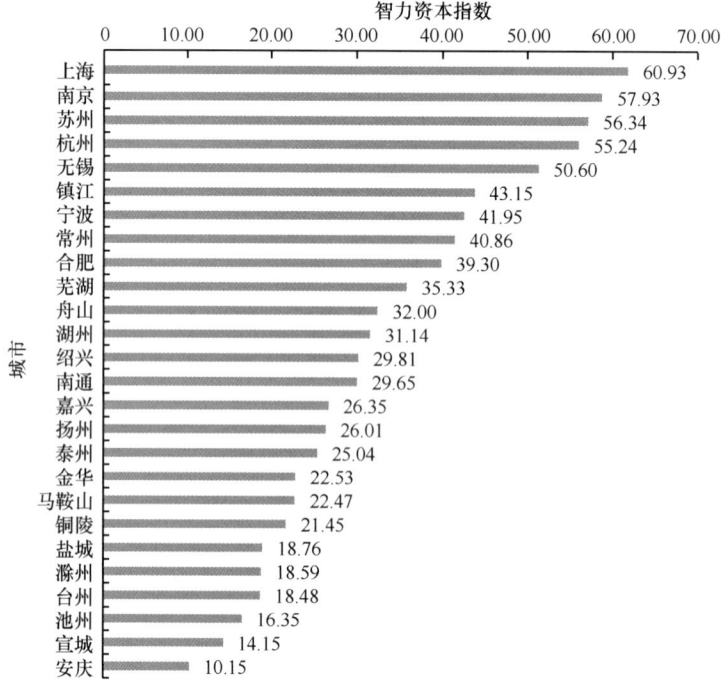

图1　2016年长三角城市群26个城市智力资本指数排名

从智力资本得分来看，26个城市分为4个梯队。第一梯队：上海、南京、苏州、杭州和无锡，智力资本得分在50分以上。第二梯队：镇江、宁波、常州、合肥、芜湖、舟山和湖州，智力资本得分在30～50分。第三梯队：绍兴、南通、嘉兴、扬州、泰州、金华、马鞍山和铜陵，智力资本得分在20～30分。第四梯队：盐城、滁州、台州、池州、宣城和安庆，智力资本得分在20分以下。

从行政区域分布来看，除上海市外，江苏省城市智力资本实力雄厚，智力资本排名前五强，江苏省占有三席，苏州、南京、无锡智力资本得分在50分以上，镇江和常州得分在30～50分，南通、扬州和泰州智力资本得分在20～30分，仅有盐城一市智力资本得分在20分以下。浙江省城市智力资本整体水平较好，杭州智力资本指数排名第4位，宁波排名第7位。安徽省城市智力资本实力有待提升，除合肥（第8位）和芜湖（第10位）智力资本得分在35分以上，池州、宣城和安庆3个城市得分在20分以下。

3.1.1 人力资本指数

从人力资本一级指标来看（图2），排名前3位的城市是上海（72.41）、南京（60.62）和杭州（46.65），远超其他城市；舟山市虽然城市规模不大，但从教育、医疗卫生和社会保障等方面具体指标来看，投入力度和建设水平较高，因此人力资本得分较高，排名第4位；人力资本指数得分在30～40分的5个城市分别为舟山、宁波、苏州、常州和镇江，得分在20～30分的5个城市分别为无锡、南通、合肥、芜湖和扬州，其他城市得分在20分以下。

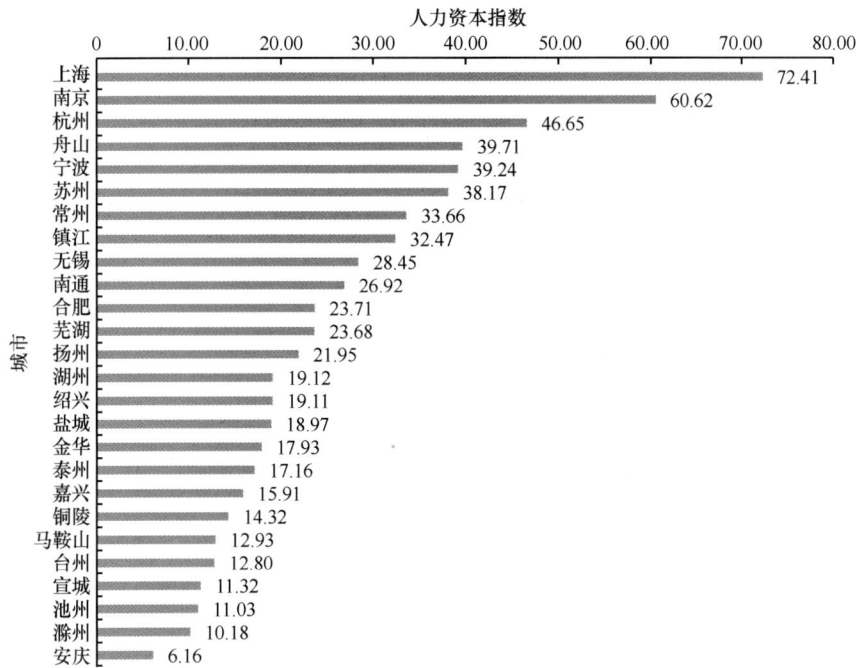

图2　2016年长三角城市群26个城市人力资本指数排名

总体来看，除上海市以外，江苏省城市的人力资本平均得分为30.93，高于浙江省（26.31）和安徽省（14.17）。江苏省城市中，南京人力资本指数排名第2位，仅次于上海，具有丰富的人力资源，苏州、常州和镇江得分在30～40分，无锡、南通和扬州得分在20～30分，仅有盐城一市得分在20分以下，说明江苏省城市特别是苏南城市，在教育、卫生和社保等民生领域财政投入较大，注重人民生活环境建设，对各类流动人才具有一定吸引力。浙江省城市中，杭州人力资本指数排名第3位，对人才具有较强吸引力，舟山、宁波分别排名第4、第5位，得分在30分以上，其他城市得分均在20分以下，说明浙江省人力资本城市之间差距较大。安徽省城市中，合肥和芜湖人力资本分别排名第11、第12位，得分在20分以上，其余城市均在15分以下，说明安徽省城市在对人才吸引力方面较江苏省和浙江省具有一定差距。

3.1.2 结构资本指数

从结构资本一级指标来看（图3），排名前5位的城市分别是无锡、杭州、南京、上海和苏州，得分在65以上，说明这5个城市在经济发展、产业结构和信息流通方面形成了长三角城市群的核心集聚区，具有较强集聚能力和辐射能力。镇江、常州、合肥、舟山、宁波和南通6个城市得分在40～60分，是长三角城市群区域内经济和产业发展较好、信息基础建设水平较高、交通运输较发达的城市。舟山市常住人口较少，得益于其良好的经济和社会环境及发达的水运，经济、产业、信息设施等人均指标的数值较高，因此其结构资本得分和排名较高。得分在30～40分的城市为湖州、扬州、嘉兴、芜湖、泰州、泰州、绍兴和金华。得分在30以下的城市有盐城、宣城、马鞍山、滁州、池州、铜陵和安庆。

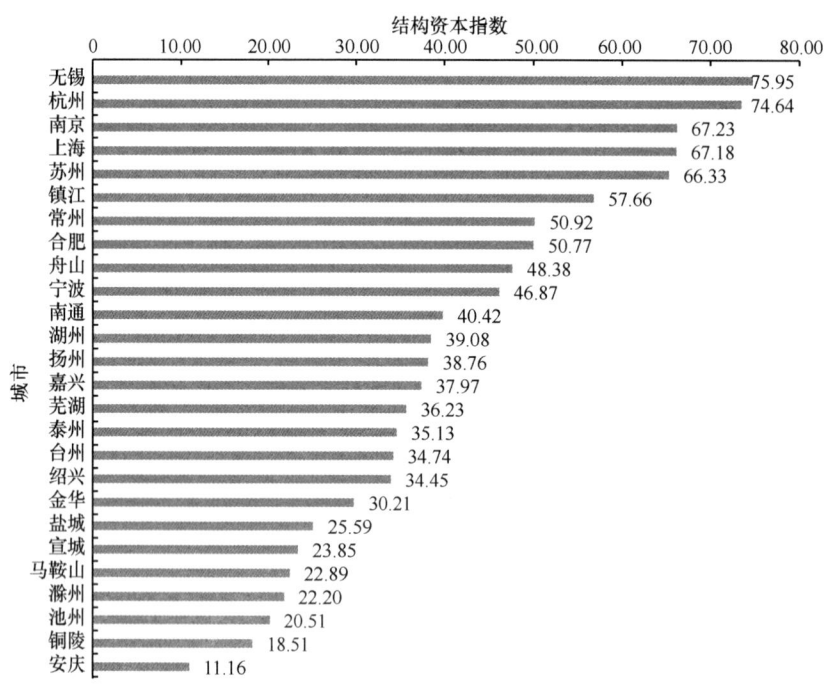

图3　2016年长三角城市群26个城市结构资本指数排名

总体来看，除上海之外，江苏省城市的结构资本平均得分为50.89，高于浙江省（43.29）和安徽省（25.77）。在结构资本指数排名前5位的城市中，江苏省占三席，无锡、南京和苏州分别居第1、第3、第5位，得分均在65分以上，镇江和常州得分在50～60分，南通、扬州、泰州得分均在30分以上，仅有盐城一市得分在30分以下，说明江苏省城市特别是苏南城市的经济、产业、信息和货物流通发展水平较高，苏南、苏中、苏北城市发展不平衡的状况较明显。浙江省城市中，杭州结构资本指数排名第2位，得分在70分以上，舟山、宁波分别排名第9、第10位，得分在40分以上，其他城市得分均在30分以上，说明浙江省城市在经济、产业和流通机制建设方面较好，中等城市和小城市发展水平较同级别城市高。安徽省城市中，合肥结构资本指数排名第8位，得分在50分以上，芜湖排名第15位，得分在30分以上，其他城市均在25分以下，说明安徽省各城市结构资本整体发展情况与浙江省和江苏省差距较大。

3.1.3 关系资本指数

从关系资本一级指标来看（图4），苏州排名最高，得分为53.58，宁波和南京分别排名第2、第3位，得分在40分以上。杭州、上海、无锡、常州、绍兴和镇江6个城市得分在30～40分，湖州、金华、铜陵、舟山、扬州、南通、合肥、泰州、马鞍山和嘉兴得分在20～30分，芜湖、盐城、台州、安庆、池州、宣城和滁州得分在20分以下。

江苏省城市关系资本平均得分为32.21，浙江省为29.67，安徽省为16.17。关系资本的主要衡量指标为对外贸易和国内外旅游情况的相关指标，经济开放程度较高或旅游业发达的城市该项指标得分较高，如苏州、宁波、南京、杭州、上海等城市，对外开放经济和旅游业发达，关系资本情况较好。整体来看，江苏省和浙江省城市经济发展较好，开放程度较高城市的关系资本指数得分较高；江苏省内城市关系资本分布仍然表现出不平衡的现象，苏南城市得分较高，苏中和苏北城市差距较大。安徽省城市包括合肥、芜湖等重要城市在内的关系资本得分都偏低，需要进一步推进全方位的对外开放。

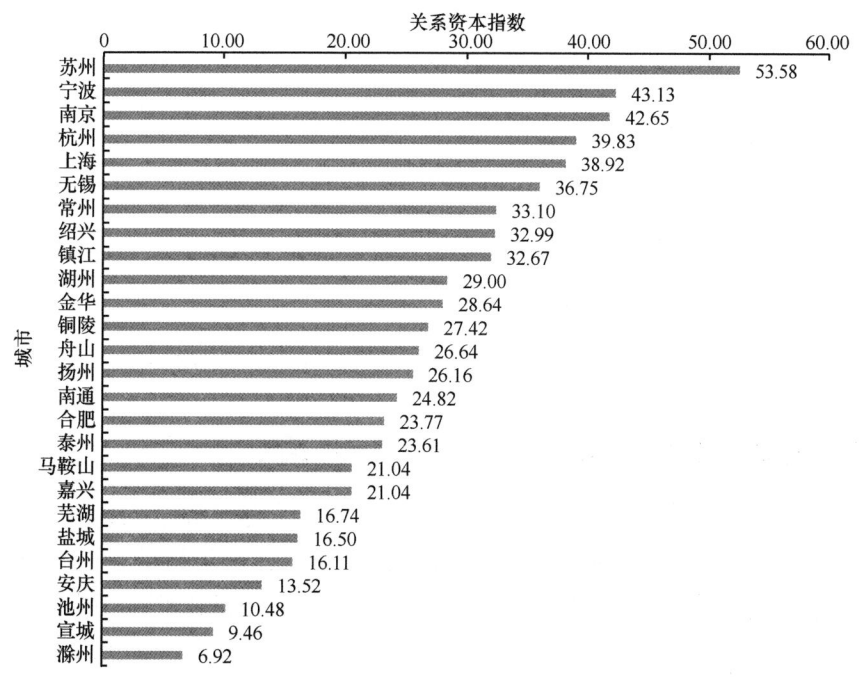

图4　2016年长三角城市群26个城市关系资本指数排名

3.1.4 创新资本指数

从创新资本一级指标来看（图5），排名前5位的城市分别为苏州、上海、芜湖、无锡和南京，得分均在60分以上。杭州、合肥排名分别为第6、第7位，得分在50～60分；镇江、常州排名分别为第8、第9位，得分在40～50分。得分在30～40分的城市有宁波、湖州、滁州、马鞍山、绍兴和嘉兴，得分在20～30分的城市有南通、铜陵、泰州、池州；得分在20分以下的城市有扬州、盐城、金华、舟山、宣城、台州和安庆。

江苏省在创新资本指标表现突出，平均得分高达40.80，高于浙江省（29.49）和安徽省（32.79），其中，苏州、无锡和南京分列第1、第4、第5位，排名前10位的城市中，有一半是江苏省内城市，说明江苏省城市创新基础实力较强，创新发展态势良好。安徽省在创新资本发展方面超越了其他指标，芜湖和合肥创新资本分别居第3位和第7位，从具体指标数据来看，合肥市和芜湖市在地方财政科技经费投入、R&D经费和人员投入及发明专利产出等指标表现较好，说明安徽省及合肥、芜湖二市对科技创新高度重视，具有一定创新发展潜力。与其他指标相比，浙江省创新资本分布不平衡，杭州在该指标得分较高，排名第6位，其他城市创新资本排名与其经济发展和区域定位不相符，需要进一步提升。

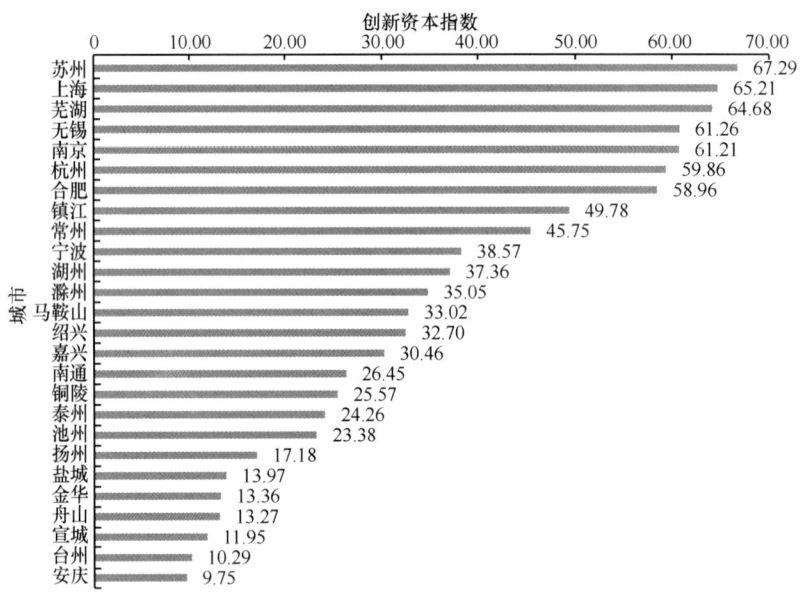

图5 2016年长三角城市群26个城市创新资本指数排名

3.2 2016年长三角城市群五大都市圈智力资本指数

长三角城市群五大都市圈智力资本排名（图6）依次为苏锡常都市圈、南京都市圈、杭州都市圈、宁波都市圈和合肥都市圈，其中前三大都市圈智力资本得分在55分以上，远超得分不足40分的宁波和合肥两大都市圈，说明苏锡常、南京和杭州三大都市圈区域智力资本基础较好，优势明显，具有较强的区域竞争力和影响力，宁波和合肥作为规划重点发展的都市圈，需要进一步提升智力资本实力。

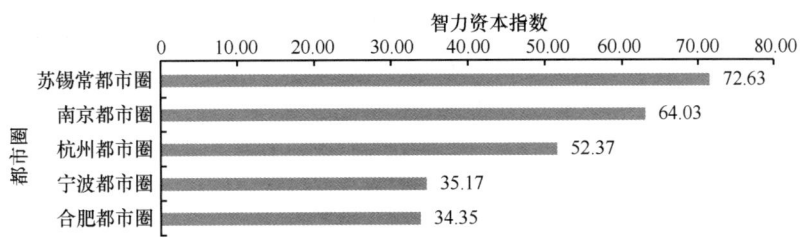

图6　2016年五大都市圈智力资本指数排名

从人力资本一级指标来看，排名依次为南京都市圈、苏锡常都市圈、宁波都市圈、杭州都市圈和合肥都市圈，其中，南京都市圈人力资本得分高达88.12，远远超出其他3个都市圈，说明南京都市圈在长三角城市群区域内教育、卫生、社会保障等民生建设水平较高，人力资源储备丰富，形成了人才集聚规模，具有较强的人力资本优势。苏锡常和宁波都市圈人力资本得分在60分以上，处于中等水平，杭州都市圈由于除杭州外，嘉兴、绍兴和湖州的人力资本发展水平偏低，得分处于50～60分。合肥都市圈人力资本得分在20以下，与其他都市圈差距较大，需要从教育水平、社会民生和人才集聚方面进一步提升能力。

从结构资本一级指标来看，排名顺序依次为苏锡常都市圈、南京都市圈、杭州都市圈、宁波都市圈和合肥都市圈，其中，苏锡常都市圈结构资本得分高达81.38，南京都市圈和杭州都市圈得分分别为71.92和66.08，超出宁波和合肥都市圈较多。数据结果表明，苏锡常都市圈在长三角城市群区域是经济较为发达、产业集聚度高、流通机制健全、交通运输便利的区域，具有较强的竞争力和辐射能力；南京都市圈和杭州都市圈以南京、杭州两个城市为核心，形成了一定集聚优势，但与苏锡常相比，还存在不足；宁波都市圈和合肥都市圈整体经济和产业实力不够强，信息流通和交通运输存在障碍，亟待加大规划力度和基础建设。

从关系资本一级指标来看，排名顺序依次为苏锡常都市圈、南京都市圈、杭州都市圈、宁波都市圈和合肥都市圈，其中，苏锡常都市圈关系资本得分为75.97，远高于其他四大都市圈，南京都市圈、杭州都市圈和宁波都市圈得分为40～50分，合肥都市圈得分在30分以下，与其他都市圈差距较大。数据表明，苏锡常都市圈开放程度较高，对外交流较为活跃，南京都市圈、杭州都市圈和宁波都市圈需要进一步推动都市圈开放进程，合肥都市圈则迫切需要加大开放力度。

从创新资本一级指标来看，排名顺序依次为苏锡常都市圈、合肥都市圈、南京都市圈、杭州都市圈和宁波都市圈，其中，苏锡常都市圈得分高达65.70，合肥都市圈达59.79，远超其他三大都市圈，说明江苏苏南地区和安徽合肥及周边城市地区的创新基础较好，在长三角城市群内形成了创新集聚区，具有较强的创新发展实力和潜力。南京都市圈和杭州都市圈得分在40～50分，相差不大，形成了以南京、杭州为核心的区域创新空间布局。宁波都市圈创新资本与其他城市圈相比，实力最弱，对未来该区域创新发展的支撑力不足，需要加快提升。

3.3　2016年长三角城市群不同规模城市智力资本指数

I型大城市及以上规模城市：上海市、南京市、苏州市、杭州市、合肥市

5个I型大城市及以上规模城市的智力资本排名（图7）顺序依次为上海、南京、苏州、

杭州和合肥，其中，上海排名第1位，得分为60.93，南京、苏州和杭州得分为50分以上，三者相差不大，合肥与其他4个城市智力资本得分差距较大，低于40分。从一级指标得分情况看，上海在人力资本、结构资本、关系资本和创新资本各个方面得分均较高，发展较为平衡；苏州在人力资本指标得分较低，南京在关系资本指标表现不足；合肥除创新资本指标得分较高，在人力资本、结构资本和关系资本指标得分与其他4个城市差距较大，需要加快发展。

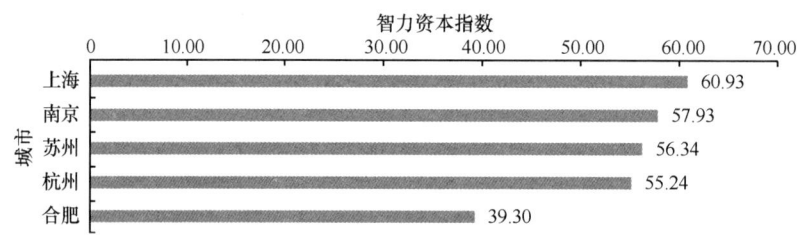

图7　2016年I型大城市及以上规模城市智力资本指数

II型大城市：无锡市、宁波市、南通市、常州市、绍兴市、芜湖市、盐城市、扬州市、台州市、泰州市

10个II型大城市中（图8），无锡智力资本得分最高，为50.60，宁波、常州、芜湖得分在30分以上，绍兴、南通、扬州、泰州得分在20～30分，得分在20分以下的城市有盐城和台州。4个一级指标中，人力资本指数得分为30分以上的城市分别为宁波和常州；结构资本得分在40分以上的城市分别为无锡、常州、宁波和南通；关系资本得分在30分以上的城市分别为宁波、无锡、常州和绍兴；创新资本得分在40分以上的城市分别为芜湖、无锡和常州。

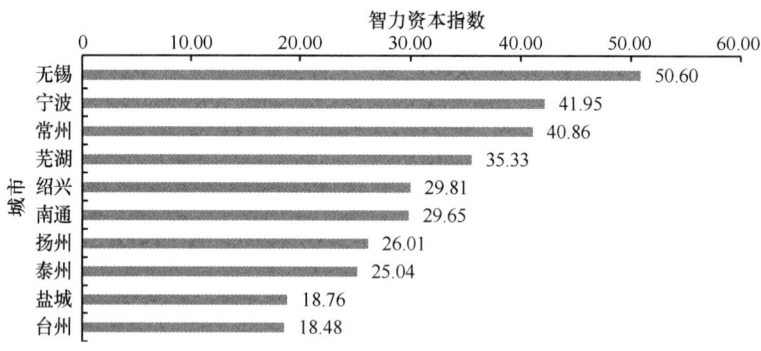

图8　2016年II型大城市智力资本指数

中等城市：镇江市、湖州市、嘉兴市、马鞍山市、安庆市、金华市、舟山市

7个中等城市智力资本排名（图9）依次为镇江、舟山、湖州、嘉兴、金华、马鞍山和安庆，其中，镇江智力资本得分达40分以上，远超其他城市，舟山和湖州的得分在30～40分，得分在20～30分的城市为嘉兴、金华和马鞍山，安庆市智力资本得分较低，仅为10.15。从4个一级指标来看，镇江市人力资本、结构资本、关系资本和创新资本均远超其他同类城市；舟山市在人力资本、结构资本和创新资本指标表现较好，但创新资本得分偏低；湖州、嘉兴4项指标得分较均衡；金华市结构资本表现较好，创新资本表现较差；马鞍山市创新资

本表现较好,人力资本、结构资本和关系资本发展不足;安庆市在4项指标方面得分较低,与其他同类型城市差距较大。

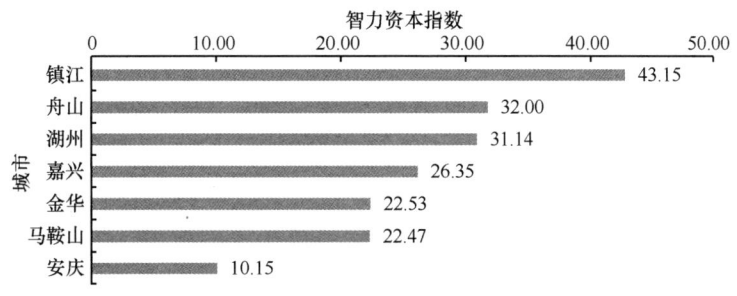

图9　2016年中等城市智力资本指数

小城市:铜陵市、滁州市、宣城市、池州市

4个小城市中(图10)智力资本得分在20分以上的城市为铜陵,其他城市得分低于20分。从4个一级指标来看,铜陵的关系资本得分较高,其他3个一级指标表现不突出;池州和宣城在结构资本和创新资本两个指标表现良好,但人力资本和关系资本得分不高;滁州在创新资本指标表现突出,但人力资本和结构资本得分与其他城市相差不大,关系资本得分偏低,影响了智力资本得分。

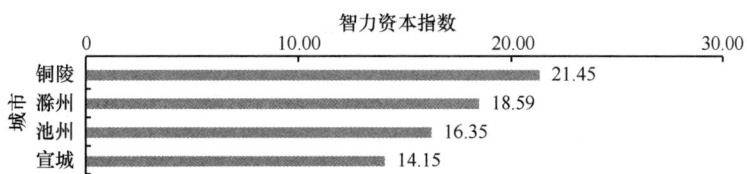

图10　2016年小城市智力资本指数

4　2011—2016年长三角城市群智力资本指数变化趋势

4.1　综合分析

按照2011—2016年的时间顺序,测度长三角城市群26个城市的智力资本指数如表4、表5所示。

表4　2011—2016年长三角城市群26个城市智力资本指数

城市	2011年	2012年	2013年	2014年	2015年	2016年
上海	68.06	66.02	60.60	59.36	61.10	60.93
南京	61.31	59.81	55.81	59.12	60.73	57.93
无锡	56.39	53.27	51.23	50.74	51.64	50.60
常州	45.89	45.26	44.84	42.63	43.46	40.86

续表

城市	2011年	2012年	2013年	2014年	2015年	2016年
苏州	58.29	57.36	56.04	56.74	58.31	56.34
南通	36.93	33.34	28.91	30.33	31.71	29.65
盐城	17.89	18.31	17.72	18.55	20.14	18.76
扬州	28.97	28.60	23.71	32.29	27.16	26.01
镇江	37.48	37.78	35.74	39.35	42.01	43.15
泰州	25.65	27.22	22.15	25.24	25.08	25.04
杭州	58.95	55.53	53.22	53.64	55.73	55.24
宁波	46.32	47.56	44.95	43.72	42.62	41.95
嘉兴	30.50	27.52	25.55	25.28	26.70	26.35
湖州	29.08	27.55	28.45	31.20	32.33	31.14
绍兴	33.01	29.71	34.42	28.38	30.65	29.81
金华	26.24	26.30	22.98	22.29	24.26	22.53
舟山	33.25	32.66	33.25	34.08	35.04	32.00
台州	24.93	22.00	19.41	18.22	19.71	18.48
合肥	30.94	32.12	31.39	33.19	35.54	39.30
芜湖	26.67	27.78	27.99	28.53	33.30	35.33
马鞍山	23.09	23.04	22.27	20.71	21.39	22.47
铜陵	33.15	39.79	39.39	36.46	36.51	21.45
安庆	7.71	7.72	5.55	7.56	9.93	10.15
滁州	14.43	16.48	16.39	13.38	18.41	18.59
池州	17.84	20.15	19.34	14.70	20.12	16.35
宣城	12.45	14.78	13.82	14.16	14.53	14.53

表5 2011—2016年长三角城市群26个城市智力资本指数排名

城市	2011年	2012年	2013年	2014年	2015年	2016年
上海	1	1	1	1	1	1
南京	2	2	3	2	2	2
无锡	5	5	5	5	5	5
常州	7	7	7	7	6	8
苏州	4	4	2	3	3	3
南通	9	10	13	14	14	14
盐城	22	23	23	21	21	21
扬州	16	14	17	12	16	16
镇江	8	9	9	8	8	6
泰州	19	18	20	18	18	17
杭州	3	3	4	4	4	4
宁波	6	6	6	6	7	7

续表

城市	2011年	2012年	2013年	2014年	2015年	2016年
嘉兴	14	17	16	17	17	15
湖州	15	16	14	13	13	12
绍兴	12	13	10	16	15	13
金华	18	19	18	19	19	17
舟山	10	11	11	10	11	11
台州	20	21	21	22	23	23
合肥	13	12	12	11	10	9
芜湖	17	15	15	15	12	10
马鞍山	21	20	19	20	20	19
铜陵	11	8	8	9	9	20
安庆	26	26	26	26	26	26
滁州	24	24	24	25	24	22
池州	23	22	22	23	22	24
宣城	25	25	25	24	25	25

总体来看，上海智力资本排名第1位，智力资本实力最强。排名前5位城市中，江苏省的南京、苏州和无锡长期居第2、第3、第5位，说明江苏省城市在智力资本上有优势，但苏南、苏中和苏北差距较大，苏南5市居前10位，苏中的南通、扬州、泰州处于第15～第20位，苏北城市盐城智力资本排名在第21～第23位。浙江省城市中，杭州和宁波智力资本实力较强；舟山排名第10位左右；嘉兴、绍兴、湖州、金华4市排名在第15位左右浮动，并且差别不大；台州排名在第20位之后。安徽省城市中，合肥和芜湖的智力资本实力较强，并且呈现稳步上升趋势，特别是芜湖市，近年来智力资本排名上升较快；铜陵市由于人口较少，人均指标较高，智力资本得分排名一直居前列，在2016年，铜陵市常住人口大量增加，智力资本得分和排名随之下降；马鞍山、滁州、池州和宣城排名则长期落后。由于26个城市规模差异较大，考虑按城市类别划分进行分析，以比较相同级别城市智力资本的情况。

4.2 都市圈分析

五大都市圈2011—2016年智力资本发展趋势（图11），苏锡常都市圈智力资本实力最强，长期居第1位，但近3年得分呈现下降趋势，南京都市圈和杭州都市圈近3年智力资本呈稳步增长态势，宁波都市圈智力资本发展较稳定，近3年略有下降，合肥都市圈智力资本增长较快，上升态势明显。

人力资本方面，南京都市圈和杭州

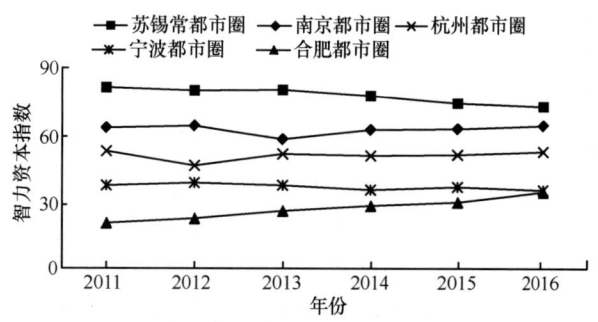

图11 2011—2016年五大都市圈智力资本指数

都市圈人力资本近3年增长态势明显，近3年已超越苏锡常都市圈；苏锡常都市圈和宁波都市圈人力资本上下波动，增长幅度不大；合肥都市圈人力资本发展缓慢，需要进一步提升。结构资本方面，苏锡常都市圈结构资本实力最强，但近年来略有下降；南京都市圈和杭州都市圈结构资本近3年来稳步上升；宁波都市圈结构资本下降较明显，合肥都市圈结构资本增长速度较快。关系资本方面，苏锡常都市圈居第1位，近年来呈下降趋势；南京都市圈、杭州都市圈和宁波都市圈近3年关系资本发展较平稳；合肥都市圈关系资本呈上升态势。创新资本方面，苏锡常都市圈虽排名第1位，但下降趋势明显；南京都市圈和杭州都市圈创新资本发展趋势基本相同，近3年略有下降；合肥都市圈创新资本增长较快，上升趋势明显，说明安徽省重视推动合肥都市圈城市创新发展；宁波都市圈创新资本长期排在末位，创新资本实力较其他都市圈有很大差距。

4.3 不同规模城市分析

Ⅰ型大城市及以上规模城市：上海市、南京市、苏州市、杭州市、合肥市

上海市智力资本排名第1位，但近3年得分呈现下降趋势；南京、苏州智力资本排名第2、第3位，近3年得分与上海市差距缩小；杭州市智力资本排名第4位，排名和得分情况总体表现较稳定；合肥市6年排名均为第5位，虽然智力资本得分与其他4个城市差距较大，上升趋势明显，说明合肥市的智力资本基础偏弱，但发展迅速，具有一定提升潜力。

从一级指标发展趋势来看，人力资本方面，5个城市排名和得分情况大致稳定；结构资本方面，除合肥市得分较低外，其他4个城市结构资本得分相差不大，杭州和南京近3年呈上升趋势，上海和苏州略有下降；关系资本方面，苏州近3年居第1位，南京、上海和杭州关系资本得分相差不大，合肥市关系资本得分较少；创新资本方面，上海和苏州创新资本排名和得分略有下降，南京和杭州创新资本得分略有上升，4个城市得分相差不大，合肥创新资本得分上升速度明显，2016年，合肥市创新资本得分已达其他4个城市的水平，说明合肥市近年在推动科技创新方面取得了较明显的成效。

Ⅱ型大城市：无锡市、宁波市、南通市、常州市、绍兴市、芜湖市、盐城市、扬州市、台州市、泰州市

Ⅱ型大城市的10个城市智力资本得分情况可以分为3个层级：第一层包括无锡、宁波和常州3个城市，无锡在10个城市中智力资本得分排名居第1位，宁波和常州在分别居第2位和第3位，两者相差不大，但从整体来看，无锡和宁波市的智力资本得分呈下降趋势，常州市智力资本发展波动不大；第二层包括绍兴、南通、扬州、泰州、芜湖5个城市，南通和扬州的智力资本得分呈下降趋势，泰州智力资本得分稳中有升，芜湖市智力资本实力提升较快，在2011年、2012年的智力资本得分偏低，从2013年开始明显增长，到2016年，芜湖市智力资本得分居10个城市中的第4位；第三层为台州和盐城，台州市智力资本呈下降趋势，盐城市智力资本得分趋势较平稳，但没有明显提升。

中等城市：镇江市、湖州市、嘉兴市、马鞍山市、安庆市、金华市、舟山市

2011—2016年7个中型城市中智力资本得分排名第1位和第2位的是镇江市和舟山市，近3年镇江市智力资本得分呈上升态势，舟山市智力资本得分略有下降；湖州、嘉兴、金

华和马鞍山市近3年的智力资本得分和排名基本稳定；安庆市智力资本得分在7个城市中最低，也是长三角城市群26个城市排名的末尾。

小城市：铜陵市、滁州市、宣城市、池州市

铜陵市智力资本得分远超其他3个城市，居第1位，但得分在2016年出现较大幅下降，主要原因是2011—2015年铜陵市常住人口较少，各项人均指标得分较高，2016年，铜陵市人口增长幅度较大，影响了指标得分；池州市、滁州市和宣城市在2011—2013年智力资本得分和排名较稳定，从2014年开始，滁州市智力资本得分呈现上升态势，池州市智力资本得分出现下降，宣城市智力资本得分较稳定。

5 长三角城市群智力资本指数空间分布分析

5.1 探索性空间数据分析

探索性空间数据分析（exploratory spatial data analysis, ESDA）是一系列空间分析方法和技术的集合，通过对事物或现象空间分布格局的描述与可视化，发现研究变量的空间关联性和聚集性。如果某一属性值在空间尺度上发生聚集，即在一定区域范围内，某一属性较高，其周围区域该单元属性值也较高；或者某一属性值较低，其周围区域单元该属性值也较低，这就说明该属性值发生了聚集现象。为了进一步揭示长三角城市群智力资本的空间分布特征，在对长三角城市群智力资本指数进行纵向和横向分析的基础上，利用Geoda软件，运用探索性空间数据分析方法（ESDA）中的全局Moran's I值和局部Moran's I值测度长三角城市群26个城市与其他城市之间的智力资本差异程度，用于识别长三角城市群智力资本的空间分布格局，分析长三角城市群智力资本是否存在集群化特征。

全局空间自相关主要是反映在整个研究区域内，空间邻接单元的整体相似程度，用于识别整个研究区域内所表现出的分布特征，通常可用Moran's I（莫兰指数）、Geary's 比率（吉尔里指数）及广义G统计量进行度量，其中，全局空间自相关Moran's I工具使用频率较高，其具体计算方法如下：

$$I = \frac{\sum_{i=1}^{n}\sum_{j=1}^{n}w_{ij}(x_i - \overline{x})(x_j - \overline{x})}{S^2 \sum_{i=1}^{n}\sum_{j=1}^{n}w_{ij}}$$

式中，I为全局Moran's I值，w_{ij}为二进制的空间权重矩阵，用来表示研究单元的相互邻接关系，分为前式邻接、后式邻接及k最近邻接等；x_i和x_j为研究单元的观察值，$\overline{x}$为各研究单元观察值的均值；S为研究单元观察值的标准差，n为研究单元总数。全局Moran's I值在$[-1,1]$取值，此值大于0表示正相关，小于0表示负相关，等于0表示不相关。此种判断只是大致的判断，要判断研究单元之间到底在多大程度上具有空间自相关性，需要对Moran's I值进行显著性水平检验。在Moran's I值的显著性检验中，可以采用正态抽样假设或随机抽样假设，不论是在正态抽样假设或随机抽样假设，Moran's I值的期望值都是相同的，但其方差有所不同，计算公式如下：

$$E(I) = -\frac{1}{n}$$

$$\text{Var}(I) = \frac{n^2 S_1 - n S_2 + 3 S_0}{S_0^2 (n^2 - 1)}$$

$$\text{Var}(I) = \frac{n\left[(n^2 - 3n + 3) S_1 - n S_2 + 3 S_0^2\right]^2 - A\left[(n^2 - n) S_1 - 2n S_1 + 6 S_0^2\right]}{(n-1)(n-2)(n-3) S_0^2}$$

$$S_0 = \sum_{i=1}^{n} \sum_{j=1}^{n} w_{ij}$$

$$S_1 = \frac{1}{2} \sum_{i=1}^{n} \sum_{j=1}^{n} (w_{ij} + w_{ji})^2$$

$$S_2 = \frac{1}{2} \sum_{i=1}^{n} \sum_{j=1}^{n} (w_i + w_j)^2$$

$$A = \frac{n \sum_{i=1}^{n} (x_i - \bar{x})^4}{\left(\sum_{i=1}^{n} (x_i - \bar{x})^2\right)^2}$$

全局空间自相关不能精确地反映在研究区域内究竟哪些地区存在集聚，维持需要引入局部空间自相关分析来揭示每个研究单元与周围研究单元之间的空间聚集程度，通常用局部Moran's I值来刻画，具体计算方法如下：

$$I_i = \frac{(x_i - \bar{x}) \sum_{j=1}^{n} w_{ij} (x_j - \bar{x})}{S^2}$$

式中，I_i为局部Moran's I值，其他符号意义同上。正的I_i表示高值被高值包围，或低值被低值包围；负的I_i表示低值被高值包围，或高值被低值包围。

5.2 长三角城市群智力资本指数全局空间分布

根据长三角城市群26个城市2011—2016年智力资本指数计算结果，结合全局Moran's I值计算公式，采用Rook空间权重矩阵，运用蒙特卡罗模拟的方法来检验Moran's I系数的显著水平，得到长三角城市群指数历年的Moran's I值及统计检验（表6）。从2011—2016年长三角城市群智力指数历年的Moran's I值看，除2015年的Moran's I值为负以外，其他5年的Moran's I值均大于0，从空间自相关显著性检验的结果来看，2011—2016年P值均大于0.05，未通过显著性检验，说明长三角城市群智力资本不存在显著的空间自相关特征。

表6 2011—2016年长三角城市群智力资本指数Moran's I检验

年份	Moran's I值	均值	标准差	Z值	P值
2011	0.0721	−0.0426	0.1250	0.9177	0.1820
2012	0.0077	−0.0398	0.1223	0.3878	0.3130
2013	0.0008	−0.0441	0.1204	0.3733	0.3330
2014	0.0071	−0.0324	0.1245	0.3176	0.3620
2015	−0.0117	−0.0349	0.1246	0.1864	0.3990
2016	0.0278	−0.0397	0.1214	0.5562	0.2630

5.3 长三角城市群智力资本指数局部空间分布

全局Moran's I值具有较大的局限性，当空间尺度较大时，空间异质性的存在使得局部分布有可能会出现全局指标所不能揭示的"非典型"情况，甚至有可能出现局部空间相关趋势与全局空间相关趋势相反的情况。整个研究区域的空间自相关水平未必完全一致，有时候可能会出现在整个研究区域中一部分地区存在正的空间相关性，而另一部分地区存在负的空间相关性，如果正的空间相关性强度大于负的空间相关性，在整个研究区域可能表现出负的空间相关性；如果正的空间相关性强度与负的空间相关性抵消，有可能表现出无空间相关性。因此，需要采用局部Moran's I值进一步分析长三角城市群智力资本的局部空间集聚性和局部空间自相关特征。

分别计算2011—2016年长三角城市群智力资本的局部Moran's I值，并将长三角城市群智力资本划分为4种空间分布模式：①H-H型，即智力资本高的地区单元被智力资本高的地区单元包围；②L-H型，即智力资本低的地区单元被智力资本高的地区单元包围；③L-L型，即智力资本低的地区被智力资本低的地区单元包围；④H-L型，即智力资本高的地区单元被智力资本低的地区单元包围。通过计算2011—2016年长三角城市群26个城市的空间分布模式划分情况（表7），上海、苏州、无锡、镇江4个城市始终位于第一象限，表现为正自相关关系的集群（H-H型），该地区属于高的智力资本集聚单元；盐城、池州、安庆3个城市始终位于第三象限，同样是表现为正的空间相关性的集群（L-L型），但是属于低的智力资本集聚单元；嘉兴、湖州、泰州、金华、宣城、滁州6个城市始终位于第二象限，表现为负的空间相关性的集群；南京、杭州、宁波3个城市始终位于第四象限，也是表现为负的空间相关性的集群；其他城市在不同年份所处的象限不完全相同，表明这些城市的智力资本的变化趋势，其中，南通、台州、扬州、舟山、铜陵的智力资本有波动，合肥和芜湖的智力资本则呈稳步上升态势。

结果显示，2011—2016年平均50%的地区单元表现出正的空间相关性，其中，23%的地区单元位于H-H型象限，27%的地区单元位于L-L型象限；50%的地区单元表现出负的空间相关性，其中，34.6%的地区单元位于L-H型象限，15.4%的地区单元位于H-L型象限。总体来看，长三角城市群智力资本的空间集聚化特征具有一定的稳定性，上海和苏锡常都市圈是高智力资本区域,并且其周边区域也属于高智力资本区域;南京、杭州、宁波是都市圈内具有高智力资本的核心城市,如镇江承接南京智力资本溢出,属于高智力资本地区单元;近两年,合肥智力资本增长较快,已经成为合肥都市圈内高智力资本的核心城市,并且向芜湖等城市辐射。

表7 2011—2016年长三角城市群空间分布模式

年份	H-H型	L-H型	L-L型	H-L型
2011	上海、苏州、无锡、常州、镇江、南通	嘉兴、绍兴、湖州、舟山、泰州、金华、台州、宣城、滁州	扬州、盐城、马鞍山、芜湖、合肥、铜陵、池州、安庆	南京、杭州、宁波
2012	上海、苏州、无锡、常州、镇江	嘉兴、绍兴、湖州、舟山、泰州、南通、金华、台州、宣城、滁州	扬州、盐城、马鞍山、芜湖、合肥、池州、安庆	南京、杭州、宁波、铜陵
2013	上海、苏州、无锡、常州、镇江、绍兴、舟山	南通、嘉兴、湖州、泰州、金华、台州、宣城、滁州	扬州、盐城、马鞍山、芜湖、合肥、池州、安庆	南京、杭州、宁波、铜陵
2014	上海、苏州、无锡、常州、镇江、舟山	南通、嘉兴、湖州、绍兴、泰州、金华、台州、宣城、滁州	扬州、盐城、马鞍山、芜湖、池州、安庆	南京、杭州、宁波、合肥、铜陵
2015	上海、苏州、无锡、常州、镇江、舟山	南通、嘉兴、绍兴、湖州、泰州、扬州、金华、宣城、滁州	盐城、马鞍山、芜湖、池州、安庆、台州	南京、杭州、宁波、合肥、铜陵
2016	上海、苏州、无锡、常州、镇江	舟山、南通、嘉兴、绍兴、湖州、泰州、金华、扬州、马鞍山、宣城、滁州	盐城、台州、铜陵、池州、安庆	南京、杭州、宁波、合肥、芜湖

6 基于智力资本角度的长三角城市群协同发展对策

根据上述长三角城市群智力资本测度及空间效应的研究结果,从智力资本发展角度,对长三角城市群协同发展提出以下对策建议。

6.1 人力资本协同开发

完善区域人才协同机制。推动建立省级、市级、地区级三级沟通协调机制,着力推进落实"人才服务协同计划""人才流动合作计划""人才发展推动计划"三大行动计划,制定实施细则,在人才交流服务、高层次人才共享、技术应用型人才培训、专业技术职务聘任、职业资格互认、引进国外高端人才等方面实现合作。建立市级层面的人才工作联席会议制度,协商决定重大问题,组织实施人才合作重大项目,评估工作质量和效果。建立区域人才工作信息互通制度,定期交流人才工作进展及相关信息。

开展人才联合培育。依托长三角城市群各级政府、高校、科研机构等,联合开展人才供求调研，对区域经济结构调整趋势、行业成长和就业吸引力进行科学研判，引导高校设立灵活的专业调整机制，提高人才培养的前瞻性、科学性和实用性。强化长三角城市群区域内校企合作，建设实训实习基地，提高学生的实践能力。建立区域大学生就业和人才需求数据研究和共享中心，定期开展数据收集、分析和发布调查结果，为高校人才培养提供指导，为学生就业提供引导。积极开展区域内人事制度和就业制度的对接合作，建立统一、标准的学生实习、毕业生创业制度，共同吸引更多高校毕业生在长三角城市群范围内就业。

推动高端人才柔性流动。依托长三角城市群丰富的高等院校、科研院所和培训机构等资源，建立区域人才合作共享平台与机制，用好、用足引进高端人才的相关政策，促进人才在地域间的流动和共享。加强数据协同和信息资源共享，推动实现区域内人才需求信息的互联互通和实施查询，建立区域专家人才库，推动专家服务标准一体化。探索以事业编制为主体，柔性引进相结合的多元化用人体制，通过举办讲座、课堂教学、科研项目合作等多种形式，实现区域内高端人才的自由流动。加强长三角城市群海外人才引进合作，通过共建共享海外人才联络站或工作站，搭建起海外引才引智的合作平台，降低海外高层次人才引进工作成本。联合举办国内一流水平、具有国际影响力的高层次人才交流会，共同打造长三角城市群人才引进的整体品牌形象。

加强区域民生协同建设。探索构建一体化的社会保障体系，按照分层分类的原则，推动在长三角城市群区域内逐步实现社会公共事业资源、要素、政策的共享及社会民生项目的统一标准、统一程序、统一建设。加强区域合作，突破交通卡互通、医保卡互通、公共交通跨区运营等社会民生互通便利的制度性障碍，实现区域民生事业融合发展，打造长三角国际化生活圈。加快长三角城市群区域内就业和社会保障工作的信息交流平台建设，实现各地在社会公共事业的政策措施、操作办法和保障水平的对接。探索建立长三角城市群"联合绿卡"制度。对符合一定条件的优秀人才，经各地共同审定后发放"联合绿卡"，享受工作地在教育、医疗、社会保障、住房等方面的政策优惠。

6.2 结构资本协同共建

推动区域交通一体化。强化长三角城市群交通规划统筹协调，构建高效、便捷的综合交通网络，加强跨省（市）城际高铁、城市轨道的规划衔接，提升长三角城市群区域整体交通可达性。在现有交通网络基础上，规划和建设3小时交通圈，加快拓展高速铁路运输网，不断增强长三角区域的辐射力和影响力。探索构建服务五大都市圈的世界级机场群，加强城市港口群的协同合作，共建世界第一组合港。推动制定长三角交通便捷化管理措施和技术规范，运用市场配置和交通信息化手段，推动实现长三角城市群交通网络资源优化配置和有效管理。探索减少长三角城市群区域内高速公路收费，推动长三角城市群实现公交卡异地使用、缴费和扣费等，提升长三角区域内的交通便利程度及一体化程度，以促使长三角区域内的城市间联系更加紧密。

统筹信息化基础设施。在长三角城市群区域信息交流和共享机制，进一步推进省际、市际和城市之间信息技术的应用系统统一，在信息资源共享范围和方式上的协调，共同推进5G网络、IPv6、新型城域物联网等新一代信息技术基础设施在长三角城市群的部署建设。完善科学的信息共享平台，围绕"智能机器+云平台+工业APP"基础构建，全面推进通用型、行业级工业互联网平台建设及应用。积极推进长三角城市群区域公共服务领域信息资源的开发、应用与共享，共建长三角"区域大脑"，协同推进"一库""一章""一卡"建设，加快区域人口、企业、地理空间与自然资源及宏观经济四大基础数据库的开发建设与共享利用，推动长三角智慧应用落地，加快长三角信息化系统安全可靠应用。

打造开放融合的金融市场。围绕上海国际金融中心建设，根据各都市圈、各城市金融资源和金融产业基础，加快完善长三角城市群金融功能布局，形成充满活力的区域金融环境。强化区域内金融服务一体化发展，推动跨区域金融市场合作，加强各市知识产权市场、股权交易市场、技术（专利等）交易市场等之间的对接，健全共同挂牌、市场信息共同发布、交易规则设计及标准、投资机构和人员信息共享的机制，降低各城市间的融资成本，充分发挥异地贷款、异地企业融资作用，加强信贷市场一体化，积极拓展市场渠道，提升长三角城市群金融市场整体影响力，打造全中国金融服务一体化的长三角样本。

6.3 关系资本协同开放

优化区域营商环境。长三角城市群区域作为海上丝绸之路和长江经济带的重要枢纽，是国内外要素、技术、产品等流动量最大的地区之一。在未来区域对外开放过程中，需更加重视对外开放对经济结构调整、民生保障、节能环保与公共服务等方面的影响，提高经济内涵，完善外商投资环境，提升出口产品科技含量，实现产业升级与国际对接，提升参与国际分工层次。充分发挥长三角城市群进出口贸易的优势，鼓励企业在引进、消化、吸收和再创新基础上提升自主创新能力，实现产业升级，提高全要素生产率。加大区域服务业对外开放力度，充分发挥"本地市场效应"，利用制造业对生产者服务业的巨大"潜在需求"，营造良好环境吸引服务业外资，积极承接服务外包，推动服务业充分融入全球市场，建设新型开放型经济。

推动上海自贸区发展。依托上海自贸试验区建设发展，发挥上海国际金融中心及国际贸易中心的作用，完善长三角城市群协同引资平台建设，为海外融资的企业与海外资金供应方之间创造高效和便利的合作空间。紧抓"一带一路"建设机遇，推动长三角城市群区域企业"走出去"，协调各级政府的行政审批、海外投资管理及外汇管理职能，给予企业海外经营更为便利化的政策组合，形成有利于企业资金跨境调配的机制。依托长三角城市群各类行业协会、贸易投资促进机构和专业服务企业，联合地方政府，举办各类国际型投资论坛，促进区域内企业与国内外金融机构的交流。重视口岸建设，积极探索大通关体制建设，加强长三角城市群区域海关、检验检疫等口岸监管单位和外经贸、工商等地方政府相关部门间的协调，推进口岸执法部门信息互换、监管互认和执法互助，逐步释放改革红利。

区域旅游一体化。长三角城市群区域旅游资源丰富，各城市应根据自身景点特点基础，按照统筹规划、明确分工、协同发展的原则，加快落实区域旅游一体化建设进程，共同推进区域重大旅游项目和产品建设。探索建立多层次、多形式的旅游协调协作机制，定期组织区域旅游发展协商会议，加强旅游管理人才和经验交流。突破区域限制，鼓励区域内旅游企业整合资本、资源、市场和物流，推动旅游企业集团化、规模化发展。共同搭建长三角城市群区域旅游市场信息分享及预警平台，联合发布区域内旅游信息，对各个旅游景点进行宣传，积极打造区域旅游整体形象及品牌。加强区域内城市间的互动及旅游市场联动，联合开发新型旅游产品、创新旅游线路设计，打造长三角城市群区域旅游经济的新亮点。

6.4 创新资本协同提升

推进科学基础设施共享。加快实现软性设施资源的融合共享，构建基础性、共性的数据资源共享库，打造"数字长三角"，探索建立涵盖科技机构、科技专家、科技项目、科技成果、科技基础设施等诸多方面的区域科技信息资源分类清单，健全科技信息资源分类分级共享机制，形成无偿共享与有偿共享依存互动的运行模式，推动实现全域信息数据资源互通共享。整合区域科学研究基础设施资源，推动上海、合肥、南京、杭州等地重大科学基础设施共建共享，引导区域内的高等院校、科研院所及国家重点实验室、工程研究中心等相互开放合作，联合筹建世界级和国家级重大实验室，开展国家重大专项的申报和研究，推动区域科技创新发展。

共建创新公共服务平台。争取国家支持，强化分工协作，有序推进区域科技公共服务平台建设，着力完善平台的服务功能、标准制订和制度法规，打造一体化、高效共享的区域科技公共服务平台网络体系。提高长三角大型科学仪器协作共用网、网上技术成果交易平台及纺织产业、集成电路、船舶制造创新服务平台等的服务能力。围绕区域战略产业、支柱产业、新兴产业和重点产业，鼓励各类研发机构与企业紧密合作，联合建立面向区域的共性技术平台，集中建设一批工业研发设计平台，形成国内重要的工业研发设计服务中心。联合制定和实施区域知识产权保护和开发战略，共建知识产权保护协作网络。加强区域合作和统筹协调，共同优化科技创新、创业孵化、投融资、产业培育等方面的政策环境，共享创新创业资源、共建创新创业支撑平台，促进创新资源无障碍流动，打造长三角创新创业生态。推广长三角双创示范基地联盟建设模式，以联盟为纽带，促进技术、人才、资本、项目的广泛流动和资源对接，鼓励设立创业服务、创业投资、人才交流、产业合作等专业领域子联盟，为双创生态中各主体提供支持。

建立区域创新体系。发挥上海及各都市圈中心城市的辐射带动作用，构建多个以中心城市为核心的网络化、开放型区域创新体系，形成以领先、核心城市为源头，区域内各节点城市为支撑的产业协同创新格局。加强区域内企业、高校和科研院所的合作，构建以企业为主体、产学研结合的创新协同体系，推动形成以平台为主导的产业技术联盟模式，实现科技成果在区域内的有效转化，推动区域经济和产业水平的发展。探索建立长三角城市群新型研发机构联盟，联合开展区域科技合作创新示范基地认定，采取政府引导、共同投入、风险共担、成果共享的方式，在战略性新兴产业领域，以及具有比较优势的产业领域，共建一批区域性产业技术创新联盟，面向区域产业发展需求，集聚长三角城市群科研优势，以产业共性技术研究开发与示范应用为重点，聚焦区域性、公共性、互补性，加大联合重大科技攻关计划项目投入，着力突破一批区域共性技术。

6.5 都市圈协同合作

强化都市圈同城化建设。强化各都市圈核心城市与上海市的合作交流，推动长三角城市群区域形成定位明确、功能完整的网状区域结构。各都市圈应积极探索中心城市功能有机疏散机制，构建高效有序的协作分工体系，强化中心城市对周边地区的辐射带动作用，实现跨区域有机性的结构性扩张。建立都市圈发展协调机构，构建跨越行政边界的有机统一的管理体制，协调区域内整体资源配置与使用，形成区域化的差序格局，使区域一体化发展成为可能。注重都市圈"城市文化资本"的塑造，加强都市圈各级政府间的合作，通过政策引导加快公共文化服务均等化，共同创新区域公共文化服务，推动传承传统区域文化，打造先进区域文化，培育区域个性与创新活力。充分发挥长三角城市群区域历史文化优势，以文化遗产保护为核心，融合文化创意、科学研究、视听产业等现代文化科技产业，形成文化经济的聚能效应。

实现产业优势互补发展。探索建立合理、有效的区域产业协调机构，组织协调实施跨区域重大工程项目建设，协助各城市制定地方性产业发展规划和政策，实现与区域整体性产业规划和政策有机衔接，并负责监督政策落实和工程建设情况，及时进行调整。全面梳理区域各都市圈、各城市产业发展基础和未来发展方向，整合产业资源，推动产业发展水平较高的城市和都市圈提升产业发展能级，鼓励产业发展滞后的中小城市积极承接大城市产业转移，形成区域产业优势互补、错位发展的良好局面。着力推动都市圈间企业联盟建设，鼓励区域跨地区的关联企业通过兼并、重组、整合形成若干具有规模优势的企业集团，积极主动地与跨国公司合作，加快融入国际产业创新网络。建立完善都市圈中小企业服务体系，发挥服务中心、行业协会等中介服务机构的整体功能，形成面向中小企业的研究开发、咨询、管理、后勤等方面的一体化服务，逐步培育一批具有国际竞争力的特色行业，形成跨都市圈产业基地。

加强高新技术园区合作。建立区域内园区产业发展统筹协调机制，重点加强上海张江、苏南、杭州萧山、合芜蚌等国家级自主创新示范区建设，以国家级园区为引领，带动城市群内各产业集聚区的转型升级。探索和推进园区共建的股份合作模式、援建模式、托管模式、产业招商模式及"异地生产、统一经营模式"，共建产业园，有效推进区域内产业转移。探索建设跨区域联合共建的园区联盟，推进共建产业园区体制、机制和技术创新，建立符合产业园区建设实际的考评体系和管理机制，充分发挥共建园区在企业集聚、组织管理、科技创新、产业转移等方面的功能，实现园区合作的互利共赢。制定和实施跨地区的税收分成和经济指标统计办法，对企业跨行政区域的横向经济联合、投资或产业转移等经济活动，不同城市可以按一定比例共同分享产值和利益收入。

课题负责人：商丽媛
课题组成员：魏　晶　钱　琳　李麒麟
撰　稿　人：商丽媛

"科技创新智库"建设研究

1 科技创新智库研究综述

1.1 科技创新智库的概念

王桂侠等认为,科技创新智库是指运用专业知识和科学工具,开展公共政策和决策研究咨询,解决科技自身发展决策问题或以科技为基础的经济社会决策问题的社会组织。杨秀丽根据科技创新智库发挥的作用,认为"我国的科技创新智库是以科学思维、创新精神对世界科技发展趋势进行预测,为经济社会发展和科技创新决策提供科学支撑,是国家软实力的重要部分"。

基于上述概念界定,本研究将科技创新智库定义为研究国内外科技发展趋势,提出咨询建议,开展科学评估,进行预测预判,促进科技创新与经济社会发展深度融合的机构。

1.2 科技创新智库理论发展现状

科技创新智库是新型智库的重要组成部分,是"科技智库"的升级创新,其理论发展具备科技智库的一般特点和创新特质。

在科技智库的功能定位方面,Richard N. Haass提出了5种比较经典的智库功能:产生新思想和提出政策选择、现成的专家库、高层次研讨的场所、教育公民、帮助协调和解决冲突,这些功能也同样适用于科技创新智库。在科技智库的上述一般性功能外,科技创新智库的活动范围远超单纯的政策研究领域,除作为科技治理体系中的重要参与者组织政策研究、传播决策信息之外,更要推动产学研主体交流合作,辅助解决区域创新体系发展中常见的系统失灵问题。万劲波等认为科技创新智库有三大核心功能:出创新成果、出创新人才和出创新思想。丁明磊结合科技创新智库建设实际,提出其主要职能有3个方面:一是决策咨询,主要对有关科技的政府宏观政策提供建议,对公共政策中有关科技内容提供咨询服务;二是科研评价,对科研资助政策及研发的实施、成果及影响提供专业评价;三是科技政策普及,通过发表著作或研究报告、定期出版物、召开研讨会等方式,宣传科技政策,搭建交流平台。

在科技智库的类型模式划分方面,张月鸿等提出,科技智库按照知识体系和领域覆盖情况,可以分为4种类型:综合型科技智库、专业型科技智库、咨询型科技智库、平台型科技智库。张宝英按照资金来源、服务对象和人员构成不同,将科技智库分为独立自治的科技智库、依托政府的科技智库、依托大学的科技智库和依托企业、财团的科技智库4种类型。丁明磊则按机构性质将科技创新智库分为三类:一是国家拨款型官方思想库,如日本文部科学省下属的日本科技政策研究所;二是政府资助型半官方思想库,如美国兰德公司;三是民间思想库,如德国马克斯·普朗克科学促进协会。

1.3 科技创新智库发展的新趋势

1.3.1 注重研究领域的跨界

在互联网背景下的知识经济时代,科技创新智库通过利用知识和信息技术手段开展高效协同研究,其面向各行业、各领域复杂问题的综合研判能力亦随之提升。科技创新智库的研究领域更趋向专业化、特色化,并注重跨学科研究。例如,兰德公司成立初期主要从事军事领域的研究,随着全球经济发展的一体化,其研究领域逐步扩大到社会、经济、能源等诸多方面。再如,英国苏赛克斯大学科技政策研究中心的研究涵盖自然科学、工程技术及社会学等领域。

1.3.2 重视研究方法与成果传播

科技创新智库不断探索大数据的应用。大数据是信息技术的新热点、产业发展的新方向,未来各产业都将与大数据进行深度融合。在数字经济时代,大数据为智库提供了数据资源、技术支持、创新平台和变革动力。同时,国际上各大智库纷纷创办新媒体平台,运用微博、微信、Facebook、Twitter、LinkedIn、Podcast等渠道传播研究成果。

1.3.3 组织模式网络化

智库网络群体突破国家概念的限制,就国际社会热点问题开展合作交流和研究,形成共同的认知理念,并定期举行会议,将逐步发展成为"智库共同体"。目前,较为知名的智库网络群体包括"The Council of Councils"和东亚智库网络(NEAT)。The Council of Councils目前有24个智库成员,由美国对外关系委员会发起,19个创始成员大致与当前G20成员国相对应。智库网络群体将各国智库作为一个组成因子,构成一个更大范围的系统,其人员组成、工作领域和方向也更为复杂,他们一般拥有共同的研究主题及合作目标,如全球气候变暖问题、反恐问题等。

2 我国科技创新智库发展历程及现状

我国当前正处在改革发展的攻坚期,面对日趋复杂的新形势、新问题及发展不确定性的增多,政府急需各类智库协助,补缺在信息、时间和专业知识思想等方面的短板,进行创新性、理论性和前瞻性研究。近年来,我国出现智库热,但需冷静思考智库是什么、从何而来、起源于何时,避免走入智库认识误区和无序的建设状态,需要从学术的角度来研究智库起源及历史变迁。

2.1 我国科技创新智库发展历程

长期以来,我国众多科研机构在实践中发挥决策支撑作用,但明确智库定位、加强工作机制和能力建设确是近十余年的事情。中国科学院1998年提出建设国家科学思想库,围绕国家现代化进程、可持续发展、科学革命与中国机遇、国家创新体系等领域发布了一系列重要研究成果。中国工程院提出到2020年建成国际著名国家工程科技思想库的目标,重点围绕国家经济发展重大关键问题、国民经济建设中重大工程科技决策问题及突发性重大事件3类重大决策开展咨询服务,着力推进思想库的队伍、制度、信息化和国际合作。中国科协调动发挥全国学会和地方科协的力量,积极推进国家级科技思想库建设试点。此外,国内知名高校、科研院所也纷纷成立科技战略研究中心、创新研究院等决策咨询机构,积极参与各级政府的科技决策。

2013年4月15日,习近平总书记明确要求建设"中国特色新型智库"。

2015年1月,中共中央办公厅和国务院办公厅印发了《关于加强中国特色新型智库建设的意见》,指出要进一步发挥智库咨政建言、理论创新、舆论引导、社会服务和公共外交的作用,开展高端智库建设试点。

2015年12月1日,包括中央党校、中央编译局、中国社会科学院等25家智库机构进入首批国家高端智库建设试点单位,并成立了国家高端智库理事会。其中,有不少是我国高端科技创新智库(表1)。

表1 我国首批25家国家高端智库试点单位

类型	单位
党中央、国务院、中央军委直属的综合性研究机构(10家)	国务院发展研究中心、中国社会科学院、中国科学院、中国工程院、中央党校、国家行政学院、中央编译局、新华社、军事科学院、国防大学
依托大学和科研机构(12家)	中国社会科学院国家金融与发展实验室、中国社会科学院国家全球战略智库、中国现代关系研究院、国家发改委宏观经济研究院、商务部国际贸易经济合作研究院、北京大学国家发展研究院、清华大学国情研究院、中国人民大学国家发展与战略研究院、复旦大学中国研究院、武汉大学国际法研究所、中山大学粤港澳发展研究院、上海社会科学院
依托大型国有企业(1家)	中国石油经济技术研究院
社会智库(2家)	中国国际经济交流中心、综合开发研究院(中国·深圳)

2016年,习近平在"科技三会"上作《为建设世界科技强国而奋斗》的重要讲话中提出,要以科技创新为核心,建立科技咨询为支撑的科技决策机制,努力打造一批高水平科技创新智库中国特色新型智库。

党的十九大报告指出,加快建设创新型国家。要瞄准世界科技前沿,强化基础研究,实现前瞻性基础研究、引领性原创成果重大突破。报告还强调,加强中国特色新型智库建设。这为广大科技工作者指明了前进方向,明确了战略任务。

智库是以战略问题和公共政策为主要研究对象、以服务党和政府科学民主依法决策为宗旨的非营利性研究咨询机构,应当特色鲜明、长期关注决策咨询研究领域及其研究成果。科技智库是有别于一般学术性机构的公共研究组织,影响公共政策和服务政府决策是科技智库最重要的使命和职责。

2.2 我国科技创新智库发展现状

根据智库类型,我国科技创新智库可分为党政部门智库、社科院智库、高校智库、科研院所智库、企业智库、社会智库等。

2.2.1 智库数量逐年上升

美国宾夕法尼亚大学詹姆斯·麦肯教授每年发布的《全球智库发展报告》显示，2008—2017年中国智库数量已超过500家（图1），仅次于美国，成为全球第二大智库国，中国智库正在快速发展。

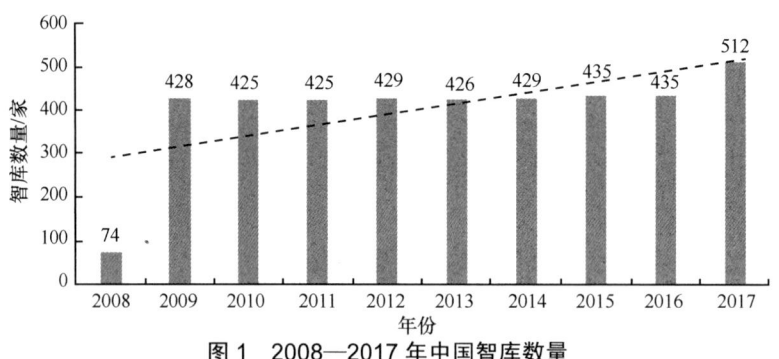

图1 2008—2017年中国智库数量

根据全球智库排名、区域分布、研究领域和特殊成就4个大类，《全球智库报告2017》共列出52个分项表单。其中，中国智库上榜的表单数量达到38个。在《全球智库报告2017》的全球智库排行榜中，中国现代国际关系研究院、中国社会科学院、中国国际问题研究院、国务院发展研究中心、北京大学国际战略研究院、全球化智库（CCG）和上海国际问题研究院7家中国社会智库进入百强榜单（表2）。

表2 2017全球顶级智库百强榜单（上榜中国智库）

序号	智库名称	排名
1	中国现代国际关系研究院	29
2	中国社会科学院（CASS）	38
3	中国国际问题研究院（CIIS）	49
4	国务院发展研究中心（DRC）	57
5	北京大学国际战略研究院（IISS）	78
6	全球化智库（CCG）	91
7	上海国际问题研究院（SIIS）	93

中国智库在政策研究领域表现杰出（表3）。

表3 2017全球杰出政策研究智库（上榜中国智库）

序号	智库名称	排名
1	国务院发展研究中心	26
2	中国社会科学院	43
3	天则经济研究所	58
4	全球化智库（CCG）	62
5	中国人民大学重阳金融研究院	80

2.2.2 国内部分省市科技智库建设现状

2016年12月,南京大学中国智库研究与评价中心、光明日报智库研究与发布中心联合课题组,发布了《"中国智库索引"(CTTI)首批来源智库及遴选过程》报告,从来源智库数量地区分布看,北京、上海、江苏占据入围智库的前3位。上海社会科学院智库研究中心发布的《2017年中国智库影响力评价与排名》显示,科技类智库专业影响力前10名分别为中国科学技术发展战略研究院、中国科学院科技战略咨询研究院、电子科技情报研究所、国家智能交通系统工程技术研究中心、中国石油经济技术研究院、中国信息通信研究院、电力规划设计总院、国网能源研究院、中国科学技术协会、阿里研究院和腾讯研究院(并列)。

2.2.2.1 北京:发力科技创新智库群建设

中国智库数量位居世界第二,大多为官方智库。北京地区最为密集,水准也最高。

2017年,北京市科协启动专业智库群建设,已确定首批8个试点单位,2018年将继续推进,计划到2020年建成开放式的专业智库群。2018年2月,北京市科学技术研究院科技创新智库成立,该智库组建4支创新团队,核心团队成员由北京科学技术研究院二级单位科研骨干及院外相关专家组成,以首都城市战略定位、京津冀协同发展、有序疏解非首都功能、城市副中心建设等重大战略问题和公共政策为主要研究领域,打造对首都科技创新与城市管理创新具有重要影响力的高水平科技智库。北京科学技术研究院发布的《科技创新政策对经济社会的促进作用及国际比较》《北京城市副中心》《京津冀科技资源数字地图平台》《全球积极、健康与智慧养老创新报告》4项智库成果,是北科院服务政府决策的诸多智库成果中的典型代表。

2.2.2.2 上海:集聚智慧发布高质量成果

浦江创新论坛由科技部和上海市政府共同主办,自2008年以来每年定期举办,为国家创新驱动建言献策。去年开始,上海市科学学研究所开始举办浦江创新论坛——科技创新智库国际研讨会,对于汇聚全球智慧、引领创新议题、服务科创中心建设具有重要意义。2017年,论坛联合相关智库发布了《国家创新指数报告》《上海科技创新中心指数报告2017》《亚太知识竞争力指数报告》《中国科技金融年度观察(2017)》等系列成果。

2.2.2.3 江苏:智库平台规模和层次不断提升

专业智库平台载体建设初具规模。2015年11月,江苏省首批9家省级重点高端智库挂牌成立。2016年,江苏省委宣传部进一步遴选出江苏长江经济带研究院等15家省级重点培育智库。省社科院、省社科联等官方智库也在不断探索,进行本系统下的研究平台建设新探索。2015年以来,江苏省社科院统筹规划,与省内各地市党校、社科联、政府部门合作建立各类新型智库研究平台,包括各地级社科院分院、苏北发展研究院、苏南发展研究院等8家研究平台。各地级市社科联、各地方高校内也相继建立一系列的决策研究基地。

高校智库研究平台发展逐渐壮大。江苏9家省级高端重点智库中有8个设在高校;南京大学长江产经研究院已成为第二批国家高端智库候选单位;东南大学正在积极努力推进国家级智库研究平台的创建。2017年3月,由上海社科院智库研究中心发布的《2016年中国智库报告——影响力排名与政策建议》,智库社会影响力方面,南京大学长江三角洲经济社会发展研究中心在高校系统智库中排名全国第9。

研究成果百花齐放。江苏9家省级重点高端智库除自身发布研究报告外,同时其研究成果会不定期地报送给省委宣传部，编发印制成《智库专报》报送省领导。江苏省社科院编印的研究报告主要有《决策咨询专报》和《江苏发展报告》。江苏省社科联依托39家决策咨询研究基地和全省社科界知名专家，编辑《决策参阅》。江苏省党校（省行政学院）编发《研究报告》，这些报告有时从地市党校系统遴选。

网络平台与自媒体公众平台快速发展。江苏科技创新智库在努力优化、更新、打造官方网站，官方微博、官方微信、手机报纸等新媒体信息传播平台。目前，主要有省委宣传部规划办主办的"江苏智库网"，省级重点智库江苏长江产业经济研究院开发创办的微信公众号"长江产经智库"，以及《群众》杂志社创办的《求是手机报·群众版》等新媒体平台。江苏省科学技术发展战略研究院维护的"江苏科技创新政策""江苏今日科技"等自媒体平台。

2.3 我国科技创新智库发展中存在的问题及原因分析

近年来，我国各类科技智库取得了长足进步，但距"智库强国"差距仍大。在2017全球顶级智库百强榜单中，仅有7家中国智库入选，这说明我国智库发展正在走向数量型，迫切需要向质量型转变。在思想能力、国际影响力方面与发达国家智库相比仍然存在较大差距，在研究领域、实践领域、人才领域、管理领域、评价领域存在诸多不足。

2.3.1 重视度低，定位不明晰

现阶段，研究人员首先考虑的是课题能否立项，能否争取到科研经费，是否有利于职称评定。一些研究人员为追求理论模型的"酷炫"和课题学术上的精湛，往往建立一些并不适用的模型，新概念铺天盖地，而忽略了现实意义和成为政府决策依据的初衷，造成智库研究内容与政府需求的脱节。科技创新智库的核心客户是政府科技管理部门，无论智库属于何种类型、性质和研究领域，其宗旨在于为政府提供决策依据，支撑政府制定公共政策。当下，一些智库不能很好地平衡政府和市场的关系，受制于社会文化环境等因素的牵制，难以同其他社会组织甚至调查公司区分开来。

2.3.2 成果水平不高，高质量智库缺乏

我国所构建的科技创新智库研究平台，数量不断增加，但是具有较大影响力和国际知名度的高质量智库缺乏，提供的高质量研究成果不够多。在日益复杂的政策环境下，优秀研究成果所依赖的研究能力和政策信息分布越来越呈现碎片化和流动化的特点，导致一般智库未必拥有政策研究所需的全部能力和信息，这造成了一些研究平台正面临着虚化的困境，即"一有三无"状态——有研究平台之名，却无专业的人才、无专业的知识、无专业的研究方法。在智库研究领域，聚焦于宏观层面、概念层面的研究，而微观问题、具体案例、精准谋略的分析少；在智库实践领域，研究观点泛化、浮在表面的多，有独特见解、深度调研和实证研究的少。

2.3.3 资源集聚差，人力资源效能不高

各高校系统的"遍地开花"式的智库平台建设，造成有些智库研究机构功能重合；同一科技智库平台上部门之间信息交流欠缺，出现不同人马在同一时间研究相同领域的尴尬现象，资源配置不科学，导致资源浪费。各类社会智库之间差异很大，要么组织化不够，要么专业化缺乏，这些智库及其研究平台虽然在经济社会发展中都发挥了各不相同的重要作用，

但距离新型智库的要求还有不小差距。在智库人才领域,通用型人才多,有大局观念的实战人才少,而领军型、杰出型人才更为缺乏。领军型和杰出型人才缺乏,少数专家忙于"赶场子",难以潜心深入做学问、决心不辞辛苦跑调研、定心坐下搞研究,导致专家不专,高质量成果不够多,也就很难建设成为具有较大影响力和国际知名度的高质量智库。

2.3.4 规划不足,管理形式陈旧

在管理领域,管理学理论人才多,应用型专家、协调专家少,科技创新智库建设缺乏整体规划,参与决策咨询缺乏制度性安排,科技创新智库成果转化较弱。目前,智库研究成果在很大程度上仅仅停留在"递折子"阶段,有一些成熟的可以向社会公开或转化应用的研究成果,因为缺乏对外发布的机制和平台,影响了智库研究成果社会效益的最大化,没有形成应有的影响力。研究好的材料一般交于上级部门审阅后,基本都没有进行二次应用,使得研究成果只能存在与纸面上,而不能得以真正实现。由于专家学者和政府职员进行决策讨论时未能亲身体验所遇到的问题,对问题的分析与实际情况就会存在一定的出入,这也使得研究成果不能很好地解决出现的问题和情况。

2.3.5 社会评价机构短缺

目前,我们科技创新智库发展正在经历一个从量变往质变、"产品型"向"品牌型"、"服务型"向"营销型"转化的过程,如何科学地、合理地、公正地对科技创新智库的绩效进行有效评价,已经成为一个现实的问题。在智库评价领域,评价指标体系不健全,现有智库排名缺乏公信力,科学性有待考量。当某些智库的运作与实际需要出现偏差时,当某些智库的运作出现困难时,应该有一个综合性机构或平台组织——"智库的智库",让相关机构能够客观评价、提醒、指引、纠偏,建立健全各种有效的评价指标体系,让智库评价机构能够充分发挥第三方评估的积极作用。

3 国内外科技创新智库建设经验

3.1 国外科技智库发展的经验

3.1.1 兰德公司智库建设

兰德公司是当今世界影响力较大、以军事研究为重点的综合性智库之一,它起步阶段以研究重大军事战略和军事尖端科学技术为重点;中期阶段以国际关系与政策为研究重点;当前兰德公司已成为一个涉及政治、军事、外交、经济、科技、环境、社会等方面的综合性思想库。截至 2018 年 3 月,公司在华盛顿、纽约、荷兰、中国等国家和地区拥有 46 个分支机构,1875 名员工来自 53 个国家,其中 56% 的员工拥有博士学位,92% 的员工拥有硕士及以上学位,并聘请了 700 多名著名专家作为顾问。

树立敢于碰硬的科研精神。兰德公司始终选择国际最紧迫的重大问题进行大胆选题、科学求证,在第一时间提出"最理性"的解决方案。例如,1950 年研究朝鲜战争,20 世纪 60 年代研究越南战争,70 年代研究信息技术,80、90 年代研究苏联解体、两德合并、后冷战时代战略等,21 世纪又研究中东问题、朝鲜问题、新科技革命、中美冲突等,这些课题无一不是

全球瞩目的"热点"问题，一系列大胆、理性、成功的研究报告铸就了兰德公司的品牌。兰德公司的运作方式是与政府部门、企业、私人、社会团体等客户签订项目合同。2015 年共有 1750 个研究项目，其中当年新增 600 个，完成研究报告与论文 950 篇，总收入为 2.93 亿美元。

培育"旋转门"式的人才队伍。没有一流的战略专家就不可能有一流的战略思想，高端智库必然有高级智囊。一是"旋转门"。美国每次政党轮替有 4000 余名高级官员离任，一方面，兰德聘请副国务卿、部长等大量离任、退休高官加盟兰德，使其战略高度与思维方式直接与政府接轨；另一方面，兰德还推荐优秀员工直接进入政府部门工作。二是多元化。1875 名员工来自 350 个学科或领域，平均每个学科或领域只有 5 个员工，追求跨学科、跨领域等多角度分析研究问题。三是专业化。力争不同领域都拥有高水平的战略专家，在军事战略、国家安全、国际事务、科技、教育、人口与就业、能源与环境、健康与卫生保健、人口与老龄化、公共安全、恐怖主义与国土安全等 14 个重点领域都拥有一批权威专家，确保兰德能够在国际上发表权威的观点。

构建"重数据、建模型"的方法体系。兰德公司认为数据和规律分析优于感知和理解，投入大量人才、财力积累数据和创新研究方法。专家是兰德的"工人"，数据是兰德的"原料"，方法是兰德的"车间"，预测是兰德的"撒手锏"。一是建立 7 个方法研究中心。兰德公司建立了应用网络分析与系统科学中心、定性和混合方法中心、应用定性和混合方法中心、博弈方法中心、因果推断中心、不确定性决策中心和可扩展计算与分析中心 7 个方法中心，每个中心都积累了大量的基础数据，从不同角度创新研究方法。二是形成 12 类方法构成工具包。主要研究方法包括情报监测方法、矩阵方法、统计分析、趋势分析、建模仿真与优化逻辑/因果分析方法、情景分析方法、价值/决策辅助/经济方法、定标比超、发展政策分析、风险评估与分析、策略计划、调查研究、技术评估等，根据不同的研究内容采用不同的研究方法。三是注重用数据和模型说话。例如，2006 年"运用倾向评分法种族歧视对交通事故处理结果的影响"，通过对 7076 起交通事故数据的多元回归分析，得出年龄、性别、种族等因素中，种族是影响事故处理结果的重要因素；2014 年采用专利分类、聚类分析预测新技术、新产业；2018 年通过案例分析方法分析了《现代政治战》的特征、历史、案例和美国对策等。

建立完善的质量控制体系。注重质量标准是兰德企业文化的重要内容，兰德建立了一套完善的质量控制体系。一是追求"最好的数据、最强的方法、最聪明的大脑"高效结合；二是保持客观、中立，不受市场、党派、宗教、经费来源的影响；三是从多学科、多角度分析问题，防止出现学科偏见，其研究项目几乎都是由不同学科的学者用不同的研究方法集体完成的；四是定期对内设机构进行质量与价值审查，每 3～5 年对内部机构的研究质量与价值进行严格审查，优胜劣汰；五是制定了"高品质"研究的 10 个标准，主要有研究目的清楚、研究方法先进可行、数据和信息是最好的、假设明确与合理、调查结果切实可靠、建议合乎逻辑、文字易懂、结构清晰、研究结论令人信服、结论客观独立等，通常每份研究报告都要由公司内外部专家按照标准进行严格的同行评议。

3.1.2 英国皇家国际事务研究所

英国皇家国际事务研究所于 1920 年成立，是一所独立的政策研究所，是目前世界排名第二、欧洲排名第一的顶级智库。该研究所本着"帮助建立一个可持续、安全、繁荣和公正的世界"的使命，以它公开的辩论、独立可信的分析及创新的思维在国际事务中占有重要席位。特别是对于国际社会所面临的共同问题，研究所在区域研究与国际法，能源、环境与资源治理，国际经济，国际安全这四大领域开展了多个研究项目，每年都出版大量有针对性的报告、论文、书籍及其他研究成果，为领导人和决策者在政府、私营部门及民间团体提供了重要的政策支持。这些都造就了研究所的国际地位，支撑其以独立的姿态、严谨的作风引领欧洲智库的发展。

完善的管理机制为研究所的发展奠定了坚实的制度基础。研究所拥有一套稳定、公正、透明的管理机制，是确保其在英国社会中独立地位及公正立场的基石。研究所整个管理体系主要分为4个层级，置于顶层的是名誉领导1名，由英国女王伊丽莎白二世担任。名誉领导没有实际管理职能，但由于英国女王至高无上的存在，使得由其领导的研究所站在了巨人的肩膀上，在女王的领导下行使独立、公正的判断。主席位于管理体系的第二层级，设立3个席位，人选分别来自英国议会的三大党，形成了权力制衡，也保证了研究所与英国政府交流渠道的畅通。理事会是研究所的主要功能机构，位于管理体系的第三层级，成员从研究所会员中择优选出，任期3年，并可连任一届。2008年，理事会外还设立了资深顾问组，是为研究所提供高端智力支持的单位，也为研究所与政府的深度合作打通了渠道。顾问组成员对研究所的研究项目和政策提供富有经验的参考咨询，同时帮助研究所将其观点向英国政府乃至全世界传播。第四层级为委员会，设立于理事会之下，包括执行、财政、投资和提名4个委员会，主要负责研究所日常的运营和管理。

人才的培养与激励为研究所的发展提供了良好的智力支持。英国皇家国际事务研究所为了培育人才、增进人才间的交流与合作，在全球范围内招募有潜力及既定领导人来研究所受训。成立女王伊丽莎白二世学院，研究员大多来自政府、私营部门、媒体及民间组织等。每年举办为期12个月的国际事务领导力培训及为期6个月的资深研究员项目，在学院期间，研究员们参与研究所的研究项目，加深对重要问题的了解，学习新技能，提出新观点，解决复杂的政策问题；建立人才分类培养制度，研究所建立了领导力、个人研究、查塔姆研究等不同层次的项目供全部受训的研究员选择，为研究所的人才储备提供了良好的环境，同时随着人才流转，将研究所的思维理念及管理方式带到了全世界；设立查塔姆奖，为鼓励在改善国际关系方面做出突出贡献的个人或组织。

多渠道宣传为研究所的发展提供了灵活的平台媒介。研究所影响决策很重要的一部分是通过出版大量项目成果来达到宣传目的。根据出版物的时效性可以分为：①简短、时效性强的简报；②篇幅较长、具有深入研究内容的论文；③长期积累的、学术性强的专著。这种短期与长期相结合，简单介绍与深入研究相结合的出版方式，满足了各个研究层次、各个时间段的不同需求，达到了最好的宣传效果，同时为研究人员提供了展现才能及与业界人士交流的平台。另外，论坛、会议、新闻报道等新媒体宣传也是研究所构建发声平台最为倚重的部分。该研究所除了在官网上发布研究成果外，还会通过Facebook、Twitter、Linkedin、RSS、YouTube等媒体宣传，同时，微博也是研究员们经常使用的传播个人观点的媒介。多种宣传渠道和平台为研究所的影响力及培育人才做出了重要贡献（表4）。

表4 2017英国皇家国际事务研究所主要出版物

出版物	时效性	报道内容
简报	快	为政策制定者等就主题提供简明信息
研究论文	中	研究进展、研究论文和专家读者需要的材料
专题报告	中	深入研究、提出政策建议
今日世界	中	侧重当前国际问题和现代历史研究
国际事务	中	解析当前国际形势重大问题
书籍	慢	深入地研究成果汇集
其他资源		

3.1.3 日本综合研究开发机构

1974年日本国会通过了《综合研究开发机构法》，并于同年3月25日建立日本综合研究开发机构（NIRA）。在日本国内机构改革背景下，日本综合研究开发机构于2007年11月由政府认可的法人机构转变为民间财团法人。其成立目的是对中长期日趋重要的关乎现代经济社会及国民生活的各种问题进行综合研究，集合经济、社会、技术等相关专业知识，进行基础性、应用性及开发性调查研究，并提出对策建议。随着全球化进程的不断推进和国家人口的老龄化，日本社会正面临着深刻的结构变化，这需要国家研究机构的紧急响应。因此，NIRA不断努力改革其研究体系，以适应新时代不断变化的需求。

资本周转规律与精明经营相结合。NIRA的经营方式是资本主义商品经济下的资本周转规律和日本精明经营相结合的产物，其经费来源于中央政府逐年拨款和地方政府拨款，另一部分来自各企业和社会团体赞助，少部分用于购买房屋、科研设备、图书等固定资产，大部分用于购买股票、债券或直接投资银行、产业，经营这些资产每年都有收益，这些收益与科研经费、日常管理、工资等总支出相等。总之，每年支出是以经营资产的收益为基础。这种经营管理方式，给NIRA既带来了活力，又施加了压力。所谓压力，是这项资产的经营好坏关系到其本身生存，总体上必须是盈利的，因为NIRA的管理人员不仅是科研活动的组织者还必须是懂得经营管理产业的经营者。所谓活力，是每年有部分经费作为科研经费和日常开支，使NIRA能积极开展科研活动。

精简的组织结构与灵活的管理体系相结合。NIRA的科研管理体制由决策层（研究评议会）和执行管理层（会长、理事长及监事）两层组成，评议会的组成成分使其全面反映社会发展中急需解决的问题，真正从社会的利益来抉择科研领域和项目，与是否承担研究无利益关系，同时评议会善于提出宏观层次上的综合性、多学科的研究项目。NIRA的工作人员分为两部分，一部分是领导干部、专职研究员和事务员等编制内人员；另一部分是从日本中央政府、地方政府和企业借调来的编外人员，包括经济产业省、厚生劳动省，以及地方政府部门、民间财团法人委派的顾问等，一般以两年为期，从事与原来工作相近的研究活动，发挥其所长。机构的工作人员，除了从事一定的研究外，多数场合是组织、协调日本国内其他智库的研究活动。这种模式促进了NIRA研究人员知识更新和社会流动。

多样化的研究内容与多样化的研究形式相结合。机构研究领域涉及现代社会众多重要问题，并随着日本内外形势的变化和政府关注焦点的转移而灵活变动。目前，NIRA的研究主要集中在民主政治、经济政策、地区经济、数字化技术、亚洲经济、金融六大领域。同时，其研究方式根据课题来源主要有4种。一是自主研究。组织本机构的研究人员（包括编内、编外的）独立完成，或是聘请外部专家，就特定课题组成委员会进行研究。二是委托研究。每年都确定一批研究课题委托给擅长该方面研究的研究机构。三是赞助研究。对其他研究机构提出的课题申请进行审议，对有价值的课题项目提供不同数量的经费赞助该机构进行研究，一般经费的多少根据项目涉及范围的大小而定。四是合作研究。在已定的研究领域内，与国外机构共同协商、确定研究项目，并由双方共同承担研究人员和经费。

3.2 国内典型科技创新智库建设经验

3.2.1 北京科学学研究中心

北京科学学研究中心（以下简称中心）是北京市第一家以管理科学为核心的软科学研究市属事业单位，成立30多年来，主要研究方向聚焦在科技战略与政策学科、科技统计调查与分析学科、科技促进城市现代化学科，同时兼顾科技人才、区域发展、科技与经济等学科建设。大批研究成果和积累的丰厚资源，为北京市建设创新型城市，发展高端、高效、高辐射力产业与社会经济产业，首都区域创新体系建设，社会主义新农村建设提供了重要的科研和信息支撑，也与首都社会经济建设紧密相连。

3.2.1.1 在协同创新方面

一是加强与国际、国内知名机构开展协同创新。2011年，中心"科技政策模拟与决策支撑重点实验室"被认定为北京市第一家软科学研究省部级重点实验室，先后与国务院发展研究中心、清华大学、德国弗劳恩霍夫协会等国内外知名高校、科研机构开展合作；成功加入全球标杆网络，成为GBN在中国的首家标杆会员，并成为国际投入产出协会会员。2015年，中心和德国弗劳恩霍夫协会系统创新研究所（Fraunhofer ISI）、日本公益财团法人环日本海经济研究所（ERINA）联合发起成立了"国际协同创新研究中心"。2016年，中心被认定为"区域协同创新北京市国际科技合作基地"，被纳入《光明日报》与南京大学智库索引。

二是采取矩阵式管理模式推进科研管理模式。科研项目有效运行和保证研发质量是科技管理的重要内容。科研管理的主要任务是如何高效有序地推动项目运行，有效控制研究质量和时间节点。中心设立了相对科学合理的管理机构，下设研究中心、管理部门、科研部门、学术期刊与社会组织等。其中，研究中心下设北京科技统计信息中心、北京现代化研究中心2个市级研究中心；另外设立北京科技政策研究中心。科研部门下设科技战略研究部、科学计量研究部、科技政策研究部、评估与管理研究部、科技与社会研究部等7个研究部室。在科研管理模式上，中心采取矩阵式管理，中心承接的重点科研项目由所领导直接统筹协调，各部门主任委派部门骨干成员积极参与。研究成员在承担科研管理活动中，可以直接向部门领导和课题负责人汇报研究进度、研究过程中遇到的问题。

3.2.1.2 在人才培育方面

一是重视培养年轻人。目前，中心在职人员62人，平均年龄40岁，35岁以上年轻科研人员占比50%。为了更好地调动年轻科研人员研究积极性，中心重视人才培训、人才引进等工作。中心定期组织有关人员参加科技政策与管理研究会的学术活动、邀请国内外知名学者来单位培训。

二是与外部科研院所合作，柔性聘请国内外高层次专家。中心定期邀请日本、德国等科研机构的专家来单位进行授课。中心与日本科学技术振兴机构和野村综合研究所、日本公益财团法人环日本海经济研究所等机构建立了紧密的合作关系。

三是建立自选课题项目。中心建立自选课题项目，围绕企业创新、区域创新、产业创新等方面，调动年青科研人员研究积极性。一方面，通过自选课题项目的方式，使年青科研人员确定擅长的研究领域；另一方面，通过内部遴选的方式，遴选出较好的研究报告申报上级机构的研究课题。

3.2.1.3 在咨询服务方面

中心作为一家公益性事业单位，近年来，为北京市城市管理、科技创新决策、高新技术产业政策、环境跟踪及京津冀科研合作等提供了众多研究报告。在横向课题方面，中心依据北京市2016年12月颁布的《北京市科技计划项目（课题）经费管理办法》规定，实行工资总额管理的承担单位从科研经费中列支的编制内有工资性收入科研人员的绩效支出，一次性计入当年本单位工资总额，但不受当年本单位工资总额限制、不纳入本单位工资总额基数。针对问题：原有绩效支出比例过低，影响了科研人员的积极性；实行工资总额管理的承担单位受工资总额限制，项目组成员无法列支绩效支出。

3.2.1.4 在对外交流与合作方面

北京科学学研究中心历来重视对外交流与合作，与国内知名高校、科研院所采取战略合作、院校合作、院地合作、院院合作等合作模式，不断打造品牌影响力和提升对外交流与合作水平（表5）。

表5 北京科学学研究中心交流和合作模式

战略合作	北京市文资办
院校合作	北京师范大学
院地合作	中国社会科学院数量经济与技术经济研究所
院院合作	天津市科技统计与发展研究中心

3.2.2 中国科学技术发展战略研究院

2007年12月28日，中国科学技术发展战略研究院挂牌成立，战略院院长由全国政协副主席、科技部部长万钢兼任。战略院是科技部直属的专业性软科学研究机构。主要从事国家科学技术发展战略、政策、体制、管理、预测、评价及科技促进经济社会发展等方面的研究，为国家科技、经济、社会发展的宏观决策提供咨询和建议。战略研究院设有综合发展研究所、科技体制与管理研究所、科技预测与评价研究所、科技统计与分析研究所、科技投资研究所、产业科技发展研究所、农村与区域科技发展研究所、科技与社会发展研究所。

3.2.2.1 重视开放合作创新

战略研究院充分发挥"1+6"国际合作平台作用，开展多层次对外合作与交流（表6）。

表6 "1+6"国际合作平台

类型	平台
1个中心	联合国教科文组织国际科学和技术战略研究与培训中心
6个平台	中欧创新合作对话
	中德创新政策平台
	中国—经合组织科技与创新合作联络办公室
	中日韩科技创新政策研究合作平台
	中美科技创新民间对话平台
	中国—东盟科技政策研究中心

一是联合国教科文组织国际科学和技术战略研究与培训中心（以下简称中心）。中心成立于2012年9月，是联合国教科文组织首个聚焦于科技政策与创新战略研究与培训的二类中心，也是教科文组织在我国设立的唯一一个科技战略与政策方面二类中心。中心设在战略研究院，通过合作研究与培训的方式，在可持续发展、科技发展战略、科技扶贫等领域，与广大发展中国家开展合作、分享中国发展的经验，以提升发展中国家的科技战略研究水平和科技管理能力，促进共同发展。

二是中欧创新合作对话。战略研究院是中欧创新合作对话中方专家组组长单位，负责组织联络中方专家参加中欧创新对话会议，并开展包容性创新国别研究等中欧科技创新合作研究，已举办两次中欧创新对话会议。

三是中德创新政策平台。战略研究院是中德创新政策平台的中方协调单位。该平台成立于2011年，截至2016年，已成功组织四届"中德创新政策会议"，并牵头成立中方专家组，与德方共同开展"创新体系比较研究"。该平台已形成两国在创新领域交流对话长效机制，对深化中德科技和创新合作具有重要影响。

四是中国—经合组织科技与创新合作联络办公室。2011年中国—经合组织科技与创新合作联络办公室在战略研究院成立，借此平台，承办"中国—经合组织创新政策圆桌会议"，参加经合组织（OECD）科技政策委员会及7个工作组的工作会议，翻译OECD系列出版物。通过此平台联络国内研究力量，共享国际合作资源，加强中国与OECD在科技与创中国—经合组织创新政策圆桌会议新领域的交流与合作。

五是中日韩科技创新政策研究合作平台。战略研究院是中日韩科技创新政策研究合作平台的发起单位之一。自2006年起，战略研究院、日本科技政策研究所（NISTEP）、韩国科技评估与规划研究院（KISTEP）、韩国科技政策研究所（STEPI）等机构共同建立了中日韩科技创新政策研究合作平台，每年轮流举办"中日韩科技政策研讨会"。

六是中美科技创新民间对话平台。战略研究院是中美科技创新民间对话平台的发起单位和专家组成员单位。自2012年起，与美方举办了"中美科技创新比较研讨会""中美创新竞争力比较研讨会""中美两国科技资源配置机制比较研讨会"三轮对话，搭建了两国学术界、政策咨询机构间讨论与交流的平台，有利于双方对共同面临的创新问题形成共识。

七是战略研究院与北京市长城企业战略研究所牵头于2013年成立中国—东盟科技政策

研究中心，已举办两届"中国—东盟科技创新政策研讨会"，为我国与东盟国家的科技创新政策合作搭建平台。

3.2.2.2 科研成果紧贴决策部门

战略研究院在2016年度，纳入中宣部高端智库建设试点单位，目前每月上报2篇智库研究报告，截至目前共提交20篇，其中1篇上报中央领导获得批示。战略研究院的目前主要有《战略研究参考》《调研报告》《智库研究报告》等内参。对于研究层次比较高端的研究成果，主要面对中央、国家决策。科技创新高端智库、部委机构要突出优势，凝练各研究所的研究方向，聚焦压缩课题，为中央和科技部党组提供高质量研究报告，研究成果要充分做到与决策部门对接。

3.2.2.3 博士后工作站发展进入快车道

中国科学技术发展战略研究院博士后工作站2008年6月成立，是经国家人力资源和社会保障部批准和南开大学联合培养博士后的科研工作站。2017年12月，经全国博管会批准，战略院获得独立科研工作站资格。战略研究院为博士后研究人员提供必要的研究条件。博士后研究人员进站后，薪酬按国家有关标准及江苏省科学技术发展战略研究院相关管理规定执行。在站期间，博士后研究人员可以享受在职职工同等待遇（薪酬待遇、发展路径、北京户口）。研究院从思想层面引导博士后培育科研的探索精神和合作精神；同时，从院领导开始，定期召开各种讲座，扩大博士后工作站的社会影响力。

3.2.3 上海市科学学研究所

上海市科学学研究所（以下简称研究所）是我国最早的软科学研究机构之一，成立于1980年1月。研究所是科学研究类社会公益事业机构，以服务创新决策为宗旨，坚持需求导向、问题导向、应用导向，聚焦科技创新战略、公共政策和产业技术创新等领域，软硬结合、研咨一体，致力于打造专业化、平台型、有特色的高水平科技创新智库。

3.2.3.1 长期跟踪技术预见领域和技术路线图

研究所专门成立了产业创新研究室，围绕科技进步大方向和产业变革大趋势，推进技术预见和路线图研究，为政府部门、企业和大学院所等创新主体提供支撑科技创新的决策咨询。重点研究中长期经济社会发展的科技需求，跟踪分国内外科技发展动态，立足上海开展面向区域发展的关键技术选择、重点领域和产业科技发展趋势及特点研究、科技创新重大专项的选题研究、产业技术路线图和产业技术创新地图等研究，为"围绕产业链部署创新链、围绕创新链配置资金链、优化服务链"的全流程科技管理提供基础支持，为科技创新规划计划和重大科技项目或工程的战略部署提供前期论证和中期推进支持。研究所定期发布年度《上海科技发展重点领域技术预见研究报告》，为上海打造全球有影响力的科创中心提供技术预见研究报告。

3.2.3.2 利用新媒体微信公众号扩大品牌影响力

2015年9月，研究所建立三思派微信公众号，其宗旨为"专注科技创新领域，评论（criticism）、咨询（consulting）、建设（construction），做有情怀、有思想、有深度的内容"。从三思派，人们通过上海建设科创中心、科技成果转化的系列见解，可以了解到创新驱动发展战略在上海的实施对策与具体行动；人们通过对国外经验介绍，如法国科研税收信贷政策(CIR)对企业研发支出进行财政补偿以促进企业科技创新，知道了研发作为创新驱动更深层动因之所在。定期发布推进科技、经济、社会协调发展的评论、咨询和对策建议。

3.2.3.3 重视跨地区的合作交流

研究所高度重视跨地区的合作交流，与美、欧、日、韩等国家和地区的有关软科学研究机构，以及中国台湾有关研究机构建立了合作联系；与中国科技发展战略研究院及北京、天津、重庆、江苏、浙江、安徽等省市软科学研究机构开展了战略合作与协同研究；与复旦大学、上海交通大学、同济大学、华东师范大学、上海社科院、《解放日报》及相关区县建立了紧密合作关系，共同构建上海市软科学研究合作平台。同时，研究所非常重视外聘专家的作用，聘用中国科学技术发展战略研究院前常务副院长王元、科技部调研室巡视员胥和平、弗劳恩霍夫系统和创新研究所ISI Knut Koschatzky等国内外知名专家，外聘专家在指导课题研究方面起到了重要的作用。

4 江苏省科学技术情报研究所智库建设现状与不足

4.1 发展契机

培育科技创新智库，是"十三五"时期创新发展的内在要求。2015年11月，党的十八届五中全会明确将创新发展作为"五大发展理念"之首，要求把科技创新摆在国家发展全局的核心位置，科技创新越来越成为国家命运所系、前途所在。落实国家发展部署，江苏提出实施创新驱动发展战略作为"七大战略"之首，明确要求推进以科技创新为核心的全面创新。科技创新的战略高度前所未有，客观上需要有与其战略地位匹配的科技创新智库，以提供强有力创新发展决策支撑。然而，尽管这几年江苏区域创新能力连续多年居全国首位，但科技创新智库的建设还比较滞后，科技战略研究力量薄弱，迫切需要通过加强科技创新智库建设，集聚高端智力资源，围绕发挥科技创新在全面创新中的引领作用，科学研判、献计献策，使江苏省的创新发展有智可用、有策可依。

培育科技创新智库，是破解转型升级难题的紧迫需求。习近平总书记指出，抓创新就是抓发展，谋创新就是谋未来。当前，江苏省国民经济和社会发展仍然面临各种结构性、深层次的矛盾和问题，转型升级迫在眉睫，而科技创新智库正是回答和解决这些问题的重要机构。赢得建设科技创新智库先机，就是赢得凝聚全社会智慧的先机，就是赢得少走弯路的先机，就是赢得转型升级的先机。面对经济新常态和发展新挑战，应当更加注重科技创新智库的培育，着眼江苏长远发展的前瞻性、全局性、综合性和战略性问题，深入开展创新战略研究，提出科技创新的大战略、大思路、大举措，着力研究解决经济和社会发展中重大问题的战略和政策措施，为建设"富强美高"的新江苏集思广益、出谋划策。

培育科技创新智库，是江苏建设新型智库的必然组成。2015年11月，江苏省出台关于加强新型智库建设的实施意见，要求促进科技创新型智库有序发展。其中，特别指出"科研院所要围绕建设创新型省份和实施创新驱动发展战略，注重研究国内外科技发展趋势，提出咨询建议，开展科学评估，进行预测预判，促进江苏科技创新与经济社会发展深度融合"。科技创新智库是建设创新型省份和实施创新驱动发展战略的核心智囊，是江苏新型智库建设不可或缺的中坚力量和江苏智库网络的枢纽节点。"十三五"时期，按照江苏省新型智库建设要求，应充分发挥科技创新智库的优势，积极参与政府创新战略决策，不断提升科技决策支撑水平，为建设立足江苏、面向全国、放眼世界的新型智库体系做出新的应有贡献。

结合以上国际、国内、省内形势，结合情报所各部门业务特点，我们应该有所突破，有所创新，在部门服务模式、经营管理、业务结构、人才团队等方面加大创新力度，才能顺势而为，使创新驱动成为情报所发展的新引擎。

4.2 建设现状

江苏省科技发展战略研究院是江苏省"十二五"时期重点建设的科技战略研究机构，《中共江苏省委 江苏省人民政府关于加快企业为主体市场为导向产学研相结合技术创新体系建设的意见》（苏发〔2012〕17号）明确提出"积极支持省科学技术发展战略研究院建设，组织开展重大科技战略问题研究"。"十二五"时期以来，江苏省科学技术发展战略研究院积极围绕省委、省政府重大创新决策部署开展重点研究领域布局，广泛参与政府部门创新决策全过程，在创新驱动发展决策研究中地位日益重要。作为省科技厅重点建设的首批10家科技思想库之一的"新兴产业发展思想库"，省科技发展战略研究院在科技创新决策研究领域具有很大优势。

4.2.1 协同合作范围广，资源协调能力强

江苏省科学技术发展战略研究院在文献资源、创新数据及软科学研究力量整合等方面具有天然优势。一是文献资源整合基础好。江苏省科学技术发展战略研究院牵头建设的江苏省工程技术文献信息中心是江苏区域科技创新的文献信息保障服务平台，整合有南京大学、东南大学、南京图书馆等10家单位的工程技术文献信息资源。二是科技统计数据平台强。江苏省科学技术发展战略研究院建有江苏省唯一权威性的科技统计工作与数据发布平台——江苏省科技统计中心，与江苏省统计局联合开展全省科技统计的组织协调和数据发布，实施各项科技数据调查统计，建有全省科技统计数据库。三是软科学研究资源整合能力高。省科技发展战略研究院软科学管理服务中心重点负责对接智库建设工作，软科学管理服务中心是省政策引导类（软科学）项目的第三方管理服务机构，也是省科技思想库的管理机构。由软科学管理服务中心管理的首批10个科技思想库主要研究领域涉及科技金融、科技创新体系建设、创新国际化、科技政策、科技体制改革、科技创新平台建设、科技人才、新兴产业发展、创新园区建设及新农村科技创新等方面，涵盖了科技创新决策研究的大部分领域。近年来，软科学管理服务中心积极依托省软科学计划的实施，充分发挥研究资源整合优势，集聚了一大批专攻领域明显、研究水平高的外围科技决策研究人才。另外，省科技厅立项支持江苏省科学技术发展战略研究院建设"中国科技发展战略研究院江苏分院"，与中国科技发展战略研究院联合开展宏观科技战略研究。积极面向国内外知名智库和研究机构开展合作，与美国兰德公司签订了战略合作备忘录，与美国技术与创新基金会信息技术与创新基金会（ITIF）保持着稳定的联系，并与北京大学光华管理学院、南京大学产业经济系建立了战略合作关系。四是对外宣传平台扎实推进。在厅科宣办指导下，全面负责开通及运营"江苏科技"微信公众号，形成了一支信息收集、整理、加工队伍。

4.2.2 人才队伍强，组织架构优

省科技发展战略研究院建立了一支学科分布齐全、梯队层次合理、作风过硬、素质优良的科技创新决策研究专业团队。研究团队大部分人员都承担过国家和省部级重点研究课题，研究骨干都具有省委、省政府重大调研的丰富经验，具备较高的研究水平。江苏省科学技术发展战略研究院目前本科以上学历人员达90%以上，高、中级专业技术人员约占60%，其中享受国务院特政府殊津贴专家1人，江苏省有突出贡献中青年专家2人，省"333人才工程"培养对象7人，注册咨询专家25名，高级技术职称28名，博士9名，引进海外高层次人才2名。围绕科技创新决策研究主要方向，设有区域创新研究中心、科技政策研究中心、科技统计中心、产业科技创新中心、企业创新中心、协同创新中心、软科学管理服务中心等专业化研究中心，在区域创新评价、科技体制改革、技术预见、研发体系建设和科技人才等领域建立了一支专业化研究队伍。

4.2.3 研究机制活，管理体制优

省科技发展战略研究院采取"小核心、大外围"的建设思路，建立了完善的项目管理机制、人才培养机制和领域跟踪机制。一是完善的项目负责人制，对各类纵向和横向研究任务，均采取项目负责人制。二是畅通的人才交流机制，定期输送年轻研究人员到省科技厅、省委组织、国家科技发展战略研究院等单位挂职锻炼，让科技决策研究始终围绕决策需求。三是完善的领域跟踪机制。战略研究院围绕区域创新、科技体制改革、科技政策、战略新兴产业等领域，建立了30个研究领域跟踪小组，开展长期连续跟踪研究。

4.3 主要成效

4.3.1 服务省委、省政府重大决策需求

省委、省政府明确提出建设"具有全球影响力的产业科技创新中心"和"具有国际竞争力的先进制造业基地"的战略目标。江苏省科学技术发展战略研究院积极参与"一中心"前期可行性论证研究，并在省委、省政府明确目标后研究提出"三步走"的创新发展时间表和路线图。同时，江苏省科学技术发展战略研究院还与中国工程院联合开展《苏南制造2025》专题研究，为"一基地"建设支招献策。内刊《创新参考》聚焦强调课题实证和调研，累计编发50期，有7篇稿件获得省领导批示，得到了省厅领导和各业务处室的充分肯定。

4.3.2 主持重大战略规划

江苏省科学技术发展战略研究院立足创新指标研究优势，主动开展创新型省份指标体系建设研究，所研建的基层科技创新考核指标体系被省科技厅和省统计局采纳，列入省基层科技创新考核评价办法，并被省政府办公厅转发。江苏省科学技术发展战略研究院研究提出的《江苏创新型省份建设试点方案》被科技部采纳，使江苏省成为全国第一个创新型省份建设试点省。江苏省科学技术发展战略研究院承担了《江苏省"十二五"科技发展规划》的前期研究和规划编制工作，当前，正在开展《江苏省"十三五"科技创新规划》的编制工作。

4.3.3 参与重大文件草拟

江苏省科学技术发展战略研究院先后参与草拟了一系列重要的政府文件，主要涉及科技

创新工程、创新型领军企业培育、基层科技创新评价、创新型省份建设、科技服务业发展等方面。研究编制"江苏省推进科技体制改革试点省建设实施方案"和"苏南自主创新示范区建设方案"，受到了科技部、省科技厅主要领导的认可和高度评价。

4.3.4 领衔参与重大调研

江苏省科学技术发展战略研究院积极参与各类重大科技创新调研，先后承担了江苏深化科技体制改革调研、苏南自主创新示范区建设调研、省重大科技基础设施建设调研、省企业研发机构建设调研、省重点实验室优化布局调研、拓展科技创新工程等一系列重大调研，其中部分调研成果获得了省委、省政府领导批示。

4.4 存在的不足

4.4.1 单位定位不清晰

目标决定导向，目前科技成果档案馆与科技发展战略研究院明确为公益一类事业单位，科技情报研究所目前暂未明确属于公益一类还是公益二类，未来发展偏重研究还是市场化的目标还不明确，直接导致年轻人对未来的人生规划缺乏明确的导向。如果单位属性确定，若属于公益一类，那么研究人员不再有创收任务压力，对个人的研究能力提升有很大的帮助，单位也可以聚焦精力培养有影响力的研究专家，打造与国际社会接轨的有影响力的科技智库；若属于公益二类，那么单位也应谋划市场布局，完善相应的考核机制，努力提升市场化竞争力。

4.4.2 单位整体学术能力不高

作为专门从事研究所（研究院），一是缺乏有影响力的专家，单位目前的定位是"一库三中心"，但是在业界有影响力的专家相当少；二是学术培训支持力度不够，未能充分运用合作高校资源优势来对本单位员工进行基础理论学习和业务能力培训，缺乏相应的合作机制，在国内外大型学术研讨方面，也缺乏重视，存在闭门造车现象；三是缺乏各部门之间合作交流的平台，当前各部门各自为政，同质化竞争现象较为严重，导致研究领域内容上存在交叉重叠现象，浪费了人力、财力与物力，制约了科技智库的整体发展水平。

4.4.3 福利保障不足

单位需进一步完善各方面的保障制度，让员工充分感受到更多的成就感、获得感。一是加班报销手续烦琐，审批流程过多，填写加班单浪费了大量的时间与精力，角色分工不明确，职责界限不清晰，财务细则不够详尽，导致研究人员不能够完全释放活力。二是激励机制不足。新员工感受不到单位的文化气息和凝聚力，没有机会认识单位各位老员工，工会福利方面有待进一步加强，工资上涨幅度较慢，与当前物价上涨幅度不成比例。科技政策30条也已经出台，单位应根据实际情况，尽快出台相关政策在改革科研管理机制、扩大科研自主权等方面尽快出台细则。

5 经验总结与启示

通过系统梳理国内外科技创新智库的理论研究现状及建设经验，我们认为一个优秀的科技创新智库，必然具备以下 5 个方面的特征。

5.1 高影响力的明星专家

纵观国内外的一流智库，都会在内部培育明星专家。作为科技智库本身，在提升自身品牌价值的过程中离不开最重要的个体——专家，而明星专家在其中又起到了核心作用。当提到国家战略研究院时，我们就会想到胡志坚、王元等一批知名专家。当然，明星专家的培育不是一蹴而就的，而是需要经历一个长期的过程。作为研究所本身要建立健全相关内部培养机制，注重明星专家的舆论宣传和正向引导。充分利用学术报告、新闻媒介、沙龙活动、政策宣讲等模式，扩大明星专家的知名度。

5.2 高质量的研究成果

国内外的一流智库大多长期注重某一特定领域的研究用功发力。例如，上海科学学研究所长期重视技术预见领域的跟踪研究。各国的重要科技创新智库特别是政府附属性智库已经成为政府重要公共政策的来源点、政策内容的设计者、政策效果的评估者、政策实施的营销宣传者、社会话语权的主导和引领者。国际知名科技创新智库对全球性和区域性挑战、对世界各国的经济社会发展等的研究报告，常常成为引领和影响社会舆论的重要思想利器、社会价值观追求的精神天平。

5.3 多元化的人才队伍

兰德公司成立 70 年来，吸引了大量世界级顶尖人才。据统计，共有 32 位诺贝尔奖获得者先后为兰德公司效力，其中，6 名为专职研究人员、20 名为顾问、3 名为理事会成员，另有 3 名曾是兰德的访问学者或实习生。例如，阿罗、西蒙、纳什、萨缪尔森、利比等，他们的专业方向涵盖经济、物理、化学等多个领域。作为综合性研究机构，兰德公司特别强调员工学科专业的多样化。据统计，兰德公司 1800 名员工中，过半都拥有博士学位，他们的学科背景分布具体为：政策分析 10%；物理学 5%；数学、运筹学、统计学 6%；生命科学 9%；国际关系 9%；工程学 8%；经济学 12%；计算机科学 5%；商科和法律 5%；行为科学 9%；艺术和文学 3%；社会学 11%；政治学 7%；其他 1%。

5.4 高覆盖的成果传播渠道

在经济发展新常态下，科技创新智库要实现将研究成果"以最合适的方式、在最合适的时间、交给最合适的人"，就需要根据受众特点进行研究成果的传播与营销。国际上各大智库纷纷创办新媒体平台，运用微博、微信、Facebook、Twitter、LinkedIn、Podcast 等渠道传播研究成果。国内各个科技创新智库也都在建立各自的自媒体平台，如上海市科学学研究所建立"三思派"、北京科学学研究中心建立"北科智库"等。互联网、社交网络、云技术等新技术的发展，为不同性质、不同规模、不同特点的科技创新智库创造了一个相对平等的传播路径，可以方便快捷地传播与分享相关研究成果。

5.5 强有劲的激励机制

科技创新智库有不同的类型，社会科技智库由于实施企业化运作，薪酬体系相对灵活，可以按照市场化来操作。反之，政府部门的科技智库和事业单位类型的科技智库，往往受制于体制机制的束缚，在内部人才培育、高层次人才引进、内部的绩效体系构建及横向课题的研究方面还有诸多需要解决的问题。通过调研我们了解到北京、上海等地的科技创新智库，特别是与我们情报所性质相近的机构，由于地方政策的推动，科技创新智库建设，尤其是在激励机制方面的适用性更强，更能有效调动相关科研人员的积极性。

综上所述，江苏省科学技术情报研究所目前正在打造国内知名的科技创新智库，还需要围绕智库建设的定位、人才队伍建设、品牌影响力提升、科研项目管理、开放创新的院所文化等方面进一步凝练相关对策建议，以此来提升江苏省科学技术情报研究所智库的影响力。

课题负责人：王利军
课题组成员：康争光　李晓勤　应　媚　夏凯丽
撰　搞　人：王利军

基于科技档案数据的科技信息资源分析研究报告

1 研究对象概述

科技档案即科学技术档案,是在自然科学研究、生产技术、基本建设等活动中形成的应当归档保存的图纸、图表、文字材料、计算材料、证书、声像资料等科技文件材料,是记录科技创新过程的有效载体。我国科技档案起步于20世纪50年代,1959年12月,国家档案局在大连市召开了技术档案工作现场会,实际上是第一次全国技术档案工作会议,这次会议着重讨论了有关技术档案工作的几个重要问题,研究讨论了《技术档案室工作暂行通则草案》。1960年2月,国务院批准试行。从此全国有了统一的管理原则、方法和制度,把分散的科技档案工作纳入国家集中统一管理的轨道。

科技报告是在科研活动的各个阶段,由科技人员按照有关规定和格式撰写的,以积累、传播和交流为目的,能完整而真实地反映其所从事科研活动的技术内容和经验的特种文献。

科技报告是对科学、技术研究结果或研究进展的记录,是记录科技创新过程及经验教训的有效载体。科技报告是按照标准化规范由国家采取一定的行政手段强制形成的特种文献,是国家重要的基础性战略资源。我国科技报告起步于20世纪60年代,由钱学森等多位科学家呼吁建立我们自己的国家科技报告体系。2011年5月,温家宝总理在中国科协第八次全国代表大会上指出,欧美等国家都有系统的科技报告制度,把国家支持的科研活动产生的资料,包括研究目的、方法、过程、技术内容、中间数据以致经验教训,尽可能向公众开放共享。2012年1月,刘延东国务委员在考察中国科学技术信息研究所时强调,科技报告是基础性工作,我们与发达国家有很大差距,要加快建立科技报告制度。2012年7月,全国科技创新大会提出建立统一的科技报告制度,已经明确了建立国家科技报告制度的目标与任务。2012年12月,科技部部务会决定自2013年起在国家科技计划中开展科技报告试点工作。

科技成果登记是对已经形成的科技成果全面而概括的数据集合,是科技成果的数据描述形态。2000年,为了贯彻落实《中共中央、国务院关于加强技术创新,发展高科技,实现产业化的决定》中"对于政府财政资金支持的科技项目,要充分运用知识产权信息资源,选准高起点,避免重复研究"的精神,科技部第2次部务会议讨论通过《科技成果登记办法》,《科技成果登记办法》自2001年1月1日起施行,是为了增强财政科技投入效果的透明度,规范科技成果登记工作,保证及时、准确和完整地统计科技成果,为科技成果转化和宏观科技决策服务,充分运用知识产权信息资源的一项办法。

2 国内外发展概况

2.1 科技档案

2.1.1 科技档案国内发展概况

我国科技档案作为档案的特有分支自 20 世纪 50 年代起步,随着科学技术的发展,新理论与新技术越来越多地应用到了科技档案中,我们对一些发展比较好的省份调研后,形成了以下表格(表 1)。

从表 1 中,我们可以发现,科技档案经过数十年的发展,基本已经具备信息化的基础水平,专业的实体档案存储场馆,固定的科技档案接受来源、专职科技档案从业人员、稳定持续的经费投入及档案信息化普及,但科技档案发展至今,仍存在很大的问题。

2.1.2 科技档案存在的问题

(1) 思想意识上没有树立新的科技档案观

①没有将科技档案当成一种资产。各级领导在思想意识上没有完全重视科技档案,把科技档案当成一种原始凭证,忽略了科技档案的信息价值,尚未把具有信息、知识属性的科技档案看成一种资产。

②没有很好地利用科技档案。科技档案只有通过开发利用才能实现其重要价值,管理科技档案的最终目的也是服务于科技工作、科研工作者与科技管理者,档案从事人员及档案部门仍保留档案"重藏轻用"的观念。

③尚未建立对电子档案的信任。随着信息技术在科技档案中的应用,档案从业人员与档案管理部门一直执行的是科技档案"双轨制",对电子档案缺乏信任。

④轻视过程性档案。科技档案是对科技管理工作全流程的记录,包含了科技活动的思路、步骤、方法及经验教训,是极其重要的科技信息与知识,但现在科技档案重视结果文件,缺乏对过程性档案的重视。

⑤"科技档案"概念的坚持。科技档案是我国特有的概念,是我国档案事业的一大特色,但 1995 年以后,科技档案的概念逐渐被淡化,甚至与企业档案的概念相混淆。

(2) 法规制度上尚未建立健全科技档案工作法规制度体系

1980 年通过的《科学技术档案工作条例》已不适用于现在的科技档案工作需求,急需修改。除了《科学技术档案工作条例》本身的修订,针对不同专业领域的科技档案管理规章制度是一块空白。科技档案是科技管理的重要产物,也是科技管理的重要依据,现阶段,科技档案作为科技管理基础性工作和重要组成部分,尚未纳入科技管理体系中,为科技档案服务科技管理形成了阻隔。

(3) 监督管理体系上缺乏档案部门与专业主管机关的双重有效监督

前文说到,科技档案存在于每个行业中,是每个行业的科技活动的直接记录者。科技档案部门上级主管机关一般都是本行业的主要管理机关,而档案部门作为指导机关存在。事实上,科技档案面临着"两不管"的现状,一方面,上级主管机关不重视;另一方面,档案机

表1 北京、上海、天津、四川科技档案概况

地名	库房面积	库房智能化	馆藏数量	年归档量	馆藏类型	数字化建设	制度建设	工作人员	工作经费
北京	1000平方米（租用）	库房为近年建造，配备有安防、气体灭火、温湿度、监控等系统	1.25万卷	约1万卷	文书、计划项目、成果奖励、电像、电子类	数字化建设中文书档案已全面数字化申请到获批的国家发明数字化利用了OA系统对接后电子档案的自动鉴定和自动整编	2008年，北京市科委与北京市档案局联合发布了《北京市科技计划项目档案管理办法》	6人	北京市科委以项目经费形式下达维护费用
天津	约800平方米，正在扩大库房面积	配备有安防、气体灭火、温湿度、监控等系统	约5万卷	约4000卷	成果奖励、计划项目、成果登记档案	自2004年起开始进行数字化建设。目前已建成具有系统采集、数据采集、查询分析、档案管理一体的数字档案管理平台。全馆数字化建设工作，扫描文件达70万页	2008年，天津市科委出台《天津市科技计划项目档案》和《天津市科技计划项目档案管理办法》	9人	天津市科委以事业费形式下达日常维护费用
上海	1200平方米（新建库房在浦东新区）	配备有安防、气体灭火、温湿度、监控等系统	约5万卷	成果300项，科技计划3000项	成果奖励、计划项目、文书	已开始实施档案信息软件的开发，硬件的配备和数字化加工	无	25人	
四川	约800平方米	库房共计3层，配备有安防、气体灭火、温湿度、监控等系统	约6万卷	约5000卷	科技成果奖励、计划项目、科技成果登记等	自2010年起开始档案信息化建设，建立专业的档案扫描系统与档案定位系统。今年正着手档案信息化软件的建设	无	24人（7人聘用）	以科技成果登记及对外开展咨询等横向收入为主，以省科技厅项目支持为辅
江苏省海事局	约500平方米	已形成具有安全保障系统、门禁系统、档案定位系统、消防系统、温湿度控制系统等一体化的智能化库房			文书档案、船员档案等	自2002年起开始档案信息化工作，目前已建立具有档案信息获取、管理、存储、检索、利用、交换服务为一体的档案软件系统，基本实现了库房管理无纸化。2015年度达到江苏省内一级认定标准要求	建立了一整套内部工作管理制度，对档案流转各环节明确责任主体，制定工作要求	专职1人，兼职约15人	海事局每年以项目经费形式下达维护经费

关插不上手，这样的状态使得科技档案条块管理都出现空缺，致使我国科技档案资源缺乏国家控制力。

（4）组织体系上科技档案没有融入国家各类体系中

科技档案是记录科技活动的重要载体，"三纳入""四参加""四同步"是我国科技档案的传统工作经验，科技档案在科技管理体系、知识管理体系及国家创新体系中融入性不强，将科技档案纳入科技管理体系可以提升科技管理中对科技项目承担单位与承担人的约束力，将科技档案纳入知识管理体系提升科技档案作为信息管理的重要作用，将科技档案资源建设与开发视为创新体系的重要组成部分和支撑条件。

（5）管理模式上缺乏对档案资源的共享

①科技档案权属不清。科技档案记录科技活动的全流程，前文说到对过程性档案的不重视导致科技档案全流程的信息不能有效集中在科技档案部门手中，加上科技档案中缺乏对科技档案归属权的明确要求，导致科技档案权属不清。

②科技档案资源无法集中管理。前文说到科技档案存在条块管理不足的问题，这样的情况导致了科技档案资源在科技档案管理部门集中整合后无法向上级档案管理部门移交，阻碍了国家科技档案资源体系的建立及共享。

③科技档案行业缺乏统一的数据标准。一个行业的资源建设，首先就是要规范数据标准。科技档案信息化程度远低于其他行业，业内普遍采用的是数字化扫描的方式，尚没有从根源上解决资源建设的关键。缺乏统一的数据标准，各家科技档案馆之间的科技档案资源无法实现共享，更不要说建立知识联盟了。

（6）人才队伍上从业门槛低，再继续教育薄弱

①科技档案从业门槛低。目前，对从事科技档案的入门要求比较低，参加档案专业部门的培训一周即可上岗，缺乏必要的岗前实务培训。实际上，科技档案是一个专业性很强的行业，需要的不仅仅是责任心，更多的是专业而扎实的业务素养。

②科技档案继续再教育薄弱。随着1998年高等学校目录中取消了科技档案专业后，不仅是科技档案的高等教育受到冲击，连带的继续再教育也受到了冲击，继续再教育的薄弱阻碍了档案专业人员的业务提升。

2.2 科技报告

2.2.1 科技报告的特点

科技报告科技人员为了描述其从事的科研、设计、工程、试验和鉴定等活动的过程、进展和结果，按照规定的标准格式编写而成的特种文献，具有以下4个特点：①专业性强，内容详尽，附有图表、数据、研究方法等信息，涉及或覆盖科研的全过程；②有严格的编写规范，但一般不经过同行专家评审和专业编辑人员的审查；③出版周期不固定，不受篇幅限制，大部分不公开出版发行，为政府出版物；④不同的密级划分和使用范围限制，根据科技报告所产生的不同阶段，可以分为专题技术报告、技术进展报告、最终技术报告及组织管理报告。

2.2.2 科技报告与科技档案、文献、专利、科学数据的区别

科技报告是科技活动的一种记录载体，那么，与同样属于记录载体的科技档案、期刊论

文、专利及科学数据有什么不同吗？

①与科技档案的区别：科技报告是科技档案的重要组成部分，由于没有科技报告的制度约束，科技档案中关于技术内容的描述十分欠缺。科技报告是文献化的科技档案，一定程度上是科技档案的一种补充，丰富了科技档案的内容。

②与科技文献的区别：专利与论文都属于科技文献，它们是科研项目的产出形式，有专门的公开发行渠道。学术论文是经过同行评审的公开出版物，对内容的独创性有严格要求，篇幅受到限制，对研究方法、实验过程、中间结果等描述较为简单。专利是科技活动中创新部分的提炼，科技报告中既包含成功经验，也包含失败的教训，而只有成功的经验才能申请专利。与科技档案一样，科技报告的内容是对已发表的学术论文、专利的重要补充。

③与科学数据的区别：科学数据是在科学实验、测量等过程中获得的原始数据记录，其本身并不是科技报告。对科学数据经过归纳分析，从中总结科学规律与结论后，方能形成科技报告。科学数据是科技报告的基本素材。

2.2.3 美国科技报告

（1）发展历程

1895年，美国诞生了《美国政府出版物月报》，将政府各部门及相关研究机构编写的科技材料统一编目，并提供公开使用。在随后40年间，形成1.6万篇技术文件和研究报告，成为美国政府科技报告的雏形。所以，科技报告属于一种政府出版物。1915年，美国成立国家航空咨询委员会，后来又成立原子能机构、武装部队技术情报局等，从事相关部门的科技信息管理工作。1945年，美国签署第9568号总统令成立国家技术信息出版局，标志着美国开始有组织地开展政府科技报告。20年后，1964年科技报告开始真正成为一种战略资源，全面支撑美国的科技领先。

（2）美国科技报告制度

美国科技报告体系是世界上最为完善和全面的，目前，每年产生60多万件科技报告，公开发行6万多份，占全世界科技报告总量的80%左右，是支撑美国科技全面领先的重要基础。美国科技报告分为国防部和三军系统AD报告、国家航天局NASA报告、能源部系统DE报告及农业、商务、环保、海洋等政府其他部门的PB报告。美国的科技报告由多层法规支撑，包括联邦政策法规、部门规章制度及项目承担单位规章制度。联邦政策法规包括《美国技术卓越法》《联邦信息资源管理》《科学技术报告：准备、描述和保存》《联邦采办法规》等，明确规定联邦投资产生的各类科技报告的提交和共享等方面的要求，明确相关知识产权规定，明确国家技术情报服务局的职责和功能及其他相关部门的责任与义务。在联邦法律法规的指导下，国防部、航空航天局、能源部、商务部等部门根据各自的需求和特点制定本部门的共享和管理政策和办法，如《国防部科技报告格式要求》《NASA科学技术信息记录、审批和传播要求》《能源信息法》等，明确相应部门科技报告的提交范围、方法、程序等，确保科技报告的安全管理和利用。在上述两级制度的指导下，项目承担单位制定本单位科技报告工作的相关实施细则。对公开、涉限、涉密报告实行分开管理，确保科技报告的产生、提交和安全利用。

2.2.4 我国国防科技报告（GF 报告）工作

1984 年，原国防科工委开始探索建立国防科技报告体系；20 世纪 90 年代进入制度化、规范化发展阶段；2000 年，我国国防科技报告体系纳入《中国人民解放军装备条例》管理，迄今共收集 13 万多份科技报告。中国国防科技信息中心是 GF 报告的集中收藏机构，国防系统科研单位通过其所属机构的科技信息中心递交科技报告。国防系统颁布了相关的法规制度和标准规范（表 2），规定撰写呈交要求及相关机构的职责，明确科技报告的相关经费统一纳入科研项目经费管理，科技报告必须经本单位的技术主管审查后，再在"科技报告审定表"上签字确认。航天部门定期评选"优秀科技报告""优秀科技报告工作者""先进单位"等，将优秀科技报告似同核心期刊论文对待。国防科技报告实行归口管理，由国家下达的国防科研项目所产生的科技报告为 a 类报告，由国防科工委负责管理；由国防工业各部门、总公司、工程物理研究所和军队有关单位下达的科研项目所产生的报告为 b 类报告。国防报告分为机密、秘密、内部、公开 4 级，不包含绝密。

表2　国防科技报告法规名称

日期	法规名称	颁布部门
1995–12	中国国防科学技术报告管理规定	国防科工委
1995–12	中国国防科学技术报告密级、期限变更办法	国防科工委
1997–6	中国国防科学技术报告编写规则（GJB567A—97）	国防科工委
2000–12	中国人民解放军装备条例	总装备部

2.2.5 我国科技报告现状

（1）我国科技报告发展历程

我国科技报告制度起步较晚，20 世纪 60 年代，钱学森等老一辈科学家就倡议建立中国科技报告体系；80 年代，国防科技报告启动；2012 年，全国创新大会上明确了要加快建立统一的科技报告制度；2013 年，科技部率先在 973、863 等国家科技计划中开展科技报告试点工作；2014 年 3 月，国家科技报告服务系统正式开通运营，实现万份科技报告向社会提供开放共享服务；2014 年 8 月，国务院办公厅转发科技部《关于加快建立国家科技报告制度的指导意见》，明确了国家科技报告制度建设的总体要求，组织管理机制、主要任务和工作环境，它的发布标志着我国科技报告制度建设取得了实质突破。

（2）我国科技报告的作用

①对科技管理部门而言，科技报告的综合分析，可以有效避免不同科研管理体系中的重复立项，减少财政资金浪费。在项目中期检查、结题验收阶段形成的科技报告则可对科技成果的真实性和创新性进行实时检验，有利于增加科研工作的透明度，有利于杜绝虚假行为，建立科研诚信体系，防止学术腐败。

②对科研人员而言，撰写科技报告是科研人员的基本功，有利于规范科研活动及管理过程。对科技报告完整保存和充分开发利用，可以提高后续研究技术起点，提升科研效率和科研投入效率。

③对社会公众而言，科技报告体系将为国家财政科技投入提供新的成果展示方式，积累形成社会科技资产，为社会公众提供了解、利用科技计划项目和成果的新渠道，有利于增强全社会对我国科技投入模式的理解与支持，有利于对科技创新活动进行精细化、规范化管理。

④ 对承担机构而言，科技报告工作是建立机构知识库的规则基础，国外百年老店很多都是通过科技报告来积累技术资产、推动技术进步的。

(3) 我国科技报告存在的问题

①科研人员不了解科技报告，不知道科技报告的作用和意义。

②科研人员不清楚怎样撰写、呈交与利用科技报告，科技报告无法发挥真正的作用。

③科技报告任务中，各科技报告管理机构人员与服务出现跟不上的情况。

2.3 科技成果登记

科技成果登记的对象是政府财政资金支持的科技项目，登记目的是增强财政科技投入效果的透明度，充分运用知识产权信息资源，避免重复研究。为规范科技成果登记工作，保证及时、准确和完整地统计科技成果，为科技成果转化和宏观科技决策服务，国务院于2000年下发了《科技成果登记办法》的通知（国科发计字〔2000〕542号）以规范科技成果登记工作。

2.3.1 科技成果登记国内概况

（1）北京市

北京市科技成果登记工作的主管单位与执行单位都是北京市科学技术奖励办公室。政策法规方面，北京未依据《科技成果登记办法》制定北京市科技成果登记实施细则。北京科技成果年登记量约为600条，主要来源是申报北京市科学技术奖的项目。登记程序方面，北京市仍旧采用的是科技部制定的"国家科技成果登记系统"单机版，与江苏省做法相同，申报北京市科学技术奖的项目必须进行科技成果登记，每年在申报北京市科学技术奖的同时，科技成果登记工作集中进行，赋予科技成果登记号，但不打印证书，该项工作不收费。数据使用方面，除了每年向国家化工信息中心提交成果登记数据与统计分析报告外，其他利用尚未考虑。

由于北京地域的特殊性，在京部委（教育部、水利部、中华医学会等）都具有科技成果登记权限，所以北京市的科技成果登记数据量偏少。

（2）上海市

上海市科技成果登记工作的主管单位是上海市科委，执行单位是上海市科学技术奖励办公室（以下简称上海奖励办）。政策法规方面，上海奖励办制定了《科技成果登记指南》，该指南对科技成果登记范围、登记要求、登记程序进行了说明。上海市科技成果年登记量为2000～3000条，主要来源是科技计划项目与奖励，其中申报上海市科学技术奖的项目必须进行科技成果登记。上海市的科技成果登记系统采用的是科技部制定的"国家科技成果登记系统"单机版。数据利用方面，除了向国家化工中心提交科技成果登记数据与统计分析报告，上海奖励办将科技成果登记数据进行了内部共享并在官网上对外公布成果名称与第一完成单位。

（3）广东省

广东省科技成果登记工作的主管单位是广东省科技厅，2014年，政府职能转移下放到两个社会组织——广东省科协与广东省未来预测研究会，这两家机构同时承担着广东省的科技成果登记工作。政策法规方面，2013年，广东省科技厅下发了《广东省科学技术厅关于科技成果登记与信息公开的实施办法》，该办法对科技成果管理单位、执行单位、登记范围、登记程序等进行了详细说明，并强调"凡执行国家、省（部）、市、厅（局）各类科技计划（含基金、专项）产生的科技成果必须登记"，"没有进行成果登记的科技成果，不具备被推荐参加省级有关科技成果奖励的评审资格"。广东省的科技成果登记年约一万条，每项科技成果登记收取200元工本费，科技成果登记仍旧采用科技部"国家科技成果登记系统"单机版。在数据利用方面，除了向国家化工中心数据统计报送之外，建立了广东省科技成果数据库，对内进行数据分析，对转化需求的成果重点推送；对外，在大数据的支持下开展线下成果宣传大会，推进科技成果转化。

（4）山东省

山东省科技成果登记的主管单位是山东省科技厅，执行单位是山东省科技统计分析研究中心。山东省未根据《科技成果登记管理办法》制定山东省科技成果登记实施细则，每年会根据当年工作安排下发科技成果登记工作通知，通知中对科技成果登记范围、登记要求、登记程序进行详细说明。在2014年度的通知中明确提出"承担各级、各类科技计划，由省内科技管理部门主持或受上级科技管理部门委托组织验收或结题的科技项目产生的科技成果必须登记"。山东省科技成果登记使用科技部"科技成果登记系统"单机版，年登记数量约3000条，主要来源于科技计划项目与科技奖励，赋予成果登记号，不打印证书，不收取费用。在数据利用方面，对有转化需求的成果单独提取出来，以进一步配合成果转化需求。

（5）浙江省

浙江省的科技成果登记工作主管单位是浙江省科技厅，具体执行单位是浙江省科技开发中心（浙江省技术交易中心）。在政策法规方面，浙江省科技厅颁布了《浙江省科技成果登记实施细则》。浙江省每年的登记数据约4000条，其科技成果登记主要来源于浙江省科技计划项目及省市各社会力量的科技奖励，由于其细则中明确了申报浙江省科学技术奖的项目必须进行成果登记，且省内各市县科技局协调统一较好，其科技成果登记工作一直平稳持续。浙江省科技成果登记使用的是科技部"国家科技成果登记系统"单机版。在数据利用方面，目前只承担向国家化工中心报送数据及统计分析，没有其他利用。

（6）四川省

四川省的科技成果登记工作主管单位是四川省科技厅，具体执行单位是四川省科技成果档案馆。政策法规方面，四川省科技厅颁布了《四川省科技成果登记实施细则》，并在今年着手修订科技成果登记细则。四川省科技成果登记数据每年约2000条，数据来源方面，主要是四川省科技奖励数据与科技计划项目数据。其细则中对"国家、省、市财政资金支持的项目"要求应当登记，进行成果登记后取得申报省科学技术奖的基本资格。四川省科技成果登记数据采集依旧使用科技部"国家科技成果登记系统"单机版，数据利用方面，四川省自主研发了科技成果登记公共服务平台，该平台面向四川省各州、市实现在线登记、在线查阅成果、查看成果公报等功能，后续，四川省科技成果档案馆着手对大的州、市布置科技成果登记子平台，进一步推广四川科技成果登记在线系统。

2.3.2 科技成果登记国内情况总结

①北京市与上海市的科技成果登记工作由市科学技术奖励办公室承担，其他省份都进行了政府职能转移。

②科技成果登记工作需有符合省份实际情况的实施细则出台。细则中明确科技成果登记重要性及科技成果登记执行部门，对科技成果登记范围、登记要求、登记程序、登记主体责任及登记奖励进行详细说明。

③绝大部分省市对申报省奖的项目都做了科技成果登记的要求，部分省份（浙江、四川、山东、广州等）的市科技局紧抓落实科技成果登记工作。

④对"执行国家、省（部）、市、厅（局）各类科技计划（含基金、专项）产生的科技成果"应纳入科技成果登记范围，并在科技计划项目管理条例中进行要求。

⑤为了更好地利用科技成果登记数据，应自主研发科技成果登记系统，后台加工科技成果登记数据，建立科技成果登记公共服务平台。面向国家提交科技成果登记数据；面向内部提供科技成果数据统计、数据分析，面向公众提供科技成果查询。

2.3.3 科技成果登记存在的问题分析

（1）成果登记定位不准

多年来，作为科技管理基础性工作的科技成果登记未能得到有效关注，无论是成果完成单位还是科技成果管理机构都对科技成果登记存在误区，为了完成任务而登记的现象十分普遍。江苏省的科技成果登记未建立起全面可行、系统有效的工作制度，无激励措施，客观上造成登记不登记一个样，登记质量好坏一个样。

（2）与科研管理融合不足

科技成果登记与科研管理存在"两张皮"的现象。科技成果登记未纳入科研管理的全过程，与科研管理业务系统未建立有效接口衔接，使得科技成果登记反哺科研管理的目的难以成真。

（3）科技成果登记制度不健全

目前支撑江苏省科技成果登记的只有《江苏省科技成果登记实施方案》，缺乏与《科技成果登记办法》相匹配，并且符合江苏省实际的《科技成果登记实施细则》。

（4）科技成果登记手段落后

目前，全国科技成果登记使用国家在线登记系统的只有4个省份，大部分省份还在使用科技成果登记单机版本，手段落后，与20世纪别无二致，单一的数据库方式不利于数据有效交换，不能很好地适应现行网络条件下与大数据时代的要求。

（5）科技成果登记数据有待发挥

科技成果登记方法的落后导致科技成果登记的信息与其他数据无法关联，其数据目前只能够供国家科技成果登记管理机构使用，数据导出后只能够通过科技成果登记单机版打开，不能与其他不同格式的数据共享，阻碍了科技成果登记数据的有效发挥。

3 江苏省科技档案、科技报告与科技成果登记内涵信息分析

前文说到，科技档案、科技报告及科技成果登记都产生于科技管理过程，在科技管理不同阶段记录着不同的内容，相互关联，互为补充。三者发展至今，在体系上多少都具备了一定的规模，记录着科技管理过程，蕴含着大量的信息资源。虽然或多或少都存在问题，但大多集中在数据有效利用与共享上。接下来，我们分别看看科技档案、科技报告与科技成果登记中蕴含了哪些信息。

3.1 科技档案信息分析

都说档案工作者的神圣职责是为党管档，为国守史，为民服务，档案具有职能性、原始性、价值性的基本特点，也具有专业性、服务性、机要性的基本性质，而档案的主要价值在于它的凭证价值、信息价值，作为凭证，我们加强对实体档案的管理，作为信息，档案里究竟有哪些信息呢？

3.1.1 科技计划项目档案

目前在馆的科技计划项目档案的主要组成内容为：项目合同（原件）、验收材料、验收证书（部分）。我们认为科技档案项目的精华在于验收材料，材料中包含验收申请表、项目合同复印件、研发工作总结、研发技术报告、项目经费决算表、研究成果、验收委员会名单与验收意见。从上述材料中，我们可以得出大量的信息。

验收申请表——项目承担单位的信息（包含所在地区、通信地址、联系人、联系方式），项目起止时间，验收形式，专利、论文等成果体现形式，承担人员信息，项目经费实际到位与支出情况，获奖情况，技术指标完成情况，经济指标完成情况，建设任务完成情况，主要研究内容与研究成果，项目完成人员信息。

研发工作总结——比对项目合同中的实施进程详细阐述项目各阶段完成情况，详细介绍项目取得的成果、人才培养情况，总结项目实施过程中存在的问题，得出经验，提出相关建议。

研发技术报告——项目的国内情况对比，在实施过程中，研究方法的选取、试验/实验过程与数据、经验总结等描述，对项目的研究对象、研究方法、研究过程、研究结果进行系统阐述，研发技术报告侧重于技术层面的数据描写。2015年后，性质与科技报告类似，但科技报告对格式的要求更加严格。

项目经费决算表（审计报告）——项目实施期间经费的决算清单，揭示了该项目的资金来源与走向。

研究成果——项目完成后，形成的论文、专利、实务产品或实际技术运用的描写。

验收委员会——行业专家信息。

验收意见——对项目完成后成果的评价与建议。该项成果在国际或者国内所处的水平与下一步研究方向的建议。

我们从上述的构成中可以发现，在一份科技计划项目的验收材料中蕴含着非常丰富的资源信息，科技活动中几大要素——人、钱、事、物在其中都可以找到非常准确的信息。

3.1.2 科技奖励档案

在馆馆藏的科技奖励档案中，目前主要保存的是奖励申报材料，但即便是一本奖励申报材料，里面的内容还是很丰富的。

项目信息表——成果完成单位、完成人信息，成果发表的论文、获得的专利信息，成果依托的科技计划项目信息等。

成果简介与创新——系统地介绍了成果的水平，成果的创新点，支持创新点的成果专利、发表论文、形成的实际技术及创造的经济效益等信息。

由科技计划项目档案和科技奖励档案我们可以看出，在一本档案中，我们可以搜集到碎片化的信息非常多，这些信息准确而全面。我中心接收了自1978年以来的江苏科技成果档案，特别是自2009年以来的江苏科学技术奖励（原江苏科技进步奖）各等级获奖项目档案，合计2万余卷。江苏科技数字档案馆连续收藏了自2002年以来的江苏科技计划项目各专项档案，合计1万余卷。江苏科技数字档案馆主要特色是完整、系统地收集了江苏省重大科技成果转化项目，自2004年立项以来至今，从初期课题申报、中期会议评审、现场考察到末期总结验收的全流程材料，具有极大的收藏价值，是江苏省科技创新发展历程的见证。仔细想来，我们手里有一笔丰富的资源没有得到及时开发，究其原因，主要有以下几点。

①科技档案制度不健全。以前我们也有科技档案制度，但我们连最根本的馆藏档案分类方案都没有。专家现场指导的时候问我们，你们的分类方案做了吗？我们的回应是一脸懵，我们是真不懂什么是馆藏档案分类方案。分类方案可以说是一个档案馆的立馆之本，是档案馆收什么、怎么收的标准。除了分类方案，相应的分类方案表等一系列科技档案管理体系也是在近两年，依托项目的推进，行业专家的指导慢慢形成并完善的。

②科技档案从业人员专业程度低。可以说，江苏科技数字档案馆目前在职的科技档案从业人员都是半路出家，拿着当初在省档案局培训一周的上岗证，靠着自我摸索及专家的现场指导，依托2016年的省科技档案信息化平台项目的支持，现在终于可以说算半只脚踏入了科技档案的大门。不接触到科技档案的一线工作，是完全想象不到科技档案的专业之强，业务之精细。大到库房的规划与设施安装，小到档案盒上的印章采用什么颜色，文件整理、组卷、案卷录入、背节粘贴都有专业要求，所以，在专业的这一条路上，我们任重而道远。

③科技档案信息化程度低。江苏科技数字档案馆自20世纪70年代成立，一直到今年，我们的科技档案才建立自己专有的业务信息系统。以前的档案检索基本靠手工，靠纸质调阅，通过我们半年多的努力，目前江苏科技数字档案馆在线科技档案数据7419条，经数字化扫描的可识别PDF档案近50万页。

除了这两年的体会之外，我们现在面临的最大的问题是如何利用科技档案？我们改造了库房是为了更好地保存实体档案，但在这个我们依赖无线终端的时代，我们更多的是希望更快更好地看到这些信息，而不是通过上门借阅去寻找一本本厚厚的纸质材料。纸质档案有其凭证价值，但档案还有更重要的信息价值，如何去有效挖掘科技档案中的信息，更好地利用科技档案呢？说到利用，我们需要考虑以下几个问题。

①有凭证价值的纸质档案，我们可以直接扫描然后公之于众吗？答案是否定的。不仅仅是从档案管理及保密的角度来说，更是从利用的角度来说，我们需要的是经过二次加工的信息，也就是将所有有用的字段挑选出来，那么就带来了第二个问题。

②制定我们自己的档案元数据标准。所有的数据当需要被有效利用时，都需要对数据做一个统一的标准，前文中说到要对科技档案现有信息进行二次分拣，形成数据集，就需要我们自己做一个科技档案的元数据标准用来规范这些数据的分拣工作。现阶段，我们手中的科技档案资源是纸质的，通过数字化扫描才形成的PDF文档，那么，即便是可识别的PDF文档，要想加工一篇需要的人力也是相当可观的，所以，我们需要解决最重要的问题来了。

③科技档案来源问题。我们说过，现在移交的科技档案都是纸质的，我们只有通过数字化扫描才可以把它变成电子的。那么，我们可不可以尝试一下，从科技档案的源头来解决这个问题，直接从科技计划项目管理系统中实现科技档案的实时归档。通过在科技计划项目管理系统中部署接口，实现对需要归档的文件实时采集，这样，从根源上解决了科技档案的数据格式问题，更加方便我们对科技档案进行深层次加工。

3.2 科技报告信息分析

前文介绍过，科技报告是由科研工作者撰写的主要描述科研过程的一种特种文献，包含了科研过程、研究方法与方式的选取、试验/实验方法、试验/实验数据、研究经验特别是失败经验的总结，那么我们从科技报告中究竟能得到哪些信息呢？

科技报告分为科技报告辑要页和科技报告正文，其中科技报告辑要页的信息来源于计划项目管理系统，包含项目完成单位信息、完成人信息、项目名称、关键词等信息。科技报告正文一般是Word格式，分段介绍项目概述、研究方法、试验/实验过程与数据、研究结果。在科技报告的正文中，实际上是包含一部分科学数据的，也就是前文说到的试验/实验数据。科技报告自建立之初，从国家层面就建立了完善的体系，省里的科技报告体系也是照搬国家，甚至系统都是一致的，在一定程度上，有效地解决了科技报告数据标准与利用的问题，这是科技报告的一大优势，也是后期我们可以利用的一大优势。

3.3 科技成果登记信息分析

科技成果登记与科技档案的纸质不同，与科技报告自上而下的体系也不同，它既是自上而下的一项工作，但它缺乏完善的信息系统支持。我们先来看看科技成果登记中包含的信息：成果名称、起始时间、成果简介、所属行业、成果体现形式、支撑成果的计划项目情况、产出专利情况、成果转移情况、第一完成单位情况、合作完成单位情况、完成人情况、评价委员会（行业专家）名单及意见。

我们可以看出，一个科技成果登记表中的信息是非常丰富的，囊括了一个成果所具备的所有信息，但在实际工作中，我们也遇到很大的困惑，最大的困惑在于，发展了近20年的科技成果登记为什么没有很好地利用起来？我们分析了以下几个原因。

①国家层面缺乏重视，未能有效引导自上而下的体系建立。科技成果登记有自己独立的体系，但是，在这个体系下，国家层面缺乏有效引导，也就是说，在国家层面的科技成果登记数据未能得到很好的利用。加上各省科技成果登记主管机构将科技成果登记作为一个事务性工作去完成，缺乏重视程度。

②落后的单机版操作系统和缺乏用户体验的在线登记双双阻碍科技成果登记数据的利用。目前，科技成果登记的年度数据报送工作仍在使用单机版操作系统，主要原因是在线登记系统实在不好用，大家为了工作方便仍在使用单机版。2017年，我们为了科技成果在线登记系统能够在科技奖励系统上合理部署，采用暴力破解的方式解决了单机版与江苏省在线登记系统的有效衔接，但现在，仍存在单机版数据导出后无法利用的问题，因为单机版的数据只能采用单机版打开，其他的方式打不开。

前文介绍了科技档案、科技报告与科技成果登记三者所包含的数据信息，我们可以清楚地掌握到它们的关联性。

我们可以看出科技报告中涉及的项目名称可能是科技档案中的项目名称或者是科技成果登记中支撑成果的计划项目名称；某一个计划项目的完成人可能是某一个成果评价委员会的专家。曾经在承担科技奖励工作的时候，每一年都会做一项工作，比对当年获奖的成果与科技成果转化项目，重合率接近60%，所以，在本文的开头，介绍过科技档案、科技报告与科技成果登记在科技管理的不同阶段，相互关联又相互补充。那么，试想一下，我们可以从这个关联的信息链中得到怎样的启示？我们是否可以通过科技档案、科技报告及科技成果登记各类数据中共有的关键词进行联想分析？我们截取了共有关键词：完成单位、领域关键词、第一完成人、验收委员会。

①从完成单位的角度来说，我们可以结合三者的信息分析出单位性质、产业分布领域、区域分布及单位优势领域（图1）。

单位性质——通过完成单位进行性质区分，分为"高等院校""科研院所""企业"，可以分析出不同主体在不同计划类别中占去的份额，得出不同计划类别针对不同单位的结论。

产业领域分布——通过科技计划项目的产业领域分布可以看出当年江苏省热点产业引导方向，结合科技成果中的成果领域分布可以分析江苏省产业引导形成的实际成果，分析江苏省产业引导趋势及热点产业分布。

区域领域——通过不同单位主体所获得的科技计划项目，得出的科技成果可以分析出全省各类产业的基本分布图，结合专利分析，可以绘制江苏省产业分布区域，甚至截取某一个时间段，可以分析出某一区域在某个时间段内产业的走势，为产业区域规划提供支撑。

单位优势领域——通过完成单位与涉及领域之间的关系，可以进一步了解每个承担单位的优势领域，例如，通过对高校承担的科技计划项目与产出的科技成果分析，结合高校重点学科及学科建设方向，分析该高校的优势领域。

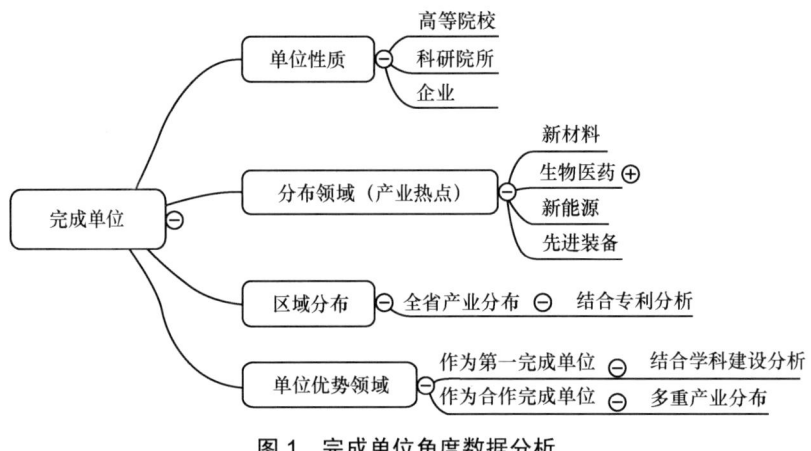

图 1　完成单位角度数据分析

②选取某一个具体领域，我们可以从申报单位、研究主题、研究成果、研究层次 4 个角度去分析。

根据申报单位的性质不同，可以分析不同单位在该领域的分布特点；根据该领域的研究主题结合第一单位分析，可以得到该领域的优势单位信息；从研究成果的表现形式专利、论文及经济效益与成果转化情况，与专利分析与传统文献相结合，得到科技计划项目的产出分析，分析得出科技成果转化情况；根据科技计划项目验收时专家意见与成果评价，得出该领域成果在国内外所处水平，为成果转化及产业规划做支撑（图 2）。

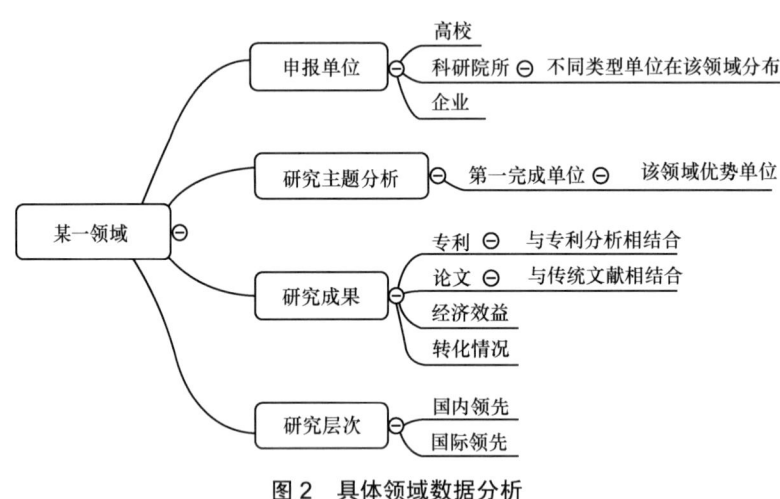

图 2　具体领域数据分析

③人员信息是最容易匹配的，标引人员信息进行配对，就可以得到第一完成人、参与完成人、验收委员会、评价委员会的人员信息，可以分析出某一领域学科带头人与行业专家的信息，也可以分析出某一个完成人在某一个领域的发展历程及所处位置，甚至其核心团队信息能一并解析得出（图 3）。

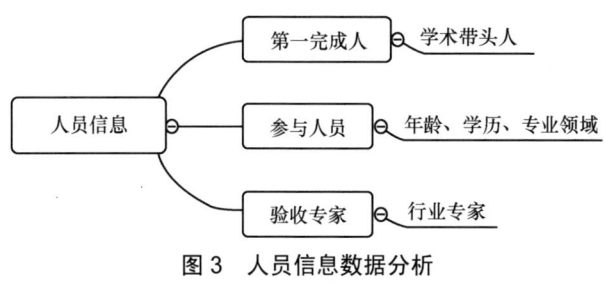

图 3 人员信息数据分析

4 对策与建议

4.1 建设目标

前文,我们阐述了科技档案、科技报告与科技成果登记的国内外现状及三者所内含的信息资源,结合江苏省科学技术情报研究所"一库三中心"中科大数据中心的建设要求,在现有工作的基础上,加强元数据标准的制定,加强科技档案、科技报告与科技成果登记的资源建设步伐,建立江苏省科学技术情报研究所大数据中心下属的科技档案数据中心、科技报告数据中心与科技成果登记数据中心。

建立以科技大数据中心为核心,下设科技文献信息平台、科技查新信息平台、科技评估信息平台、科技统计信息平台、科技档案信息平台、科技报告信息平台、科技成果登记信息平台等多个子平台。

4.2 全面推进江苏科技数字档案馆的建设

4.2.1 加强科技档案顶层设计

按照《数字档案馆建设指南》和江苏省《数字档案馆建设规程》,结合江苏省科学技术情报研究所科技档案管理实际,加强科技档案顶层设计,优化工作思路,完成江苏省科技数字档案馆建设。

①设定远景目标与近期目标。近期目标:以省科技厅科技计划项目为切入点,针对省科技厅科技计划项目与科技成果奖励产生的科技档案,制定《江苏省科技计划项目档案管理实施方案》与《江苏省科技奖励档案管理实施方案》;围绕省科技厅科技计划项目实施全流程各环节形成的科技档案,制定《江苏省科技厅科技计划项目档案管理办法》;建立完善的科技成果档案馆内部工作制度。远景目标:针对江苏省科技厅科技管理全流程产生的科技档案,扩大省科技厅科技成果档案馆馆藏范围,制定《江苏省科技厅科技档案管理办法》,指导江苏省科技厅及相关单位的科技档案管理工作。

②搭建"总—分"结合的管理网络体系。江苏科技数字档案馆系统实行物理隔离原则,基于办公内网(局域网)建设部署四大模块,基于管理专网(电子政务网)部署收管用3个模块,基于查询外网(互联网)部署可开放部分用的模块。通过安全机制进行数据交换,严格管理权限,加强身份认证和密钥管理。采取数据备份策略和异地存放等管理措施,建立数

据备份基地，建成存储容灾系统，确保档案数据安全。

4.2.2 构建科技档案数据平台

①建立对电子档案的信任，打通与厅有关业务系统的链接。现阶段科技档案的工作方式仍旧是以接收纸质材料为主，这一方式导致我们对档案资源的建设只能采用数字化扫描的方式获得PDF版本，但这一版本在后期的数据加工、标引、数据清洗时非常困难，所以我们需要从科技档案的源头，也就是厅有关业务系统入手。通过不断完善现有的科技档案管理系统，逐步实施电子文件全程一体化管理，打通与厅有关业务系统的链接，对江苏省科技管理过程中所产生的电子文件实现在线归档、接收，最终形成对具有保存价值的档案信息获取、接收、管理、存储、检索、利用和服务的文档一体化管理平台。

②建立江苏省科技档案元数据标准。在谈科技档案数据利用之前，我们要先谈数据处理的问题。科技档案、科技报告与科技成果登记三者都是不同类型的数据表达形式，那么建立统一的元数据标准就非常重要。科技档案蕴含信息众多，目前的工作模式下取得的数据信息不能够直接作为资源来使用，那么对现有科技档案的数据二次加工就非常有必要。前文说到加强对电子档案的信任，打通与厅有关业务系统的衔接，是为了得到与现有科技报告数据类型一致的数据源，那么取得数据源后，建立自有的元数据标准并规范科技档案元数据，有利于科技档案数据资源的进一步开放利用。

③多维度小颗粒建立多种专题数据库。整合建立全省科技档案核心数据总库，包括科技项目、科技奖励等涉及科技管理与创新工作的所有内容；按照决策支持、科学研究等需求，多维度小颗粒建立科技成果转化、自然科学基金、现代农业、社会发展、苏北科技富民强县等多种专题数据库。

4.2.3 加强档案编研能力，推动科技档案利用

科技档案有凭证价值，更重要的是其信息价值。科技档案的特殊性不允许直接对科技档案本身进行利用，只能对其二次编研后产生的资源加以利用。

①以产业作为划分依据，尤其以江苏省优势产业、热点产业及新兴产业为主，以研究主题、研究成果、研究层次作为关键词，分步骤、分阶段建立产业信息库。

②建立行业专家信息。通过对科技档案中第一完成人、参与完成人及验收委员会信息标引提取，以行业为划分依据，建立不同行业的专家信息，与产业信息库相连，形成不同产业（行业）的专家信息库。

4.3 加强科技报告培训力度，不断提升科技报告使用效率

科技报告自建立之初就具备了完善的自上而下的体系，数据采集纳入了省科技计划项目管理系统，所以在数据来源的问题上与科技档案长久以来存在的问题是不一样的，但科技报告发展至今，需要在加强科技报告培训力度、提升科技报告使用效率上下功夫。

加强科技报告培训力度。现阶段，科技报告在验收申请前必须提交，属于强制性的科技管理行为，科研人员不了解科技报告的撰写要求，不熟悉科技报告的作用，科技报告作为前人研究的经验总结并没有在科研过程中发挥应有的作用。所以，加强科技报告的培训力度，深入到企业、科研院所一线，给科研人员讲解科技报告的撰写要求、科技报告的作用，提升

科技报告质量，普及科技报告知识，培养科技报告使用习惯。科技报告主要有两方面的作用：一方面，科技报告作为政府公共财政投入产出的成果，应该接收社会公众的监督，已经建成的江苏省科技报告共享服务平台为社会公众提供共享服务，使公众了解政府公共投入效果；另一方面，科技报告是前人科研过程的经验总结，为后人提供失败教训，科研人员既是科技报告的撰写者又是科技报告的使用人，让科技报告真正深入科研人员的心中，让科技报告不再成为一种行政手段，而是真的可以发挥作用。

4.4 建立江苏省科技成果登记信息平台

4.4.1 完善科技成果登记汇交制度，健全管理机制

强化科技成果登记体系建设，配合已实施的《江苏省科技成果登记实施方案》，制定符合江苏省实际的《科技成果登记实施细则》；对收集入库的科技成果实行分别管理，增加保密条款，明确科技成果的所有权，订立科技成果使用章则。推进科技成果登记纳入全省科技计划管理体系。加快推进科技成果在线登记系统在科技计划项目管理环节的部署，使得科技成果登记融入科技计划项目管理，解决科技计划项目与科技成果登记"两张皮"的问题。

4.4.2 加强前置科技成果评价管理，将科技成果登记与科技成果评价有效结合，推动科技成果转移转化

一项科技成果的诞生程序应该是：研发—结题—成果评价—成果登记。科技成果评价是科技成果登记的必要前置环节，没有了评价，该成果在国内国际行业所处的科技水平无法得知，所以必须要加强科技成果评价管理，但目前江苏省科技成果评价一直处于政府监管空白状态，纯粹的市场性行为，市场大而杂乱，不规范的评价机构很多，做出的科技成果评价水平参差不齐，这需要我们去进一步推动及规范。

4.4.3 推动江苏省科技成果平台建设

①进一步完善现有科技成果在线登记系统。在现有科技成果在线登记基础上开发具有维护查询、数据导入导出、统计分析、数据挖掘、个性化服务等登记功能，实现与国家科技成果在线登记系统无缝对接与数据交换，系统导出数据适应国家科技成果登记单机版系统，与国家科技成果登记系统形成数据交换良性互动。

②建立江苏省科技成果登记信息平台。在科技成果在线登记的基础上，建立江苏省科技成果登记信息平台，快速便捷地实现成果传递、交流与共享。平台实现对不同类型成果的分别存储与开放共享，面向公众提供科技成果在线查询、热点推送、个性化服务等多维度服务内容。

4.4.4 统一数据格式，推动科技成果登记数据的利用

①建立与科技档案、科技报告一致的元数据标准，统一数据来源，加强科技档案、科技报告与科技成果登记数据同步处理与利用，有效衔接三者关联，制造关键词索引，实现检索链的全覆盖。

②挖掘科技成果登记数据与信息，把握行业创新方向。登记后的科技成果是行业科技发展的第一手资料，直观展示了科技成果登记单位科技创新的重点领域与发展方向。登记的科技成果数量逐年增加，登记的成果能够形成清洗的科技创新发展和研究重点领域的脉络，反

映出 5～10 年行业科技创新的重点。通过综合分析成果登记信息，能够检验科技创新引导与实际取得效果，评估科技投入与科技产出的情况，为部门或者机构科技绩效评价工作提供有力支持。科技成果登记信息中含有大量的信息，包括人员构成、学历结构、重点领域、推广情况、成果研究思路等信息，能够为分析科技投入、科技发展和人才结构提供信息支撑，为管理机构掌握科研队伍建设情况奠定基础，为创新工作规划制定提供信息依据。

③分析科技成果登记信息，形成新的创新点。在科技成果登记信息中，科研人员可以抓取重点领域成果的创新思路，对登记成果的分布进行细分、评估，与成果完成人对成果公报的创新点再回顾，评估成果技术水平，发现创新亮点，结合新技术领域，发现新技术与科技成果的结合点，发现产业热点与创新成果的结合点，有重点地鼓励科技创新成果与新技术相互融合、交叉，通过信息交互与技术碰撞，形成新的科技创新点，为科技创新提供新的思路与方向。

④以科技成果登记为手段，培养科技管理人员。科技成果登记是一项科技管理工作，能够从项目结题角度全面、迅速地反映管理工作。通过与科技成果完成单位的人员交流，仔细研究科研成果，解决科技管理人员管理工作经验不足及对整个管理体系理解不足的问题。充分了解科技成果登记，了解国家科技创新体系构成，了解科技创新评价指标与内容，掌握科技发展重点方向，对提高管理效率，了解行业科技发展情况至关重要。

课题负责人：王佳莹
课题组成员：宋峥嵘　张旭东　吴　丽　熊　鹰　张肖会
撰　稿　人：王佳莹

江苏区块链技术跟踪研究

1 区块链概述

1.1 区块链的概念

1.1.1 区块链的定义

区块链是一种分布式、去中心化的网络数据库系统,在这个网络中可以发生无数各类交易,所有交易都由网络的全部节点参与确认和维护,通过共识机制来保证交易与信息的安全和有效。

区块链可以理解为一本公开的"账本",网络上每个节点都保存着该"账本"的副本,"账本"的每一"页"就是一个区块,存储着某一时间段网络上所有交易的加密信息,每一"页"都包含着前一"页"的页码,形成一条时间链和物理空间链。"账本"新增加一"页",须通过全网51%以上结点的认可,而不是靠某个权威机构认可,即由网络共识替代了权威机构,用公开透明的机制来建立信任,彻底避免了权威机构出现失效或舞弊的风险。

1.1.2 区块链的工作原理

第一步:交易的生成

当前所有者利用私钥对前一次交易和下一位所有者签署一个数字签名,并将这个签名附加在这枚货币的末尾,制作成交易单。一笔新交易产生时,会先被广播到区块链网络中的其他参与节点。

第二步:交易的传播

当前所有者将交易单广播至全网,每个节点会将数笔未验证的交易Hash值收集到区块中,每个区块可以包含数百笔或上千笔交易。最快完成POW的节点,会将自己的区块传播给其他节点。

第三步:工作量证明

每个节点通过相当于解一道数学题的工作量证明机制,从而获得创建新区块的权力,并争取得到数字货币的奖励。各节点进行工作量证明的计算来决定谁可以验证交易,由最快算出结果的节点来验证交易,这就是取得共识的做法。

第四步:全节点验证

当一个节点找到截时,它就向全网广播该区块记录的所有盖时间戳的交易,并由全网其他节点核对,其他节点会确认这个区块所包含的交易是否有效,确认没被重复花费且具有效数位签章后,接受该区块,此时区块才正式接上区块链,无法再窜改资料。

第五步:区块链记录

全网其他节点核对该区块记账的正确性,没有错误后它们将在该合法区块之后竞争下一个区块,这样就形成了一个合法记账的区块。所有节点一旦接受该区块后,先前没算完POW工作的区块会失效,各节点会重新建立一个区块,继续下一回POW计算工作。每个区块的创建时间大约在10分钟,随着全网算力的不断变化,每个区块的产生时间会随算力增强而缩短,随算力减弱而延长(图1、图2)。

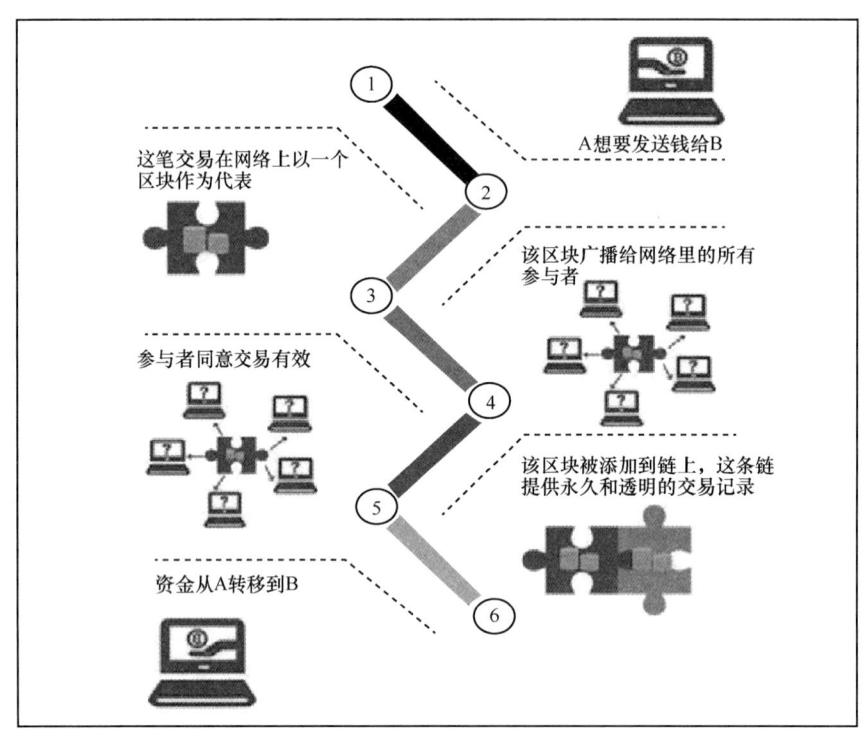

图1　区块链工作原理1

注:①首先两个人交易形成交易记录。②网络上的任何一台电脑(节点)都可以将这个交易记录被收集到一个区块的数据结构中,并且寻找与之匹配的nonce值,以使整个区块的hash值由若干个0开头(挖矿)。③哪台电脑最先找到这个nonce,也就最先制造了这个区块,他就把这个区块广播到网络中交给所有其余节点投票。④每个节点都会审核交易记录是否准确、nonce值是否有效等,如果一切没有问题,就投赞成票,如果多数节点都投赞成票共识就达成了。⑤达成共识后,这个新区块被加到区块链中。⑥交易完成。

通常情况下,算力越大的矿池最先得到可用哈希值的概率也越大,在"强者通吃"机制下,各大矿池算力争夺激烈、竞争白热化。作为一个重资产的环境节,挖矿已不再为新进入者提供更多发展环境。目前,更多的选择是通过购买云算力参与挖矿节中。

当前全球排名前五的矿池(图3)——蚂蚁矿池、莱比特矿池、BTC.com、鱼池、ViaBTC都是中国矿池,中国矿池已占据全网75%以上的算力。世界上首台挖矿专用芯片-ASIC由我国芯片企业——阿瓦隆于2012年研发、制造,目前已更新至第四代。

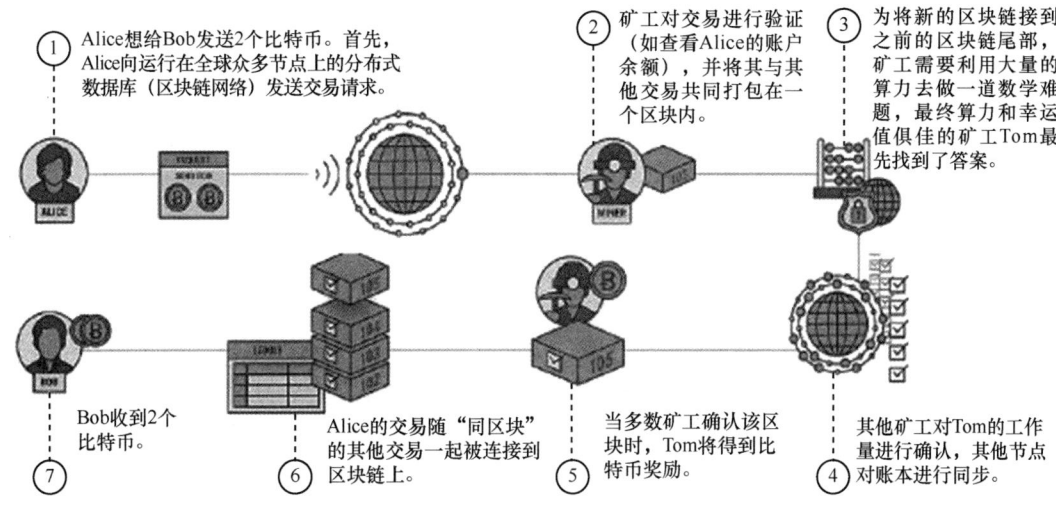

图 2　区块链工作原理 2（以比特币为例）

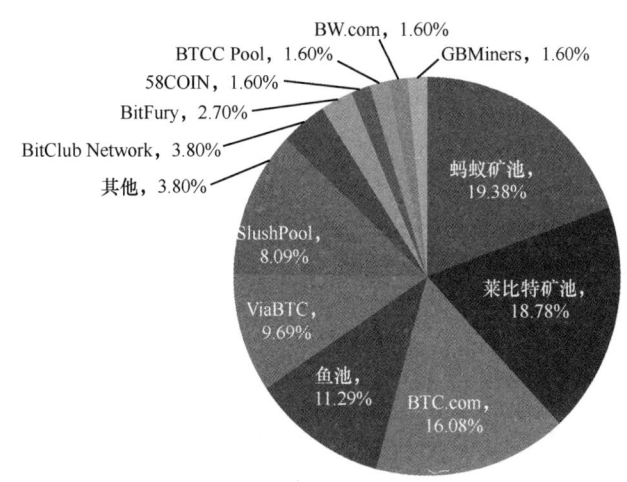

图 3　全球矿池算力份额分布（数据截至 2017 年 12 月 13 日）

1.1.3　区块链的系统框架

1.1.3.1　区块链1.0架构

区块链 1.0 主要用来实现数字货币，分为核心节点和前端工具两个部分（图 4）。在前端工具中，钱包工具：用户管理自己的账户地址及余额；浏览器：查看区块链网络中发生的数据情况，比如最新的区块高度、内存池的交易数、单位时间的网络处理能力等；PRC 客户端和命令行接口：用来访问节点，通过 PRC 服务提供功能调用接口，此时，核心节点就相当于一个服务器。

核心节点中的"矿工"功能主要承担两个任务：一是通过竞争获得区块数据的打包权后将内存池（发送在网络中但是还没有确认进区块的交易数据，属于待确认交易数据）中的交易数据打包进区块，并且广播给其他节点；二是接受系统对打包行为的数字货币奖励，从而系统通过这种奖励机制完成新货币的发行。

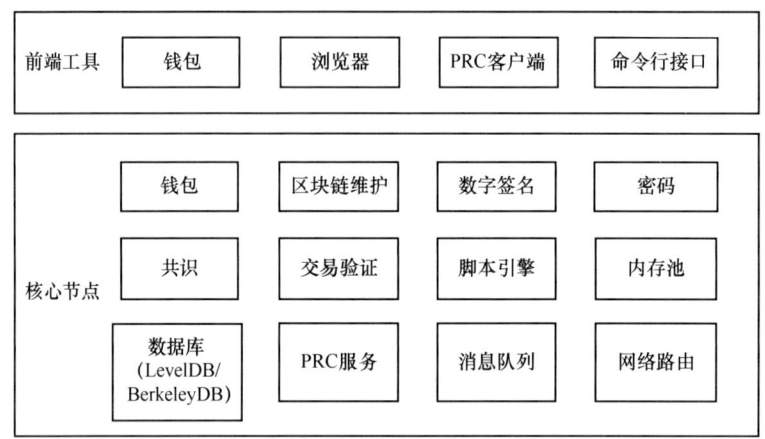

图 4　区域链 1.0 架构

1.1.3.2　区块链 2.0 架构

与 1.0 架构相比，2.0 架构（图 5）最大特点是支持智能合约（smart contract）。所谓智能合约就是以数字形式定义的一系列承诺，包括合约参与方可以在以太坊（Ethereum）中执行这些承诺的协议。它一旦设立指定后，能够无须中介的参与自动执行，并且无法阻止它的运行。以太坊是一个开源的有智能合约功能的公共区块链平台，通过其专用加密货币以太币（Ether）提供去中心化的虚拟机（ethereum virtual machine）来处理点对点合约。以太坊虚拟机是以太坊中智能合约的运行环境（以太坊可以理解为安卓系统，提供了丰富的 API，可以快速开发出各种区块链应用）。

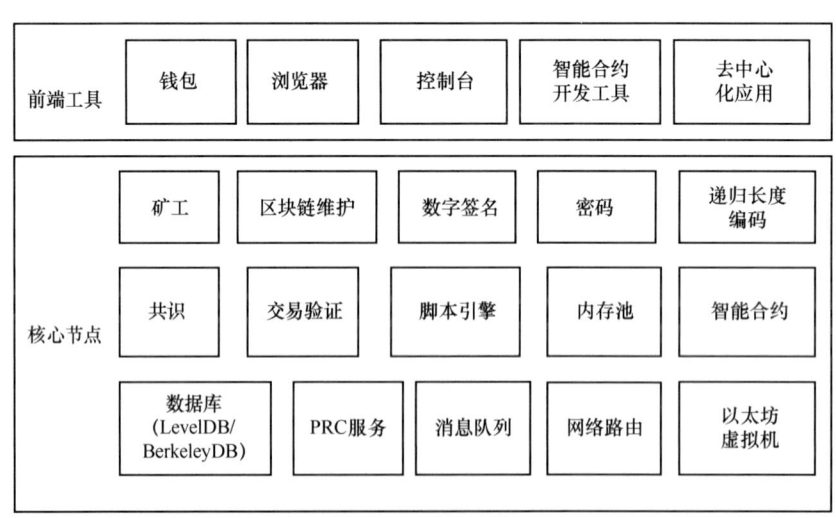

图 5　区域链 2.0 架构

1.1.3.3　区块链 3.0 架构

在 3.0 架构中，超越了对数字货币或者金融的应用范畴，而将区块链技术作为一种泛解决方案，可以在其他领域使用，比如行政管理、文化艺术、企业供应链、医疗健康、物联网、产权登记等，可以认为是面向行业应用。行业应用一般是需要具备企业级属性的，如身份认证、许可授权、加密传输等，并且对数据的处理性能也会有要求。因此，企业级场景下的应用往往都是联盟链或者私有链。

3.0架构中数字货币不再是一个必选的组件，如果需要，则可以通过智能合约的方式来实现数字货币。与之前的架构相比，最大的特点就是增加了一个网管控制，实际上就是增加了对安全保密需求的支持，并且通过数据审计加强对数据的可靠性管理（图6）。

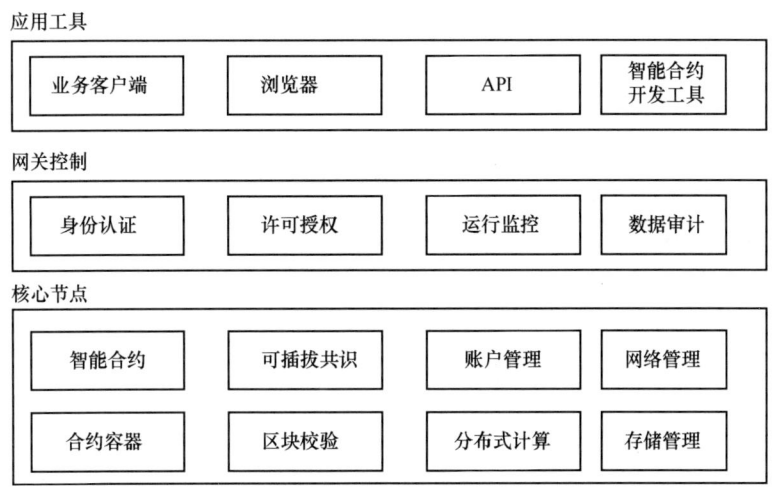

图6 区域链3.0架构

在3.0中，实际上可以看成一套框架，通过对框架的配置和二次开发可以使用各行业的需求，比如图6中的"可插拔共识"，共识机制就不是固定的，而是可以通过用户自己去选用配置。

区域链发展演进如图7所示。

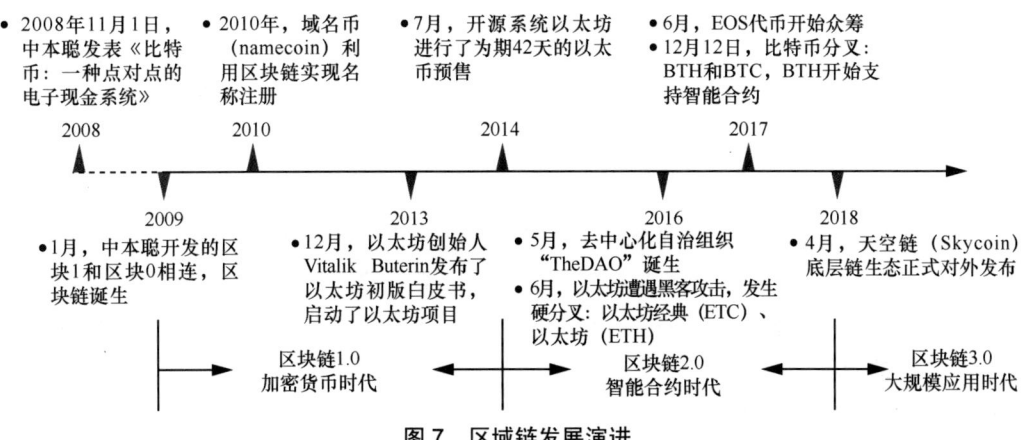

图7 区域链发展演进

1.1.4 区块链的技术基础

区块链技术的模型是由自下而上的数据层、网络层、共识层、激励层、合约层和应用层组成的（图8）。

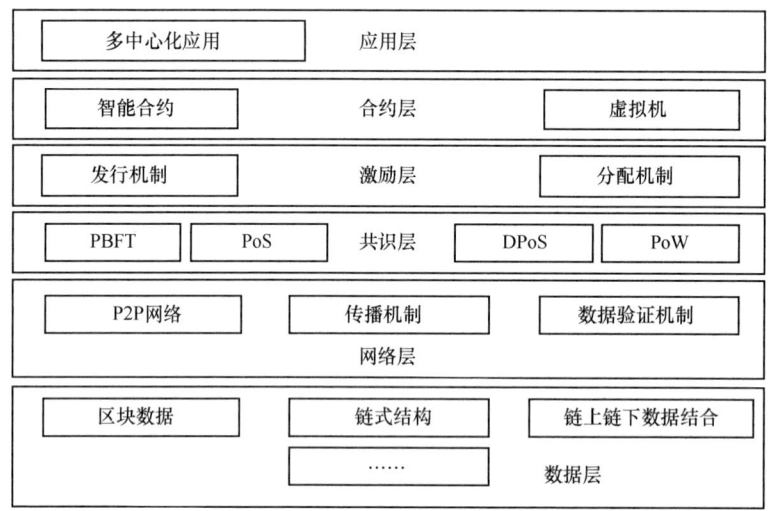

图8　区域链技术基础架构

数据层：封装了底层数据区块的链式结构，以及相关的非对称公私钥数据加密技术和时间戳等技术。

网络层：包括P2P组网机制、数据传播机制和数据验证机制等，P2P组网技术早期应用在BT这类P2P下载软件中（区块链具有自动组网功能）。

共识层：封装了网络节点的各类共识机制算法。共识机制算法是区块链的核心技术，目前已经出现了10余种共识机制算法，其中比较知名的有工作量证明机制（Proof of Work，PoW）、权益证明机制（Proof of Stake，PoS）、股份授权证明机制（Delegated Proof of Stake，DPoS）等。

激励层：将经济因素集成到区块链技术体系中来，包括经济激励的发行机制和分配机制等，主要出现在公有链中。

合约层：封装各类脚本、算法和智能合约，是区块链可编程特性的基础。如果把比特币看成全球账本的话，以太坊可以看作一台"全球计算机"，任何人都可以上传和执行任意的应用程序，并且程序的有效执行能得到保证。

应用层：封装了区块链的各种应用场景和案例，比如搭建在以太坊上的各类区块链应用即部署在应用层，而未来的可编程金融和可编程社会也将会搭建在应用层。

数据层、网络层、共识层是构建区块链技术的必要元素，缺少任何一层都将不能称之为真正意义上的区块链技术，而激励层、合约层和应用层不是每个区块链应用的必要因素。

1.1.5 区块链的分类

区块链技术的分类也是随着各方面的应用而越来越明朗化，区块链目前分为3类：私有链、公有链、联盟链（图9）。

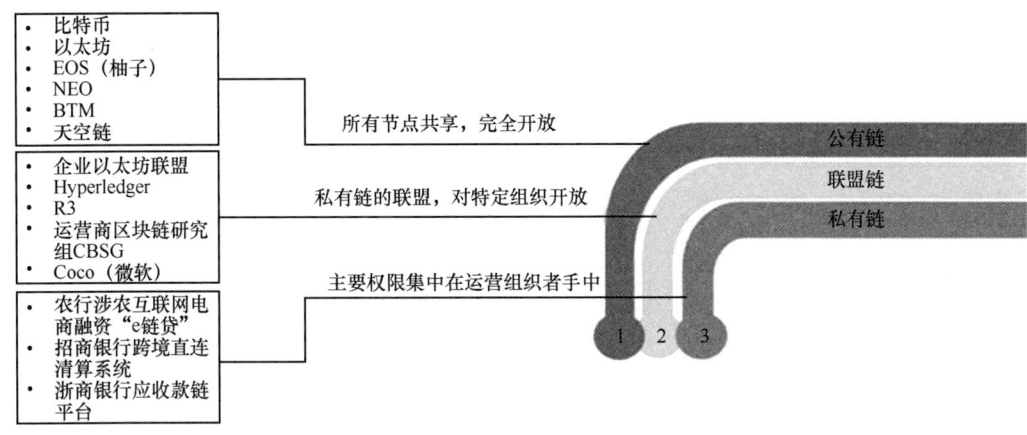

图 9　区域链分类

1.1.5.1 私有链

私有链是指存在一定的中心化控制的区块链。仅仅使用区块链的总账技术进行记账，可以是某一公司或某个人，独享该区块链的写入权限，参与节点只有用户自己，数据的访问和使用有严格的权限管理。

特点：参与节点只有用户自己，数据没有无法更改的特性使得第三方保障性较差，一般用作内部审计。

1.1.5.2 公有链

公有链是最早的区块链，也是目前应用最广泛的区块链。世界上任何个体或者团体都可以发送交易，且交易能够获得该区块链的有效确认，任何人都可以参与其共识过程。共识过程的参与者通过密码学技术及内建的经济激励来维护数据库的安全。

特点：完全公开、不受控制、依靠加密技术来保证安全。

1.1.5.3 联盟链

联盟链由某个群体内部指定多个预选的节点为记账人，每个块的生成由所有的预选节点共同决定，其他接入节点可以参与交易，但不过问记账过程（本质上还是托管记账，只是变成分布式记账，预选节点的多少，如何决定每个块的记账者成为该区块链的主要风险点），其他任何人可以通过该区块链开放的 API 进行限定查询。

参与区块链的节点是事先选择好的，节点间很可能有很好的网络连接。这样的区块链上可以采用非工作量证明的其他共识算法，比如有 100 家金融机构之间建立了某个区块链，规定必须 67 个以上的机构同意才算达成共识。

特点：可以做到节点间的有效连接，运行成本较低，有很好的扩展性（但是扩展性随着节点增加又会下降），数据可以有一定的隐私。联盟链的应用范围不广，缺少比特币的网络传播效应。

1.1.6 区块链的特点

1.1.6.1 去中心化

区块链数据的验证、记账、存储、维护和传输等过程均是基于分布式网络结构，不存在中心化的硬件或管理机构，任意节点的权利和义务都是均等的，系统中的数据块由分布式网络结构中具有维护功能的节点来共同维护，任一节点停止工作都会影响系统整体的运作。

1.1.6.2 时序数据

区域链数据采用带有时间戳的链式区块结构存储数据，从而为数据增加了时间维度，具有极强的可验证性和可追溯性。

1.1.6.3 高透明度

区块链是开放的，除了交易各方的私有信息被加密外，区块链数据对所有人公开，任何人都可以通过公开的接口查询区块链数据和开发相关应用，因此整个系统信息高度透明。

1.1.6.4 高自治性

区块链以协商一致的规范和协议，自动、安全地交换数据，整个系统中的所有节点不需要人为干预，这种规范一致的协议既包括支持系统运行的数学算法，也包括完成交易的智能合约。

1.1.6.5 不可篡改

各区块内的数据经过哈希算法计算生成哈希值后即被安全存储，除非同时控制超过51%的系统算力，否则对区块链数据的修改是无效的，因此区块链的数据可靠性和系统的安全性很高。

专栏1　非对称加密

在加密和解密的过程中使用一个"密钥对"，"密钥对"中的两个密钥具有非对称的特点，只能单向加密不能反向解密，即在信息发送过程中，发送方通过一把密钥将信息加密，接收方在收到信息后，只有通过配对的另一把密钥才能对信息进行解密。非对称加密使得任何参与者更容易达成共识，将价值交换中的摩擦边界降到最低，还能实现透明数据后的匿名性，保护个人隐私。

1.2 区块链的演进

1.2.1 比特币的诞生

1982年，大卫·乔姆提出不可追踪的密码学网络支付系统。8年后，他将此想法扩展为密码学匿名现金系统，即Ecash。

1998年，戴伟的论文阐述了一种匿名的、分布式的电子现金系统——b-money。与此同时，Nick Szabo发明了Bitgold，提出工作量证明机制，用户通过竞争性地解决数学难题，然后将解答的结果用加密算法串联在一起公开发布，构建出一个产权认证系统。Hal Finney则把该机制完善为一种"可重复利用的工作量证明"。

2009年1月3日，中本聪在位于芬兰赫尔辛基的一个小型服务器上，亲手创建了第一个区块，即比特币的创世区块，并获得了第一笔50枚比特币的奖励，第一个比特币就此问世（图10）。

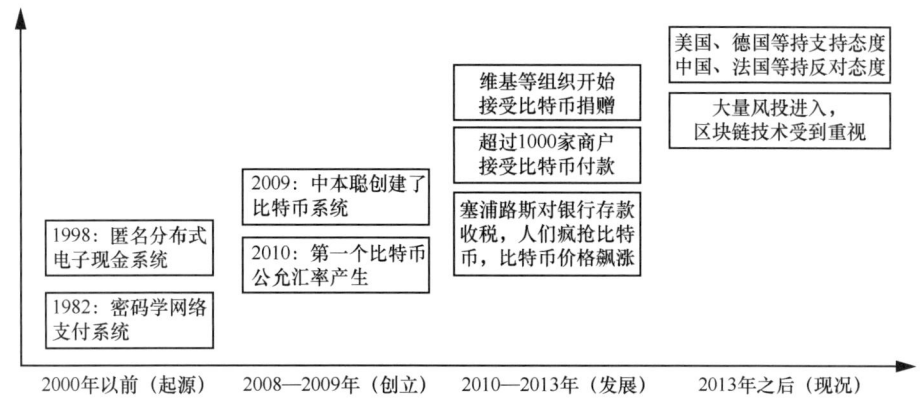

图 10　比特币与区域链发展历程

1.2.2　区块链的产生

区块链（blockchain）的概念最早可以追溯到2008年末，化名为"中本聪"的神秘人士在论坛中发表了一篇论文《比特币：一种点对点的电子现金系统》，首次提出了区块链的概念。文中提到，为解决电子货币的安全问题，可由时间戳服务器为一组，以区块（block）形式存在的数据实施哈希（Hash）后加上时间戳，并且广播该哈希，每个时间戳将前一个时间戳纳入其哈希中，随后的时间戳会对之前的时间戳进行增强，由此形成了一个"区块链"。答题开始，每个人要在系统里预留一个地址，当最有能力的A率先解出难题后，他可以得到区块，当初预留的地址自动记录在区块上。同时为了奖励他，系统会向这个预留的地址发放一定数量的比特币。所有区块连在一起，形成区块链。

专栏2　挖矿

挖矿是对一段时间内比特币系统中发生的交易进行确认，并记录在区块链上形成新区块的过程，挖矿的人叫作矿工。简单说来，挖矿就是记账的过程，矿工是记账员，区块链就是账本。怎样激励矿工来挖矿呢？比特币系统的记账权力是去中心化的，即每个矿工都有记账的权利。成功抢到记账权的矿工，会获得系统新生的比特币奖励。因此，挖矿就是生产比特币的过程。中本聪最初设计比特币时规定每产生210 000个区块，比特币奖励减半一次，直至比特币不能再被细分。因为比特币和黄金一样总量有限。所以比特币被称为数字黄金,比特币生产俗称挖矿。

实际上在"矿"中，也有一些规则：

①比如为了保证各节点信息同步，所以新区块添加速度不能太快，系统设计为平均每10分钟全网才能生成一个新区块，产出速度不是通过命令达成的，而是故意设置了海量的计算；

②为了保证是正好10分钟产出一个区块，设计了难度系数的动态调节机制，每两周（2016个区块）调整一次，比如两周内区块平均产生速度如果是9分钟，则难度系数要调高10%，反之同理；

③如果区块链分叉了（一个区块上接入了两个区块），采纳的是最先达到6个新区块（称为"六次确认"）的链条；

④每210 000个区块（约4年），单位区块新生成的比特币减半；

⑤比特币协议规定：第0个至第21万个Block，每个Block里有50个比特币，第21万至第42万个Block，每个Block里有25个比特币，依次递减，最后比特币全网中只会有2100万个比特币，到2140年全部挖完，届时账本维护费用全部来自交易费。

2 国外区块链发展现状

2.1 概览

《全球区块链发展趋势报告》显示，区块链企业数量及融资规模增长强劲：

新增企业数倍增，2017年全球区块链新增企业数同比增长110%，2018年上半年新增区块链企业数达到600多家，约为2017年全年的40%；

融资总规模扩大，增长全球区块链企业融资规模同比增长84%，2018年上半年融资规模达到30多亿美元，与2017年全年相比增长68%以上，其中中国贡献将近36%，接近美国份额（40%）；

金融服务业领先，仍处于绝对领先优势，全球范围内该行业的区块链企业融资规模超过51亿美元，占2013年以来全球区块链融资总规模的72%以上，企业数则超过2300家，占全球2013年以来区块链新增企业的56%。

2.2 美国

2.2.1 基本情况

美国政府允许官方、民间机构自主研究区块链技术，着力于推动区块链技术的发展。2017年12月，美国芝加哥商业交易所（CME）和芝加哥期权交易所（CBOE）先后推出比特币期货；2017年4月底，纳斯达克（NADSAQ）宣布10月将入局数字货币交易。同时，美国的知名企业包括微软、沃尔玛、IBM等巨头也在积极布局区块链技术研究，分别在食品召回、供应链物流、区块链平台等方面做出了诸多尝试。

2.2.2 战略部署

2.2.2.1 已形成"拥抱技术、不要封杀"共识

2018年2月，美国众议院连续召开两次区块链听证会，听证会虽并不代表美国政府的意志，但却代表美国监管机构官员、官方智囊和商业领袖们之间的共识，在很大程度上意味着关于区块链技术大规模应用的"美国共识"正在形成。

第一次听证会，其焦点放在对比特币市场的影响和可能的对ICO的监管举措上，其传递出的"不封杀（不伤害）"，即表明了谨慎监管甚至乐观其成的基本态度。

第二次听证会，以"超越比特币：区块链技术新兴应用"为主题，将区块链上升到"变革性技术"，探讨应用场景涵盖了金融、商业和政府效率提升等，扩大到无限广阔的应用场景，并把相关的应用上升为共同的信念：共担信任是基石；区块链是一项变革性技术；区块链必须开放；当前已做好准备运用于商业和政府业务。

这是超越区块链技术层面的"国家共识"，其内涵是：拥抱技术、保持开放、做好准备应用于商业和政府业务、致力于投资者和消费者教育。

2.2.2.2 将建立管与合作"双轨"并举机制

2015年10月，奥巴马政府和私人公司结成伙伴关系，面向执法机构开展关于数字货币和比特币的培训，对抗将数字货币用于非法用途。美国总统科技顾问委员会专门与区块链银行联盟R3进行沟通，特别关注区块链技术对经济各方面的影响。2016年9月，美国众议院通过一项支持区块链技术和数字货币的决议。2017年2月，美国国会专门成立由两党成员组成的区块链核心小组，负责围绕区块链技术和数字货币完善相关的公共政策。

2014年3月，美国国家税务局（IRS）发通知对比特币交易活动征税。2015年9月，美国商品期货交易委员会（CFTC）将比特币和其他数字密码货币定义为大宗商品。从2015年起，美国开始重视对数字货币的监管；同年6月，纽约金融服务部门（NYDFS）发布最终版本的数字密码货币公司监管框架BitLicense；同年11月，美国证券交易委员会（美国联邦证券监管机构）针对围绕区块链技术和分布式账本技术的炒作发出警告——区块链技术的应用可能会增加金融系统中的信任度，但目前仍处于起步阶段，监管机构、学术界及资本市场参与者都要对其进行持续性评估，特别是监管机构要发挥引导作用，在挖掘其应用潜力的同时要积极应对不确定性所带来的挑战。

截至2016年6月，在BitLicense的监管框架下，纽约州成功获得许可的企业为2家（成功申请的数量为22家），与此同时包括加利福尼亚州、康乃迪克州、乔治亚州、新罕布什尔州等在内的美国其他州也未能顺利制定并实施相关监管政策。

2.2.2.3 将合力布局区块链技术

除了美国央行之外，美国国土安全部支持用于国土安全分析的区块链应用研究，美国国防部高级研究计划局（DAPPA）则支持区块链用于保护高度敏感数据方面的探索，以及区块链在军用卫星、核武器等数个场景中的应用潜力，美国电信巨头AT&T已开发出将区块链用于服务器的技术，并部署相关专利布局。

2.2.3 典型案例

美国硅谷和纽约聚集了许多领先区块链和虚拟货币公司，使得区块链应用领域更加多元化，参与方式越来越灵活。

IBM构建区块链的基础设施。IBM从2016年开始创建HyperLedger系统，率先成为科技巨头中开始涉足区块链领域的公司，专注于区块链的商业应用。IBM采用开源式区块链服务，以私有链为主，致力于将区块链作为一种基础设施应用到各种不同的商业领域。他们认为区块链在保护隐私和安全可靠方面具有非常大的应用前景，也是将来企业级服务的大趋势。

Ripple为全球领先的区块链技术服务公司。Ripple拥有世界上第三大的数字货币——

瑞波币，但是并不专注于经营数字资产，他们有着非常清晰地定位，那就是专注于解决支付和跨境交易问题。该公司不断明确定位和发展方向，同时也不断研发改进新产品，如 InterLedger、xCurrent、xRapid，这三大服务系统专门为跨境支付和交易提供支持。另外，Ripple 正在积极地开发中国市场，已经与阿里巴巴、腾讯、中国银行等国内的公司展开了对话，还曾经接待过中国人民银行的领导。

Bitpay 为全球领先的比特币支付公司。最为全球领先的比特币支付公司，Bitpay 近期完成了 4000 万美金的 B 轮融资，总融资达到了 7000 万美金。Bitpay 的商业模式在给虚拟货币发展的未来提供一个方向——成为可以在现实生活中流通并且具有购买力的交易媒介。比特币交易无国界、高流通性、区块链可靠性以及越来越高的社会认可度，给公司带来了爆发性的增长，2017 年 Bitpay 公司的流水就达到了 90 亿美元，已经发展成为一家具有盈利能力的公司。这是一个打通虚拟世界与现实世界最鲜明的案例。

2.3 日本

2.3.1 基本情况

日本对区块链技术比较激进，极力推动数字货币的支付体系在商业领域落地。2016 年 5 月 25 日，日本国会通过了《资金结算法》修正案并且于 2015 年 4 月 1 日正式实施。同时，日本还是全球首个对虚拟货币立法的国家。据相关数据统计，目前以日元计价的比特币交易，占到总交易量的近一半，成为全球第一。日本的区块链行业除了比特币的应用，在行业应用领域也颇多案例，如区块链房产存证、身份认证、供应链金融、清算结算等尝试也处于世界前列。

2.3.2 战略部署

2.3.2.1 已组建专门的区块链部门

日本成立了专门的区块链部门，该部门不仅包括瑞穗银行内部成员，还有外部研究机关的协助。瑞穗提供的是雄厚的信息、用户、金融实操经验，而外部主要包括日本各大 FinTech 企业及其他研究机关，主要引进创造性观点和新科技血液。

该部门组成约 100 多人，成员中美国 13 人，中国 8 人，英国、新加坡、印度尼西亚等各国有经验的技术人才都有，抽取自 Sony 银行、NTT（日本通信巨头）、雅虎、GREE（日本社交游戏巨头）、日本损保（保险业）等多家公司，以计算机人才、金融业务人才、通信公司有十足经验的人员为主。

目前，区块链战略部关联的外部公司有 4200 多家，旗下的 FinTech Founder 已经与相关领域 10 家公司在接洽，除了活跃在金融厅的研究会，还在国际各大区块链创新大会中崭露头角。斋藤耕介先生表示，新科技的运用，主要是为了削减成本、扩大收益，而瑞穗集团目前主要关注的新科技领域的技术除了区块链，还有 AI 和大数据方向。

2.3.2.2 已建立区块链孵化器 Blue Lab

除了上述经常在媒体崭露头角的区块链战略部，日本较为著名的还有孵化器创企 Blue Lab，Omise Japan 旗下 Neutrino 也在为瑞穗等机构提供区块链技术工程师培养。Blue Lab 由 WiL 集团、瑞穗银行、伊藤忠商事、三井住友信托银行等共同出资组建，成立于 2017 年 6

月,开发使用 AI、大数据、区块链技术,开发商业自动化运营服务,优化供应链管理。

2.3.2.3 正拓宽区块链技术应用层面

在区块链的应用层面,日本认为除了 Fin Tech 这类金融系应用前景较大,在非金融系的应用也很有潜力。目前,区块链技术的潜在用途范围包括房地产、医疗信息、投票公开、知识产权、数字内容、遗嘱或信托衍生品等。

总体来看,2015—2016 年为研究验证阶段,虽有几个大的金融机关注意到该技术,但主要集中在研究、投资这类前期领域,实际有用的商业化并没有涉及。2017 年,制造业、房产巨头和金融业以外的公司开始涉足,虚拟货币、ICO 将区块链推到顶峰。政府层面的关注上,日本内阁官房的日本经济再生方针报告《日本再兴战略 2016 年》中,2 次提到区块链技术,而《未来投资战略 2017 年》中,25 次提到该技术。2018 年,高速安全省力的分散型台账 Hashgrapn、异于目前 Blockchain 的 Closechain 相继登场,Line 和 Kakao 等巨头宣布进场,未来会有更多世界相巨头加入。世界性的规制和标准化进程加速,私密性、安全性等特征受到关注。

2.3.3 典型案例

瑞穗集团目前是日本第二大金融机构,作为日本三大行的合体,瑞穗银行在日本的活动非常活跃,是典型的改革派。在区块链技术采用之前,瑞穗在金融科技领域也有试水。2016 年 2 月,瑞惠集团与 Cognizant 共同企划开发 DLT(分散性台账技术);2017 年 7 月,开始开展区块链技术用于金融交易系统的验证试验。

2016 年 12 月,瑞惠与软银共同出资成立了 J.Score,主要使用 AI 和大数据,开拓新市场和用户。基于智能钱包 APP——Pring 的验证试验将在福岛县展开,该项目准备在 2020 年的东京奥运会中助力日本经济。

2.4 英国

2.4.1 基本情况

英国是布局区块链最早的国家之一,2015 年 11 月英国设置区块链监管沙盒;2016 年初英国政府发布了区块链报告《超越区块链》,这是全球唯一一个由国家政府发布的区块链报告,也从侧面反映了英国对区块链的重视。另外,英国在区块链技术场景应用方面也很超前,英国在电信、医疗、电力、银行支付系统、能源实体交易等领域有非常多的落地案例。

2.4.2 战略部署

英国将发展分布式账本及区块链提升到国家战略高度,并由财政部、数字经济部两部门共同主导推进。与此同时,在金融交易以及财政经费使用等领域,相关部门正积极推动探索性应用。

在区块链技术具体应用层面,2016 年 2 月,英国金融市场行为监管局(Financial Conduct Authority,FCA)明确表示将为区块链技术发展提供一定的空间,因此不会对其进行管制。2016 年 3 月,英国央行与伦敦大学合作,开发央行控制的数字货币 RSCoin,其目的不仅仅在于开发受央行控制的数字货币本身,而是为央行未来部署数字货币奠定框架性基础。2017 年 2 月,FCA 批准伦敦当地的区块链初创公司 Tramonex 登记成立小型电子货币机构(EMI),允许其在国内有效发行基于区块链的货币,这是区块链技术公司从 FCA 获得

EMI授权的首例。除了在数字货币应用领域，英国政府也在积极探索区块链技术在其他领域的应用，比如追踪公共资金的使用，对学生贷款申请归还流程进行跟踪，用比特币发放科研经费以了解科研支出的使用情况。

专栏3　英国发展分布式账本8条建议

2016年1月，英国政府首席科学顾问Mark Walport发布专题研究报告《分布式账本：超越区块链》，认为支撑分布式账本技术的算法是一种强大的、具有颠覆性影响的创新，它将变革公共与私营服务供给方式，并可有效提高生产力，并围绕愿景、技术、治理、安全隐私、信任互联以及政府内潜在应用等维度为英国发展分布式账本提出8条建议。

愿景。政府支持分布式账本技术开发的首要目的是改善自身业务流程从而提升公共服务质量和水平，因此要在适当的范围内部署实施这项技术，并支持包括大型骨干企业、成长型以及新兴企业的创新型应用。

建议1：建立部长级工作机制，确保在政府内提供实施分布式账本技术的平台；出台顶层战略规划和发展路线图，并持续评估其他建议、跟踪领域动态，抢占先机，强调在此过程中政产学要紧密合作，必要时建立临时的顾问专家组。

技术。分布式账本技术仍处于发展初期，其中区块链支撑分布式账本技术迈出了最重要的一步。分布式账本技术可以有"无须许可"（如比特币）和"基于许可"两种模式，政府则更应侧重后一种模式，即只有有限的人群甚至是个人才具备更改账本的权利。

建议2：围绕分布式账本的可扩展性、安全性及其内容的准确性等问题，要加大研发投入，并确保高性能、低延迟特性以及高能效。

建议3：支持地方政府创建分布式账本示范项目，集聚所有要素完成测试推动其应用。

治理。有效的治理和监管是分布式账本成功实施的关键，这需要在分布式账本系统参与者利益和社会更广泛利益之间取得平衡，同时要防治监管框架过于严格从而阻碍创新。

建议4：政府要设立分布式账本技术监管框架，同时随着分布式账本技术部署和应用的发展，监管框架及其实施也要同步发展。技术规范和法律条款都是实现政府监管的有效手段。

安全与隐私。虽然分布式账本有很强的抵御网络攻击的能力，但硬件漏洞和软件缺陷仍可能造成安全性和保密性风险。

建议5：政府需要与学术界、产业界合作，确保为分布式账本及其内容的完整性、安全性和隐私保护制定标准，这些标准同样要在监管规则和软件代码里同步反映出来。

信任与互联。为了最大限度地发挥分布式账本的作用，应确保分布式账本与其他账本的互联，这不仅包括验证机制上的互联，也更需要数据和政策的互联，同时在国际标准的有效实施方面达成共识。

建议6：政府需要与学术界、产业界合作，要面向个人和机构提供最高效实用的身份认证、授权协议，并与国际标准的实施建立紧密关联。

面向政府的潜在应用。政府承担多种职责，诸如价值分配、监管实施等活动会因为分布式账本的应用得到改进或增强。

建议7：理解分布式账本的真正潜能需要对其进行研究并在实践中应用，政府应积极实施分布式账本技术的测试案例，以评估该技术在公共部门的可用性。同时这些测试成果应及时用作建议1中路线图的制定依据。

建议8：除了自上而下的领导和协调外，还应创建一个跨部门机构，以开发潜在的应用，并在行政部门内建立完善相应的知识与技术体系。同时政府作为分布式账本技术的积极使用者，还承担着引导商业部门去探索和应用分布式账本技术的职能。

2.4.3 典型案例

2017年9月，萨里大学、开放数据研究所和英国国家档案馆合作，开始开展基于区块链的研究项目ANCHANGEL。该项目由英国研究委员会资助，旨在利用区块链技术确保历史文档记录不受篡改。通过创建一个散列的数字内容的电子记录，把数据放在区块链上，任何数据的改变都能被追踪。

2018年3月，区块链平台Medicalchain与英国伦敦的The Groves Medical Group达成合作，The Groves Medical Group也将成为英国首家使用区块链技术和接受加密货币支付的医疗机构，旗下4家医疗中心将通过区块链技术为患者扩宽接触私人医疗的渠道。这是Medicalchain推出的第一个试点计划，将通过区块链技术让患者完全掌握个人医疗记录，并提供灵活的远程医疗服务。试点计划已于2018年7月正式启动，Medicalchain将会收集医患双方的反馈，不断精进完善平台，为全球发布做好充足准备。The Groves Medical Group的注册患者将能免费建立个人"电子钱包"，用以储存和管理自己的医疗记录；患者也可按个人需要通过视频问诊，不受时间和地点约束。Medicalchain允许患者选择使用加密货币支付，并鼓励他们通过Medicalchain发行的MedTokens支付远程医疗服务费用。

英国银行开始了自己的PoC计划，通过分散式区块链技术检验其在实时结算（RTGS）功能中的潜力。旨在为英国提供一个弹性、强大、创新的系统。该计划已经成为英国银行2020年战略计划的一部分，将会让我们看到金融行业开始使用正确的技术在核心业务中。随着分布式账本技术的发展速度加快，英国央行正通过与Clearmatics、Token、R3和Baton Systems等公司合作，在银行的业务中融入对区块链技术更深入的理解。同时，这4家公司都可以获得实时结算系统的投资结算服务副本。一旦该方案被认为对英镑市场来说"足够成熟"，那么就会全面支持该技术的运用。此外，创新方案还会确保在实时结算系统中正确运行，并且提高扩展范围。

2.5 澳大利亚

2.5.1 基本情况

2018年5月10日，澳大利亚宣布投资6800万美元的数字身份和区块链项目，加入全球政府支持的区块链研究浪潮。据悉，澳大利亚政府在2017年就已经将区块链技术正式纳入国家数字化战略，2018年3月在墨尔本举办第二届亚太区块链峰会。同时，澳大利亚的区块链技术已在跨境支付、结算/清算等金融领域先行试验，供应链管理、产品溯源、公证、征信等非金融领域相继完成概念验证，并开始进入现实应用场景。

2.5.2 战略部署

2.5.2.1 将区块链技术纳入国家数字化战略

澳大利亚政府将区块链技术等作为一种推动和支持数字经济和未来基础设施的变革性创新。2017年9月，澳大利亚政府发布了一份数字化战略报告，正式将区块链技术纳入国家数字化战略，该国将尝试发起对话及将私人领域和公共领域与政府联合起来共同实现经济与社会数字化，并挑选出5G移动网络、人工智能等新兴技术。值得注意的是，该国政府还强调区块链作为支持期数字化战略的一种关键核心推动力。

2.5.2.2 持续加大对区块链研究的预算投入

澳大利亚政府所属的数字化转型部门成立于2015年，除了领导信息通信技术战略，还帮助政府部门"实施数字化转型"。目前，澳大利亚政府已划拨70万澳元（大约52.1万美元）给数字化转型部门，用于探索区块链在政府服务中的应用。

2017年年底，澳大利亚政府向基于区块链的智能公用设施试点项目提供800万澳元（大约590万美元）补贴。显然，澳大利亚政府已经在逐步稳定开展区块链技术开发及应用。

2.5.3 典型案例

2018年5月，普华永道（PwC）的澳大利亚分公司于宣布了一项由区块链技术提供动力的新型"贸易社区系统"。澳大利亚工商总会（ACCI）和布里斯班港（Port of Brisbane）之间多年的共同努力达到了新层面，作为"概念验证"应用，该"贸易共同体"（Trade Community system）通过将供应链信息与区块链连接起来，提高国际贸易效率。该区块链平台将致力于通过减少重复和人为错误，从而降低成本和国际贸易的复杂性。基于区块链，所有记录的信息都在不断协调的去中心化分类账上共享，而不是在供应链中由单个公司独享。

专栏4 澳、美跨国棉花贸易——基于区块链技术

澳大利亚联邦银行、美国富国银行和澳大利亚跨国棉花贸易商Brighann Cotton联合使用区块链技术、智能合约和物联网技术，完成首次银行间交易。

此次交易方是美国Brighann Cotton、澳大利亚Brighann Cotton与澳大利亚Brighann Cotton Marketing，以及各自的银行机构富国银行和联邦银行；将88捆棉花自美国德州运输到中国青岛。按照私有分布式账本的智能合约处理该交易中使用的信用证，并采用美国区块链初创企业Skuchain的Brackets系统。该笔交易中的物联网技术提供GPS设备，追踪运输中货物的具体方位，相比传统开户和信用证交易方式，可控性更强。信用证交易以文件和数据为核心，仅仅处理这些内容就需要很多天。一旦货物抵达最终目的地青岛，智能合约会根据收到的反馈，自动激活支付流程。该过程不受运输影响，只要货物一到港，就会自动支付35 000美元的货物。由此可见，区块链、智能合约和物联网的互动是交易变革的重大进步，将为全球供应链带来巨大利益。

3 国内区块链发展现状

3.1 概览

区块链日益受到各界广泛的关注,引发了政府部门、科技公司、金融机构的深入讨论。根据中国信息通信研究院知识产权中心最新研究成果显示,近几年,国内外众多投资项目都在关注区块链技术领域,区块链专利申请持续快速增长,截至2017年8月,全球区块链发明专利申请和实用新型专利申请累计已达1200余件,合并同族专利后为995项,主要申请人集中在美国、中国、日本等。涉及区块链技术的专利申请在今后还会呈现持续快速增长趋势。

3.1.1 产业生态初步形成

总体来看,我国区块链产业生态初步形成。截至2018年3月底,我国以区块链业务为主营业务的区块链公司数量已经达到了456家,产业初步形成规模。其中,2017年是近几年的区块链创业高峰,新成立公司数量达到178家,占到了以区块链为主营业务的公司数量的近40%。从2016年开始,区块链领域的投资热度出现明显上升,投资事件达到60起,是2015年的5倍。2017年是近几年的区块链投资高峰期,投资事件数量接近100起。在2018年第一季度,区块链领域的投资事件数量就达到了68起。

3.1.2 产业集聚效应明显

国内区块链发展主要集中在发达省市,每个城市也因其自身独特的色彩,在区块链领域中处于不同的位置(表1)。

北京:多以交易所、钱包、矿机生产为主;上海的项目多以数字身份、智能合约等技术在金融服务方面的应用为主;浙江杭州在底层技术的研发上展示了其雄心勃勃地一面;深圳凭借其电子产品制造能力,成为矿机生产、销售的集散地;苏州已经建立研究院,以先发制人之势欲改变其金融科技稍显落后的面貌。

表1 国内区块链企业专利申请排行榜(2018年6月)

序号	申请人	专利申请数/项	地区
1	阿里巴巴集团控股有限公司	59	杭州
2	布比(北京)网络技术有限公司	30	北京
3	中国联合网络通信有限公司	30	北京
4	北京瑞卓喜投科技发展有限公司	30	北京
5	江苏通付盾科技有限公司	27	苏州
6	杭州云象网络技术有限公司	27	杭州
7	杭州复杂美科技有限公司	24	杭州
8	中链科技有限公司	24	广州
9	上海唯链信息科技有限公司	21	上海
10	杭州趣链科技有限公司	21	杭州
	其他	1401	

3.1.3 应用领域呈现多元化

区块链目前最好的应用领域还是加密数字货币,越来越多科技公司也在不断加码区块链项目。随着区块链技术的不断发展和专利申请的持续累积,国内外创新主体开始尝试将该技术应用到不同场景,与票据交易、私募股权交易等金融领域及物联网、电子政务等非金融领域有机结合,从金融延伸到实体领域(表2)。

表2 国内部分区块链项目一览

序号	项目名称	应用领域	项目名称	应用领域
1	欧碧堂	医疗	ZenAir(承云)	金融
2	边界智能	医疗	网录科技	金融
3	食物优	农业	公信宝	金融
4	人人互助	公益	太一云	金融
5	善园科技	公益	保全网	金融
6	水滴互助	公益	小蚁	金融
7	Energo(能源链)	能源	AToken	金融
8	链昱能源(Energo Lanbs)	能源	库神钱包	金融
9	能链众合	能源	BitBank	金融
10	车保链	保险	荣泽	金融
11	量子保	保险	趣链科技	金融
12	一同保	保险	嘉楠耘智	金融
13	Bitmark	数字娱乐	波场TRON	金融
14	藝舍	数字娱乐	易派支付Epay	金融
15	金色财经	数字娱乐	新算力	金融
16	亿书	数字娱乐	理安科技	金融
17	根源链	零食与食品	招股金服	金融
18	证宝宝	法律	Pressone	金融
19	亦笔科技	法律	大为创新币源社区	金融
20	熊咖网络(Credit Record Chain)	人工智能	DECENT区块链	金融
21	Bottos铂链	人工智能	人人链	金融
22	房易信	房地产	区块魔方	金融
23	瑞资科技	房地产	中望金服	金融
24	咔咔买房	房地产	果仁宝	金融

3.1.4 发展环境持续优化

2016年,工信部发布《中国区块链技术和应用发展白皮书》并明确区块链的定义。2017年5月,中国电子技术标准化研究院,发布了《区块链参考架构》,对区块链参考架构涉及的用户视图和功能视图,用户视图所包含的角色、子角色及其活动及角色之间的关系,功能视图所包含的功能组件及其具体功能以及功能组件之间的关系,用户视图和功能视图之间的关系4项内容进行了具体规定。

目前,国家层面虽未正式出台区块链技术应用相关的监管法规,但梳理近几年监管层的相关讲话及政府文件,可以得出:国家对区块链作为底层技术应用的方向较为支持。2016年2月,中国人民银行行长周小川在谈到数字货币相关问题时,尽管对区块链当下的规模化应用能力存在质疑,但是认可区块链技术是一项可选的技术。同年12月,国务院印发了《"十三五"国家信息化规划》,鼓励针对区块链等战略性前沿技术进行提前布局,发挥先发主导优势。2017年6月,中国人民银行印发《中国金融业务信息技术"十三五"发展规划》,指出要加强区块链基础技术研究,开展区块链技术在金融领域的应用研究。2018年以来,监管层对区块链发展的态度逐步引导到服务实体经济方向上来,4月11日举行的博鳌亚洲论坛上,中国人民银行行长易纲表示,正在研究如何发挥数字货币的正能量,让它更好地服务于实体经济。

但是,我国区块链还处于探索和研究阶段,其深入推广应用仍需要一个发展过程,需要产学研用各方的共同努力。我国需进一步围绕关键环节加大支持力度,努力营造良好的环境,促进区块链产业健康发展。重点做好"深入研究把握技术和产业发展趋势""加强区块链核心技术能力建设""支持开展区块链创业创新""加快推动区块链领域的标准体系建设"等方面工作。

3.2 北京:区块链企业数量最多

目前,北京是全国从事区块链技术创业公司最多的地方,超过40家,占全国总数的40%以上。据胡润研究院发布的《2018胡润区块链企业排行榜TOP 20》显示,北京是此次上榜的区块链领军企业的集中地,以8家公司处于绝对的领先地位。

成立区块链生态投资基金:5月19日,在北京金融局支持下,北京区块链生态投资基金正式启动,旨在创建北京地区首家专注无币区块链应用投资的引导基金。基金规模10亿元,投资领域着力在北京地区区块链生态教育和培训、非金融货币领域的区块链场景应用、区块链底层技术架构研发、区块链技术助力传统企业和产业转型升级等几个方面。

成立全球区块链产业研究院:8月22日,全球区块链产业研究院正式在北京成立,重在对国内区块链国际标准执行的鉴定和行业区块链应用的认证,今后将与国际区块链标准组织机构建立合作,联合制定区块链国际标准,鉴定国内区块链技术企业是否真实采用了区块链技术,是否实施了标准,行业应用是否达到了区块链的应用目标(表3、表4)。

表3 北京市区块链项目一览

序号	项目	业务	地区
1	比特大陆	芯片/矿机/矿池	北京
2	库神	钱包	北京
3	布比	底层平台兼应用	北京
4	太一云	底层平台兼应用	北京
5	智链ChainNova	区块链应用	北京
6	信和云	底层平台兼应用	北京

续表

序号	项目	业务	地区
7	网录科技	底层平台兼应用	北京
8	众享比特	底层平台兼应用	北京
9	瑞卓喜投	底层平台兼应用	北京
10	能链	区块链应用	北京
11	物链	供应链	北京
12	咔咔买房	房产理财	北京
13	Goopal group	数字资产管理	北京
14	区块宝	区块链解决方案提供商	北京

表4 北京市区块链主要政策梳理

发文日期	文件名称	发文机关	主要内容
2016年8月10日	《北京市金融工作局2016年度绩效任务》	北京市金融工作局	推动出台中关村互联网金融综合试点方案，推动中关村区块链联盟设立
2016年12月30日	《北京市"十三五"时期金融业发展规划》	北京市金融工作局	将区块链归为互联网金融的一项技术，并鼓励发展该技术
2017年4月6日	《中关村国家自主创新示范区促进科技金融深度融合创新发展支持资金管理办法》	中关村科技园区管理委员会	支持金融科技企业为金融监管机构和金融机构提供服务，开展人工智能、区块链、量化投资、智能金融等前沿技术示范应用，提高金融服务的效率和便利性
2017年9月29日	《关于构建首都绿色金融体系的实施办法》	北京市金融工作局等8个部门	发展基于区块链的绿色金融信息基础设施，提高绿色金融项目安全保障水平

3.3 浙江：区块链发展最具活力

浙江是国内最早重视区块链技术的省份，2016年1月，浙江省委书记参加海归学子创新创业座谈会时指出，"希望浙江成为全国区块链技术开发应用高地"。2017年4月，杭州市人民政府联合主办了2017全球区块链金融（杭州）峰会，这是2017年国内政府层面联合主办的最高规格的区块链峰会。

成立区块链产业园：在西溪谷互联网金融小镇，落户全国首个区块链产业园，与蚂蚁金服、网商银行、浙江大学等机构毗邻。围绕这个产业园，西湖区出台《关于打造西溪谷区块链产业园的政策意见（试行）》，将对入驻并注册在区块链产业园区的区块链技术及应用的项目和企（机构）给予扶持，对入驻企业、人才给予补助，并奖励区块链技术研发和落地应用。

成立区块链产业联盟：在绍兴，与9家单位共同成立区块链产业联盟，旨在未来5年内将绍兴打造成区块链的技术应用高地。而与此相关的背景是，随着区块链技术的不断成熟，当地已有一些工业龙头企业投入巨资，捷足先登涉足区块链产业。

成立跨境区块链跨境结算中心：在金华，浙江义乌跨境区块链跨境结算中心也正式启动，旨在解决义乌当地跨境贸易中的外汇结算问题，通过区块链技术和国际专业汇款支付通道相结合，为义乌跨境贸易企业提供价格低廉、快速高效的外汇结算途径，从而将游离于监管体系之外资金纳入体制内管理。

成立之江区块链科技研究院：在杭州，浙江之江区块链科技研究院在杭州正式挂牌成立，主要从事区块链研究，以及探索其"在金融、教育、公益、公共服务等众多社会领域的应用和落地"。

据悉，"2017全球区块链企业专利排行榜"中，杭州有5家企业上榜，且除了以49件专利独占鳌头的阿里巴巴外，其余4家企业都跻身前50。

3.4 上海：区块链形成生态体系

上海作为改革开放排头兵、创新发展先行者，从2016年开始就推动区块链技术研发和应用探索，在技术创新、产业集聚、应用场景开放等方面取得了阶段性成就，尤其是在区块链底层技术层面，处于全国领先水平。

区块链企业研发上，上海拥有万向区块链、众安、分布科技、金丘科技等区块链技术研发企业，技术研发能力国内领先。其中万向区块链联合微众银行等推出的BCOS（Blockchain Open Source）平台、众安的安链云（Ann chain）平台被工信部中国电子标准化研究院评为中国区块链开源项目，分布科技的DNA也通过国家标准的测评、金丘科技打造的EcoChain（生态链）在业内也已得到广泛应用。

区块链产业集聚上，上海先后成立了上海区块链技术应用联盟、陆家嘴区块链金融发展联盟、上海区块链技术研究中心等组织，对推进区块链技术发展起到了重要作用。

杨浦区作为全国首批大众创业万众创新示范基地，在区块链相关技术和产业具有良好的发展基础，通过加强顶层设计和政策引导，促进区块链相关技术和产业的健康发展，率先建成上海市区块链技术创新与产业化基地。目前，杨浦区已聚集了近30家涉及区块链技术及应用的科技企业，未来还将进一步强化聚集效应，将打造"基金+基地+智库+社群生态+培训"的区块链聚集区。

对区块链行业发展12项支持政策。2018年9月，杨浦区印发了《促进区块链发展的若干政策规定（试行）》。该规定对区块链行业的发展给出了12条政策性支持，包括开办费补贴、办公用房补贴、联盟支持、融资支持等，该政策将于2018年12月1日起施行，有效期为3年。

将设立区块链产业基金。该基金将主要是以股权投资的方式，扶持初创企业、高成长性企业做大做强。同时引导各类创业投资基金加大对种子期和初创期区块链企业的投入力度；鼓励各类金融服务机构为区块链企业提供全生命周期金融服务，助推区块链技术研发与应用落地。

将组建区块链产业智库。杨浦计划与英国牛津区块链研究中心和德国法兰克福"柴火物联"项目等全球先进的区块链研究和应用项目开展合作，并联合复旦、交大、同济、牛津、麻省理工等区块链学术能力强的高等院校，联动百度、腾讯等区块链应用能力强的企业，共同打造上海区块链智库。

3.5 广东：区块链扶持政策完善

广东省是区块链扶持政策大省，2018年上半年辖区内共出台8项区块链相关扶持政策

(表5)，占到全国扶持政策的20%，占比第一。2017年年末，黄埔区、广州开发区率先出台省内首个区块链产业扶持政策——"区块链10条"（《广州市黄埔区广州开发区促进区块链产业发展办法》），针对区块链产业的培育、成长、应用及技术、平台、金融等多个环节给予重点扶持，是目前国内支持力度最大、模式突破最强的区块链扶持政策。

专栏5 "区块链10条"

成长奖励

①对经认定的区块链企业或机构年度营业收入达到200万元以上且同比增长100%以上，每年给予50万元技术人才引进补助；②对经认定的区块链企业或机构年度营业收入首次达到500万元、2000万元、1亿元以上的，分别给予50万元、100万元、500万元的奖励，同一企业按差额补足方式最高奖励500万元。

平台奖励

①对省级以上认定的区块链交易中心、检测中心、数据中心、存储中心等公共平台且取得相关资质的，给予100万元奖励；②对获得国家级、省级、市级认定的区块链技术重点实验室、工程（技术）研究中心、企业技术中心、新型研发机构等创新平台，分别给予500万元、300万元、100万元奖励。

应用奖励

①鼓励以应用需求为导向，加快本区的"区块链+应用场景"的应用示范，加大财政投入，实施区块链应用示范专项计划，采用分期考核、拨付方式，每年重点支持10个区块链应用场景建设；②每年会挑选10个左右应用场景予以重点支持，而且我们也会拿出场景来率先运用区块链技术，每个项目最高支持300万元。

培育奖励

①对新设立经认定的区块链企业或机构，实缴注册资本200万元以上的，按实缴资本的10%自注册之日起3年内给予培育奖励，每家企业或者机构累计最高奖励100万元，并一次性给予30万元的技术人才引进补助；②对落户本区经认定的区块链领域的行业协会，依法在国家级、省级、市级政府智能部门登记成立的，分别给予每年100万元、60万元、40万元活动经费补贴；③上述企业或机构入驻本区认定的区块链创新基地、区块链大厦、区块链产业园，租用办公用房且自用的，自租用办公用房起3年内，每年每家企业给予1000平方米且最高60万元的租金补贴，并一次性给予20%的装修费用补贴，最高补贴100万元。

技术奖励

①对参与导编制国际、国家、行业、地方区块链技术及应用标准（规范）列入前3名的企业或者机构，分别给予一次性100万元、50万元、30万元、10万元奖励，每年每家企业或机构的国家、行业、地方标准（规范）最高奖励100万元；②对获得国家、省、市立项资助的区块链项目及奖励给予配套，分别按照自主或奖励金额的100%、70%、50%给予资金支持，最高分别不超过500万元、300万元、100万元。

金融支持

①对区块链企业通过商业银行或融资担保的凡是获得的银行贷款，给予贷款利息及担保费用全额补贴，每年每家企业最高补贴金额50万元，补贴期限3年；②对首次获得风险投资机构的种子期、初创期的区块链企业，按实际获得投资金额的10%给予补贴奖励，每家企业最高获得奖励100万元。

活动补贴

对承办国际级、国家级区块链研讨、论坛等最高水平交流会议的，经认定备案，最高给予100万元补贴。

组建广东区块链产业技术创新联盟，由区块链企业、科研机构联合组建，以企业的发展需求和各方的共同利益为基础，以突破共性技术瓶颈、研发重要产品、整体提升产业自主创新能力为目标，优势互补，利益共享，风险共担，长期合作，共同发展。

编制《广东区块链发展战略与行动》，广东省经信委正在编制广东发展数字经济规划文件，明确建议文件前瞻布局区块链发展，加快对区块链算法、分布式存储等区块链关键技术的研究；推动区块链与云计算、人工智能的融合创新；积极拓展区块链应用场景，加强区块链技术在金融、商贸、政务、智能制造等重点行业的应用；加快区块链应用标准体系建设，构建区块链发展的良好生态（表5）。

表5 广东省上半年出台区块链政策梳理

地区	时间	扶持政策
广东	4月9日	《广东省数字经济发展规划（2018—2025年）》（征求意见稿），提出加快研究共识算法、非对称加密、容错机制、分布式存储等区块链关键技术，支持发展高并发、高吞吐、低延迟、高可靠性的区块链解决方案。大力发展BaaS(区块链即服务)，推动区块链与云计算、人工智能的融合创新
广东	5月24日	国务院发布《进一步深化中国（广东）自由贸易试验区改革开放方案》，提出大力发展金融科技，在依法合规前提下，加快区块链、大数据技术的研究和运用
广州	5月30日	《广州黄埔区广州开发区促进区块链产业发展办法实施细则》
深圳	3月21日	深圳经信委组织实施深圳市战略性新兴产业新一代信息技术信息安全专项2018年扶持计划，扶持产业包括区块链
深圳	4月22日	深圳市首个区块链创投基金启动，首期规模为5亿元
深圳	6月11日	深圳发改委组织实施深圳市数字经济产业2018年第一批扶持计划，重点支持区块链产品
深圳	6月28日	《深圳市工业互联网发展行动计划（2018—2020年）》《深圳市关于加快工业互联网发展的若干措施》，提出将促进区块链等新兴前言技术在工业互联网领域的应用研究与探索，对示范应用项目按不超过总投资的30%予以资助，最高不超过300万元
佛山	5月15日	《佛山市南海区人民政府关于推进"区块链+"金融科技产业发展的实施意见》，提出将推动广东金融高新区"区块链+"金融科技产业集聚创新发展，将广东金融高新区打造成为"区块链+"金融科技创新与营业高地

4 江苏区块链的现状

4.1 概览

江苏是目前国内在政府文件中提及区块链最多的省份之一（表6），2017年有4份政府文件提到了区块链。但是目前江苏当地区块链企业匮乏，江苏省除了无锡井通网络科技有限公司及江苏华信区块链产业研究院有限公司，鲜有知名从事区块链的公司。

今年4月，江苏省政府常务会议审议通过了2018年省重大项目投资计划，提出要统筹项目招引落地，对智能汽车、区块链等可能引发重大投资机会的新兴事物和萌芽行业，加大跟踪和研究力度，在省级层面加强重大项目培育、谋划、布局，适时组织开展项目招商，力争抢得行业发展先机。

表6 江苏省区块链主要政策梳理

地区	政策梳理
南京	2017年2月2日，南京市人民政府办公厅发布《"十三五"智慧南京发展规划的通知》
	2017年3月21日，南京市政府办公厅印发《南京市"十三五"金融业发展规划的通知》
	2017年6月，南京市经信委印发《南京市加快推进制造业与互联网融合发展实施方案》
	2017年7月，南京市政府印发《加快科技金融体系建设促进科技创新创业的若干意见》
	2017年10月，南京发布"互联网+政务服务+普惠金融"便民服务应用协同区块链支撑平台项目方案。该方案利用区块链技术解决了政府各部门政务系统与各银行业务系统的打通
苏州	2017年6月18日，同济大学与苏州政府联手打造苏州同济金融科技研究院，2018年计划培训超过500名区块链技术人才
	2017年12月，苏州高铁新城向社会开放首批15个区块链应用场景，并在区块链项目经营、平台、应用、人才、培训等方面发布9条扶持政策，吸引区块链企业和人才落户。苏州高铁新城管委会将配合链谷，打造国内首个"数字经济应用示范新城"。该区域内的民生、政务和商用板块，都将成为区块链技术绝佳的样本。将设立总规模10亿元的专项引导资金
无锡	2017年5月，首届中国(无锡)物联网与区块链产业发展高峰论坛上，无锡软件行业协会区块链专业委员会暨物联网与区块链联合实验室正式对外揭牌
	2017年9月，2017世界物联网新技术新产品成果发布会在无锡举办，发布《中国区块链与物联网融合创新应用蓝皮书》

4.2 南京

4.2.1 基本情况

南京软件产业发达，科教资源丰富，具备区块链技术发展与应用的良好环境，继大数据、人工智能、生物医药等之后，区块链成为南京基础研发和前沿布局的又一重点。目前，国内区块链产业主要分布于北京、上海、深圳、杭州，从企业数量与规模上来看，南京与上述城市仍有一定的差距。《2018年中国区块链产业白皮书》显示，南京在中国区块链创业活跃度城市排名中位列第七，截至 2018 年 6 月，南京登记注册的仅名称中含有区块链的企业已超过 20 家，分别来自鼓楼、建邺等多个区，大部分的经营范围都是区块链技术研发及服务等。

4.2.2 战略部署

在产业发展布局上，2017 年，南京构建"4+4+1"主导产业体系，明确指出要将区块链技术作为未来产业的重要组成部分，将打造数字货币试验区、区块链研究中心等新型要素交易中心，助力南京产业升级。

在智慧城市建设方面，《"十三五"智慧南京发展规划》明确提出，推进南京市区块链技术发展，重要培育区块链等新兴产业，提升信息消费产品及服务供给能力，衔接城市发展总体部署。

在制造业与互联网融合发展方面，《南京市加快推进制造业与互联网融合发展实施方案》中述及要重点开展区块链等前沿技术创新，加快云计算与大数据产业发展，以此推动南京超级云计算服务中心等重点大数据平台建设和发展。

在金融领域方面，《南京市"十三五"金融业发展规划》从金融科技发展和江北新区新金融中心两个部分进行布局，以金融科技创新为基础，以南京大学——工商银行创新金融实验室等为载体，以区块链技术等研发应用为核心，推进金融科技在征信、授信、风险控制等领域的广泛应用，建设大数据交易中心，以此为基础，将江北打造成为全国一流新金融中心。

在整体规划的基础上，《市政府关于加快科技金融体系建设促进科技创新创业的若干意见》提出，鼓励支持传统金融机构、互联网金融机构利用大数据、区块链等金融科技，针对科技创新创业企业特点，开发符合企业融资需求的产品和服务，促进科技创新创业。此外，南京市信息中心以区块链技术为基础，提出"互联网+政务服务+普惠金融"便民服务应用协同区块链支撑平台方案，将打通政府各部门政务系统与各银行业务系统之间通道，通过共识的智能合约，合法并且有监督和授权的使用数据为市民和法人提供金融服务。

此外，人才培养方面，南京凭借雄厚的科教资源，积极布局。南京大学金陵学院与南山企业深圳创客区块链技术有限公司合作，共建研究基地"南京大学金陵学院区块链研究中心"，中心将定向培养行业稀缺人才，并将在未来建设成为国内产、学、研相结合的区块链智库。

4.2.3 典型案例

4.2.3.1 苏宁

苏宁自 2011 年以来持续推进"科技转型、智慧服务"的发展战略，先后在苏宁金融、苏宁银行等业务板块探索利用区块链技术，进军区块链领域，促进金融科技发展。

2017 年，苏宁金融研究院成立了区块链实验室，该实验室针对区块链技术及其在金融行业的应用进行研究，旨在利用区块链技术为苏宁金融服务业及苏宁银行提供技术服务。同年 9 月，苏宁银行上线了区块链国内信用证信息传输系统，成为国内第三家开展区块链国内信用证业务的银行。基于区块链技术的信用证信息和贸易单据电子化传输体系，苏宁银行实现了国内信用证跨行电开的模式，具体而言，苏宁银行信用证的开立、通知、交单、承兑报文、付款报文各环节将透明化,全流程实现精准追踪,缩短了信用证及单据传输的时间,提高了信用证业务的安全性,极大提高用户体验水平,增强银行的获客能力。

2018年,苏宁金融上线另一区块链应用产品:区块链黑名单共享平台系统,该系统采用超级账本fabric联盟链技术,将金融机构的黑名单数据加密存储在区块链上,金融机构可通过独立部署节点接入联盟链,开展区块链黑名单数据上传和查询等业务。具体而言,金融机构将本机构产生的黑名单数据作为一个交易发布到区块链上,发布即可获得积分,用于查询其他机构发布的黑名单数据;设置投诉服务,当发现的黑名单数据造假时,查询机构可在系统中追诉数据提供方。通过区块链技术,平台全力保障黑名单数据的安全、保密和隐私保护,并创造性地采用了匿名发布查询机制,查询数据的机构和被查询机构均为匿名操作,实现了无运营机构的去中心化黑名单共享模式,解决了黑名单数据不公开、数据未集中、获取难度大等行业痛点,且成本低廉,有效降低了金融机构的运营成本,更保护了客户的隐私和金融机构的利益。

此外,苏宁金融区块链黑名单共享平台中设立了去中心化的联盟管理委员会。未来,该委员会将陆续吸纳国内多家银行机构、消费金融企业、互联网金融平台加盟,最终打造为跨行业的信用数据共享平台。

4.2.3.2　江苏众享金联科技有限公司

江苏众享金联科技有限公司是由国内较早研发区块链技术的北京众享比特科技有限公司控股成立,专注于"区块链+金融行业",在南京成立了区块链金融产品研发中心。公司从接入安全、通信安全、存储安全、交易安全四个维度构建去中心化的网络安全体系,通过区块链技术实现公信透明的数据存储和智能合约应用。同时,公司也是《2018中国区块链产业白皮书》的参编单位之一。

该公司联合北京众享比特发布基于区块链技术的数据库应用平台ChainSQL,将区块链技术与传统数据库技术结合,打造不可篡改、安全、一致、低成本的数据库,推动了数据库技术的演进。

在金融方面,参与研发出区块链清分管理平台、信用证管理平台、保函管理平台等以科技创新推动金融服务变革,提升金融服务效率,降低金融服务成本。苏宁区块链黑名单共享平台是江苏众享金联科技有限公司参与的实践项目之一。

在技术研发合作方面,2017年,江苏众享金联科技有限公司成立南京大学——众享科技创新联合实验室,这是中国首个顶级高校与区块链研发企业共建创新联合实验室。该实验室围绕区块链技术在金融、监管、供应链、物联网、云计算等方面前沿技术研究、新产品开发、技术平台建立及人才培养等多层面进行广泛合作,推动区块链技术在开发和应用领域迈向一个新台阶。

4.2.3.3　苏鹰集团

"才享通",不仅是中国首款"区块链+人才共享"平台产品,填补了细分市场的空白,更重要的是其带来的行业价值和变革,意义深远。一是通过平台,"才享通"让劳动力、知识和技能共享成为现实可能;同时,让企业灵活用工、个人灵活就业,变得更为便捷、多样和可靠。二是通过区块链和AI技术的运用,很好地解决了人才与信息信任缺失、供需匹配效能低下、报酬结算支付烦琐等难题，有效降低交易成本，提升人才服务效能。所有信息与行为，都将以数字资产进行分布式存储，无法篡改且可追溯，最终形成以数据资产为结算的人才和企业信息认证、人才招聘、能力岗位精准匹配、结算无质疑的可信生态体系。

4.3 苏州

4.3.1 基本情况

目前，苏州市相城区已经把区块链作为重点布局和扶持发展的产业之一，加大扶持区块链产业的力度，积极为区块链企业发展营造良好的环境和氛围，构筑区块链产业孵化平台、应用特色平台，系统化推动区块链关键业态和延伸业态的发展。基于专业化的服务、广阔的市场前景，链谷目前虽尚未大规模招商，却已吸引来了16家"原住民"企业入驻。它们涉及行业众多，有主攻电子阅读的阅链、主攻智慧医疗的雷盈、主攻电子政务的莱泽等，几乎各不相同。

4.3.1.1 顶层设计

从苏州地方政府到苏州高铁新城，在政策扶持上制定了针对区块链领域的人才扶持及产业创新的优惠政策，尤其重视企业家、创业者和技术人才对于创新和创业的贡献，给予最丰厚的政策补贴和扶持，吸引区块链企业和人才落户。2017年，苏州高铁新城出台涵盖落户、经营、人才等方面的国内首个区块链产业发展扶持政策"苏九条"，提出将设立总规模10亿元的专项引导资金，并已联手苏州市股权交易中心、上海银行、欧冶金服等知名科技金融机构，旨在打通初创企业推向大众市场的种种关节。

《区块链产业发展扶持政策》细分为落户扶持、经营扶持、人才扶持、平台扶持等9条内容。在落户扶持中，对新设立经认定的区块链企业或机构，提供不超过1000平方米的场地，并实施租金"两免三减半"政策，每年每家企业租金补助金额最高不超过60万元。对在境内实现IPO、境外IPO和新三板挂牌的企业或机构，分别给予600万元、200万元和200万元；对获得国家级、省级、市级认定的区块链技术重点实验室，分别给予500万元、300万元、100万元……对区块链企业（机构）按年度收入的不同，分别给予10万元、20万元、100万元、200万元的一次性奖励。在活动扶持方面，对承办国际级、国家级区块链研讨、论坛等高水平交流会议的区块链企业，给予最高不超过100万元补贴；应用方面，每年开放支持50个区块链应用场景建设，每个应用示范项目最高可支持300万元等；金融方面，设立高铁新城区块链专项引导资金，总规模为10亿元。

4.3.1.2 布局三大机制

在区块链领域的创新机制——包括技术创新、商业模式创新、体制创新、市场创新；区块链的创业机制——包括新企业创办和新产业或者行业应用的催生；创富机制——从政府引导基金到产业基金的推动，全面推进和打造区块链的"链谷"聚集高地。

4.3.2 战略部署

4.3.2.1 将打造国内首个"数字经济应用示范新城"

从苏州高铁新城管委会层面，未来将配合链谷，打造国内首个"数字经济应用示范新城"。通过专业沙龙、自媒体分享等，让籍籍无名但志存高远的公司能够发光发亮；该区域内的民生、政务和商用板块，都将成为区块链技术绝佳的样本。未来的 3～5 年内，预计将有 50～100 家企业一起协同发展，使得苏州高铁新城区域成为中国区块链"链谷"的沃土，促成行业的蓬勃发展。

4.3.2.2 已成立苏州同济金融科技研究院

苏州同济金融科技研究院以"3+1"战略为核心（中国第一个人才培养体系，第一个区块链测试平台及第一个中国自主开发的企业级底层链，其中"1"是指支持国家战略的标杆性应用），将在打造区块链产业聚集高地时发挥平台协同作用。

当前，苏州同济金融科技研究院旨在成为具有国际影响力，国内领先的金融科技研究院，助推中国区块链的社区健康、可持续发展，提供区块链的测评、研发、人才培养和创新创业孵化等服务。研究院目前正在牵头自主研发名为"梧桐链"的区块链操作系统，"梧桐链"作为一个开源性平台，类似于移动端的安卓平台，将吸引大量应用企业，不断在平台上开发更多服务型的应用（图 11）。除了合力推动当地信用经济的构建外，研究院还将以"链谷"众创空间、区块链行业研究中心和区块链测试平台等为载体，联合 100 家链谷生态企业，积极探索建立区块链在苏州高铁新城的政务、民生、商用领域 100 个应用场景，推进区块链应用试验，探索成熟的区块链商业模式，形成区块链场景的全面落地，全力打造国内首个"数字经济创新应用示范新城"。

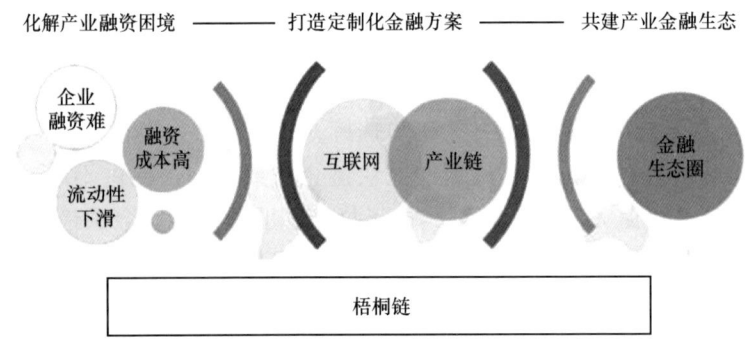

图 11　梧桐链

4.3.2.3 打造国际化社区"链谷"

2017 年 5 月，苏州高铁新城与同济大学联手打造苏州同济金融科技研究院，以苏州同济金融科技研究院为产业龙头，致力于研发国内首个成熟的开源区块链自主系统"梧桐链"，通过开放应用场景，从而形成区块链亟须的生态，带动"链谷"人才和产业聚集。根植于苏州高铁新城的生态系统，同时也是产业聚集的高地"链谷"，正在全力建设国内首个区块链技术试验场，通过区块链方式把全国乃至全球区块链从业机构和企业整合到同一个生态上来，打造国际化社区"链谷"。

作为"苏州市十大大数据特色产业园"之一，"链谷"是集相城全区之力推动大数据产业资源集中、人才集聚、企业集群的特色园区。企业入驻链谷后，除了能享受"梧桐链"、产品测试和人才培养等公共服务平台便利外，还可以解决初创企业缺乏开放平台和推广渠道的两大痛点。

4.3.3 典型案例

4.3.3.1 云链科技公司

苏州云链信息咨询有限公司是一家2016年6月成立的初创公司，业务主要以系统集成、软件外包和提供区块链技术解决方案为主。项目主要集中在生产制造、软硬件系统集成等领域。公司团队在传统的软件行业具有丰富的开发运维经验。

4.3.3.2 希链科技

希链科技是一家以软件开发为核心的高科技创新型企业，主要研发区块链底层公链和商品物联网系统及大数据分析系统。

目前，希链科技已与国内某汽车锂电池产业基地签订战略合作协议，为锂电池提供"区块链+物联网"系统，运用"区块链+物联网"技术，通过赋予每个锂电池唯一身份二维码技术，对锂电池实施生产—使用—回收的产品全生命周期溯源。

4.4 典型应用

4.4.1 区块链+政务服务

政府在公共事务方面的投入及公共服务能力的提升是社会进步的一项重要衡量标准，而由于信息不透明所造成的政府工作"黑盒"业务一直备受公众质疑，对政府公信力造成了极大影响。区块链不可篡改、可追溯、可编程等优点为解决政务服务难题提供了有效途径（表7）。

表7 政府服务痛点与区块链应用

运用分类	行业痛点	区块链技术运用
去中心化	传统政府一直处于社会的中心地位，民众与政府地位不对等	国家政府部门将不再占据中心地位，政府与民众处于一个较为平等的地位
P2P技术	政府由于层级明确，存在指令下达慢的问题，且无法与民众进行更好交互与连通	政府能够跨越结构障碍，直接与民众进行交互与沟通
智能合约	政府工作存在效率低下的问题，层层审批需要耗费大量的时间，且人工审核将使错误率增加	政府利用智能合约技术可以实现公共服务、社会管理等方面的自动化运行与监管，用计算机来进行合约执行可以减少出错率并提高行政效率
共识机制	在政府的诸多协议中，难免有多方不能共同遵守的协议，协议问题成为政府痛点之一	共识机制可以促进多方履行同一个协议，自发地组成自治网络

典型应用：南京"互联网+政务服务+普惠金融"便民服务应用协同区块链支撑平台项目

2017年10月，南京发布"互联网+政务服务+普惠金融"便民服务应用协同区块链支撑平台项目。该项目利用区块链技术解决了政府各部门政务系统与各银行业务系统的打通。南京市信息中心和各银行、金融机构作为联盟链上的组网节点，共享市民和法人数据，根据业务主体的申请授权，解密使用相关数据或评估结果，此举保证了参与各节点的数据安全。在保护数据安全与隐私的情况下，通过共识的智能合约，合法并且有监督和授权的使用数据为市民和法人提供金融服务。

4.4.2 区块链+传统农业

随着互联网进程的推进，农业也在科技的助力下迎来了日新月异的变化，但在这一进程中仍存在诸多问题。首先，我国农业中的科技参与比重依然不够，农业智能化水平还有待提高，大部分地区的农业生产依旧处于"靠天吃饭"的状态；其次，农业生产中的安全隐患问题依旧严峻，农作物的农药超标、重金属含量超标等问题依旧屡禁不止，不合法的转基因作物也大肆流通；再次，我国在农业方面的监管还不够完善。

作为比特币的底层技术，区块链技术可以实现分布式记账，即所有人都可以参与到信息的记录中来，但这些信息不可篡改、不可删除，且基于区块链技术的去中心化特征，可以不需要监管机构等第三方的参与，这也在一定程度上提高了信息的透明度（图12）。因此，从以上角度看来，区块链技术应用于农业之后，将使融入创新因素的农业更具优势。"区块链+农业"具体应用场景包括以下方面：实现农产品信息的透明化、提高农业物联网的智能化与规模化水平、农业保险等（表8）。

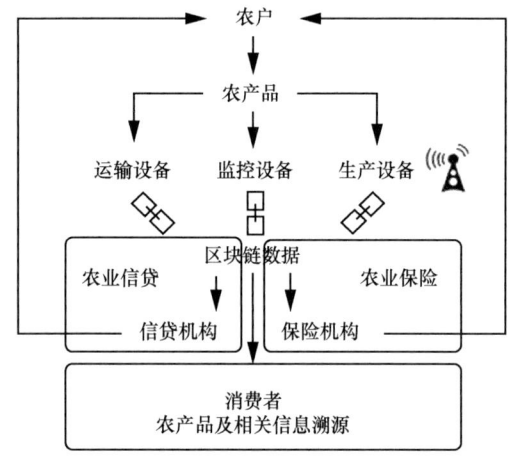

图 12　梧桐链

表8　农业痛点与区块链应用

运用分类	行业痛点	区块链技术运用
溯源性	传统农业的农作物种植过程中存在农药使用超标、运输不当造成的农产品腐坏等问题	利用区块链技术中的溯源性，及时跟踪农作物信息，发现问题农产品可实现快速召回，保证农产品质量的同时节省成本
分布式账本	农产品供应链中存在诸如不透明、买卖双方地位不平等等问题	分布式账本技术有利于保证货物供应链的运行，从整体上确保供应链记录的真实性与正确性，让消费者能够控制个人记录的访问权，并知悉其他机构对于农产品记录的访问情况
智能合约	当自然灾害发生之后，农业保险理赔都是通过人工方式进行的，存在效率低下及赔偿不合理等问题	将合约条款提前写入区块链中，发生灾害之后可以马上触发合约并强制执行，无须等待人工处理，可以提高理赔效率

典型应用：中南建设与北大荒打造全球首个"区块链大农场"

2017年4月，中南建设携手北大荒发布全球首个区块链大农场。该平台是基于农业物联网、农业大数据及区块链技术，依托北大荒大规模集约化土地资源及高度组织化的管理模式，提出了"平台+基地+农户"的标准化管理模式，建立了从原产地到餐桌的封闭自治农业组织。

双方共同提出的"平台+基地+农户"的模式，利用区块链技术建立分布式自治组织，构建全球最大的数字农场，从土地承包开始，进行区块链技术的认证，覆盖从播种到加工的全部核心流程并与线下各个核心环节紧密结合。通过互联网及互联网身份标识技术，将生产商生产出来的每件产品信息全部记录到区块链中，就可以在区块链中形成每一件商品的真实生命轨迹，从而实现食品安全机制。

其中，"区块链大农场"实质上是通过区块链技术构建自治溯源的封闭体系，实行"区块链+农业"的战略组合，打开"大数据农业"的新大门，对生产、流通、经营、金融服务、人才培养等农业产业链各环节进行深度改造，促进农业向信息化、科技化转型升级，优化农业供给侧，提升农业运营效率和质量。

4.4.3 区块链+医疗健康

目前，大多数国家都制定了以数字健康为目标的政策或战略，增加其数字健康记录。例如，电子健康记录（EHR）、电子医疗记录（EMR）以及其他健康IT（HIT）系统或设施。这些数字化项目对个性化健康数据的访问权限的限制成为医疗交付创新的关键瓶颈，即在不同的供求双方之间，甚至在卫生系统内的各个部门之间，形成了一个数据竖井，影响了医护协调。由于医疗保健行业难以在风险与回报之间找到平衡，区块链技术的潜在应用提供了一种及时的解决方案来缓解这些迫切的需求。

区块链本质上是一种分布式记账技术，能够确保数据不被篡改、损毁，更加适用于各种医疗场景。通过区块链技术，建立互信共享机制，规范医疗行为，提升健康医疗服务效率和质量，推动健康医疗大数据应用新发展。更能利用匿名性、去中心化等特征保护患者隐私。区块链智能合约在医疗行为的监管中也有着重大价值，出现非合规事件时，智能合约会自主跟踪合规情况、实时向相关方发送通知，有效去除检查环节，简化执行流程，降低监管成本。

典型应用：常州"医联体+区块链"试点项目

2017年8月，阿里健康宣布与常州"医联体+区块链"试点项目合作，将区块链技术应用于常州市医联体底层技术架构体系中，以解决长期困扰医疗机构的"信息孤岛"和数据安全问题，这是国内首个基于医疗场景实施的区块链解决方案。

在此之前，常州市天宁区没有区域卫生信息平台，每家医疗机构的庞大信息，都需要分散传送到市医疗机构信息平台。但是各医疗机构之间并不互通，很多业务诉求都没法实现。同时怎么保证个人隐私的健康信息，在流通存储中的安全，也是现有平台的难题。自从用了区块链技术后，情况大为改观。据介绍，以分级诊疗就医体验为例：居民就近卫生院体检，通过在区块链上的体检报告分析，筛查出心脑血管慢病高危患者，5%左右的需转诊患者可以由社区医生通过区块链实现病历向上级医院的授权和流转，而上级医院的医生，在被授权后可迅速了解患者的过往病史和体检信息，患者也不需要重复做不必要的二次基础检查，享受医联体内各级医生的"管家式"全程医疗服务,实现早发现早诊疗的"治未病"。

区块链的应用,也保障了医疗数据安全和患者隐私。首先,区块链内的数据存储、流转环节都是密文存储和密文传输,即便被截取或者盗取也无法解密。其次,为常州医联体设计的数字资产协议和数据分级体系,通过协议和证书,约定上下级医院和政府管理部门的访问和操作权限。最后,审计单位利用区块链防篡改、可追溯的技术特性,定位医疗敏感数据的全程流转情况。常州市天宁区卫计局有关领导认为,引入阿里健康区块链的技术后,可以实现业务数据互联互通,提高了医生和患者的体验,同时也保证了分级诊疗、双向转诊的落实;而数据密文流转授权及全程可追溯、可审计的特点,也能够增强管理部门的信心。

5 江苏推动区块链发展的建议

自中本聪在位于芬兰赫尔辛基的一个小型服务器上挖出比特币的第一个区块——创世区块以来,区块链已爆发成为全球研究的热点,世界各国的政府、科研院所、科技企业及金融机构也都在密切关注这一技术的发展。区块链作为一种颠覆性技术,很可能会改变人们未来的生活方式及企业的运作模式,从而会重塑全球的经济格局。那么,这项颠覆性技术如何在江苏彰显其内在价值,这是目前亟须弄清楚的问题。

5.1 如何落地于江苏实体经济

基于区块链技术,数据可以被有效记录、验证并且不可被篡改,能够确保数据的真实性,这一特点可以为江苏经济发展降低成本、提高效率及营造诚信氛围提供支撑。

5.1.1 降成本

当前实体经济面临高成本、低利润的困境,金融对实体经济支持仍显不足。企业财务成本管理是企业发展的重要战略之一,但在实际经营中,企业的管理成本和财务成本占营业收入的比重过高,一定程度上影响了企业的盈利,区块链技术通过去中心化的模式,高效处理大量的文件及财务交易信息,显著降低企业的管理成本和财务成本。

5.1.2 提效率

区块链将促进产业链协同效率的提高。产业链协同是指在产业链的不同环节间通过流程、信息等要素的设置,提高产业链的运转效率。区块链公开透明的特点为不同环节的信息实现即时同步提供了条件,进而打通产业链中的各个环节,促进产业发展,推动中国制造迈向中高端。

5.1.3 造氛围

利用区块链技术可以营造诚信氛围,构建诚信产业环境。我国正在加速构建社会信用体系,但在现实情况下,相关信用信息难以获取,个体之间建立信任的过程相对缓慢,特别是中小企业难以获得金融机构的信用认可,造成融资难的局面。通过区块链不可篡改和不可伪造的账本记录,可以降低交易方信用信息获取难度,便捷地查询到过往信用信息,营造诚信氛围,进而提高合作机制建立效率,也可以有效缓解中小企业融资难的问题。此外,通过区块链与智能合约的结合,可以有效避免违约和欺诈,减少争议。

5.2 如何落地于江苏实体经济

5.2.1 做顶层谋划

立足江苏,尽快制定省级区块链行动方案或规划纲要,做好前瞻性布局,整合多方资源,统筹推进区块链技术、产业和应用发展的模式和机制,拓展和分享区块链技术应用的最新发展成果,为全省推动区块链技术应用营造良好的产业政策氛围。

结合智慧城市建设,试点政、民、商三类应用场景。以应用示范项目为基础,逐步形成一批较为成熟、可复制的商业模式。

5.2.2 做方向研究

尽快组织研究,明确除了金融领域,区块链还能对接到江苏哪些优势产业,并对产生的附加值进行预估,以精准的投资投放助推区块链技术在江苏发展应用。

尽快梳理区块链的概念体系和相关学科,基于理论基础发现江苏发展区块链的优势和局限,并充分利用高教资源优势,加强相关学科的研究、人才培养和技术标准建设,强化与国内外顶尖技术团队合作,增强区块链领域的综合竞争力。

5.2.3 做基础平台

进一步探讨如何为省内从事区块链技术应用的重点企业提供资源分享和技术平台,例如,建立省级区块链技术应用协会或产业联盟,在有条件的地区建立"链谷"众创空间,为小微企业创新团队的优秀创意和解决方案创造发展条件等。同时,引导等大型国有(控股)金融企业、信息龙头企业和各类中小企业等分层推进区块链产品研发。

搭建基础研究和交叉学科研究的创新平台,鼓励相关研究机构加快共识机制、可编程合约、分布式存储等关键技术攻关;着力开发具有自主知识产权的区块链测评平台,为行业提供公益性测评服务,为行业拓展提供基础保障;组建产业发展联盟,加快区块链前后端项目在苏落地。

6 区块链产业发展趋势

在 2016 年的新兴技术报告中,Gartner 提出了技术成熟度曲线(图 13),区块链处于技术萌芽期,现在已经达到了所膨胀预期的顶峰值,区块链应用价值获得认同,政策规划纷纷出台,这些形成了区块链产业良好的发展环境和势头。

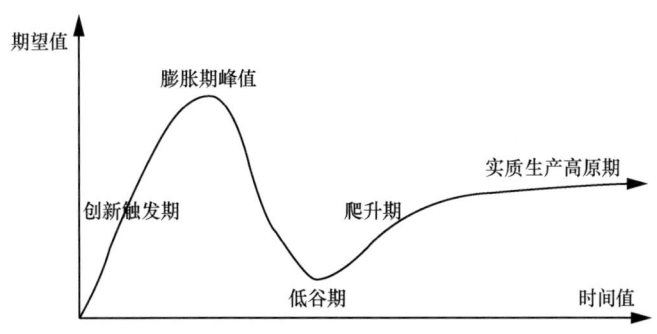

图 13 技术成熟度曲线

从区域分布来看，目前，区块链现阶段主要集中在东部地区，西部地区也开始多点开花。预计未来区块链产业会形成以长三角、珠三角、京津冀为核心，东部沿海地区集聚发展的总体产业空间格局。从产业演进趋势来看，区块链产业将呈现以下发展趋势。

6.1 行业应用加速推进，进入"脱虚向实"主旋律

区块链作为一种通用底层技术，将数字货币加速渗透至其他领域，和各行各业创新融合，区块链的应用已从金融领域延伸到实体领域，电子信息存证、版权管理和交易、产品溯源、物联网、智能制造、供应链管理等领域也将是区块链技术的新方向。2017年区块链行业呈现两类现象：第一类是除了主流金融机构之外，互联网巨头正在成为主导区块链商用化的中坚力量；第二类是出现了大量区块链创业项目的ICO融资，以发售数字货币手段搭建应用场景。同时，政府充分认可区块链技术引领产业发展、激活实体经济的作用，国内浙江等省份先后发布区块链发布指导意见。未来，区块链技术将继续加快在产业场景中的广泛应用，与实体经济产业深度融合，形成一批"产业区块链"项目，进入"脱虚向实"的主旋律。

6.2 领域出现双创热潮，进入"融合应用"新空间

随着区块链潜在价值的不断挖掘，重量级跨国行业巨头纷纷以成立研究小组、投资区块链创业公司、开发区块链基础平台，研究未来的潜在应用场景等方式进军区块链领域，其示范与引领作用开始带动新一轮的区块链创业创新浪潮。同时，区块链在一定程度上解决了价值传输过程中完整性、真实性、唯一性的问题，降低了价值传输的风险，提高了传输的效率，实现了企业协作环节的信息化，这将促进创新创业新生态的构建。

6.3 应用场景日益复杂，进入"跨链互联"新阶段

随着应用场景日趋负责，尤其是跟现实世界越来越结合，链接协同操作越发强烈，不论对于公有链还是私有链而言，跨链技术是实现价值网络的关键，也是区块链向外拓展和连接的桥梁，并为数字资产交换及构建可信任的金融体系提供可能，解决区块链网络互通问题将成为区块链技术发展的新趋势。

6.4 打造新型平台经济，进入"新经济"增长期

平台经济是指一种虚拟或真实的交易场所，平台本身不生产产品，但可以促成双方或多方供求之间的交易。

然而，基于区块链技术的去中心化平台经济是一种更高层次的新型平台经济。一方面，能够避免平台运营企业由于其盈利目的，进行有偿推荐、有偿排序等业务；另一方面，当区块链平台上积攒了足够多的真实交易数据后，金融机构也会有意愿加入区块链的运营，这些数据都是真实可信不可被篡改的，且这些数据能够有效地帮助金融企业进行更加精准的风险控制，为金融企业拓展业务提供一手数据。

从行业发展角度看，这类新型平台有两种发展路径：一种是现有的平台企业通过转型，变为去中心化的基于区块链的平台；另一种是行业内一些企业牵头，直接建设新的基于区块

链的平台。平台经济的另一个重要功能是可以完善社会信用体系。平台经济将会通过在个人、企业之间新建、重建信用关系，储存信用数据，促进整个信用体系的发展。区块链借助分布式账本和智能合约技术大幅降低契约建立和执行的成本，打破信任障碍，实现去中介化，提高平台经济发展效率。

6.5 发展基础不断夯实，进入"标准化"建设期

区块链作为一种颠覆性创新应用模式，现阶段各行业缺乏核心的理念和基本技术共识，使得行业发展碎片化。区块链标准能够帮助加快各行业对区块链认识趋于一致，形成对于区块链应用的"社会共识"，加快实现在跨产业的生态系统中实现价值共享。但是，当前国内外在区块链领域还没有通用的标准，在标准化方面尚属空白。我国区块链标准化工作已经具备良好基础，工信部将筹建全国区块链和分布式记账技术标准化技术委员会，推进区块链技术的标准化进程，增强在区块链领域的权威性，推动底层技术加速进步，继续夯实区块链技术产业发展基础。

课题负责人：康争光
课题组成员：张　华　夏凯丽　李晓勤　应　媚　宋海莹　郝江杰　穆振娟　喻　建
撰　稿　人：康争光

新形势下科研院所科技项目资金管理研究

1 绪论

1.1 研究背景

科技经费是推动科技创新的一项战略性资源，是国家科技竞争力和国家发展潜力的基础保障，关系着国家整体科技事业的前景，与国家整体的创新水平、在国际舞台上的竞争力直接相关。随着自主创新战略的实施，财政科技投入持续增加，为科技发展、技术创新提供了有力的支撑。2017年，江苏省财政科技拨款经费超过450亿元，其中省级财政经费近50亿元，分别比上年增加了13%和11%。在投入规模和投入强度不断扩大的情况下，科技项目资金使用和管理的安全性、有效性成为政府部门和社会公众关注的焦点。近年来，从国家到江苏省在以往各项科技经费管理制度的基础上，加强科技计划"放管服"改革，在进一步规范科技项目经费管理的同时，也进一步为科研人员在经费使用上解缚松绑，出台一系列经费管理改革文件。国家在年初发布了《国务院关于优化科研管理提升科研绩效若干措施的通知》（国发〔2018〕25号），江苏省在科技创新大会上颁布了《江苏省人民政府关于深化科技体制机制改革推动高质量发展的若干政策》（苏发〔2018〕18号）文件。这一系列文件的出台，为科研院所科研项目经费管理工作提供了最新政策依据，同时也需要科研院所尽快提升科研项目经费的管理水平。以往的科研项目经费管理模式已无法满足新政策下不断增长的科研资金使用现状，如何解决科研项目资金合理配置及经费使用的安全性、有效性问题，如何建立起覆盖全面、科学实用的精细化科技经费管理体系是当前科技院所亟须解决的问题。

1.2 研究意义

本课题跟踪最新的科研项目经费管理政策并做了详细的解读，对科研院所项目管理现状及存在问题做了认真分析，并针对新政策提出研究所院科技经费管理中需要改进的措施。主要有两方面的效果：一是将计划、组织、指挥、协调、控制等管理要素更好地应用在科研院所经费管理体系中，明确管理部门职责，有利于建立严格细致、科学有效的项目管理体制；二是有利于预算管理的落实和有效执行，项目经费可以得到最大限度地使用，提高资金使用效率。

2 科研院所科技项目资金管理的相关概念界定和理论基础

2.1 科技项目资金的含义

科技项目资金是由政府、企业、民间组织、基金会等机构采取特定筛选分配方式,用于解决特定的科学和技术问题而支出的费用。一般根据资金的来源不同分为纵向科研经费和横向科研经费两类。

纵向科研经费是指承担国家或地方政府设立的科技计划项目从而取得的由国家或者地方拨款的财政资金。主要用于支持5类科技计划(专项、基金等),包括国家自然科学基金、国家科技重大专项、国家重点研发计划、技术创新引导专项(基金)、基地和人才专项。其申报、预算、支出、结算等程序必须依照一定的规范制度进行。

横向科研经费是指高校、科研院所等与法人、自然人、其他组织等平等主体间签订技术合同而获取的科研经费。技术需求方(委托方)向项目承担单位支付科研经费的目的是获得等价的技术成果、技术服务、技术咨询等智力成果,实现自身的商业利益。

本研究所提及的科技项目资金,是指纵向科研经费,即国家财政拨款的科研经费。

2.2 项目管理理论

项目管理理论产生于20世纪50年代,由于几个重大工程项目的建设需求,管理和工程人员需要在预定的时间内运用有限的资源和资金完成预期目标,他们发现限制时间、限定资源、严格控制进度和成本等视角和方法有很客观的效用。以此为背景,出现了一种系统的计划管理方法,即关键路径法(CPM),后来又出现了计划评审(PERT)技术。在此基础上,逐渐发展出成体系的理论。

项目管理知识体系,目前主要有美国PMI版本和中国中项技研究院版本的两套PMBOK系统。

PMI的《PMBOK®指南》第六版中将项目管理定义为"项目管理就是将知识、技能、工具与技术应用于项目活动,以满足项目的要求。项目管理通过合理运用与整合特定项目所需的项目管理过程得以实现。项目管理使组织能够有效且高效地开展项目。"

其中将项目管理分为10个知识领域,即项目整合管理、项目范围管理、项目进度管理、项目成本管理、其他项目质量管理、项目资源管理、项目沟通管理、项目采购管理、项目采购管理和项目相关方管理,又将这10个领域具体细化为49个过程,归类为启动、规划、执行、监控和收尾五大过程组(表1)。

表1 项目管理知识领域

知识领域	项目管理过程组				
	启动过程组	规划过程组	执行过程组	监控过程组	收尾过程组
项目整合管理	制定项目章程	制订项目管理计划	指导项目工作管理项目执行	监控项目工作实施整体变更控制	结束项目或阶段

续表

知识领域	项目管理过程组				
	启动过程组	规划过程组	执行过程组	监控过程组	收尾过程组
项目范围管理		规划范围管理、收集需求、定义范围、创建WBS		确认范围 控制范围	
项目进度管理		规划进度管理、定义活动、排列活动顺序、估算活动持续时间、制订进度计划		控制进度	
项目成本管理		规划成本管理、估算成本、制定预算		控制成本	
其他项目质量管理		规划质量管理	管理质量	控制质量	
项目资源管理		规划资源管理、估算活动资源	获取资源 建设团队 管理团队	控制资源	
项目沟通管理		规划沟通管理	管理沟通	监督沟通	
项目风险管理		规划风险管理、识别风险、实施定性风险分析、规划风险应对	实施风险应对	监督风险	
项目采购管理		规划采购管理	实施采购	控制采购	
项目相关方管理		规划相关方参与	管理相关方参与	监督相关方参与	

中项技工程技术研究院的《项目管理知识体系（大纲）通用1.0版本》创新地提出了项目的新定义和动态立体的项目数学模型（图1）。它将项目管理分为四大构件（向量），分别是过程部分（A轴，纵向量）、类别部分（B轴，横向量）、高度部分（C轴，高向量）和形态部分（D轴，变相量）。同时将其划分为项目总体管理、项目过程管理、项目内容管理、项目高度管理、项目形态管理、项目重点管理及项目管理能力七大知识领域，每个领域细分为9个部分并依次做了分析。

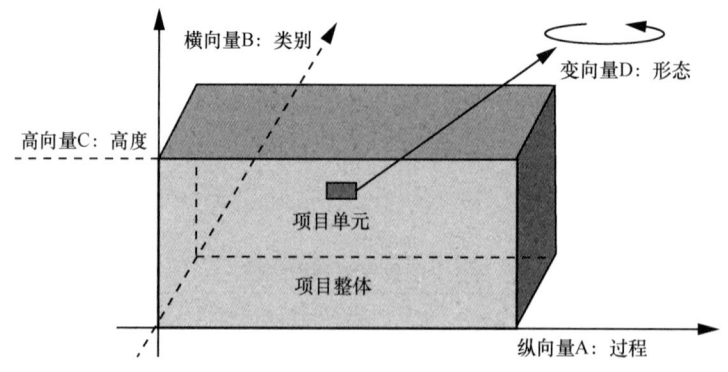

图1 项目总体结构向量（四维示意）

高校、科研院所等科研单位进行管理的主要对象是科研项目。科研项目立项申报时，项目负责人需要根据经费使用管理的规定编制详细的经费预算。为了保证科研项目预算的有效执行，提高科研经费使用效率，管理人员应对科研经费的使用进行有效的管理和控制，在规定的时间和预算内，完成目标科研任务。引入项目管理理论，可以从整体上把握整个项目的构成，并且能针对项目实施的不同过程、不同进度，对项目经费进行合理规划，还可以帮助协调各个职能部门沟通交流，使经费使用更加严谨，有助于提高科研经费管理水平。

3 科研院所项目经费管理现状和问题

3.1 国家财政科技资金政策变迁

近年来，科技部、财政部会同有关部门坚持问题导向，不断深化国家财政科技资金管理改革，致力于建立健全既遵循科研活动规律又符合依法管理财政资金要求的科研项目资金管理机制。

2011年，科技部和财政部针对科研项目间接成本补偿和绩效激励不足、科研经费预算刚性过强等问题，出台了《关于调整国家科技计划和公益性行业科研专项经费管理办法若干规定的通知》（财教〔2011〕434号）文件，首次建立了间接成本补偿机制，扩大了项目承担单位预算调剂权限。

2014年又出台了《关于改进加强中央财政科技项目和资金管理的若干意见》（国发〔2014〕11号），为了解决科技资源分散重复、预算管理过细过严、结余经费政策有待改进、间接费用和绩效支出政策落实不到位、资金监管不力等突出问题，提出了一系列改革创新措施以释放创新活力，主要体现在：一是调整了劳务费的开支范围，将项目临时聘用人员的社会保险补助纳入劳务费科目中列支；二是进一步下放预算调整审批权限，同时，项目实施中会议费、差旅费、国际合作与交流费发生的3项支出之间可以调剂使用，但不得突破3项支出预算总额；三是间接费用用于补偿项目承担单位为项目实施所发生的间接成本和绩效支出；四是完善项目结余资金政策，明确项目完成任务目标并通过验收，且承担单位信用评价好的，项目结余资金按规定在一定期限内由单位统筹安排用于科研活动的直接支出，并将使用情况报项目主管部门。

2016年《关于进一步完善中央财政科研项目资金管理等政策的若干意见》（中办发〔2016〕50号）及《国家重点研发计划资金管理办法》（财科教〔2016〕113号）等文件，进一步提出了"松绑+激励"的政策措施，主要包括：一是简化预算编制，下放预算调剂权限。在项目总预算不变的情况下，将直接费用中的材料费、测试化验加工费、燃料动力费、出版/文献/信息传播/知识产权事务费及其他支出预算调剂权下放给项目承担单位。简化预算编制科目，合并会议费、差旅费、国际合作与交流费科目为一个预算科目；二是提高间接费用比重，加大绩效激励力度；三是明确劳务费开支范围，不设比例限制，可以开支访问学者和科研辅助人员劳务性支出；四是改进结转结余资金留用处理方式，项目完成任务目标并通过验收后，结余资金按规定留归项目承担单位使用，在2年内由项目承担单位统筹安排用于科研活动的直接支出。

2018年《国务院关于优化科研管理提升科研绩效若干措施的通知》（国发〔2018〕25号）文件按照能放尽放的要求赋予了科研人员更大的人财物自主支配权，调动科研人员积极性，充分释放创新活力，进一步优化科研项目经费管理。与科研资金相关的主要措施有：一是简化科研项目申报和过程管理；二是赋予科研单位科研项目经费管理使用自主权。直接费用中除设备费外，其他科目费用调剂权全部下放给项目承担单位；三是完善分级责任担当机制，强化高校、科研院所和科研人员在科研资金使用上的主体责任。

通过对2011—2018年出台的科研资金管理文件分析，可以看到国家科研财政资金管理紧紧围绕着"放管服"改革这一主线进行调整，主要表现为4个特点。

一是突出激励导向。本着尊重科研活动规律的态度，把充分体现科研人员的价值作为科研经费管理改革出发点，主要为了解决如何能最大限度地激发科研人员的创新积极性。政策对科研项目和资金管理流程进行了优化，减少科研人员在科研项目实施时用于项目管理的时间。同时提高了间接费用的比例，并完善绩效支出政策，推进了科研人员收入分配改革。

二是突出问题导向。近年来，随着"创新是第一生产力"的理念不断深化，科研工作一直是社会各界关注的热点，着力破解科研项目和资金管理中的突出问题是这次改革的重点。《意见》对当前科研项目和资金管理中存在的项目申报预算过于烦琐、资金使用管理过细过严、政策约束科研人员自由使用项目经费、科研人员的脑力价值体现不足等问题，都提出了针对性的解决措施。

三是突出简政放权。科技管理改革也是政府加快职能转变，把主要精力放在完善创新激励政策、营造良好创新环境方面，通过合并预算管理科目等措施减少科技项目微观管理、提高资金使用自主权，把更多的管理权下放给承担项目单位和项目负责人，形成多层次的管理机制，发挥各类主体参与项目和资金管理的积极性。

四是强化法人责任。政府部门转变项目资金监管思路，寓监管于服务之中，对项目和资金管理进行全过程的指导服务。同时，强化项目承担单位的法人责任，项目承担单位在项目管理的组织、协调、服务和监督过程中承担着重要的职责，通过科研诚信建设和信用管理、信息公开等手段，建立制度化的"奖优罚劣"激励导向，对严重违规违纪行为"零容忍"，增强项目承担单位和项目负责人的自律意识。

3.2 江苏省科研项目经费政策要求

2018年8月28日，江苏省科学技术奖励会暨科技创新工作会议上颁布了《江苏省人民政府关于深化科技体制机制改革推动高质量发展的若干政策》（苏发〔2018〕18号），文件主要针对科研管理机制制定了30条政策措施，其中涉及科研项目管理和经费使用方面的内容主要体现在以下几点。

①简化预算编制，下放预算调剂权限。将直接费用中的预算科目缩减归并为设备费、材料费/测试化验加工费/燃料动力费、差旅费/会议费/国际合作交流费、劳务费/专家咨询费及其他支出5项，编制科目预算只需测算总额。同时在项目直接费用全部预算科目的预算调剂下放给项目负责人，由项目承担单位办理调剂手续。

②提高间接费用比重，加大绩效奖励力度。间接费用的核定比例是直接费用扣除设备购置费的后小于 500 万元的以下部分不超过 30%，500 万～1000 万元的部分不超过 25%，1000 万元以上的部分不超过 20%。间接费用的绩效支出中，给予 35 周岁以下青年科技人员的比例原则上不低于 30%。加大绩效奖励力度，对于承担重大科研任务的全时全职项目负责人可实行年薪制。

③拓宽项目直接费用列支范围。与科研院所、高等院校等事业单位签订劳动合同的编制外人员工资性支出、参与科研项目的退休返聘人员费用可以劳务费中列支；对于软件、集成电路设计等特定领域项目可以列支固定岗位或事业编制人员劳务费。会议费中可以列支国内外专家、学者和有关人员参加与项目相关的会议的城市交流或者国际旅费。

④改进项目资金拨付和资金结余留用方式。非省级预算单位项目资金直接拨付到项目承担单位基本户；省级预算单位项目资金可一次性申请全部用款计划，由项目单位自行选择支付方式随时支付。项目通过验收后结余资金可留归项目组用于后续科研活动直接支出或由项目承担单位统筹用于科研活动直接支出。

⑤健全科研财务助理制度。科研院所、高等学校等事业单位可根据科研活动需要，自主选择固定岗位、短期聘用、第三方外包等多种方式，聘用科研财务助理为项目提供经费管理和使用服务，相关服务费用可以在项目劳务费或者间接费用中列支。

⑥全面实施科研诚信承诺制。加强科研项目全流程诚信管理，在科研经费使用中推行科研诚信承诺制度，项目承担单位和项目负责人签署科研诚信承诺书，对项目真实性和完整性负主体责任，并实行终身追责。

3.3 科研院所项目经费管理现状分析

3.3.1 科研院所项目经费的类别

目前大部分的科研院所项目经费管理都是根据经费的来源进行分类的，纵向科研经费来源于国家和地方直接或间接转拨的政府财政资金，主要包括国家（地方）自然科学基金、国家（地方）重点研发计划、软科学研究专项等。横向科研经费来源于社会各类企事业单位委托项目的经费。本研究不针对横向科研经费进行讨论。

3.3.2 科研院所项目经费管理体制

目前，项目制是财政科技资金组织和管理的基本模式，国家（地方）科技计划科研项目、政府基金资助项目等都是按照项目制进行组织和管理的。科研院所承担的科技项目所获得的财政科研经费都是全部纳入科研院所财务统一管理，集中核算，并确保做到专款专用。

科研院所是科研经费管理的责任主体，单位领导、财务部门、科技管理部门、项目负责人及其他资产管理部门共同参与科研经费管理过程，分别在使用、管理与监督方面各负其责，相互协作，建立起科研院所协同管理监督机制。

项目单位对科研经费负有法人责任，项目负责人是项目经费使用的直接负责人，负责科技项目经费预算申报和决算，在项目执行过程中，负有依照经费管理办法，依据项目合同的要求在预算范围合理合规使用项目经费的责任。

单位科技管理部门是科研项目管理的主管部门，财务部门是经费使用支付与核验主管部门,资产管理部门对项目采购设备或者原材料管理负有责任(表2)。

表2 科研项目经费管理分部门职责

部门	职责
项目负责人	编制科研项目经费预算申请和项目经费决算报告 管理和使用项目经费 办理项目结题以及结账报销手续 接受相关部门监督检查、经费审计,对项目经费使用合规合理承担主要责任
科管部	组织项目申报工作 科研合同管理和科研项目管理 负责项目成果评价
财务部	科技项目经费的财务管理、会计核算 指导、监督项目负责人严格依照相关规定正确使用项目经费 配合项目负责人编制项目经费决算报告 协助项目负责人接受项目经费专项审计
办公室	根据相关规定对使用项目经费采购、资产进行管理

3.3.3 科研院所项目经费管理流程

科研经费申请阶段,一般都是由科研课题的负责人撰写立项申请书,同时根据项目技术内容独立编制科研经费预算,之后送交项目归口管理部门(科技处或者科研管理办公室)出具申报意见后报送至项目组织部门。项目通过立项后,由项目归口管理部门通知项目负责人,并通知财务部设立项目经费卡。

在科研经费使用环节上,项目资金到达科研院所账户后,通常由项目负责人负责报销申请,财务处室负责审核报销单据的合规合法审核,最后由院所领导签字后报销。

在科研经费决算环节上,课题责任人按照项目组织部门的时间节点,由财务处室根据项目经费卡开支情况出具的项目决算表,需要审计的项目由相应的会计师事务所进行审计出具审计报告,提供给项目负责人进行项目验收。

3.4 科研院所科研经费管理存在的问题

3.4.1 经费管理制度不够健全

随着国家经费管理政策的不断调整,科研院所现有的经费管理制度并不适应新政策的要求,存在着经费管理制度陈旧、不健全、不完善的问题,主要表现为直接沿用国家的制度条例,没有根据自身的情况制定相关的科研经费管理制度,因而导致缺乏自主灵活性,实际操作时难度较大;有的单位尽管文件上显示有相关项目和经费管理制度,但实际执行时不能完全依照现有制度规定的流程操作,制度执行缺乏保障。有的单位没有及时更新制度,缺乏如间接费用经费使用、绩效费用管理、结余资金管理及预算调整等方面的管理制度。

3.4.2 内控体系建设不够完善

目前,多数科研事业单位并未建立起健全的内控体系,仅仅以部分财务制度或者其他方面的管理制度作为本单位的内控制度,内控体系建设流于形式;科研事业单位面向内部控制目标的组织架构不合理，各部门在内控实际执行中并无有效参与制衡机制，部门内控职责不明确，各部门之间、管理层级之间缺乏有效的沟通机制和高效的信息化传递手段，极大地影响了内控工作的开展和内控效果的实施，不能对科研经费进行有效的监督管理。

3.4.3 科研项目管理手段相对落后

科研院所的科研项目管理和经费管理通常由科研管理部门和财务部门分别进行管理，也没有充分利用信息化管理手段，没有建立单位自有的项目管理信息平台。经费支出时由科研管理部门进行审批，再交由财务部门报账处理。科研管理部门只跟进项目的进展情况，不实际掌握相关的财务数据，对经费的使用不进行审核，而财务部门对科研项目的实施情况不进行了解，在进行账务处理时只对相关的票据和手续进行审核，并不会关注该项开支是否符合经费预算。双方无法进行有效对接，存在经费预算执行与任务项目管理缺乏统一有效管理，造成项目管理和经费管理脱节。

3.4.4 经费使用合规性缺乏有效的监督

科研院所的科研经费的支出和管理基本由项目负责人负责，项目负责人拥有该项目经费的支配权。在经费使用时，难免存在滥用科研经费的现象，资产、设备重复购置，办公费用超额开支等情况时有发生，甚至有的科研人员将私人开支列入科研经费中报销。财务部门为了防止科研经费私自挪用的现象，会在报销时对发票等凭证进行审核，判断相关手续是否完善及相关经费支出是否符合政策规定。但是在专业性过强的项目中，财务人员可能会因缺少相关的专业知识，无法判断一项支出的合理性、合规性和真实性，没有专业人员对科研经费的使用进行有效监督。同时，大多数科研院所尚未建立起对结余资金留存使用的管理办法，留存资金的使用存在很大的风险，需要财务部门和业务管理部门建立起统一有效的监督机制。

3.4.5 科研诚信管理及绩效考核工作不到位

承担科技计划项目是科研院所比较重要的业务内容，因此多数单位都很重视科研经费的申报工作，忽视了对项目经费执行的考核评估与追踪，也尚未建立起单位内部的科研诚信管理体系。既缺少对科研经费预算执行效果的评价指标及标准，又缺少对科研人员失信行为的奖惩措施，科研经费的使用效益无法鉴别，预算的执行情况也难以进行定量的考核。

4 科研院所科研经费管理的对策建议

4.1 完善科研院所项目经费管理制度和内控制度

为了提高科研院所科研项目经费管理水平，管理者要有高度防范财务风险的意识，加大科研经费的精细化管理力度。一是必须细化科研项目经费管理制度，特别是国家和地方项目资金管理制度中没有明确规定的或者是权限下放给科研院所的部分管理责任，急需按照新政策精神并结合单位具体情况，在间接费用管理、结余经费管理、预算调整程序、绩效支出管理、项目考评等方面，制定出具有较强的可操作性和可行性的细化制度规范，可以使相关人员遵章进行管理，并起到相互制约、制衡的作用。二是完善内控制度，增强内部管理水平，梳理项目管理中各个流程，构建全员参与、全过程监控的内部控制体系。

4.2 加强科研项目管理政策培训工作

科研院所对科研项目经费管理应该贯穿项目执行的全过程，从经费使用风险的管理成效来看，事前规范远大于事后整改，因此要重视对科研项目负责人、科研项目参与人员的政策培训工作。建议在项目申报前对项目参与人员针对科研项目经费政策进行详细解读，并加强责任意识及信用承诺意识的教育，提高项目负责人项目经费管理能力，确保科研项目经费得以合理、合规、合法使用。

4.3 优化科研经费管理模式，建立财务助理制度

进一步加强科研业务与经费的统筹管理，创新服务方式，建立财务助理制度。建议采取两种方式来设置财务助理岗位，一种是依托现有的部门财务核算员队伍，对他们进行专项培训，由他们来承担部门项目的财务助理职责，对项目经费在50万元以下的项目进行管理；另一种是在科研管理部门设置专门的财务助理岗位来管理跟踪50万元以上的重大项目。同时要加强科研财务助理的专业技能、管理政策的培训，逐步提高科研财务助理为科研人员在管理项目预算编制和调整、经费支出、财务决算和验收、项目管理等方面的服务水平。

科研财务助理在科研团队中兼具科研管理与财务管理双重职能，既要协助团队负责人加强团队预算管理，又要做好科研服务工作，充分发挥在科技创新工作中的桥梁纽带作用。协助科研团队完善团队经费内部管理规则，落实科研项目资金管理要求，统筹调配预算资金，规范资金支出；协助做好团队内部各类经费的预决算编制、预算执行、决算审计和项目验收等工作；配合财务部门按相关制度要求负责团队的相关经费审核和报销；配合采购部门落实团队政府采购计划与预算的编制申报工作；配合资产管理部门负责团队的资产管理；加强相关科技和财务制度学习，做好财务制度的宣传贯彻；做好与本单位财务和相关部门的沟通和有关事项的落实工作；配合监督部门履行科研经费监管职责，落实好科研经费使用管理的信息公开和内控规范的制度要求；协助团队做好科研项目实施过程中的辅助工作。

4.4 借助信息化管理，创新精细化管理手段

运用信息技术手段将项目经费管理业务流程、预算执行和内控措施固化到信息系统中，形成一个动态管理体系，变被动管理为主动管理。一是可以通过改进完善当前的项目管理信息系统，增加预算管理模块的方式；二是通过财务信息系统与科研管理信息系统的对接来实现，将经费预算科目与财务系统的会计科目实现有效衔接，直接从财务系统中统计预算各支出科目的具体使用进度，直观反映预算的执行情况。这样项目负责人、财务部门及科研管理部门可以凭不同的权限随时了解项目经费开支、结余及进度匹配情况。还可以设置预算监控预警系统，当支出与预算超出一定偏差、某些科目产生较大结余或即将超支时进行提前进行提示或限制，以便及时纠正偏差或进行相应的预算调整。

4.5 完善科研项目经费考核和科研诚信监督机制

　　加强科研项目经费考核监督工作能够有效提高资金的利用率，保障科研项目顺利实施。一是要建立分级管理体制，落实责任追究制度。明确财务部门、项目部门、项目负责人、科研管理部门的权责划分，强化责任意识。二是加强项目绩效考评工作。项目经费使用情况是绩效考评的重要内容，把已验收项目的审计报告和绩效评价与项目负责人的考核挂钩，作为项目负责人和项目组成员新申报项目资格和科研项目预算分配的重要依据，增强项目负责人和项目组成员在项目经费政策执行的自律性。三是加强科研诚信的制度建设。积极开展科研诚信的培训教育工作，逐步提高科技人员的诚信意识。将项目经费管理纳入到科研诚信制度中，健全科研院所内部的科研诚信管理制度和奖惩机制。

　　课题负责人：姜　玮
　　课题组成员：孙　峰　钱冰怡　丁洁莹
　　撰　稿　人：姜　玮

机器人产业政策—技术路线图框架构建研究

1 研究背景

1.1 机器人产业是衡量国家或地区科技创新水平和经济社会发展的风向标

被誉为"制造业皇冠顶端的明珠"的机器人产业是衡量一国科技创新水平和经济社会发展程度的重要标志。作为战略性新兴产业的重要构成和支撑，机器人产业已成为抢占未来新一轮科技和经济发展先机的战略制高点，世界各国纷纷出台相应的政策推动机器人产业的发展。对于经济发展进入新常态的中国而言，发展机器人产业是加快供给侧结构性改革、推动产业转型升级、建设制造强国、占据全球价值链和创新链高端的重要战略谋划。

1.2 政策工具的组合优化是推动机器人产业在生命周期维度上合理演进的"理性选择"

作为弥补"市场失灵"的一种制度性安排，机器人产业政策设计的科学性、合理性、适用性与否将直接影响机器人产业的持续健康发展，如何克服非理性冲动，在机器人产业发展的不同阶段，选择合适的政策工具，是推进机器人产业在生命周期维度上合理演进、实现从"人口红利"向"机器红利"转变背景下寻求智能制造产业高质量发展迫切需要解决的问题。

1.3 政策—技术路线图分析框架是高质量发展背景下促进机器人产业创新提质的战略工具

作为一种支持技术战略和规划的先进的分析工具，技术路线图（technology roadmap, TRM）能够对产业未来市场需求及满足市场需求所需要的技术和产品进行预测，同时也能通过对产业发展历程的回顾，总结发展经验，加强创新主体协作，为制订产业发展规划、提升政府宏观决策水平提供重要借鉴。在传统的技术路线图中加入政策维度所构建的政策—技术路线图（P-TRM）分析框架，是高质量发展背景下促进机器人产业创新提质的战略工具，可以为政府在产业发展的不同阶段更好地制订和运用政策工具进行宏观调控提供一定的借鉴。

2 研究目的和意义

政策对于产业发展及技术演进具有影响已经成为很多学者的共识。如林毅夫指出，产业政策是推动经济发展的技术创新和产业升级的有效措施。Stiglitz 等认为，每个成功的经济体都有相应的产业政策去推动经济增长、实现转型升级。对于"高技术、高投入、高风险"的"三高"行业而言，机器人产业的发展很大程度上需要政府的制度性安排，科学、合理、适时的"政策干预"是弥补机器人市场失灵、促进机器人产业持续健康发展的重要保障。这对于高质量发展背景下向"世界制造强国"迈进的中国而言，更是至关重要的。因此，将政策维度加入到传统的技术路线图中，具体分析政策对机器人市场、产品和技术的作用机制就具有重要的现实意义。

尽管目前已有一些学者在技术路线图的制定中，意识到政策对于产业演进的重要影响，将政策纳入传统技术路线图的分析框架中，但仍然存在很多有待改进的地方。例如，Phaal 等以钻石加工业为例，按照产业生命周期的演进规律绘制了路线图。虽然在路线图绘制过程中考虑了政策因素，但并未就政策的干预机制进行具体剖析。智强等在绘制中国风电设备制造业技术路线图时增加了政策维度，但其并未对政策工具进行具体的分类，分析结论显得较为笼统。因此，本文尝试将政策维度引入技术路线图分析中，构建基于政策工具的政策—技术路线图（policy-technology road map，P-TRM）分析框架，选取机器人产业发展过程中关键性的政策工具，通过"政策—技术—产品—市场"间互动机制的具体分析及图谱化展示，打开政策工具对产业发展影响的"黑箱"，一方面可以为推进政策与产业、技术交互机制进一步的深入研究提供理论参考；另一方面也可以借助对机器人产业发展历程的回顾和发展经验的总结，为政府制定机器人产业发展规划、提升政府宏观决策水平提供有借鉴意义的战略情报工具。

3 国内外研究现状

3.1 产业政策研究

3.1.1 政策工具分类研究

Rothwell 和 Zegveld 将创新政策分为供给侧、需求侧、环境侧 3 类，成为政策尤其是产业政策工具分类研究的经典。Tuan、Norberg-Bohm 等学者分别将其用于不同产业领域的政策研究中。

3.1.2 政策文本计量研究

Lin 等基于政策工具视角，对中美两国的智能电网产业政策进行了比较，指出中国智能电网政策更偏重于供给侧，而美国则倾向于环境侧政策的运用。Galeotti 等通过采用三层次随机截距模型对不同国家的能源和环境政策的效能进行了测度和对比。

3.2 技术路线图研究

3.2.1 技术路线图框架制定研究

Luiz 等提出了一种改进的德尔斐法即德尔斐法与其他技术（形态分析、决策矩阵、访谈和优先级分析）相结合，作为技术路线图设计的重要一环。李欣等为克服技术路线图过于依赖专家经验的不足,将文献计量和专利分析引入到技术路线图中,从而构建了基于客观数据分析的新兴产业发展分析框架。

3.2.2 技术路线图方法运用研究

李剑敏等通过基于情境分析的产业技术路线图方法,对动态环境下的产业关键技术进行识别,并基于贝叶斯网络概率推理算法,提出了产业关键技术选择的分析及计算模型。

3.3 机器人产业研究

3.3.1 机器人产业技术研究

陈悦等通过专利文献数据分析从技术、竞争者、潜在市场3个方面探索工业机器人领域的技术机会。王伟光等将专利地图理论和工业机器人产业相结合,基于TDA、Matlab等软件全面挖掘工业机器人产业技术专利情报。

3.3.2 机器人产业政策研究

仪德刚等对中国机器人工业初创期的政策进行了全面回顾,从政策出台背景、实施过程、技术路线及成效几个维度反思了中国机器人产业化道路中的经验教训。杨威以我国工业机器人技术创新政策为研究对象,通过政策回顾指出技术创新政策的不足并提出了针对性的解决措施。陈军等基于创新2.0理论,对我国中央政府层面自2010—2016年出台的36份机器人产业政策文本进行了内容分析,指出了中国机器人产业发展政策存在的结构性问题,并提出了对策建议。

4 相关理论及概念概述

4.1 政策工具及其分类

政策工具是政策执行者为达到政策目标、解决政策问题所采用的手段、途径与机制。产业政策是通过一系列基本单元的政策工具合理组合而建构出来的。因此,建立基于政策工具视角的产业政策分析框架,有利于把握产业政策的本质特征。国内外学者对政策工具进行了大量的研究。Mcdonnell和Elmore按照政策目的将政策工具分为命令、激励、能力建设、制度变迁4类。Schneider和Ingram也提出了类似的分类,包括权威、激励、能力建设、象征与劝告、学习5类政策工具。这2种分类方法在我国教育政策研究中被学者较多采用。Doern和Phidd认为"自律"是强制程度最高的政策工具,而"全民所有"是强制程度最低的政策工具。而在产业政策方面,使用最为普遍的则是Rothwell和Zegveld的政策工具分类,他们将产业政策分为供给侧、需求侧、环境侧3类,并指出产业创新和发展取决于技术供给、市场需求和创新环境的有效组合。具体而言,供给侧主要是政府通过科学技术知识、教育、市场信息及企业研发等活动促进产业发展;需求侧主要是通过为产业发展创造国际、国内市场刺激产业的发展;而在环境侧,政府的作用则是改变产业创新发生的整体环境,如法律、金融、投资、国际交易环境和创新系统等。它们相互配合,互为支撑,成为推动产业发展的政策手段(图1)。

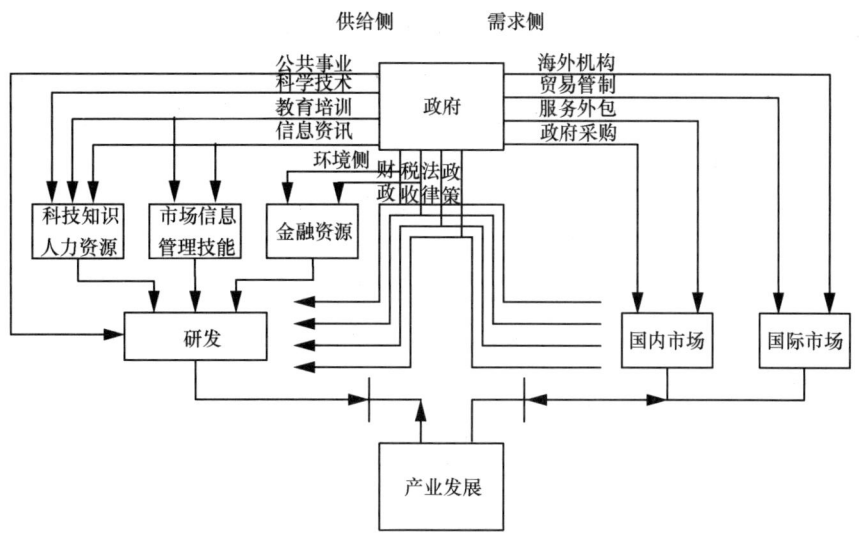

图 1 产业政策工具分类

由于这一政策分类框架并不是针对某个特殊产业或行业而设计的，且其所提供的产业政策分析的视角更具整体性和系统性，成为政策文本尤其是产业政策文本分析的重要框架，被国内外学者广泛运用。因此，本文即采用 Rothwell 和 Zegveld 提出的这一政策工具分类作为本文建构的政策—技术路线图（P-TRM）框架中的政策维度。

4.2 技术路线图

1987 年，Charles H. Willyard 和 Cherry W. McClees 为摩托罗拉公司绘制的"产品技术路线图"和"新兴技术路线图"拉开了研究和应用技术路线图的大幕。经过 30 多年的发展，技术路线图已被广泛应用于企业、产业和国家技术发展规划中。其功能主要包括：①特定技术方向的布局；②关键性的管理工具；③共识建设、技术预测和规划协调的工具；④作为决策的路线规划过程及其组织内部的协作分担机制。Phaal 等提出了技术路线图"T 计划"的实用方法，并指出了由"知识体系"构成的技术路线图的独特性。

虽然作为一种预测和描绘新兴技术发展路径的工具，技术路线图被广泛用于企业、产业、国家的技术发展规划中，但总体而言，基于企业实践层面的技术路线图的应用和研究较多，基于政府活动层面的技术路线图的应用和研究数量相对较少。因此，本文将政策维度加入技术路线图中，构建政策—技术路线图（P-TRM）框架，以弥补传统技术路线图制定和研究中"公共视角"缺乏的不足。

5 中国机器人产业的政策—技术路线图（P-TRM）基本框架设计

5.1 政策—技术路线图（P-TRM）设计方法

本文绘制机器人产业的政策—技术路线图的方法主要是德尔斐法和政策样本内容分析

法。在确定中国机器人产业的政策—技术路线图基本框架时主要基于德尔斐法。本文共进行3轮专家会谈，其目的分别是：①确定技术路线图框架的关键维度及具体的政策工具类别；②识别政策—技术—产品—市场互动机制；③结合中国机器人产业发展实际，绘制中国机器人产业的P-TRM基本框架。在每一轮会谈中，课题组均邀请了相关领域的专家对路线图绘制的每个步骤进行重要的判断和讨论，以保证路线图制定的科学性和有效性（表1）。在最后绘制具体的中国机器人产业的政策—技术路线图（P-TRM）时则主要在前述基本框架的基础上，运用内容分析法阐述不同的政策工具对机器人技术—产品—市场的影响机制并进行图谱化展示。而在具体的数据分析过程中，则综合运用了定标比超、专利分析、逆向工程、PIMS数据库等各种情报分析技术。

表1　P-TRM研讨会流程

研讨轮次	目的	专家
1	确定路线图的关键维度及具体的政策工具类别	江苏省科技厅高新处、江苏省经信委产业政策处相关管理人员
2	分析政策—技术—产品—市场互动机制	南京理工大学公共事务学院教授、东南大学自动化学院教授
3	结合中国机器人产业发展实际，绘制中国机器人产业的P-TRM基本框架	南京理工大学公共事务学院教授、东南大学自动化学院教授、南京埃斯顿公司研发人员

本文需要搜集的情报主要有3类：①政策文本；②学术文献；③行业数据。对于政策文本的搜集主要通过以政府门户网站为主，各类行业门户网站、北大法律信息网、新闻报道等渠道为辅的方式进行；学术文献则主要通过谷歌学术、Web of Science、知网等方式搜集；行业数据则通过德温特、WIND等数据库及国际机器人协会（IFR）、中国机器人产业联盟等行业协会发布的官方数据获得。

5.2　基于理论支撑的P-TRM框架关键维度及政策工具选择

传统的产业技术路线图主要包括4个维度：市场、产品、技术及资源。通过勾勒产业发展过程的技术路径，帮助识别市场需求、领先产品、关键技术及其互动关系，从而为产业尤其是新兴产业的发展在技术选择、时间和路径设计等方面提供重要情报。但大部分产业技术路线图在时间选择上是面向未来的，以对产业发展需求、目标及产品和技术选择有较为整体的把握（图2）。政策—技术路线图则将时间线延伸至过去（包括现在），从而将产业发展演化过程中政策与产业要素的复杂交互机制"历史"地展示出来，以为未来战略路径的选择和技术预测奠定基础。

在确定本文P-TRM框架的关键维度时，主要基于波特的钻石模型理论及Rothwell和Zegweld的政策工具分类理论。钻石模型指出，政策通过创造良好的产业发展环境和基础设施，支持相关产业扩张，通过科研和高等教育创造和提升生产力要素，并通过采购、设立规范等改善市场需求。董桂才等也基于钻石模型框架，通过跨国面板数据证明了产业政策对机器人出口技术复杂度具有显著的正向影响，进而对机器人产品内涵的提升和市场发展具有促进作用。因此，本文在P-TRM框架纵向的战略要素上确立了政策、技术、市场、产品4个维度。

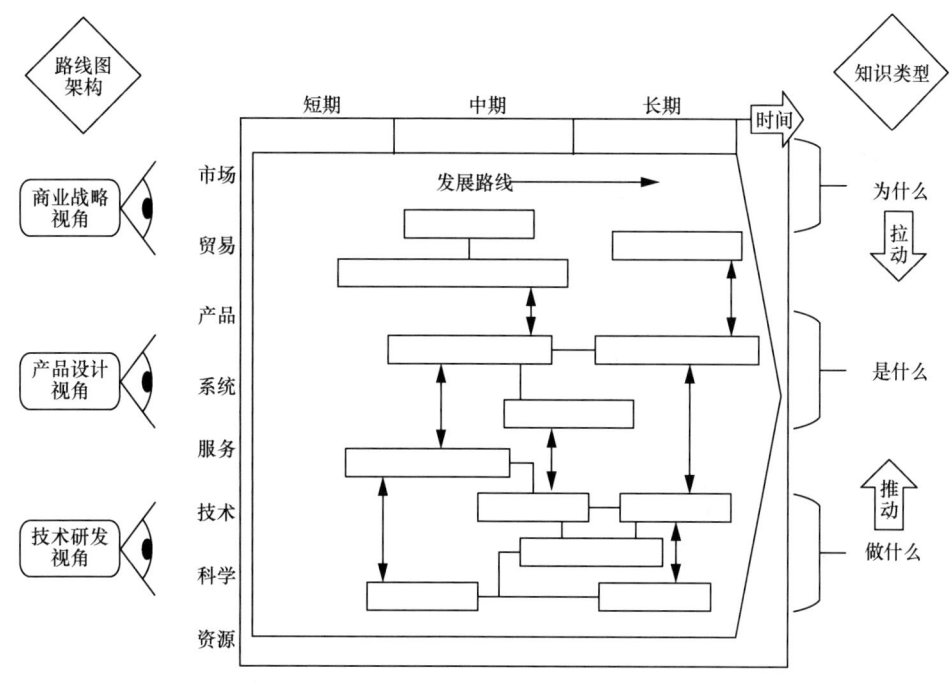

图2 面向未来的技术路线图框架

同时，波特对政策作用对象的认识其实与Rothwell和Zegweld的政策工具分类理论相契合。政策工具根据不同的研究目标可以进行不同的分类，如Mcdonnell和Elmore按照政策目的将政策工具分为命令、激励、能力建设、系统变化4类。而Rothwell和Zegveld根据政策对技术产生影响层面的不同，将产业政策工具分为供给侧、环境侧、需求侧3类，并指出产业创新和发展取决于技术供给、创新环境和市场需求的有效组合。经过文献梳理及专家讨论，一致认为Rothwell和Zegveld提出的这一政策工具分类框架并不是针对某个特殊产业设计的，且其所提供的产业政策分析的视角更具整体性和系统性，因此确定其作为本文P-TRM框架中的政策工具。

5.3 政策工具模式匹配结构

通过文献梳理和专家会谈，本文得到了绘制中国机器人产业—政策技术路线图（P-TRM）重要的政策工具，即Rothwell和Zegveld提出的供给侧、环境侧和需求侧3类政策工具，为后面的情报分析奠定了基础。但这样的政策工具对于绘制P-TRM仍显粗疏，因此需要进一步开展情报的深加工，对政策工具类别进行细分。在Rothwell和Zegveld政策工具的分类基础上，本文主要参考Yin的政策工具模式匹配结构，并对每种政策工具的具体例证进行了补充和完善，形成产业政策工具的模式匹配结构（表2）。

表2 产业政策工具的模式匹配结构

类型	政策工具	例证
供给侧	公共事业	成立（培育）企业或企业联盟，直接投资，开展示范工程或项目，成立专委会，成立政府所属的研发机构，基础设施建设
	科学技术	制订和实施研发计划，成立研发中心或实验室，支持研究协会、学习型社团、专业协会，开展研究资助，制定技术发展路线图
	教育培训	提供各类教育和培训，高校及科研院所举办的研讨会，教育领域投资，人才引培，专业（学科）建设，技能培训
	信息资讯	建立各种信息网络和中心、图书馆、数据库、公共服务平台，提供咨询服务、联络服务，开展各类行业论坛或展会，提供行业信息普及宣传
环境侧	财政金融	信贷支持，贷款贴息，特许，融资担保，风险投资，购买补贴
	税收优惠	税收减免，加计扣除，绿色税制
	法律法规	专利权，生产准入，知识产权，技术标准
	政治策略	规划，号召引导，鼓励支持，创新荣誉或奖励，鼓励兼并，公共咨询
需求侧	政府采购	中央或地方政府采购合同
	服务外包	推动企业建立外包合同，加强政府与企业或民间科研机构的联系与合作
	贸易管制	贸易协定、关税和货币调节，引进国外技术
	海外机构	设立海外分支机构、海外贸易组织

5.4 政策工具对产业演进的影响机制及 P-TRM 基本框架

为能更有效地设计出中国机器人政策—技术路线图（P-TRM）基本框架，本文召集第2轮专家会谈，就政策工具影响产业演进的机制进行分析。通过讨论，明确了各类具体的政策工具对于技术、产品和市场的作用机制。

供给侧工具主要通过政府直接提供人才、技术、资金和信息等来促进企业的R&D投入，推动企业开展技术路径选择。Eisenhardt指出，供给侧政策对技术的影响主要体现在政府通过政策手段直接支持平台或共性技术的发展。与此同时，政府还能通过分配稀缺的科技资源从而实现供给侧工具对技术演进的推动作用。例如，政府通过建设科技资源数据库，减少和避免企业在研发活动中因信息不对称而导致的"创新失败"。

环境侧工具通过设置市场规则、改变市场环境等影响产业和技术发展。环境侧工具可以通过财政金融、税收优惠、法规管制、政治策略等不同方式来影响产业发展和技术演进。例如，非关税壁垒和技术标准等政策工具直接影响产品的功能设计和技术选择，进而导致市场偏好的变化。环境侧政策工具还可以通过目标规划、税收优惠和法律法规等直接影响用户市场。

需求侧工具直接作用于市场维度，它可以促进新市场的扩张，进而推动技术创新和产品开发。这些政策可能会提供一定的市场预期，减少新市场进入的不确定性，激发创新者的信心和决心，通过政府采购、服务外包、建立海外机构等手段推进研发。

当然，每一类政策工具对产业演进变迁过程中技术、产品和市场维度的影响并非泾渭分明，而是具有很强的关联性和连续性的。本文结合谢青等对政策工具影响频次的分析，列出了3类政策工具对产业演进影响的作用维度（表3）。其作用机制如图3所示。

表3 3类政策工具对产业演进影响的作用维度

工具类型	典型工具	技术	产品	市场
供给侧	公共事业	★★	★	★
	科学技术	★★★	★	★
	教育培训	★★★	★	★
	信息资讯	★	★	
环境侧	财政金融	★	★	★
	税收优惠	★	★	
	法律法规	★	★★★	★
	政治策略	★★	★★★	★
需求侧	政府采购	★		★★
	服务外包	★		★★
	贸易管制	★		★★
	海外机构	★	★	★★

注：★数量表示影响作用大小。

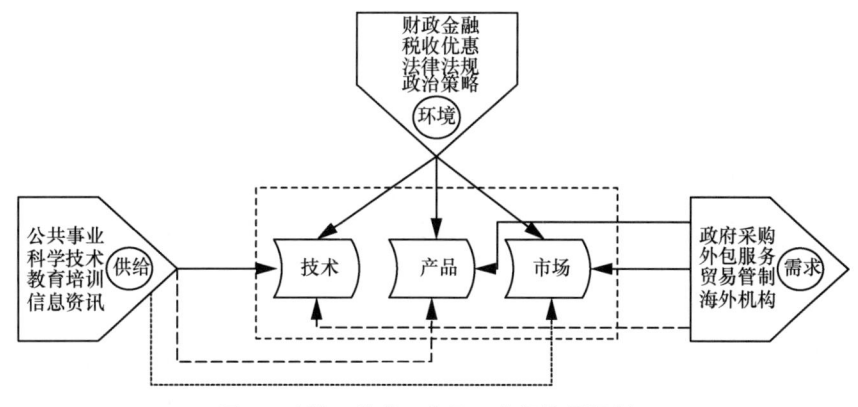

图3 政策—技术—产品—市场作用机制

在上述2轮专家会谈的基础上，并参考相关文献，本文绘制了P-TRM基本框架（图4）。该框架囊括了产业产生及演变的关键因素，并对这些关键因素的相互作用进行验证。这将有助于更好地分析产业演化的复杂过程，并构成分析产业发展演变的理论基础。

5.5 中国机器人产业的P-TRM基本框架构建

在上述P-TRM基本框架的基础上，组织最后一轮专家会谈，在结合中国机器人产业发展实际情况的基础上，本文构建了中国机器人产业P-TRM的基本框架（图5）。该P-TRM基本框架将机器人产业发展过程中不同的政策工具对机器人市场、产品和技术中的关键要素的交互作用均纳入进去，有利于对中国机器人产业演进和技术发展做出更精准的描述或预测。

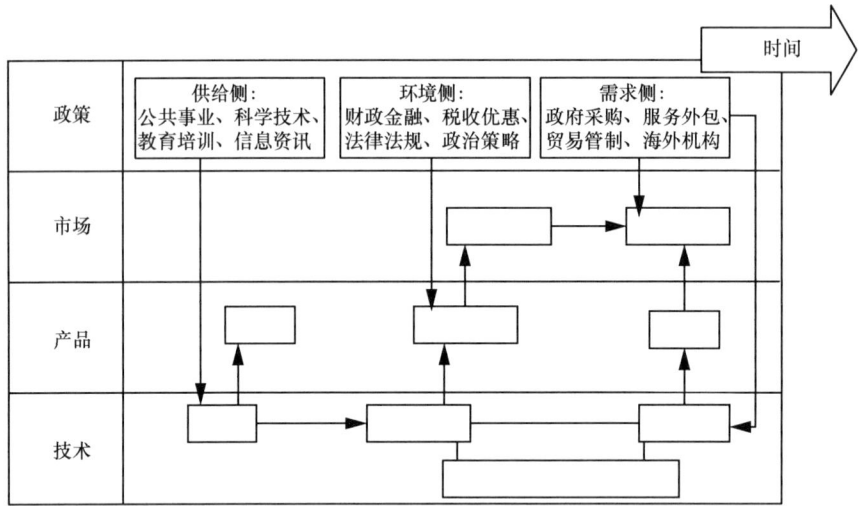

图 4　P-TRM 基本框架

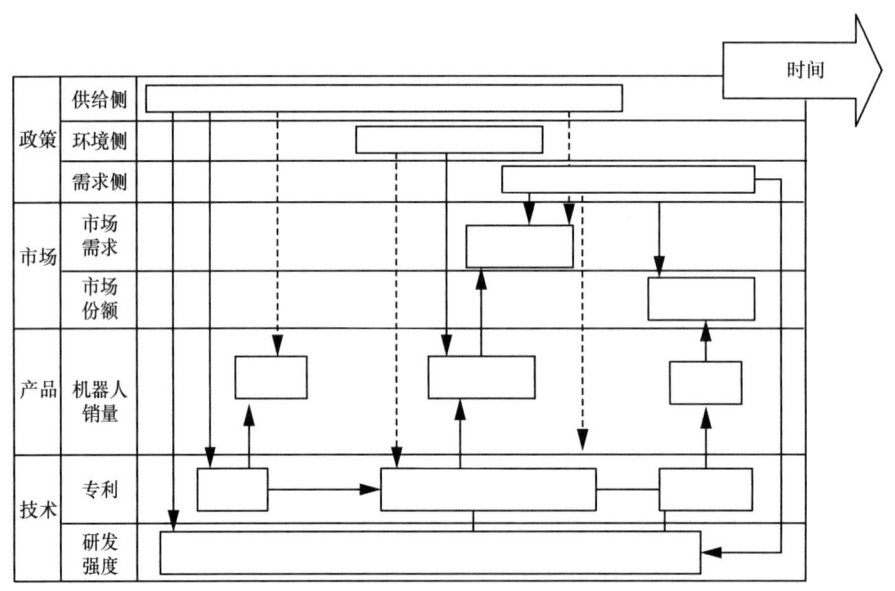

图 5　中国机器人产业 P-TRM 基本框架

6　中国机器人产业的政策—技术路线图（P-TRM）构建

作为技术、人才、资本密集度高的"三高"行业，机器人产业的发展离不开政府政策的引导和支持，如何选择、组合和实施产业政策工具也是政策制定者的关注焦点，而这些政策工具又将会随着产业发展的演进阶段、产业及地区的差异发挥不同功能。因此，本课题组选择被列为中国十大重点优势战略产业的机器人产业作为实证分析对象，通过具体的数据和政策文本，构建中国机器人产业的政策—技术路线图（P-TRM），以完善 P-TRM 基础分析框架,增强政策与产业发展及技术创新之间作用机制的解释力,力争为政府优化机器人产业政策、促进机器人产业高质量发展提供更有效力的战略工具。

6.1 中国机器人产业发展

2013 年,麦肯锡全球研究所发布了《引领全球经济变革的颠覆性技术》报告,将先进机器人列入 12 项技术之一,并预测机器人产业到 2025 年每年将带来 1.7 万亿~4.5 万亿美元的经济效益。"机器人革命"将影响全球制造业战略格局。机器人研发、制造和应用将是衡量国家科技创新和高端制造业水平的重要标志,是国家科技发展的战略需求。中国机器人研究始于 20 世纪 70 年代,经过 40 多年的发展,国内机器人在市场、产品和技术方面都取得了突破性的进展,特别是进入 21 世纪以来,中国紧密围绕经济转型和社会发展的重大需求,高度重视机器人研发和市场发展,构建了具有中国特色的机器人产业体系。

6.1.1 市场发展

近 10 年来,全球机器人销量从 2008 年的 11.3 万台上升到 2017 年的 34.6 万台。全球机器人市场规模基本呈现稳步增长的趋势(图 6)。

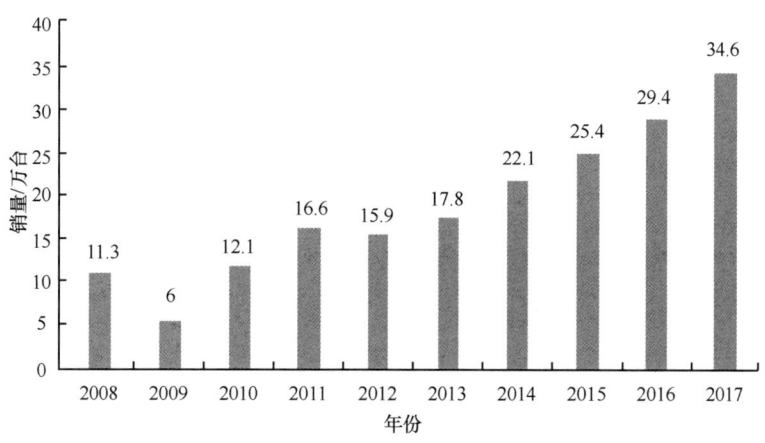

图 6　2008—2017 年全球机器人市场销量

在不断升温的机器人市场中,中国、韩国、日本、美国和德国位列全球机器人销售市场前 5 位,占据了全球机器人销售市场 74% 的份额。中国自 2013 年以来成为全球最大的机器人销售市场。2016 年,中国机器人市场销量已达到 8.7 万台,在全球机器人市场中的份额比重为 30%,预计到 2020 年,中国将占据全球机器人 40% 的市场份额。

进入 21 世纪以来,中国工业机器人的销售量基本处于稳步增长状态。尤其是 2009 年以后,销售量增长幅度较大,2017 年中国工业机器人销量已达到 111 万台,连续 5 年位居世界第一。2009—2017 年,中国工业机器人年均复合增速约为 45.6%,是全球增长最快的市场(图 7)。据 IFR 预计,2018—2020 年中国工业机器人销量年均增长率有望保持在 15%~20%。工业机器人销量的主要分布为:(工业用途)物料操作机器人占比 45%;焊接机器人占比 26%;(应用行业)电气/电子工业占比 35%;汽车工业占比 30%。另据中国电子学会的数据统计,2017 年,国内机器人市场规模为 62.8 亿美元,其中,工业机器人为

42.2亿美元，服务机器人为13.2亿美元，特种机器人为7.4亿美元（图8）。机器人市场的火爆也带动了更多的企业投身到机器人行业中。据相关数据统计，2017年3月，中国有超过800家公司直接参与机器人行业，到2017年年底，则有超过6500家公司与机器人业务相关。

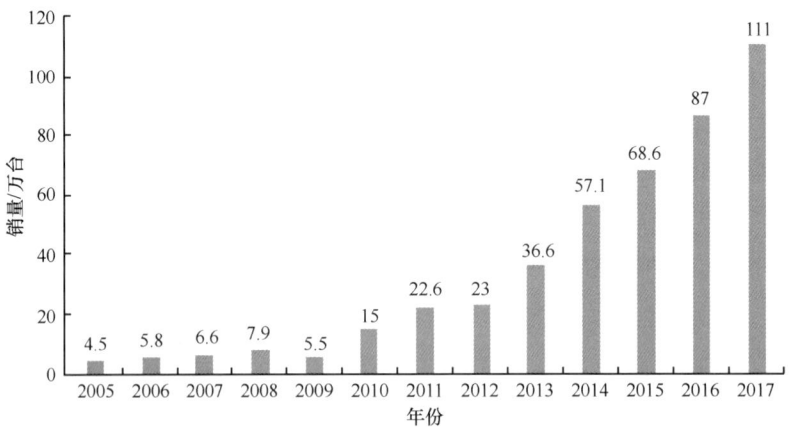

图7　2005—2017年中国工业机器人销量

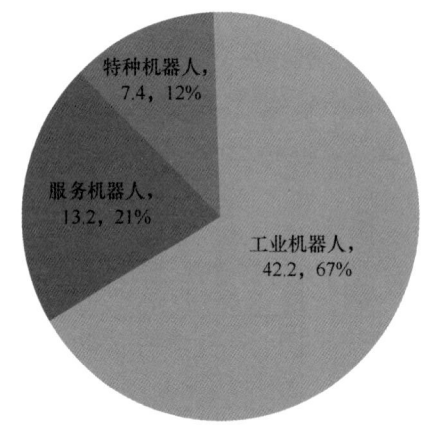

图8　2017年中国机器人市场结构（单位：亿美元）

6.1.2　产品发展

伴随着国内机器人市场的发展以及技术的进步，中国机器人产品也在不断迭代更新，性能更趋完善。在20世纪70年代研发经验积累的基础上，1985年12月12日，我国第一台重达200 kg的水下机器人"海人一号"在辽宁旅顺港下潜60 m，开创了机器人研制的新纪元。1987年开始，中国机器人示范工程中心又先后制造了3台"水下机器人"。1988年年初，中国船舶总公司702所研制成功高3.1 m、重达650 kg的载人式"水下机器人"。1994年10月，中科院沈阳自动化研究所研制了我国第一台无缆水下机器人"探索者号"，这也标志着我国水下机器人技术已走向成熟。

近20年来，高压水切割机器人、激光加工机器人、手术机器人、重载锻造操作机器人、多足步行机器人、仿生机器人、物流机器人、康复机器人、旋翼飞行机器人、空间细胞机器人、纳米机器人、细菌机器人、皮肤解码机器人等各种类型和功能的新产品层出不穷，机器人产品的应用范围也在不断扩大，从最初的主要面向汽车、电子等制造行业，到现在向食品、医疗、国防、服务等各个领域全面扩散。机器人产品从重量级到轻量级，驱动从液压执行结构到电动马达升级演化。与此同时，机器人产品的绝对精度和重复定位精度也在不断提高，产品负载自身重量比不断提升，多款机器人产品为国内甚至世界首创，如南京埃斯顿根据钣金折弯应用实际工况开发设计出的世界首创6轴折弯专用机器人等机器人产品"ER80折弯机器人"，极大地缩短了机器人折弯的编程示教时间，降低了使用难度，大幅提升客户的产品质量和生产效率，得到了市场的广泛认可。

6.1.3　技术发展

机器人产品性能的改善主要源于技术进步。1985年以前，全国从事工业机器人研究开发的机构主要集中在研究所和高校，主要分布于3个系统：科学院系统，如中国科学院沈阳自动化研究所、中国科学院长春光学机械研究所、中国科学院合肥人工智能研究所等；机械工业部系统，如机械工业部北京机械自动化研究所、机械工业部北京机床研究所、机械工业部大连组合机床研究所、机械工业部广州机床研究所等；教育部系统，如清华大学、北京工业学院、天津大学、哈尔滨工业大学、浙江大学等。以上3个科研系统的研发工作均为基础理论研究和产品研制。1986年4月，国务院发布了《中华人民共和国国民经济和社会发展第七个五年计划》，将"工业机器人开发研究"作为76项国家科技重点攻关项目之一，并分成工业机器人基础技术研究、工业机器人基础器件开发研究、搬运机器人研究、喷涂机器人开发研究、焊接机器人开发研究5个子课题。随后的863计划又确定了自主研发工业机器人的技术路线。尤其是近年来随着产业转型升级、要素成本上升、资源和环境压力加大及老龄化趋势的到来，加速了机器人技术的研发。

"十三五"期间，中国"机器人理论与关键技术"领域出现了人机交互、人机合作和人机融合的发展趋势。中国机器人领域的一些领导厂商在技术领域也取得了很多重大的科研成果。沈阳新松经过18年的发展，已经具备了全链条的机器人技术创新能力。2014年，新松研制成功国内首台6轴并联机器人；2015年，发布国内首台物品运载机器人；2016年，国内首创的中负载复合型机器人研制成功；2017年，重载机器人技术填补国内空白。南京埃斯顿在数控系统、伺服系统等智能装备核心部件领域具有较强的技术优势，机器人关键零部件自制率达到80%左右。

6.2　政策工具对机器人产业发展的影响

中国机器人的研发工作始于20世纪70年代，最初由中科院沈阳自动化研究所及其他地区的科研人员自发组织研究。到了1986年之后，开始列入国家有关计划，特别是在"七五""八五""九五"机器人技术国家攻关、863高技术发展计划的重点支持下，中国机器人技术取得了重大进展。至此之后，中国政府陆续出台、实施了一系列创新政策。这些保障和支持机器人产业发展的创新政策利用不同的作用机制对机器人技术—产品—市场产生显著的影响，推动中国机器人产业不断发展壮大。尽管将政策纳入技术路线图的研究范式为供给侧、环境侧和需求侧不同的政策工具与传统技术路线图中市场、产品、技术的互动机制提供了一个分析框架，但是不同的政策工具在什么时机发挥效用，却无法很好地体现。因此，本文将机器人产业发展的不同阶段纳入研究框架，借此分析不同的政策工具在机器人产业发展的不同时期与产业技术创新之间的互动机制。

6.2.1 基于产业发展阶段的政策工具对中国机器人产业发展的影响分析

6.2.1.1 产业发展阶段分类方法

基于研究者的理论视角和研究方法的多样化，衍生出各种类型的产业发展阶段的分类方法。Gort等通过G-K模型，将产业发展划分为引入期、大量进入期、稳定期、大量退出期和成熟期5个阶段。Phaal等将技术密集型产业的发展阶段分为先导期、胚胎期、培育期、成长期、成熟期、衰退期/更新期6个阶段。Neffke等通过计算产业中新生工厂的市场份额，将产业划分为新兴产业、中等产业、成熟产业。刘建华等基于S曲线的"要素—结构—功能—成本"框架，将新能源汽车产业发展分为新要素突现、新结构涌现、功能显著提高和成本显著下降4个阶段。季良玉等则综合运用产出增长率法、产业生长曲线法、综合指标分析法3种方法对中国制造业27个产业的生命周期进行了判断。黄萃等则提出可以通过企业数量、产能产值、销量总额、市场份额等一系列可量化的指标作为划分产业发展阶段的依据。

6.2.1.2 中国机器人产业发展阶段划分依据

由于直到2017年10月1日，机器人制造才首次作为独立的行业被列入《国民经济行业分类》之中，导致中国机器人产业方面的收入、利润等一些历史数据较难获得，因此，本文主要参考Kong等的划分标准，并辅以黄萃等对光伏产业的划分方法，从机器人技术研发历程及机器人销量在全球所占份额2个角度，将中国机器人产业发展分为5个阶段（图9）。

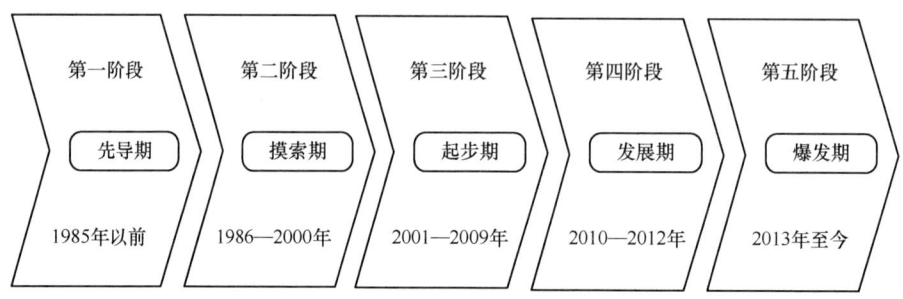

图9 中国机器人产业发展阶段

6.2.2 产业发展阶段视角下机器人产业政策—技术—产品—市场互动机制

第一阶段——先导期（1985年以前）：机器人政策缺位，各科研单位独立进行自主研发。

相比于美国、日本、德国等经济发达体，中国是机器人行业的后起国家。20世纪70年代初期，中国学者从国外杂志上首次了解到机器人技术并开展了机器人研究。然而，由于信息获取途径的匮乏和国际学术交流的滞后，中国机器人技术研发工作基本处于一种近乎封闭的自发、零星的混沌状态。20世纪80年代开始，国内的一些高校和科研院所展开了机器人项目研发的起步工作。此后，逐渐形成了各类机器人技术研究中心或学术机构。作为引领中国机器人技术研发的顶尖科研机构，中科院沈阳自动化研究所于1984年正式启动国家机器人示范工程，主要从事人工智能和水下机器人的技术研发。但从宏观层面来看，国家还并未正式出台支持机器人研发的政策，此时的机器人技术研发主要是各单位根据各自选定的主题和技术方向开展独立性的自主研究，只有一些简单的原型机，真正的机器人产品还未出现，更谈不上机器人产业市场。

第二阶段——摸索期（1986—2000年）：863等计划推动机器人技术研发，存在重研发轻市场倾向。

20世纪80年代中期，国内已经意识到机器人的重要性，1986年，中国政府将"工业机器人发展研究项目"作为"七五"计划重大国家科研项目进行部署，具体包括主机（点焊、弧焊、上下料、喷漆等工业机器人）和机器人关键元部件技术（电机、轴承、减速器等）。"七五"计划的完成使我国机器人技术研发上了一个新台阶，为中国机器人技术的可持续发展奠定了坚实的基础。1986年年底，中央政府发布了"高技术研究与发展计划"（863计划），将机器人技术列入其中。通过"七五"、"八五"、"九五"、863计划中的各类供给侧政策工具的运用，中国在机器人技术与自动化工艺装备等方面取得了很大的进展，缩短了同发达国家之间的差距，成功开发了3种机器人类型（恶劣环境下工作的移动机器人、水下无缆机器人、精密装配机器人）和5种机器人型号（遥控移动式作业机器人、壁面爬行机器人、室外移动机器人、水下无缆机器人、高精度装配机器人），并进行了初步的应用试验。但在原始技术创新方面差距仍然较大，专利布局上与发达国家存在较大差距。1986—2000年，中国机器人专利年申请量约为6件，仅为日本同期的2.1%。由于政府的施政重心依然偏向于研发类供给侧工具的使用，存在重研发轻市场的倾向，加之国内对机器人的需求量很小，所以此时机器人市场依然是日、美、德三分天下的格局，以2000年工业机器人销量为例，日本当年工业机器人销量为4.7万台，美国1.3万台，德国1.2万台，三者合计约占全球机器人72.3%的市场份额，而中国当年的工业机器人销量仅为550台，相关的企业也十分边缘化。

第三阶段——起步期（2001—2009年）：研发供给侧工具出现"市场"转向，环境和需求侧工具助力市场发展。

863计划专家组从2001年开始对机器人技术发展战略进行了调整，从单纯的机器人技术研发向机器人技术与自动化工艺装备扩展，将中心任务定义为"研究和开发面向先进制造的机器人制造单元及系统、自动化装备、特种机器人，促进传统机器的智能化和机器人产业的发展，提高我国自动化技术的整体水平"。2006年国务院发布的《国家中长期科学和技术发展规划纲要（2006—2020年）》将智能服务机器人列为前沿技术，强调要以机器人应用需求为重点，加强共性基础技术研究，并同时出台了相关配套措施，从税收、金融、政府采购、人才培养、科技创新基地与平台建设等各个方面全面推动机器人等前沿技术的发展。"十一五"期间，机器人的发展战略主要集中在成套设备的自动化技术及其在集成电路、船舶、汽车、纺织品、家用电器和食品中的应用。这一创新和发展旨在突破国外公司对大型自动化制造系统的垄断，促进机器人技术的产业化，并取得了一定的成功。尽管该阶段国家政策重点依然是基于技术研发的供给侧工具，但此时的供给侧工具的政策效能已经不是或不单单是指向技术研发能力的提升，更多的则是倾向于机器人市场和企业的培育，通过资金支持、信息服务、人才培养、示范工程等具体的供给侧政策条款，强有力地拉动了国内机器人市场需求，促进中国机器人产业的发展和技术进步。此外，这一阶段开始出现了环境侧和需求侧政策工具，直接和间接地促进机器人产业研发、产品创新和市场发展。从2001年开始，中国的机器人产业初步开始市场化发展，工业机器人销量从2001年的700台发展到2009年的5500台，全球市场份额从0.8%提升到9.2%。此外，机器人研发实力也在不断增强，专利申请量稳步提升，2001年中国工业机器人专利申请量为31件，到2009年已达到455件，年复合增长率约为39.9%，和日本的差距在不断缩小。

第四阶段——发展期（2010—2012年）：供给侧、环境侧、需求侧3类工具全面开花，促进机器人产业高端化发展。

尽管中国政府早在20世纪80年代就开始了对机器人发展的支持，但之前的政策基本集中于国家的科技计划方面，政策单一且缺乏连续性，直到2010年在国务院发布的《国务院关于加快培育和发展战略性新兴产业的决定》政策中，首次将机器人（智能制造装备的重要组成部分）列入战略性新兴产业之一，有关机器人产业的政策才陆续密集出台。2011年，国家发改委、科技部、工信部、商务部、知识产权局联合发布《当前优先发展的高技术产业化重点领域指南（2011年度）》，将新型工业机器人、服务机器人和特种机器人列为国家优先发展的重点领域，直接推动了机器人产品的发展和产业化、市场化。同年，科技部出台的《国家"十二五"科学和技术发展规划》中，重点开展服务机器人科技产业化工程，围绕服务机器人模块化体系结构进行研究，重点发展服务机器人结构、感知、控制、交互和安全等模块化核心技术和功能部件，同时，建设一批机器人创新企业，建立服务机器人产业技术创新联盟，促进服务机器人产业发展。为落实《国家"十二五"科学和技术发展规划》提出的重点任务，科技部于2012年制定出台了国内第一部机器人专项规划——《服务机器人科技发展"十二五"专项规划》，以突破工艺技术、核心部件技术和通用集成平台技术为核心，重点发展公共安全机器人、医疗康复机器人、仿生机器人平台和模块化核心部件，实现培育发展服务机器人新兴产业的目标。该政策综合运用了供给侧、环境侧和需求侧的各类政策工具，涉及服务机器人创新链的各类环节。与此同时，中国的制造业正从劳动密集型向高端化、智能化、绿色化转型，机器人市场需求不断提升，在产业政策和市场需求的双重驱动下，中国的机器人市场显示出蓬勃发展的状态，工业机器人销量从2010年的1.5万台上升到2012年的2.26万台。工业机器人的专利申请量也在逐年大幅提升，至2012年年底，中国以1493件的工业机器人专利申请量一举超越日本。在重点部署的服务机器人科技项目上也取得了重大进展，医疗外科手术机器人成功实现临床应用上千例，消防灭火机器人和排烟机器人有近60台在全国20多个省市的消防部队中服役。总体而言，在863计划、973计划及各类专项规划的支持下，中国已成为名副其实的机器人产业大国。

第五阶段——爆发期（2013年至今）：环境侧工具占据主导，为打造机器人产业全球竞争力营造市场氛围。

从2013年开始，政府对机器人产业的扶持力度不断加大，陆续发布了一系列支持机器人发展的重要政策，如《工业和信息化部关于推进工业机器人产业发展的指导意见》《中国制造2025》《机器人产业发展规划（2016—2020年）》《关于促进机器人产业健康发展的通知》《工业机器人行业规范管理实施办法》等。尤其是《中国制造2025》和《机器人产业发展规划（2016—2020年）》这2项政策，对于"十三五"时期中国机器人产业的发展壮大，使中国由制造大国向制造强国迈进具有重大的战略意义。这一阶段，环境侧政策工具已经开始发挥主导作用，政府通过目标规划、标准体系建设、贷款贴息、知识产权保护、生产准入、设备进口税费优惠、首台（套）重大技术装备保险补偿机制、支持符合条件的机器人企业在海内外资本市场直接融资和海外并购等不同类别的环境侧政策工具，为机器人产业、产品和技术发展营造了良好的市场氛围。总体而言，政府通过综合利用环境侧、供给侧和需求侧政策工具，从战略方向、研发补贴支持、示范工程、应用推广等各个维度全面推动了中国机器人产业的技术进步和产量上升，带来了中国机器人产业的爆发式发展。自2013年起，中国超越日本，成为全球第一大机器人市场。2013年因此也被称为"中国机器人产业元年"。2016年，中国工业机器人销量超过整个欧洲市场的总和。目前，中国工业机器人销量已经占全球市场份额的1/3左右。中国机器人龙头企业在全球市场中的影响力也逐渐凸显，2017年年初，美国《机器人商业评论》（*Robotics Business Review*）公布了其第6个年度"RBR50榜单"，中国仅有2家企业上榜，新松便是其中之一。作为目前国内最大的机器人企业，新松也是国际上机器人产品线最全的厂商。

综合以上阐述和分析可以看出，中国机器人产业的发展、壮大与政策的激励作用密不可分。尤其是产业发展的中后期，各类政策的密集出台对机器人产业的技术、产品和市场产生了重要影响（图10），使得中国机器人产业能够在激烈的全球市场角逐中脱颖而出，成为全球第一大机器人市场。

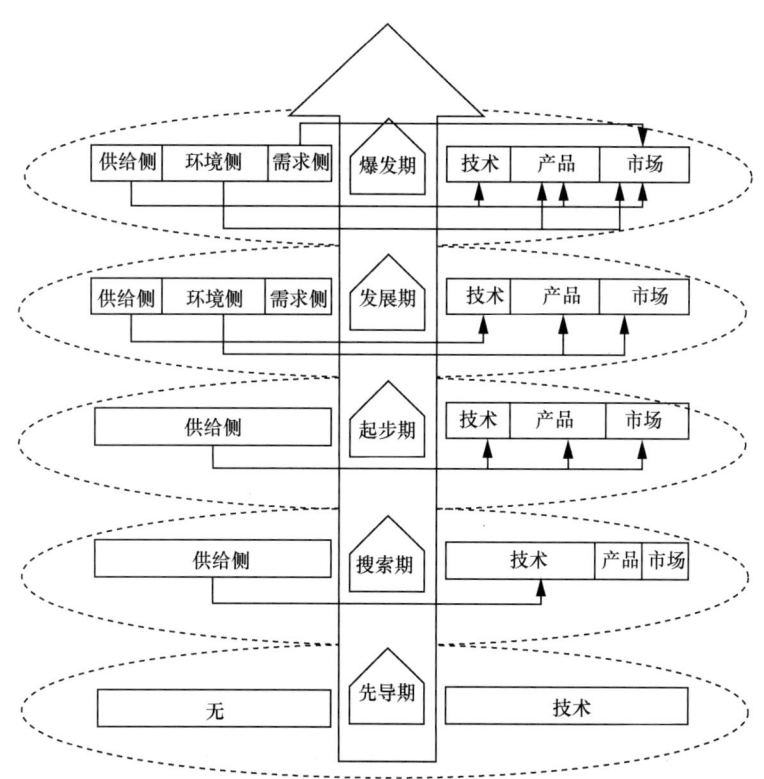

图10 中国机器人产业发展阶段中政策—技术—产品—市场互动机制示意

6.3 中国机器人产业的政策—技术路线图（P-TRM）构建

基于以上的描述和分析，本文绘制了中国机器人产业的 P-TRM 框架（图 11）。如前所述，由于机器人相关数据的缺失，所以在指标选取方面，结合了定性和定量 2 个角度。市场方面，选取国内机器人市场需求和工业机器人占全球市场份额 2 个指标来描述中国机器人产业的市场前景（其中，N/A 表示无/很少）。产品方面，选取国产品牌工业机器人销量代表中国机器人产业的发展状况。技术方面，则通过中国工业机器人的专利申请量数据（德温特创新索引数据库）及中国机器人 2 家龙头企业（沈阳新松和南京埃斯顿）的研发强度（WIND 数据库）来表现中国机器人产业的技术进步和企业的研发实力。

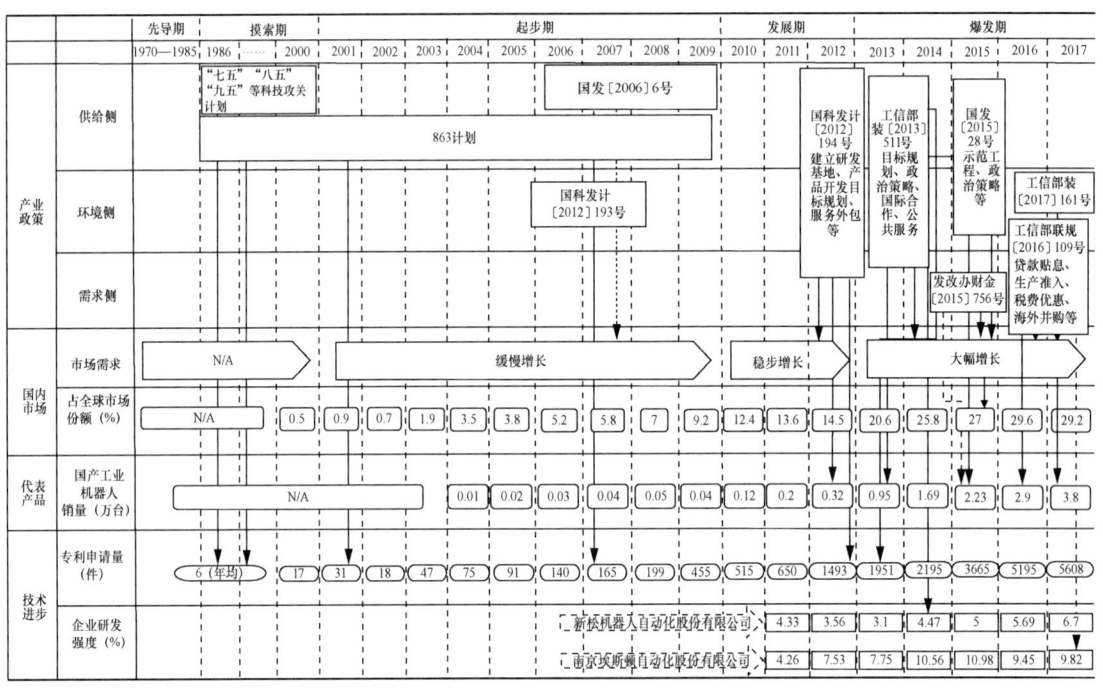

图 11 中国机器人产业的 P-TRM 框架

7 结论及启示

通过中国机器人产业 P-TRM 框架的图谱化展示，本研究发现，中国机器人产业的发展与政策之间有一种"强关联性"，伴随着产业的演进发展，政策的作用机制也越发明显，尤其是到了产业发展期和爆发期，政策的密集出台直接刺激了机器人产业的市场需求和技术进步。同时，通过对中国机器人产业演化过程的分析，本文发现，不同的政策工具对机器人产业发展的作用时机也是不同的。供给侧工具在产业发展的初期影响显著，政府主要通过各类研发计划或研发补助对机器人产业共性技术进行支持，提升机器人的技术水平，并减少信息的不对称性，体现出较强的"技术导向性"。到了发展中后期，环境侧工具逐渐占据主导，并伴随着需求侧工具的配合使用,通过刺激市场需求和"利益诱导"壮大机器人市场规模,从而进一步推动机器人技术的研发和产品的迭代更新(图12)。

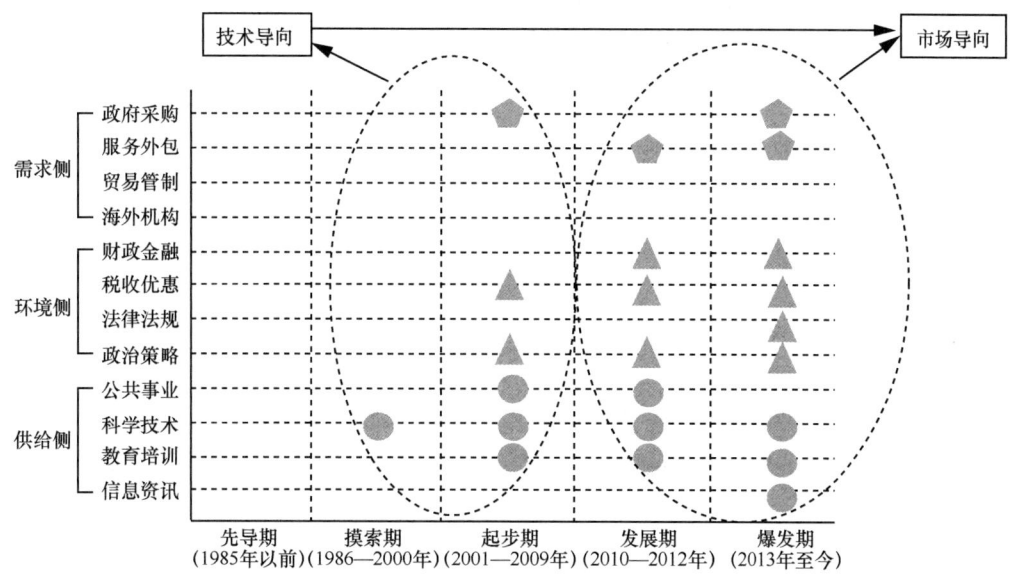

图 12　中国机器人产业发展不同阶段政策工具功能导向

许多政策制定者将产业发展过程及演变机制视为一个黑匣子,导致很难确定在产业发展的不同阶段应该使用何种政策工具来推动或引导产业的发展。本文在已有研究的基础上,构建了中国机器人产业发展的政策—技术路线图(P-TRM),从而为深入分析机器人产业发展过程中政策与技术、产品、市场之间的作用机制提供了较为整体、全面的视角。下一步,本研究将对中国机器人产业—政策技术路线图(P-TRM)框架进行进一步的修正和调整,以更完善、更精准地展现和揭示机器人产业政策与技术、产品和市场之间深入的交互机制,并基于该框架,对中国机器人产业的高质量发展提出可行性的建议和措施。

撰　稿　人:胡　峰

江苏省科学技术情报研究所科技咨询业务发展竞争策略研究
——基于全省主要科技咨询机构情况分析

1 绪论

  加快科技服务业发展，是推动科技创新和科技成果转化、促进科技经济深度融合的客观要求，是调整优化产业结构、培育新经济增长点的重要举措，是实现科技创新引领产业升级、推动经济向中高端水平迈进的关键一环，对于深入实施创新驱动发展战略、推动经济提质增效升级具有重要意义。2014年，国务院印发《关于加快科技服务业发展的若干意见》（简称《意见》），指出近年来我国科技服务业发展势头良好，但总体上我国科技服务业仍处于发展初期，存在着市场主体发育不健全、服务机构专业化程度不高、高端服务业态较少、缺乏知名品牌、发展环境不完善、复合型人才缺乏等问题。《意见》明确了我国科技服务业的发展目标和重点任务，其中科技咨询服务这块，要鼓励发展科技战略研究、科技评估、科技招投标、管理咨询等科技咨询服务业；支持科技咨询机构、知识服务机构、生产力促进中心等积极应用大数据、云计算、移动互联网等现代信息技术，创新服务模式，开展网络化、集成化的科技咨询和知识服务；加强科技信息资源的市场化开发利用，支持发展竞争情报分析、科技查新和文献检索等科技信息服务。

  当前，江苏省中小企业已成为江苏省国民经济的主力军，据《2011年中国中小企业调研报告》显示，江苏省中小企业累计超过120万户(包括私营、外资、集体等其他一些经济成分)，其中规模以上中小工业企业有61 242家，占全省规模以上工业企业的比重为99.33%，规模以下中小企业有近100万户。其中，以科技型中小企业为主，但是大多数企业仅仅从事贸易，或者依靠组装、加工产品来维持企业的生存，一些核心技术和核心零部件全靠国外高价引进，造成企业核心技术不足和匮乏，缺乏高端科技人才；同时，中小企业技术创新较弱，资金投入不足，由于规模小造成资金投入严重不足，有很多科研成果因企业财力支持有限而搁浅，资金的匮乏严重制约中小企业的技术创新，主要原因是融资渠道和方式不畅造成的，由于中小企业在资本市场中处于弱势地位，进而影响到资金的筹措，使得部分初创期的企业无力转化自己的技术成果而半路夭折。中小企业生产经营粗放、核心竞争力不强、缺乏高层次人才和充足的资金等突出的深层次问题，造成中小企业自主创新现状与江苏省情、与产业转型升级的要求相比还有很大差距。

  这些情况都导致中小企业迫切需求有关机构为它们提供科技项目咨询服务，主要集中在技术信息、市场信息、企业管理信息、宏观经济信息、融资信息、政策法规信息6个方面。

科技咨询机构作为一种为创新主体提供社会化、专业化服务的专业组织，如何在合理调配科技资源、整合各类专业知识，在市场各种主体之间、要素市场之间建立沟通桥梁，在促进科技成果转化为生产力等方面提高服务能力，在促进江苏省经济的持续、快速和健康发展中发挥重要作用，是当前面临的新的重要问题。

面对国家大背景环境的政策要求、省级实际情况的社会需求，江苏省科技情报研究所作为江苏省主要科技咨询机构之一，如何利用自身在科技政策上的优势、其厚实的基础资源条件和高层次科技人才团队，进一步提高自身的科技咨询服务能力从而在全省科技咨询服务机构中脱颖而出，正是本课题研究的意义所在。根据最常用的战略分析方法——SWOT分析法，从内部环境和外部环境两个方面去分析，鉴于江苏省科技咨询服务机构面临同一种政策外部环境，本研究报告拟对全省7个主要科技咨询机构进行案例分析，一方面分析同行的竞争优势所在，从而找出自身内部竞争优势和劣势，确定核心竞争力；另一方面了解主要的客户需求，分析出科技咨询服务外部市场环境，最终为江苏省科技情报研究所科技咨询业务发展竞争策略提供一定的参考。

2　国内外科技咨询业务发展现状

2.1　国外科技咨询业务发展

2.1.1　国外科技咨询业务发展的现状

在国外，咨询业作为一个独立的行业是近代才出现的，并随着各国现代化的进程而发展。它源于英国，在美国得到迅速发展，第二次世界大战以前，咨询业的发展速度是缓慢的。第二次世界大战以后，美国、西欧、日本出现了独立的智囊机构。在21世纪初，美国就有了咨询业，到2018年咨询公司已达到3500家以上，人员逾10万人，为世界之冠，而今咨询业务已遍布全世界。

近20年来，由于科学技术和社会经济的飞速发展，促进了咨询业无论是在数量上还是在规模上都出现了新的飞跃。西方资本主义国家出现了更高级的综合咨询业，即所谓"智囊团""思想库""头脑公司"。这类机构如美国的兰德公司、日本的野村综合研究所、英国的伦敦国际战略研究所等，在国内外都享有很高的声誉，对本国政府战略和策略的制定都有很大影响。咨询业从专业咨询发展到综合咨询、从战术咨询发展到战略咨询，从经济领域发展到政治、军事、法律等各领域。与此同时，一些国家的智囊机构对各国共同面临的全球性问题进行研究，探索解决办法，提出有价值的建议，日益受到各国政府的重视，逐步发展成为一个专门行业。现代经济的发展也促使领导者在决策观念上有了根本的转变。一是现代决策与谋策分开，必须有专门从事这一行业的智囊团体；二是重大问题决策，要依靠智囊集体的咨询意见，而不仅是个别智囊人物的意见。当今，它已成为发达国家社会经济体制中的重要组成部分。

2.1.2　国外科技咨询业务发展的特点

咨询服务业自20世纪初产生后，大致经历了个体咨询、集体咨询、综合咨询、国际合作咨询4个阶段。世界各国的科技咨询服务机构大多是由政界、财界和学术界支持和扶植下发展起来的。政府与企业的长期资助和政策扶植，在科技咨询产业的成长和发展中起着很大的作用。因此，国外科技咨询服务企业或公司在面向市场后，经营服务中一般都具有以下特点。

（1）高智力的服务性特点

国外的科技咨询服务企业和公司，无论其服务的内容如何，研究方式和服务手段如何，都有自己明确的发展目标与方向，以及独特的服务宗旨。如著名的兰德公司就以"为了达到和促进改善科学、教育和慈善事业的目的，一切都是为了美国的公共利益和国家的安全"为宗旨。因此，要求提供咨询服务的机构拥有多种专业知识和人才的有机组合，广泛的社会联系网络，强有力的信息收集、处理、加工和分析能力，以及较高的社会声誉和权威性，这就要求咨询研究人员具备较高的全面知识素质和丰富的工作实践经验，才能在协助咨询用户解决问题或为其决策提供依据（信息）过程中，进行综合分析和判断，提出切实可行的方案与对策。所以，国外科技咨询产业具有高智力的服务性特点，咨询服务机构大多属于知识智力密集型公司，人员素质一般都高于工商企业。据兰德公司提供的1993年统计数据表明，该公司从事咨询研究、信息服务的524名专职人员中硕士学历以上的占75.2%，而没有较高学历的职员则为长期从事专业实际工作或是具有丰富实践经验的军人和前政府官员，公司职员的专业领域涉及战略研究、情报分析、经济、政策、法律、工程、计算机和心理学等几十个专业。从国外科技咨询服务的内容与形式上看，服务机构中单纯提供信息、中介等初级咨询的企业极少，科技咨询产业基本上是不向社会提供未经加工分析、判断的资料信息及服务产品，而是提供较为完善的咨询研究成果，因而服务的质量、信誉和报酬都很高。

（2）服务的独立性与超脱性特点

国外科技咨询服务机构通常在行政上不隶属于政府部门和企业集团。无论是政府部门，还是研究机构或企业公司，需要求助于科技咨询服务时，一般均采用招标方式委托咨询服务机构自主进行，提供咨询的人员或机构不受任何社会力量和利害关系的左右，而是站在独立的立场上，凭借自身的知识智力和信息处理、加工分析手段及相应的职业准则来提供服务。咨询的结果也不以其是否被用户采纳，而是以其是否能被未来的实践检验证明为标准，研究具有较强的超脱精神。为了保证咨询产业服务的独立性和客观性，各国针对自己的特点建立了较为完善的咨询服务法律法规及相应的职业准则规范，明确规定咨询机构的组织独立性和服务结果的客观性原则，从法律上保证了科技咨询服务的独立性和超脱性。

（3）宣称"不以盈利为目标"的经营策略特点

国外科技咨询服务机构不论是官办的还是私营的，尤其是著名的大型综合性咨询服务公司，都公开标榜不以盈利为目标，这是国外科技咨询产业与其他服务性行业的不同之处。由于咨询服务机构公开宣扬了这样的经营方针，得到了社会各阶层的信任和政府与企业的支持，为咨询服务赢得了良好的声誉，同时也刺激了科技咨询服务的社会需求，从而推动了科技咨询产业的健康发展。另外，国外科技咨询服务宣称的不以盈利为目标，并非咨询服务不收费，而是将服务放在首位，更加重视经营管理，通过提供优质的服务和高效率的咨询研究成果来满足不同需求的用户，从而提高咨询服务机构的经济效益。

（4）政府重视开拓和培育咨询用户市场的特点

从西方国家的科技咨询产业发展历程来看，国外的咨询服务市场并非是完全按照市场经济的供求关系规律自发形成的，而是由政府根据国家产业政策的要求，运用宏观调控措施和相应的市场手段，积极扶植产业界，尤其是鼓励中小企业委托咨询机构开展各种服务，从而拓宽和培育咨询服务用户市场，以促进科技咨询产业的发展。例如，德国政府自20世纪70年代以来，就推行咨询服务费用补贴政策（联邦政府和地方当局的），规定对年销售收入在250万马克以下的企业委托的咨询服务，其所需费用的75%由政府补贴，对年销售收入在250万～80万马克和80万～200万马克的企业，政府则分别补贴50%和25%的咨询服务费用，而对年销售收入在200万马克以上的大型企业，政府不予补贴。近年来，一些西欧国家如法国、西班牙、意大利等也在积极推进咨询服务费用补贴政策。在该项政策的鼓励和吸引下，这些国家有近50%的企业（其中，中小企业的比例为76%）长期接受咨询服务。虽然补贴政策的实施给这些国家的财政带来了一定的负担，但由此扩展了咨询服务市场，推动了科技咨询服务的产业化，而且企业通过接受咨询服务，提高了技术进步水平和经营管理能力，经济效益和税收明显改善，国家的受益则是主要的、长远的和根本的。

2.2 国内科技咨询业务发展

2.2.1 国内科技咨询业务发展的现状

咨询服务在我国真正形成独立的工作机构是20世纪80年代初开始的，在经历了初创阶段（1978—1983年）、突破阶段（1984—1991年）、加速发展阶段（1992—1996年）、体系形成阶段（1997年以来）4个阶段后而产生和发展起来的，在近几十年有了相当快的发展。过去，我国由于管理体制上的弊端，决策部门基本上以领导者的经验和意志为依据进行工作，有些重大决策缺乏科学论证或研究，就轻率拍板，造成的损失和浪费是十分惊人的。随着我国经济体制和政治体制改革，在不断提高经济效益的前提下，无论是企业的革新、改造课题的解决，还是城市总体规划或重大技术引进项目的决定，都需广泛征询专家的意见和建议。决策科学化日益引起党政领导机关和企事业单位的重视，咨询机构和智囊组织已成为决策体制的组成部分。

经过20多年的发展，我国科技咨询业取得了长足的发展，已经具备了相当的基础：机构迅速发展壮大，功能趋于多样化；高层次的科技服务队伍正在形成；社会力量正在成为发展科技服务机构的生力军；行业协会在促进科技服务机构发展中的作用开始增强；科技服务机构已成为政府部门转变职能、完善自身管理和服务的重要依托力量。近几年来，我国不但开展了技术咨询、工程咨询和企业诊断服务，而且综合性经济发展战略等决策、咨询也得到有关部门领导的重视。有些咨询机构已经提出了一些相当水平的咨询报告。咨询机构通过各种现代化手段，为社会各界提供咨询服务。各种咨询组织的蓬勃出现，已经为社会主义的民主政治开辟了一条新途径。随着科技型企业迅速发展，为创新主体提供社会化、专业化服务的专业组织——科技咨询机构，在科技创新和经济发展中的地位和作用越来越重要，已经成为现代服务经济结构中的一个重要组成部分，成为第三产业中最具活力和智力特征的服务产业。

2.2.2 国内科技咨询业务发展的问题及原因

目前，我国科技咨询业发展虽然蓬勃向上，但仍然存在多种问题，影响和制约咨询业发展的原因如下。

①缺乏咨询意识，咨询市场需求不强。由于对咨询业促进科学决策宣传不够，咨询的作用没有得到社会各领域、各阶层普遍认同。项目投资主体和企事业单位对咨询业了解不够，咨询意识普遍不强，导致咨询行业缺乏足够的自发性委托，市场发展缓慢，需求不大，制约着咨询业的发展。

②缺乏政策引导，咨询企业发展不快。促进及扶持咨询业发展的有关政策较少，无法在财政、资金、税收、人力资源等方面给予咨询行业更多的扶持，也没有建立起咨询业的政府管理体系，使得咨询企业目前发展缓慢。不少咨询机构缺乏政策引导，这也是影响现代咨询业发展的因素之一。

③缺乏咨询体制，咨询企业运作不畅。咨询机构的公平、公正、公开竞争发展环境尚未形成，运作机制存在问题。由于存在政府、行业、部门的垄断，阻碍了咨询业本身的按市场运作原则，影响了咨询业的正常发展，对社会、经济、科技建设造成了损失。

④缺乏行业管理，咨询行业方向不明。由于行业管理缺位，江苏省咨询业发展缺乏整体规划，咨询机构之间缺乏交流与协作，咨询企业缺乏从业人员的任职资格、咨询服务应承担的行规及必要的监督，使得一些咨询企业业务超范围经营现象比较严重，整体行业发展水平较低，一些实力雄厚、绩效突出、信誉卓著的咨询机构也没有起到龙头作用。

⑤缺乏创新能力，咨询机构发展缓慢。咨询机构还没有及时转变发展观念、转变运作形式、转变组织形式、转变经营形式，没有与时俱进、坚持创新以适应市场经济的环境。现代科技快速发展，科技咨询的能力要跟上时代，我国的现代咨询业与国外差距很大，也是制约发展的内因。有些咨询机构非专营性的，专业化程度不高，咨询业务仅是其兼容的职能，因此，创新能力比较差，服务能力滞后于社会经济、科技发展的速度。咨询机构必须加强自身建设，才能生存、发展，并参与到国际竞争中。

⑥缺乏专业培训，咨询服务水平不高。缺少对咨询从业人员进行专业培训，也没有培训机构开办咨询人员专业培训班，因而合格咨询从业人员存在很大缺口。另外，学历高的专业技术人员从事咨询工作的不多，高学历、高水平、高层次咨询人才流失比较严重。

2.2.3 情报所在科技咨询业务发展中的作用

从新中国成立初期，以中国科学院科学情报研究所（现中国科学技术信息研究所）为代表的我国第一批科技情报机构成立至今，已经形成了以国家部委和省市（直辖市、计划单列市）、地市三级为主的科技情报系统，隶属于各级科技管理部门，开展不同层次的科技情报服务。从中央到地方，科技情报机构数量分布呈金字塔结构，但机构的资产占有量和人员拥有量则呈倒金字塔形。以人员分布为例，部委所属机构人数一般在二三百人数量级（有的超过300人），省级所属机构一般在百人数量级，地市机构一般在二三十人数量级。这种结构决定了长期以来中央部委和省市（直辖市、省会城市）科技情报机构成为科技情报行业的带动力量，由于软资源包括高级人才的相对集中，它们是科技情报工作的主要推动者和策应者。而且，由于历史悠久，规模较大，经过长期积累，部委和省市级科技情报机构的基础条件较好,主要表现为固定资产(包括办公场所、设备和信息资源等)积累较为雄厚。

科技情报机构传统业务和在新的时期不断衍生的新业务相互消长、整合,构成了科技情报机构目前的业务图谱,与30多年前相比有了很大变化。目前,大多数综合性科技情报研究机构均为公益性科研机构性质,主要服务方向及内容逐渐演变成以下3个方面:一是为政府和决策部门提供战略情报研究服务和决策、管理辅助服务,包括围绕科技决策的情报研究、战略研究和软科学研究,科技项目管理、科技统计、科技信息网建设、科技宣传等;二是进行科技信息资源平台建设,为社会提供公益性科技情报服务,特别是要为企业、科研机构和高等院校的科技创新提供文献情报和科技查新服务等;三是利用自身的一些优势,参与市场竞争,包括面向企业和市场的咨询服务、产业竞争情报研究。政府和企业作为科技创新的决策和实施者,一直以来都是公益类科技情报研究机构提供情报服务的主要对象。然而在"大众创业、万众创新"的背景下,进一步拓宽向社会提供公益性科技情报服务范围,为创新创业提供高水平情报产品服务,也将成为公益类科技情报研究机构未来发展的业务之一。

3 江苏省科技咨询机构发展现状

3.1 江苏省主要科技咨询机构发展概况

目前,江苏省科技咨询业务整体上存在市场较为混乱、准入门槛过低、缺乏行业规范、咨询机构种类繁杂、服务产品较低端、业务水平不够专业化等问题,同时存在苏南苏北发展的不均衡现象,苏南地区科技咨询业务需求量大、咨询机构蓬勃发展,而苏北地区科技咨询业务需求量过少、咨询机构发展动力不足。根据江苏省科技咨询协会对2017年度全省218家信誉咨询企业和咨询研究机构(以下简称咨询单位)经营状况的统计数据,江苏省主要科技咨询机构发展现状存在以下特点。

(1)咨询机构以企业性质为主

在218家咨询单位中,企业177家,占81%;其他(含事业单位)41家,占19%。按经济性质分:在218家咨询单位中,国有经济性质的咨询单位共33家,非国有经济性质的咨询单位185家,占84.8%(上年为81.9%),其中:有限责任公司、股份制有限公司、集体企业等130家,私营企业47家,外商投资企业1家,其他7家。

(2)从业人员质量较好

218家咨询单位2017年年末职工总数47 010人,其中从事咨询业务的人员总数35 194人(上年为33 680人),占职工总数74%;具有大专以上学历人员总数33 457人(上年为32 007人),占职工总数71%。在从事咨询业务的人员中,具有高、中级职称的人员23 314人,占职工总数的49%,其中获得博士学位有1056人,获硕士学位的有7431人。

(3)咨询业务以工程咨询为主

2017年度,218家咨询单位承担咨询项目的合同总金额167.15亿元。其中:政策咨询5.95亿元,占3.5%;技术咨询35.49亿,占21.2%;管理咨询7.32亿元,占4.37%;工程咨询 114.43 亿元，占 68.4%；其他咨询 3.95 亿元，占 2.3%。共承担各类咨询项目 121 264 项。其中：政策咨询 5466 项，占 4.5%；技术咨询 38 792 项，占 31.9%；管理咨询 8684 项，占 7.16%；工程咨询 52 955 项，占 43.6%；其他咨询 15 367 项，占 12.6%。

（4）经济效益和社会效益显著

2017 年度，218 家咨询单位经营总收入为 453.44 亿元（上年为 423.13 亿元），其中：咨询收入 141.79 亿元（上年为 133.36 亿元）。2017 年度，218 家会员单位向国家缴纳税金 21.40 亿元（上年为 19.10 亿元）。在 218 家咨询单位 2017 年完成的全部咨询项目中有部分项目给客户带来直接经济效益，其中：有 59 577 项完成后为委托方节省或核减投资额 133.44 亿元，而完成上述项目后委托方支付的咨询费用合计 7.31 亿元，咨询投入回报率为 1∶18；有 7705 项完成后为企业直接增加效益或降低成本的当年净值 27.50 亿元，而完成上述项目后委托方支付的咨询费用合计 1.54 亿元，咨询投入回报率为 1∶17。

（5）经营规模以中小型为主

在 218 家咨询单位中，2017 年度咨询收入在亿元以上的有 20 家（上年为 18 家）；5000 万～1 亿元以上的有 20 家（上年为 18 家）；1000 万～5000 万元的有 85 家（上年为 87 家）。平均每个咨询单位拥有咨询从业人员 161 人（上年为 149 人）；年平均完成咨询项目 556 项（上年为 644 项）；平均每个咨询单位年咨询收入 6504 万元（上年为 5901 万元）；平均每个咨询项目合同完成后获得的咨询收入为 11.69 万元（上年为 9.16 万元）。

3.2 实地调研的科技咨询机构发展现状

立足于江苏省主要科技咨询机构以中小型为主这个客观实际，本课题共实地调研 7 家中小型科技咨询机构，分成事业单位性质和企业性质两大类。具体调研结果分析如下。

3.2.1 A 机构优势独特，构架体系成熟，市场定位前瞻

调研发现，A 机构虽然为事业单位性质，但是有着企业的雄心壮志，早于其他科技咨询机构谋划布局，市场定位前瞻，构架体系成熟，服务产品完备，市场开拓力度大，依靠具有独特优势的平台和较为先进的业务技术，锐意进取，成为整个江苏省科技咨询机构的一枝独秀。其对科技咨询服务市场的深入挖掘、前瞻定位和"三大联盟+三大系统+十大平台"体系值得我们认真分析和学习，本所可以以此为标杆，努力打造一套完备的工作体系，开发具有特色的服务产品，提高科技咨询服务能力。

（1）机构发展现状

A 机构为事业单位属性，共设立 19 个部门，其中 4 个为主营科技咨询服务的市场部门，分别为理化测试中心、培训中心、管理咨询中心、低碳环保中心，从事于科技咨询服务的员工共有 80 余人，年创收近亿元，其创收和规模均在省内科技咨询服务机构中位列第一。

A 机构成立之初完全没有发展思路，只是依照政府行政命令，服务于乡镇企业、做好技术转移交易；20 世纪 90 年代开始学习借鉴香港、台湾生产力中心的做法，接受各种咨询业务，定位不够明确；2000 年年初中心定位为咨询服务，大力开拓市场，争取 10 年内成为全国前三的咨询机构。经过 30 多年的市场摸索，如今 A 机构形成了自己的特色，精准定位于"科技咨询，做好公益服务和市场服务两条线"。近几年，为了将科技创新服务输送到市场需

求的最前线，A机构还制订了"进园区"计划，即派1～2名员工驻点到各个园区，负责处理园区的所有科技咨询需求。目前，"进园区"计划已经覆盖全部国家级园区和一半省级园区，共计40多个园区，其中多数集中在以苏州为代表的苏南地区。

（2）机构发展优势

A机构能够发展到今天的成就，有3个方面的原因：一是抓住了市场机遇，很多单位因为机构改革不再有硬性创收要求而无法调动员工创收积极性，于是余下很多市场可争取；二是遇上好时代，近几年国家政策方向给予本机构很多发展空间，例如，大力推行"两化融合"，于是衍生出两化融合服务项目可以争取；三是对固有市场的深入开拓，如制定实施"进园区"计划。但是目前A机构发展也面临一些问题：一是体制机制限制了机构许多市场行为；二是单纯靠平台推动市场，人员研究能力不够，专业知识积累不足，机构发展后劲不足。

（3）机构今后发展定位

今后，机构将在维持安全运营的前提下，基于科技咨询服务又不局限于科技这个方面，努力打造"三大联盟+三大系统+十大平台"体系，即省技术转移联盟、省科技创新服务联盟、"一带一路"创新合作与技术转移联盟；科技计划管理系统、科技专家库、高新技术企业库；跨国技术合作服务平台、产学研合作移动智能服务平台、科技金融服务平台、科技咨询服务平台、资源共享服务平台、高层次人才引进服务平台、检验检测平台、军民融合协同创新服务平台、科技培训平台、农村科技服务平台。

（4）与本所关系

由于江苏A机构和本所同属于事业单位性质，工作人员数量较多、学历背景较高，服务内容在很多方面相似，所以在一定程度上，可以作为本所发展学习借鉴的对象。

3.2.2 B机构人才资源优质，服务产品独特，拥有线上线下相结合的技术转移平台

调研发现，B机构作为首批在国内开展科技咨询服务的机构，依靠高层次经验丰富的人才团队，形成"科技顾问"、建设六大体系的特色服务，建成线上线下整合的技术转移平台，敏锐地把握住咨询服务的发展方向，丰富了科技咨询服务的内容方式，为科技咨询服务行业培养了许多专业人才，始终走在行业发展的最前端。

（1）机构发展现状

B机构为企业性质，是基于广州博士俱乐部发展起来的全国知名科技创新服务商与知识交易运营商，致力于为人才创业、企业创新和政府引才育才提供专业服务，具有二十几人的骨干团队，每年创收1000多万元。

鉴于现今科技服务业呈金字塔结构，最底层的服务为提升企业创新能力、帮助企业整合创新要素等这一类，中间层次的服务为帮助企业管理管控研发项目、实现人才落地、产学研合作等项目、完成高校对接这一类，最高层的服务为技术转移和技术交易，B机构定位为打造走在行业前端的链条式服务，包括两大块业务——主要为企业提供政策辅导的科技咨询服务，以及主要为政府搭建平台运营市场的技术转移交易服务。在此基础上，B机构形成"科技顾问"特色服务，帮助企业建设六大体系：研发机构建立及管理体系，知识产权体系，立项与成果管理体系，产学研合作体系，人力资源体系，科技财务体系。目前，机构已经负责

运营的平台有扬州、淮安、宿迁的教育中心。

公司面对的客户需求多数为科技项目申报相关的咨询服务，极少数具有一定水平规模或发展意识的企业才会需要全面提升自身能力的科技咨询服务。

(2) 机构发展优势

B机构发展优势在于四点：一是服务范围更广泛，不仅仅是单纯的提供科技咨询服务，还提供技术转移、成果转化等服务；二是服务理念更先进，不仅是帮助企业申报各类项目，更希望帮助企业提升能力和申报项目的自身实力，从而有利于企业的长远发展；三是服务平台更强大，拥有博士孵化圈和高企云两大平台，包含几十万的科技成果、专利知识产权和一批资深专家，客户通过平台可以查询到政府各类政策、相应项目申报程序、高企培训视频等材料；四是人才团队更高层次，机构从博士俱乐部起家，人才资源优质，具备非常了解政府政策、各种项目申报、运营教育中心的工作团队，已经连续6年获得"金博奖"。

(3) 机构今后发展定位

B机构管理层面认为具有一定规模的高新技术企业是未来产业研发创新的主力军，对科技咨询服务有更多的需求空间，因此，机构今后将以服务中等规模的高新技术企业为主。

(4) 与本所关系

B机构可与本所开展一定范围的合作关系，希望本所可以搭建平台、规范行业行为、整合咨询机构资源，更好地服务于政府部门和中介机构。

3.2.3　C机构与政府、园区合作紧密，人才团队项目经验丰富

调研发现，C机构通过"一个小组团队负责一个项目，一个业务骨干加上几个普通员工组成一个小组"的工作方式，紧密参与到政府、园区的项目中去，在保证项目质量的同时快速提升新进工作人员的能力，为维持公司团队工作能力储备力量。同时，该机构积极搭建数据平台，为客户提供及时定向地资源服务，保持一定的市场竞争力。

(1) 机构发展现状

C机构为企业性质，拥有主干员工20余人，会员单位30家，今年预计创收1300万元，其中600多万元源于为高新技术企业提供科技咨询服务。公司业务主要分为三大板块：以资质、项目招投标为主的传统科技咨询，以科技政策相关辅导为主的大中型企业科技规划和以企业调研、摸底评估、规划备案为主的园区规划。高新技术企业是本机构一个重要的服务对象，目前，C机构已经与江宁开发区、麒麟开发区、新港开发区展开亲密合作，获得整个园区的高新技术企业打包业务。

目前公司客户需求都是务实性的，包含人才、资金两个方面。

(2) 机构发展优势

C机构发展优势有两个方面，一是拥有从业时间较长、具有丰富的科技咨询经验的核心团队人员；二是与政府、园区合作紧密，拥有一定的市场资源。

(3) 机构今后发展定位

针对企业需求多为务实性的，涉及知识产权、资质、项目等方面，C机构下一步将与上海复旦计算机学院联合成立信息产权保护公司，用以专门提供追溯侵权图片、视频的来源服务，同时建立数据共享平台，帮助客户随时查询政府相关政策和项目申报资料，根据客户所

需定期推送针对性信息。

(4) 与本所关系

目前，C 机构想要在新型研发机构建设服务这块获得一定的突破，期待与本所能展开合作，希望本所可以建设新型研发机构联盟，打造一个公开透明的信息平台，获得政府政策倾斜和支持，提供新型研发机构如何落地、落实政策、指标管理、考评、人才引进等方面的信息资源。同时，公司建议本所可统一规范科技咨询服务行业指标，进一步加强行业管理。

3.2.4 D 机构拥有核心专家库，聚集大企业大项目

调研发现，D 机构通过建立一个领域广、专业强、人才多的核心专家库，将科技咨询业务交予专家库去完成，为所服务的企业带来了大量的优质科技资源，从而打造自身的服务品牌，吸引客户主动找上门来要求提供服务，具有一定的大企业客户市场，形成稳定的科技咨询业务量。同时，公司在园区服务这块，避免与 A 机构竞争同种业务，而是另辟蹊径，做 A 机构服务不了的业务，这样可以保存该机构实力，有更多的精力去抢占科技咨询服务行业的市场空白地。

(1) 机构发展现状

D 机构为企业性质，目前拥有 20 多人的骨干团队，拥有自己的专家库，包含新型技术、新材料、机械制造、生物医药等六大领域的专家约 500 人，能够为企业、政府整合省内外优质科技资源、搭建科技服务平台，拥有 100 家左右大企业的核心客户，每年科技咨询业务创收在 1000 万元左右。

公司发展定位高端、精准，主要分为 3 个方向：聚焦大企业，主攻大项目，构建大平台。该公司认为只有实力雄厚的企业才能做高端的研究、竞争高层次的项目，再结合公司自身具有优质科技资源的优势，所以公司聚焦大企业；主攻大项目，主要是帮助企业申报科技厅、发改委、经信委的大项目，例如，帮助镇江环太硅科技有限公司申报发改委的项目；构建大平台，主要是为高新技术开发区、科技产业园、新型研发机构服务。

(2) 机构发展优势

D 机构的发展优势是拥有高质量的核心专家团队，能够为企业整合到省内外最优资源，不仅仅是帮助企业争取到资金、项目，而且为企业带来大量的专业人才资源，提高企业的能力。

(3) 与本所关系

D 机构希望将来能够与本所展开合作，在产业规划、科技评估方面，获得本所独有的资源，使得这两方面的业务服务更具权威性；同时，能够共用本所的大数据平台，希望本所可以协调不同的科技咨询机构来共同做好科技咨询服务。

3.2.5 E 机构明确自身发展思路和定位，始终做好 3 个层面的服务

调研发现，E 机构具有很强的企业文化，即按照罗兰贝格风格做公司，学华为，学联想，大胆创新和实践。公司通过始终做好政府层面的发展战略咨询服务这条主线，使得自身始终站在一定的战略高度上把握全省发展趋势，走在行业发展的前端，提高了自己业务能力水平，从而获得行业内的广泛认可；通过始终坚持做好三件事，明确自身发展思路和定位，发展出主导产品，形成区别于其他科技咨询机构的特色优势，从而提高自己的市场竞争力。

（1）机构发展现状

E机构为企业性质，是一家国内外知名的管理咨询公司，江苏省"AAA"级咨询机构，省科技咨询协会常务理事和副理事长单位，拥有核心团队10余人，年创收400万～500万元。

公司发展定位为打造高层次、高水平、具有一定公益性质的科技咨询机构，以服务省委、省政府为主，提高机构业务能力水平；以服务企业为辅，拓宽机构发展视野格局，从而获得行业内的广泛认可。因此，该公司始终坚持做好三件事：一是坚持为省委、省政府服务，关注省委、省政府在经济方面的重大项目，为政府提供六个报告，特别是在研究制造业、民营经济方面成效显著，服务经济、制造业发展战略；二是坚持做好产业服务，主要是为县级市、开发区、高新区服务，坚持"产业—区评—县评"，将县级市服务定位为以社会发展为主导的经济发展服务，区服务定位为以经济发展为主导的社会发展服务；三是坚持提供企业管理咨询服务，提出"苏浙皖沪三省一市长江经济区""市场大监管体系"等概念。

公司目前面对的客户需求有：政府部门方面，需求江苏经济前瞻、政策走向；区县方面，需求招商引资，通常需要形成"一招时一报告"；企业方面，需求从单向需求变为综合需求，是将"实体经济、现代科技、金融商业、人才资源"融合起来的需求。公司的主导产品包括推动区县高质量发展，为其提供从机制密度判断到新战略把握的服务；为企业制定发展模型，帮助其完成从分类产业政策到要素产业政策发展方向的转变；为企业建立数据库体系。

（2）机构发展优势

与其他科技咨询机构相比，E机构的优势在于能够领会中央精神、研究江苏特色、指导市级部署、服务区县发展。

（3）与本所关系

E机构希望与本所形成合作关系：一是可以共享科技数据、文献；二是展开市场合作。目前市级情报所无所作为，区县情报所彻底垮台，这时省情报所可以搭建企业服务平台，团结一批机构骨干，各自致力于自己的骨干业务，然后合作分工完成项目，形成科技咨询服务产业链。

3.2.6 F机构人才团队专业知识扎实，拥有精准的体系标准

调研发现，F机构依靠在专业领域深入挖掘、精益求精的态度，制定出一系列精准的体系标准，从而为客户提供高质量且具有实效的咨询服务。将某个咨询服务领域做精致、做得标准化，正是该机构能够在市场上获得一席之地的原因所在。

（1）机构发展现状

F机构为企业性质，拥有扎实的专业技术背景，主要为广大客户提供生产方面的"安全+精益生产"咨询服务和研发咨询服务。目前，公司核心团队20余人，聘有专职、兼职咨询服务老师若干名，在上海、深圳、宁波等地都设有服务站点，业务分布地域广泛，主要客户为外企和部分央企，每年创收700万～800万元。

（2）机构发展优势

与其他科技咨询机构相比，F机构的发展优势来自两个方面，一是优厚的公司文化、正

确的价值观；二是拥有扎实的专业基础、过硬技术、丰富经验和较强业务能力的核心团队。

(3) 与本所关系

F机构业务范围与本所业务不产生竞争关系，可尝试在推行科技政策、搭建服务平台方面产生一定的合作。

3.2.7 G机构做精做细原本业务，利用淮海经济区搭建业务平台

调研发现，面对苏北科技经费少、项目少、评审专家选择越发严格，科技咨询机构在苏北发展不起来的情况，G机构仍能不断做精做细原本知识产权业务，同时扩展具有广泛客户认可度的业务，这正是值得学习的地方。该公司一是通过淮海经济区效应、为企业提供申报徐州市发明协会科学技术奖这一咨询服务，巩固并扩大了自己的市场；二是通过不断将知识产权服务领域做细做全面，制定发布管理规范来提高自己的业务水平。

(1) 机构发展现状

G机构为企业性质，成立于2008年，主要从事于知识产权咨询服务，设有知识产权研究中心、知识产权项目部、中期评估项目部、创新驿站服务部、管理咨询服务部等部门，拥有骨干员工十几人和淮海经济区专家库专家500人左右，年创收几百万元。

公司定位为平台类企业，团队以兼职专家为主，从事业务范围主要是知识产权贯标，兼顾知识产权项目。主要从两个方面来推进业务：一方面协同发明协会、市科技局、知识产权局定期开展公益性质的企业专家行活动；另一方面为客户提供知识产权战略分析、知识产权检索等服务。

(2) 机构发展优势

与其他科技咨询机构相比，G机构的优势一是拥有服务企业经验丰富、技术能力过硬的专业人才团队；二是拥有覆盖面广的市场人脉资源；三是骨干领导始终在探索建立更加完备的服务体系、扩大业务产品。例如，制订企业知识产权管理规范、高新技术产品评价规范，探索企业研发管理体系服务。

(3) 机构今后发展定位

G机构接下来将从3个方面拓展业务：一是省知识产权绩效评价；二是面向全国开展科技成果评价；三是高新技术产品评价。

(4) 与本所关系

G机构希望能与本所展开合作，一是希望共同合作推广服务产品、联合开展专家评审；二是希望情报所可以针对服务类技术出台一些标准；三是根据今后团体标准取代行业标准的趋势，希望情报所能够帮助推广团体标准。

3.3 实地调研的科技咨询机构情况分析

针对7家主要科技咨询机构与本所的关系，进行情况分析（表1）。由此可见，本所与调研的科技咨询机构可尝试在一定范围内合作，可尝试建设科技咨询服务机构联盟，统筹规划资源、协同规范各科技咨询机构行为，共同合作完成咨询项目，打造科技咨询服务产业链，进一步占据科技咨询服务市场。同时，本所还应积极学习借鉴各主要科技咨询机构的优势，建设完备的构架体系和特色服务产品、打造大数据平台和核心专家库，充分利用已有的

资源优势和大力培养人才资源、服务好政府机构和加强与园区的项目合作。

表1　7家主要科技咨询机构情况分析

科技咨询机构名称	主要特点	与情报所可能合作的方向
A机构	①平台优势独特 ②构架体系完整 ③市场定位前瞻	
B机构	①人才资源优质 ②服务产品独特 ③线上线下相结合的技术转移平台	①情报所搭建服务平台，整合咨询机构资源 ②情报所规范科技咨询行业行为
C机构	①与政府、园区合作紧密 ②人才团队项目经验丰富	①情报所搭建服务平台，建设新型研发机构联盟，提供信息资源 ②通过情报所获得政府政策倾斜和支持 ③情报所规范科技咨询行业行为
D机构	①领域广、专业强、人才多的核心专家库 ②聚集大企业大项目大平台	①共用情报所的大数据平台，获得资源 ②情报所搭建服务平台，协同咨询机构
E机构	①明确自身发展思路和定位 ②始终做好政府层面的发展战略咨询服务这条主线	①共用情报所的大数据平台，获得资源 ②分工完成项目，形成科技咨询服务产业链
F机构	①人才团队专业知识扎实 ②精准的体系标准	①推行科技政策 ②情报所搭建服务平台，整合咨询机构资源
G机构	①利用淮海经济区搭建业务平台 ②建立更加完备的服务体系、扩大业务产品	①推广服务产品、联合开展专家评审 ②情报所规范科技咨询行业行为 ③情报所能够帮助推广团体标准

4　本所科技咨询业务发展竞争策略

4.1　本所科技咨询业务发展的内部环境

4.1.1　本所科技咨询业务发展现状

江苏省科学技术情报研究所暨江苏省科学技术发展战略研究院、江苏省科学技术厅科技成果档案馆是江苏省科技厅直属公益性科研服务事业单位，始创于1960年5月，建所57年来历经数次机构与业务调整整合，目前形成"江苏省科学技术情报研究所""江苏省科学技术发展战略研究院""江苏省科学技术厅科技成果档案馆"3个全额事业法人，"三块牌子、一套班子、一支队伍"的科技创新服务业务新格局。2017年经省编办批准增挂"江苏省可持续发展研究中心"牌子。本所是江苏省AAA级信誉咨询机构、江苏省科技骨干服务机构、国家一级科技查新咨询机构、国家二级科技文献收藏单位、地区一级专利文献服务中心、中国（江苏）知识产权维权援助中心合作成员单位，拥有江苏省中小企业五星级公共服务平台，通过ISO 9001:2008质量管理体系国际标准认证，是江苏省文明单位。

目前全所（院、馆）共设19个部门，其中业务部门14个，以及江苏省科技情报学会、江苏省科技咨询协会、江苏省生物技术协会、江苏省科技翻译协会和江苏省企业研发机构促进会5个社团组织挂靠管理。共有事业编制181个，现有在职职工179名，其中，博士10人，硕士（研究生）101人；包括拥有国务院政府特殊津贴专家、省突出贡献中青年专家、省"333工程"培养对象在内的高级职称人员59人、中级职称人员73人。

科技咨询为本所四大业务品牌之一，主要是围绕科技创新活动的各个环节，以第三方科技服务资质、权威化业务职能、专业化技术手段、高端化人才队伍，精准开展经费监管、科技评估、科技查新、知识产权、双倍培训等7个方面的咨询服务，着力打造覆盖科技创新全流程的科技咨询特色服务品牌。

其中，科技评估评价服务包括为各级政府部门及园区提供科技计划、科技政策、科技项目、科技成果、科技人才及科技公共服务平台等涉及各类创新主体与载体的委托评审及评估评价服务；科技查新咨询服务包括为科研立项、新产品开发、专利申请、科技成果鉴定等提供新颖性鉴证，出具《科技查新报告》，为科技成果的鉴定、评估、验收、转化、奖励等提供文献情报依据；知识产权服务包括为企事业单位提供行业与产业专利技术趋势分析、专利技术竞争热度分析、专利地图编制、企业知识产权战略制定、知识产权评议等服务；科技经费监管服务包括开展科技项目经费审计、巡视检查、项目抽查及审计中介机构备案管理等服务，提供科技项目经费宣讲培训、审计验收咨询和"财务助理"等专业服务；科技金融服务包括根据企业融资发展需求，策划组织金融知识培训、主体沙龙等科技金融专题活动，提供股权融资方案咨询和指导，帮助企业精准联系创投机构，提供股权债权融资对接路演服务，联合金融机构为不同类别、不同发展阶段的企业，设计个性化的科技金融综合服务方案和产品；企业研发机构培育服务包括开展企业研发机构协同创新服务，搭建协同合作平台，举办沙龙和论坛等活动，开展企业研发体系建设辅导，从创新战略、研发流程、激励机制、知识产权等方面建立健全研发体系，联系组织全省企业和研发机构赴标杆企业考察学习培训；创新创业培训服务包括开展以思维创新、方法创新和工具创新为主要内容的创新方法培训，帮助企业提升自主创新能力，开展双创专题培训、企业研发管理体系贯标、企业融资保险、高新技术企业申报、科技报告编制、科技计划项目申报、科技统计报表填报等培训服务。

4.1.2　本所科技咨询业务内部发展环境的有利因素

（1）基础资源丰厚

本所作为江苏省科技厅直属公益性科研服务事业单位，是全额拨款的事业单位性质，拥有较为充足的资金经费和全面丰富的业务资质来提供科技咨询服务。同时建设有江苏省工程技术文献信息中心平台、江苏科技文献全文服务系统、江苏省企业知识服务平台等数据大平台，能够提供国内外科技文献检索与原文提供、产业行业动态信息，基础设施完善。

（2）人才结构不断优化

本所在职人员中硕士及以上学历人员占比达62%，其中不乏南京大学、东南大学这一类一流大学毕业的硕士、博士人员，同时从业人员的职称结构稳定，中级及以上职称人员占比高达74%，这些都为做好科技咨询服务奠定了坚实的基础。

（3）服务内容不断全面

近几年本所的科技咨询服务不再只是限于科技查新咨询、科技评估评价、创新创业培训这些老牌服务产品，而是涵盖了知识产权服务、科技经费监管、科技金融服务、企业研发机构培育等七大项服务内容，着力打造覆盖科技创新全流程的科技咨询特色服务品牌。

（4）咨询业务持续增长

近几年本所科技咨询服务这块的创收呈增长趋势，2017年全所（含研究院、档案馆）实现财政性收入5625.48万元，事业收入2486.83万元（同比增长14%），经营收入557.51万元，合计全年总收入8689.82万元，同比增长13%。实现净利润191.17万元，同比增长26.46%。全年实现经济收入和经济效益比上年有明显提升。

4.1.3 本所科技咨询业务内部发展环境的不利因素

（1）自身发展的定位不够清楚

信息时代的来临，增加了决策的复杂性和相互关联，伴随科技创新战略的布局、中小型企业需求的增长和科技咨询业务市场竞争的细化，对本所科技咨询服务工作提出了更高的要求。而本所还没能完全应对好社会变革大背景下的各种挑战，在做好政府层面的科技战略服务和做好企业层面的科技咨询情报服务之间定位不够清楚，在做好公益类科技资源服务和积极参与到市场竞争中去方向不够明确。

（2）完备的服务体系仍在建设中

本所近两年才提出要构建"一库三中心"的服务体系，即科技智库、科技咨询中心、科技传媒中心和科技数据中心，建设完备的服务体系尚处于起步阶段，具体如何将这些落实到位仍处于摸索中。

（3）部门之间业务存在交叉

一些业务部门由于没有明确的业务界限，咨询服务种类过于相似，于是存在业务冲突的问题，这些会导致所内不同部门之间的不良竞争，造成本所资源浪费。

（4）业务创收稳定性不够，缺乏具有特色的主导产品

虽然本所有一些如科技查新这样的老牌科技咨询服务来维持业务创收，但是一些业务部门对于本部门的主导业务尚处于摸索中，缺乏具有特色的主导产品，无法保证创收稳定性。

（5）体制机制存在一定束缚性，缺乏激励机制

由于本所是公益性事业单位性质，没办法像企业一样单纯以营利为目的，单纯以业务销售额多少来决定员工工资，而且很多用人机制不够灵活，项目资金使用不够便利，员工创收积极性不够，对于市场的开拓力度也不够。

（6）对资源利用不充分，缺少核心专家库

本所虽然具有全面的服务资质、丰富的科技资源、人才资源和信息资源，但缺少对于自身资源的深入挖掘和联合利用，也未将拥有的专家资源集合起来打造一个核心专家库。

4.2 本所科技咨询业务发展的外部环境

4.2.1 本所科技咨询业务外部发展环境的有利因素

（1）各级政府越来越深刻认识到发展科技咨询服务业的重要性，正积极制定更加有效的政策支持科技咨询服务业的发展

一个新兴产业的高速、健康、稳定发展很大程度上取决于其国家对于新兴产业发展的重视和扶持程度。首先，国家以及地方政府需要建立一系列的政策法规来规范新兴产业的发展，使之能够公平高效地快速发展。其次，仅仅对新兴产业发展进行简单层面的立法规范是远远不够，国家及地方政府应该通过建立一系列的辅导、辅助机制来正确引导新兴产业的发展。科技服务业是全球范围内新兴的知识密集型服务产业，由于发展历史相对而言还不是很久，发展中必然会存在着许多问题，所以国家及地方政府的支持和政策引导是非常重要的。欧美国家的科技服务业发展较早，发展水平较高，很大程度上得益于各国采用的政策引导机制，有效激发科技服务业的市场需求，促进了科技服务业的健康发展。

我国及江苏各级政府也充分意识到了政策引导的重要性，2014年国务院印发《关于加快科技服务业发展的若干意见》，明确指出要重点发展研究开发、技术转移、检验检测认证、创业孵化、知识产权、科技咨询、科技金融、科学技术普及等专业科技服务和综合科技服务，提升科技服务业对科技创新和产业发展的支撑能力；要鼓励发展科技战略研究、科技评估、科技招投标、管理咨询等科技咨询服务业，积极培育管理服务外包、项目管理外包等新业态。支持科技咨询机构、知识服务机构、生产力促进中心等积极应用大数据、云计算、移动互联网等现代信息技术，创新服务模式，开展网络化、集成化的科技咨询和知识服务。加强科技信息资源的市场化开发利用，支持发展竞争情报分析、科技查新和文献检索等科技信息服务。发展工程技术咨询服务，为企业提供集成化的工程技术解决方案。随后，江苏省委、省政府出台了《加快科技服务业发展的实施方案》，明确指出由省科技厅负责，以战略规划、政策研究、产业分析、企业咨询等为重点，提升科技咨询服务整体水平。面向全省创新决策咨询需求，发展产业技术战略咨询、企业创新咨询、科技评估、科技招投标、管理咨询等特色服务业，培育管理服务外包、项目管理外包等新业态。立足江苏省工程咨询服务较强优势，加强资源集成，着力发展工程技术成套咨询服务。支持科技服务机构应用移动互联网、云平台等信息手段，面向市场开展科技培训、企业知识库建设等服务。支持科技发展战略咨询、产业创新研究机构开展国际国内交流合作，在数据分析、政策研究等领域打造国内外知名的专业化高端科技智库。

（2）江苏科技咨询服务业的市场需求越来越旺盛

首先，30多年来江苏经济快速发展，在全国处于领先水平，2017年江苏经济在全国排第2位。快速发展的经济使江苏企业有广阔的发展空间，江苏创业的积极性很高。目前，江苏省拥有国家创新型试点企业31家，"专精特新"小巨人企业超过1000家，高新技术企业13 000余家，随着这些企业逐步成为技术创新的主体，对科技服务会有越来越多的需求。其次，随着我国加入WTO，知识产权保护的法律和法规越来越完善，市场竞争日趋激烈，江苏目前正是创新驱动型经济发展，这对企业技术创新提出了更高的要求，必然驱动企业的技术需求，科技服务的需求也将随之增加。再次，江苏是一个科技大省，每年高校和科研院所会有大量的科研成果，这些成果的转化和产业化离不开科技服务机构的支持，并且随着科研院所的改革，企业的改制，技术的供需双方都对科技服务提出了更多的需求。另外，江苏处于沿海地区，近年来改革开放和快速发展的经济吸引了很多国外的技术向国内转移，如常州和苏州技术转移中心近年来的成功运作，这也是科技服务业的新的市场需求。

科技服务业是具有高知识含量的朝阳产业,是新的经济增长点,并且科技服务业的发展对区域经济的发展具有倍增器的作用,为此,江苏各级政府对于科技服务业会不断加强宏观调控,制定了一系列与之配套的宏观经济政策、产业政策和发展战略,不断培养知识型服务市场的发展。总而言之,江苏科技服务业的市场需求正向着越来越好的方向发展,不断成熟。

（3）支持江苏科技咨询服务业发展的技术设施越来越完善

21世纪是经济全球化的时代,知识经济必然成为未来社会经济发展的趋势。科技服务业的发展需要整个社会经济的发展,需要以信息技术为代表的基础设施的支撑。江苏省近年来加大了对各类基础设施的投入,不断改造已有的基础设施,新建各类新型设施,加强信息化建设,已基本建成覆盖全省市、县的科技信息网络,省情报所已建成多个数据库可供全省范围内各类科技服务机构共享。使得科技服务业的技术手段不断丰富,可以利用先进的网络和数据库技术将江苏科技服务业的发展提升到一个新的高度。

（4）江苏科技咨询服务业发展所需的人力资源越来越丰富,质量越来越高

我国在经济快速发展的同时,各类人才也不断涌现。科技服务业主要是提供各类知识服务产品以满足消费者的需求,而知识服务产品的提供主要依赖高素质的人才经过知识活动形成知识产品。因此,知识型服务人才对于科技服务业的发展后劲起到非常重要的作用。

一方面,江苏省一直是我国的经济、教育和文化大省,各类知识型服务人才比较丰富。同时由于江苏省的经济和文化优势,吸引了全国各地的知识型服务人才来到江苏从事科技服务业。另一方面,江苏科技服务业的从业人员的数量增加的同时,从业人员的素质正在不断提高。受过高等教育的科技服务从业人员数占总从业人员数的比重越来越高,一大批具有硕士、博士学位的高学历人才及各类专家学者都不断参与科技服务业的研究和发展工作。这使得江苏科技服务业的发展前景一片光明,必然在未来的竞争之中处于有利地位。

（5）江苏国际化程度的不断提升将加快其科技咨询服务业国际化程度的提升

江苏经济和社会发展的国际化程度越来越高,江苏包括科技服务业在内的各行各业越来越注重加强与世界各国的联系和交流,因此近年来江苏科技服务业也非常注重与世界各发达国家科技服务业进行交流,不断吸收它们先进的发展经验,世界各国科技服务业的发展成果对江苏科技服务业的发展会产生重要的影响。特别是江苏这样一个外资企业很多,对国际标准化的科技服务具有很大的认同度,必将会吸引外资科技服务机构的进入,这些都有利于提升江苏科技服务业的国际化程度。

4.2.2 本所科技咨询业务外部发展环境的不利因素

（1）江苏科技咨询服务机构缺乏整体布局,政府的政策引导力度不够

目前,江苏还没有对各类科技服务机构的功能进行整体的规划和合理的布局,整个科技咨询服务准入市场基本处于无序自由发展阶段,这一方面可能导致部分业务服务能力的过剩,而部分业务服务能力的不足,服务机构质量参差不齐。

我国科技服务业是随着政府职能转变逐步发展起来的,对市场的适应性比较弱;而我国市场经济本身发展还不是很成熟,计划经济的影响很深,创新过程中各类主体对技术创新服务的需求有待激发。所以国家及地方政府的政策引导非常重要。欧美国家的科技服务业发展

较快，发展水平较高，很大程度上得益于他们采用的政策引导机制。我国和江苏省各级政府也充分意识到了政策引导的重要性，但是由于科技服务业的发展时期不长，政府对于如何正确引导科技服务业的发展还缺乏经验，政策法规的覆盖面还非常有限，对科技服务业的引导还处于探索之中，切合实际、可操作性强的鼓励政策与相关措施还比较少。

（2）江苏科技咨询服务业发展所需的资金来源还不够充足，投入力度不强，渠道单一

当今社会任何一个行业的发展必须要有大量的资金投入，科技服务业也不例外。由于科技服务业非营利性的特征，导致投资的渠道受限，再加上科技服务机构的法律地位的不明确，目前江苏没有外资的科技服务机构，民营投资的科技服务机构也很少，而政府在该产业的投入很有限，这相对于江苏科技服务业发展的现实需要还存在着不足。

（3）江苏科技咨询服务业地区发展不够平衡

由于历史沿革、地理位置、经济政策等因素，江苏各地区呈现出不同的发展态势。苏南地区经济发达，借助其资源优势、技术优势和人才优势领跑江苏科技服务业发展；苏中地区发展平缓，借助其紧邻苏南地区这一地理优势，依靠制造业和现代服务业"双轮驱动"并跑江苏科技服务业发展；苏北地区相对滞后，科技服务业发展的动力更期待激发，跟跑江苏科技服务业发展。这导致整个苏南地区科技咨询业务需求量大、咨询机构蓬勃发展，而苏北地区科技咨询业务需求量过少、咨询机构发展动力不足的局面。

（4）江苏科技咨询服务业市场发展还不够规范，执法力度不强

科技服务业所能提供的服务产品大多是无形的知识产品，容易受到不法行为的剽窃和模仿，因此，及时、有效地保护知识服务产品及提供者的合法权益对规范和加快科技服务业发展至关重要。我国及江苏省近年来通过立法形成了一系列的法律法规，不断加强对知识服务市场的规范与管理，保障科技服务业的企业和组织的合法权益。但是，法律法规还有待进一步完善，特别是在执法过程中由于多方面的原因，导致对侵犯知识型服务企业正当权益的违法行为的打击力度还不够，影响江苏科技服务市场的规范性发展。

4.3 本所科技咨询业务发展的 SWOT 分析

通过前面的讨论可以看出，本所科技咨询业务的发展既已经取得了一些进步，也面临着许多问题，其内外部发展越来越得到改善，但也面临着激烈的市场竞争。因此，本所必须在立足原有科技咨询服务内容的基础上，利用自身在科技政策上的优势、厚实的基础资源条件和高层次科技人才团队，进一步提高自身的科技咨询服务能力从而在全省科技咨询服务机构中脱颖而出。

为深入分析本所科技咨询业务的发展潜力，现采用目前国际上比较流行和权威的SWOT战略环境分析方法，探索出本所科技咨询业务发展的竞争策略。

SWOT战略环境分析方法主要是将外部战略环境中的机会（O）和威胁（T）与内部战略环境中的优势（S）和劣势（W）放在一起对比分析，从而可以清晰地从内外部战略环境的相互联系中做出更深入的分析评价。现将本所科技咨询业务发展环境中内外部影响因素，按照一定的顺序，汇总于如下的SWOT矩阵之中（表2）。利用表2描述的情报所科技咨询业务发展环境SWOT矩阵，我们可以对本所科技咨询业务的发展环境进行更深入的分析。

表2 情报所科技咨询业务发展环境SWOT矩阵

	机会（O）	威胁（T）
外部战略发展环境	①各级政府越来越深刻认识到发展科技咨询服务业的重要性，正积极制定更加有效的政策支持科技咨询服务业的发展 ②江苏科技咨询服务业的市场需求越来越旺盛 ③支持江苏科技咨询服务业发展的技术设施越来越完善 ④江苏科技咨询服务业发展所需的人力资源越来越丰富，质量越来越高 ⑤江苏国际化程度的不断提升将加快其科技咨询服务业的国际化程度的提升	①江苏科技咨询服务机构缺乏整体布局，政府的政策引导力度不够 ②江苏科技咨询服务业发展所需的资金来源还不够充足，投入力度不强，渠道单一 ③江苏科技咨询服务业地区发展不够平衡 ④江苏科技咨询服务业市场发展还不够规范，执法力度不强
	优势（S）	劣势（W）
内部战略发展环境	①基础资源丰厚 ②人才结构不断优化 ③服务内容不断全面 ④咨询业务持续增长	①自身发展的定位不够清楚 ②完备的服务体系仍在建设中 ③部门之间业务存在交叉 ④业务创收稳定性不够，缺乏具有特色的主导产品 ⑤体制机制存在一定束缚性，缺乏激励机制 ⑥资源利用不充分而缺少核心专家库

4.4 本所科技咨询业务发展对策建议

根据SWOT分析结果，结合机构的特点优势，建议从拓展渠道、优化产品、创新机制3个大方面去努力。这3个大方面又分9条建议，具体如下。

（1）产品坚持政府导向

本所产品以服务政府为主，开展战略研究、区域规划等高端咨询研究。

（2）各部门明确分工，形成产品包

现存的部门业务之间联系较少，且存在冲突和竞争。建议本所重新整合各部门之间的业务产品、明确分工，同时加强部门之间业务协作，从政府和企业两个方向打造科技咨询服务产品包。政府方向包括产业研发、科技文献、科技政策、软科学、科技统计、经费监管、科技规划、园区规划和科技评估；企业方向包括企业研发机构、科技查新、企业诊断、企业技术路线图、企业案例、企业培训、项目申报和专利服务。

（3）以政府客户为主拓展业务

这不仅仅是本所作为一个公益性事业单位的职责所在，同时可以为本所提供很多资源和更加了解政策，帮助本所从激烈的市场竞争中脱颖而出。本所始终要做好政府机构服务这条主线，紧跟国家重大战略决策，聚焦省委、省政府重大决策部署，以规划编制和政策研究为重点，研究解决全省各级经济和社会发展中的重大科技创新问题，深入研究江苏省经济发展的重点和新型领域的行业发展现状，面向政府开展战略研究、区域规划等高端咨询研究，为江苏省宏观科技管理与决策服务。

（4）强化战略合作

强化战略合作有两点好处：一是"从上而下"可以获取更多的业务；二是业务打包更加具有统筹性、避免资源浪费。调研发现，信实科技公司、蓝鲸公司都与某些园区形成战略合作，中智惠公司聚集大企业大项目大平台。本所要实行每个业务部门都与某个园区达成战略合作的方式。

（5）积极培育苏中苏北市场

面对目前苏南市场竞争激烈，苏北市场拓展空间更大的现状，我们在继续做好苏南地区科技咨询服务的同时，积极培育苏中苏北市场。例如，调研过程中，我们发现华商管理咨询公司在徐州每年营业额可达几百万元。本所可借助已有的"江苏省可持续发展研究中心"资质，面向苏中苏北的科技管理部门、园区开展紧密合作，提供打包服务。

（6）实行"公益性服务+市场性服务"双驱动发展

江苏科技咨询服务业的市场需求越来越旺盛，随着江苏省创新驱动发展战略的深入推进，未来会有更多的企业、高校院所需求服务。部分咨询机构依靠"做好公益服务和市场服务两条线"，取得了很好的效果。因此，面对日益激烈的市场竞争，本所要实行"公益性服务+市场性服务"双驱动发展，努力建设"一库三中心"的完备服务体系，完善科技咨询业务，从而能够为不同客户提供不同层次的科技咨询服务。

（7）建设科技咨询机构联盟

事业单位更具有条件和优势牵头成立联盟；调研过程中，很多咨询机构愿意与本所开展合作，支持本所牵头成立科技咨询联盟；已建的科技创新服务联盟，普遍未能充分发挥应有的服务和促进合作的作用。而只有优势互补的各方才能够成立联盟，实行互惠互利，共同推进法治。因此，本所可充分发挥已有的省科技咨询协会、省企业研发机构促进会的作用，联系各有意向单位，打造科技咨询机构联盟。每个成员单位提供各自优势产品、业务范围、承接业务能力和专家团队情况等，本所负责统筹整合各类资源，根据咨询项目分类、客户需求、所需专家和项目时间进度，协同各成员单位合作完成项目。

（8）培育符合咨询业务特点的人才队伍

本所虽然拥有优质的人才队伍，但工作人员普遍缺少开拓市场的能力和高质量完成科咨询业务的水平。建议本所针对科技咨询服务市场需求来"广纳贤才"，具有市场经验的人才优先聘用；定期举行业务培训、参观考察、外出进修等，帮助科技咨询服务人员尽快提升完善相应的工作能力；参照江苏省《关于进一步支持企事业单位聚才用才强化高质量发展人才引领的意见》，本所可以尝试设立一定比例的动态岗位，建立人才编制"周转池"，3年周期内非在编人员可以享受事业身份待遇，吸引更多人才来单位工作；对于本所业务有特殊贡献的骨干人才，将通过传媒中心和现有平台加以包装和宣传，增加其在行业中的知名度和影响力。

（9）建立符合市场规律和单位特点的激励机制

完善奖励激励，探索从科技咨询业务市场化获得的收益中提取部分资金作为专职人员的资金奖励的方式，同时设立科技咨询服务市场化和产业化奖、特殊贡献奖等，奖励获得相应成绩的工作人员，这既是对他们工作成果的肯定，又可以激发他们更好地工作；建立员工奖补制度，对工作确实努力上进和产生成绩的员工在租房补贴、项目资助、出国培训等方面给予优先支持；建立健全免责机制，对于在创新开拓市场方式和高质量完成科技咨询业务过程中，尽到职责的不做负面评价并免除相关责任或从轻减轻处理。

课题负责人：汪晓燕
课题组成员：李旭东　葛培军　高冉晖　姜　迪　李丰男　蒋　婧　胡海云
撰　稿　人：汪晓燕

科研事业单位项目经费使用风险防控机制研究

1 绪论

1.1 研究背景、目的及意义

1.1.1 研究背景

科技计划项目是各国、各地区为促进经济、科技和社会发展，由国家或地方财政出资设立的，具有无偿性、引导性、激励性等特点，是科技创新的重要支撑要素之一。

近年来，随着我国科技经费投入力度的增强，科技体制改革的逐步深入，经费使用过程中的调整权下放，科研经费使用的主动权逐渐掌握在项目承担单位和科研人员的手中，大大调动了广大科研人员的积极性，激发了开展科学研究的动力。与此同时，随着科研管理"放、管、服"改革的提出，科技管理改革的不断推进，也迫切需要在科技项目经费监管工作中推动与之相应的科技经费监管机制改革，科研项目经费使用需要强有力的监管机制作保障，以防范科研经费支出风险，提高经费的使用效率。

1.1.2 研究目的及意义

科研事业单位是我国科技创新的主力军，是我国各级科技计划项目的重要承担者。随着我国创新驱动发展战略的不断推进，各级科技计划项目经费投入也在逐年增加。本文针对科研事业单位承担的科技计划项目，在其立项后的整个生命周期中项目经费预算、项目运行与经费使用及项目验收的全过程，分析科技项目及其经费管理中存在的风险和问题，寻求一种适合科研事业单位特点的科研项目经费使用风险防控方法，其目的在于探索从科研管理者的角度出发，建立科技计划项目经费在管理流程、管理方式及管理结果应用中的体系和方法，提升经费管理水平，增强项目管理能力，避免产生不必要的风险。

1.2 文献综述

项目是指有一定时间、财务和技术性能目标的非日常性、非重复性的一次性任务。风险是指生产目的与劳动成果之间的不确定性，表现为与预定目标发生负偏离的可能性。风险的发生与人们的行为有关，包括个人行为及群体或组织的行为。风险管理由1931年美国管理协会首先倡导。20世纪中期，风险管理的研究逐渐系统化、专业化，并发展成为管理科学中的独立学科。

所谓风险管理是指"经济单位对可能遇到的风险进行预测、识别、评估、分析，并在此基础上有效地处置风险，以最低成本实现最大安全保障的科学管理方法。"

1.2.1 国外项目风险管理现状

1983年美国风险与保险管理协会（RIMS）通过的"101条风险管理准则"，包括了风险识别与衡量、风险控制、风险财务处理、索赔管理、国际风险管理等，这些准则作为各国认可的风险管理一般准则，体现了风险管理的科学化、规范化。美国项目管理协会（PIM）在项目管理知识体系（PMBOK）2000版中，将风险管理内容由原来的4个方面拓展到风险管理计划、风险识别、风险定性分析、风险定量分析、风险应对计划、风险管理和控制六大层面。

从学术著作及论文发表上看，英国、美国等发达国家的管理科学期刊常刊载项目风险管理方面的文章，在研究技术方法、完善理论体系、风险管理理论应用及体会等方面都进行了深度的研究。

在相关软件及应用方面，英美等西方发达国家已针对项目风险管理开发出了如美国的"Analytical Power Tools"、英国的"RiskNet"、芬兰的"RiskMan"、挪威的"Dyn-Risk"等专用软件。

可见在西方发达国家，风险管理目前得到了管理者及学者们的充分重视，逐步成为企业及项目管理中不可或缺的重要环节，应用已经较为成熟，应用范围从最初的航空航天、国防等高精尖研究领域扩展到了医药、化工、矿山、石油等大型民生工业领域中，近年来随着IT项目的日益复杂，风险不断增加，项目失败概率增大，研究者们把研究范围逐渐扩展到了IT项目的风险管理。

1.2.2 我国项目风险管理现状

在我国，由于管理体制和机制的原因，长期计划经济体制下的各类管理者对于风险的意识较弱，风险管理研究起步较晚。1987年清华大学郭仲伟出版的《风险分析与决策》一书，开始从风险决策角度研究风险问题。此后国内风险管理研究逐渐开展，涉及的领域主要有：航空领域的《国产大型客机风险管理体系研究》（邱菀华）、建筑领域的《建筑工程项目风险管理研究与运用》（许家雄）、民生公益项目的《大型公益建设项目全寿命周期风险集成管理研究》等。2006年发布的国资发改革〔2006〕108号文《中央企业全面风险管理指引》，标志着我国走上了政府立法实施风险管理的新历程。

近年来，随着项目管理的日益重视及经费使用风险的逐步显现，我国学者在项目及经费风险管理的理论及应用方面也逐步开展了研究。我国学者王江认为"项目实施过程管理风险和经费预算及管理风险是风险存在的主要类型"，卜卫忠提到"财政科技项目经费的管理风险分为检查风险和控制风险"，王金妹等人提出了高校科研经费管理的7类风险指标集，包括经费组织管理风险、经费制度管理风险、经费预算管理风险、经费利用管理风险、经费合法合规管理风险、科研信息管理风险及科研人员信用管理风险，并针对各细化的风险指标，采用专家评议法，引入"带有信任度的德尔菲法"，确定指标权数。汪静等人将模糊层次分析法应用于高校科研经费风险管理，构建了相应风险因素评估指标体系。

目前我国对于风险分析、风险管理和风险决策，以及在项目经费管理的风险控制的方法研究上取得了一些成果，但当对于欧美发达国家来说，从项目管理层面上的风险研究仍相对较少。而随着科技投入和科研项目规模的不断扩大，以及国家科技体制改革的不断推进，对于经费使用监管的重视程度不断加强，随着我国创新驱动发展战略目标进一步确定，政府科研项目经费投入不断增加，需要我们更加深入地学习风险分析及经费监管机制研究，并结合我国实际情况进行应用，以达到科技项目及其经费科学管理、良性发展的目的。

1.3 研究思路和研究方法

本文的研究方向是针对科研事业单位承担的科技计划项目在立项后项目运行及经费使用过程中进行管理，探索全过程经费管理体系，进行风险分析，并从管理机制上提出建议，降低项目立项后的经费使用风险，提高经费使用效率。

本文研究思路如下：

首先，对国内外相关研究文献进行检索查阅，并有针对性地深入学习，获得有关理论和方法，建立项目管理风险点的理论基础；

其次，在相关研究的基础上，分析探讨科技计划项目及经费管理现状，提出项目运行及经费使用中存在的风险，找出存在的主要问题，进行风险识别；

最后，针对风险识别后的风险因素，总结归纳出适合科研事业单位管理特点的风险评估方法。

本文的研究主要采用文献研究、比较研究、理论分析等方法。风险分析评估的理论方法主要为定性定量相结合，采用专家评议法、层次分析法等。

2 风险管理理论应用于项目经费管理的理论基础

"风险"是伴随着人类的出现、发展而产生的，它最早起源于生活中的"风"，远古时期的渔民被"风"的无法预测、无法确定带来危险。现代国内外学者对"风险"的定义众说纷纭，但普遍认可风险具有"不确定性""客观性""普遍性"的特征。风险管理理论的形成和发展历史较短，美国学者于1930年正式提出"风险管理"一词，并迅速得以发展，在20世纪50年代发展成为一门学科。针对项目风险管理，我国在2005年发布了国家标准《项目风险管理应用指南》，概括介绍了项目风险管理、项目风险管理的过程和影响因素。该标准中提到"风险管理是与建立总体框架、识别、分析、评价、评定、处理、监视以及沟通风险有关的管理方针、程序和惯例的系统应用，使组织能够以高效费比的方式达到损失最小化和机会最大化"，并提出"风险管理活动应于项目的最早可能阶段启动并在其后的阶段中持续进行"。

对科研项目经费监管的风险控制展开研究，首先要了解科研项目风险管理的一般框架。从科研项目立项到运行实施及结题验收各个阶段展开风险因素分析评估，建立起合理的风险控制框架。

2.1 项目经费风险管理框架

国内外学者在风险管理理论的研究和应用过程中，对风险管理流程进行了一定的研究，形成了诸多风险管理的模型。虽然风险管理的流程模型有多个种类，但其主要阶段均存在风险识别、风险评估评价、风险控制化解这几个主要阶段。作为科研项目经费来说，要实现科研项目经费风险管理，必须要对风险要素进行识别及评估，并对风险要素进行监测和预警，这样的风险管理才能满足科研项目经费风险管理的要求。

通过对科研项目运行周期的分析，科研项目经费风险管理的过程可以大致归纳为确定范围、风险识别、风险分析、风险处置几个环节（图1）。

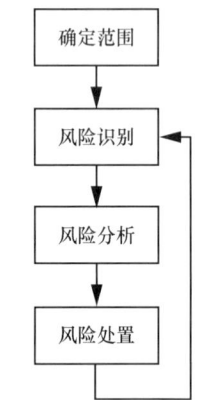

图1 科研经费风险管理过程

2.1.1 确定范围

科技计划项目风险管理的范围分为整体范围、组织管理范围、风险管理范围。作为单个科技计划项目，其项目本身及相关内部、外部要素均为其风险管理的范围。

江苏省省级科技计划项目为法人负责制，项目承担单位法人承担管理责任，项目负责人则对项目的运行及经费支出负责，而通常的项目相关部门还有项目管理部、财务部等辅助管理部门。其项目相关组织结构见图2。

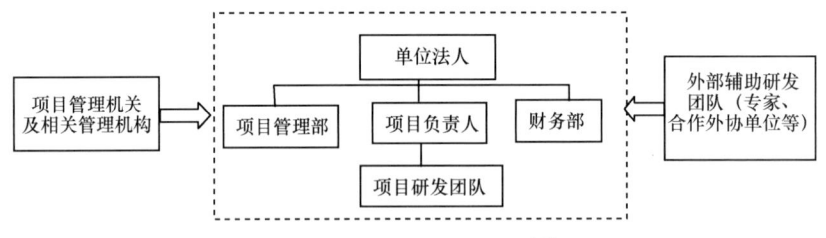

图2 科研项目相关组织结构

2.1.2 风险识别

风险识别是项目风险管理的基础，是首要任务和重要的环节之一。风险辨识需要确定3个相互关联的因素，即风险来源，包括时间、费用、技术、干系人、法律法规、环境等；风险事件，给项目带来积极或消极影响的事件；风险征兆，又称为触发器，是指实际的风险事件的间接表现。

（1）项目风险识别的步骤

项目风险识别一般可以分为5个步骤：确定目标、明确参与者、收集资料、估计项目风险形式、根据直接或间接的症状将潜在的项目风险识别出来。对科技计划项目的风险识别过程，可以归纳为如图3所示的项目风险识别过程。

作为科技计划项目的经费管理，其"计划"的性质决定了项目任务目标必须明确，经费的到位、使用具有一定的计划性，一般要求按照预算执行。因此明确、可测是其必须达到的要求，目标确定后一般不可随意更改。一旦发生了目标结果的偏离往往认定为项目未完成。在此前提之下，对科技计划项目风险形势估计的内容可以归纳如表1所示。

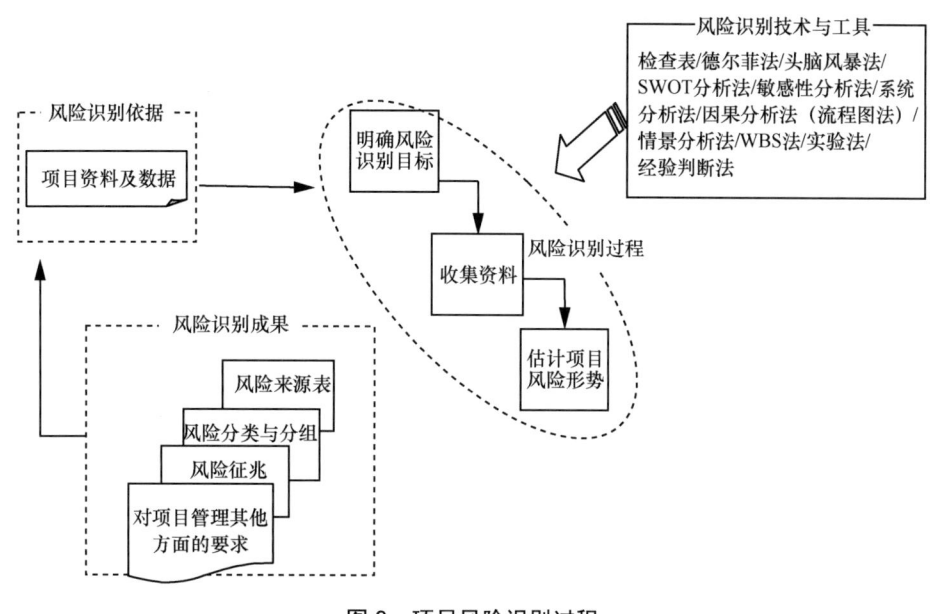

图 3 项目风险识别过程

表1 风险形式估计的内容

依据：项目计划、项目预算、项目进度安排等	
项目及其分析	①项目目标及其说明 ②项目的主要组成部分 ③项目干系人及相互关系 ④归纳项目分析要点
分析对项目有影响的各方面考虑	①项目执行过程的特点 ②项目的要求 ③对内外部因素进行评价，包括外在因素：政治的、社会的、经济的、组织的、环境生态的；内在因素：管理方式、信息沟通方式、人员等
分析阻碍项目的因素	①列出并衡量妨碍项目实现其目标的因素 ②衡量妨碍因素发生的相对概率 ③如果妨碍目标实现的因素发生作用的话，估计其严重程度

（2）风险识别的结果

风险识别的结果就是经过风险识别各步骤之后所得到的输出，也是项目风险量化、分析、评价的输入。风险识别结果一般由项目风险来源表、风险征兆、风险的类型说明、其他要求四部分组成。项目风险来源表将所有已经识别出的项目风险罗列出来并将每个风险来源加以说明；项目风险征兆是指示项目风险已经发生或即将发生的外在表现，是风险发生的苗头和前兆；项目风险的类型说明是为了便于进行风险分析、量化、评价和管理，一般可按项目阶段进行划分。

（3）风险识别的技术与工具

项目风险识别过程中可以借助一些的技术和工具，以提高风险识别的效率，具体方法有头脑风暴法、情景分析法、Delphi法、SWOT分析法、敏感性分析法等，结合项目的具体情况选择使用。常用的工具主要有以下两种。

①检查表是管理中用来记录和整理数据的常用工具。将曾经发生获得项目信息经过系统地收集资料，进行初步地整理、分类和分析之后，制作检查表，供识别人员进行检查核对，用来判别项目是否存在表中所列或类似的风险。

②流程图是一种常见的项目风险识别工具，可以帮助分析和了解项目风险所处的具体项目环节及项目风险的起因和影响。

2.2 项目风险管理的分析

在管理实践中，最常用的分析方法是定量分析和定性分析，这两种分析方法可单独或结合起来使用。定量分析是一种科学、客观、理性的方法，而定性分析则更接近于人的思维方式，是一种感性的、相对直观与简便的分析方法。项目风险管理中的定性分析主要有两种类型，一是其研究分析的对象本身就是定性的事务，无法量化或量化水平较低；二是建立在定量研究基础上的定性分析。而大多数的研究与管理分析都是从分析事物的质的差别开始，再去研究量的不同，在量的分析的基础上，再做最后的定性分析。因此，定量分析和定性分析在研究与实践过程中总是相辅相成，相互结合的。

2.2.1 项目风险管理的定性分析技术与方法

科研项目的风险管理定性分析方法主要有故障树分析法（fault trees analysis，FTA）、头脑风暴法、德尔菲法（Delphi）、外推法（extrapolation）、主观评分法等。这几种方法都是定性分析常用的方法，在科研项目风险管理中可根据需要具体应用。

①故障树分析法（fault trees analysis，FTA）是一种演绎的逻辑分析方法，遵循从结果找原因的原则，分析项目风险及其产生原因之间的因果关系，是一种具有广阔应用范围和发展前途的风险分析方法。

②头脑风暴法在项目风险管理定性分析中，主要用来对未知风险进行探求行讨论的过程中，运用这一方法可以对潜在的项目风险因素进行挖掘行的分析，尤其是对无先例可参照的项目的实施风险的分析，其作用就更为突出。

③德尔菲法（Delphi）又称专家调查法，是最常用的定性分析方法之一，它试图通过"专家小组意见的一致性"来预测与分析。该方法的优点主要是简便易行，技能充分发挥各位专家的特长，又能把各位专家意见的分歧点表达出来，具有一定科学性和实用性。缺点是依赖于专家的集体主观判断，选择合适专家的至关重要，同时由于征询意见的时间较长，对于需要快速判断的预测或分析难以使用。

④外推法（extrapolation）是合成估计的一种方法，在预测和信号处理等学科中已大量采用。在项目管理实践过程中应用表明，这也是一种项目风险分析与估计的有效方法，它可分为前推、后推和旁推3种方法。这3种方法分别对应了是否存在历史经验和数据或类似项目的数据进行外推、是否能够根据现有数据或把未知的想象的事件及后果与某一已知事件与其后果联系起来。

⑤主观评分法是由项目管理人员对项目运行过程中，每一阶段的每一风险因素，给予一个主管评分，然后分析项目是否可行的做法。这种分析方法将项目中每一单个风险都赋予一

个权值，然后通过计算整个项目的风险，并通过与风险基准的比较来分析项目是否可行，另外，还可通过这种方法比较项目每一阶段或每种风险因素的相对风险大小程度。主观评分法的优点是简单且容易使用，缺点依然是可靠性完全取决于项目管理人员的经验和水平，因此，其用途大小取决于项目管理人员对项目各阶段各种风险分析的准确性。

2.2.2 项目风险管理的定量分析技术与方法

识别项目所面临的风险之后，应分别对各种风险进行量化，从而进行比较，以确定各种风险的相对重要性。风险量化是指在风险识别的基础上，综合考虑各种因素，分析风险可能对项目造成的影响，寻求风险对策。由于每个风险都有自身的规律和特点、影响范围和影响量，通过量化可将它们的影响统一成一个目标形式。项目风险量化的具体内容包括：风险存在和发生的时间分析、风险的影响和损失分析、风险发生的可能性分析、风险发生的级别及风险的起因和可控性分析。

风险估计分为确定型风险和不确定型风险，在进行风险估计时具有不同的条件和方法。人们通过经验或历史资料等对项目的未来状况进行确定性判断，从而知道项目风险发生所带来的损失，即确定型项目风险。确定型风险估计通常有盈亏平衡分析法和敏感性分析法；不确定型风险估计的方法有概率分析法、期望值法、决策树法等。每种方法具有相应的侧重和优缺点，可依据需要进行选择。

2.3 项目风险的分类管理

根据不同的划分原则，可将项目风险划分为不同的种类，通常按照风险来源可以把项目的风险划分为政策与环境风险、管理风险、项目进度风险、财务风险和技术风险几大类。

2.3.1 政策与环境风险的管理

任何一个项目都在一定的政策与自然环境下进行，因此政策与环境风险对项目的影响十分显著。其具有以下基本特征。

客观存在性。风险的存在是客观的，政策风险和环境风险都是不可避免的。

不可控制性。这类风险的发生及所造成的危害是不可预知的，也不能人为控制它的发生。

危害大。政策与环境风险一旦发生成为现实，所造成的损失是巨大的，有时甚至会造成整个项目的终止。必须进行有效的识别和控制，并制定相应的应对措施和计划。

发生可能性小。政策风险是一种宏观意义上的风险，征兆较为明显。国家政策的制定，很大程度上是为了维护经济的繁荣、人民生活的稳定，因此不太可能发生随意更改的情况；而即使发生政策调整，也需要经过相应的法律程序，会有一定的时间裕度，因此此类风险突然发生的可能性较小。另外，自然环境的突变也不可能经常发生，随着科学技术的进步，人类对于自然环境的把握程度也越来越高，大部分自然灾害在发生之前就可以预见。

虽然政策与环境风险发生的可能性较小，但是由于其客观存在、危害大、不可控，因此必须有效地进行风险识别、风险检测及风险控制。

2.3.2 项目管理风险的管理

管理风险是指项目管理过程中由于管理方面的变化，如管理层的决策战略调整、管理制度变化、管理水平下降等因素对项目造成的风险。管理风险与项目的组织、管理和实施有直接的联系，对项目的损害较大。项目管理风险的构成可如图4所示。

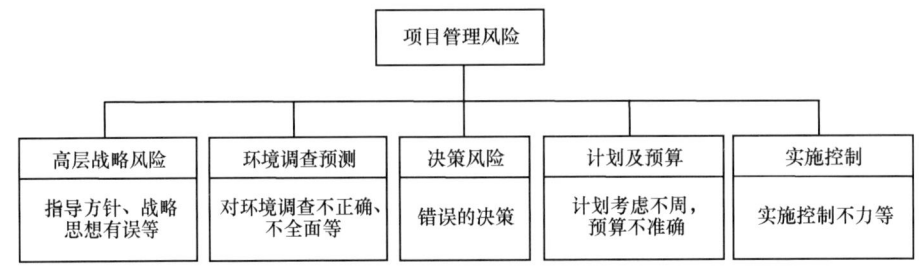

图4 项目管理风险的构成

对于管理风险的控制，应在制定项目战略方针、计划及预算时，广泛征求多方面的意见，科学制定方案；充分重视对环境的调查，正确预测环境对项目的影响；邀请专家进行项目的决策，制定科学合理的项目规划与计划，加强对项目的实施及经费使用的控制。

3　科研事业单位项目经费管理现状及问题分析

科研事业单位由于其政府设立的特殊性质，既具有一定公益性的特性，同时又存在承担科研项目的要求。相比先进国家的科研机构而言，我国科研事业单位普遍采用传统的项目管理模式，其能力及水平均处于较为落后的状态。近年来，随着我国经济、科技的不断发展，科研事业单位的内外部环境都发生了很大的变化，随着科研事业单位改制的不断推进，很多单位逐步参与到激烈的市场竞争中去，承担的科研项目的种类和来源也日益增加，在这样的背景下，科研事业单位传统的项目管理方式已不能够适应日益变化的市场及社会环境需求，存在的问题也不断凸显。

3.1　科研项目及经费管理模式落后

我国的科研事业单位在项目和经费管理上通常存在着一定程度上的分离现象。项目的不同环节有多个部门共同参与，项目的申报立项、合同制定及日常管理等由科研管理部或办公室负责，经费的支出及核算由财务部门负责，仪器设备材料采购又由后勤部门负责。这些部门的共同协作才能保障项目的顺利运行，在这样的管理模式下，各部门间的协调机制显得尤为重要。而在实际的管理过程中，往往会出现沟通不畅、严重脱节甚至推诿的情况，致使项目的运行产生一定的问题。同时，这种多个部门同时参与的传统经费管理，模式缺乏对项目及经费使用全流程的监管，容易出现经费支出的无序性及浪费。

3.2　科研项目资金预算管理欠缺

在科研项目资金管理中，出现预算与支出不符的现象非常普遍，主要由以下几种原因导致。

科研项目资金理论上应按照需求遵循科学、客观、合理进行预算编制。然而在实际执行中,一方面,由于科研项目本身在研发的过程中存在一定的不确定性,特别是执行期较长的项目,在预算编制时较难准确的预估项目各项资金支出;另一方面,由于项目承担单位或研发团队对经费预算不够重视,在编制预算时存在"马马虎虎""差不多就行了"的思想,或者存在完全不懂经费支出原则的研发人员进行预算编制,导致预算不科学不合理。还有一些单位为了争取项目,在项目申报过程中大包大揽,承诺配套大量自筹资金,而科研事业单位实际资金来源极为有限。这些问题最终都导致了实际支出与预算发生偏离甚至出现严重不符的现象。

另外,在科研事业单位中,科研项目经费的收入和支出主要由项目负责人把握,财务部门通常按照单位同行的资金支出管理办法审核支出。其中发生的科研项目支出费用的相关信息及不能及时在项目负责人及财务人员中得到有效反馈,项目收入及支出的归集滞后,从而导致项目收入及支出的时间节点不合理。由于这种信息的不对称,科研管理部门、项目研发团队及财务部门均无法正确掌握项目资金的使用情况,从而失去了对项目资金的有效监管,从而导致存在项目资金的使用问题,如项目预算严重超支、项目结题前突击花钱等情况的发生。

3.3 资金使用风险意识淡薄

科研事业单位因其单位性质,与国家或地方政府有着千丝万缕的联系。过去对科研项目及经费的管理相对松散,项目管理机关和项目承担单位中重申报轻管理现象都不同程度地存在;同时,事业单位的财务风险相比企业要小得多,加之项目管理水平的落后,造成了在项目及经费管理上的风险意识十分淡薄,在应用现代项目风险管理方法对项目进行科学有效管理方面与国际先进的管理模式差距。

综上所述,随着国家科技创新发展战略的提出,以及科技体制改革的不断推进,在加大科技投入的同时,提高科研项目资金使用效益尤为重要。目前的科研项目及经费管理现状显然已无法适应科研环境的重大变化。加强科研项目资金监管,控制经费使用风险迫在眉睫,应当引起科研事业单位足够的重视。如何在科研项目及经费管理中应用现代风险管理理论,是非常有意义并且急需深入研究的课题。

4 科研事业单位项目经费管理风险分析

4.1 科研事业单位项目经费风险因素界定

科研事业单位的科研项目经费风险来源主要分为外部风险和内部风险。科研项目的外部风险因素主要来自科研活动所处的环境,包括各级政策、法规及制度,以及市场环境,部分科研活动因其特殊性还受自然环境的影响,这里不作为普遍存在的外部因素加以讨论。由于科研项目经费的特殊性,其项目上级主管部门较为具体,政策发布具有很强的征对性,因此外部政策风险影响相对较小且单一。

新政实施的背景下对于科研事业单位而言,必须从传统的管理理念中摆脱出来,从新的更高视角去看待项目管理问题。在科研事业单位传统的项目管理中，通常采用一种较为松散的管理方式，而几乎没有系统的风险管理机制。项目负责人负责项目申请、项目的运行、项目资金的使用等，项目承担单位在项目和经费使用的大部分环节中，几乎是一种角色缺失的状态。这就造成了项目运行及经费使用以项目负责人个人主观想法为主，项目及经费管理中的衔接不紧密，项目管理的参与人员分工不明确，对各级的科研项目管理要求了解不了，极易造成项目及经费管理中的违规违纪现象的发生。因此，必须要求项目承担单位从风险管理的角度，将项目与经费管理进行系统化的风险分析，从而避免从任一环节出现风险的可能性。

4.2 科研事业单位项目经费管理中的风险识别

根据科研事业单位项目经费管理中的风险因素界定范围，分别对外部及内部风险因素进行风险识别。

4.2.1 外部风险因素

近年来，随着我国深化科技体制机制改革的不断推进，在科研项目管理特别是经费管理方面，进行了较大程度的权力下放，给了项目组及项目负责人很大的经费调整权限。在本文撰写期间，国家和省级项目管理政策就进行了很大程度的调整，将直接经费的大部分甚至全部科目预算调整权下放，这对于科研人员来说是一个重大的利好。从目前整体趋势上看，科研经费预算管理的尺度逐渐宽松，对于项目的预算管理政策风险逐步减弱，给了项目承担单位和项目负责人较好的外部政策环境。与此同时，作为项目承担单位的科研管理人员也要充分认识到，项目经费预算管理的政策风险并没有完全消失，甚至在某种程度上，对于项目承担单位提出了更高的管理要求。

一方面，项目预算调整权力的下放，要求项目承担单位制定相应的管理制度，对项目预算调整的程序进行规范，使得项目预算调整有章有序进行。对于间接经费和结余经费的使用管理，项目承担单位也需要制定管理制度对项目经费规范管理。

另一方面，不同类别的科技项目在管理制度上存在一定程度的区别，需要科研管理人员对各类项目的管理规定较熟悉，并关注相关政策的变化，防止因政策变化导致项目管理风险的发生。

4.2.2 内部风险因素

科研事业单位的内部风险要从单位组织管理及科研经费使用管理两个层面考虑。单位组织管理层面的风险存在于组织机构及岗位设置、内控制度建立及执行、科研信息管理及协调、人员能力及信用管理等环节；科研经费管理层面则主要存在于经费预算、经费支出等环节。

（1）单位组织管理层面风险因素分析

在单位的组织管理方面，风险管理要从科研项目承担单位的组织机构及岗位设置、内控制度建立及执行、科研信息管理及协调、人员能力及信用管理等环节中分析可能存在的风险。

1）组织及制度管理中存在的风险

单位内部项目管理相关部门组织机构设置不合理或科研经费管理未设置专门的岗位，会造成在科研项目及经费管理中存在管理真空的可能。从项目的生命周期上看，项目风险管理涉及项目申报、执行、结题等各个方面，在项目所有生命周期中与之相关的行为，都应当制定相应的内部控制制度并进行有效的执行，制度设置缺失、可操作性不强及执行力不足，均可引发项目管理中的风险。目前，很多科研事业单位由于部门机构设置的老化，内部管理制度的落后，不能跟上新时期新政策的要求，极易造成组织机构及岗位设置不合理，以及内部控制制度缺失带来的组织及制度管理风险。一些事业单位逐渐意识到这个问题，开始探索专门设置科研管理部门，但管理水平还处于较为初级的阶段，并没有形成有效的风险管理机制。

2）执行及沟通中存在的风险

目前事业单位经费管理制度的执行中，往往由于传统管理思维方式下，存在责任人风险意识不强、财务人员把关不严格的情况，直接影响到科研经费支出管理制度的执行力。因执行宽松，则极易对科研人员造成负面引导效应，引发管理制度的执行风险。单位相关责任领导或相关部门对其各自责任控制范围内的权责划分不清或管理控制不力，也容易造成管理制度无法切实落地执行，导致项目某一环节存在失控现象，对项目的实施及经费使用造成重大风险隐患。目前事业单位的项目管理中，由于单位管理部门监管风险意识不强，不能对潜在的风险进行分析和预警，存在管理滞后的情况，往往意识到风险时已经发生，无法及时处理。

在信息沟通上，项目在申报、执行、验收过程中存在各类相关信息，有关部门各司其职，由于在项目中的定位及专业知识的不同，在分工上相对独立。因此项目相关部门在关联事件上需形成有效沟通，建立良好的信息管理渠道。很多事业单位在信息公开上存在着严重不足，造成了项目信息无法及时有效沟通，项目执行情况未能有效上传管理部门，管理部门获得的政策信息不能及时下达到项目组，从而形成项目及经费的使用风险。

3）人员管理中存在的风险

在简政放权的科技管理改革大环境下，各级科技计划项目管理机关对于承担项目内部管理的要求日益提高。特别是在科研项目及经费管理中，给了研发人员极大的技术线路及经费使用自主权，这就更加要求项目承担单位加强对研发人员及财务人员管理，从源头抑制风险的发生。

因科研人员科研能力不足，造成的项目执行不力，将直接影响项目的结题验收；另外，由于财务人员能力不足则可能影响内控制度的执行力，极易形成科研经费支出的不合理甚至不合规的问题。另外，科研人员作为项目执行和经费使用的终端环节，其个人诚信也是项目和经费风险管理中的一个重要因素。对于科研人员来说，由于科研项目能够为其获取名利双层收益，在此诱惑下，研发人员的诚信缺失极易产生科研成果造假、套取科研经费等违纪违规甚至违法行为，造成项目经费的使用风险。

（2）科研经费管理层面风险因素分析

在项目经费的管理层面，主要从经费的预算、审批、执行及经费支出的管理等方面分析存在的风险。

1）经费预算管理

经费预算是科技计划项目管理的一个重要环节，在以往的科技计划项目管理中有着非常重要的作用。近几年，随着科技体制改革的不断推进，各级政府对科技经费的管理权限进行了大幅下放，由项目承担单位负责按内控管理制度履行预算调整手续，意味着经费预算在项目执行过程中可以进行任意的调整，但这并不意味着进行项目经费预算成了可有可无的环节。实际上，从风险控制的角度来看，在项目规划、预研或起步阶段进行科学的预算是十分必要的。这反映了项目组对项目目标及项目执行的把控程度。项目执行中对预算进行的调整程度越大，往往意味着项目可控性程度越低，项目执行及项目经费使用的风险也就越大。

经费预算风险存在于经费预算编制及经费执行的各个阶段。目前事业单位项目经费预算管理中，预算编制人员的专业程度影响着预算编制的合理性。由于项目预算编制与项目设备采购、项目技术路线、项目经费支出等多个环节相关，项目负责人、科研管理人员及财务人员由于各自的专业领域不同，对经费预算及使用的理解均存在不同程度的偏差。目前大多数事业单位管理中，预算编制往往是由项目负责人或科研管理人员独立完成的，由于非财务专业出身，造成预算编制与实际情况出现严重不符，或者因为不了解经费支出科目及规则，造成经费的超范围支出等问题。另外，经费支出审核的职责多集中在财务人员身上，财务人员对预算不了解，仅从经费支出的科目上进行审核，因此经常会造成经费执行的偏差，从而影响项目的财务审计验收。

2）经费支出管理

经费支出是经费管理的一个最重要的环节，也是产生项目执行和经费风险的主要原因。科技计划项目的经费支出，一般来说有较严格的支出要求。科技计划项目通常一方面要求按照预算编制支出；另一方面要求按照相关标准及列支范围支出。目前，在事业单位项目经费支出管理中，主要存在预算超额支出、超范围超标准支出已经转拨经费支出等风险。

新规实施后，部分科目调剂权下放，经费支出仅对部分科目的预算编制提出要求，支出管理风险有所降低，但并未完全消失。对部分受限科目如间接费用的支出仍然存在超预算编制支出的风险。在支出标准和范围方面，虽然新规有适当放宽，但仍需按照一定的经费使用标准和范围执行，特别是对于科研事业单位属于财政预算单位，对于经费支出的标准和范围要求更高，因此在经费支出中，超标准、超范围使用的风险仍不可忽视。科研事业单位项目负责人均为科研人员，对经费使用管理的规定常常了解不足，凭主观意识进行经费开支的现象比较常见，不如向不属于劳务费列支范围的人员发放劳务费，或在项目经费中列支个人通信费、办公设备费、办公室改造费等。

另外，科研项目经费中，转拨经费也是极易产生风险的一部分经费。由于经费转拨给项目合作单位后，经费支出超出项目承担单位的管理权限范围，若合作单位未将这部分经费作为纵向经费管理或未按照合同要求列支经费，则这部分经费的使用出现各类支出风险的可能较大。

4.3 科技计划项目经费管理风险评估

根据以上对科研事业单位科技计划项目管理的风险点分析，采取设定相应的风险指标的方式，对风险进行量化评估，根据评估结果确定主要风险点，并通过管理机制的改进，实现提高科研经费管理水平,提高经费使用效益的目的。

4.3.1 风险指标体系建立的原则

风险指标体系的建立,应全面反应科研事业单位项目经费内部管理的特征,总体上应遵循以下原则。

(1) 目标导向原则

科研事业单位在制定针对单位内部的科研项目经费管理风险指标时,应遵循目标导向原则,即以规范本单位科研项目经费管理减少经费使用风险,推动科研项目顺利实施为目标,聚焦项目主管部门对于科研经费中重点关注的影响因素,使风险指标不仅作为项目经费的风险评估依据,更能为项目及经费执行相关人员提供指导性工作准则。

(2) 系统规划原则

确定科研项目经费管理风险指标应注重系统型规划的原则。制定指标及权重时,应首先对项目及经费管理进行系统的了解,把握各风险因素及指标间的相互关系,既要考虑风险指标间关联性和继承性,也要避免出现重复或重要指标遗漏等情况的发生。

(3) 科学有效原则

科研项目经费管理风险指标的制定还应遵循科学有效原则。指标构建过程中应收集、整理、分析以往项目数据、资料等信息,体现样本数据的特点,并通过数学建模、层次分析、德尔菲法等方法,评判风险因素的风险等级和影响程度,同时应考虑风险评估的可行性,使项目经费风险评估切实有效。

4.3.2 风险指标的确定

依据对科研事业单位项目经费管理中的风险因素分析,对各类风险及其细分的二类风险,分别设定指标如表2所示。

表2 科研事业单位科技计划项目经费管理风险指标

一级风险类别	二级风险类别	风险指标
政策风险	政策变化风险	政策变化对在研项目的影响
组织及制度管理风险	组织机构及岗位设置风险	组织机构设置的健全性及合理性
		组织岗位设置的有效性及合理性
	内控制度设置风险	内控制度设置的完整性
		内控制度设置的科学性
		内控制度设置的可操作性
执行及沟通管理风险	权责划分风险	岗位权责划分的清晰合理性
		岗位权责划分覆盖完整性
	制度执行风险	内控制度执行力
人员管理风险	研发人员管理风险	研发人员研发能力水平
		研发人员诚信
	财务人员管理风险	财务人员业务能力
		财务人员制度执行力

续表

一级风险类别	二级风险类别	风险指标
经费预算管理风险	预算编制风险	预算编制执行达标率
	预算调整风险	预算调整手续合规率
	预算执行风险	预算执行率
经费支出管理风险	预算超额支出风险	预算完成率
	经费违规支出风险	支出违规率
	账务处理及财务审核	账务处理合规性
		票据处理规范性
		凭证编制规范性
	转拨外协经费支出风险	转拨外协经费合规率

科研事业单位在建立风险指标时，除以上风险指标外，还可根据内部管理的实际情况，制定更为细化的下一级指标，并采用"带有信任度的德尔菲法"等方法，确定各级指标的权重，并划分风险等级，以明确风险发生时的应对策略。

4.3.3 风险指标的应用

在明确科研项目经费各级风险指标及权重后，单位科研管理部门可针对实际情况，通过采取实时或定期采集数据、信息的方式，对在研项目的经费进行风险评估，并可参考表3中的应对措施进行风险处置。

表3 风险分析及应对措施

风险分析	应对措施	风险分析	应对措施
政策变化影响在研项目经费支出	明确政策指向，依据项目及经费管理要求积极调整相关内部管理制度	财务人员业务水平不足	加强财务人员业务培训
机构设置、岗位设置不合理	调整机构设置，明确岗位职责	财务制度执行力欠缺	加强财务制度执行监督管理，完善的考评机制
内控制度设置有缺失	根据需要，补充相应的内控管理制度	预算控制欠缺，预算调整不合规	加强预算控制，规范预算调整制度
内控制度设置不科学性或不具操作性	调整内控制度，必要时聘请项目及经费管理专家进行指导	支出违规	加强经费支出培训及管理政策宣讲，严格经费支出审核，加强监督管理，完善考评及绩效机制
内控制度执行不力	加强制度执行监督，采取有效的奖惩措施	账务处理不合规	
项目研发团队研发能力不足	严格项目申报管理，完善人员科研学术能力考评机制	预算执行率低下	加强经费支出监督管理，顺畅财务信息沟通渠道
研发、财务人员科研违规违纪行为	加强培训增强人员法制观念，加强监督管理力度，制定完善的考评机制	耗材领用、固定资产管理不完善	制定严格的管理制度，加强资产盘点清查工作

4.4 对事业单位科研项目经费风险管理的一些建议

针对目前科研事业单位项目经费中的风险,除了有针对性地进行风险评估和风险处置外,普遍需要从提高风险管理意识、加强组织结构设置及内部控制制度建设、重视科研经费使用中的监督管理、提升人员专业能力水平并进行管理政策及制度的宣贯等角度进行改进。

4.4.1 提高风险管理意识

要想从根本上解决项目经费风险问题,首先必须把风险管理的意识带入到项目及经费管理的每个环节中去。当前科研事业单位在风险管理方面的意识相对薄弱,虽有部分单位对风险管理有了一些认识,但多停留在较为浅显的层次或仅进行初步了解,尚未利用风险管理理论形成完整的风险管理体系。因此,科研事业单位应提高风险管理意识,利用风险管理理论,分析项目与经费管理中的风险因素,将风险管理作为项目及经费管理的重要组成部分,形成科学有效的项目及经费管理机制,从而提高项目及经费的使用效益,避免经费使用风险的发生。

4.4.2 加强组织机构及制度建设

科研事业单位的项目及经费风险管理应从组织机构及内控制度建设方面着手。组织机构是管理的主体,内控制度是管理的手段。须建立起完整的项目管理组织机构,一般与项目及经费使用相关的包括科技管理部、财务部、审计部、后勤管理部及人事部,以及与管理科技计划项目相关的人、财、物。同时,明确各部门及人员岗位的职责,建立有效的信息公开、流通机制,建设项目及财务网络信息管理系统,以保证项目及经费信息的有效管理及沟通,使项目相关的各个环节均得到有效的管理。在制度建设上,新政下对科研事业单位的内控管理制度要求较高,一般情况下,为了保障科技计划项目及经费合规有效的执行,承担科技计划项目的单位需要建立的管理制度应包括:包含经费预算及执行调整制度在内的科技计划项目管理办法、包含绩效支出管理要求的间接费用管理办法、差旅费会议费等执行标准及管理办法、固定资产管理办法、劳务费及专家咨询费等人员劳务性经费支出相关管理办法、结合新政提出的结余经费及财务助理岗位设置和管理办法、项目考核评价及诚信管理办法等。同时,要切实落实内控制度的执行力度,加强内部监管,对风险因素进行有效监控,提出风险预警机制,扼杀风险发生的苗头。

4.4.3 重视经费使用中的监督管理

针对项目经费使用中的风险因素,从经费预算、审批、执行及外拨经费管理等各个环节入手,进行全过程监督。通过建立有效的经费使用管理机制,建设经费管理信息系统,利用科学的管理制度及现代化的信息化管理手段,使各项目主管领导、管理部门及项目负责人能够充分掌握项目经费使用过程,保证信息的有效流通,避免因经费支出信息滞后造成经费使用的违规违纪问题。

4.4.4 提升人员素质加强政策宣贯

人员是项目的主体,人员专业能力及素质的高低直接影响项目及经费执行及效益。科研事业单位应加强科研人员及财务人员的教育培训,重视人员再教育,提高人员专业能力水平。加强科技项目相关管理政策的宣讲及解读,保证项目相关人员了解、掌握科技管理政策，避免因对政策的错误解读引起经费使用违规问题的发生。从正面及负面角度宣传经费使用中的典型案例，以起到正面引导和反面警示的作用。

5 结论与展望

5.1 主要工作及结论

本文围绕科研事业单位的科技计划项目及经费管理，从风险管理的角度，采用风险管理的手段和方法，分析了科研事业单位在承担科技计划项目的生命周期中存在的风险因素，并对这些风险因素设定了相应的评价指标，提出了指标权重的确定方法。通过本文所述的方法，可以针对各单位自身的情况，确定科技计划项目经费管理的重要风险因素，针对风险因素调整相关的管理制度，或严格监控风险点，避免经费使用风险的发生。

5.2 展望

在深化科技体制改革及项目经费管理的新政的背景之下，科研事业单位必须重视科研项目中的经费使用风险，针对项目及经费使用相关的风险因素，运用风险管理的理论，建立风险防控机制，加强内部监督及管理，才能有效做好项目及经费管理，避免违规违纪事件的发生，提高经费的使用效益，为推动我国科技事业的进步和发展做出应有的贡献。

由于本文研究主要针对单位内部的管理，笔者对科研经费监督管理及风险管理理论的研究还不够深入，对理论在实际应用中的分析和经验还有不足，对各级科技管理部门的政策改革方向的把握还不够精准，加上本人的研究能力及时间限制，因此具有一定的局限性，风险管理在项目经费管理中的应用还有待深入研究并持续付诸努力。

课题负责人：丁洁莹
课题组成员：孙　峰　钱冰怡　姜　玮
撰　稿　人：丁洁莹

政务大数据应用平台建设中相关技术研究

1 绪论

政务数据是政府依法行政过程中产生的数据。政务数据的有序高效使用是衡量政府现代化的标志之一。运用大数据技术来处理、分析政务数据已经成为智慧政府、智慧城市建设有效途径。

大数据技术是新一代信息技术的核心和关键创新点,大数据已形成一个相对独立、体系完善的产业形态,完成传统信息产业的升级换代。大数据的未来呈现模式是以服务为核心的新型形态,大数据产业的各个环节将提供极为丰富的服务。利用大数据解决科学技术、社会管理、产业发展等一系列实际问题,在战略决策、运营管理、终端服务等不同层次和环节提升效能和效益,形成新的核心竞争力。

对于政务大数据而言,信息化、网络化的过程也是循序渐进先易后难逐渐推进的。电子政务成功的关键是政府运作过程的再造,信息技术只是手段。政务数据一般是被按部门、职能、数据类型分割保存在各个"黑盒"中,形成一个个政务数据自治区块,交换共享政务数据有较大的难度。随着互联网产业的快速发展,以及物联网、工业4.0及机器智能技术的不断成熟,政务大数据具备了发展的土壤,也具备了发展的时机。归根到底,政务大数据的核心价值在于政务优化,满足政府扁平化、服务便捷化的现代政府的特征。政务优化按层次分析,存储层就是记忆信息和知识,计算层是学和做的能力,服务层是规划、产出能力。

政务大数据的计算层是围绕着政务业务来展开的,政务大数据的治理和决策是政府对社会的治理和决策的重要组成部分;政务协同是政府对外提供政务服务的基础,政府各组成部门及公务员之间通过工作协同使政务数据协同起来、聚合起来形成统一的政务信息资源库。政务的治理过程既是政府对社会的监督、管理基础上的治理,也是对政务信息资源库的数据治理。政务的服务与决策是基于政务信息资源库的,也是以政务协同和治理为前提的。在提供服务和智慧决策的过程中,政务大数据的作用十分重要。因此,在政务活动中产生的政务大数据的原始信息——政务信息资源库,需要通过关联分析、聚类分析、分类、预测、时序模式和偏差分析等数据挖掘技术及信息组合、数学建模、相关性分析等数据计算,政务大数据需要功能强大、稳定可靠的计算平台。

江苏省人民政府在发布的《江苏省大数据发展行动计划》中指出:将加快江苏省大数据产业发展,推动政府治理和公共服务能力现代化,促进经济社会转型升级。

江苏省政府公布的《大数据发展行动计划》明确:到2020年,建成10个省级大数据产业园，引进培养 100 名大数据领军人才，60% 的软件企业实现服务化转型，培育 5 家业务收入超 100 亿元、50 家业务收入超 10 亿元的大数据龙头企业。

据统计，江苏大数据相关企业近 200 家。根据大数据产业结构划分为六大板块，其中行业应用板块占比 44%，比重最高，大数据产业支撑服务仅占比 3%，比重最小。从产业分布来看，大数据产业集中分布在行业应用、企业应用、基础设施三大板块，累计占比达到 80% 以上。这样的产业分布与大数据的发展历程基本相同。大数据是在网络信息化时代的动力引擎下出现的数据爆炸性增长，大数据来源于社会生产活动，自然将应用其中，这就是三大产业板块在大数据应用中占有主导地位的原因。随着大数据发展日益成熟完善，围绕大数据产业支撑服务、衍生服务及数据源的份额将逐步增长，最终将会完成大数据产业均衡发展。

2017 年，国家大数据战略重点实验室发布《大数据蓝皮书：中国大数据发展报告 No.1》，南京在全国 31 个重点城市的大数据发展指数得分排名中位列第三，大数据发展水平居全国前列。

2013 年，南京制定出台《关于加快大数据产业发展的意见》，为全国领先；同年，南京首家以大数据创新应用为主题的产业园区——南京大数据产业基地在中国（南京）软件谷起航，这也是软件谷发力大数据产业的明确信号。

在企业眼中，发展大数据是"水到渠成"。很多大数据企业是在做业务时，当在某个领域把业务做到一定规模，必然形成数据沉淀，涉足大数据是自然而然的事。

南京市软件业已从"人口红利"发展模式，快步跨越到高附加值的大数据时代。目前，南京市拥有大数据重点企业 200 多家，形成了以软件谷、南京软件园、江苏软件园等国家级园区为重点，徐庄软件园、新城科技园等省级软件园、互联网产业园为补充的产业空间布局。经过几年的努力，南京市大数据产业规模年平均增幅达 15%，已成为引领和拉动全市软件产业持续增长的新引擎。

在专业评估机构眼中，南京的大数据产业迈入全国第一方阵。除了在全国 31 个重点城市的大数据发展指数中位列第三，去年，中国大数据产业生态联盟发布的"区域大数据发展水平评价体系"报告，也对南京给予充分肯定，该报告将南京市评为 2016 年首批 4 个大数据发展"五星级城市"之一。

2　大数据平台

2.1　大数据平台经典架构

大数据平台是大数据的硬件与系统基础。支持多源异构海量数据的采集、储存、集成、处理、分析、可视化展现、交互式应用。为各层产品实现提供关键技术支撑。目前主流研究以 Hadoop 架构为多。

大数据平台依靠分布式计算框架完成，主要分为批处理和流处理两种，大数据的技术环节主要来源于 GitHub 开源社区，为用户提供丰富的技术选择，也给用户掌握使用大数据技术造成障碍、提高应用成本。

开源的大数据平台从技术视角看，大数据代表了新一代数据管理与分析技术。传统的数据管理与分析技术以结构化数据为管理对象、在小数据集上进行分析、以集中式架构为主，成本高昂。与"贵族化"的数据分析技术相比，源于互联网的，面向多源异构数据、在超大规模数据集（PB量级）上进行分析，以分布式架构为主的新一代数据管理技术，与开源软件潮流融合，在大幅提高处理效率的同时，成百倍地降低了数据应用成本，数据分析从T+1到T+0甚至实时。

大数据存储和计算技术是整个大数据系统的基础。在存储方面，2000年左右谷歌等提出的文件系统（GFS），随后的Hadoop的分布式文件系统HDFS（Hadoop Distributed File System）奠定了大数据存储技术的基础。2005年，Hadoop项目诞生，最初只是Google公司解决网页搜索问题的一个项目，因其技术的高效性，被Apache基金会引入成为应用。与传统系统相比，GFS/HDFS将计算和存储节点在物理上结合在一起，从而避免在数据密集计算中易形成的I/O吞吐量的制约，同时这类分布式存储系统的文件系统也采用了分布式架构，能达到较高的并发访问能力。在计算方面，谷歌在2004年公开的MapReduce分布式并行计算技术，是新型分布式计算技术的代表。一个MapReduce系统由廉价的通用服务器构成，通过添加服务器节点可线性扩展系统的总处理能力（Scale Out），在成本和可扩展性上都有巨大的优势。

HDFS是Hadoop提供的分布式存储框架，它可以用来存储海量数据，MapReduce是Hadoop提供的分布式计算框架，它可以用来统计和分析HDFS上的海量数据，而Hive是SQL On Hadoop，Hive提供了SQL接口，开发人员只需要编写简单的SQL语句，Hive负责把SQL翻译成MapReduce，提交运行。数据采集是把各个数据源的数据采集到Hadoop上，数据存储到Hadoop之后，便可以使用Hive和MapReduce进行分析。那么接下来的问题是，分析完的结果如何从Hadoop上同步到其他系统和应用中去。为了满足数据的一次采集、多次消费的需求，需要集成软件模块Kafka。数据要实时，实时基本可以分为绝对实时和准实时，绝对实时的延迟要求一般在毫秒级，准实时的延迟要求一般在秒、分钟级。对于需要绝对实时的业务场景，用得比较多的是Storm软件模块。对于其他准实时的业务场景，可以是Storm，也可以是Spark Streaming。OLAP分析除了要求底层的数据模型比较规范，对查询的响应速度要求也越来越高，可能的方案有：Impala、Presto、SparkSQL、Kylin。如果数据模型比较规范，Kylin是最好的选择。

2.2 Hadoop基础集群的架构

Hadoop基础集群的架构如图1所示，NameNode是一个主服务器，用来管理整个文件系统的命名空间和元数据，处理来自外界的文件访问请求。NameNode保存了文件系统的3种元数据：命名空间，即整个分布式文件系统的目录结构；数据块与文件名的映射表；每个数据块副本的位置信息。每一个数据块默认有3个副本。

Namenode特点：NameNode是用来管理文件系统命名空间的组件；一个HDFS集群只有一台NameNode；一个HDFS集群只有一个命名空间，一个根目录；NameNode上存放了HDFS的元数据；一个HDFS集群只有一份元数据；目前有单点故障的问题；元数据保存在NameNode的内存当中，以便快速查询；1 G内存大致可以存放1 000 000个块对应的元数据信息;按缺省每块 64 M 计算,大致对应 64 T 实际数据。

DataNode:用来实际存储和管理文件的数据块。

DataNode 特点:文件中的每个数据块默认的大小为 64 MB;为了防止数据丢失,每个数据块默认有 3 个副本,且 3 个副本会分别复制在不同的节点上,以避免一个节点失效造成一个数据块的彻底丢失。

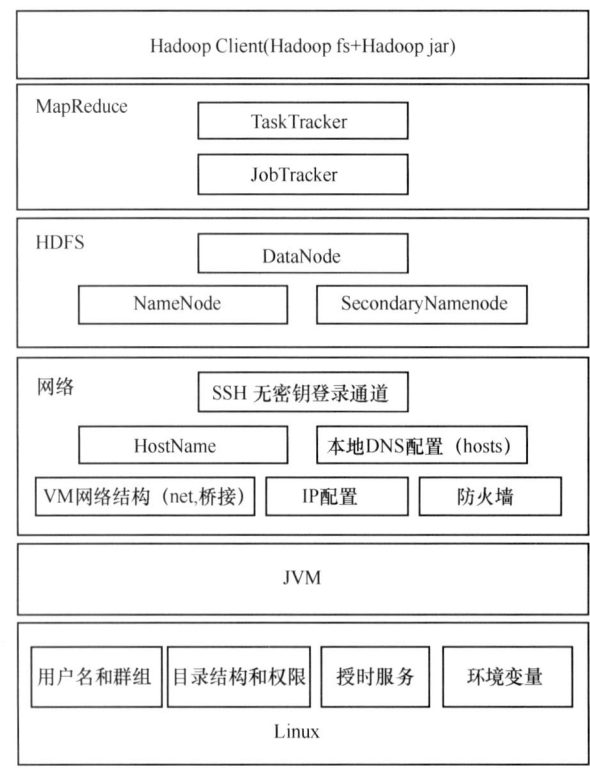

图 1 Hadoop 组件逻辑关系

每个 DataNode 的数据实际上是存储在每个节点的本地 Linux 文件系统中。NameNode 上可以执行文件操作,如打开、关闭、重命名等;NameNode 也负责向 DataNode 分配数据块并建立数据块和 DataNode 的对应关系。

DataNode 负责处理文件系统用户具体的数据读写请求,同时也可以处理 NameNode 对数据块的创建、删除副本的指令。

典型的部署模式采用 NameNode 单独运行于一台服务器节点上,其余的服务器节点,每一台运行一个 DataNode。

Datanode 的作用:

数据块的数据存放在 DataNode 上。

每个块在本地文件系统产生两个文件,一个是实际的数据文件,另一个是块的附加信息文件,其中包括数据的校验和生成时间。

DataNode 通过心跳信号(Heartbeat)与 NameNode 通信。

客户端读取/写入数据的时候直接与DataNode通信。
TaskTracker统筹协调一个map或者reduce任务。

2.3 政务大数据平台架构

政务大数据是一个庞大复杂的数据集。政务大数据处理平台是传统关系数据库和Hadoop技术的混搭平台。大数据技术从某项单一技术突破到复杂业务形态的成熟运用，有的研发机构聚焦于数据收集和预处理，有的聚焦于大数据处理和分析，有的聚焦于数据可视化领域。标准的大数据平台已具有企业级支撑能力。

各种基础架构有不同的特点，并不能轻易相互取代。传统的RDB架构，技术成熟，实施难度低，但无法负载PB级数据环境。Hadoop技术可靠性一般，实施难度较高，但可扩展性高，基于开源，能力全面，是互联网主流基础架构。

传统的RDBMS数据库管理系统中，通过查询索引可以实现对数据的随机访问，它处理的是结构化的数据，为了实现强一致性，通过严格的ACID事务来进行同步，这就造成了系统在可用性和伸缩性方面大打折扣。Hadoop不会处理这样的数据类型，目前很多NoSQL产品，包括Hbase，它们是一种最终一致性的系统，它们为了高的可用性牺牲了一部分的一致性。

在大数据应用的开发中，除了基础的Hadoop或者R语言等基础框架之外，还有很多的辅助工具或平台功能需要定制和研发，国内许多大数据研发机构都在这一层面研发（图2）。

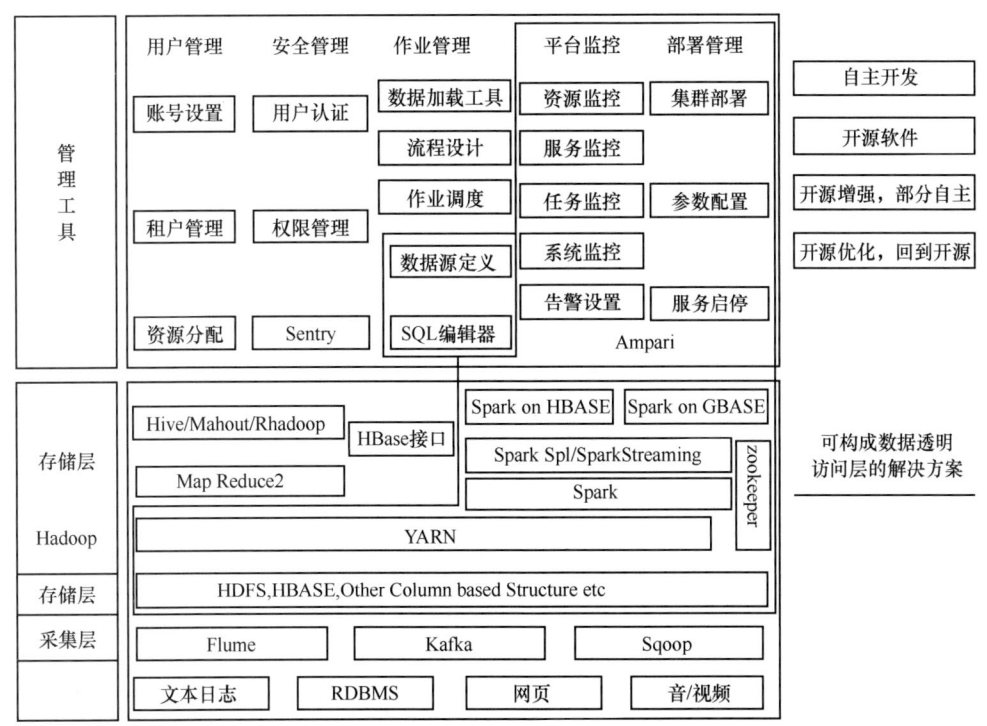

图2 政务大数据平台架构

目前，政务大数据平台已经取得较大进展。政府推动的政务一张网建设已投入使用，政务服务平台已覆盖省市县三级，提供个人服务、法人服务等多种网上便民服务栏目。实现与省级部门业务办理系统的互联互通，实现业务流程数据的共享和实时交换，实现与市级政务服务中心的连接。形成全省统一的办件信息库，汇聚全省各级部门行政许可、给付、奖励、确认、裁决和其他行政权力运行的在线申办、收件受理、办理、办结等各类信息。

实现政务一张网的关键技术是规范了办件信息库接入的接口规范。省级部门、各市政务服务中心的在线申办和部门业务办理系统与省政务服务网数据交换系统的对接，规范了在线申报、收件受理、办件结果等全流程办件信息交换的内容、数据格式及接入方式等。

政务服务平台采用的数据交换方式有两种，一种方式是通过WebService服务接口进行交换，另一种方式是通过数据前置库直接进行数据交换。WebService政务服务网数据交换系统作为数据交换服务端，部署统一的WebService服务。省级部门、各市政务服务中心作为数据交换的客户端，通过调用数据接口服务将办件信息数据实时交换。

服务接口规范如下：

接口协议：SOAP（Document Style）。

数据交换格式：XML报文。

编码方式：UTF-8。

附件处理：统一采用BASE64编码。

前置库方式是为省级部门、各市政务服务中心提供数据交换的前置库。通过分配访问地址、数据库账号，按照数据交换的格式要求，通过数据库直连的方式，写入或者读取办件信息，实现数据的准实时交换。

2.4 大数据平台存在的安全问题

随着数据资产价值持续攀升、大数据产业规模不断壮大，大数据技术在改善社会生产生活的同时，其安全问题也逐渐显现出来。2017年1月，大数据基础软件陷入一场全球范围的大规模勒索攻击，Hadoop集群被黑客锁定为攻击对象。

首先，大数据存储、计算和分析等关键技术的创新演进带动信息系统软硬件架构的全新变革，可能在软件、硬件、协议等多方面引入未知的漏洞隐患，而现有安全防护技术无法抵御未知漏洞带来的安全风险。

其次，现有大数据平台大多基于Hadoop框架进行二次开发，缺乏有效的安全机制，其安全保障能力仍然比较薄弱。

最后，传统网络环境下，网络安全边界相对清晰，而由于大数据技术采用底层复杂、开放的分布式存储和计算架构，使得大数据环境下安全边界变模糊，传统基于边界的安全防护技术不再适用。此外，大数据技术发展催生出新型高级的网络攻击手段，如针对大数据平台的高级持续性威胁（APT）攻击和大规模分布式拒绝服务（DDoS）攻击时有发生，导致传统检测、防御技术无法有效抵御外界攻击。

2.5 大数据产业面临的挑战

大数据产业发展已具备一定基础，但要实现从"数据大国"向"数据强国"转变，还面临诸多挑战。

对数据资源及其价值的认识不足。全社会尚未形成对大数据客观、科学的认识，对数据资源及其在人类生产、生活和社会管理方面的利用价值认识不足，存在盲目追逐硬件设施投资、轻视数据资源积累和价值挖掘利用等现象。

技术创新与支撑能力不够。大数据需要从底层芯片到基础软件再到应用分析软件等信息产业全产业链的支撑，无论是新型计算平台、分布式计算架构还是大数据处理、分析和呈现方面与国外均存在较大差距，对开源技术和相关生态系统的影响力仍然较弱，总体上难以满足各行各业大数据应用需求。

数据资源建设和应用水平不高。用户普遍不重视数据资源的建设，即使有数据意识的机构也大多只重视数据的简单存储，很少针对后续应用需求进行加工整理。数据资源普遍存在质量差，管理能力弱等现象。跨部门、跨行业的数据共享仍不顺畅，有价值的公共信息资源和商业数据开放程度低。数据价值难以被有效挖掘利用，大数据应用整体上处于起步阶段，潜力远未释放。

信息安全和数据管理体系尚未建立。数据所有权、隐私权等相关法律法规和信息安全、开放共享等标准规范缺乏，技术安全防范和管理能力不够，尚未建立起兼顾安全与发展的数据开放、管理和信息安全保障体系。

人才队伍建设亟须加强。综合掌握数学、统计学、计算机等 相关学科及应用领域知识的综合性数据科学人才缺乏，远不能满足发展需要，尤其是缺乏既熟悉行业业务需求，又掌握大数据技术与管理的综合型人才。

2.6 大数据平台研发的方向

深度神经网络等新兴技术开辟大数据分析技术的新时代。神经网络是一种先进的人工智能技术，具有自身自行处理、分布存储和高度容错等特性，非常适合处理非线性的及那些以模糊、不完整、不严密的知识或数据，十分适合解决大数据挖掘的问题。

典型的神经网络模型主要分为三大类：第一类是以用于分类预测和模式识别的前馈式神经网络模型，其主要代表为函数型网络、感知机；第二类是用于联想记忆和优化算法的反馈式神经网络模型，以 Hopfield 的离散模型和连续模型为代表；第三类是用于聚类的自组织映射方法，以 ART 模型为代表。神经网络虽然有多种模型及算法，但在某一特定领域的数据挖掘中选用何种模型和算法并没有统一的规则，而且人们很难理解网络的学习及决策过程。

随着互联网与传统行业融合程度日益加深，对于 Web 数据的挖掘和分析成为需求分析和市场预测的重要手段。Web 数据挖掘是一项综合性的技术，可以从文档结构和使用集合中发现隐藏的输入到输出的映射过程。

目前研究和应用比较多的是 PageRank 算法。PageRank 是 Google 算法的重要内容。

3 大数据工具

大数据平台的建设过程，是由下而上逐步完成的。首先要有 Hadoop 集群，在有 HDFS

与 Hive 后,才能开展数据接入工作。研发基于集群工具链,当工具链部分的 OLAP 引擎构建好,才有上层 BI、报表系统和数据 API,构建好 AdHoc 后提供基于 SQL 的数据探索平台。工具链中特别需要建设好调度系统,才能在实现数据 ETL 任务的同时,管控数据流向与数据关系。最后是服务层面的研发,满足功能需求,服务做到更加易用。数据管理系统穿插于整个大数据平台研发过程中。

大数据平台中衔接服务与集群的技术是大数据工具链,工具链是一系列完成不同功能的软件模块。工具链是整个大数据平台能力的传送带,肩负着将大数据能力输送到上层服务层的重任,也承担着上层多项服务被使用时的数据能力支持。

研发大数据平台工具链,大数据平台内部工作可以简单划分为集群与服务两部分,为何要在它们之间构建一层工具链层呢?初始的大数据架构中,因产品层面单一,数据从收集入 HDFS 后,数据流向单一,均由 Oozie 调度任务从 Hive 获取数据,并向上推送。考虑到平台服务层面的多个产品形态,数据流向需扩展才能满足产品所需要求,如果将数据流的管理与集群工作捆绑在一起,缺少灵活性。增加一层工具链层,借助集群能力,通过使用开源或自研软件,来扩展数据转换与输出的能力,提供更多种的数据流形式,以满足上层数据服务需求。

工具链作为数据驱动纽带,工具化的为上层平台服务提供各类能力,上层平台服务包装大数据平台能力,开放给用户使用。围绕着工具链的建设,大数据平台较改进前的数据加工模式,提供了更丰富的上层数据服务。

开源的大数据框架越来越多、越来越强,先列举一些常见的。

文件存储:Hadoop HDFS、Tachyon、KFS。

离线计算:Hadoop MapReduce、Spark。

流式、实时计算:Storm、Spark Streaming、S4、Heron。

K-V、NOSQL 数据库:HBase、Redis、MongoDB。

资源管理:YARN、Mesos。

日志收集:Flume、Scribe、Logstash、Kibana。

消息系统:Kafka、StormMQ、ZeroMQ、RabbitMQ。

查询分析:Hive、Impala、Pig、Presto、Phoenix、SparkSQL、Drill、Flink、Kylin、Druid。

分布式协调服务:Zookeeper。

集群管理与监控:Ambari、Ganglia、Nagios、Cloudera Manager。

数据挖掘、机器学习:Mahout、Spark MLLib。

数据同步:Sqoop。

任务调度:Oozie。

图 3 中软件模块是 Hadoop 系统组件和 Spark 系统组件。它们是两种不同的大数据处理框架,它们之间不是互斥的,Spark 与 Hadoop 中的 MapReduce 是一种相互共生的关系。Hadoop 提供了 Spark 许多没有的功能,如分布式文件系统,而 Spark 提供了实时内存计算,速度非常快。Spark 并不是一定要依附于 Hadoop 才能生存。

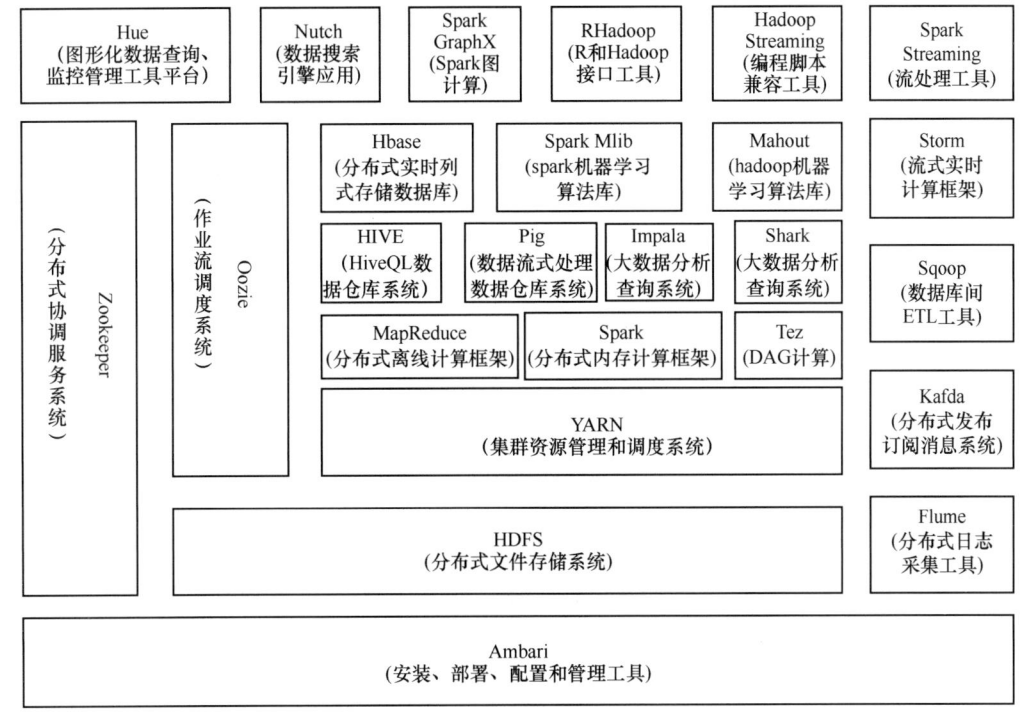

图 3 大数据工具链逻辑

3.1 分布式文件系统 HDFS

HDFS 是 Apache Hadoop 项目的一部分，是一个分布式文件系统，用于存储和管理文件，能提超大文件的访问和存储速度。HDFS 采用一次写入多次读取的流式数据访问模式保证了数据的一致性。HDFS 是一个高度容错性的系统，适合部署在廉价的机器上。HDFS 适合服务于大规模数据集上的应用。

HDFS 的目标与期望如下。

硬件故障的冗余：HDFS 认为硬件故障属于正常的情况。一个 HDFS 实例会包括数百上千的服务机器，且每一个都存储一部分文件系统中的数据。事实是组件的数量十分庞大并且每个组件都有极大的可能失效，这意味着 HDFS 中的一些组件总是不提供服务的。因此，快速的定位问题，自动化的修复是 HDFS 中的核心架构目标。

流数据访问：有一些应用程序总是需要流式的访问他们的数据集合。他们通常不是运行在通用文件系统上的一般性应用。HDFS 被设计为用于批处理而非交互式处理。重点是高吞吐量而不是低延迟的数据访问。POSIX 使得对那些针对 HDFS 的应用不受硬性的限制。POSIX 提高了一些关键领域的数据吞吐效率。

大型数据集：运行在 HDFS 上的程序通常有着大量的数据集。HDFS 中常见的文件大小是 GB 到 TB 级的。HDFS 对支持大文件进行了优化。一个单个的集群可以容纳大量聚合数据，规模可达数百个服务器节点。一个应用实例就能支持数千万个文件。

简单的一致性模型：HDFS 应用需要一次写入多次读出的文件访问模式。一个文件的创建写入和关闭不需要被修改。这种设计简化了一致性问题并使得高吞吐量数据存取得以实现。不论MR的应用还是网络爬虫的程序都能很完美的兼容这个模式，能够支持追加写的重要模式。

通过移动计算的位置降低大数据的移动：实际应用要求一个计算在计算时使用附近的数据，这会使得计算更为高效。在大数据量的状况下这种优势尤其明显。这样可以减小网络的阻塞并且提高系统的整体吞吐量。HDFS设计认为计算迁移到数据的位置优于将数据迁移到正在运行的应用程序上。HDFS为应用程序提供了一些接口使得他们可以移动到离数据存储更近的地方。

可移植性跨异构硬件和软件平台：HDFS被设计为易于从一个平台移植到另一个平台上，这是HDFS作为一个大数据应用的平台选用、被广泛推广的原因。

3.2 分布式实时列式存储数据库HBase

HBase是一种构建在HDFS之上的分布式、面向列的存储系统。在需要实时读写、随机访问超大规模数据集时，可以使用HBase。HBase弥补了Hadoop对实时操作的不足。HBase采用是物理表，而不是逻辑表，提供一个超大的内存hash表，搜索引擎通过它来存储索引，方便查询操作。

HBase巧妙地将大而稀疏的表放在商用的服务器集群上。利用Hadoop HDFS作为其文件存储系统，利用Hadoop MapReduce来处理HBase中的海量数据，HBase利用Zookeeper作为协同服务。

HBase的特点如下。

数据表大：一个表可以有上亿行，上百万列。

面向列：面向列表（簇）的存储和权限控制，列（簇）独立检索。

表稀疏：对于为空（NULL）的列，并不占用存储空间，因此，表可以设计得非常稀疏。

无模式：每一行都有一个可以排序的主键和任意多的列，列可以根据需要动态增加，同一张表中不同的行可以有截然不同的列。

数据多版本：每个单元中的数据可以有多个版本，默认情况下，版本号自动分配，版本号就是单元格插入时的时间戳。

数据类型单一：HBase中的数据都是字符串，没有类型。

HBase的组件包括Client、Zookeeper、HMaster、HRegionServer、HRegion、Store、MemStore、StoreFile、HFile、HLog等。

Client：Client包含了访问Hbase的接口，另外，Client还维护了对应的cache来加速HBase的访问，如cache的.META.元数据的信息。

Zookeeper：HBase通过Zookeeper来做master的高可用、RegionServer的监控、元数据的入口及集群配置的维护等工作。具体工作如下：通过Zoopkeeper来保证集群中只有1个master在运行，如果master异常，会通过竞争机制产生新的master提供服务。

通过Zoopkeeper来监控RegionServer的状态，当RegionSevrer有异常的时候，通过回调的形式通知Master RegionServer上下限的信息。

通过Zoopkeeper存储元数据的统一入口地址。

Hmaster：master节点的主要作用如下：

为RegionServer分配Region；

维护整个集群的负载均衡；

维护集群的元数据信息；

发现失效的Region，并将失效的Region分配到正常的RegionServer上；

当RegionSever失效的时候，协调对应Hlog的拆分。

HregionServer：直接对接用户的读写请求，是真正的"干活"的节点。它的功能概括如下：

管理master为其分配的Region；

处理来自客户端的读写请求；

负责和底层HDFS的交互，存储数据到HDFS；

负责Region变大以后的拆分；

负责Storefile的合并工作。

HDFS：HDFS为HBase提供最终的底层数据存储服务，同时为HBase提供高可用的支持，具体功能概括如下：

提供元数据和表数据的底层分布式存储服务；

数据多副本，保证了高可靠性和高可用性。

HBase的使用场景：

HBase是一个通过廉价机器集群来存储海量数据的分布式数据库解决方案。它比较适合的场景概括如下：数据量巨大（百T、PB级别）；查询简单（基于rowkey或者rowkey范围查询）；不涉及复杂的关联；有几个典型的场景特别适合使用HBase来存储：

海量订单流水数据（长久保存）；

交易记录；

数据库历史数据。

HBase shell访问：HBase Shell提供了大多数的HBase命令，通过HBase Shell用户可以方便地创建、删除及修改表，还可以向表中添加数据、列出表中的相关信息等。

在启动HBase之后，用户可以通过下面的命令进入HBase Shell之中，命令如下所示：[hadoop@CDHNode1 ~]$hbase shell。

3.3 集群资源调度和管理系统 MR/YARN

YARN（Yet Another Resource Negotiator）是一个通用的资源管理平台，可为各类计算框架提供资源的管理和调度。YARN是Hadoop资源管理器，允许多个应用程序同时、高效地运行在一个集群上。有了YARN，Hadoop将是一个真正的多应用程序平台，可服务于整个企业。

Hadoop2.X也就是YARN，它的目标是将这两部分功能分开，也就是分别用两个进程来管理这两个任务：ResourceManger，ApplicationMaster。

YARN的一个目标就是拓展Hadoop，使得它不仅仅可以支持MapReduce计算，还能很方便的管理诸如Hive、HBase、Pig、Spark/Shark等应用。这种新的架构设计能够使得各种类型的应用运行在Hadoop上面,并通过Yarn从系统层面进行统一的管理。

YARN可以将多种计算框架(如离线处理MapReduce、在线处理的Storm、迭代式计算框架Spark、流式处理框架S4等)部署到一个公共集群中,共享集群的资源。并提供如下功能。

资源的统一管理和调度:集群中所有节点的资源(内存、CPU、磁盘、网络等)抽象为Container。计算框架需要资源进行运算任务时需要向YARN申请Container,YARN按照特定的策略对资源进行调度进行Container的分配。

资源隔离:YARN使用了轻量级资源隔离机制Cgroups进行资源隔离以避免相互干扰,一旦Container使用的资源量超过事先定义的上限值,就将其杀死。

YARN总体上是Master/Slave结构,主要由ResourceManager、NodeManager、ApplicationMaster和Container等组件构成。

ResourceManager(RM):负责对各NM上的资源进行统一管理和调度。将AM分配空闲的Container运行并监控其运行状态。对AM申请的资源请求分配相应的空闲Container。

NodeManager(NM):NM是每个节点上的资源和任务管理器。它会定时地向RM汇报本节点上的资源使用情况和各个Container的运行状态;同时会接收并处理来自AM的Container启动/停止等请求。

ApplicationMaster(AM):用户提交的应用程序均包含一个AM,负责应用的监控,跟踪应用执行状态,重启失败任务等。ApplicationMaster是应用框架,它负责向ResourceManager协调资源,并且与NodeManager协同工作完成Task的执行和监控。MapReduce就是原生支持的一种框架,可以在YARN上运行MapReduce作业。有很多分布式应用都开发了对应的应用程序框架,用于在YARN上运行任务,如Spark、Storm等。如果需要,我们也可以自己写一个符合规范的YARN的application。

Container:Container是YARN中的资源抽象,它封装了某个节点上的多维度资源,如内存、CPU、磁盘、网络等,当AM向RM申请资源时,RM为AM返回的资源便是用Container表示的。YARN会为每个任务分配一个Container且该任务只能使用该Container中描述的资源。

3.4 分布式协调服务系统 Zookeeper

Zookeeper是Apache的一个java项目,属于Hadoop系统,扮演管理员的角色。

Zookeeper作用如下。

配置管理:在zookeeper修改了配置,其他节点都可以获得变更。无须手动拷贝配置,保证了可靠和一致性。

名字服务:分布式环境下,为了便于识别不同服务,需要对应用/服务进行统一命名。

分布式锁:分布式程序分布在各个主机上的进程对互斥资源进行访问时也需要加锁。

集群管理:在分布式的集群中,经常会由于各种原因,如硬件故障、软件故障、网络问题,有些节点会进进出出。有新的节点加入进来,也有老的节点退出集群。这个时候,集群中有些机器(如Master节点)需要感知到这种变化,然后根据这种变化做出对应的决策。

用到Zookeeper的系统、HDFS中的HA方案、YARN的HA方案。

HBase：必须依赖Zookeeper，保存了Regionserver的心跳信息，和其他的一些关键信息。

Flume：负载均衡，单点故障。

3.5 数据仓库系统 Hive

Hive就是把写的SQL语句，翻译成MapReduce代码，然后在Hadoop上执行。

Hive是为了减少MapReduce jobs编写工作建立在Hadoop之上的批处理系统。Hive本身不存储和计算数据，它完全依赖于HDFS和MapReduce。借用Hadoop的MapReduce来完成一些Hive中的命令的执行。

Hive是基于Hadoop的一个数据仓库工具，可以将结构化的数据文件映射为一张数据库表，并提供完整的SQL查询功能，可以将SQL语句转换为MapReduce任务进行运行，这套SQL简称HQL。使不熟悉MapReduce的用户很方便地利用SQL语言查询、汇总、分析数据。而MapReduce开发人员可以把已写的mapper和reducer作为插件来支持Hive做更复杂的数据分析。

3.6 流式实时计算框架 Storm

Storm是一个实时数据处理框架，具有低延迟、高可用、易扩展、数据不丢失等特点，Storm还提供流类似与MapReduce的简单编程模型，便于开发。

Storm与Hadoop可以说是数据处理中两种极端场景下的不同解决方案，主要区别如下。

Storm用于实时计算，Hadoop用于离线计算。

Storm将处理的数据保存在内存中，Hadoop则保存在HDFS上。

Storm通过网络传输数据，Hadoop将中间数据保存在磁盘上。

Storm的使用场景：实时监控与日志分析；管道系统；消息转换。

Storm的核心概念如下。

Nimbus：Storm的Master，负责资源分配和任务调度。一个Storm集群只有一个Nimbus。

Supervisor：Storm的Slave，负责接收Nimbus分配的任务，管理所有Worker，一个Supervisor节点中包含多个Worker进程。

Worker：工作进程，每个工作进程中都有多个Task。

Task：任务，在Storm集群中每个Spout和Bolt都由若干个任务（tasks）来执行。每个任务都与一个执行线程相对应。

Topology：计算拓扑，Storm的拓扑是对实时计算应用逻辑的封装，它的作用与MapReduce的任务（Job）很相似，区别在于MapReduce的一个Job在得到结果之后总会结束，而拓扑会一直在集群中运行，直到你手动去终止它。拓扑还可以理解成由一系列通过数据流（Stream Grouping）相互关联的Spout和Bolt组成的拓扑结构。

Stream：数据流（Streams）是Storm中最核心的抽象概念。一个数据流指的是在分布式环境中并行创建、处理的一组元组（tuple）的无界序列。数据流可以由一种能够表述数据流中元组的域（fields）的模式来定义。

Spout：数据源（Spout）是拓扑中数据流的来源。一般 Spout 会从一个外部的数据源读取元组然后将他们发送到拓扑中。根据需求的不同，Spout 既可以定义为可靠的数据源，也可以定义为不可靠的数据源。一个可靠的 Spout 能够在它发送的元组处理失败时重新发送该元组，以确保所有的元组都能得到正确的处理；相对应的，不可靠的 Spout 就不会在元组发送之后对元组进行任何其他的处理。一个 Spout 可以发送多个数据流。

Bolt：拓扑中所有的数据处理均是由 Bolt 完成的。通过数据过滤（filtering）、函数处理（functions）、聚合（aggregations）、联结（joins）、数据库交互等功能，Bolt 几乎能够完成任何一种数据处理需求。一个 Bolt 可以实现简单的数据流转换，而更复杂的数据流变换通常需要使用多个 Bolt 并通过多个步骤完成。

Stream grouping：为拓扑中的每个 Bolt 的确定输入数据流是定义一个拓扑的重要环节。数据流分组定义了在 Bolt 的不同任务（tasks）中划分数据流的方式。在 Storm 中有八种内置的数据流分组方式。

Reliability：可靠性。Storm 可以通过拓扑来确保每个发送的元组都能得到正确处理。通过跟踪由 Spout 发出的每个元组构成的元组树可以确定元组是否已经完成处理。每个拓扑都有一个"消息延时"参数，如果 Storm 在延时时间内没有检测到元组是否处理完成，就会将该元组标记为处理失败，并会在稍后重新发送该元组。

Zookeeper 对于 Storm 集群来说至关重要，它负责 Nimbus 和 Supervisor 之间的通信。Nimbus 从 Zookeeper 中监控各个 Supervisor 的节点状态，通过 ZK 将任务分发下去。Supervisor 会定时从 ZK 中获取 Topology、任务分配信息及汇报心跳。

4　大数据算法

大数据的挖掘是从海量、不完全的、有噪声的、模糊的、随机的大型数据库中发现隐含在其中有价值的、潜在有用的信息和知识的过程，也是一种决策支持过程，需要涉及多种算法。例如，中文分词的开源分词库的离线和在线应用，自然语言处理的文本相关性算法，分类算法的 NB、SVM，回归算法的 LR、Decision Tree，聚类算法的层次聚类、Kmeans，神经网络与深度学习的 NN、Tensorflow。

常用的数据挖掘与机器学习模型包括分类模型、回归模型、聚类模型、预测模型、关联挖掘模型等。它们分别解决不同的任务及不同的数据处理方式，并且每种模型中有着众多不同的算法，每种算法都适应不同的场景。

4.1　分类模型

分类是指存在一些实例，我们不知道它所属的离散类别，每个实例是一个特征向量，并且类别空间已知，分类即将这些未标注类别的实例映射到所属的类别上。分类模型是监督式学习模型，即分类需要使用一些已知类别的样本集去学习一个模式，用学习得到的模型来标注那些未知类别的实例。在构建分类模型的时候，需要用到训练集与测试集，训练集用来对模型的参数进行训练，而测试集则用来验证训练出来的模型的效果的好坏，即用来评价模型的好坏程度，常用的评价指标有准确率与召回率。针对不同的分类任务、不同的数据及不同的适应场景，分类中有着不同的分类算法。常见的分类方法包括决策树、贝叶斯、K近邻、支持向量机、基于关联规则、集成学习、人工神经网络。

4.1.1 贝叶斯分类算法

贝叶斯分类算法是基于概率论中的贝叶斯公式对实例进行分类的算法，它使用贝叶斯公式计算实例特征向量下每个类别的条件概率，选择条件概率最大所对应的类别作为其类别。常见的贝叶斯分类算法包括朴素贝叶斯、贝叶斯网络等，区别在于假设属性之间是否条件独立。朴素贝叶斯是假设属性之间是条件独立的，但是这种假设往往是不成立的。而贝叶斯网络是假设部分属性之间是有关联的，从而构建一个属性有向网络。

4.1.2 决策树

决策树是进行分类与预测的常见方法之一，决策树学习方法是从训练集中每个样本的属性进行构建一棵属性树，它按照一定的规则选择不同的属性作为树中的节点来构建属性和类别之间的关系，常用的属性选择方法有信息增益、信息增益率及基尼系数等。它采用自顶而下递归构建这颗属性类别关系树，树的叶子节点便是每个类别，非叶子节点便是属性，节点之间的连线便是节点属性的不同取值范围。决策树构建后，便从决策树根节点开始从上到下对需要进行类别标注的实例进行属性值的比较，最后到达某个叶子节点，该叶子节点所对应的类别便是该实例的类别。常用的决策树算法有ID3、C4.5/C5.0、CART等。这些算法的区别主要在于属性选择的策略、决策树的结构（如决策树中出现重复属性）、是否采用剪枝及剪枝的方法、是否处理大数据集（即算法的复杂度，包括时间与空间复杂度）等。

4.1.3 K近邻算法

K近邻算法是基于实例的分类算法。该算法首先定义一个邻居范围，即设定邻居的个数，然后采用投票的方式来决定自己所属的类别，即多数战胜少数的策略，自己的类别为邻居中大部分所对应的类别。一般都是采用欧式距离，即选取欧式距离最近的K个已标注类别的样本作为自己的邻居，既可以采取邻居平等投票的方式，也可以采取邻居权值的方式进行投票，即不同的邻居的意见有着不同的权重，一般距离越近的邻居权重越大。该方法有个缺点就在于对每一个未知类别的实例都需要计算其与样本空间中所有样本的距离，因此复杂度过高，无法满足那些实时性要求较高的分类场景。

4.1.4 支持向量机

支持向量机（SVM）是一种统计机器学习分类算法，它是建立在由Vapnik和Chervonenkis提出的统计学习理论的VC维理论和结构风险最小化原理的基础上。结构化风险等于经验风险加上置信风险，而经验风险为分类器在给定训练样本上的误差，置信风险为分类器在未知类别的实例集上的分类误差。给定的训练样本的数量越多，泛化能力越有可能越好，则学习效果越有可能更好，此时置信风险越小。以前的学习算法目标是降低经验风险，要降低经验风险，则需要增加模型对训练样本的拟合度，即提高分类模型的复杂度，此时会导致VC维很高，泛化能力就差，置信风险就高，所以结构风险也高。而SVM算法则是以最小化结构风险为目标，这便是SVM的优势。SVM是最大化分类几何间隔来构建最优分类超平面来提高模型的泛化能力的。并且引入核函数来降低VC维的。支持向量机在对未知类别的实例进行分类时使用该实例落在超平面哪个区域所对应的类别作为该实例的类别的。

4.1.5 基于关联规则的分类器

基于关联规则的分类方法是基于关联规则挖掘的，它类似于关联规则挖掘，使用最小支持度与置信度来构建关联规则集：Xs→C，只是不同于关联规则挖掘，Xs是属性值对集合，而C则是类别。它首先从训练集中构建所有满足最小支持度与最小置信度的关联规则；然后使用这些关联规则来进行分类，该类型常见的算法有CBA、ADT等。

4.1.6 集成学习

在实际应用中，单一的分类算法往往不能达到理想的分类效果，并且有时单一的分类器会导致过拟合。使用多个分类器进行集成往往能够达到更好的分类效果。常见的集成方式包括Stacking、Bagging及Boosting，常见的集成算法包括AdaBoost算法、GBDT、随机森林等。

4.1.7 人工神经网络

人工神经网络模拟人脑的工作原理，使用节点之间的连接来模拟人脑中的神经元连接来进行信息处理的机器学习模型。人工神经网络包括输入层、隐含层、输出层。这些层以此使用不同的权值进行连接，每个节点（神经元）都有一个激励函数，用来模拟人脑神经元的抑制与兴奋。信息从输入层流通到输出层，并且使用训练集来学习网络中的权值，改善网络的效果。一般是使用梯度下降误差反向传播来对网络中的参数进行学习更新，以达到更多的误差，直到满足精度要求。在分类中，首先使用训练集样本对网络中的参数进行学习，然后从输入层输入未知实例的特征向量，输出层的输出便是其类别。常见的人工神经网络有：BP神经网络、RBF神经网络、循环神经网络、随机神经网络、竞争神经网络以及深度神经网络等。

不同的分类算法适应着不同的应用场景。在选择分类算法是，需要考虑它们的优缺点。例如，特别关注分类准确度，那么可以分别使用上述的分类算法，然后使用交叉验证选择最好的分类算法。首先，要考虑模型的训练集有多大。如果训练集较小，那么高偏差/低方差的分类器（如贝叶斯分类器、SVM、集成学习）要比低偏差/高方差的分类器具有优势，因为后者容易过拟合。然而随着训练集的增大，低偏差/高方差的分类器将开始具有优势（它们拥有更低的渐进误差）。然后要根据不同分类器的特点去选择。朴素贝叶斯简单，容易理解，但是需要假设属性之间条件独立。决策树解释性强，能够处理属性之间的交叉关系，并且模型是非参数化的，但是不支持在线学习，于是在新样本到来后，决策树需要进行重建，而且容易过拟合。K近邻容易理解，简单，但是其复杂度高，不适合实时性要求高的场景。支持向量机具有很好的理论支持，分类准确率高，对于线性不可分的情况，可以使用核函数进行映射到高维空间而线性可分，但是只适合训练集较小的情况，内存消耗大。基于规则的分类器容易解释，规则容易建立，但是可能效果不佳；集成学习容易达到较好的分类效果，并且容易避免过拟合，但是它需要训练多个不同的分类器；人工神经网络效果好，能够以任意精度去拟合非线性分类器，但是模型解释性不强，并且训练复杂，学习速度慢。

4.2 预测模型

预测模型包括分类模型与回归模型，两者的区别在于前者是对离散值进行预测，而后者是对连续值进行预测。同时，在与时间有关的预测模型中，是根据历史的状态预测将来一段时间内的状态，如设备故障预测等。常用的算法包括自回归积分滑动平均模型（ARIMA）、灰度预测模型、循环神经网络及深度学习模型等。使用分类、回归模型对设备的故障进行预测以便在设备故障发生之前就进行维修，对设备采购需求、设备技改、设备剩余寿命进行预测，同时可以对设备的故障进行分类等。

4.3 回归模型

回归模型是指通过对数据进行统计分析，得到能够对数据进行拟合的模型，确定两种或两种以上变量间相互依赖的定量关系。它与分类的区别在于其结果是连续的。包括线性回归与非线性回归。线性回归模型是假设自变量与因变量之间是一种线性关系，即自变量最高次是一次，然后使用训练集对模型中的各个参数进行训练学习，得到自变量与因变量之间的定量关系方程，最后将未知结果的实例代入方程得到结果，常用的算法是线性回归算法、L2正则的岭回归与L1正则的Lasso回归。而非线性回归则相反，是假设自变量与因变量之间的关系是非线性的，即自变量的最高次是大于1的。常用的非线性回归算法有逻辑回归、softmax回归、神经网络、支持向量机及CART等。若在回归结果上面加一层，则可以达到分类的效果。

4.4 聚类模型

聚类分析是数据挖掘的重要研究内容与热点问题。其由来已久，国外可以追溯到亚里士多德时代。在中国，很久之前便流传着"物以类聚，人以群分"的聚类思想。从而可知聚类是一个非常古来的问题，它伴随着人类社会的产生与发展而不断深化。人们通过事物之间的区别性与相似性来认识与改造世界，将相似的对象聚集到一起。聚类便是按照某种相似性度量方法对一个集合进行划分成多个类簇，使得同一个类簇之间的相似性高，不同类簇之间不相似或者相似性低。同一类簇中的任意两个对象的相似性要大于不同类簇的任意两个对象。从学习的角度来看，聚类中事先并不需要知道每个对象所属的类别，即每个对象没有类标进行指导学习，也不知道每个簇的大小，而是根据对象之间的相似性来划分的，因此聚类分析属于一种无监督学习方法，又被称为"无先验知识学习方法"。其目的是在数据中寻找相似的分组结构和区分差异的对象结构。目前，聚类算法已经被广泛应用于科学与工程领域的方方面面，如在电子商务上进行消费群体划分与商品主题团活动等；在生物信息学上进行种群聚类，便于识别未知种群以及刻画种群结构等；在计算机视觉上应用聚类算法进行图像分割、模式识别与目标识别等；在社交网络上进行社区发现等；在自然语言处理中进行文本挖掘等。常见的聚类方式有以下几种。

4.4.1 基于划分的聚类算法

基于划分的聚类算法是指基于欧式距离将各个对象划分到对应的簇中。主要的代表算法有K-means、K-mediods、FK-means、K-modes、K-prototype、EM算法、CLARANS等。

4.4.2 基于层次的聚类算法

基于层次的聚类算法可分为两大类，一种是自底向上，一种是自顶而下。自底向上策略是使用凝聚方法进行聚类，该方法最初是将每个点作为一个簇，使用某些准则对簇不断地进行合并，直到满足某个终止条件，便得到了聚类的所有簇；而自顶而下策略是使用分裂方法进行聚类，该方法最初是将所有点都作为一个簇，不断使用某些准则对簇进行分裂，直到所有对象都自成一个簇或者满足某个终止条件，这样便得到了各个簇，层次方法在每个过程中所得到的簇可以构成一棵聚类树。另外，可以在聚类过程中同时结合凝聚与分裂方法。层次凝聚的代表算法是AGNES（agglomerative nesting）算法，层次分裂的代表算法是DIANA（divisive analysis）算法，以及凝聚与分裂相结合的BIRCH、CURE等。

4.4.3 基于图论的聚类算法

基于图论的聚类算法首先将样本对象构造成一张图，每个对象为图的一个顶点，对象之间的关系（相似度）作为图顶点之间的边值。然后，采用图论的方法对图进行划分而形成多个子图，每个子图便是一个簇，使得子图内部相似性大，子图间相似性小，称为图划分聚类。划分的准则有：最小割集（minimum-cut）准则、率切（ratio-cut）准则、规范切（normalized-cut）准则、最小最大切（min-max-cut）准则等，基于图论的聚类又称为谱聚类（spectral clustering），其基本思想是利用样本数据的相似矩阵（一般是Laplacian矩阵或Laplacian的变换矩阵）进行特征分解后得到的特征向量进行聚类。根据划分准则可以将谱聚类分为两大类：规范化谱聚类（normalized spectral clustering）与非规范化谱聚类（unnormalized spectral clustering），其主要区别在于输入的Laplacian矩阵是否进行了规范化，如最小割集与率切准则是非标准化准则，规范切与最小最大切准则是规范化准则。在谱聚类算法中使用最广泛的是Ng与Jordan等人提出的基于规范切的谱聚类算法。

4.4.4 基于密度的聚类算法

基于密度聚类算法不是基于距离的而是基于密度的。对象的密度是指以这个对象为中心，单位体积内对象的个数。该类聚类算法使得类簇内的密度大，类簇间的密度小。这样，基于密度聚类便能克服基于距离的算法只能发现"圆形簇"的缺点。其根据对象集合构成的空间的密度差异，将每个类簇看成由低密度区域分割开的高密度区域。该类型的算法的一个主要方向是如何去对高低密度区域进行定义。常见的算法有DBSCAN、OPTICS、DENCLUE、CBFSAFODP等。

4.4.5 基于网格的聚类算法

基于网格的聚类算法，首先将数据空间划分成有限个单元的网格结构，每个单元作为基本处理单元，这种方法的一个突出优点便是处理速度快，它与数据本身的对象个数无关，只与把这些对象分成多少个网格有关，代表算法有STING、CLIQIUE等。

4.4.6 基于模型的聚类算法

基于模型聚类是假定每一个类簇都是一个模型，然后去寻找能够拟合这个模型的簇，每一个模型反映的是数据对象在样本空间中的密度分布，其潜在假定就是：目标数据集是由一系列的概率分布所决定的。基于模型主要有两类方法：基于统计学的方法与基于神经网络的方法。基于统计学方法有COBWeb及Auto-class算法，基于神经网络的有CL、LVQ、SOFM等算法。

使用聚类算法对设备故障类型或者设备状态进行聚类，以便发现类似的设备故障及设备状态等。

关联规则挖掘是指给定一个数据集T，每条记录有多个特征，从这些记录中找出所有支持度大于等于最小支持度support>=min_support，置信度大于等于最小置信度confidence>=min_confidence的规则Xs→Ys。其形式化的定义：两个不相交的非空集合Xs、Ys，如果Xs→Ys，就说Xs→Ys是一条规则。例如，啤酒与尿布的故事，它已成为关联规则挖掘的经典案例，{啤酒}→{尿布}就是一条关联规则。支持度support的定义为：support{Xs→Ys}为集合Xs与集合Ys中的项在同一条记录中出现的次数除以总记录的个数。置信度confidence的定义为：confidence{Xs→Ys}为集合Xs与集合Ys中的项在同一条记录中出现的次数除以集合Xs中的项共同出现的次数。支持度和置信度越高，则说明规则越强。关联规则挖掘就是挖掘出具有一定强度的规则集合，即该规则集合中的每条规则的支持度要大于等于最小支持度，置信度要大于等于最小置信度。常见的关键规则挖掘算法有Apriori、FP-growth、GSpan等算法。

我们可以使用关联规则挖掘算法来对设备故障进行监控与预测，以便找到故障发生的关键原因与因素。

算法在政务大数据建设中是关键的环节之一，合适的算法可以达到提高系统的效率和精度。选择算法的依据是数据的类型特点，评价的依据是模型输出的结果。需要反复验证和选择。

随着软硬件技术的发展，算法也在不断创新和变形，在实际应用中要创新使用算法。

5 结束语

政务大数据产业的稳定发展需要技术层面的创新和提升，需要法律法规层面的支持和保障。本文对政务大数据平台所涉及的软件、硬件和算法作了一个简要概述，目的是对大数据系统有一个框架性的认识。

数据的共享和保护是政务大数据平台建设的两个技术关键，随着时间的不断磨合、灵感的不断碰撞，新的大数据电子政务系统将与工业大数据系统、商业大数据系统等其他系统一样，进化得更高效、更智能。

课题负责人：姜金旺
课题组成员：李　晶　曹菲菲
撰　稿　人：姜金旺　李　晶